L'IMPÉRATRICE CIXI

DU MÊME AUTEUR :

Les Cygnes sauvages, Plon, 1992.
Mao : l'histoire inconnue, avec Jon Halliday, Gallimard, 2006.

www.editions-jclattes.fr

Jung Chang

L'IMPÉRATRICE CIXI

La concubine qui fit entrer la Chine dans la modernité

Traduit de l'anglais par Marie Boudewyn

JC Lattès

Titre de l'édition originale
EMPRESS DOWAGER CIXI
publiée simultanément par Random House Canada, une division de Random House of Canada Limited et aux États-Unis par Alfred A. Knopf, une division de The Random House Publishing Group

Ouvrage publié sous la direction éditoriale de
SYLVIE AUDOLY

Maquette de couverture : Bleu T
Photo : © Cixi, impératrice douairière de Chine, 1835-1908 (détail).
Photographies : Freer Gallery of Art and Arthur M. Sackler Gallery, Archives, Smithsonian Institution, Washington, DC
Photographe : Xunling, négatif numéro SC-GR 254

Carte de Darren Bennett

ISBN : 978-2-7096-3540-0

Première édition octobre 2015.

À Jon

Sommaire

IV. L'empereur Guangxu prend la relève (1889-1898)

V. Sur le devant de la scène (1898-1901)

VI. La véritable révolution de la modernité en Chine (1901-1908)

À propos des sources

Ce livre s'appuie sur des documents historiques, en majorité chinois – décrets impériaux, archives de la cour, communications officielles, correspondances personnelles, journaux intimes et récits de témoins oculaires. La plupart n'ont été exhumés qu'après la mort de Mao en 1976, quand il a de nouveau été possible aux historiens d'éplucher les archives. Grâce au zèle et à la persévérance de ceux-ci, des quantités de dossiers ont été triés, étudiés, publiés, et dans certains cas, même, numérisés. Des documents d'archives et des travaux d'universitaires ont été réédités. J'ai eu la chance de pouvoir consulter des fonds documentaires considérables, et parmi eux les Premières archives historiques de Chine, qui renferment plus de douze millions de documents, dont la plus grande partie de ceux qui ont trait à l'impératrice douairière Cixi. Les sources que je cite n'ont, en règle générale, été consultées jusqu'ici que par des sinophones.

Les Occidentaux contemporains de l'impératrice douairière ont laissé des journaux, des lettres et des mémoires de grande valeur. Le journal de la reine Victoria, les hansards, et les abondants échanges diplomatiques internationaux constituent des mines d'information. Les archives de la Freer Gallery of Art et de la collection Arthur M. Sackler de Washington D.C. sont les seules à conserver les négatifs originaux des photographies de Cixi.

Note de l'auteur

Du temps de Cixi, la Chine utilisait comme monnaie le « tael ». Un tael pesait environ 38 grammes et sa valeur correspondait en gros à un tiers de celle d'une livre sterling (1£ = 3Tls).

Les noms de famille des Chinois (et des Japonais) précèdent leurs prénoms, sauf quand ils se conformaient eux-mêmes à un autre usage.

Chaque fois qu'il a fallu transcrire des noms chinois, c'est le système de romanisation *pinyin* qui a été utilisé. Dans le texte figurent en outre des noms chinois, tels que Canton ou Tsinghua (l'université), que l'usage a occidentalisés indépendamment du *pinyin*.

Les dates et les âges sont donnés en fonction du mode de calcul occidental (en vigueur dans la Chine actuelle). Les exceptions sont signalées.

Dans la bibliographie figurent les dates de parution des éditions consultées par l'auteur, quitte à donner l'impression que de nombreux ouvrages fort anciens n'ont été publiés que récemment.

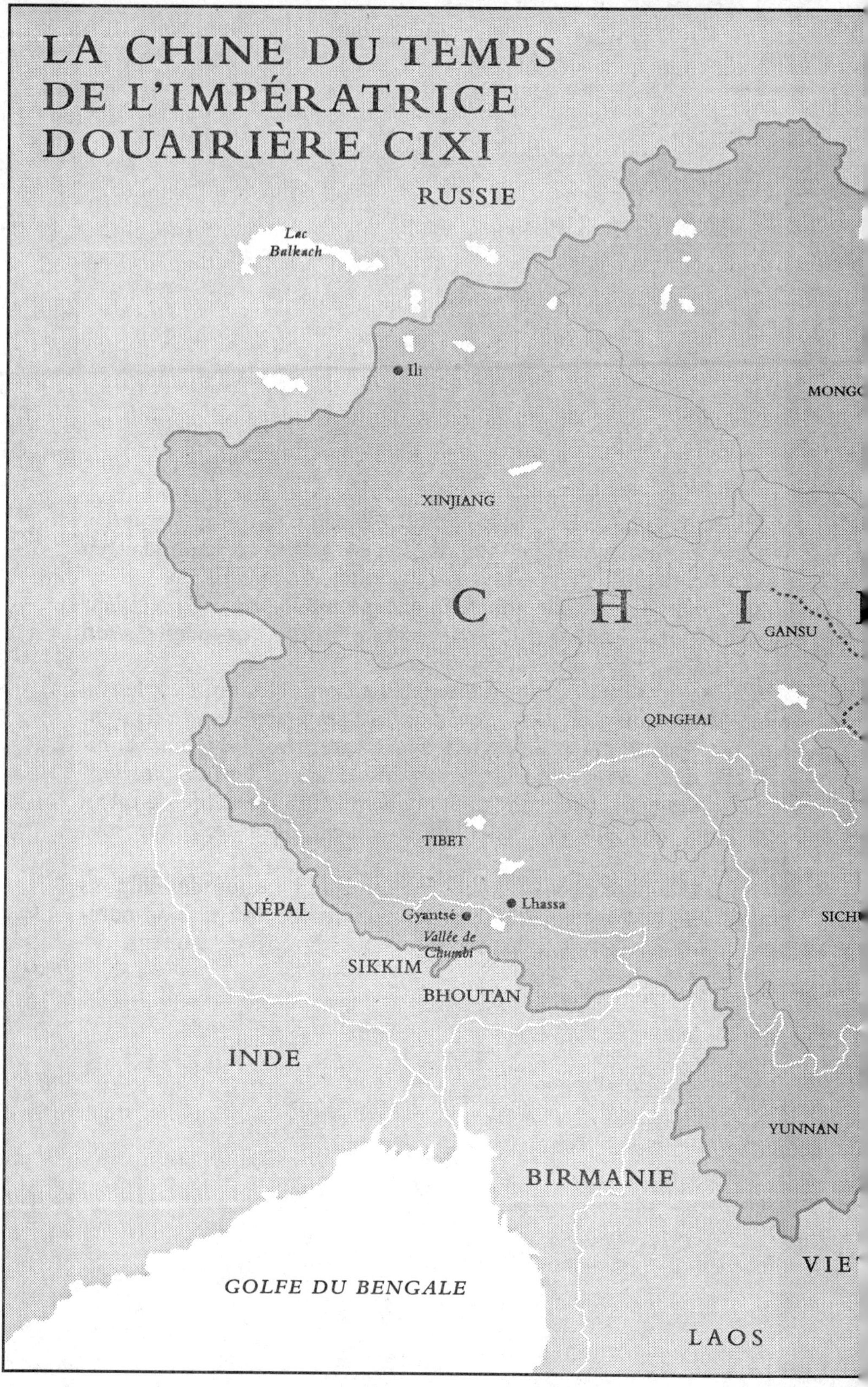

LA CHINE DU TEMPS DE L'IMPÉRATRICE DOUAIRIÈRE CIXI

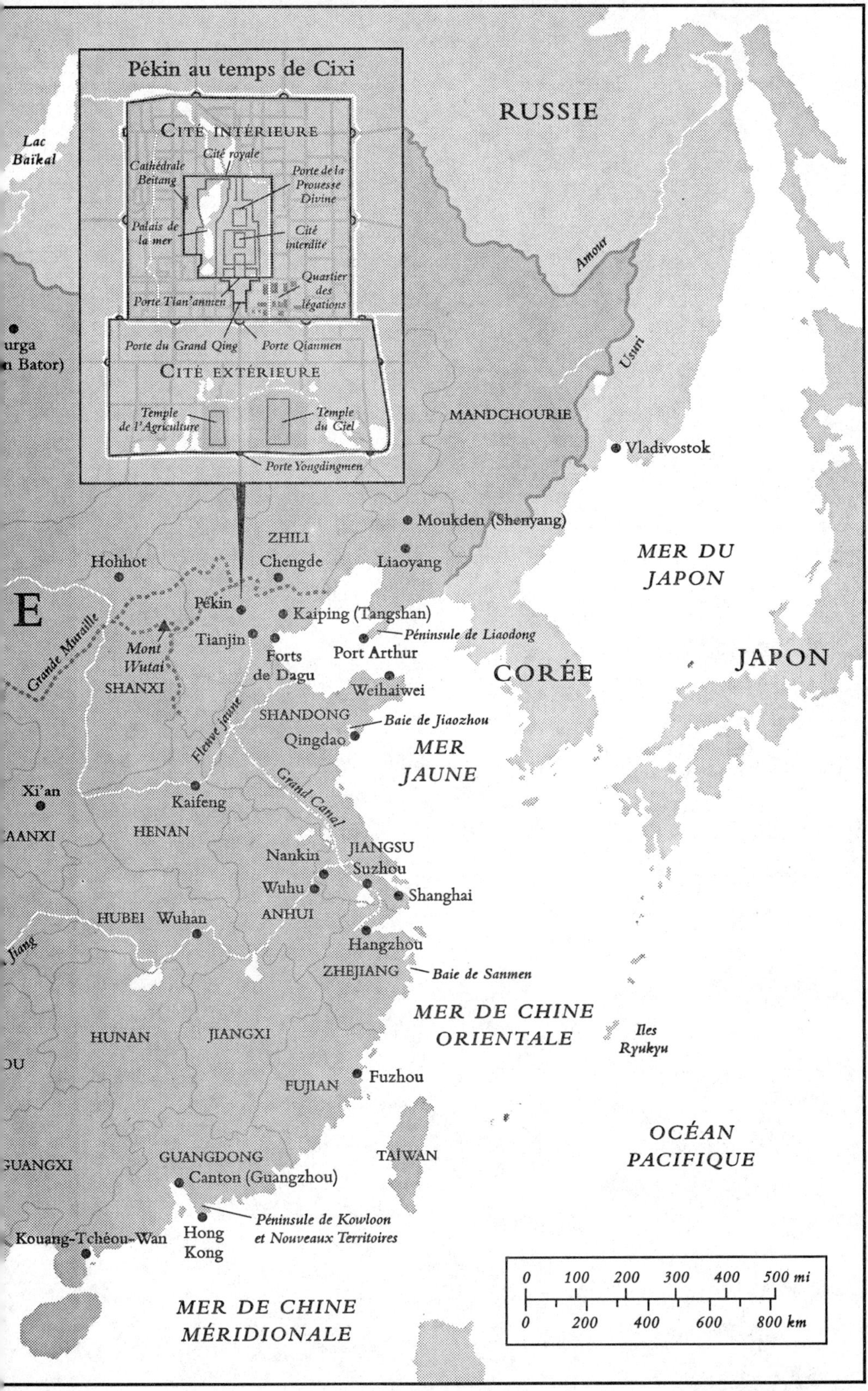

Pékin au temps de Cixi
Cité intérieure
Cité royale
Cathédrale Beitang
Porte de la Prouesse Divine
Palais de la mer
Cité interdite
Quartier des légations
Porte Tian'anmen
Porte du Grand Qing
Porte Qianmen
Cité extérieure
Temple de l'Agriculture
Temple du Ciel
Porte Yongdingmen
RUSSIE
Lac Baïkal
urga
n Bator)
Amour
Usuri
MANDCHOURIE
Vladivostok
Moukden (Shenyang)
ZHILI
Chengde
Liaoyang
Hohhot
MER DU JAPON
E
Pékin
Kaiping (Tangshan)
Péninsule de Liaodong
Grande Muraille
Mont Wutai
Tianjin
Forts de Dagu
Port Arthur
CORÉE
JAPON
SHANXI
Weihaiwei
SHANDONG
Baie de Jiaozhou
Qingdao
Fleuve jaune
MER JAUNE
Grand Canal
Kaifeng
Xi'an
AANXI
HENAN
Nankin
JIANGSU
Suzhou
Wuhu
Shanghai
ANHUI
HUBEI
Wuhan
Jiang
Hangzhou
ZHEJIANG
Baie de Sanmen
MER DE CHINE ORIENTALE
Iles Ryukyu
HUNAN
JIANGXI
OU
FUJIAN
Fuzhou
OCÉAN PACIFIQUE
GUANGDONG
TAÏWAN
UANGXI
Canton (Guangzhou)
Péninsule de Kowloon et Nouveaux Territoires
Kouang-Tchéou-Wan
Hong Kong
MER DE CHINE MÉRIDIONALE
0 100 200 300 400 500 mi
0 200 400 600 800 km

I.

Concubine impériale en des temps agités
1835-1861

1. Concubine d'un empereur (1835-1856)

Au printemps 1852, à l'occasion d'une sélection nationale de concubines impériales, une jeune fille de seize ans frappa l'œil de l'empereur, qui la choisit en tant que concubine. En Chine, un empereur avait le droit de s'unir à une impératrice et à autant de concubines qu'il le souhaitait. Le registre de la cour se contente de signaler qu'elle appartenait à « la famille Nala[1] », sans préciser son prénom ; ceux des femmes ne méritant pas, en ce temps-là, qu'on les mentionne. Moins de dix ans plus tard, cette jeune fille, dont on ne connaîtra sans doute jamais le prénom*, se serait emparée, à l'issue d'une âpre lutte, des rênes de la Chine et, plusieurs décennies durant – jusqu'à sa mort en 1908 – en tant qu'impératrice douairière Cixi (un nom honorifique qui signifie « bienveillante et gaie », parfois aussi orthographié Tseu-Hi) elle tiendra entre ses mains le sort de près d'un tiers de la population mondiale.

Elle appartenait à l'une des plus anciennes et des plus illustres familles mandchoues ; un peuple originaire, comme l'indique son nom, de Mandchourie, une région au nord-est de la Grande Muraille. En 1644, une révolte paysanne renversa la dynastie Ming en Chine, et le dernier empereur Ming se pendit à un arbre dans le jardin de son palais. Les Mandchous en profitèrent pour surgir en nombre par-delà la Grande Muraille. Écrasant les paysans rebelles, ils occupèrent tout le territoire chinois avant de fonder une nouvelle dynastie, baptisée Qing – « la Grande Pureté ». Les Mandchous

* D'aucuns lui ont supposé pour nom de jeune fille *Lan*, qui signifie « magnolia » ou « orchidée ». Il s'agit en réalité du nom qu'on lui attribua au moment de son entrée à la cour. Ses descendants pensent qu'elle s'appelait *Xing*, « amande », qui se prononce comme l'idéogramme signifiant « sort heureux ».

victorieux établirent leur capitale à Pékin comme les Ming, et se bâtirent un empire trois fois plus grand que celui de leurs prédécesseurs. Il occuperait à son apogée 13 millions de kilomètres carrés – alors que la Chine actuelle n'en couvre que 9,6 millions.

Dans les premiers temps, les conquérants Mandchous, à peu près cent fois moins nombreux que les Hans, les Chinois indigènes, leur imposèrent brutalement leur autorité, obligeant par exemple les hommes de l'ethnie han à se coiffer comme eux, en signe manifeste de soumission. Les Hans attachaient traditionnellement leurs cheveux longs en chignon, alors que les Mandchous se rasaient la circonférence du crâne et nouaient les mèches restantes en une natte qui leur battait le dos. Une décapitation sommaire ne tarda pas à guetter les récalcitrants. Dans la capitale, les conquérants chassèrent les Hans de la ville intérieure vers la ville extérieure en séparant les deux ethnies par des fortifications percées de portes*. L'autorité des Mandchous s'assouplit toutefois au fil des ans, et les Hans finirent par mener une vie dans l'ensemble pas beaucoup plus rude que celle de leurs conquérants. L'animosité entre les deux communautés décrut peu à peu – même si les postes les plus en vue continuèrent de revenir aux seuls Mandchous. Dans la société de l'époque, centrée sur la famille, l'interdiction de se marier hors de son clan limitait les relations entre les deux ethnies. Malgré tout, les Mandchous adoptèrent dans une large mesure la culture des Hans et leur organisation politique. Une écrasante majorité de fonctionnaires hans, sélectionnés parmi les lettrés à l'issue des traditionnels examens impériaux portant sur les classiques confucéens, administrèrent l'empire, une pieuvre géante dont les tentacules s'étendaient jusqu'aux moindres recoins du pays. Les empereurs mandchous eux-mêmes reçurent à vrai dire une éducation confucéenne, et certains devinrent en la matière de plus grands érudits encore que les meilleurs spécialistes hans. Les Mandchous se considéraient comme Chinois et qualifiaient leur empire de « chinois » ou de « Chine », à l'instar des Qing.

La famille régnante, les Aisin-Gioro, donna naissance à une succession d'empereurs capables et âpres à la tâche, monarques absolus à l'origine des moindres décisions d'importance. Il n'existait pas alors de Premier ministre ; seul le Grand Conseil assistait le souverain. Les empereurs se levaient dès l'aube pour prendre connaissance

* Les Hans qui servaient dans l'armée mandchoue, en Mandchourie, étaient considérés comme des Mandchous.

de rapports, présider à des réunions, recevoir des dignitaires et promulguer des décrets. Les rapports, en provenance de toute la Chine, ne restaient pas longtemps en souffrance, et l'expédition des affaires courantes ne tardait que rarement plus de quelques jours. Le pouvoir siégeait à la Cité interdite, un complexe palatial rectangulaire – probablement le plus grand au monde – d'une superficie de 720 mille mètres carrés. Une douve l'entourait, aux dimensions ad hoc, ainsi qu'une majestueuse muraille, d'une dizaine de mètres de haut, et de près de 9 mètres d'épaisseur à sa base, percée sur chaque côté par une magnifique porte, et dominée aux angles par de splendides tours de garde. Des tuiles vernies d'une nuance de jaune réservée à la cour couvraient presque tous les bâtiments. Par beau temps, les rayons du soleil qui tombaient sur les toits recourbés les embrasaient telle une coulée d'or.

Un quartier à l'ouest de la Cité interdite servait de nœud de transport au charbon destiné à la capitale, extrait de mines à l'ouest de Pékin et convoyé par des caravanes de chameaux et de mules munis de clochettes. L'on raconte que quelque 5 000 chameaux entraient chaque jour à Pékin. Les caravanes marquaient là une halte et les convoyeurs s'approvisionnaient dans des boutiques aux noms brodés sur des banderoles colorées ou inscrits à la dorure sur des panonceaux laqués. La fine poussière qui, par temps sec, s'accumulait le long des rues de terre battue se changeait, à l'issue d'une averse, en coulée de boue. Une puanteur tenace s'élevait des égouts aussi antiques que la ville même. Les habitants abandonnaient leurs ordures en bordure des routes, aux chiens errants et aux oiseaux. Sitôt terminé leur repas, vautours et corneilles affluaient en grand nombre dans la Cité interdite, se perchant sur les toits dorés, qui viraient alors au noir.

À l'écart du tumulte s'étendait un réseau d'étroites et paisibles ruelles, connu en tant que *hu-tong*. Ce fut là que, le dixième jour du dixième mois lunaire de 1835, vint au monde la future impératrice douairière de Chine, Cixi. Les maisons spacieuses, aux cours bien ordonnées, d'une propreté scrupuleuse, offraient un vif contraste avec les rues alentour, sales et chaotiques. Les portes et fenêtres des pièces principales s'ouvraient au sud pour y laisser pénétrer le soleil, tandis qu'au nord, des murs pleins repoussaient les fréquentes tempêtes de sable qui balayaient la ville. La couleur des tuiles obéissait à une règle stricte qui réservait le jaune aux palais royaux et le vert à ceux des princes. Le reste des bâtiments avait droit à du gris.

Les ancêtres de Cixi servaient le gouvernement depuis plusieurs générations[2]. Son père, Huizheng, fut d'abord secrétaire puis chef de section au ministère des Fonctionnaires[3]. Cixi vécut une enfance insouciante au sein d'une famille à l'aise financièrement. En tant que Mandchoue, elle échappa à la coutume han – véritable torture, en vigueur pendant un millier d'années – de bander les pieds des filles dès le berceau pour empêcher leur croissance. Les Mandchous partageaient toutefois la plupart des autres coutumes hans, telles que la séparation entre hommes et femmes. Issue d'une famille instruite, Cixi apprit à lire et écrire quelques mots de chinois, à dessiner, jouer aux échecs, broder et coudre – autant d'aptitudes qu'une jeune fille accomplie se devait alors d'acquérir. Pleine d'énergie, elle apprenait vite, et se piqua d'intérêt pour un vaste éventail de sujets. Plus tard, quand elle aurait en tant qu'impératrice douairière à se confectionner elle-même une tenue – une tâche emblématique de la féminité accomplie – elle s'en acquitterait avec un remarquable talent.

Son instruction ne s'étendrait cependant pas à l'apprentissage du mandchou, qu'elle ne parlerait pas plus qu'elle ne l'écrirait. (En tant que souveraine de la Chine, elle dut donner l'ordre de traduire en chinois les rapports rédigés en mandchou dont il lui fallait prendre connaissance[4].) Immergés depuis deux siècles dans la culture chinoise, la plupart des Mandchous ne parlaient plus leur langue d'origine, en dépit de son statut de langue officielle de la dynastie, et des efforts de plusieurs empereurs pour la préserver. Cixi ne possédait qu'une connaissance rudimentaire du chinois à l'écrit, celle d'une semi analphabète. Il ne faudrait toutefois pas en conclure à un manque d'intelligence de sa part. L'apprentissage du chinois présente des difficultés redoutables. C'est la seule langue d'usage répandu à ne pas posséder d'alphabet mais une quantité de caractères complexes – des idéogrammes – qu'il convient de mémoriser indépendamment les uns des autres, sans que rien n'indique leur prononciation. À l'époque de Cixi, il n'existait aucune espèce de relation entre un texte écrit et sa version orale, d'où certaines difficultés à transcrire pensées ou discours. Une personne « instruite » se devait de consacrer une dizaine d'années à l'étude des classiques confucéens, d'autant moins stimulants sur le plan intellectuel que leur portée demeurait des plus limitées. Moins d'un pour cent de la population était en mesure de lire ou d'écrire un minimum de mots.

Cixi compenserait en grande partie les lacunes de son éducation par son intelligence intuitive, qu'elle prit plaisir à développer dès son plus jeune âge. En 1843, l'année de ses huit ans, l'empire se relevait à peine de son premier conflit contre l'Occident, la guerre de l'Opium, déclenchée par la Grande-Bretagne en réaction à la répression par Pékin du commerce illégal de l'opium aux mains des trafiquants britanniques. Vaincue, la Chine dut verser une lourde indemnité. En manque cruel de fonds, l'empereur Daoguang (le père du futur époux de Cixi) renonça aux cadeaux traditionnels aux épouses de ses fils – des colliers d'or ornés de coraux et de perles – de même qu'aux banquets raffinés à l'occasion de leurs noces. Il ordonna en outre d'annuler ou du moins de restreindre les fêtes du Nouvel An et les anniversaires, et les concubines royales de moindre rang durent compléter leurs pensions, revues à la baisse, en confiant à des eunuques le soin d'écouler sur les marchés des broderies qu'elles réalisaient elles-mêmes[5]. L'empereur en personne se livra à des incursions surprise dans la garde-robe de ses concubines pour s'assurer qu'elles ne contrevenaient pas à ses instructions en y conservant des tenues d'un luxe excessif. Une enquête ordonnée en vue d'en finir avec les détournements de fonds des fonctionnaires mit en évidence la disparition de plus de 9 millions de taels d'argent des coffres de l'État. Furieux, l'empereur imposa, en guise de compensation, des amendes à la totalité des gardiens et des inspecteurs de la réserve d'argent en poste au cours des quarante-quatre années précédentes – qu'ils fussent coupables ou non. Un arrière-grand-père de Cixi aux fonctions de gardien se retrouva soudain débiteur de 43 200 taels à l'État – une somme colossale, auprès de laquelle son traitement officiel ne représentait pas grand-chose. Comme sa mort remontait à un certain temps, son fils, le grand-père de Cixi, dut verser la moitié de la somme. En poste au ministère des Châtiments, il n'avait pourtant rien à voir avec les coffres de l'État[6]. À l'issue de trois ans de vaines luttes en vue de rassembler le montant exigé, il ne réunit que 1 800 taels. L'empereur signa un édit l'envoyant en prison ; il en sortirait uniquement si son fils, le père de Cixi, s'acquitterait du reste.

La vie de la famille s'en trouva bouleversée. Cixi, à onze ans, dut réaliser des travaux de couture pour gagner un peu d'argent – elle s'en rappellerait toute sa vie et en parlerait plus tard à ses dames de compagnie à la cour. Ce fut à Cixi, en tant qu'aînée d'une fratrie de deux filles et trois garçons, que son père confia ses difficultés, or elle se montra à la hauteur des circonstances. Elle lui donna des conseils pratiques mûrement réfléchis, lui indiqua quels biens vendre ou mettre en gage, auprès de qui solliciter un prêt et comment entrer en contact avec les uns et les autres. La famille finit par réunir 60 pour cent de la somme exigée, assez pour libérer le grand-père. La contribution de la jeune Cixi à la résolution de la crise entra dans la légende familiale et son père lui adressa ce compliment suprême : « Ma fille aînée est en réalité comme un fils pour moi ! »

Traitée en garçon, Cixi eut l'occasion de discuter avec son père de sujets en principe interdits aux femmes. Leurs conversations, qui durent à coup sûr porter sur les affaires de l'État, éveillèrent chez Cixi un intérêt pour la politique qui ne se démentirait plus. Consultée par sa famille, voyant ses suggestions suivies d'effet, elle prit confiance en elle et n'admettrait plus, dès lors, le préjugé fort répandu de l'infériorité intellectuelle des femmes par rapport aux hommes. La crise familiale contribua en outre à façonner son mode de gouvernement ultérieur. Le goût amer que lui laisserait l'arbitraire du châtiment réservé à son grand-père l'inciterait à se montrer juste envers ceux qui la serviraient.

En 1849, l'empereur récompensa le père de Cixi, Huizheng, de la somme substantielle qu'il venait de réunir en règlement de l'amende, par un poste de gouverneur d'une vaste région de Mongolie. Il s'y rendit cet été-là avec sa famille, et s'établit à Hohhot, aujourd'hui capitale provinciale de la Mongolie intérieure. Pour la première fois, Cixi quitta la ville engorgée de Pékin et franchit la Grande Muraille délabrée pour suivre la route pierreuse des steppes de Mongolie, où des pâturages s'étendaient sans obstacle jusqu'au lointain horizon. Toute sa vie, Cixi raffolerait du bon air et des grands espaces.

En tant que gouverneur, le père de Cixi devait se charger de la collecte des impôts. Soucieux de compenser les pertes subies par sa famille, et conformément aux pratiques en vigueur à l'époque, il tondit pour ainsi dire la population locale. Il semblait aller de soi que les fonctionnaires, au maigre traitement, complètent leurs revenus par tout ce qu'il leur serait loisible de soutirer au peuple – « dans les limites du raisonnable ». Cixi grandit en considérant la corruption comme un mode de vie à part entière.

En février 1850, quelques mois après l'installation de la famille de Cixi en Mongolie, l'empereur Daoguang mourut. Xianfeng lui succéda, son fils de dix-neuf ans, en mauvaise santé depuis sa naissance prématurée. Le visage hâve, le regard mélancolique, il boitait depuis une chute de cheval à la chasse – un exercice obligé pour les princes. Comme il était d'usage de qualifier de « dragons » les empereurs, les mauvaises langues de Pékin le surnommaient le « dragon boiteux[7] ».

Au lendemain de son couronnement débuta un processus de sélection de concubines à l'échelle de l'empire[8]. (À ce moment-là, Xianfeng n'en avait encore qu'une seule.) Les candidates, des adolescentes mandchoues ou mongoles mais en aucun cas hans, devaient appartenir à une famille d'un certain rang, tenues par la loi de signaler quand elles devenaient nubiles.

Cixi qui, à l'instar de tant d'autres jeunes filles de toute la Chine, figurait sur la liste des candidates, se rendit à cette occasion à Pékin. Elle revint à l'ancien domicile de sa famille en attendant le moment venu pour les candidates de parader devant l'empereur. Une partie de celles dont il ne voudrait pas lui-même peupleraient le harem des princes ou des autres rejetons mâles de la famille royale. Celles qui ne seraient pas du tout retenues auraient le droit de rentrer chez elles et de se marier. L'inspection devait se dérouler en mars 1852 dans la Cité interdite.

Le processus de sélection se perpétuait depuis des générations. La veille du jour convenu, les familles des candidates louaient aux frais de la cour des carrioles à mules – les « taxis » de l'époque – pour les conduire au palais. Un pan de tissu bleu vif couvrait ces sortes de coffre montés sur deux roues qu'abritait un treillis de bambou ou une capote en rotin imperméabilisé par une couche d'huile de bois de Chine. Des matelas et des coussins en feutre et en coton s'entassaient à l'intérieur. Il s'agissait là d'un moyen de transport courant, même pour les familles princières, si ce n'est que, dans leur cas, de la fourrure ou du satin matelassait, selon la saison, l'intérieur de la « caisse », sur laquelle s'affichaient les insignes de leur rang. Lorsqu'il vit (bien plus tard) un tel véhicule se fondre en silence parmi les ténèbres massées autour de lui, Somerset Maugham se prit à songer :

> Qui peut bien être accroupi à l'intérieur ? Un lettré [...] qui se rend chez un ami ? Après les cérémonieuses politesses d'usage, ils parleront du temps des Tang et des Sung, âge d'or à jamais révolu. Ou peut-être est-ce une chanteuse parée de soieries splendides sous de somptueuses broderies, les cheveux noirs piqués de jade, qui va se faire entendre dans une soirée où elle échangera des pensées précieuses avec de jeunes élégants férus de bel esprit[9].

La carriole qui, aux yeux de Maugham, transportait « tout le mystère de l'Orient » manquait singulièrement de confort : seuls du fil de fer et des clous maintenaient en place ses roues en bois dépourvues d'amortisseurs. Son occupant ballotté au gré des routes pierreuses en terre battue se cognait aux parois de la caisse. Les Européens, peu habitués à la position en tailleur, avaient beaucoup de mal à s'en accommoder. Selon le grand-père des sœurs Mitford, Algernon Freeman-Mitford, futur attaché à la légation britannique de Pékin, « au bout de dix heures à bord d'une carriole chinoise, un homme n'est plus bon à grand-chose, hormis à la vente dans une vieille friperie[10] ».

Les carrioles des candidates convergeaient à faible allure vers la porte arrière de la ville royale, l'enceinte extérieure de la Cité interdite, déjà immense en elle-même. D'épais murs cramoisis surmontés de tuiles vernies de la teinte jaune réservée à la royauté encerclaient ce vaste espace abritant temples, bureaux, entrepôts et ateliers, où allaient et venaient chevaux, chameaux et ânes au service de la cour. Ce soir-là, toute activité cessa au coucher du soleil pour livrer passage aux carrioles des candidates, qui pénétrèrent dans la ville royale selon l'ordre prescrit. Elles passèrent par l'île artificielle Jingshan et franchirent une douve avant de parvenir devant la porte nord de la Cité interdite, celle de la Puissance divine, que surmontait un imposant toit à deux étages profusément décoré.

C'était par là que l'on accédait à l'arrière de la Cité interdite. La porte avant, au sud, était interdite aux femmes. La partie avant – la principale, réservée aux hommes et destinée aux cérémonies officielles – comprenait de grandes salles et de vastes cours pavées désertes où l'on remarquait surtout l'absence de plantes. Aucune végétation n'y poussait. C'était d'ailleurs voulu, car on estimait que la verdure produisait une impression de douceur qui eût nui au respect mêlé de terreur qu'inspirait l'empereur, le fils du Ciel – c'est-à-dire du dieu suprême, immatériel et mystique, que vénéraient les Chinois. Les femmes ne devaient sous aucun prétexte s'aventurer hors de la partie arrière de la Cité interdite, le *hou-gong* ou harem, où pas un homme ne pénétrait hormis l'empereur et les eunuques, au nombre de plusieurs centaines.

Les aspirantes au harem s'arrêtèrent à l'entrée arrière. À la tombée de la nuit, leurs carrioles vinrent stationner les unes après les autres sur une immense esplanade pavée au pied d'une haute porte. Un faible halo lumineux nimbait à cette heure-là leurs lanternes. Les candidates allaient passer la nuit à l'étroit dans leur carriole, en attendant l'ouverture de la porte à l'aube. Elles mettraient alors pied à terre et suivraient les eunuques jusqu'à l'empereur, qui les examinerait attentivement. Debout en rangs face à Sa Majesté, elles échapperaient pour une fois à l'obligation de lui tirer leur révérence, les genoux en terre, le front en contact avec le sol. Il fallait en effet que l'empereur distingue clairement leurs traits.

Le choix des concubines se ferait d'après leur patronyme mais surtout d'après leur « caractère ». Elles devaient se montrer à la fois dignes et courtoises et aussi gracieuses que douces ou modestes – et surtout, elles devaient se comporter comme il fallait à la cour. Leur physique, bien qu'il dût être agréable, ne revêtait qu'une importance secondaire. Afin de se montrer telles qu'elles étaient, les candidates ne devaient pas porter de vêtements aux riches couleurs mais une simple robe à peine ornée d'une broderie aux ourlets. Les Mandchoues affectionnaient les costumes recherchés tombant de leurs épaules jusqu'à terre et qui les obligeaient à se tenir bien droites. Les semelles de leurs chaussures minutieusement brodées dont l'épaisseur atteignait jusqu'à quatorze centimètres donnaient une certaine raideur à leur allure. Une coiffure à mi-chemin d'une couronne et d'une tour, ornée de bijoux et de fleurs selon l'occasion, complétait leur parure. Il leur fallait tendre le cou pour la soutenir.

Cixi, qui n'était pas d'une grande beauté, avait un maintien exquis. Elle ne dépassait pas le mètre cinquante. En revanche, sa robe, ses chaussures et sa coiffure la grandissaient. Elle se tenait bien droite et se déplaçait avec grâce, même à un pas vif, juchée sur ce que d'aucuns qualifiaient d'« échasses ». Elle avait hérité d'une peau admirable et de mains délicates qui resteraient jusque dans ses vieux jours aussi douces que celles d'une jeune fille. L'artiste américaine chargée de réaliser son portrait, Katharine Carl, la décrit ainsi : « Un nez haut [...] une bouche assez large mais belle, aux lèvres rouges, mobiles, d'un modelé ferme, qui, lorsqu'elles s'ouvraient sur ses dents blanches bien plantées, conféraient un charme singulier à son sourire ; un menton décidé, volontaire sans excès, sans rien de buté[11]. » Ce qui, chez Cixi, attirait le plus le regard, c'étaient ses yeux brillants, expressifs, comme beaucoup le notèrent d'ailleurs. Au fil des années, lors des audiences, elle adresserait aux dignitaires les œillades les plus enjôleuses avant qu'un redoutable éclair d'autorité n'illumine soudain ses prunelles. Le général Yuan Shikai – appelé à devenir le premier Président de la Chine –, pourtant réputé pour sa dureté, confierait que le regard de Cixi, qu'il servit au cours de sa carrière, était la seule chose à même de le déstabiliser : « Je ne sais pourquoi la sueur ruisselait tout à coup sur mon front. Je devenais très nerveux[12]. »

Ce fameux jour dans la Cité interdite, le regard de Cixi exprima toutefois ce qu'il convenait ; et l'empereur Xianfeng le remarqua. Il fit savoir que la jeune fille lui plaisait, et les fonctionnaires mirent de côté la carte qui l'identifiait. Ainsi présélectionnée, elle passa une nuit dans la Cité interdite à l'issue d'autres examens. Elle finit par être retenue avec plusieurs autres jeunes filles parmi des centaines de candidates. C'était sans aucun doute ce qu'elle souhaitait. Cixi s'intéressait à la politique et aucun chevalier à l'armure étincelante n'attendait son retour. La séparation entre hommes et femmes empêchait toute liaison un tant soit peu romanesque de se former, et ses parents, n'ignorant rien des rudes châtiments dont ils eussent écopé s'ils l'avaient fiancée avant son rejet par l'empereur, n'avaient conçu pour elle aucun projet de mariage. Même si, une fois admise à la cour, Cixi ne verrait plus que rarement ses proches, les parents âgés des concubines royales pouvaient en théorie demander à rendre visite à leur fille ; ils séjournaient alors jusqu'à plusieurs mois en maisons d'hôtes, dans un recoin de la Cité interdite.

Une date fut fixée à l'emménagement de Cixi dans son nouveau cadre de vie : le 26 juin 1852, aussitôt terminées les deux années de deuil de rigueur de l'empereur Daoguang, quand le nouvel empereur se rendrait au mausolée de son défunt père, à l'ouest de Pékin, et que prendrait fin sa continence forcée. À son entrée au palais, Cixi reçut le nom de *Lan*, à l'évidence dérivé de son patronyme Nala, parfois orthographié Nalan. *Lan* signifie en outre magnolia ou orchidée. Il était courant, à l'époque, de donner aux filles des noms de fleurs. Un tel choix ne plut toutefois pas à Cixi qui changea de nom, sitôt en mesure de solliciter une faveur auprès de l'empereur.

Le harem où Cixi s'installa, cet été-là, se composait de cours murées et de longues ruelles étroites. À la différence de la partie de la Cité interdite réservée aux hommes, il n'avait pas grand-chose de majestueux. En revanche, de nombreux arbres et fleurs y poussaient parmi des rochers d'agrément. L'impératrice y disposait d'un palais et les concubines, de logements individuels. Soieries et broderies, meubles sculptés et objets décoratifs incrustés de pierres précieuses rehaussaient leurs appartements, qu'elles n'avaient toutefois pas le droit de personnaliser. Des règles strictes s'appliquaient au harem, de même qu'au reste de la Cité interdite. Du rang des concubines dépendait le type d'objets dont elles pouvaient s'entourer, la quantité et la qualité des étoffes dans lesquelles on taillait leurs habits et la nourriture qu'elles consommaient chaque jour[13]. Une impératrice avait par exemple quotidiennement droit à 13 kilos de viande, un poulet, un canard, 10 paquets de thé, 12 jarres de l'eau des sources des Collines de jade, plus une quantité déterminée de différents types de légumes, céréales, épices et autres ingrédients*. Sans compter le lait, fourni par pas moins de 25 vaches[14]. (À la différence de la plupart des Hans, les Mandchous consommaient des produits laitiers.)

Cixi ne devint pas tout de suite impératrice. Au départ, elle n'était qu'une concubine, d'un rang assez bas, qui plus est. La hiérarchie des compagnes de l'empereur comprenait huit échelons or Cixi, au sixième, appartenait au groupe le moins bien placé (du sixième au huitième rangs inclus). Elle n'avait pas de vache attitrée qui lui fournît du lait et ne recevait que 3 kilos de viande par jour. Quatre servantes à peine s'occupaient d'elle, alors que l'impératrice en disposait d'une dizaine – sans compter les nombreux eunuques à son service.

La nouvelle impératrice, une jeune fille du nom de Zhen (qui signifie « chasteté »), était entrée à la cour en même temps que Cixi. Elle aussi n'était au départ qu'une simple concubine, encore que d'un rang supérieur, le cinquième. Au bout de quatre mois, soit avant même la fin de l'année, elle se vit toutefois promue au premier rang, celui d'impératrice. Certes pas en raison de sa beauté, son physique n'ayant rien que de très banal. D'une faible constitution, Zhen reçut des mêmes mauvaises langues qui qualifiaient son mari de « dragon boiteux » le surnom de « phénix fragile » (cet oiseau symbolisant l'impératrice). Elle pouvait toutefois se targuer de la qualité la plus prisée chez une impératrice : assez de tact pour s'entendre avec les autres concubines et les domestiques, et régenter tout ce petit monde. Le rôle d'une impératrice consistait avant tout à gouverner le harem, or l'impératrice Zhen y parvenait mieux que personne. Sous sa férule, le harem échappa dans une remarquable mesure aux médisances endémiques en de tels lieux.

Rien ne prouve que l'époux de Cixi lui ait accordé de faveur particulière. Dans la Cité interdite, on gardait une trace scrupuleuse de l'activité sexuelle de l'empereur. Chaque soir, il choisissait une partenaire dont il inscrivait le nom sur une tablette de bambou présentée par le chef des eunuques à l'heure de son dîner, qu'il prenait généralement seul. Il disposait de deux chambres, l'une pourvue de glaces aux murs et au plafond et l'autre, tendue de

* Malgré tout, rien n'était gaspillé : un précédent empereur avait ordonné de donner les restes aux serviteurs ou, à défaut, aux chats et aux chiens. Et ce qu'ils ne consommeraient pas, une fois séché, servirait de nourriture aux oiseaux.

paravents en soie. Des rideaux de soie drapaient les lits où pendaient des sachets odoriférants. Pour des raisons de sécurité, on tirait les rideaux des lits des deux chambres, dès que l'empereur entrait dans l'une ou l'autre, de manière à ce que les domestiques ne sachent jamais avec certitude où il couchait. L'étiquette de la cour interdisait à l'empereur de partager la couche de ses épouses. C'étaient elles qui le rejoignaient dans son lit et, s'il faut en croire la légende, un eunuque y amenait lui-même l'élue du soir, nue, drapée dans de la soie. Une fois consommée la relation, la concubine s'en allait, car il ne lui était pas permis de passer la nuit auprès de l'empereur.

Le dragon boiteux raffolait des plaisirs de la chair[15]. Il circule plus d'anecdotes sur ses prouesses que sur celles de n'importe quel autre empereur Qing. Le nombre de ses concubines s'éleva bientôt à dix-neuf. Il en choisit certaines parmi les servantes du palais, elles aussi originaires de toute la Chine mais surtout de familles mandchoues de basse extraction. Il lui arrivait de coucher avec d'autres femmes encore : si l'on en croit les rumeurs, surtout avec des prostituées hans réputées, aux pieds bandés – pour lesquels l'empereur nourrissait selon toute vraisemblance un faible. L'histoire prétend que les règles inflexibles en vigueur dans la Cité interdite obligeaient à les introduire clandestinement dans l'ancien Palais d'été – le *Yuan-ming-yuan* ou Jardin de la clarté parfaite –, un gigantesque complexe paysager à quelque huit kilomètres à l'ouest de Pékin. Là, l'étiquette se relâchait et l'empereur pouvait s'adonner plus librement à ses aventures.

Pendant près de deux ans, l'empereur à la sexualité active – pour ne pas dire frénétique – ne fit montre d'aucune tendresse particulière envers Cixi. Il ne la promut pas à un rang supérieur, contrairement à d'autres concubines, encore moins bien placées qu'elle hiérarchiquement. Quelque chose semblait lui répugner chez elle. Il semblerait que Cixi, adolescente, ait commis, dans son vif désir de plaire à son époux, l'erreur de vouloir partager ses soucis.

L'empereur Xianfeng se heurtait à l'époque à des problèmes colossaux. Dès son accession au trône, en 1850, la plus grande révolte paysanne de l'histoire chinoise, celle des Taiping, éclata dans la province côtière méridionale du Guangxi. La famine poussa des dizaines de milliers de paysans à prendre les armes – un dernier recours désespéré – en dépit des abominables conséquences qui les guettaient. Leurs chefs risquaient par exemple le *lingchi*, ou « mort des mille coupures », un châtiment public qui consistait à entailler et prélever une partie après l'autre du corps du supplicié. Une telle menace ne suffit toutefois pas à faire rentrer dans le rang les paysans mourant de faim à petit feu, et l'armée rebelle des Taiping ne tarda pas à rassembler des centaines de milliers de combattants. À la fin mars 1853, les Taiping s'emparèrent de l'ancienne capitale méridionale, Nankin, pour y établir un État antagoniste, le royaume céleste des Taiping. Le jour où il en reçut la nouvelle, l'empereur Xianfeng fondit en larmes devant ses dignitaires[16].

Et ce n'était pas là son unique souci. De nombreux soulèvements semèrent au même moment le trouble dans la plupart des dix-huit provinces qu'entourait la Grande Muraille. D'innombrables villages, bourgs et cités furent dévastés. L'empire sombra dans un tel chaos qu'en 1852, l'empereur s'estima tenu de présenter des excuses officielles[17] – suprême expression pour un monarque de son repentir vis-à-vis de la nation.

Cixi parvint à la cour aussitôt après, alors que les problèmes de son mari se faisaient ressentir jusqu'au cœur de la Cité interdite. La réserve d'argent de l'État atteignit alors son niveau historique le plus bas : 290 000 taels[18]. Pour régler la solde de son armée, l'empereur Xianfeng dut puiser dans les fonds de la Maison royale, où il ne resta bientôt plus que 41 000 taels, soit tout juste de quoi couvrir les dépenses courantes. Il fallut fondre les trésors de la Cité interdite, dont trois cloches géantes en or pur. Les concubines reçurent de sévères admonestations dans le genre de celles-ci, que l'empereur rédigea lui-même :

> Pas de grands pendants d'oreille ni de boucles d'oreille en jade
> Pas plus de deux fleurs ornées de pierres précieuses dans les cheveux, celle qui en portera trois sera punie.
> Des semelles de pas plus d'un *cun* [à peu près 2,5 cm] de hauteur, celle dont les chaussures mesureront plus d'un *cun* et demi sera punie[19].

Les désastres qui s'abattirent sur l'empire affectèrent la famille de Cixi, avec laquelle elle gardait contact. Avant son arrivée à la cour, son père fut muté dans la province de l'Anhui, au centre est du pays, près de Shanghai, où il gouverna une région de vingt-huit comtés, ayant pour capitale Wuhu, une cité prospère sur les rives du fleuve Yangzi Jiang[20]. Les Taiping se battaient non loin de là et, l'année suivante, le père de Cixi dut partir précipitamment lorsque les rebelles attaquèrent la ville. Redoutant la colère de l'empereur – qui venait d'ordonner la décapitation de certains fonctionnaires ayant abandonné leur poste – et surtout épuisé par sa fuite, Huizheng tomba malade et mourut à l'été 1853.

Le décès de son père, dont elle se sentait très proche, convainquit Cixi qu'il lui fallait agir pour le bien de l'empire – et de son mari. Il y a tout lieu de croire qu'elle lui glissa quelques suggestions quant à la réaction à envisager aux soulèvements. Issue d'une famille qui recherchait ses conseils et les suivait, elle dut s'imaginer qu'il en irait de même avec Xianfeng. Mais en réalité, il prit la mouche. Une antique tradition chinoise interdisait aux concubines royales de la cour des Qing de se mêler des affaires de l'État. L'empereur Xianfeng demanda à l'impératrice Zhen de remettre à sa place Cixi, dont il qualifia non sans mépris les conseils de « retors[21] ». Son infraction à une règle essentielle eût pu valoir à Cixi un châtiment fatal*. Si l'on en croit une anecdote connue, l'empereur Xianfeng remit par la suite un édit privé à l'impératrice Zhen, où il affirmait craindre que Cixi ne cherche à se mêler des affaires de l'État après sa mort ; auquel cas, l'impératrice Zhen devrait montrer l'édit aux princes et la faire « exterminer[22] ». Il paraît qu'après la mort de leur époux, l'impératrice Zhen montra le morceau de papier potentiellement fatal à Cixi, et le brûla.

L'impératrice Zhen, dont les contemporains louaient la bonté, ne manquait pas non plus de courage. Dès que l'empereur se fâchait contre une concubine, elle intervenait[23]. Il semblerait qu'elle ait à cette occasion-là pris la défense de Cixi. Peut-être avança-t-elle que Cixi s'efforçait simplement – avec un zèle certes excessif – de témoigner son amour et son souci de Sa Majesté. L'impératrice Zhen prit Cixi sous son aile au moment où celle-ci se retrouvait plus que jamais vulnérable, s'assurant ainsi le dévouement de Cixi jusqu'à son dernier jour. Zhen le lui rendrait bien. Il faut dire que Cixi ne rusa pas une seule fois avec elle. Bien qu'elle dût certainement ronger son frein au bas de l'échelle des concubines, Cixi ne tenta pas de miner l'autorité de Zhen, qui assumait pour sa part la fonction d'impératrice. Même les pires ennemis de Cixi ne l'accusèrent jamais de comploter contre Zhen. Si Cixi éprouva de la jalousie, ce qui paraît inévitable dans sa position, elle maintint son dépit dans les bornes du raisonnable, sans le laisser empoisonner leurs relations. Cixi n'était pas mesquine – mais au contraire, fort avisée. Au lieu de se considérer comme rivales, les deux femmes

* On affirme parfois que Cixi aidait son mari à éplucher des rapports officiels et rédiger ses instructions. Rien ne le prouve.

devinrent bonnes amies, l'impératrice s'adressant dans l'intimité à Cixi comme à sa « petite sœur[24] », du fait de son titre, bien qu'elle eût en réalité un an de moins qu'elle.

Il est fort possible que ce soit l'impératrice Zhen qui ait décidé l'empereur à promouvoir Cixi du sixième au cinquième rang des concubines en 1854. Elle sortit ainsi du peloton de queue et reçut par la même occasion un nouveau nom, mûrement choisi : *Yi*, qui signifie « exemplaire[25] ». Un édit de la main même de l'empereur, rédigé à l'encre écarlate, signe de son autorité, annonça publiquement le changement de nom et de rang de Cixi. Une cérémonie officielle eut lieu en son honneur : des eunuques de la section musicale de la cour interprétèrent quelques compositions en guise de félicitations.

Cixi apprit à cette occasion que, pour survivre à la cour, il fallait garder sa langue à propos des affaires de l'État. Il dut lui en coûter, au vu de l'ampleur des ennuis que connaissait alors la dynastie. Non contents de consolider leurs bases dans le sud de la Chine, les rebelles Taiping victorieux se préparaient à une attaque militaire de Pékin. Cixi s'estimait dotée de bonnes idées pour en venir à bout – la défaite des rebelles Taiping coïnciderait d'ailleurs avec son exercice du pouvoir. Pour autant, elle ne pouvait rien dire, n'ayant le droit de partager avec son époux que des centres d'intérêt étrangers à la politique, tels que la musique ou l'art. L'empereur Xianfeng avait une âme d'artiste. Adolescent, il peignait des paysages, des portraits, et des chevaux au regard touchant, d'une qualité remarquable. Cixi aussi maniait le pinceau avec talent. Jeune fille, elle dessina des broderies, et ses dispositions pour la peinture et la calligraphie s'épanouiraient dans ses vieux jours. Pour l'heure, lui restait au moins la possibilité d'évoquer avec son mari ce sujet d'intérêt commun. L'opéra les rapprocha un peu plus encore. L'empereur Xianfeng adorait assister à des opéras, en composer la musique et les paroles, ou encore en diriger la mise en scène. Il lui arrivait même de se maquiller et de prendre part au spectacle. Soucieux d'améliorer la qualité de son jeu, il demandait à des acteurs d'enseigner devant lui leur art à des eunuques, et apprit beaucoup par l'observation. Il jouait assez bien de ses instruments favoris, la flûte et le tambour. Quant à Cixi, sa passion pour l'opéra contribuerait plus tard à la création d'un genre artistique codifié et raffiné.

Le 27 avril 1856, Cixi mit au monde un fils. Son destin allait en être bouleversé.

2. De la guerre de l'Opium à l'incendie de l'ancien Palais d'été (1839-1860)

La naissance du fils de Cixi, le premier descendant mâle de l'empereur, créa l'événement à la cour. L'empereur Xianfeng n'avait à ce moment-là qu'une fille, la Grande Princesse, née d'une concubine entrée à la cour en même temps que Cixi ; mais, en tant que femme, elle ne pourrait perpétuer la lignée. La venue au monde du fils de Cixi fut l'occasion d'ouvrir au palais un dossier intitulé « La concubine impériale *Yi* a donné une heureuse naissance à un grand prince[1] ». On y apprend que, quelques mois plus tôt, en accord avec une coutume de la Maison royale frappée au coin du bon sens, la mère de Cixi avait été invitée à veiller sur sa fille dans la Cité interdite. À une date favorable déterminée par l'astrologue de la cour, on creusa un « trou de joie » derrière le logement de Cixi, lors d'une cérémonie où l'on récita des « chants de joie ». On y plaça des baguettes enveloppées dans de la soie rouge auprès de huit trésors, dont de l'or et de l'argent. Le mot « baguettes » se prononce *kuai-zi*, tout comme « engendrer rapidement un fils ». On enterrerait dans ce trou le placenta et le cordon ombilical.

Des soieries, de la mousseline et du coton les plus fins furent choisis pour y tailler les habits de l'enfant et la parure de son lit. On recruta des légions de sages-femmes expérimentées en renfort des médecins de la clinique royale. Elles ne quitteraient plus Cixi d'une semelle à partir de son septième mois de grossesse. En principe, une telle vigilance ne s'exerçait qu'à compter du huitième mois, mais l'empereur Xianfeng, anxieux et informé au jour le jour de l'état de Cixi, recommanda des égards particuliers envers sa concubine. Sitôt l'enfant venu au monde, le chef des eunuques accourut lui annoncer que « la concubine impériale *Yi* vient de donner naissance à un prince » et que, selon les médecins, « le pouls de la mère et de l'enfant sont l'un comme l'autre réguliers ». (Le pouls passait pour un indicateur essentiel de la santé.) Et tous de s'écrier : « Que de réjouissance pour notre maître de dix millénaires ! »

Étourdi de joie, l'empereur Xianfeng promut aussitôt Cixi à un rang supérieur. Une frénésie de célébrations en l'honneur du nouveau-né, prénommé Zaichun, s'empara de la cour entière. À une date (le troisième jour suivant sa naissance) et à une heure (midi) établies par l'astrologue de la cour, l'enfant reçut un bain en bonne et due forme dans une grande bassine d'or pur à l'orientation (face au sud), elle aussi soigneusement calculée. Enfin, on l'installa en fanfare dans son berceau. D'autres fêtes eurent lieu un mois après sa naissance. Il eut alors droit à sa première coupe de cheveux. Le jour de son premier anniversaire, on plaça devant lui une pile d'objets : le premier dont il s'emparerait devait en principe indiquer ses futures dispositions. Il attrapa d'abord un livre – alors que ceux-ci allaient plus tard lui inspirer une véritable phobie. À cette occasion et d'autres encore, il reçut de somptueux présents. On échangeait à l'époque des cadeaux à n'en plus finir, au point qu'on ne pouvait concevoir d'événement sans cela. Il était rare que s'écoule à la cour une journée où nul n'apportait ni n'expédiait de présents. Durant sa première année, le fils de Cixi reçut quelque neuf cents objets en or, argent, jade et autres pierres précieuses, et plus de cinq cents habits et parures confectionnés dans les étoffes les plus délicates.

Grâce à son fils, Cixi devint rapidement la concubine sans conteste la plus en vue après l'impératrice Zhen. Deux ans plus tard, la mort d'un second fils de l'empereur[2], quelques heures après sa naissance et avant même qu'il n'eût reçu un nom, conforta encore la position de Cixi. Elle en profita pour convaincre son époux d'unir sa propre sœur de dix-huit ans à un jeune demi-frère de l'empereur, le prince Chun, âgé pour sa part de dix-neuf ans[3]. C'était à l'empereur de choisir les concubines des princes parmi les candidates à son propre harem. Cixi voyait souvent ce prince Chun à l'opéra. Même si hommes et femmes assistaient chacun de leur côté au spectacle, les curieux trouvaient toujours le moyen de lorgner les membres du sexe opposé. Depuis les loges où elles prenaient place en tailleur sur des coussins, les dames de la famille royale pouvaient observer leurs homologues masculins sans être vues. Selon Mrs Isaac Headland, médecin et missionnaire américaine, qui soignerait (plus tard) de nombreuses aristocrates, dont la mère de Cixi : « La curiosité démange ces gentilles petites dames, tout à fait capables de découvrir qui est qui parmi cette cour pleine d'hommes d'État aux habits ornés de dragons ; de fait, je n'ai jamais manqué d'obtenir une prompte réponse, chaque fois que je me suis enquise du nom d'un hôte séduisant ou distingué, dont je désirais connaître l'identité[4]. » Cixi dut à coup sûr se renseigner sur le caractère du prince Chun, appelé à lui rendre bien des services à l'avenir.

Pour l'instant, Cixi se consacrait toutefois à son fils. L'étiquette lui interdisant de lui donner le sein, des médecins lui prescrivirent des remèdes à base d'herbes pour tarir son lait. On engagea une nourrice mandchoue de basse extraction satisfaisant aux exigences de la cour. Elle se vit encouragée à manger « un demi-canard par jour ou des pieds de porc ou du mou de porc » pour qu'abonde son lait. La maison royale versa en outre une certaine somme à cette nourrice pour qu'elle confie à une autre l'allaitement de son propre enfant[5].

L'impératrice Zhen, mère officielle du fils de Cixi, prit le pas sur celle-ci. Il n'en résulta pas d'animosité entre les deux femmes et l'enfant grandit entouré de deux mères aimantes. Un peu plus tard, il eut pour camarade de jeu sa sœur aînée, la Grande Princesse. Les peintres de la cour saisirent sur le vif les deux enfants alors que, sous un pavillon abrité par un saule, ils s'amusaient ensemble à pêcher dans un lac fleuri de lotus, dans les jardins du palais. Le petit garçon portait une robe indigo serrée à la taille par une ceinture rouge et la princesse, une tenue verte, un gilet rouge et des fleurs dans les cheveux. Sur une autre peinture, le prince, auprès de magnolias et d'un pin, à l'orée du printemps, porte une petite coiffe sur la tête, comme sa sœur, et une robe à la doublure bleu pâle. Les deux enfants semblent chercher des insectes qui sortaient peut-être alors d'une longue hibernation, parmi des rochers et les racines rabougries de vieux arbres. Sur ces images, le petit garçon apparaît systématiquement deux fois plus grand que sa sœur aînée.

Loin de ces idylliques scènes de la prime enfance du fils de Cixi, la rébellion des Taiping au sud et de violents troubles, ailleurs, continuaient de secouer l'empire. En fait, la Chine affrontait au même moment un autre problème de taille : l'invasion de puissances étrangères.

L'origine du conflit qui opposa la France et l'Angleterre à la Chine de 1856 à 1860 remonte à une centaine d'années plus tôt, sous le long règne de l'empereur Qianlong (de 1736 à 1795), souvent surnommé « Qianlong le Magnifique » en raison de ce qu'il accomplit. En 1757, il ferma la Chine aux étrangers, à l'exception du port commercial de Canton. Son principal souci consistait à contrôler son vaste empire, or il lui semblait plus facile d'y parvenir ainsi. La Grande-Bretagne n'en désirait pas moins commercer avec la Chine, dont elle importait surtout de la soie et du thé, qu'on ne cultivait à l'époque nulle part ailleurs. Chaque année, le thé rapportait à lui seul plus de trois millions de livres à l'Échiquier, rien qu'en taxes d'importation ; de quoi couvrir la moitié des dépenses de la Marine. Une mission britannique se rendit en 1793 à Pékin pour persuader Qianlong d'ouvrir d'autres ports au commerce. Lord Macartney en prit la tête et fit de son mieux pour satisfaire les exigences chinoises : il accepta par exemple d'orner les bateaux et les chariots de sa mission de bannières où l'on pouvait lire en caractères chinois : « L'ambassadeur anglais apporte un tribut à l'empereur de Chine[6]. » Soucieux d'obtenir de Qianlong une audience, il se plia même à l'obligatoire *san-gui-jiu-kou* – qui consistait à s'agenouiller trois fois devant l'empereur et à toucher neuf fois le sol avec le front. Certes, il ne s'y résolut qu'à contrecœur, sachant que, sinon, Qianlong ne le recevrait pas*.

À en croire les Anglais, l'empereur adressa à Lord Macartney « toutes les marques de faveur et de considération possibles » mais il refusa envers et contre tout de développer le commerce entre les deux nations. En guise d'échantillon de ce que la Grande-Bretagne pouvait offrir à la Chine, Lord Macartney remit entre autres à l'empereur deux obusiers mobiles équipés de tout un attirail de munitions. L'empereur les laissa croupir dans l'ancien Palais d'été. Dans sa réponse à une lettre de George III, il repoussa point par point les demandes du monarque anglais : il estimait « impossible » d'ouvrir d'autres ports au commerce et ne permettrait pas à la Grande-Bretagne d'acquérir une petite île le long des côtes de Chine pour que s'y établissent des négociants ou pour y entreposer des marchandises. Enfin, il était « absolument hors de question » d'accueillir un envoyé anglais à Pékin. Lord Macartney sollicita par ailleurs l'autorisation pour des missions chrétiennes d'entrer en Chine. L'empereur répondit que « la religion chrétienne est celle de l'Occident, or la dynastie céleste nourrit ses propres croyances,

* C'est du moins ce qu'affirment les archives chinoises. Certains estiment que Lord Macartney ne se soumit pas au rituel. Qianlong déclara pourtant à sa cour qu'il allait recevoir Lord Macartney « maintenant qu'il a bien voulu obéir aux règles de la dynastie céleste ». Rockhill avance (p. 31) d'autres arguments prouvant que Lord Macartney se livra bel et bien à la « triple génuflexion et aux neuf coups de tête » qui lui répugnaient tant.

transmises par ses monarques sacrés, grâce auxquelles il a jusqu'ici été possible de gouverner avec ordre nos 400 millions de sujets. L'hérésie ne doit pas semer la confusion dans l'esprit de notre peuple [...] il convient de séparer strictement les Chinois et les étrangers ».

L'empereur proclama encore que sa « dynastie céleste possédait de tout en abondance, ne manquait de rien à l'intérieur de ses frontières », et n'avait donc aucun besoin d'importer quoi que ce soit. À l'entendre, il n'autorisait le commerce dans un seul et unique port chinois que par bonté d'âme et par considération envers les étrangers, incapables de se passer des produits de l'empire. Ces propos arrogants ne correspondaient pas à la réalité ni même à l'opinion que s'en formait l'empereur. Les droits de douane perçus à Canton représentaient une part substantielle des recettes de l'État – en 1790, trois ans avant la mission de Lord Macartney, ils rapportaient plus d'1,1 million de taels d'argent[7]. Une large part de cette somme revenait à la cour, dont les dépenses annuelles s'élevaient à 600 000 taels. L'empereur Qianlong ne l'ignorait pas, habitué qu'il était à éplucher les livres de comptes. Il suivait en outre les progrès de la science et de la technologie européennes. Un outil aussi essentiel à la production agricole de l'empire que le calendrier chinois avait été conçu au XVIIe siècle par des jésuites – et notamment Ferdinand Verbiest – au service de l'empereur Kangxi (1661-1722), le grand-père de Qianlong. Des jésuites venus d'Europe avec du matériel européen s'occupaient depuis de l'observatoire impérial de Pékin, où ils travaillaient à l'époque pour Qianlong en personne. Des missionnaires quadrillant le territoire de l'empire à l'aide de méthodes européennes établirent sous son règne (et sous celui de Kangxi) jusqu'aux cartes mêmes de la Chine.

En réalité, Qianlong mit un point d'honneur à rembarrer la mission Macartney et à fermer la Chine aux étrangers parce qu'il ne se sentait pas sûr du contrôle qu'il exerçait sur l'empire et qui reposait à vrai dire sur la soumission pleine et entière de la population. Le trône considérait comme périlleux le moindre contact avec l'étranger susceptible de remettre en cause l'obéissance aveugle du peuple. Du point de vue de Qianlong, le mélange de certains éléments étrangers à la population aurait suffi à soustraire l'empire à tout contrôle – surtout à partir du moment où la paysannerie se montrait remuante. La dynastie Qing jouissait jusque-là d'une exceptionnelle prospérité, due à de bonnes conditions climatiques prolongées (pendant à peu près un demi-siècle sous le règne de Kangxi). Elle entama son déclin vers la fin du XVIIIe siècle, en grande partie à cause d'une explosion démographique liée à l'introduction, en Chine, de cultures à fort rendement, telles que la pomme de terre et le maïs, venus d'Amérique. À l'époque de la visite de Macartney, la population chinoise venait de doubler en moins d'un demi-siècle pour dépasser les 300 millions d'habitants. Cinquante ans plus tard, on dénombrerait plus de 400 millions de Chinois[8]. L'économie traditionnelle n'était pas de taille à soutenir une telle croissance. Lord Macartney remarqua : « Il est rare qu'une année s'écoule sans une insurrection dans l'une ou l'autre de leurs provinces. Certes, la répression ne tarde jamais, mais leur fréquence constitue un éloquent symptôme de la fièvre qui couve. Le paroxysme est surmonté, pour autant le mal n'est pas guéri. »

Qianlong chassa pour ainsi dire Lord Macartney et adressa un courrier agressif au roi George III, le menaçant de recourir à la force pour repousser les navires marchands britanniques, au cas où ils accosteraient en Chine. « N'allez pas me reprocher de ne pas vous avoir mis en garde ! » conclut-il. Il réagissait comme un volatile hérissant les plumes à l'approche du danger. Sa politique de fermeture de la Chine résultait d'un calcul dicté par la crainte et non d'un orgueil mal placé, comme on le dit souvent.

Les successeurs de Qianlong (son fils et son petit-fils) s'en tinrent à la même ligne de conduite, alors que l'empire s'affaiblissait de plus en plus. Un demi-siècle après la mission avortée de Lord Macartney, les Britanniques entrouvrirent la porte jusque-là fermée de la Chine, à l'issue de la guerre de l'Opium (1839-1842), le premier affrontement militaire entre la Chine et l'Occident.

Produit en Inde britannique, l'opium entrait clandestinement en Chine par le truchement de commerçants (en majorité) britanniques. Au vu des terribles dommages qu'il causait à l'économie aussi bien qu'à la population, Pékin interdisait depuis 1800 son importation, sa culture et sa consommation. Un document d'époque brosse un tableau saisissant des opiomanes : « Les épaules voûtées, les yeux larmoyants, la goutte au nez, le souffle court, ils ont l'air plus mort que vif. » La crainte s'éleva qu'au cas où cela continuerait ainsi, le pays vînt à manquer de soldats et de paysans vigoureux, sans parler de l'argent avec lequel il frappait sa monnaie. En mars 1839, l'empereur Daoguang, futur beau-père de Cixi, envoya Lin Zexu en croisade contre l'opium en tant que commissaire impérial à Canton, où mouillaient alors les navires étrangers. Le commissaire Lin ordonna aux commerçants de lui remettre tout l'opium en leur possession. Comme ils s'y refusaient, Lin soumit à un embargo la communauté étrangère en attendant qu'elle lui remît la totalité de l'opium en circulation dans les eaux chinoises. Au final, il reçut 20 183 coffres d'opium ; l'équivalent de plus de mille tonnes. Il leva dès lors l'embargo et entreprit de détruire l'opium aux abords de Canton en le faisant fondre avant de le jeter à la mer. Auparavant, le commissaire Lin sacrifia rituellement au dieu de la mer qu'il supplia d'« enjoindre aux poissons de s'éloigner pour éviter le poison[9] ».

Le commissaire Lin savait qu'en « Angleterre le chef d'État est une femme assez jeune, et pourtant c'est d'elle qu'émanent tous les ordres ». Il sollicita par courrier la coopération de la reine Victoria, sur le trône depuis 1837. « J'entends dire qu'il est strictement interdit de fumer de l'opium en Angleterre, écrivit Lin. L'Angleterre n'ignore donc pas les méfaits de cette drogue. Si elle ne tolère pas que l'opium empoisonne son propre peuple, alors elle ne devrait pas non plus autoriser qu'il empoisonne d'autres pays. » L'empereur Daoguang approuva la lettre[10]. On ne sait à qui le commissaire la confia. En tout cas, rien n'indique que la reine Victoria l'ait reçue*.

De Londres jusqu'à Glasgow, les principales maisons et chambres de commerce prirent feu et flammes. On qualifia le geste de Lin d'« injure » à la propriété britannique et certains appelèrent à prendre les armes en vue d'obtenir « satisfaction et réparation ». Le secrétaire d'État aux Affaires étrangères, Lord Palmerston, partisan de la « diplomatie de la canonnière », se déclara en faveur d'une guerre. Lorsque le Parlement en débattit, le 8 avril 1840, le futur Premier ministre William Gladstone, à l'époque jeune député Tory, prononça un discours inspiré contre le recours à la force armée :

> [...] de guerre à l'origine plus injuste, de guerre mieux calculée pour plonger le pays dans une disgrâce durable, je n'en connais pas et n'en ai jamais entendu parler. Le très honorable *gentleman* que voici a évoqué hier en termes éloquents le drapeau anglais flottant glorieusement à Canton [...] mais à présent, sous les auspices du noble Lord, on hisse ce drapeau pour protéger un infâme trafic de contrebande [...] Non, je suis certain que le gouvernement de Sa Majesté ne convaincra jamais la Chambre de soutenir cette guerre inique et injuste[11].

* Ce courrier n'apparaît pas parmi les archives royales de Windsor et rien n'invite à penser qu'il soit parvenu à Londres. Un journal anglais de l'époque, *The Canton Press*, le publia toutefois à Canton, de même que le *Chinese Repository*, un périodique destiné aux missionnaires protestants, dans son numéro de février 1840.

L'opposition – les Tories – présenta une motion de censure malgré tout repoussée à neuf voix près (271 contre 262). Au cours des deux années suivantes, des hordes de navires de guerre britanniques et 20 000 hommes (dont 7 000 soldats Indiens) attaquèrent le sud et l'est de la côte chinoise, occupant Canton et même, un temps, Shanghai. Faute de canonnières, l'armée chinoise mal équipée fut rapidement vaincue. Contraint de signer le traité de Nankin en 1842[12], l'empire dut verser à ses ennemis une indemnité de 21 millions de dollars d'argent*.

Ainsi encouragé, le commerce illicite de l'opium prospéra. La quantité d'opium expédiée de Calcutta et de Bombay doubla presque aussitôt, pour tripler avant la fin de la décennie suivante – passant de 15 619 coffres en 1840 à 29 631 en 1841 et 47 681 en 1860. La Chine comprit que la lutte ne servait à rien et légalisa le négoce de l'opium en octobre 1860. Ce qu'on appelait alors la « drogue étrangère » (*yang-yao*) demeurait associé à l'Occident. À en croire Mrs Headland, médecin et missionnaire américaine : « On m'a souvent présenté, en visite chez des Chinois, une pipe à opium et mon refus d'en user surprenait les dames qui, si j'en crois ce qu'elles me disaient, avaient l'impression que tous les étrangers en consommaient. »

Le traité de Nankin contraignit la Chine à ouvrir au commerce, en plus de Canton, quatre ports (dont Shanghai) connus en tant que « ports de traité » : des comptoirs occidentaux, soumis aux lois occidentales et non chinoises. Le traité « donna » en outre l'île de Hong Kong aux Britanniques pour qu'y mouillent leurs navires marchands. Elle se réduisait à l'époque à de stériles collines brûlées par le soleil où poussaient de rares arbres parmi quelques cabanes de pêcheurs. Quant au comptoir de Shanghai, il occupait une étendue marécageuse auprès de quelques parcelles cultivées. Deux

---

* Il n'allait pas de soi, en ce temps-là, en Europe, de réclamer des indemnités de guerre. Plus tard, sous le feu nourri des critiques, Palmerston se défendit en affirmant au Parlement que « ce que le précédent gouvernement réclamait, c'était une réparation de l'honneur humilié du pays, et que, pour cela, il convenait entre autres de rembourser l'opium extorqué aux Britanniques ». Palmerston reconnut qu'il était « insolite si l'on se réfère aux conflits en Europe » que la Chine ait à assumer « les dépenses de la guerre », mais « afin de rendre les Chinois sensibles à l'ampleur de l'outrage commis et pour qu'ils sentent assez le pouvoir des Britanniques résolus à venger leur honneur, on a cru bon de leur faire supporter les frais de la guerre, en plus d'exiger qu'ils remboursent les parties lésées ».

prodigieuses métropoles internationales jailliraient un jour de ce sol ingrat, grâce au rude labeur des Chinois, et à une administration et des investissements étrangers, britanniques pour l'essentiel. Au début du xxe siècle, un diplomate en vue sous le règne de Cixi, Wu Tingfang, écrivit à propos de Hong Kong :

> Le gouvernement britannique a consacré à sa mise en valeur d'importantes sommes d'argent, année après année, et la sage administration du gouvernement local y a mis en place toutes les commodités nécessaires au libre commerce. Il s'agit à présent d'une colonie britannique prospère [...] la prospérité de la colonie repose sur les Chinois qui, cela va sans dire, jouissent de tous les privilèges dont bénéficient les résidants britanniques [...] Je dois reconnaître que le gouvernement britannique a beaucoup fait pour Hong Kong. Il a fourni aux Chinois le modèle vivant d'un gouvernement à l'occidentale qui [...] a rendu possible la transformation d'une île stérile en ville prospère [...] L'application impartiale de la loi et l'humanité du traitement réservé aux criminels ne peuvent qu'exciter l'admiration et gagner la confiance des indigènes[13].

À l'issue de la guerre de l'Opium, la Chine dut autoriser aux missionnaires occidentaux l'accès à son territoire. Les frontières de l'empire leur étaient alors fermées depuis plus d'un siècle. Une fois le conflit terminé, les Français, qui commerçaient peu avec la Chine et ne s'intéressaient qu'à la propagation du catholicisme, profitèrent de la victoire des Européens pour mener campagne en vue de l'ouverture de la Chine aux missionnaires. L'empereur Daoguang ne se laissa d'abord pas fléchir. Malgré tout, d'un naturel vacillant, et les idées déjà plus très claires, il finit par céder à la pression sans relâche des Français, dont se faisait l'écho Qiying, son commissaire en charge des relations avec les Occidentaux. Qiying préconisait en effet de se ranger à leurs vues. Le 20 février 1846, un édit qui marqua un tournant dans l'histoire de la Chine autorisa enfin l'accès de son territoire aux missionnaires, encore que dans les seuls ports de traité, à l'exclusion du reste de l'empire.

Il ne serait toutefois pas possible de contenir les missionnaires. Sitôt assurées leurs bases, ils s'empressèrent de pénétrer jusqu'au cœur du vaste territoire chinois, au mépris de la défense qui leur en avait été faite. À la différence des premiers jésuites employés à la cour indépendamment de leur ordre, qui pas une seule fois ne désobéirent à l'empereur, les missionnaires, se sachant défendus par des canonnières, firent preuve de hardiesse. Leur zèle les incita à s'aventurer au plus profond de l'antique empire chinois où ils répandirent les idées et les pratiques occidentales, contribuant à sa modernisation, et précipitant du même coup – intentionnellement ou pas – la chute de la dynastie Qing. En dépit du peu de conversions dont ils purent se targuer, ils jouèrent un rôle clé dans la transformation de la Chine.

L'empereur Daoguang, s'il ne pouvait prévoir l'avenir, dut se rendre compte, du moins, qu'il venait de libérer une force colossale de mauvais augure – ce qui le déstabilisa et pesa sur son humeur. Ses relations malheureuses avec les Britanniques nourrissaient déjà ses regrets et son désespoir. « Harcelé par d'inqualifiables tentatives d'intimidation, je sens enfler en moi la colère et la haine, écrivit-il par exemple. Je ne peux que m'en prendre à moi-même et avoir honte de moi », estima-t-il désormais. « Je n'ai qu'une envie : me frapper du poing la poitrine, encore et encore[14]. » Quelques mois après l'édit fatidique, l'arrivée des missionnaires dans les provinces chinoises et les problèmes qui allaient en résulter éveillèrent des craintes. Comme ses tourments redoublaient, l'empereur rédigea son testament, par lequel il désigna son successeur. Estimant impératif de laisser l'empire entre les mains d'un souverain plus résolu et plus capable que lui de résister à l'Occident, il choisit pour prendre sa relève son quatrième fils, le futur empereur Xianfeng, mari de Cixi, élevé dans la haine des Occidentaux.

Chez les Qing, le trône ne revenait pas forcément à l'aîné : c'était à l'empereur de nommer en secret son successeur par ses dernières volontés. Daoguang établit solennellement et en privé son testament, rédigé à la fois en chinois et en mandchou, comme il convenait à un document officiel d'une telle importance. L'empereur plia et glissa celui-ci entre deux feuilles de papier jaune royal, qu'il signa et data avant de placer le tout dans un dossier en carton blanc à la couverture jaune. Il l'enveloppa d'une feuille de papier jaune qu'il signa également et où il nota en mandchou « Dix mille ans » – signe du caractère irrévocable de ses dernières volontés. Il déposa enfin le tout dans un coffret de l'essence la plus précieuse, celle du *nan-mu*, tapissé de soie jaune à l'intérieur et recouvert au-dehors de laine jaune. Ses prédécesseurs y avaient eux aussi placé leur testament, indiquant l'identité du prochain empereur. Sa serrure et sa clé figuraient un vol de chauve-souris parmi des nuages. (Un motif de bon augure, compte tenu de l'homonymie en chinois de « chauve-souris » et « sort heureux ».) L'empereur Daoguang ne scella pas tout de suite le coffret : il attendit le lendemain, au cas où il se repentirait de sa décision, dont il tenait à être parfaitement sûr.

Il le ferma alors lui-même à clé avant d'y apposer des bandelettes de papier, qu'il signa et data. On plaça ensuite ce coffret derrière la gigantesque plaque suspendue à l'entrée d'une des principales salles de la Cité interdite, où figuraient quatre idéogrammes – *zheng-da-guang-ming* – « juste, magnanime, honorable et sage », une devise impériale[15].

L'empereur Daoguang avait neuf fils de différentes concubines, mais seuls le quatrième et le sixième étaient en âge, et surtout capables de lui succéder*. L'empereur écarta ostensiblement le sixième, auquel il conféra le titre exceptionnel de *qin-wang*, le plus haut des princes. Charmeur et populaire à la cour, il ne vouait pas une haine viscérale aux étrangers, à l'inverse de son demi-frère, l'héritier désigné. Leur père craignait qu'il ne cède aux exigences des Occidentaux et n'autorise la Chine à s'ouvrir encore un peu plus**. Il connaissait bien ses fils : ceux-ci allaient se comporter exactement comme il l'avait prévu.

Le futur empereur, qui allait épouser Cixi, avait huit ans quand éclata la guerre de l'Opium. Les années suivantes, il vit son père en proie à bien des tourments, brisé par le conflit. Lorsqu'il accéda au trône en 1850, un de ses premiers actes fut de condamner, par un long édit de sa main, Qiying, le commissaire impérial conciliant, signataire du traité de Nankin. Qiying avait convaincu son père de lever l'interdiction pour les missions chrétiennes de pénétrer en Chine. Dans son édit, l'empereur Xianfeng lui reprocha de « toujours céder aux étrangers aux dépens de l'empire » et blâma son « extrême incompétence » comme « son absence totale de sens moral ». Démis de ses fonctions, Qiying reçut par la suite l'ordre de se suicider[16].

Un jour, l'empereur apprit que le toit d'une église de Shanghai venait de s'effondrer lors d'une tempête en détruisant un grand crucifix en bois. Il en conclut que le Ciel venait de se charger d'une mission que lui-même aurait dû mener à bien et nota sur le rapport où figurait la nouvelle : « J'en suis ému, impressionné, et n'en ai que plus honte encore[17]. » Sa haine de la Chrétienté et

* Les trois premiers étaient morts et les trois derniers (dont le septième, le prince Chun, qui allait épouser la sœur de Cixi), encore trop jeunes. Quant au cinquième, son père l'avait fait adopter par l'un de ses frères (depuis décédé), ce qui le disqualifiait du même coup de la succession.

** On invoque souvent, à propos du choix de l'empereur Daoguang, une anecdote dont ressort la répugnance de son quatrième fils à chasser au printemps (de crainte de blesser des femelles gravides). Ce ne sont là que des fadaises empreintes de sentimentalisme.

des Occidentaux s'intensifia d'autant plus que les rebelles Taiping qui menaçaient la stabilité de son trône se disaient chrétiens. Leur chef, Hong Xiuquan, se présentait même comme le frère cadet de Jésus-Christ. L'empereur Xianfeng allait se battre bec et ongles pour maintenir les Occidentaux hors de Chine.

Les Britanniques souhaitaient pour leur part l'ouverture d'un plus grand nombre de ports au commerce et l'autorisation d'établir leurs représentants à Pékin. Ye Mingchen, vice-roi de Canton, chargé par l'empereur Xianfeng, dont il partageait les vues, de négocier avec les étrangers, fit la sourde oreille à leurs demandes. Les Britanniques conclurent à « l'absolue nécessité de faire venir en Chine des navires de guerre »[18]. Un incident à propos d'un vaisseau baptisé *Arrow* déclencha ce qu'on appelle souvent la « seconde guerre de l'Opium » en 1856 – l'année de la naissance du fils de Cixi. L'année suivante, les Britanniques envoyèrent en Chine Lord Elgin (fils du septième comte d'Elgin, des marbres de l'Acropole d'Athènes) à la tête d'une flotte de navires de guerre. Les Français se joignirent à l'expédition, soucieux de garantir la libre circulation de leurs missionnaires à l'intérieur de l'empire. Les Alliés occupèrent Canton, dont ils expédièrent à Calcutta le vice-roi Ye, qui ne tarda pas à y mourir. Les Européens firent alors voile vers le nord. En mai 1858, ils s'emparèrent des forts de Taku, à quelque 150 kilomètres au sud-est de Pékin, et pénétrèrent dans la ville toute proche de Tianjin. Malgré la présence de troupes ennemies aux marches de son empire, Xianfeng continua de rejeter en bloc les requêtes des Occidentaux. La menace de Lord Elgin de marcher sur Pékin le contraignit tout de même à envoyer aux alliés des négociateurs, qui acceptèrent tout ce que réclamaient les Occidentaux : les envoyés des Alliés s'établiraient à Pékin, d'autres ports s'ouvriraient au commerce et les missionnaires auraient accès au cœur de l'empire. Après quelques jours sur des charbons ardents, l'empereur Xianfeng céda sous la menace de ce que l'envoyé français, le baron Gros, qualifia de « pistolet sur la gorge[19] » : il avalisa les décisions de ses représentants. Satisfaits, les Alliés quittèrent les forts de Taku à bord de leurs canonnières.

L'accord que l'on venait d'imposer à Xianfeng lui faisait toutefois horreur. Il se creusa la tête en quête d'une échappatoire et alla jusqu'à proposer à la France et à la Grande-Bretagne une exemption de droits d'importation, à condition de revenir sur ce qui venait d'être décidé. L'un et l'autre pays répondirent qu'ils seraient ravis de ne plus payer de droits d'importation, mais qu'ils aimaient mieux s'en tenir à l'accord conclu. Dès lors, l'empereur ne cessa d'abreuver de remontrances ses représentants à Shanghai, en discussion avec les Européens – en vain[20].

Au bout d'un an, il fallut comme convenu ratifier les accords à Pékin. Le frère cadet de Lord Elgin, Frederick Bruce, se mit en route pour la capitale chinoise en juin 1859, accompagné par des soldats britanniques et une petite troupe de Français. (À l'époque, la France se battait en Indochine, dans l'idée de la coloniser.) L'empereur Xianfeng voulut rembarrer Bruce et son collègue en leur créant toutes sortes de difficultés. Il exigea que le vaisseau qui transportait les envoyés accoste dans une petite ville, d'où ceux-ci se rendraient à Pékin « avec une suite de pas plus de dix hommes, sans armes [...] sans chaise à porteurs ni escorte » et qu'ils quitteraient la capitale « sitôt ratifiés les accords ». Les chaises à porteurs constituaient alors le moyen de transport le plus prestigieux. Une solution de repli, assez humiliante, obligerait les envoyés à voyager à bord de carrioles à mules singulièrement inconfortables sur des routes de campagne creusées de nids-de-poule. Bruce refusa de céder et se lança à l'assaut des forts de Taku. À sa grande surprise, les Chinois qui venaient de passer une année entière à renforcer leurs défenses le repoussèrent. L'empereur, plus sûr de lui que jamais, annonça sa rétractation.

Les Alliés revinrent l'année suivante, en 1860, avec un plus grand contingent, conduit par Lord Elgin, ambassadeur extraordinaire des Britanniques, et le baron Gros, l'ambassadeur français. Les deux hommes parvinrent d'abord à Hong Kong puis à Shanghai avant de poursuivre vers le nord par voie de mer. Ils commandaient ensemble vingt mille soldats d'infanterie, dont un corps de transport composé de coolies cantonais. Les troupes alliées s'emparèrent des forts de Taku, mais l'un et l'autre camps essuyèrent de lourdes pertes. « Jamais encore l'Angleterre ne s'est lancée dans une campagne avec une force armée aussi bien organisée ni d'une telle efficacité », affirma le lieutenant colonel G.J. Wolseley. Le gros des troupes chinoises était en revanche « mal équipé, ils ne disposent que de mauvais chevaux et d'un piètre armement ; certains, d'arcs et de flèches ; d'autres, de lances et le reste, de vieux mousquets rouillés ». L'ardeur à se battre des Chinois laissait également à désirer, du moins à en croire les Européens. « Si les Chinois avaient adopté le plan de campagne de Wellington lorsqu'il a défendu le Portugal en 1809 ou des Russes en 1812, quand ils ont défendu Moscou, nous ne serions pas parvenus à Pékin en 1860. Pour nous tenir en échec, il leur aurait suffi de dévaster le pays, de brûler les récoltes dans les champs, de chasser le bétail et de détruire les bateaux sur le Peiho. » Wolseley nota en outre qu'à son arrivée, « les habitants se sont montrés très obligeants, ils ont à l'évidence communiqué toutes les informations dont ils disposaient ». À l'en croire, « ils semblent détester tous les soldats tartares [l'armée chargée de défendre la Chine venait de Mongolie] qu'ils qualifient "d'horrible race, parlant une langue inconnue, se nourrissant principalement de mouton cru" et "à l'odeur encore plus répugnante que la vôtre" (celle des Anglais) ». Non sans humour, le lieutenant-colonel commenta : « Voilà de quoi flatter notre orgueil national, d'autant que John Bull a tendance à se croire le plus soigné des hommes[21]. »

La guerre restait, il est vrai, l'affaire du trône et non de l'homme de la rue. Une infinie distance séparait l'empereur du peuple. Même les fonctionnaires ne se sentaient dans l'ensemble que peu concernés par le conflit. Il n'y a pas lieu de s'en étonner : le régime décourageait jusqu'à la classe instruite (les lettrés) de s'intéresser à la politique. En résumé, les Alliés marchèrent sur Pékin sans rencontrer beaucoup d'obstacles. Non contents d'exiger la ratification des accords signés deux ans plus tôt, ils réclamèrent à présent l'ouverture au commerce du port de Tianjin et le versement d'indemnités de guerre. Quand il reçut le conseil d'accepter les exigences des Alliés pour qu'ils s'en aillent, l'empereur Xianfeng, hors de lui, se répandit en sarcasmes et en insultes fort peu dignes d'un monarque. Pour inciter son armée à se battre, il offrit en guise de récompense « 50 taels d'argent pour chaque tête de barbare noir » – c'est-à-dire chaque Indien du contingent britannique – et « 100 taels pour chaque tête de barbare blanc[22] ».

Voulant négocier, Lord Elgin envoya son représentant, Harry Parkes, aux abords de Pékin, muni d'un drapeau blanc. Parkes et son escorte furent capturés et emprisonnés au ministère des Châtiments, où l'empereur en personne les condamna à une « pénible détention » : attachés et menottés le plus douloureusement possible, selon le *kao-niu* susceptible d'entraîner la mort[23]. Selon la logique chinoise, blesser les envoyés de l'ennemi restait le meilleur moyen de lui transmettre le message : nous lutterons jusqu'à la mort. Le commandant de l'armée mongolienne, conscient que le rapport de forces ne penchait pas en sa faveur, supplia qu'on traite moins sévèrement les captifs et qu'on leur fournisse un logement confortable et de quoi bien se nourrir. Redoutant le pire, il prit sur lui d'adresser une lettre à Lord Elgin, où il déclara souhaiter la paix et la conciliation. Xianfeng, en rage, le tança vertement. Le cercle des intimes de l'empereur (des princes et de hauts dignitaires) l'incitait à refuser tout compromis. L'un de ses conseillers, Jiao, affirma qu'il faudrait « mettre à mort Parkes à la manière extrême », c'est-à-dire par le supplice des mille coupures. L'idée plut à Xianfeng, qui écrivit : « Vous avez tout à fait raison. Il convient juste d'attendre quelques jours[24]. »

L'optimisme de l'empereur lui venait de ses plus proches conseillers, qu'il avait lui-même chargés de « s'occuper des barbares ». Voici le discours qu'ils lui tinrent : « Le barbare Parkes est le seul apte aux manœuvres militaires, et tous les barbares reçoivent de lui leurs ordres. Maintenant qu'il est prisonnier, le moral des troupes barbares va forcément s'effondrer et, à condition d'en profiter pour mener notre campagne d'extermination, la victoire nous appartiendra. » Trois jours après cet avis inspiré par un surprenant aveuglement, le 21 septembre 1860, l'armée chinoise essuya une défaite écrasante aux abords de Pékin. Xianfeng en reçut la nouvelle dans l'ancien Palais d'été. Il ne lui resta plus qu'à prendre la fuite. Ce soir-là, la cour paniquée fit ses malles dans le chaos le plus complet. Le lendemain matin, les dignitaires qui se présentèrent à leur audience s'aperçurent de la disparition de l'empereur. La majeure partie de la cour dut s'en aller de son côté, plus tard. Les habitants de Pékin, ayant entendu dire que l'empereur venait de prendre la poudre d'escampette, s'enfuyaient à leur tour, envahissant les routes.

Le 6 octobre, les troupes françaises firent irruption dans l'ancien Palais d'été. Le 8, les Chinois relâchèrent Parkes et quelques autres prisonniers. D'autres encore furent remis aux Alliés, les jours suivants – morts pour la plupart. 21 des 39 captifs décédèrent à cause de leurs conditions de détention, conformes aux ordres de l'empereur. Leurs camarades témoignèrent que leurs geôliers leur avaient « lié les pieds et les mains, dans le dos, le plus serré possible, avant de verser de l'eau sur les cordes pour en accroître la tension, et ils durent rester dans cette terrible position jusqu'à ce que leurs mains et leurs poignets se retrouvent dans un état trop horrible pour être décrit[25] ». Leur mort survint à l'issue de plusieurs jours d'abominable torture. Parkes et les survivants ne gardèrent la vie sauve que grâce à la protection discrète de fonctionnaires avisés du ministère des Châtiments.

Ce qu'il vit et entendit à cette occasion affecta Lord Elgin au plus haut point. Il écrivit à son épouse : « Ma très chère, nous avons reçu de consternantes nouvelles du sort de certains de nos amis prisonniers. Il s'agit là d'un crime atroce – et qui, dans l'intérêt de notre sécurité, en vue de l'avenir et non par vengeance, mérite une réaction digne de ce nom[26]. » Des Européens arrivaient à présent en Chine. Pour leur éviter semblable traitement, Lord Elgin résolut d'adresser à l'empereur un avertissement qui lui porterait un rude coup : il rasa l'ancien Palais d'été. Le général Grant écrivit dans une dépêche que, faute de représailles, « le gouvernement chinois se figurerait que l'on peut capturer et assassiner nos compatriotes en toute impunité. Il est nécessaire de les détromper sur ce point[27] ». Lord Elgin avait songé à d'autres mesures de rétorsion, avant de les écarter. « J'aurais préféré écraser l'armée chinoise, encore dans les parages, mais nous aurions risqué de les suivre autour des murailles de Pékin jusqu'au Jugement dernier, sans les rattraper. » Il avait hâte de terminer sa mission et de s'en aller, plutôt que de s'enliser en Chine, où le froid commençait à s'installer et où les renforts chinois risquaient d'arriver sous peu. Une réaction immédiate lui parut donc préférable.

On désigne sous le nom d'ancien Palais d'été un complexe palatial dont les fondations datent de l'orée du XVIIIe siècle et qui gagna en extension au cours des cent années suivantes. Il couvrait à l'époque de Cixi 350 hectares et abritait d'imposants édifices à l'européenne, œuvre des jésuites Giuseppe Castiglione et Michel Benoist, employés par Qianlong le Magnifique. S'y dressaient en outre des centaines de bâtiments de style chinois, tibétain ou mongolien, illustrant les traditions architecturales de toute la Chine. Des jardins paysagers mettaient à l'honneur les diverses régions de l'empire. On y trouvait par exemple des rizières de la vallée du Yangzi Jiang célèbres pour leurs pêchers en fleurs et leurs plantations de bambous où serpentaient des ruisseaux. Certains s'inspiraient de poèmes célèbres tels que celui de Li Bai, un auteur du VIIIe siècle, évoquant une cascade qui produisait, au centre d'un étang de pierres taillées, une musique liée aux variations de la force du courant. Quand le soleil brillait en un point précis du ciel, un arc-en-ciel se formait, dont la courbe rappelait celle du pont reliant le sommet de la cascade à l'étang. Contempler l'arc-en-ciel en écoutant le rythme de l'eau depuis un ravissant pavillon perché sur le pont comptait parmi les passe-temps favoris de la cour. Dans ce palais dédié aux plaisirs, la grandeur importait peu – c'était la beauté, qui primait. Des œuvres d'art d'une valeur inestimable et des richesses accumulées depuis plus d'un siècle en envahissaient les moindres recoins.

Avant que Lord Elgin ne mît le feu à cette immense collection de trésors, les Français, arrivés les premiers, pillèrent le palais. Leur commandant, le général de Montauban, écrivit, lorsqu'il y pénétra : « Rien dans notre Europe ne peut donner l'idée d'un tel luxe, et il m'est impossible de décrire ses splendeurs en quelques lignes, impressionné comme je le suis par la vue de telles merveilles[28]. » Ses soldats fondirent sur le butin sans retenue. Le lieutenant colonel Wolseley assista à la scène : « Le pillage généralisé et la destruction implacable de tout ce qui était trop lourd pour être emporté commencèrent sur-le-champ [...] les officiers et leurs hommes semblaient pris d'un accès de folie ; ils ne s'adonnaient plus, corps et âme, qu'à une chose : piller, et piller[29]. » Les Britanniques, arrivés plus tard, se mirent de la partie, vu que, comme le nota Robert Swinhoe, l'interprète du général Grant, « le général n'a émis aucune objection au saccage ». « Quel terrible spectacle de désolation s'offrit alors à nos yeux[30] ! » Grant commenta :

> Une seule salle du palais demeurait intacte. Le général de Montauban m'informa qu'il comptait répartir équitablement entre les Anglais et les Français les objets de valeur susceptibles de s'y trouver. Les murs en étaient couverts de jade [...] Le général français me dit qu'il avait trouvé deux [...] bâtons de commandement en or et en jade vert ; il m'en remettrait un en guise de présent à la reine Victoria, le second, il comptait l'offrir à l'empereur Napoléon[31].

La reine Victoria reçut entre autres cadeaux un petit chien. Une concubine impériale âgée qui ne s'était pas enfuie en même temps que la cour mourut de peur à l'arrivée des Alliés. On emmena en Grande-Bretagne ses chiens, cinq pékinois, qui donnèrent naissance à une nouvelle branche de leur race. L'un d'eux accompagna le capitaine Hart Dunne du régiment du Wiltshire, qui le baptisa « Lootie* » et l'offrit à la reine Victoria. Il crut bon de lui préciser dans une lettre : « C'est une petite créature très affectueuse et intelligente – il a toujours eu l'habitude qu'on le traite en animal de compagnie et c'est dans l'espoir que Sa Majesté et la famille royale l'accepteront en tant que tel que je l'ai rapporté de Chine[32]. » Le petit chien fit sensation à Windsor. Mrs Henderson, la gouvernante, écrivit à sa supérieure : « Il est très difficile pour manger et refuse en général le pain et le lait – en revanche, il ne manquera pas de se régaler de riz bouilli additionné d'un peu de poulet en sauce ; il semblerait qu'il n'y ait pas de nourriture qui lui convienne mieux. »

* Qui signifie « pillard » [*N.d.T.*]

La supérieure en question, irritée, gribouilla au dos d'une autre lettre du même genre : « Un chien chinois qui réclame un régime à base de poulet ! » Elle répondit à Mrs Henderson : « Après un peu de jeûne et de caresses, il [*sic,* Lootie était en réalité une femelle] en viendra probablement à apprécier la nourriture bonne pour lui. » À Windsor, la reine Victoria commanda le portrait de Lootie à l'artiste allemand Friedrich Keyl. La secrétaire personnelle de la souveraine, Skettett, lui précisa, sur ordre de celle-ci, que lorsqu'il peindrait le chien « il faudra représenter auprès de lui quelque chose qui souligne sa taille, il est *remarquablement* petit ». Lootie vivrait encore une dizaine d'années à Windsor.

Lorsque Lord Elgin décida d'incendier l'ancien Palais d'été, les Français refusèrent de participer à ce qu'ils qualifièrent d'acte de vandalisme contre un « site de campagne sans défense[33] ». Le feu n'en consuma pas moins méthodiquement le palais. Le général Grant décrivit la scène dans un courrier au secrétaire d'État à la Guerre, à Londres :

> Le 18 octobre, la division de Sir John Michel, avec la majeure partie de la brigade de cavalerie, marcha sur le palais, où elle mit le feu à l'ensemble des bâtiments. Ce fut un spectacle grandiose. Je me désolai malgré moi de la destruction de tant d'antique splendeur, estimant qu'il n'était pas civilisé d'agir ainsi, mais je crois qu'il fallait à tout prix adresser un avertissement aux Chinois, au cas où ils eussent songé à assassiner d'autres envoyés européens ou à violer les lois des nations[34].

L'incendie ravagea plus de 200 palais, pavillons, temples, pagodes et jardins paysagers somptueux et raffinés. Il fit rage plusieurs jours durant, enveloppant l'ouest de Pékin d'une fumée noire chargée de cendres. Wosleley écrivit : « La première fois que nous sommes entrés aux jardins, ils faisaient songer à l'un de ces lieux magiques que décrivent les contes de fées ; nous en sommes partis le 19 octobre en laissant derrière nous une étendue désolée de ruines[35]. »

Lord Elgin obtint dans une certaine mesure gain de cause. Les autorités chinoises traiteraient à l'avenir les Occidentaux avec beaucoup de ménagement ; plus, même, que le peuple chinois lui-même. Dans les cendres de l'ancien Palais d'été germerait malgré tout une haine farouche qui finirait par éclipser les satisfactions obtenues par les Occidentaux. Charles Gordon, plus tard surnommé « Gordon le Chinois », alors capitaine dans l'armée d'invasion, prit part au saccage. Il écrivit à ses proches en Angleterre : « Les gens ici se montrent courtois mais je crois que les personnes les plus haut placées nous détestent, ce qui n'a rien d'étonnant après ce que nous avons fait au palais. Vous auriez peine à imaginer la beauté, la splendeur des lieux que nous avons incendiés. Cela déchirait le cœur d'y mettre le feu[36]. » Victor Hugo écrivit, un an plus tard : « Cette merveille a disparu [...] Nous, les Européens, sommes les civilisés, et pour nous, les Chinois sont les barbares. Voilà ce que la civilisation a fait aux barbares[37]. »

L'ancien Palais d'été resplendissait plus que jamais lorsque Cixi s'en fut avec son mari et leur fils en septembre 1860. L'automne est la plus belle saison à Pékin : le soleil cesse d'accabler, le froid mordant ne s'est pas encore installé et les tempêtes de sable en provenance du désert du nord ouest si fréquentes au printemps ne balayent plus la ville. Quelques jours à peine avant le débarquement des Alliés sur la côte, l'empereur célébra son trentième anniversaire*, or la tradition permit au monarque, grand amateur d'opéra, de se livrer à sa passion, quatre jours durant, en dépit des soucis qui l'accablaient. On monta pour l'occasion une vaste scène à l'air libre, sur trois niveaux, auprès d'un immense lac. Cixi assista aux représentations au côté de son époux, depuis un pavillon à une extrémité d'une esplanade. Au moment le plus crucial de l'intrigue, des hordes d'acteurs – des hommes interprétant aussi bien les dieux que les personnages féminins ou masculins – chantèrent et dansèrent sur les trois niveaux, félicitant l'empereur à l'occasion de son anniversaire. Sous un ciel automnal limpide, le vent emporta la musique jusqu'aux moindres fenêtres à jalousies du palais embaumé. La splendeur de l'ancien Palais d'été se grava dans la mémoire de Cixi et reviendrait souvent la hanter par la suite. L'idée de le reconstruire tournerait pour elle à l'obsession.

Plus loin, 200 kilomètres vers le nord-est, la cour franchit la Grande Muraille et parvint au Pavillon de chasse royal, à l'orée des steppes mongoliennes, dans la région vallonnée de Chengde. Le « pavillon », bien que moins somptueusement conçu que l'ancien Palais d'été, occupait une étendue encore plus vaste. De précédents empereurs s'en étaient servis comme d'une base à l'occasion de parties de chasse. L'on raconte que l'empereur Kangxi, chasseur expert, à l'origine de sa construction en 1703, y avait tué huit tigres en une semaine. Le soir, les empereurs et leur suite allumaient

* Selon la méthode de calcul chinoise, qui donne un an aux nouveau-nés.

des feux de camp où ils rôtissaient leurs prises de la journée, en buvant, chantant et dansant, rien qu'entre hommes. Des tournois de lutte et des courses de canot avaient jadis lieu sur les rives et les eaux du lac d'une superficie considérable. L'un des bâtiments qui le bordait n'était autre qu'une réplique du palais du Potala, à Lhassa. Dans une yourte mongolienne d'allure martiale, l'empereur Qianlong avait accordé une audience à Lord Macartney en 1793 ; en vain, d'ailleurs. Cixi ne le connaissait pas encore, à l'époque. Son mari avait dû faire face à des troubles croissants pendant son règne. Quand ils s'y rendirent enfin, ce fut pour y chercher refuge.

Cixi ne joua aucun rôle politique lors de cette crise dynastique sans précédent. Confinée au harem, elle eût pris des risques en glissant même une simple allusion à ce qu'elle pensait de la situation. Son rôle consistait à veiller sur son fils, alors âgé de quatre ans. Un demi siècle plus tard, en 1910, après sa mort, un Anglais, Sir Edmund Backhouse, écrivit une biographie souvent citée : *Tseu-Hi, impératrice douairière (la Chine de 1835 à 1909)*. Il forgea pour l'occasion un faux journal d'une Cixi au tempérament belliqueux, soucieuse de convaincre son mari de ne pas fuir ni entamer de pourparlers de paix avec les étrangers mais, au contraire, de massacrer leurs messagers[38]. Il s'agit là d'une pure invention*. Comme le prouverait la suite des événements, Cixi s'opposait à la politique extérieure de son mari et de son cercle d'intimes – encore que pour d'autres raisons. Spectatrice certes muette mais aux premières loges des événements de l'époque, elle jugea stupide et malvenu leur entêtement à ne pas ouvrir la Chine aux étrangers. De son point de vue, leur volonté, dictée par la haine, de repousser l'Occident n'avait pas du tout préservé l'empire, mais au contraire entraîné des catastrophes dont – et ce n'était pas la moindre – la destruction de l'ancien Palais d'été cher à son cœur. Elle-même comptait bien suivre une autre voie.

* Backhouse a depuis été dénoncé en tant que faussaire. Il semblerait qu'il ait inséré cinq passages de son invention au sujet de Cixi dans le journal bien connu car édité d'un fonctionnaire de Pékin nommé Wu Kedu. Ces cinq passages forgés de toutes pièces se fondirent dans la traduction anglaise du journal que citait Backhouse dans sa biographie, lors de sa parution en anglais. Sa traduction en chinois blanchit ensuite les « faux » qui s'intégrèrent au reste du journal. Les historiens ne comprenaient toutefois pas pourquoi ces références à Cixi ne figuraient pas dans les éditions chinoises de ce journal. Dans les passages incriminés, les habitants de Pékin pendus aux lèvres de Cixi attendaient d'elle l'annonce du sort de l'empire. Il en allait peut-être ainsi à l'époque du séjour de Backhouse en Chine, des dizaines d'années plus tard, mais certainement pas en 1860, quand Cixi, en tant que concubine impériale, n'existait pas encore pour le grand public.

3. L'empereur Xianfeng s'éteint (1860-1861)

Juste avant de se réfugier au Pavillon de chasse, l'empereur Xianfeng ordonna au prince Gong, son jeune demi-frère, de rester dans la capitale pour traiter avec les envahisseurs. Le prince Gong, âgé à l'époque de vingt-sept ans, n'était autre que le sixième fils de leur père, écarté de sa succession en raison de son caractère conciliateur et de son absence de haine viscérale envers les Occidentaux. Ce fut précisément grâce à cela qu'il ne tarda pas à s'entendre avec les Alliés – en se pliant à leurs exigences et au versement de 8 millions de taels d'indemnités à chaque État belligérant. La signature du traité de Pékin avec la Grande-Bretagne eut lieu le 24 octobre 1860, la veille de la ratification du traité avec la France. Les Alliés s'en furent alors et la paix revint. Les puissances occidentales envoyèrent leurs représentants à Pékin, où ceux-ci auraient affaire au prince Gong.

Le prince, au visage marqué par la petite vérole qu'il avait contractée enfant, comme la plupart de ses contemporains, ne manquait malgré tout pas d'allure. John Thomson, le fameux photographe qui l'immortaliserait par la suite, affirme que le prince Gong « avait une tête que les phrénologistes qualifieraient de magnifique. Un regard pénétrant et des traits empreints, au repos, d'une sombre résolution[1] ». Il s'asseyait toujours dans la position de rigueur pour les aristocrates mandchous : les jambes légèrement écartées, les pieds indiquant dix heures moins dix. Avec ses robes brodées de dragons au fil d'or, son chapeau orné d'un bouton coloré indiquant son statut et d'une plume maintenue en place par une broche en jade, il offrait la parfaite image d'un prince de haut rang. Dès qu'il s'emparait de sa pipe à long tuyau, un serviteur mettait un genou en terre et approchait une flamme du petit fourneau incrusté de pierres précieuses. Le prince rangeait sa pipe dans un compartiment intérieur de sa botte doublée en satin noir – l'équivalent des « poches » des messieurs de l'époque. Ceux-ci y fourraient tout un bric-à-brac allant du tabac jusqu'à des documents d'État en passant par des sucreries et des sortes de mouchoirs à l'aide desquels les nobles essuyaient, à l'issue du dîner, leur bouche et leurs baguettes. (Ils mangeaient en général avec leurs propres baguettes qu'ils emportaient avec eux.) À la ceinture du prince pendait une profusion de babioles ornées de pierres précieuses, dont ses étuis à baguettes et à éventail. Lors de ses déplacements dans la capitale, un dais surmontait sa chaise à porteurs, qu'accompagnait une brillante escorte à cheval. Tous les véhicules lui cédaient alors le passage. À l'approche de sa destination, un cavalier partait en détachement prévenir de son arrivée imminente pour que la foule s'aligne, le temps de lui souhaiter la bienvenue.

Le demi-frère du prince Gong, l'empereur, l'avertit qu'en tant que grand prince, il ne devait pas s'abaisser à recevoir lui-même les Européens, victorieux ou pas. Pragmatique, le prince se rendit toutefois compte qu'il ne pourrait appliquer les instructions de son frère. Il signa lui-même les traités avec les Britanniques et les Français et se rendit en avance au lieu de rendez-vous convenu avec Lord Elgin, dont il attendit l'arrivée. Lorsque celui-ci se présenta, escorté par 400 soldats d'infanterie, 100 cavaliers et deux fanfares en tête de cortège, le prince Gong s'avança à sa rencontre, les mains jointes devant lui, en un geste en principe réservé à un égal. Selon le général Grant, Lord Elgin « lui renvoya un fier regard de mépris et se contenta d'une légère inclination du buste, qui dut figer le sang dans les veines du pauvre Kung [Gong]. C'était un homme délicat, à l'allure de *gentleman*[2] ». Elgin rabattit bientôt de sa superbe. « Les représentants des deux nations [...] semblaient prêts à se traiter en égaux, mais pas à reconnaître la supériorité l'un de l'autre[3]. » La volonté de conciliation du prince Gong lui gagna la sympathie des Européens. Le moment venu, Elgin lui adressa une lettre d'adieu amicale, exprimant le souhait que le prince Gong s'occupe dorénavant des Affaires étrangères en Chine[4].

L'empereur Xianfeng ratifia les traités et assura le prince Gong qu'il avait bien agi. Il en publia ensuite le contenu dans tout l'empire, l'envoyant à chaque province et placardant des affiches à Pékin. « Ceux à qui il viendrait à l'idée de profiter de la guerre pour se lancer dans une révolte y réfléchiront à deux fois quand ils sauront que la paix est revenue[5] », commenta-t-il. Un mémorialiste pleura en apprenant la nouvelle : l'empereur chinois apparaissait sur un pied d'égalité avec les monarques français et britannique, ce que ce pauvre homme jugea « complètement inédit, une incroyable dégringolade de notre statut[6] ».

Ce fut encore à la Russie, voisine de la Chine au nord, que la guerre profita le plus. Le 14 novembre, par la signature d'un traité avec l'envoyé russe, Nikolaï Ignatiev, le prince Gong céda à la Russie des centaines de milliers de kilomètres carrés au nord du fleuve Amour et à l'est de l'Oussouri, qui délimitent aujourd'hui encore la frontière entre les deux pays. Le général Yishan, à la tête de la garnison mandchoue qui défendait la zone, alors considérée comme une « vaste étendue sauvage », avait rendu celle-ci à la Russie en 1858, dans un moment de panique, vraisemblablement, alors que des rumeurs de guerre s'élevaient du côté russe. Lors de la guerre de l'Opium, ce général s'avéra un irrécupérable lâche doublé d'un menteur. L'empereur Xianfeng ne ratifia jamais le document qu'il signa et qui ne consistait qu'en trois paragraphes occupant moins d'une page[7].

Le prince Gong reconnut quant à lui la validité de ce morceau de papier pour le moins douteux, dont il ajouta le contenu au traité de Pékin conclu avec la Russie. Nikolaï Ignatiev affirma au prince que c'était lui qui avait convaincu les Britanniques et les Français d'accepter la paix et que son pays méritait par conséquent une récompense. Le prince Gong expliqua à l'empereur qu'il n'en était rien et qu'Ignatiev avait plutôt « poussé les Britanniques et les Français à envahir la Chine ». Voilà maintenant qu'il « profite de leur présence à Pékin pour nous extorquer ce qu'il convoite ». De crainte que le Russe qu'il jugeait « inébranlable et rusé à l'excès » ne « fasse des siennes » et ne « crée d'imprévisibles problèmes » avec les Alliés, le prince conseilla d'accéder à ses demandes. L'empereur Xianfeng maudit Ignatiev, qu'il qualifia de « plus haïssable des hommes ». Cependant, il consentit à tout – même si on imagine mal quels problèmes auraient pu surgir, vu l'impatience des Alliés à rentrer chez eux. La dynastie Qing subit alors la plus importante amputation de territoire de toute son histoire. « Sitôt le traité en poche, raconte l'arrière-petit-fils de Nikolaï Ignatiev, Mikhaïl, Ignatiev monta en selle avec ses cosaques, en route pour Saint-Pétersbourg » et :

> une fois l'Asie traversée à cheval en six semaines [...] il fut reçu par le Tsar, décoré de l'ordre de Saint-Vladimir, promu général et, peu après, il prit la tête de la section asiatique des Affaires étrangères. Sans faire feu une seule fois, il assura à la Russie un territoire vierge de

la taille de la France et de l'Allemagne réunies, plus l'arrière-pays de Vladivostok, le nouveau port de l'empire sur le Pacifique[8].

Le fléchissement immédiat du prince Gong trahit un manque de cran de sa part, que pressentait d'ailleurs son père et qui se manifesterait en d'autres circonstances critiques. L'empereur Xianfeng se souciait quant à lui d'éviter une audience avec les envoyés occidentaux à Pékin alors qu'ils demandaient à lui présenter leurs lettres d'accréditation. Estimant intolérable de se retrouver face à face avec ses ennemis, il enjoignit au prince Gong de les rembarrer de manière à ce que la question ne se représente plus jamais. Sans cela, menaça l'empereur, impétueux, « si je retourne à Pékin et qu'ils reviennent me soumettre la même requête, je vous tiendrai pour responsable et vous punirai ». Le prince Gong avança que les Européens ne nourrissaient pas de mauvaises intentions, mais l'empereur n'en démordit pas. Lord Elgin avait apporté en Chine, en 1858 et 1860, des lettres manuscrites de la reine Victoria à l'empereur Xianfeng, lui témoignant sa bonne volonté. Celui-ci les renvoya en Angleterre sans les ouvrir[9].

Au nord du pays, dans le Pavillon de chasse au-delà de la Grande Muraille, l'empereur Xianfeng, en contact avec le prince Gong à Pékin, poursuivait son habituel labeur administratif, prenant chaque jour connaissance de dizaines de rapports en provenance de tout l'empire. Ces documents lui parvenaient grâce à un système certes un peu daté mais efficace : des messagers partaient à cheval d'un peu partout en Chine pour la capitale à une allure déterminée par l'urgence du courrier. Les plus pressés mettaient deux jours à parvenir à Pékin. L'empereur eut d'abord hâte d'y retourner, sitôt partis les Britanniques et les Français. Au Pavillon de chasse, le temps fraîchissait en effet, plus inclément d'un jour à l'autre. Les palais qui s'élevaient là, inhabités depuis des dizaines d'années, n'étaient pas équipés pour affronter le rude hiver. Malgré tout, l'empereur hésita : à plusieurs reprises, il annonça son départ, pour revenir ensuite sur sa décision. Les dignitaires le poussaient à s'en aller, attirant son attention sur les risques de troubles au cas où il tarderait trop à regagner son trône, dans sa capitale. Cet argument ne décida toutefois pas le monarque, pas plus que le souci de sa propre santé. Il résolut de passer le lugubre hiver dans les étendues désolées du Nord, tant pis si sa constitution délicate s'en ressentait. L'empereur était apparemment prêt à tout pour ne pas se retrouver dans la même ville que les légations occidentales. Sans doute prit-il au pied de la lettre la définition chinoise de la haine poussée à son paroxysme : « Pas sous le même ciel ! » (*bu-gong-dai-tian*). À moins que la proximité de l'ancien Palais d'été ravagé ne lui eût été insupportable. L'exil qu'il s'imposait lui-même se prolongea en tout cas au point de devenir permanent. Pendant l'interminable et âpre hiver qu'il passa dans l'inconfortable Pavillon de chasse, l'empereur tomba malade et se mit à cracher du sang. Onze mois après son arrivée, le 22 août 1861, il mourut.

Les derniers mois de sa vie, tout en s'occupant encore assidûment des affaires de l'État – il n'y renonça que lorsqu'il dut s'aliter – l'empereur ne rédigea plus d'instructions aussi détaillées que de coutume. Il s'estima en effet libre de ne plus se consacrer qu'à ce qui le passionnait vraiment : l'opéra et la musique. On en jouait alors presque chaque jour à la cour. Sitôt établi au Pavillon de chasse, l'empereur y convoqua des interprètes de Pékin qui, dès leur arrivée, durent se présenter devant le souverain, sans même prendre le temps d'enfiler leurs costumes de scène. Plus de 200 chanteurs, danseurs et musiciens envahirent au final le pavillon, où les pièces habitables vinrent à manquer. L'empereur passa beaucoup de temps à sélectionner les œuvres que l'on monterait ou à distribuer les rôles, assister aux répétitions et discuter avec les interprètes de leur jeu. Il écouta en outre chanter ses propres compositions. Certains des spectacles, d'une durée de plusieurs heures, se déroulèrent sur un îlot au centre d'un lac, dans un théâtre en plein air poétiquement baptisé « Soupçon de nuage ». Certaines représentations eurent pour cadre les appartements de l'empereur ou ceux de Cixi et leur jeune fils. L'empereur passa onze des seize derniers jours de sa vie à écouter des opéras, de longues heures durant. L'après-midi de l'avant-veille de sa mort, de 13 h 45 à 18 h 55, il écouta un opéra entrecoupé par un entracte de vingt-sept minutes. Il fallut toutefois annuler la représentation du lendemain : l'empereur se trouvait au plus mal, au point même qu'il perdit connaissance[10].

Quand il reprit ses esprits ce soir-là, Xianfeng convoqua à son chevet huit princes et ministres : les hommes les plus proches de lui, le cercle de ses intimes de longue date. Il leur fit part de ses dernières volontés. Son unique fils, celui de Cixi, âgé de cinq ans, régnerait après lui. Les huit princes et ministres devaient constituer un conseil de régence en exerçant ensemble le pouvoir. Ils prièrent l'empereur de transcrire ses dernières volontés à l'encre écarlate, de manière à leur conférer une autorité indiscutable, mais Xianfeng n'était plus en mesure de tenir un pinceau. L'un de ses proches s'en chargea à sa place en stipulant bien qu'il consignait là les désirs de l'empereur. Xianfeng rendit l'âme, quelques heures plus tard, entouré de son cercle d'intimes[11]. Voilà désormais la Chine aux mains des régents.

Ces huit hommes avaient ordonné de capturer et de malmener les messagers d'Elgin. La mort de certains d'entre eux dans d'abominables circonstances avait provoqué en représailles l'incendie de l'ancien Palais d'été. Ces intimes de l'empereur l'avaient en outre incité à prendre toutes les décisions désastreuses de son règne, que concluait à présent sa propre mort. Cixi songea qu'avec de tels hommes politiques au pouvoir, engagés dans une voie préjudiciable pour la nation, des désastres sans fin s'abattraient à la fois sur son fils et sur l'empire. Elle résolut de prendre les devants et de confisquer le pouvoir aux régents par un coup d'État.

4. Le coup d'État qui a changé le destin de la Chine (1861)

Le fils de Cixi avait beau occuper le trône, elle ne détenait encore aucun pouvoir politique. À vrai dire, en tant que concubine, elle n'était même pas la mère officielle du nouvel empereur. Ce rôle revenait à l'impératrice Zhen, qui prit aussitôt le titre d'impératrice douairière – *huang-tai-hou*. Aucun titre n'échut à Cixi. Elle n'accompagna même pas son fils, lorsqu'un régent l'emmena dire adieu à son défunt père. Il se plia pour l'occasion à un rituel qui consistait à brandir au-dessus de sa tête un gobelet d'or rempli d'alcool puis à en verser le contenu sur le sol avant de le placer sur une table aux coins d'or, devant le cercueil. Cixi fit partie des « autres », pas même nommées par les archives de la cour, qui « avec à leur tête l'impératrice douairière[1] », c'est-à-dire l'impératrice Zhen, se plièrent à une cérémonie du même genre.

Il fallait à Cixi le titre d'impératrice douairière pour obtenir le statut de mère de l'empereur. Sans cela, elle resterait simple concubine. Un affrontement avec l'impératrice Zhen s'annonçait inévitable et les deux femmes se querellèrent pour la première fois[2]. Elles n'en trouvèrent pas moins une solution rapide à leur différend. La consultation des archives de la cour révéla qu'un tel problème s'était déjà posé par le passé. Deux cents ans plus tôt ou presque, lors de l'accession au trône de l'empereur Kangxi en 1662, sa mère, simple concubine, avait reçu le titre d'impératrice douairière. Il y en avait alors eu deux en même temps. Le conseil des régents s'appuya sur ce précédent pour décerner à Cixi le titre qu'elle convoitait. L'amitié des deux femmes en sortit indemne et, à compter de ce jour, on les qualifia l'une et l'autre d'impératrice douairière. Par souci de se distinguer, elles s'attribuèrent chacune un nouveau nom honorifique. L'impératrice Zhen prit celui de

« Ci'an », qui signifie « bienveillante et sereine* » tandis que celle que l'on connaissait alors en tant que concubine impériale Yi opta pour celui de Cixi, qui veut dire « bienveillante et joyeuse ». Ce ne fut qu'à partir de cette date qu'on la dénomma « impératrice douairière Cixi ».

Non contentes de trancher un problème majeur, les deux femmes nouèrent une alliance politique et fomentèrent un coup d'État[3]. Face à Cixi, âgée de vingt-cinq ans, et à l'impératrice Zhen, d'un an sa cadette, se dressaient huit hommes puissants contrôlant l'appareil d'État. Les deux femmes mesuraient parfaitement les risques qu'elles prenaient. Un coup d'État équivalait à une trahison or en cas d'échec les attendait le supplice ô combien douloureux du *lingchi*, la mort des mille coupures. Elles tenteraient cependant le tout pour le tout. Déterminées à sauver leur fils et la dynastie, elles ne voulaient de toute façon pas d'une vie de veuve d'empereur – emprisonnée pour ainsi dire au harem. Résolues à infléchir le cours de leur destin et celui de l'empire, elles se mirent à comploter, le plus souvent en se penchant, l'une à côté de l'autre, au-dessus d'un grand réservoir d'eau en terre cuite vernie, où elles feignaient d'examiner leur reflet ou de tenir de futiles propos de femmes.

Cixi conçut un plan ingénieux. Elle repéra une brèche par laquelle saper les dispositions prises par son défunt mari sur son lit de mort. Les empereurs Qing faisaient acte d'autorité en écrivant à l'encre écarlate. Depuis l'entrée dans l'âge adulte de l'empereur Kangxi, voilà près de deux cents ans, les instructions à l'encre écarlate émanaient forcément de l'empereur lui-même. L'actuel empereur, enfant, n'était cependant pas capable de manier un pinceau. Quand le conseil des régents promulguait un décret en son nom, rien n'attestait donc son autorité. Il existait bien un sceau officiel mais il ne servait qu'en de rares occasions et non pour les communications quotidiennes. Le conseil vit son attention attirée sur ce point après la promulgation d'une première fournée de décrets. Il s'entendit dire que le défunt empereur avait remis à son jeune successeur un sceau en possession de Cixi et un autre semblable à l'impératrice Zhen, et que l'on pourrait dorénavant les apposer sur les décrets afin de les authentifier autrement que par l'encre écarlate. Une telle suggestion vint à coup sûr de l'une ou l'autre femme, voire des deux ensemble. Les sceaux de ce genre, répandus par milliers

---

* Pour ne pas embrouiller les lecteurs, nous continuerons à désigner l'impératrice douairière Ci'an sous le nom de Zhen.

à la cour des Qing, n'étaient pas des instruments politiques mais des objets d'art commandés par les empereurs pour leur agrément, et qu'ils apposaient à l'occasion sur leurs peintures et leurs livres – ou offraient en cadeau dans l'intimité du harem[4].

Le conseil des régents s'inclina et fit savoir que les sceaux figureraient à l'avenir sur tous les édits. Il annonça sa décision par un post-scriptum à un décret déjà rédigé, à la promulgation imminente – preuve qu'il approuvait et entérinait à la hâte une idée que l'on venait à peine de lui soumettre. Ce post-scriptum annonçait que le conseil publierait l'édit en question sans les sceaux, faute de temps. À l'évidence, il ignorait jusqu'alors leur existence et aurait dû les faire venir du harem*. Une proclamation officielle rendit ensuite obligatoire l'apposition des deux sceaux sur tous les édits : l'un au début et l'autre à la fin.

Ainsi fut établie l'autorité des sceaux, un pas décisif en vue du coup d'État qui se tramait. Il est possible que le sceau prétendument remis au fils de l'empereur, en possession de Cixi, n'eût été qu'un cadeau à Cixi elle-même, qu'elle attribua à l'enfant pour en accroître l'importance. Le conseil des régents consentit de bonne grâce à rendre obligatoire leur usage, parce qu'il n'y voyait rien de plus que des sceaux. Les deux femmes lui avaient donné l'illusion que « l'harmonie règne, que tout va bien » et que « les anciennes règles continuent de s'appliquer[5] ». Loin de se douter de ce qu'elles mijotaient, les régents s'estimèrent « très satisfaits » de la docilité des deux impératrices douairières.

Les deux impératrices s'efforcèrent dès lors dc s'assurer l'appui du prince Gong, le noble de plus haut rang de l'empire, qui jouissait de l'estime de tous. Les hauts dignitaires et les généraux étaient tous d'avis qu'il eût fallu le nommer régent. Alors que le conseil des régents n'avait valu à la Chine que des calamités, le prince pouvait se targuer de l'évacuation des troupes alliées de Pékin et du retour à la paix. L'armée et la garde prétorienne lui obéissaient. Il semblait en outre évident à Cixi que le prince souhaitait lui aussi infléchir la politique extérieure de l'empire.

* On suppose souvent que l'utilisation des sceaux par l'impératrice Zhen et Cixi pour faire contrepoids au conseil des régents entrait dans les intentions de l'empereur Xianfeng. Rien ne le prouve. En réalité, à sa mort, il ne laissa le pouvoir qu'aux huit hommes. Il semble peu probable qu'il ait voulu confier un quelconque pouvoir politique aux deux femmes.

Le prince Gong, demi-frère de l'empereur, se trouvait alors à Pékin depuis la conclusion des traités, sur l'ordre exprès de Xianfeng. Lorsque Gong manifesta le désir de lui rendre visite au Pavillon de chasse, l'empereur, déjà malade, lui répondit : « Si nous nous voyions, nous ne pourrions éviter de nous rappeler le passé, ce qui ne réussirait qu'à nous attrister, et n'arrangerait certainement pas mon état de santé [...] Je t'ordonne par conséquent de ne pas venir[6]. » Sur son lit de mort, l'empereur renouvela ses instructions au prince Gong : il ne devait surtout pas quitter la capitale. Xianfeng ne voulait pas du prince dans les parages car il comptait l'exclure du conseil des régents – pour la même raison que leur père l'avait écarté du trône. Le prince Gong, flexible vis-à-vis des Occidentaux, ne leur vouait pas de haine tenace, comme le prouvait d'ailleurs l'épisode des traités. Les décisions de l'empereur Xianfeng, bien qu'apparemment injustes, n'aigrirent pas le prince, à la réputation d'homme d'honneur. Depuis l'accession au trône de son demi-frère, il ne témoignait aucune espèce de ressentiment envers lui – et semblait tout à fait dépourvu d'ambition personnelle. Il composait au contraire des éloges de son demi-frère, comme il convient à un prince soucieux d'honorer un empereur, et inscrivait même des vers sur certaines peintures de celui-ci, ainsi que le voulait l'usage, entre amis intimes. Le tempérament du prince lui assurait la confiance de l'empereur. Xianfeng l'avait ainsi laissé négocier seul, dans la capitale, avec les Européens, tout en sachant que ceux-ci le lui préféraient, au point, d'ailleurs, de comploter de l'asseoir sur le trône à sa place. La loyauté sans faille du prince Gong et son indifférence au pouvoir suprême ou aux intrigues pesèrent également dans la balance, lorsque Cixi résolut de prendre le pas sur lui.

Quelques jours après le décès de son époux, Cixi obtint discrètement des régents un édit autorisant le prince Gong à dire un dernier adieu à son demi-frère au Pavillon de chasse – en dépit des instructions du défunt empereur[7]. Il eût été incorrect d'empêcher le prince de saluer la dépouille de son demi-frère.

Sitôt arrivé au Pavillon de chasse, le prince Gong se jeta au pied du cercueil et versa des torrents de larmes. Un témoin de la scène nota que « personne n'a paru aussi peiné que lui[8] ». Émues, les personnes présentes se mirent à sangloter à leur tour. Après cette démonstration de douleur, un eunuque apporta au prince un message de Cixi et de l'impératrice Zhen, le convoquant au harem. Certains dignitaires de haut rang protestèrent au prétexte que la tradition exigeait le maintien à distance d'un beau-frère et de sa belle-sœur, surtout quand celle-ci venait de perdre son mari – et quand bien même un paravent les séparerait. Les deux impératrices douairières insistèrent toutefois en envoyant d'autres eunuques transmettre leur requête. Le prince Gong, toujours soucieux de concilier les intérêts des uns et des autres, proposa aux régents de l'accompagner. Mais les deux femmes opposèrent à sa suggestion un « non » ferme et résolu. Il alla donc les voir seul et ne revint que deux heures plus tard.

Les impératrices lui accordèrent de fait une audience très longue, beaucoup plus qu'aux régents, qui ne s'en alarmèrent toutefois pas outre mesure[9]. Ils crurent le prince quand celui-ci prétendit avoir mis un temps fou à convaincre les deux femmes qu'elles devaient retourner à Pékin au plus tôt et que les étrangers n'y présentaient plus de danger. Les régents plaçaient une foi d'autant plus absolue en la probité du prince Gong que, mystifiés par les deux femmes, ils baissaient alors la garde.

Il semblerait que Cixi, connaissant l'extrême prudence du prince, n'ait pas parlé de coup d'État dès leur première entrevue. Le prince ne se résoudrait pas volontiers à bafouer les dernières volontés du défunt empereur. Malgré tout, elle dut convaincre le prince Gong qu'il ne fallait pas confier le sort de l'empire au seul conseil des régents, lequel ne pouvait jusque-là se prévaloir que d'un bilan catastrophique. À partir de là, le prince consentit à persuader quelqu'un de son camp de réclamer la participation des deux impératrices douairières au processus de décision et « la désignation d'un ou deux princes du sang pour prêter main-forte à la gestion des affaires de l'État[10] ». Le nom du prince Gong n'apparut pas dans la requête. Il tenait à coup sûr à ne pas laisser l'impression qu'il convoitait le pouvoir en dépit de ses solides raisons de le revendiquer.

Le projet de Cixi fut exposé en secret à l'entourage du prince Gong à Pékin. Un subalterne reçut l'ordre de rédiger la pétition convenue. Le prince Gong quitta le Pavillon de chasse avant que celle-ci ne parvienne à la connaissance des régents, de crainte qu'ils n'établissent un rapprochement avec lui. La veille de son départ pour Pékin, il s'entretint de nouveau avec Cixi et l'impératrice Zhen. Cette fois, la discussion ne put que porter sur les mesures à prendre dans l'éventualité où les régents leur résisteraient.

Il semblerait que le prince Gong ait admis un éventuel recours à la force pour évincer les régents – mais seulement en dernier ressort et au cas où ils commettraient l'impardonnable, de manière à légitimer le coup d'État. Le prince se souciait beaucoup de son honneur. Le rôle qui lui reviendrait ensuite restait encore à préciser, ce qui invite à penser que le prince Gong ne croyait pas à la réalité d'une telle action dans un avenir proche ni peut-être même lointain.

Il ne se serait de fait rien passé si Cixi n'avait pas une nouvelle fois pris les devants. Les régents rejetèrent sans surprise la pétition au motif que l'on ne saurait modifier les dernières volontés du défunt empereur, sans parler de la règle inflexible écartant les femmes de la politique. Il ne restait plus à Cixi qu'à pousser les régents à un comportement inexcusable pour que le prince Gong accepte de se débarrasser d'eux. Avec la complicité de l'impératrice Zhen, elle résolut de provoquer un affront. Berçant dans leurs bras l'empereur encore enfant, les deux femmes convoquèrent les régents et se lancèrent avec eux dans un débat houleux à propos de la pétition[11]. Les huit hommes se mirent en colère et répliquèrent d'un ton méprisant qu'en tant que régents, ils n'avaient pas à leur rendre de compte. Comme ils élevaient la voix, l'enfant prit peur, se mit à pleurer et souilla ses vêtements. À l'issue d'un affrontement prolongé, Cixi leur laissa l'impression qu'elle s'inclinait face à leur décision. La pétition fut publiquement rejetée au nom de l'empereur enfant.

Cixi venait en réalité de s'arranger pour que les régents outragent gravement l'empereur – en osant crier devant lui, lui manquer de respect et l'effrayer. Elle rédigea elle-même un projet d'édit au nom de son fils, où elle mentionna l'incident et condamna les régents. Son maniement de la langue trahit son manque d'instruction. Sous sa plume abondaient les solécismes, les tournures inélégantes et les idéogrammes fautifs – autant d'erreurs qu'il n'est que trop facile de commettre. Consciente de ses lacunes, Cixi nota à la fin de l'édit : « Le septième frère aurait-il l'obligeance de le relire pour moi[12] ? »

Ce septième frère n'était autre que le prince Chun, or Cixi avait manœuvré pour qu'il épouse sa sœur cadette. À vingt ans, après quinze années d'éducation classique rigoureuse, il rédigeait « de magnifiques compositions et faisait de belles phrases », à en croire le Grand Précepteur Weng – professeur particulier de deux empereurs, à la culture incontestable. Élève appliqué, le prince passait de longues soirées à s'imprégner des classiques et, à l'entendre, se fiait à l'enseignement de ses professeurs comme « au soleil en hiver », suivant leurs préceptes, de même qu'on « s'en tient à un chemin établi au bord d'un précipice, sans oser en dévier d'un demi-pas[13] ». Un tel homme avait besoin de quelqu'un qui le guide, et Cixi assumerait ce rôle.

La défaite de l'empire face aux Occidentaux, l'incendie de l'ancien Palais d'été et la mort de son demi-frère avaient ébranlé le prince Chun. Avant la fuite de la cour loin de Pékin, il supplia l'empereur de ne pas abandonner la capitale et de le laisser prendre la tête des troupes en lutte contre les envahisseurs[14]. Son demi-frère refusa pour ne pas l'envoyer au-devant d'une mort certaine. Frustré, le prince au sang chaud reprocha aux conseillers de son demi-frère leur mauvaise gestion de la situation et n'aspira plus dès lors qu'à se débarrasser d'eux[15]. Ce fut la première personne, après l'impératrice Zhen, que Cixi mit dans le secret de son coup d'État.

Un eunuque bénéficiant de la confiance de Cixi remit le projet d'édit au prince Chun. Le lendemain, il lui retourna son texte revu et corrigé. Le renvoi des régents y était annoncé. Ce fut l'épouse de Chun, la sœur de Cixi, que le lui apporta. Il fut cousu à l'intérieur de la doublure d'une robe de l'impératrice Zhen. Le prince Chun adressa par la même occasion à Cixi une lettre où il s'engageait à demeurer à ses côtés jusqu'au bout. Il qualifia son intention d'entrer en action de « chance pour notre pays », et l'assura de son soutien « quoi qu'il arrive ».

L'opinion du prince Chun reflétait celle qui prévalait chez les princes, les généraux et les dignitaires. Convaincue de la popularité de son entreprise, et munie des deux sceaux symbolisant l'autorité du monarque, Cixi crut pouvoir s'assurer l'appui du prince Gong. Comme il se trouvait à Pékin, Cixi se mit en tête de l'y rejoindre avant la venue des régents afin de se mettre d'accord avec lui pour capturer les huit hommes, dès leur arrivée. Le prince Chun manipula les régents de manière à ce qu'ils autorisent le tout jeune empereur à regagner Pékin par un raccourci plutôt que d'accompagner l'énorme cercueil du défunt souverain, obligé d'emprunter les routes principales et qui progressait d'autant plus lentement que des dizaines d'hommes le portaient et que la cour entière l'escortait. Les régents au grand complet admirent qu'il valait mieux épargner à l'enfant ce long trajet épuisant.

À une date de bon augure, deux mois après le décès de l'empereur Xianfeng, l'imposante procession chargée d'accompagner son cercueil partit du Pavillon de chasse. Le long du trajet du défunt monarque, on répara des ponts et on aplanit ou élargit des routes que l'on couvrit d'ailleurs de terre jaune pour l'occasion, comme chaque fois qu'y passait un empereur. Avant la levée du cercueil, le jeune héritier du trône s'agenouilla auprès de feu son père, le temps de lui dire adieu. Il devait renouveler ce rite lors de son arrivée à la porte de la Cité interdite, dix jours plus tard. Entre-temps, la moitié des régents escorterait le cercueil, sur lequel veillerait le prince Chun. Les autres accompagneraient l'empereur qui, conformément à l'étiquette de la cour, prendrait place auprès de l'impératrice Zhen dans une chaise à porteurs aux rideaux noirs en signe de deuil. Cixi aussi voyagerait en chaise à porteurs à rideaux noirs. Pressant l'allure, ils parvinrent à Pékin au bout de six jours, soit quatre avant la dépouille de Xianfeng. Aux abords de la capitale, Cixi demanda à voir le prince Gong et lui remit l'édit du coup d'État, estampillé des deux sceaux, l'un au début et l'autre à la fin. Ainsi convaincu que l'ordre d'évincer les régents émanait du nouvel empereur, le prince Gong se déclara en mesure d'en persuader à son tour d'autres personnes encore.

Il proposa quelques changements à l'édit, y effaçant par exemple son nom, objet de louanges, du fait qu'il avait restauré la paix dans l'empire. Il fit en outre remplacer le terme de « barbares » appliqué aux étrangers par un mot neutre traduisible par « pays étrangers » – *wai-guo*. Puis il fit en sorte que la force nécessaire au coup d'État se tînt prête.

Le dernier jour du neuvième mois lunaire de 1861, alors que le cercueil de l'empereur Xianfeng progressait à une allure protocolaire en direction de la capitale, Cixi mit le feu aux poudres. Elle demanda au prince Gong d'amener ceux qui composaient son parti devant l'impératrice Zhen et elle-même, et leur communiqua l'édit du coup d'État. À la faveur d'une démonstration de chagrin propre à leur valoir de la sympathie, les deux impératrices douairières dénoncèrent les tentatives d'intimidation des régents, qui les malmenaient, elles et l'empereur. L'indignation fut générale. Au beau milieu de la dénonciation, les régents ayant accompagné Cixi accoururent au palais et crièrent à l'entrée de la salle où se tenaient les deux femmes qu'elles enfreignaient une règle essentielle en convoquant des responsables politiques au harem. Cixi, en rage, demanda à rédiger et sceller sur-le-champ un deuxième édit, ordonnant, celui-là, l'arrestation des régents, au motif qu'ils voulaient empêcher l'empereur de s'entretenir avec ses dignitaires – un crime majeur.

L'édit d'origine se contentait de stipuler la destitution des régents. Le prince Gong brandit le nouveau décret et fit arrêter ceux qui venaient de pousser les hauts cris. « C'est à nous qu'il revient d'édicter les décrets, protestèrent-ils. Le vôtre ne peut être valide, puisque ce n'est pas nous qui l'avons rédigé ! » La présence des deux sceaux providentiels les réduisit toutefois au silence. Les gardes alertés par le prince les emmenèrent aussitôt[16].

Armé d'un autre décret encore, lui aussi dûment estampillé, le prince Chun procéda à l'arrestation des régents ayant escorté le cercueil. Il alla lui-même trouver Sushun, leur chef de fait. En pénétrant dans le logement où celui-ci passait la nuit, le prince trouva Sushun au lit avec deux concubines. Sushun, qui en imposait par sa taille, rugit « comme un léopard » et refusa de se conformer au « mandat d'arrêt ». Sa désobéissance à un décret impérial et les relations sexuelles qu'il avait à l'évidence eues pendant qu'il escortait la dépouille de feu l'empereur fournirent à Cixi des raisons suffisantes pour ordonner son exécution. Sushun avait été le seul parmi le conseil à flairer l'intelligence de Cixi, qu'il souhaitait d'ailleurs éliminer. Ne soupçonnant malgré tout ni son ambition ni son habileté, il avait laissé les autres le persuader de renoncer à son projet d'assassinat. Sur le chemin du supplice, il se lamenta d'avoir sous-estimé « cette simple femme[17] ».

On distribua les châtiments selon une procédure établie. Le prince Gong prit d'abord la tête d'un jury de princes et de dignitaires chargé de spécifier les crimes commis par chacun des régents puis de leur imposer une punition proportionnelle d'après les codes pénaux. Pour renverser les régents, il fallait qu'ils fussent coupables de trahison. Ce qu'on leur reprochait ne justifiait toutefois pas d'en arriver là. Le cinquième jour, alors que les délibérations s'enlisaient, les deux femmes intervinrent avec un argument décisif : les huit hommes, prétendirent-elles, avaient falsifié le testament de leur défunt mari. Cette nouvelle accusation était si grave – et si peu crédible – que le jury présidé par le prince Gong renâcla à la retenir, de crainte qu'on ne l'accuse de forger des charges de toutes pièces. Les deux femmes prirent alors leurs responsabilités en autorisant le jury à déclarer qu'il tenait d'elles ses informations, ce qui lui permit de condamner les huit régents pour trahison. Les trois principaux coupables auraient droit à la mort des mille coupures. À la faveur d'une démonstration calculée de magnanimité, Cixi allégea les condamnations : elle ne décréta la mort que de Sushun, et encore par décapitation, un supplice moins douloureux.

Les nombreux ennemis de Sushun accueillirent par des cris de joie la nouvelle de son exécution. En tant qu'examinateur en chef chargé du recrutement des fonctionnaires impériaux, il se montrait impitoyable envers les candidats lettrés qui surmontaient mille difficultés pour se rendre de tous les recoins de l'empire à la capitale.

Selon le Grand Précepteur Weng, l'un de ses collègues examinateurs, il traitait les postulants « comme des esclaves ». Fanatique de la lutte contre la corruption, Sushun sanctionnait par des châtiments disproportionnés des délits anodins, alors que lui-même se laissait corrompre. Il accusa l'un de ses subordonnés, Junglu, de détournement de fonds et manqua de peu le faire décapiter. À en croire Junglu, Sushun le persécutait parce qu'il n'avait pas voulu lui céder sa collection de tabatières ni un cheval de tout premier ordre. Le matin de l'exécution de Sushun, Junglu se leva de bonne heure pour voir rouler la tête de son ennemi depuis le premier rang de la foule. Après le supplice, il se rendit droit à un débit de boisson et se soûla. Junglu allait devenir un fidèle partisan de Cixi – au point de prêter le flanc à une rumeur qui les prétendrait amants.

Cixi ordonna aux deux autres membres les plus influents du conseil des régents, les princes Zheng et Yee, de mettre fin à leurs jours. Chacun d'eux reçut de sa part une longue écharpe en soie blanche avec laquelle se pendre. Un tel commandement, auquel le pouvoir impérial recourait moins exceptionnellement qu'on ne pourrait le penser, portait le nom, assez poétique, d'ailleurs, de *ci-bo* : « l'offrande de la soie ». En tant que condamnation à mort, il passait pour une faveur : un suicide restait préférable à une exécution, dans la mesure où il pouvait se dérouler en privé. Les autres régents en disgrâce furent simplement chassés de la cour (et l'un d'eux, conduit à la frontière). Des édits annoncèrent dans la foulée qu'il n'y aurait plus d'autre inculpation et on brûla devant le Grand Conseil les documents confisqués au domicile de Sushun, sans que nul n'en ait pris connaissance[18].

Deux mois après la disparition de son mari, Cixi, à vingt-cinq ans, perpétra sans bain de sang ni soulèvement un coup d'État qui n'entraîna la mort que de trois personnes. L'envoyé britannique à Pékin, Frederick Bruce, n'en revint pas : « Il me semble à vrai dire singulier que des hommes, depuis longtemps au pouvoir, disposant des fonds de l'État et de sa protection soient tombés sans la moindre résistance, sans qu'une voix ni une main ne s'élève pour prendre leur défense[19]. » Cela prouve tout bonnement la popularité de la démarche de Cixi. « Pour autant que je puisse l'affirmer, écrivit Bruce à Londres, l'opinion publique est unanime à condamner Su-shun [Sushun] et ses collègues et approuver les châtiments qui les attendent. » Non content de combler les vœux du peuple, le coup d'État « préparé avec beaucoup d'habileté » n'occasionna pas plus de « confusion » qu'un « remaniement ministériel ». Le bruit se répandit que Cixi en était l'instigatrice, ce qui lui valut une estime considérable. Le vice-roi de Canton, « le moral au beau fixe », entonna sa louange au consul britannique, qui rapporta ses propos à Londres : « L'impératrice mère est une femme d'esprit à la forte volonté », le coup d'État avait été « rondement mené » et « tous les espoirs sont désormais permis[20] ». Zeng Guofan, futur réformateur et militaire réputé, nota dans son journal, une fois mis au courant par des amis des circonstances exactes du coup d'État : « Je suis ébahi par ce qu'a résolument et sagement accompli l'impératrice douairière, alors même que de grands souverains du passé n'avaient pas réussi à en faire autant. L'admiration et le respect qu'elle m'inspire m'émeuvent au plus haut point[21]. »

Le prince Gong fut lui aussi impressionné. Son entourage – encore que lui-même le lui eût sans doute suggéré – réclama que Cixi préside aux destinées du pays à sa place. Les hauts dignitaires avancèrent que l'on n'avait certes encore rien vu de tel sous la dynastie Qing mais sous d'autres dynasties, oui, plus de mille sept cents ans auparavant. Ils dressèrent une liste d'impératrices douairières ayant encadré leurs jeunes fils, dont ils omirent toutefois Wu Zetian (624-705), la seule femme de l'histoire chinoise qui se fût explicitement proclamée « empereur » en dirigeant le pays de son propre chef – ce qui lui valut bien de la réprobation. Le soutien à Cixi se fondait sur l'assomption qu'elle n'assumerait qu'un rôle politique provisoire, en attendant la majorité de son fils.

Cixi songea dans un premier temps à nommer le prince Gong régent, puis elle changea d'avis[22]. Après tout, elle avait elle-même organisé le coup d'État, le prince se cantonnant à un second rôle. Sa confiance en elle en sortit grandie. Elle décerna au prince le titre de Grand Conseiller – *yi-zheng-wang* – preuve, s'il en fallait, qu'elle s'installerait aux commandes de l'empire. Le prince Gong croula bientôt sous les honneurs, qu'il s'entêta cependant à décliner, allant jusqu'à fondre en larmes[23]. Il n'est pas exclu qu'il s'en jugeait sincèrement indigne. Il continuerait en tout cas à servir fidèlement Cixi et leur cause.

Le neuvième jour du dixième mois de 1861, la veille du vingt-sixième anniversaire de Cixi, une proclamation adressée à l'ensemble de l'empire, au nom du nouvel empereur, annonça : « À compter d'aujourd'hui, les deux impératrices douairières s'occuperont personnellement de toutes les affaires de l'État et transmettront leurs ordres au Grand Conseiller et aux membres du Grand Conseil en vue de leur exécution. Les décrets continueront d'être promulgués au nom de l'empereur[24]. » Cixi devenait ainsi la véritable souveraine. Elle s'estima par ailleurs tenue de déclarer que ce n'était ni son désir ni celui de l'impératrice Zhen de régner[25] : elles se contentaient de se plier aux exhortations des princes et des ministres les suppliant d'accomplir leur devoir en ces temps difficiles. Cixi pria le peuple de compatir au dilemme qui se posait à elle et à l'impératrice Zhen et promit que le jeune empereur prendrait la relève, sitôt adulte.

La veille de l'anniversaire de Cixi, sous un ciel couvert et une légère bruine, son fils Zaichun fut couronné empereur sous le nom de Tongzhi, qui signifie « ordre et prospérité » : l'idéal confucéen de ce qu'un monarque doit apporter à la société qu'il gouverne[26]*. À 7 heures du matin, on emmena l'enfant à la plus grande salle de la Cité interdite, celle de l'Harmonie suprême ou *Tai-he*. Vêtu d'une robe de brocart jaune brodée de dragons d'or chevauchant des nuages colorés, il prit place sur un trône laqué d'or, orné de neuf dragons parés d'une magnifique dorure. D'autres dragons sculptés figuraient sur le paravent derrière lui, les piliers et le plafond, au centre duquel un dragon enroulé sur lui-même tenait entre ses dents une grande boule d'argent suspendue dans le vide. À en croire une superstition, la boule tomberait sur quiconque se hisserait sur le trône sans légitimité à régner. Tout le monde en était du moins convaincu. D'ailleurs, Cixi ne s'installa pas une seule fois sur le trône**.

Sur un tapis jaune, face au trône, se dressait une table rectangulaire dorée couverte de brocart jaune à motif de nuages de bon augure. Dessus reposait un rouleau de plusieurs mètres de long où figuraient le grand sceau officiel du nouvel empereur et la proclamation impériale du nouveau règne en chinois et en mandchou. De quatre cassolettes en bronze placées en hauteur s'échappaient des nuées

---

* La plupart pensent que le nom pris par l'empereur à son avènement se référait au « gouvernement conjoint » des deux impératrices douairières, vu que *tongzhi* signifie aussi « gouvernement conjoint » en chinois moderne. Il n'en est rien. Le « gouvernement conjoint » des impératrices ne relevait que d'une mesure temporaire ; elles s'estimaient d'ailleurs tenues de s'en excuser. Il eût été impensable de solenniser un tel arrangement en lui associant le nom de l'empereur. Celui-ci vient en réalité d'un précepte confucéen : « Il existe de nombreuses manières de bien gouverner, or on peut toutes les résumer par l'ordre et la prospérité ; il existe de nombreuses manières de mal gouverner, or on peut toutes les résumer par le chaos et les ravages. »

** Des dizaines d'années plus tard, en 1915, lorsque le général Yuan Shikai s'autoproclama empereur, il fit déplacer le trône qu'il éloigna de la boule, de crainte, à l'évidence, qu'elle ne lui tombe dessus.

d'encens enveloppant le rouleau d'un mystère aussi solennel que la pénombre qui baignait la salle. À l'inverse, le marbre blanc des triples terrasses extérieures étincelait. Leurs balustrades sculptées et leurs larges escaliers en courbe en augmentaient encore la splendeur. Au niveau du sol s'étendait en façade une place pavée de plus de 30 000 mètres carrés, remplie d'officiers et de dignitaires de haut rang, alignés là en bon ordre depuis l'aube, selon leur hiérarchie. Sous des bannières et des dais aux couleurs éclatantes, au son des cloches et des tambours, ils s'agenouillèrent solennellement à plusieurs reprises, se prosternant devant le nouvel empereur.

Une fois conclue la cérémonie, une procession escorta le rouleau hors de la Cité interdite jusqu'à la porte de la Paix céleste (Tian'anmen) au sud, au sommet de laquelle on le déroula et le lut à haute voix, d'abord en mandchou puis en chinois, aux dignitaires agenouillés au pied de la muraille extérieure. Une fois conclus la proclamation et le rituel de la prosternation, le rouleau fut placé dans le bec d'un phénix d'or, lentement abaissé, à l'aide d'une corde, le long de la muraille extérieure, puis disposé dans une niche, sous l'escorte d'une garde d'honneur. Au ministère des Rites, on copia la proclamation sur du papier royal spécial avant de l'envoyer aux provinces, où elle serait lue à haute voix aux fonctionnaires du permier au dernier échelon de la hiérarchie. Dans les villes, des placards annoncèrent la nouvelle, dont le bruit se répandit jusqu'aux villages. Le long des routes par où l'on achemina les copies de la proclamation se prosternèrent aussi bien des notables que des gens du commun.

Cixi n'assista pas au couronnement de son fils. Elle n'avait pas le droit de pénétrer dans la partie principale, la plus majestueuse, de la Cité interdite – parce qu'elle était une femme, et même si elle exerçait à présent le pouvoir de facto. Lorsque sa chaise à porteurs approchait de certains quartiers de la Cité interdite, Cixi devait en fermer les rideaux et faire preuve d'humilité en détournant le regard[27]. Faute de légitimité à régner, Cixi promulguerait à peu près tous ses décrets au nom de son fils. Malgré ce lourd handicap, elle entreprit de changer la Chine de fond en comble.

II.

Au pouvoir derrière le trône de son fils
1861-1875

5. Un premier pas sur la longue route de la modernité (1861-1869)

Les signes qu'une nouvelle ère commençait ne se firent pas attendre. Le prince Gong présiderait dorénavant un Grand Conseil d'une demi-douzaine de membres aussi capables et avisés que lui. Frederick Bruce, le premier des ambassadeurs britanniques en poste à Pékin, voyait en eux des « hommes d'État qui comprennent suffisamment notre caractère et nos raisons d'agir pour nous accorder leur confiance » tout en se montrant « satisfaits de notre modération comme de notre force ». Il qualifia le changement de personnel politique « d'événement le plus propice depuis que nous sommes en relation avec la Chine[1] ».

De fait, les rapports du prince Gong et le retrait des troupes franco-britanniques de Pékin venaient de convaincre Cixi que la Chine pouvait très bien entretenir avec l'Occident des relations amicales. Elle fit en tout cas son possible pour y parvenir. Elle se posa en toute honnêteté des questions cruciales : une politique d'ouverture et de commerce avec l'étranger nuirait-elle forcément à la Chine ? N'y aurait-il pas de bénéfices à en tirer ? Ne pourrait-on pas en profiter pour résoudre les problèmes internes de l'empire ? Une telle fraîcheur d'analyse donna le ton du règne de Cixi, qui s'apprêtait à sortir la Chine de l'impasse où l'avaient conduite la haine dévorante de l'empereur Xianfeng envers les Occidentaux et un siècle de repli sur soi. Cixi allait engager l'empire sur une nouvelle voie en l'ouvrant à l'extérieur.

Elle assuma cette tâche herculéenne avec l'impératrice Zhen depuis le harem. Les deux femmes se levaient entre 5 et 6 heures du matin, parfois même dès 4 heures – ce qui coûtait beaucoup à Cixi. Elles se présentaient à 7 heures à la salle d'audience en robes somptueuses ornées de phénix, des souliers décorés de perles et de pierres précieuses aux pieds et sur la tête, une coiffure en forme de tour. Elles prenaient place l'une auprès de l'autre derrière un paravent en soie jaune, le temps de discuter des affaires de l'État avec les Grands Conseillers après qu'ils les eurent attendues dans leurs bureaux d'une sobriété voulue, meublés de tables et de chaises toutes simples en tissu. À l'issue des réunions, les impératrices accordaient une audience à des dignitaires venus de tout l'empire. L'empereur Tongzhi, encore enfant, s'installait face à eux sur un petit trône devant le paravent qui masquait à demi les deux femmes dans son dos. Pour se présenter à l'heure à ces audiences, pendant toute la durée desquelles ils demeuraient prosternés, les yeux baissés vers le sol, les dignitaires se levaient peu après minuit, le temps de se rendre à la Cité interdite. Seuls le roulement de leurs carrioles et le martèlement des sabots de leurs mules troublaient alors le silence des rues désertes de Pékin.

La plupart du temps, c'était Cixi, douée d'une autorité naturelle, qui posait les questions. Pétulante, comme beaucoup le notèrent d'ailleurs, elle aimait à rire au harem, mais il suffisait qu'un eunuque vienne lui annoncer à genoux que sa chaise à porteurs était prête à la conduire à la salle d'audience pour qu'une mine intimidante remplace son sourire. La présence de Cixi en imposait aux dignitaires, malgré le paravent qui la séparait d'eux sans pour autant l'empêcher de se former une idée de leur tempérament. À en croire bon nombre de ceux qu'elle reçut en audience, Cixi semblait capable de « lire dans nos pensées[2] » et de « voir clair dans le jeu de n'importe quelle personne qui s'adressait à elle, au premier coup d'œil[3] ». L'impératrice Zhen, d'un naturel plus réservé, ne demandait pas mieux que de se cantonner au second plan[4].

À l'issue des audiences, les deux femmes regagnaient leurs appartements, où elles enfilaient une tenue plus confortable et ôtaient une partie des bijoux qui alourdissaient tant leur coiffure. Elles sortaient alors d'une boîte jaune les rapports du jour, dont elles cornaient ou entaillaient çà et là une page, indiquant, selon les conventions de la cour, qu'elles ne tardèrent d'ailleurs pas à s'approprier : « rapport pris en compte » ou encore « suivre l'avis donné » et ainsi de suite. Une bonne part de leur travail quotidien se résumait à des tâches purement administratives telles que la ratification de nominations. L'impératrice Zhen s'en chargeait de son côté. Seul son sceau figure sur la plupart des documents de ce type[5]. La politique relevait en revanche du domaine de Cixi. Les deux femmes œuvreraient en parfaite connivence pendant vingt ans, jusqu'à la mort de l'impératrice Zhen, en 1881. Il est remarquable qu'elles soient toute leur vie restées amies et partenaires en politique – il s'agit même d'un exploit « unique ou en tout cas fort rare dans les annales de l'histoire[6] », pour citer un missionnaire américain.

On prétend souvent que le prince Gong prenait les décisions à la place de Cixi, une simple femme, « quasiment illettrée », et qui ne pouvait se prévaloir que d'un savoir et d'une expérience limités. Les échanges amplement documentés entre Cixi, le prince Gong et les dignitaires, amènent cependant à penser le contraire : ces derniers s'en remettaient d'ordinaire à l'impératrice, à l'origine des mesures prises à la cour. Bien sûr, Cixi ne manquait pas de consulter le prince Gong ni d'ouvrir à l'occasion un débat aux plus hauts échelons. Elle transmettait ses ordres de vive voix au Grand Conseil. Ses membres ou leurs secrétaires les transcrivaient sous forme de décrets. Il ne restait plus alors à Cixi et à l'impératrice Zhen qu'à les ratifier en y apposant leurs sceaux. Les règles de la dynastie Qing interdisaient aux Grands Conseillers (y compris au prince Gong) de modifier un tant soit peu le moindre décret.

L'institution traditionnelle des censeurs (*yu-shi*), « critiques » officiels du gouvernement, tenait lieu à la dynastie de garde-fou politique. Cixi encouragea en outre les dignitaires à livrer leur opinion, amorçant ainsi un mouvement incitant les lettrés à s'impliquer dans les affaires de l'État, en rupture radicale avec la tradition qui les dissuadait jusque-là de prendre part à la vie politique. Ces « opposants » officieux appelés à constituer une force non négligeable au sein de l'empire acquirent le surnom de *qing-liu* ou « clair ruisseau », dans le sens où ils s'élevaient au-dessus de leur intérêt personnel. Cixi elle-même figurait parmi leurs cibles. Les années passant, certains ministres reprocheraient à ces détracteurs de leur mettre des bâtons dans les roues. Cixi ne tenta cependant jamais de les réduire au silence. Il semblerait qu'elle eût d'instinct compris la nécessité d'opinions en dissidence avec le gouvernement. Cixi repérerait en outre parmi les censeurs des hommes d'exception qu'elle élèverait à de hautes dignités. L'un d'eux, Zhang Zhidong, devint même l'un des plus éminents réformateurs de l'empire. Cixi prenait garde à ne pas aller à l'encontre de l'opinion majoritaire, même si la décision finale lui appartenait.

Gouverner l'empire nécessitait une maîtrise de la langue et une connaissance des classiques plus étendues que celles que possédait jusque-là Cixi, qui se mit à étudier auprès d'eunuques instruits. Ses leçons prenaient la forme de lectures à l'heure du coucher ou de la sieste après le déjeuner. Cixi s'asseyait en tailleur sur son lit, un livre de poésie ou un classique à la main. Les eunuques, installés sur des coussins par terre, devant une table basse, épluchaient avec elle les textes. Elle les lisait après eux et la leçon se poursuivait jusqu'à ce qu'elle s'assoupît[7].

Sous la férule de Cixi débuta pour la Chine une longue période de paix avec l'Occident. Le gouvernement britannique releva ainsi que « la Chine est maintenant prête à nouer des relations étroites avec les étrangers au lieu de [...] tout faire pour éviter le moindre rapport avec eux ». Et « puisque la Chine a pour politique de développer le commerce avec les nations du monde, ce serait nuire à notre intérêt de ne pas faire notre possible pour soutenir le gouvernement éclairé de la Chine [...] ». La Grande-Bretagne et d'autres puissances encore adoptèrent dès lors une « politique de coopération ». « La voie que nous suivons désormais, déclara Lord Palmerston, le Premier ministre britannique, suppose de consolider l'empire chinois, augmenter ses recettes et lui permettre de se doter d'une meilleure marine et d'une meilleure armée[8]. »

Le prince Gong, à la tête du premier ministère chinois des Affaires étrangères et du Grand Conseil, s'entendait bien avec les diplomates occidentaux. Il faut dire que c'était un homme charmant. Le grand-père Mitford, Algernon Freeman-Mitford, nota que le prince gardait « toujours une plaisanterie en réserve » et semblait « enclin à tout prendre à la légère » : « Mon monocle était une bénédiction pour lui. Chaque fois qu'il avait le dessous, lors d'une discussion, et qu'il ne savait pas quoi répliquer, il s'arrêtait net, levait les mains au ciel d'un air de ne pas en revenir et, me montrant du doigt, s'écriait : "Un monocle ! Incroyable !" En créant une diversion à mes dépens, il se donnait le temps de réfléchir à sa repartie[9]. »

Cixi obtint un bénéfice immédiat de la relation amicale qu'elle établit avec les puissances occidentales : de l'aide contre les Taiping. En 1861, cela faisait une dizaine d'années que ces paysans rebelles livraient de rudes combats en plein cœur de la Chine. Ils tenaient de vastes terres parmi les plus fertiles du pays le long du Yangzi Jiang et certaines des villes les plus riches de l'empire, dont Nankin, leur capitale voisine de Shanghai. Comme les Taiping se disaient chrétiens, les Occidentaux leur témoignèrent dans un premier temps une relative sympathie. Mais il fallut bien vite se rendre à l'évidence : Taiping et chrétiens n'avaient pas grand-chose en commun. Leur meneur, Hong Xiuquan, imposa longtemps la chasteté la plus complète à ceux qui constituaient la base de son mouvement – fussent-ils mari et femme – sous peine de mort. À côté de cela, il accordait jusqu'à 11 épouses à ses chefs et lui-même vivait avec pas moins de 88 concubines. Il écrivit plus de 400 « poèmes » assez crus, indiquant aux femmes comment le servir – lui, le Soleil, comme il se surnommait[10]. Mais ce n'était pas le pire : des hordes de paysans rebelles perpétrèrent de cruels massacres d'innocents, incendiant villes et villages sur leur passage, dévastant au final une région aussi étendue que l'Europe occidentale et centrale. Le *North China Herald*, une publication anglophone, en conclut que « toute l'histoire » des Taiping « se résume à une succession de bains de sang, de rapines et de désordres, et leur progrès du sud au nord, et maintenant vers l'est de cette malheureuse contrée s'est invariablement accompagné de dévastations, de famines et de fléaux[11] ». Les rebelles ne témoignaient que peu de bienveillance envers les chrétiens occidentaux : ils ne voulurent pas, comme ceux-ci le réclamaient pourtant, épargner Shanghai. De fait, dans leur tentative de s'en emparer, ils mirent en péril les négoces et la sécurité des Occidentaux.

Du vivant de Xianfeng, plusieurs puissances avaient proposé à la Chine leur aide contre les Taiping, mais elles inspiraient à l'empereur autant d'horreur que les rebelles eux-mêmes. Peu après sa mort, la question revint sur le tapis et Cixi se montra cette fois enthousiaste. À ceux qui se méfiaient des manigances des Occidentaux et craignaient qu'ils n'occupent le territoire pris aux rebelles, elle opposa l'argument suivant : « Depuis la signature des traités, la Grande-Bretagne et la France ont tenu parole et se sont retirées de Chine. Il est dans leur intérêt de nous aider[12]. » Prudente, Cixi refusa malgré tout de faire appel à des soldats occidentaux[13], suivant en cela le conseil de Thomas Wade, secrétaire de la légation britannique. À l'en croire, la présence de troupes étrangères sur le sol chinois ne vaudrait rien de bon à la Chine*. Le fait que Wade eût pris en considération l'intérêt de la Chine n'échappa pas à Cixi. Elle finit par confier à des officiers occidentaux le soin d'armer, d'entraîner et d'encadrer des soldats autochtones, sous l'autorité de Chinois.

* Éminent sinologue, Wade fut à l'origine du système de romanisation du chinois par la suite baptisé Wade-Giles qui, pendant l'essentiel du XXe siècle, servit d'outil d'apprentissage du chinois aux étrangers et s'avéra d'un secours inestimable aux Chinois eux-mêmes confrontés à l'apprentissage de leur propre langue. L'auteur de ce livre, Jung Chang, a transcrit son propre nom selon le système Wade-Giles.

À l'instigation de Cixi, Frederick Townsend Ward, un Américain d'une trentaine d'années originaire de Salem, dans l'État du Massachusetts, mit sur pied une armée de plusieurs milliers de Chinois entraînés à l'occidentale et encadrés par des officiers occidentaux. Aventurier et soldat de fortune doué d'une autorité innée, Ward remporta de nombreuses batailles à la tête de ses troupes. Des rapports exaltés en transmirent la nouvelle à Cixi. Elle conféra publiquement à Ward de grands honneurs et surnomma ses troupes « l'armée toujours victorieuse ». Un décret impérial « reconnaissant franchement et explicitement » les mérites d'un étranger, c'était une grande première ! Les Occidentaux y virent « un changement significatif d'attitude des Chinois[14] ».

Ward fut blessé mortellement sur un champ de bataille en 1862. Cixi ordonna la construction d'un temple à sa mémoire. Le commandement de l'armée toujours victorieuse revint à Charles Gordon, un officier anglais convaincu qu'il fallait « écraser la rébellion ». « De simples mots ne sauraient décrire les horreurs subies par ces gens aux mains des rebelles ni le lamentable désert qu'est devenue par leur faute cette riche province, écrivit-il. C'est très bien de parler de non-intervention ; je ne suis pas particulièrement impressionnable, et nos soldats non plus, dans l'ensemble, et cependant nous avons tous été marqués par l'extrême misère et la dureté des conditions de vie de ces pauvres gens[15]. » À l'instar de Ward, Gordon affectionnnait les démonstrations de bravoure. Il se lançait dans la bataille armé d'une simple canne en rotin. Héros aux yeux de ses hommes, bientôt célèbre en tant que « Gordon le Chinois », il vint à la rescousse de la dynastie Qing en assumant un rôle clé – et, selon certains, indispensable – dans la défaite des Taiping.

Bien qu'elle ne fréquentât pas elle-même les combattants ou les envoyés occidentaux, Cixi ne tarda pas à apprendre de l'Occident ni à tirer les leçons des imposants rapports détaillés du prince Gong et des dignitaires en contact avec eux. Un décret impérial remercia par exemple « les Anglais et les Français » d'avoir bombardé les troupes des Taiping. L'envoyé français protesta : seuls les Français avaient pris part à l'opération, sans les Anglais. « Cela vous semblera peut-être mesquin de la part des étrangers, déclara Cixi à ses diplomates, mais ne perdez pas de vue qu'ils s'en tiennent à la plus stricte exactitude. À partir de maintenant, quand vous rédigerez un rapport, ne vous écartez pas même d'un iota des faits[16]. » Cixi venait de mettre le doigt sur la tendance à l'imprécision des Chinois, qui n'était déjà plus de mise à l'époque.

Ce qui l'impressionna notamment, c'est qu'aux yeux des Occidentaux, la vie du moindre Chinois comptait. Ce fut du moins ce dont l'assura à maintes reprises Li Hongzhang, dont Ward et Gordon recevaient leurs ordres. Le comte Li à la barbiche soignée, dont les yeux plissés en avaient vu d'autres, incarnait le gentilhomme confucéen par excellence. Il n'en allait pas moins devenir l'un des réformateurs les plus réputés de toute la Chine. À ce moment-là, il apprenait déjà beaucoup des Occidentaux qu'il fréquentait au quotidien, alors que la plupart de ses collègues les considéraient encore comme des intrus. Vers la fin 1863, le comte Li et Gordon assiégèrent la ville de Suzhou. Renommée pour ses soieries, ses jardins et ses canaux (d'aucuns la surnommaient la Venise chinoise), elle occupait une position stratégique près de Nankin, la capitale des Taiping. Li et Gordon convainquirent huit chefs Taiping de rendre la ville contre la promesse d'un poste haut placé assortie de la garantie qu'il ne leur arriverait rien. Dans son camp face aux portes de la ville, le comte Li offrit aux chefs un banquet, auquel il ne convia pas Gordon. Au beau milieu des réjouissances, huit officiers surgirent. Chacun d'eux s'agenouilla devant un chef pour lui présenter un chapeau de mandarin honorifique, surmonté d'un bouton rouge et orné d'une plume de paon. Tous les convives se levèrent pour observer la scène. Les chefs se mirent debout à leur tour et dénouèrent leurs turbans jaunes. Ils s'apprêtaient à revêtir les chapeaux quand, en un éclair, les huit officiers dégainèrent leurs épées et brandirent par les cheveux les têtes coupées des chefs. Le comte Li, qui venait de s'éclipser avant l'arrivée des officiers pour ne pas assister au crime, avait commandé l'assassinat des chefs pour éviter qu'ils ne le trahissent, comme cela s'était déjà vu par le passé. Aussitôt après, son armée courut à Suzhou massacrer des dizaines de milliers de soldats Taiping qui s'y croyaient en sécurité.

Gordon, ayant donné aux victimes sa parole que l'on n'attenterait pas à leur vie, dont lui-même s'était d'ailleurs porté garant, s'indigna et, furieux, démissionna du commandement de l'armée toujours victorieuse. Tout en admettant, certes à contrecœur, le point de vue du comte Li, il estimait de son devoir, en tant qu'officier anglais et gentleman chrétien, de se dissocier de cet acte de « barbarie asiatique[17] ».

Le comte Li fit part à Cixi de la réaction indignée de Gordon, ainsi que des cris de réprobation des diplomates et commerçants occidentaux. Cixi n'émit aucun commentaire, mais elle ne put à coup sûr se défendre d'une certaine admiration envers les Occidentaux.

Les idéaux confucéens condamnaient le meurtre d'innocents ou de combattants en reddition. Malgré tout, les forces impériales – à la notable exception de l'armée toujours victorieuse – perpétraient des massacres et ne se comportaient pas mieux que les Taiping honnis. (Le comte Li écrivit à un collègue que les hommes de Gordon « bien que capables de vaincre ces bandits, se refusent à en tuer le plus possible, de sorte que mon armée doit rester sur place pour les seconder[18] ».) Cixi et les dignitaires proches d'elle allaient peu à peu cesser de voir dans les Occidentaux des « barbares ». À vrai dire, il semblerait que Cixi eût développé à compter de cette date une légère susceptibilité à l'encontre de son pays et de ses us et coutumes.

Gordon entreprit avec le comte Li de dissoudre l'armée toujours victorieuse, au grand soulagement de Cixi. Elle se demandait en effet à quoi destiner, à l'issue de la guerre, cette invincible force de combat qui n'obéissait qu'à Gordon et ne recevait aucun ordre de Pékin[19]. Cixi écrivit au prince Gong : « Si Gordon se dispose bel et bien à disperser l'armée en renvoyant chez eux les officiers étrangers, cela prouve sa sincère bonté pour nous et qu'il n'œuvre depuis le début que dans notre intérêt. » Avant son départ, Cixi dressa publiquement une louange dithyrambique de l'Anglais et lui offrit de généreuses récompenses – dont 10 000 taels d'argent. Gordon les refusa au motif qu'il ne se considérait pas comme un mercenaire mais un officier. Cixi, quelque peu déroutée, demanda au prince Gong : « Est-ce réellement ce qu'il pense ? N'est-il donc pas vrai que les étrangers ne convoitent que l'argent ? » Le comte Li et d'autres dignitaires reçurent pour mission de découvrir ce qui pourrait bien faire plaisir à Gordon. Sur les conseils du comte Li, Cixi lui fit l'honneur de lui remettre une veste de mandarin jaune royal, telle que seul l'empereur était autorisé à porter. Gordon venait de donner beaucoup à penser à Cixi au sujet des Occidentaux*.

Tandis qu'elle cherchait à vaincre les Taiping, Cixi promut plus de Hans que jamais auparavant : le comte Li, pour commencer, et aussi Zeng Zuofan, qui reçut d'elle le titre de marquis. Ce fut l'armée du marquis Zeng qui reconquit enfin Nankin en juillet 1864. Sa

* À Trafalgar Square, à Londres, on érigea une statue de Gordon par la suite déplacée le long du Victoria Embankment. Devant le Parlement, en 1948, Churchill se déclara favorable au retour de la statue à son emplacement d'origine. Qualifiant Gordon de « modèle de héros chrétien », il déclara que « beaucoup chérissent les idéaux associés à son nom ».

victoire signa la fin des Taiping et de la rébellion paysanne de plus grande ampleur de l'histoire chinoise, qui entraîna la mort de quelque 20 millions de personnes, en quinze ans de conflit. Leur chef, Hong Xiuquan, mourut de maladie avant la chute de Nankin. Son fils et successeur, une fois capturé, eut droit à la « mort des mille coupures » conformément aux lois des Qing, bien qu'il n'eût encore que quatorze ans. D'autres chefs des Taiping subirent le même supplice. Les récits de leur mort sanglante publiés par des journaux comme le *North China Herald* et agrémentés de photographies explicites horrifièrent les Occidentaux. Thomas Wade, le chargé d'affaires britannique, écrivit au prince Gong que, maintenant que les rebelles avaient été matés, la Chine ferait mieux d'abolir ce féroce châtiment « trop cruel et profondément dérangeant » aux yeux des Occidentaux. Wade ajouta que son abolition vaudrait à l'empire beaucoup de bienveillance et lui profiterait sur le plan politique[20]. Le prince Gong, d'un avis contraire, rétorqua qu'un tel châtiment, de toute manière exceptionnel, s'avérait nécessaire pour dissuader de prendre les armes des rebelles qui, sans cela, risqueraient de faucher d'innombrables vies. « Faute d'un tel châtiment, je crains que le peuple chinois n'ait plus rien à redouter [...] il ne faudrait pas longtemps avant que se multiplient les crimes ; il serait dès lors difficile de maintenir la paix et la stabilité. » Le prince admettait ainsi que même la menace de la décapitation ne suffirait pas à prévenir les insurrections et que l'empire ne survivrait pas sans le maintien en vigueur d'une aussi cruelle sanction. Cixi ne contredit pas le prince Gong mais n'émit pas non plus de commentaire personnel, à la différence de l'empereur Qianlong qui, en 1774, nota de sa propre main qu'il fallait réserver au chef rebelle Wang Lun la mort « des mille coupures jusqu'à ce que sa peau prenne l'apparence d'écailles de poisson » ; quant aux membres de sa famille, il convenait de « tous les décapiter sans exception, les hommes comme les femmes, les vieux comme les jeunes[21] ».

L'humanisme de la culture occidentale semblait aux Chinois étonnamment en harmonie avec leur propre idéal de *ren* ou bienveillance, que Confucius tenait pour l'objectif suprême de tout monarque. Le prince Gong loua Wade de « posséder l'esprit de *ren* », tout en se lamentant de ne pouvoir encore l'appliquer à la Chine, pour l'instant.

Une fois les Taiping écrasés, les autres révoltes furent réprimées tour à tour. Il ne fallut à Cixi que quelques années d'exercice du pouvoir pour restaurer la paix. Elle y gagna une autorité que l'élite ne songerait pas à discuter – et minimisa du même coup l'opposition à la politique qu'elle allait bientôt appliquer en vue de relever l'empire, dans un état pour l'heure assez lamentable*. Ses récents conflits armés venaient de coûter à la Chine plus de 300 millions de taels d'argent. Les rues de Pékin grouillaient de mendiants et de femmes à peine vêtues de haillons, qui, en temps normal, se seraient cachées pour accoster les passants[22]. Sous l'impulsion de Cixi, en moins de dix ans, la Chine reprendrait le dessus au point de jouir d'un début de prospérité. Une nouvelle source de revenus y contribua dans une large part : les droits de douane liés au commerce croissant avec l'Occident, fruit de la politique d'ouverture de Cixi.

L'immense potentiel du commerce international ne lui avait en effet pas échappé. Le centre en Chine en était alors Shanghai, à l'embouchure du Yangzi Jiang, qui prend sa source dans l'Himalaya avant de traverser le cœur de la Chine. Quelques mois après son coup d'État, début 1862, Cixi confia au prince Gong : « Shanghai n'est qu'un lointain recoin de l'empire, aussi fragile [face à la menace des Taiping] qu'une pyramide d'œufs. Malgré tout, grâce aux marchands étrangers et chinois qui s'y concentrent, cette ville a contribué dans une large part au financement de l'armée. J'ai entendu dire qu'au cours des deux derniers mois, 800 000 taels d'argent y ont été perçus, rien qu'en droits d'importation. » « Nous devons faire de notre mieux pour préserver ce port[23] », conclut-elle. L'exemple de Shanghai lui prouvait que l'ouverture à l'Occident représentait pour l'empire une fabuleuse opportunité, qu'elle s'empressa de saisir. En 1863, 6 800 cargos se rendirent à Shanghai[24], soit beaucoup plus que le millier de navires annuel qui y accostait du temps de son défunt mari.

L'expansion du commerce avec l'étranger obligea la Chine à se doter d'une administration des douanes efficace – libre de toute corruption. Sur la recommandation du prince Gong, Cixi nomma Inspecteur général des douanes maritimes chinoises (où il travaillait déjà) un Irlandais de vingt-huit ans originaire du comté d'Armagh : Robert Hart. Moins d'un an après sa nomination, elle lui conférerait un honneur.

* Dans les régions que les rebelles n'avaient ni pillées ni occupées, la situation s'améliora sans attendre. Déjà au milieu des années 1860, l'attaché anglais, Freeman-Mitford, nota que « la prospérité de Canton est indéniable et tout à fait frappante ».

Né la même année que Cixi (en 1835), élève du Queen's College de Belfast, Hart arriva en Chine à dix-neuf ans en tant qu'interprète attaché au consulat britannique. Brillant, sérieux mais naïf, ce linguiste hors pair collectionnait les prix – de logique et de latin, de littérature anglaise et d'histoire, de métaphysique et d'histoire naturelle, de jurisprudence et de géographie physique. Son journal atteste sa piété, son souci de moralité et de justice – et sa profonde sympathie pour les Chinois. Peu après son arrivée à Hong Kong, il relata une promenade vespérale en bord de mer en compagnie d'un certain M. Stace : « Il m'a surpris par sa façon de traiter les Chinois – jetant leurs marchandises à l'eau et les repoussant du bout de sa canne, parce qu'ils refusaient de s'écarter en canot du quai alors qu'il embarquait. Après cela, c'était l'heure pour eux du dîner, or le dîner étant pour eux sacré, ils refusaient de travailler jusqu'à ce qu'ils aient fini de manger[25]. »

Depuis une dizaine d'années qu'il travaillait en Chine, Hart avait acquis une réputation de compétence et d'équité. Doué pour jouer les médiateurs, il avait le chic pour imaginer des compromis acceptables par tous. Il connaissait ses points forts et ne manquait pas d'assurance. Le matin où lui parvint la dépêche officielle de sa nomination, il ne l'ouvrit pas tout de suite et nota, satisfait de lui-même, et pas qu'un peu :

> J'ai pris mon petit déjeuner comme à mon habitude et, comme d'habitude, ai lu mon chapitre du matin et prié [...] Ouverture de la dépêche : d'abord, une lettre très cordiale de Sir F. Bruce me priant d'accepter le poste d'inspecteur, et m'assurant de l'appui des ambassadeurs étrangers ; deuxièmement, une longue lettre [...] ; troisièmement une longue lettre chinoise [...] ; quatrièmement, une dépêche du [ministère chinois des Affaires étrangères], me nommant inspecteur général, etc. etc. etc.[26]. »

Sous l'autorité de Hart, les douanes chinoises, une organisation jusque-là archaïque et anarchique où sévissait la corruption, se modernisèrent. Leur bonne gestion contribua dans une large part à l'essor de l'économie chinoise. En cinq ans, jusqu'à la mi 1865, elles rapportèrent à Pékin bien plus de 32 millions de taels de taxes[27]. Les indemnités versées à la Grande-Bretagne et à la France furent prélevées sur les recettes des douanes. La Chine finit ainsi de s'en acquitter vers la mi 1866 sans trop avoir à en souffrir dans l'ensemble[28].

La récente prospérité de la Chine permit à Cixi d'importer de la nourriture à grande échelle. Voilà longtemps que l'empire n'était plus en mesure de produire de quoi alimenter sa population, or la dynastie Qing se refusait jusqu'alors à importer des céréales. À compter de 1867, l'administration des douanes enregistra, bon an, mal an, des importations exemptes de droits de douane. En 1867, la Chine fit ainsi venir de l'étranger pour 1,1 million de taels de riz, l'aliment de base de la population[29]. L'achat de provisions devint sous l'autorité de Hart l'une des principales missions des douanes, et Cixi combla d'honneurs les employés qui s'en occupaient.

Le recrutement de Hart et d'un grand nombre d'étrangers occasionna bien sûr du ressentiment parmi les fonctionnaires de l'empire. Il s'agissait là d'une décision courageuse.

Le gouvernement instauré par Cixi prit pour devise de « rendre la Chine forte » – *zi-qiang*. Hart ne demandait qu'à indiquer à Pékin le moyen d'y parvenir par la modernisation du pays. Son objectif, tel qu'il le formula dans son journal, consistait à « ouvrir le pays à tout ce que la civilisation chrétienne a ajouté au confort ou au bien-être, matériel et moral, de l'humanité ». Il souhaitait faire bénéficier la Chine du « progrès » ; un terme qui, en ce temps-là, recouvrait l'exploitation moderne des ressources minières, le télégraphe et le téléphone, et surtout, le chemin de fer. En octobre 1865, Hart offrit au prince Gong ses conseils sous forme de mémoire.

Impatient de « donner un nouveau départ à cette vieille dame » – la Chine –, Hart y mêla mises en garde et menaces. « De tous les pays du monde, aucun n'est plus faible que la Chine », affirma-t-il ainsi, imputant les défaites militaires de l'empire à « l'infériorité intellectuelle » de ses dirigeants. Il ajouta même, ce qui n'augurait rien de bon, qu'au cas où la Chine ne suivrait pas ses conseils, les puissances occidentales « pourraient bien entamer une guerre pour l'y contraindre ». De tels propos reflétaient une attitude répandue parmi les Occidentaux, convaincus de « savoir mieux que la Chine ce qu'il lui faut » et d'avoir tout intérêt à « la saisir à la gorge » pour « lui imposer le progrès[30] ».

Le prince Gong ne transmit pas le mémoire de Hart à Cixi avant plusieurs mois – un délai inhabituel, sans doute parce qu'il craignait que l'impératrice douairière n'entre en rage et ne limoge Hart, tuant du même coup la poule aux œufs d'or. Bien que Cixi eût encouragé une attitude critique chez les dignitaires, qu'elle invitait à lui soumettre sans détours leurs suggestions, aucun d'eux n'avait encore fait preuve d'une telle arrogance ni ne lui avait adressé de menaces aussi éhontées. Ne sachant comment Cixi réagirait, le prince Gong décida d'envoyer Hart à l'étranger : dans l'éventualité où l'impératrice douairière déciderait son renvoi, elle ne pourrait mettre à exécution son ordre sur-le-champ, ce qui laisserait au prince un peu de temps pour la convaincre de changer d'avis. Ce fut à ce moment-là que Hart reçut la permission, qu'il réclamait depuis un certain temps, de rentrer en Europe.

Hart partit de Chine à la fin mars 1866. Cixi reçut son mémoire le 1er avril, en même temps que des conseils du chargé d'affaires britannique, Thomas Wade. Celui-ci souleva plus ou moins les mêmes questions, sur un ton à peu près identique – destiné selon Hart à « leur faire peur ». Une fois leurs idées communiquées à l'impératrice, une certaine appréhension saisit le prince Gong. Lorsque l'attaché britannique Freeman-Mitford vint insister auprès de lui sur la nécessité du « chemin de fer et du télégraphe » et de « toutes ces vieilles lunes que nous avons déjà évoquées une bonne centaine de fois », il trouva le prince « très nerveux, ne tenant plus en place. Il se tortillait, se contorsionnait et nous esquivait comme un lièvre[31] ».

Le prince Gong sous-estimait Cixi. Elle lut attentivement les mémoires des Britanniques, qu'elle transmit à dix hauts fonctionnaires en charge des Affaires étrangères, du commerce et des provinces, les invitant à lui faire part de leur opinion. Sa lettre d'accompagnement n'exprimait pas de colère ni de ressentiment envers Hart ou Wade – à la différence du rapport du prince Gong, où l'amertume éclate par endroits. Cixi prit son parti de l'arrogance des Occidentaux. Elle refusa de se laisser influer et se demanda plutôt en quoi les propositions des Britanniques pourraient bénéficier à la Chine. Hart « marque un point », estima-t-elle, « dans son jugement du gouvernement, de l'armée et des finances de la Chine, et aussi quand il propose d'adopter les méthodes occidentales d'exploitation minière, de construction navale, de production d'armement et de formation militaire [...] En ce qui concerne les relations étrangères, quand il parle, par exemple, d'envoyer des ambassadeurs dans d'autres pays, il propose des mesures que nous devrions adopter de toute façon ». Cixi ne s'offusqua ni du langage, ni du ton menaçant de Hart, et se contenta de rappeler la devise de son propre gouvernement : « Rendre la Chine forte reste l'unique moyen de nous assurer que des pays étrangers n'entreront pas en guerre contre nous [...] et ne nous traiteront pas avec mépris[32]. » Peut-être le ton tout aussi insultant sur lequel les Chinois parlaient des étrangers l'aida-t-il à prendre du recul par rapport à un tel affront. Malgré tout, le prince Gong recommanda aux envoyés occidentaux de surveiller leur langage[33]. Ceux-ci l'écoutèrent et n'employèrent plus de tournures offensantes dans leurs courriers ultérieurs*.

Quelques dignitaires mandarins fulminèrent contre Hart. L'impératrice douairière ne lui retirerait toutefois pas son soutien. Honnête, Hart gérait l'administration des douanes avec efficacité et probité ; un exploit dans un pays à la corruption endémique. Cixi n'en demandait pas plus. Elle n'était pas du genre à se focaliser sur des broutilles et ne tarderait pas à décerner à Hart un autre honneur encore. Il dirigea les douanes chinoises aussi longtemps que Cixi vécut et régna. Il est extraordinaire qu'un étranger se soit occupé près d'un demi-siècle d'une source aussi considérable de revenus fiscaux. Cela prouve la perspicacité de Cixi et son absence de préjugés. Elle ne plaçait pourtant pas une foi aveugle en Hart, convaincue que sa loyauté allait avant tout à sa patrie, la Grande-Bretagne. Un diplomate au service de Cixi lui rapporta qu'il avait sondé Hart au sujet de sa réaction, dans le cas où la Chine affronterait la Grande-Bretagne. Hart lui aurait répondu : « Je suis britannique[34]. » Cixi ne doutait pourtant pas de l'impartialité de Hart vis-à-vis de la Chine. De toute façon, elle fit en sorte de ne le mêler à aucun conflit d'intérêts. Le sommet de la hiérarchie impériale n'émit que peu d'objections envers Hart, ce qui en soi relève déjà du prodige. Les dispositions hostiles de certains fonctionnaires vis-à-vis de l'Occident ne les empêchèrent pas de confier les douanes de leur pays à un Occidental. Hart ne les décevrait pas. Il contribua non seulement à la prospérité financière de la Chine, mais aussi au développement de ses relations avec le monde extérieur. Lorsqu'il aurait besoin d'un service en lien avec l'Occident, le prince Gong se tournerait dorénavant vers Hart. Ce fut enfin pour une large part en traitant même indirectement avec lui que l'impératrice douairière découvrit la civilisation occidentale.

* Hart ne se rendit pas tout de suite compte du caractère offensant de son mémoire. Une fois qu'il l'eut transmis, croyant qu'il allait forcer le gouvernement de Cixi à industrialiser la Chine, il nota un « hourrah ! » triomphal dans son journal. Il remarqua toutefois une certaine réserve chez ses hôtes, après avoir exercé de nouvelles pressions sur le ministère des Affaires étrangères auquel il vantait alors le télégraphe et le chemin de fer. Il écrivit dans son journal que les Chinois « pourraient me croire à la solde de l'étranger & non payé par les Chinois » et il admit « je ferais mieux de ne plus soulever les points que j'ai abordés ».

Ceux que consulta Cixi n'en rejetèrent pas moins tous les projets de modernisation de Hart. Même l'homme le plus favorable aux réformes, le comte Li, à qui les Occidentaux voueraient une profonde estime, s'y opposa avec véhémence. « Ils vont défigurer nos paysages, envahir nos champs et nos villages, gâter notre *feng-shui* [géomancie] et ruiner les moyens de subsistance de notre peuple », affirma-t-il en guise de résumé des « incalculables dégâts[35] » qui en découleraient. Nul ne pressentait alors quel genre de bienfait pourraient bien apporter ces coûteux projets d'ingénierie. Il ne vint à l'esprit des représentants des Occidentaux aucun argument convaincant en leur faveur. Le prince Gong rapporta à Cixi que les Occidentaux n'avaient « pas spécifiquement dit en quoi au juste ils profiteraient à la Chine[36] ».

L'Occident, en revanche, en eût retiré une pléthore de bénéfices. Sur le point de liquider ses dernières indemnités de guerre, la Chine dont la balance extérieure du commerce allait être largement excédentaire avait les moyens de se lancer dans de telles entreprises. Une fois le pied mis à l'intérieur de l'empire, les Occidentaux prirent la mesure de sa richesse en ressources naturelles inexploitées. L'officier de la marine britannique Henry Noel Shore nota que « les autorités compétentes ont estimé que les gisements de charbon couvraient 419 000 miles carrés, soit plus de vingt fois la superficie de ceux d'Europe, et il paraît que les minéraux, et en particulier le minerai de fer d'excellente qualité, abondent dans toutes les provinces[37] ». Le télégraphe et le chemin de fer étaient indispensables à l'exploitation des mines.

De nombreuses objections surgirent et, parmi elles, le risque qu'une fois autorisé l'accès des Occidentaux aux trésors du sol chinois, l'idée ne leur vienne de s'en assurer le contrôle. Le chemin de fer pourrait en outre transporter des soldats occidentaux jusqu'au cœur de l'empire, au cas où l'envie viendrait aux puissances étrangères de l'envahir. Des millions de travailleurs du secteur des transports et des communications – les conducteurs de carrioles, les porteurs de marchandises, les messagers, les aubergistes et ainsi de suite – perdraient enfin leur emploi. Nul ne semblait voir d'un bon œil le recul de tâches aussi physiquement harassantes ni anticiper la création de nouveaux postes. La fumée noire et le rugissement des machines passaient pour une abomination, dans la mesure où ils interféreraient avec la nature – et, pire que tout, troubleraient le repos des ancêtres morts ensevelis dans les nombreuses tombes privées caractéristiques des paysages chinois.

En ce temps-là, en Chine, chaque famille au sens large disposait de son propre lopin de terre où enterrer ses morts – autant de lieux sacrés aux yeux de la population. Comme le nota Freeman-Mitford : « Ici, on réserve les endroits les plus agréables à la sépulture des morts[38]. » Les Chinois considéraient les tombes comme leur destination finale, où ils rejoindraient après leur trépas leurs proches et chers défunts. Cette perspective réconfortante éloignait d'eux la crainte de la mort. On ne pouvait porter à un ennemi de coup plus rude que la destruction de la tombe de ses ancêtres. C'était le condamner, lui et sa famille, à se changer en fantômes errants après leur mort, et les vouer à la solitude et au malheur éternels.

Comme la plupart de ses contemporains, Cixi associait les tombes des ancêtres à un profond sentiment religieux. La foi tenait dans sa vie une place essentielle. Ce qu'elle redoutait plus que tout, c'était le courroux du Ciel – l'être mystique immatériel équivalant à Dieu pour les Chinois de l'époque. Il n'existait alors aucune incompatibilité entre la croyance au Ciel et le bouddhisme ou le taoïsme. Les Chinois ne professaient pas de confessions aussi strictement définies que les chrétiens. Il était courant parmi eux de se déclarer adepte de plus d'une religion. À l'occasion de certaines cérémonies, telles qu'un enterrement en grande pompe, susceptibles de durer plus d'un mois, des prêtres aussi bien bouddhistes que taoïstes se relayaient tous les jours avec des lamas tibétains pour réciter des prières. Bouddhiste convaincue, Cixi était aussi une fervente taoïste. Elle vénérait plus que tout autre bodhisattva Guanyin, la déesse de la miséricorde, la seule déité féminine du bouddhisme, qui comptait par ailleurs au nombre des immortels du taoïsme. Cixi priait souvent une statue de Guanyin, les paumes jointes devant sa poitrine, dans ses chapelles privées – des sortes de sanctuaires, où elle se réfugiait en quête de solitude, le temps de s'éclaircir les idées avant de prendre une décision cruciale. En tant que bouddhiste, Cixi sacrifiait en outre au rituel de libération de créatures captives. À l'occasion de son anniversaire, elle achetait de nombreux oiseaux – pas moins de dix mille vers la fin de sa vie, à en croire les dames de la cour – et, le jour dit, à l'heure la plus propice, elle se rendait au sommet d'une colline où elle ouvrait l'une après l'autre leurs cages apportées par des eunuques, avant de suivre du regard leur envol.

Ce fut avant tout à cause des tombes des ancêtres que le gouvernement de Cixi rejeta les projets liés au machinisme. Il ne fallait en aucun cas troubler les esprits des morts. Le prince Gong déclara aux envoyés étrangers que si une telle résistance impliquait une guerre, eh bien soit[39] ! Cixi prit au sérieux la menace d'un conflit et, par un édit à la formulation des plus rigoureuses, ordonna aux chefs des provinces de résoudre au plus vite le moindre différend avec des Occidentaux, de manière à ne leur fournir aucun prétexte pour déclarer les hostilités[40]. Le gouvernement de Cixi fit en outre de son mieux pour se conformer aux traités. Hart reconnut d'ailleurs : « Je n'ai eu connaissance d'aucune infraction aux traités[41]. » À l'issue d'autres campagnes de pression sans résultat, les entreprises occidentales baissèrent les bras. L'entrée de la Chine dans l'ère industrielle fut repoussée à une date ultérieure.

L'industrie s'introduirait malgré tout dans l'empire par une autre porte. La cour de Cixi, d'avis de doter l'empire d'une armée et d'une industrie de l'armement modernes, recruta des officiers étrangers pour entraîner les troupes chinoises et des ingénieurs pour enseigner la fabrication d'armes. La Chine se procura en outre technologie et matériel et entreprit en 1866 de se constituer une flotte moderne sous l'autorité d'un Français, Prosper Giquel. Arrivé en Chine avec le contingent d'invasion franco-britannique, il avait depuis contribué à la défaite des Taiping à la tête d'une force franco-chinoise baptisée l'armée toujours triomphante en écho à l'armée anglo-chinoise toujours victorieuse, et travaillé dans les douanes sous les ordres de Robert Hart. Cixi avait foi en Giquel et lui remit tout l'argent nécessaire pour mener à bien son entreprise. Beaucoup se montrèrent dubitatifs et méfiants envers cet ancien officier d'une armée d'invasion. D'autres se dirent horrifiés par le coût astronomique du projet. D'instinct, Cixi n'en accorda pas moins sa confiance à Giquel. Elle ordonna aux fonctionnaires de le « traiter au mieux », lui et les autres étrangers. « C'est sur ce projet de construction d'une flotte que repose notre objectif de rendre la Chine forte », déclara-t-elle, en proie à un enthousiasme fébrile[42].

En quelques années à peine furent produits 9 bateaux à vapeur d'une qualité comparable à ceux qui sortaient alors des chantiers navals d'Occident. On ne sabra toutefois pas de champagne lors de leur mise à l'eau. On ne célébra que des cérémonies solennelles de présentation d'excuses à la reine céleste et aux dieux des fleuves et de la terre, dont les bateaux allaient troubler la tranquillité. Des foules de Chinois et d'étrangers établis dans les environs de Nankin vinrent assister au mouillage triomphal d'un premier navire au port en 1869. Ceux qui avaient pris part à sa construction essuyèrent quelques larmes de fierté. Les services rendus à l'empire par Giquel lui valurent une veste de mandarin jaune royal entre autres généreuses récompenses.

Depuis une dizaine d'années qu'elle détenait le pouvoir, Cixi venait de relever un pays déchiré par la guerre et de le doter d'une marine moderne. Elle comptait à présent y implanter une armée et une industrie de l'armement modernes à la technologie de pointe. Même si l'industrialisation à grande échelle de l'antique empire chinois ne décolla pas tout de suite du fait du profond enracinement de ses traditions et de ses religions, des entreprises modernes s'y implantèrent l'une après l'autre, d'extraction du charbon et du minerai de fer, et de construction d'aciéries ou d'usines de machines. Les ingénieurs, techniciens et ouvriers qui y travaillèrent reçurent une formation moderne. Le chemin de fer et le télégraphe se profilaient dès lors à l'horizon. La Chine médiévale venait de faire un premier pas vers la modernisation, sous l'impulsion de l'impératrice douairière.

6. Premières incursions en Occident (1861-1871)

Sur la voie de la modernité, Cixi disposait, en la personne du prince Gong, d'une âme sœur, d'un proche conseiller et d'un administrateur de toute confiance. Avec son aide, Cixi traduisait sa volonté en textes officiels, qu'il se chargeait d'appliquer. C'était à peine si existait pour eux le paravent de soie jaune de rigueur.

Sans un tel homme en dehors du harem, Cixi n'aurait pas pu gouverner efficacement. Elle prouva au prince à quel point elle l'appréciait en lui décernant d'incomparables honneurs – et, surtout, en l'exemptant de se prosterner devant elle. Un édit impérial, promulgué juste après son coup d'État, au nom de son fils, exempta de révérence et de génuflexion, lors des entrevues quotidiennes avec les monarques, le prince Gong, ainsi que le prince Chun et trois autres oncles de l'empereur[1]. Ce fut encore le prince Gong qui en bénéficia le plus, dans la mesure où il voyait chaque jour Cixi. Elle finit toutefois par estimer préférable de lui retirer une telle faveur. Elle se rendit en effet compte que le prince Gong se sentait si à l'aise en sa présence, depuis qu'il ne se pliait plus à l'étiquette rigide de la cour, qu'il la traitait avec autant de condescendance que les autres femmes, d'autant que Cixi était encore jeune – même pas trente ans. L'irritation et la colère de Cixi couvèrent un certain temps, puis un beau jour de 1865, elle explosa et, hors d'elle, congédia le prince. Elle rédigea elle-même un décret l'accusant « d'avoir une trop haute opinion de lui », « de se pavaner et de se donner de grands airs », et en résumé, de « ne débiter que des balivernes[2] ». Il s'agit là d'un des rares décrets de la main même de Cixi. À l'époque, elle s'exprimait encore assez mal à l'écrit, accumulant les solécismes. Le fait qu'elle eût renoncé à toute prudence en dévoilant son point faible – son défaut d'instruction, d'une telle importance aux yeux de l'élite – trahit l'ampleur de sa fureur.

Comme la plupart des épisodes houleux qui jalonnent des relations sans cela solides, la tempête finit par passer. Les nobles s'interposèrent. Cixi se calma. Le prince Gong se répandit en larmes et en excuses aux pieds de Cixi (masqués par l'inévitable paravent de soie jaune) et lui promit de s'amender. Estimant le message passé, Cixi abrogea son décret et réinstalla le prince Gong dans ses anciennes fonctions. Elle ne lui rendit toutefois pas son titre de Grand Conseiller, ce qui ne l'empêcha pas de tenir le même rôle que par le passé[3]. Elle lui recommanda en outre plus de déférence à la cour, et moins d'arrogance. À compter de ce jour, un prince Gong soumis veillerait à manifester par des génuflexions son humilité vis-à-vis de Cixi. L'épisode servit d'avertissement aux autres nobles de son entourage : avec Cixi, la condescendance n'était pas de mise. C'était elle, le maître du pays. Il convenait de se prosterner en sa présence.

Cixi maintint avec le prince Gong une étroite relation de travail. À vrai dire, la nécessité de faire face aux conservateurs hostiles à leur volonté d'amener l'empire à l'ère moderne les rapprocha beaucoup.

L'un des principaux heurts eut lieu à propos de la première institution scolaire moderne de Chine : le collège de Tongwen, fondé en 1862, peu après l'accession de Cixi au pouvoir. Il s'agissait d'une école d'interprètes dont la création, sur le moment, suscita peu de résistance – après tout, la Chine devait traiter avec des étrangers. L'institution occupait une pittoresque villa entourée de dattiers, de massifs de lilas et de jasmin d'hiver. Une petite cloche à l'intérieur d'une tour y annonçait le début des cours. En 1865, lorsque, sur les conseils du prince Gong, Cixi résolut d'y établir une université en bonne et due forme, où l'on enseignerait les sciences, l'opposition monta sur ses grands chevaux. Depuis deux mille ans, seuls les classiques passaient pour dignes de transmission. Cixi argumenta que le collège comptait simplement « s'inspirer de méthodes occidentales pour prouver la validité des préceptes chinois » sans pour autant « les substituer aux enseignements de nos sages sacrés[4] ». Cela ne suffit pas à calmer les dignitaires parvenus à leur poste à force de s'imprégner des classiques confucéens. Ils s'en prirent au ministère des Affaires étrangères et au prince Gong, qu'ils qualifièrent de « pantins aux mains de ces diables d'étrangers[5] ». Des insultes à l'encontre du prince couvrirent bientôt les murailles de la ville.

Les Chinois s'offusquèrent entre autres du recrutement d'étrangers en tant que « professeurs ». Ceux-ci faisaient par tradition office de mentors pour la vie. Il convenait de les vénérer. Transmettant leur sagesse en plus de leur savoir, ils méritaient autant de respect qu'un parent. (Le meurtre d'un enseignant équivalait à un parricide. Comme la haute trahison, il valait au coupable le supplice des mille coupures.) Empereurs et princes aménageaient chez eux des autels où ils honoraient leurs défunts précepteurs. Celui qui manifesta le plus haut et fort son désaccord ne fut autre qu'un certain Woren. Cet érudit mongol très estimé se chargeait alors d'éduquer le fils de Cixi, l'empereur Tongzhi. Il écrivit à Cixi qu'il ne convenait pas d'accorder à des Occidentaux un statut aussi enviable, car ces ennemis de la Chine avaient « envahi notre pays, menacé notre dynastie, incendié nos palais et tué notre peuple ». « Aujourd'hui, raisonna-t-il, nous apprenons leurs secrets en vue de lutter contre eux lors de futures guerres, qu'est-ce qui nous autorise à croire qu'ils ne vont pas nous jouer de mauvais tours en nous transmettant un savoir fallacieux[6] ? »

Tout en tançant vertement les dissidents au langage injurieux, Cixi resta courtoise envers Woren, qu'elle pria tout simplement de trouver des Chinois capables d'enseigner les sciences. Mis au pied du mur, le précepteur mongol dut admettre qu'il ne connaissait personne à qui confier de tels postes. Cixi l'enjoignit à ne pas cesser pour autant de chercher une solution aux problèmes du pays. Choisi pour instruire l'empereur en raison de son confucianisme solidement ancré, le précepteur, bien qu'il ne doutât pas de la validité de ses propres arguments, se vit réduit à l'impuissance et ne sut dès lors plus à quel saint se vouer. Un beau jour, il éclata en sanglots pendant une leçon à l'empereur de neuf ans. N'ayant jusque-là jamais vu pleurer son précepteur âgé, le jeune souverain prit peur, déconcerté. Quelques jours plus tard, le vieillard perdit connaissance alors qu'il tentait de monter à cheval. Malade, il présenta sa démission. Cixi la refusa mais lui accorda un congé définitif pour raison de santé. En quittant la cour, Woren laissa derrière lui de nombreux partisans de ses vues, dont son collègue le Grand Précepteur Weng, qui détestait lui aussi l'Occident. L'incendie de l'ancien Palais d'été avait arraché des larmes à Weng. Il qualifiait les Occidentaux à Pékin de « sales bêtes », de « loups » et de « chacals[7] ».

Continuant d'aller de l'avant en dépit d'une opposition tenace, Cixi nomma à la tête du collège un haut dignitaire, Hsü Chi-she. Jouissant d'un « grand prestige », il fournirait selon elle un « bon modèle » aux étudiants. Aux yeux de l'impératrice douairière, Hsü se distinguait surtout en tant qu'auteur de la première description exhaustive de la planète par un Chinois[8]. N'ayant jamais mis le pied à l'étranger, Hsü rédigea son livre avec l'aide d'un missionnaire américain, David Abeel, devenu son ami alors qu'il travaillait sur la côte sud dans les années 1840. Il y présentait la Chine comme un pays parmi tant d'autres, au rebours de l'idée reçue selon laquelle le royaume du milieu occupait le centre du monde. L'Amérique était à l'évidence le pays qu'il admirait le plus. « Ah, quel héros ! » s'exclama-t-il au sujet de George Washington : au lendemain de ses victoires sur un vaste territoire, écrivit Hsü, alors que le peuple voulait le nommer roi, il « refusa de monter sur le trône et ne transmit pas son pouvoir à ses descendants. Il créa en revanche un système en vertu duquel une personne prendrait la tête du pays à l'issue d'élections ». « Washington était un homme extraordinaire », conclut-il*. Hsü fut surtout impressionné par le fait qu'il « n'existe ni famille royale ni aristocratie en Amérique [...] Dans ce tout nouvel État, c'est le peuple qui décide des affaires publiques. Quelle merveille ! » Du point de vue de Hsü, l'Amérique restait ce qui s'approchait le plus de l'idéal confucéen selon lequel « tout ce qui est sous le Ciel est pour le peuple » (*tian-xia-wei-gong*). C'était aussi le pays qui ressemblait le plus à la Chine des trois grandes dynasties antiques, sous les règnes des empereurs Shun, Yao et Yu, plus de quatre mille ans plus tôt. Dans leur pays, en ce temps-là accueillant et prospère, les empereurs élus au mérite vivaient sur le même pied que tout le monde. C'était du moins ce que croyaient les Chinois. L'existence de ces dynasties relevait du mythe, mais ils l'ignoraient, et plus d'un Chinois en contact avec l'Occident s'étonna de découvrir que les antiques pratiques légendaires de l'empire revivaient apparemment au-delà de l'océan. Un observateur estimait ainsi la justice britannique « exactement pareille que du temps de nos trois grandes dynasties antiques[9] ».

La publication de l'œuvre de Hsü en 1848, sous le règne du défunt beau-père de Cixi, l'empereur Daoguang, scandalisa les dignitaires, qui l'accusèrent de « gonfler le statut des barbares étrangers[10] ». Les invectives se mirent à pleuvoir sur lui et il se retrouva mis à la porte. En 1865, son livre tomba entre les mains de Cixi, qui tira Hsü de sa semi retraite, chez lui, au bord du fleuve Jaune, pour lui

* Ce qu'a écrit Hsü au sujet de Washington est gravé sur l'obélisque érigé en son honneur, à Washington D.C.

offrir un poste clé aux Affaires étrangères[11]. Les Occidentaux basés à Pékin virent dans la nomination de Hsü un signe supplémentaire du « commencement d'une nouvelle ère ».

Au cours des quelques années suivantes, bien d'autres fonctionnaires insultèrent sans relâche Hsü, qui prétexta sa mauvaise santé pour solliciter son départ à la retraite. Cixi finit par devoir le laisser partir. (Il mourut en 1873.) Sur les recommandations de Robert Hart, elle nomma à sa place, à la tête du collège de Tongwen, un missionnaire américain, W.A.P. Martin[12]. En tant qu'étranger, Martin n'eut pas à souffrir de l'ostracisme de ses pairs. Cixi fit preuve d'audace et, surtout, elle innova en confiant à un Occidental la direction d'une école chinoise. Son choix se porta sur cet Américain parce qu'il avait introduit les notions de droit occidental en Chine en traduisant les *Éléments du droit international* de Henry Wheaton, publié, avec l'autorisation de Cixi, à l'aide d'une subvention des Affaires étrangères, d'un montant de 500 taels d'argent. Martin, qui resta plusieurs dizaines d'années en poste, forma de nombreux diplomates et autres personnalités de premier plan. Le collège à l'occidentale dont il s'occupait fournit à l'empire le prototype d'un nouveau système éducatif.

Dans l'intention d'ouvrir les esprits au monde extérieur, Cixi envoya des Chinois en voyage à l'étranger. Au printemps 1866, comme Hart s'apprêtait à retourner dans son pays, le prince Gong choisit plusieurs étudiants du collège de Tongwen pour l'accompagner en Europe. Un Mandchou de soixante-trois ans à la barbiche d'érudit répondant au nom de Binchun prit la tête du petit groupe de jeunes hommes. Il allait devenir, ainsi qu'il le nota fièrement, « le premier à être envoyé de Chine en Occident ».

En tant que simple employé des douanes, Binchun occupait un rang hiérarchique incroyablement bas. Il était en outre d'un âge bien trop avancé pour se lancer dans une voie encore jamais frayée. Le hic, c'est qu'aucun de ceux à qui on avait proposé la mission (et qui ne pouvaient à la fois appartenir à l'escorte de Hart et compter au nombre de ses supérieurs) ne l'avait acceptée. Binchun fut le seul à se porter volontaire. De nombreux alarmistes le prévinrent qu'en allant à l'étranger, il s'offrirait en proie « aux tigres et aux loups d'apparence humaine » et courrait le risque qu'on le garde en otage, ou même qu'on le coupe en morceaux. Mû par la curiosité, Binchun se montra remarquablement libre de tout préjugé. Ses amis occidentaux, et notamment W.A.P. Martin, lui avaient assez parlé du monde extérieur pour le convaincre de l'absence de fondement de rumeurs aussi effrayantes. Dans un poème, il raconta que les livres de ses amis étrangers avaient élargi son horizon, et qu'il ne se sentait pas du tout comme la fameuse grenouille au fond d'un puits, convaincue que le ciel n'est pas plus grand que ce qu'elle en distingue[13].

Binchun se rendit dans onze pays. Il visita villes et palais, musées et opéras, usines et chantiers navals, hôpitaux et zoos, et rencontra toutes sortes de gens, depuis des monarques jusqu'à Monsieur ou Madame Tout-le-Monde. La reine Victoria relata dans son journal l'audience qu'elle lui accorda le 6 juin 1866 : « Ai reçu les envoyés chinois, venus sans lettres d'accréditation. Ils ont à leur tête un mandarin de 1re classe. Ils ressemblaient tout à fait aux figures en bois peintes qu'on voit ici ou là[14]. » Binchun, au statut largement gonflé avant l'entrevue, écrivit dans son journal qu'interrogé par la reine Victoria sur son opinion de la Grande-Bretagne, il lui répondit : « Les bâtiments et les engins sont ingénieusement conçus et valent mieux qu'en Chine. Quant à la façon dont on gère les affaires de l'État, elle présente ici de nombreux avantages. » À quoi la reine Victoria répliqua qu'elle espérait que son séjour en Grande-Bretagne resserrerait les liens d'amitié entre leurs deux pays.

Binchun se déclara ébloui par les danses d'un bal donné par le prince de Galles. À lire la description détaillée qu'il en livra, celles-ci le séduisirent. Il n'existait alors rien de tel en Chine. Lorsque le prince de Galles lui demanda ce qu'il pensait de Londres, il répondit qu'en tant que premier envoyé chinois à l'étranger, il considérait comme un privilège de découvrir avant ses compatriotes tant de splendeurs au-delà de l'océan.

Les villes éclairées la nuit l'émerveillèrent, de même que les chemins de fer, qu'il emprunta à 42 reprises. « On a l'impression de voler dans les airs », écrivit-il. Il ramena en Chine une maquette de train, qui fonctionnait réellement. Selon lui, certaines machines amélioraient le quotidien. En Hollande, l'utilisation de pompes à eau pour aménager des parcelles cultivables fertiles lui donna beaucoup à réfléchir : « Si on s'en servait sur les terres arables en Chine, on n'aurait plus à se soucier des sécheresses ni des inondations. » Les régimes politiques d'Europe suscitèrent son adhésion, et il relata sur un ton admiratif sa visite au Parlement de Londres. « Je suis allé à la grande chambre du Parlement, imposante, avec son haut dôme, et qui incite au respect. 600 élus de toutes les régions du pays s'y réunissent pour discuter des affaires publiques. (Des points de vue divers y font l'objet d'un libre débat, et ce n'est qu'une fois atteint un consensus qu'une décision est prise et appliquée. Ni le monarque ni le Premier ministre ne peuvent imposer leur volonté.) »

Tout ce qu'il vit stupéfia cet homme à l'esprit curieux – y compris les feux d'artifice, pourtant inventés dans son propre pays. Alors qu'en Chine, ils s'apparentaient à de simples pétards éclatant à même le sol, en Europe, on les lançait dans le ciel où ils produisaient de magnifiques explosions. Les rares réserves qu'il émit, Binchun les précéda de louanges : « Les Occidentaux sont très attachés à la propreté, et ils ont des salles de bains et des toilettes impeccables. Ce qu'il y a, c'est qu'ils jettent des journaux et des magazines qu'ils ont fini de lire sur leurs selles, et parfois aussi, ils s'en servent pour s'essuyer. Il semblerait qu'ils ne respectent pas et n'attachent pas de valeur aux textes écrits. » Le respect de l'écrit comptait au nombre des enseignements confucéens.

La liberté accordée aux Européennes de se mêler aux hommes et de danser avec eux, dans de splendides tenues, ne fut pas ce qui stupéfia le moins Binchun. Il semblerait que de telles relations entre les deux sexes n'eussent pas été pour lui déplaire. La manière dont les Occidentaux traitaient leurs épouses l'impressionna beaucoup. À bord d'un vapeur, il remarqua que « les femmes se promenaient bras dessus, bras dessous, avec les hommes sur le pont, ou se reposaient sur des canapés en rotin tandis que leurs maris s'occupaient d'elles comme des domestiques » – tout à fait à l'opposé des pratiques chinoises. Binchun se dit séduit par l'intimité entre époux que favorisaient de tels rapports. Il se fit un devoir de souligner qu'en Europe, les femmes pouvaient régner, à l'égal d'un homme ; la reine Victoria en fournissait d'ailleurs un exemple notable. Admiratif, Binchun écrivit à propos de la reine : « Elle avait dix-huit ans quand elle est montée sur le trône et tout le monde dans son pays loue sa sagesse. »

De retour en Chine, Binchun remit au prince Gong ses journaux, où il entonnait la louange exaltée de l'Occident. Le prince les fit copier avant de les transmettre à Cixi[15]. Cette première description du monde extérieur, par un témoin oculaire au service du régime chinois, allait profondément la marquer. Le traitement réservé aux femmes en Occident dut particulièrement l'enthousiasmer. Alors qu'elles pouvaient là-bas régner de plein droit, Cixi devait exercer le pouvoir derrière le trône de son fils. Elle n'avait pas la permission de s'entretenir avec les dignitaires en l'absence de paravent, et même ainsi, ne pouvait elle-même recevoir d'envoyés étrangers désireux de présenter leurs lettres d'accréditation. Lorsqu'elle sollicita là-dessus l'opinion des nobles de haut rang, tous lui donnèrent la même réponse inflexible : impossible d'accorder une audience tant que l'empereur ne serait qu'un enfant ; les envoyés devraient attendre qu'il assume en personne le pouvoir. Un tête-à-tête de Cixi avec les envoyés restait hors de question et tellement impensable que la plupart des dignitaires n'y songèrent même pas. Cixi ne pouvait donc que se sentir favorablement disposée envers les us et coutumes des Occidentaux.

Lorsqu'elle eut terminé la lecture du journal de Binchun, Cixi lui offrit un poste aux Affaires étrangères et le nomma « directeur des études occidentales » au collège de Tongwen. À ce moment-là, au début de l'année 1867, c'était Hsü, un grand admirateur de Washington, qui en assumait la direction[16]. Les deux hommes avaient de nombreux atomes crochus. Hsü avait offert à Binchun un exemplaire de sa géographie mondiale pour qu'il l'emmène avec lui en voyage. À son retour, Binchun lui confirma qu'il ne s'était pas trompé en ne plaçant pas la Chine au centre du monde ! Hsü préfacerait le journal de Binchun en vue de sa publication, avec l'aval de Cixi.

Tout comme Hsü, Binchun dut faire face aux attaques des dignitaires conservateurs. Le Grand Précepteur Weng, atterré que Binchun « se réfère à des chefs barbares comme à des monarques », parla de lui sur un ton haineux et méprisant dans son journal, le qualifiant par exemple de « volontaire pour devenir l'esclave des diables[17] ». On ne sait si les désagréments que valut à Binchun sa largeur d'esprit jouèrent un rôle dans la détérioration de sa santé, mais il mourut en tout cas en 1871.

Depuis le début de son règne, Cixi souhaitait envoyer des ambassadeurs auprès des puissances occidentales. Seulement, il n'existait pas de candidat valable à de tels postes, vu qu'aucun fonctionnaire chinois ne parlait de langue étrangère ni ne connaissait quoi que ce soit aux autres pays. En 1867, le prince Gong recommanda à Cixi de nommer ambassadeur extraordinaire en Europe et en Amérique Anson Burlingame, ambassadeur des États-Unis à Pékin, à la veille de son retour au pays. Le prince le présenta comme quelqu'un de « juste et conciliant », « ayant à cœur les intérêts de la Chine » et « toujours disposé à aider la Chine à résoudre ses problèmes ». Il méritait à l'évidence la confiance des Chinois, à l'égal du Britannique Robert Hart, avec lequel « aucune barrière n'entrave nos communications ». L'Amérique, ajouta le prince, restait vis-à-vis de la Chine « la plus pacifique et la moins prédatrice » des puissances étrangères. Toujours visionnaire, Cixi suivit sur-le-champ ce conseil et Burlingame devint le premier ambassadeur de Chine en Occident, muni de lettres d'accréditation officielles et de sceaux[18]. Sa mission consistait à présenter au reste du monde le nouveau visage de la Chine, à lui exposer sa récente politique étrangère et à « réfuter par de solides arguments ou mettre un frein à tout ce qui pourrait nuire aux intérêts de la Chine et, enfin, consentir à tout ce qui pourrait lui bénéficier ». Deux jeunes Chinois l'assisteraient : Zhigang et Sun Jiagu, qu'il serait tenu de consulter en toute occasion. Burlingame s'en rapporterait à Pékin avant de prendre la moindre décision de conséquence. Pour que la Grande-Bretagne et la France ne se sentent pas en reste, on invita un diplomate de l'un et l'autre pays à accompagner la mission en tant que secrétaire.

Les conservateurs s'en offusquèrent[19]. Dans son journal, le Grand Précepteur Weng qualifia non sans mépris Burlingame de « chef barbare étranger [*yi-qiu*] ». Une telle idée – « singulière et inattendue », selon le *North China Herald*, une publication anglaise – n'en impressionna pas moins la communauté étrangère. Cet organe de presse ne parvenait pas à croire « l'esprit chinois » capable d'une initiative aussi inspirée, qu'il attribua au « brillant esprit de M. Hart[20] ». En réalité, Hart, mis au courant après coup, bien qu'il prétendît soutenir une telle entreprise, trahit par ses remarques ultérieures sa tiédeur et son scepticisme, si ce n'est sa réprobation[21]. Peut-être la jalousie venait-elle de piquer celui qu'on considérait comme « M. Chine ».

La mission Burlingame se rendit en Amérique et en Europe et attira partout une attention considérable. Les chefs d'État de l'ensemble des pays où elle séjourna la reçurent : le président Andrew Johnson aux États-Unis, la reine Victoria en Grande-Bretagne, Napoléon III en France, Bismarck en Prusse et le tsar Alexandre II en Russie. La reine Victoria nota dans son journal, à la date du 20 novembre 1868 : « Réception de l'ambassadeur chinois, le 1er qui soit jamais venu ici ; cela dit, c'est un Américain vêtu à l'européenne, un certain M. Burlingham *[sic]*. Ses collègues, en revanche, sont 2 authentiques Chinois – les 2 secrétaires étant anglais et français[22]. »

Cixi n'aurait pu choisir de meilleur porte-parole qu'Anson Burlingame, né à New Berlin, dans l'État de New York, en 1820. Le président Abraham Lincoln fit de lui, en 1861, le premier ambassadeur envoyé en Chine. Exempt de préjugés et courtois, Burlingame croyait en l'égalité des nations et ne prit jamais de haut les Chinois. Il représenterait la Chine en Occident avec beaucoup d'éloquence.

Connu pour ses talents d'orateur, à l'issue de ses études de droit à Harvard, il devint sénateur du Massachusetts puis entra au Congrès, à Washington, D.C. Ce fut là qu'en 1856, il prononça un discours persuasif vilipendant un fervent partisan de l'esclavage : son collègue Preston Brooks, qui venait de passer à tabac à l'aide d'une canne en bois le sénateur Charles Summer, un abolitionniste. Brooks convoqua en duel Burlingame, qui choisit d'affronter son adversaire au fusil sur l'île Navy Island, en amont des chutes du Niagara. Si la rencontre n'eut finalement pas lieu, ce fut uniquement parce que Brooks ne voulut pas accepter les conditions posées par Burlingame.

L'attitude de Burlingame à Pékin contribua pour une large part à l'adoption d'une « politique de coopération » par les pays occidentaux, qui renoncèrent vis-à-vis de la Chine au principe de la force au profit d'une diplomatie équitable. Les propos qu'il tint « aux citoyens de New York[23] », le 23 juin 1868, donnent une idée des discours passionnés qu'il prononça au nom de la Chine, au fil de ses déplacements. Voici comment il exposa sa mission : la Chine « elle-même recherche dorénavant l'Occident [...] et vous présente ce soir ses représentants [...] elle est venue à votre rencontre [...] ». Il expliqua au public, qui l'applaudit bruyamment, ce qu'avait accompli le gouvernement de Cixi, et combien c'était remarquable :

> Je suis convaincu qu'il n'y a pas un endroit sur terre où ont été réalisés ces dernières années des progrès supérieurs à ceux de l'empire de Chine. [applaudissements] La Chine a développé son commerce, réformé sa fiscalité, elle a entrepris de modifier l'organisation de son armée et de sa marine, a construit ou du moins fondé une grande école, où l'on enseignera la science moderne et les langues étrangères. [applaudissements] Elle y est parvenue alors que tout se liguait contre elle. Elle y est parvenue à l'issue d'une grande guerre, qui a duré treize ans, une guerre dont elle ne sort pourtant pas endettée. [applaudissements et rires prolongés] Ne perdez pas de vue la densité de la population chinoise. Ne perdez pas de vue la difficulté d'introduire des changements radicaux dans un pays comme celui-là. L'apparition de vos bateaux à vapeur a fait perdre leur travail à une centaine de milliers de matelots manœuvrant des jonques. L'arrivée de plusieurs centaines d'étrangers dans l'administration a rendu amers les fonctionnaires autochtones. L'établissement d'une école s'est heurté à la formidable résistance d'un parti ayant à sa tête l'un des plus grands hommes de l'empire. Cependant, en dépit de tout cela, au mépris de tout cela, le gouvernement actuel, éclairé, de la Chine, avance régulièrement sur le chemin du progrès. [applaudissements] »

Burlingame informa ses auditeurs que le commerce « est passé, au cours de mon séjour en Chine, d'un volume d'échanges de 82 à 300 millions de dollars » – plus de 4,5 milliards de nos dollars actuels. De tels changements, souligna Burlingame aux hommes politiques et au reste de son auditoire, étaient d'autant plus impressionnants qu'ils concernaient « un tiers de la race humaine ». S'élevant contre ceux qui préconisaient de « forcer la Chine » à s'industrialiser au plus vite, il souligna qu'un tel objectif relevait « de l'intérêt personnel et d'une lubie propre à certains des intéressés ». Il condamna ceux qui « vous disent que la dynastie actuelle va au-devant de sa chute et qu'il ne pourra en résulter qu'un renversement des fondements de la civilisation chinoise ».

Burlingame ne se contenta pas d'assurer la promotion de la Chine. Au nom de l'empire, il signa, en 1868, avec les États-Unis, un « traité égalitaire » fort différent de ceux, « inégalitaires », conclus entre la Chine et l'Occident à l'issue de la guerre de l'Opium. Ce traité protégeait en particulier les immigrés chinois en Amérique en leur accordant le statut « dont jouissent les citoyens ou les sujets des nations les plus favorisées ». Il s'efforçait en outre de mettre un terme au trafic, florissant à l'époque, des travailleurs esclaves originaires de Chine en Amérique du Sud*. Dans un article de 6 000 mots, l'ami et admirateur de Burlingame, Mark Twain, évoqua les retombées du traité sur les Chinois établis en Amérique : « Cela me procure une infinie satisfaction d'attirer en particulier l'attention sur cette clause consulaire et de songer à la clameur que pousseront les cuisiniers, les niveleurs de chemins de fer et les artisans paveurs de Californie, quand ils en prendront connaissance. Ils ne pourront plus rouer de coups les Chinois ni lâcher les chiens sur eux[24]. » Avant le traité, les Chinois ne bénéficiaient d'aucune protection légale, comme le releva Mark Twain : « J'ai vu des Chinois maltraités avec toute la mesquinerie et la lâcheté dont est capable une nature dépravée, mais je n'ai jamais vu un policier intervenir et je n'ai jamais vu de Chinois dédommagé par

---

* Article V : les États-Unis d'Amérique et l'empereur de Chine reconnaissent cordialement le droit inhérent et inaliénable de l'homme à changer de domicile et d'allégeance, et aussi les avantages mutuels de la libre migration de leurs citoyens et sujets d'un pays à l'autre, pour des raisons de curiosité, de commerce, ou pour y établir leur résidence permanente. Les parties contractantes réprouvent, par conséquent, l'une et l'autre toute émigration qui ne soit pas entièrement volontaire et dictée par ces motifs. Elles s'accorderont à promulguer des lois assimilant à un délit pénal le fait pour un citoyen des États-Unis ou un sujet de l'empire chinois d'emmener des sujets chinois aux États-Unis ou dans tout autre pays étranger, ou pour un sujet chinois ou un citoyen des États-Unis, le fait d'emmener des citoyens des États-Unis en Chine ou dans tout autre pays étranger, sans leur consentement libre et volontaire.

un tribunal des torts lui ayant été faits. » Les Chinois allaient obtenir le droit de vote, et les hommes politiques devraient les prendre en compte. Twain conclut avec plaisir : « D'un seul coup, c'en est fini de toutes les lois handicapantes, intolérantes et inconstitutionnelles promulguées en Californie au détriment des Chinois et voilà qu'à leur place "apparaissent" (comme à un lever de rideau au théâtre) 20 000 électeurs et élus potentiels de Hong Kong et de Suzhou ! » Pékin ratifia le traité de Burlingame l'année suivante.

Zhigang, l'assistant de Burlingame, admirait son attitude « ouverte, compréhensive et juste » et son « si grand dévouement » envers le pays qu'il représentait. Quand tout n'allait pas aussi bien qu'il l'aurait voulu, Burlingame, « inconsolable », se laissait envahir par le « découragement et la frustration ». En Russie, où les milliers de kilomètres de frontière avec la Chine laissaient présager des troubles futurs, les responsabilités de Burlingame lui pesèrent plus que d'ordinaire. Épuisé intellectuellement et physiquement – il venait tout de même de passer deux ans sur les routes –, il tomba malade, le lendemain de son audience avec le tsar, en plein cœur de l'hiver russe. Il mourut à Saint-Pétersbourg début 1870. Cixi, tenue informée de ses déplacements, rendit un hommage sincère à Burlingame – avant d'ordonner à Zhigang de prendre sa relève, soulignant que la poursuite de leur mission revêtait « la plus haute importance[25] ».

L'impératrice douairière avait convoqué Zhigang en audience avant son départ de Pékin, début 1868 : elle le reçut à cette occasion, assise derrière l'inévitable paravent de soie jaune, tandis que l'empereur Tongzhi, onze ans, siégeait sur le trône placé devant. Sitôt franchi le seuil, Zhigang s'agenouilla puis, ôtant son chapeau de mandarin pour le placer sur sa gauche, la plume pointée vers le souverain, comme l'exigeait l'étiquette, il récita les salutations de rigueur à l'empereur, en mandchou (lui-même était Mandchou). Il inclina enfin le front jusqu'à terre, se redressa, remit son chapeau, et alla s'agenouiller sur un coussin au pied du monarque, en attendant les questions de Cixi. Elle commença par l'interroger sur son itinéraire. Zhigang lui dressa la liste des pays par lesquels il passerait. Cixi se formait une idée précise de la géographie mondiale – et s'était renseignée sur les coutumes occidentales : elle dit à Zhigang d'inciter ses compagnons à prendre garde à leurs manières et de « ne pas les laisser se ridiculiser ni tolérer les railleries des étrangers ». Tout à fait consciente de l'ostracisme dont pâtissaient les diplomates chinois au sein de l'empire, elle déclara en guise d'encouragement à Zhigang : « Aux Affaires étrangères, vous devez vous attendre à encaisser des remarques mesquines à vos dépens. » À quoi le jeune homme répondit : « Même le prince Gong a droit à ce genre de commentaires or il tient bon. Nous, les humbles, ne pouvons qu'accomplir notre travail de notre mieux. »

Fonctionnaire zélé, Zhigang tint, au fil de ses déplacements, un journal très différent de celui de son prédécesseur, Binchun. Loin de déborder d'enthousiasme, il y exposa une vision assez détachée de l'Occident. À l'en croire, certaines pratiques ne s'acclimateraient jamais en Chine. Les autopsies, par exemple, l'horrifièrent, encore qu'il admît leur raison d'être. Selon lui, les enfants d'un défunt ne sauraient tolérer qu'on le coupe en morceaux. Il vit d'un mauvais œil les loisirs auxquels prenaient part ensemble les hommes et les femmes, comme la danse, les jeux de plage, les bains de mer, le patinage sur glace et le théâtre. À l'en croire, les Chinois attachaient de la valeur au bon sens et les Européens, à la sensualité. Le christianisme, qu'il tenait malgré tout pour une doctrine valable, lui répugnait en raison de l'hypocrisie qui s'y attachait : « Les Occidentaux prêchent "l'amour de Dieu" et "l'amour de l'humanité" en ayant vraiment l'air d'y croire. À côté de cela, ils déclenchent des guerres, armés de canonnières et de canons, en vue de conquérir des peuples par la force, en plus de répandre l'opium, un poison pire que la peste, parmi les Chinois – rien que par appât du gain. » « Il semblerait que l'amour de Dieu ait moins de réalité que l'amour du gain », conclut-il.

Malgré tout, Zhigang s'étonna de voir à Londres, au musée de Madame Tussaud, une figure de cire grandeur nature du commissaire Lin, parti en croisade contre l'opium. Il en détruisit d'ailleurs en si grandes quantités qu'il en résulta une guerre contre la Grande-Bretagne. Un Lin majestueux et sa concubine favorite apparaissaient en magnifiques tenues dans ce qui était alors le temple de la renommée à Londres. Le musée de Madame Tussaud avait dépensé une somme astronomique pour expédier en Angleterre leurs effigies en cire commandées à un artiste cantonais[26]. Ce n'était donc pas vrai que les chrétiens britanniques ne pensaient tous qu'à s'enrichir ou soutenaient le commerce de l'opium. La courtoisie et l'hospitalité des rois et reines qui accueillirent sa mission, autant que la gentillesse et l'amabilité des promeneurs croisés dans les jardins publics produisirent sur lui une impression favorable. Zhigang se recueillit par ailleurs sur la tombe de George Washington, dont la simplicité le frappa, et rendit hommage « à ce grand homme ». Témoin d'un scandale lié à une fraude aux urnes en France, il se fit la réflexion que les élections laissaient le champ libre aux hommes sans scrupules n'ayant que leurs intérêts à cœur. Dans l'ensemble, Zhigang n'en admirait pas moins les régimes politiques occidentaux. Il exposa les mécanismes du Congrès américain et conclut : « Un tel système permet aux souhaits du peuple de s'exprimer au plus haut niveau et à la société d'être équitablement administrée. » De tous les pays qu'il visita, l'Amérique lui parut le plus sincère dans son désir de se lier d'amitié avec la Chine, entre autres parce que son immensité et sa richesse en ressources naturelles lui ôtaient tout motif de convoiter celles de la Chine. Zhigang reprochait à la France de grever d'impôts sa population rien que pour entretenir une immense armée en guerre au-delà des mers. Le jeune fonctionnaire se déclara en faveur de l'industrialisation, évoquant en détail des inventions scientifiques modernes. Le télégraphe lui inspira un enthousiasme particulier : à l'en croire, celui-ci ne ferait pas intrusion dans la nature comme tant d'autres projets (l'équipement nécessaire s'y remarquerait à peine), et pourrait même presque s'y intégrer. L'un dans l'autre, conclut le mandarin : « Il suffirait à n'en pas douter que nous parvenions à faire ce qu'ils font pour devenir riches et forts, nous aussi[27] ! »

Zhigang et ses collègues chinois revinrent en Chine fin 1870. Ils venaient de visiter onze pays en près de trois ans. Leurs journaux et rapports furent transmis à Cixi[28]. Les immenses connaissances qu'ils acquirent en mission et la bonne volonté que suscita celle-ci ne débouchèrent toutefois sur rien de concret, hormis l'envoi de jeunes Chinois en Amérique pour y poursuivre leurs études. De toute façon, un projet de ce genre en vue de former de futurs piliers de la société connaissant réellement l'Occident et ses pratiques était à l'ordre du jour depuis un certain temps. Le comte Li, qui s'en était fait le promoteur, aspirait d'ailleurs à établir un calendrier. En tant que vice-roi de Zhili, il se trouvait alors en poste à Tianjin, près de la capitale. En 1872, il demanda à s'entretenir à Pékin avec l'impératrice douairière. Mais Cixi lui dit de ne pas venir[29]. Elle occupait depuis fin 1869 une position des plus vulnérable : de récents événements meurtriers l'obligeaient alors à lutter pour survivre, l'empêchant de prendre la moindre initiative d'importance. Qui plus est, son fils s'apprêtait à assumer lui-même le pouvoir, et son retour au harem n'allait plus tarder. Zhigang se lamenta : « Du jour au lendemain, la conjoncture a changé. Hélas ! Il n'y a rien que je puisse y faire, hormis me tordre les mains[30]. »

7. Un amour malheureux (1869)

Cixi, veuve à l'orée de la trentaine, vivait au harem, entourée d'eunuques, quand au début de son règne, elle s'attacha à l'un d'eux, An Dehai, surnommé le petit An. Pour tout dire, elle s'éprit de lui. De huit ans son cadet, le petit An était originaire de Wanping, non loin de Pékin, comme la plupart des eunuques au service de la cour. Son histoire ne différait pas beaucoup de celle de ses collègues. La pauvreté incitait leurs parents à les faire castrer, tout jeunes, dans l'espoir qu'ils gagneraient mieux leur vie à la cour. En général, le père d'un futur eunuque amenait celui-ci à un castreur professionnel, qui l'opérait par licence de la cour. Une fois signé un contrat dégageant le castreur de toute responsabilité en cas de mort du garçon ou d'échec de l'intervention (tout aussi probables l'une que l'autre), celui-ci procédait à l'opération, plus douloureuse qu'on ne saurait l'imaginer. Les revenus ultérieurs de l'eunuque en compenseraient le coût – quoique pas avant de longues années, s'il ne parvenait pas à se hisser dans la hiérarchie. Par souci d'économie, certains pères castraient eux-mêmes leurs fils.

Les eunuques inspiraient à la plupart des hommes un dégoût viscéral. L'empereur Kangxi, qui demeura soixante et un ans au pouvoir, les qualifiait de créatures « les plus basses, les plus viles, plus proches des vers ou des fourmis que des hommes ». Qianlong le Magnifique déclara quant à lui que « nul n'est inférieur à ces stupides paysans » et que « la cour fait preuve d'une générosité insensée en les autorisant à y servir[1] ». Les châtiments qui guettaient ces prisonniers de fait des palais, rarement autorisés à en sortir, ne tenaient pas compte de la procédure légale en vigueur sous la dynastie Qing : un empereur pouvait ordonner de battre à mort un eunuque par simple caprice. Les gens du commun les raillaient en raison du souci de santé qui affectait la plupart d'entre eux : l'incontinence, un effet secondaire de la castration, qui empirait avec l'âge et les obligeait à porter des couches en permanence. La perte de leur virilité valait aux eunuques le mépris de tous. Peu d'hommes leur témoignaient de la compassion ou songeaient que leur lamentable condition découlait en réalité de leur extrême pauvreté. Seules les femmes qui vivaient en leur compagnie à la cour ressentaient pour eux de la pitié ou de l'affection.

Le petit An, un être sensible au physique avantageux, servit Cixi des années durant, au point de lui devenir indispensable. Nul n'ignorait que c'était son favori. Les sentiments qu'il inspirait à Cixi dépassaient toutefois la tendresse que l'on doit à un fidèle serviteur : il finit par lui tourner la tête. À l'été 1869, certains courtisans notèrent que Cixi ne travaillait plus aussi dur qu'avant et lui trouvèrent un air alangui « disposé à la recherche des plaisirs[2] ». À l'évidence, elle vouait à son favori un amour qui l'incita à une manœuvre hardie et risquée, en rupture complète avec une tradition dynastique fermement ancrée.

L'année où son fils, l'empereur Tongzhi, fêta ses treize ans, Cixi, conformément à la tradition, entama les préparatifs de son mariage – son entrée dans l'âge adulte. La sélection nationale des concubines commença au printemps. Les couturiers royaux de Suzhou, le fameux centre de production de soieries, près de Shanghai, confectionneraient les costumes de la noce. Ce fut là, dans cette ville aussi célèbre pour ses magnifiques canaux et jardins que pour ses étoffes, que Cixi envoya le petit An « superviser les fournitures ». Ce n'était pourtant pas nécessaire, vu qu'il existait pour cela une procédure établie. Surtout, on n'avait encore rien vu de tel. Aucun empereur Qing n'avait jusque-là confié de mission hors de la capitale à un eunuque. Mais Cixi ne songeait qu'à l'enthousiasme fébrile du petit An lorsqu'il sortirait de la Cité interdite puis de Pékin pour remonter le grand canal qui reliait le nord de la Chine au sud. Il aurait même l'occasion de fêter son anniversaire à bord d'un bateau. Cixi aurait pour sa part beaucoup aimé faire le voyage. Elle abhorrait la Cité interdite, qu'elle jugeait « déprimante[3] », vu qu'il n'y avait là que des cours murées et des ruelles. Les vents de l'océan qui cognaient aux portes de la Cité interdite venaient vraisemblablement d'y éveiller des aspirations jusque-là inadmissibles.

En août, le petit An se mit en route, accompagné de membres de sa famille et d'autres eunuques. Quand il l'apprit, le Grand Précepteur Weng, alarmé, nota dans son journal qu'il trouvait cela

« tout à fait incongru ». La consternation s'empara d'autres nobles de haut rang, offusqués d'apprendre que le petit An, suivi d'une escorte de taille, se donnait du bon temps et attirait une attention considérable. L'idée de voir un eunuque affola les gens du commun qui, jusque-là, n'en avaient pas croisé un seul. Quand son bateau apparut sur le grand canal, des foules entières vinrent l'observer, bouche bée. Les nobles enragèrent. Au Shandong, le gouverneur de la province, Ding Baozhen, strict partisan des règles et pratiques établies, fit arrêter le petit An et sa suite. Lorsque son rapport parvint à la cour, le Grand Précepteur Weng s'exclama : « Quelle satisfaction ! Quelle satisfaction[4] ! »

Les nobles de haut rang décrétèrent à l'unanimité qu'il fallait exécuter le petit An, au motif qu'il venait d'enfreindre des préceptes fondamentaux. Ce n'était pourtant pas le cas. Les eunuques n'avaient certes pas le droit « de mettre le pied hors de la ville royale sans autorisation », mais Cixi avait donné son aval au voyage du petit An. En réalité, l'eunuque et l'impératrice douairière venaient, ensemble, de rompre avec la tradition qui cloîtrait les eunuques à l'intérieur des palais. Or cela, les nobles ne le leur pardonneraient pas. Celui qui insista le plus sur la nécessité de mettre à mort le petit An ne fut autre que le prince Chun, le beau-frère de Cixi. Ami du Grand Précepteur Weng, il partageait son hostilité à l'encontre de bien des décisions de Cixi[5]. L'incident fut pour eux la goutte d'eau qui fait déborder le vase. Le prince Gong et ses collègues à l'esprit pourtant ouvert d'ordinaire réclamèrent eux aussi la tête de l'eunuque. Cixi ne pouvant être à la fois juge et partie, ce fut son amie, l'impératrice Zhen, qui plaida la cause du petit An auprès des nobles : « Ne pourrait-on pas lui épargner la peine de mort eu égard à ses longues années de bons et loyaux services à l'impératrice douairière[6] ? » Les nobles lui répondirent par un silence obstiné qui équivalait à un « non » sans appel. Voilà donc l'affaire réglée. Un décret rédigé dans la foulée ordonna l'exécution immédiate du petit An.

Cixi eut l'impression que le monde s'écroulait autour d'elle. Elle réussit à reporter de deux jours la promulgation du décret et supplia l'impératrice Zhen d'implorer de plus belle que le petit An garde la vie sauve. En vain. Le prince Chun intervint : il exerça des pressions sur les deux femmes pour qu'elles cessent de retarder la publication du décret. Sans doute prévint-il Cixi qu'il valait mieux pour elle prendre ses distances par rapport au petit An au lieu de le défendre. L'impératrice Zhen n'eut pas d'autre choix que de laisser le décret prendre effet.

Le gouverneur Ding reçut pour instruction de soumettre l'eunuque à la peine de mort sans attendre de confirmation de la cour. Le prince Chun et d'autres encore à la cour ne voulaient surtout pas laisser à Cixi le temps de trouver un moyen de sauver l'eunuque. Il ne fallait pas l'autoriser à « se défendre par d'habiles explications » ni « le soumettre à un quelconque interrogatoire[7] ». Il semblerait que les nobles, le soupçonnant d'entretenir une liaison avec Cixi, aient en réalité voulu étouffer un scandale.

On coupa la tête au petit An. Six autres eunuques furent à leur tour exécutés, ainsi que sept gardes du corps. On raconte que le gouverneur Ding exposa plusieurs jours le cadavre du favori de Cixi sur le lieu de son supplice, pour que tout le monde puisse constater la mutilation de ses organes génitaux[8]. Le bruit avait en effet couru qu'il était l'amant de Cixi. À la Cité interdite, Cixi se fit remettre tout ce que possédait le petit An et le confia à l'un de ses propres frères, c'est-à-dire à quelqu'un de confiance[9].

Un proche ami du petit An – lui aussi eunuque dans la Cité interdite – se plaignit à ses collègues que c'était Cixi qui avait « conduit Dehai à sa mort » en l'envoyant loin de Pékin sans assumer par la suite ses responsabilités. Une telle remarque revenait à enfoncer le doigt dans la plaie. Furieuse, Cixi ordonna que l'on étrangle cet homme[10]. Un secrétaire en chef du Grand Conseil, Zhu, écrivit à un ami que l'impératrice douairière « fait retomber sa colère sur les serviteurs de son entourage ». Elle « exhale d'amers regrets, qui la débordent[11] », commenta-t-il. Songeant à l'évidence au ressentiment de Cixi envers le prince Chun, ce secrétaire en chef ajouta qu'elle « nourrit une profonde hostilité à l'encontre de certains princes et nobles [...] sans daigner se laisser fléchir ».

Non contents d'ordonner la mort de l'amant de Cixi, le prince Chun et les nobles lui adressèrent une mise en garde à propos de certains changements marquants qu'elle introduisait alors. En plus d'accorder un statut social aux eunuques, il semblerait qu'elle eût autorisé les femmes à paraître en public à une époque où les conventions leur imposaient de demeurer chez elles[12]. (Les diplomates britanniques essuyaient des jets de pierres lorsque des dames les accompagnaient dans leurs sorties, alors que, le reste du temps, la population les considérait avec bienveillance.) Le petit An avait pris la route avec sa sœur, sa nièce et des musiciennes, qui durent partir en exil dans les déserts septentrionaux où elles se retrouvèrent esclaves des gardes-frontière. Les nobles ne s'attaquèrent toutefois pas à Cixi, dont ils ne souhaitaient en aucun cas se débarrasser.

Ils admiraient l'œuvre considérable qu'elle avait accomplie. Le gouverneur Ding admettrait plus tard, devant ses subordonnés, que sous le règne de Cixi, la Chine avait « fait un bond en avant qui enfonçait même les [glorieuses] dynasties des Tang et des Song[13] ». Simplement, ils tenaient à la prévenir qu'elle ne devait pas aller trop loin. De toute façon, elle ne tarderait plus à se retirer des affaires. Dès son mariage, son fils prendrait la relève.

Une fois les condamnés exécutés, à la grande joie du prince Chun et de sa clique, « ravis du fond du cœur », Cixi s'effondra et dut garder le lit un bon mois[14]. Incapable de trouver le sommeil, les oreilles tintantes, le visage enflé, elle rendait sans arrêt, le plus souvent de la bile. Les médecins royaux diagnostiquèrent l'équivalent chinois d'une dépression nerveuse – « le *qi* du foie remonte, dans la direction opposée à la normale [vers le bas] ». Ils veillèrent dès lors sur elle à la porte de ses appartements. Entre autres remèdes, ils lui prescrivirent du sang de gazelle à queue blanche, qui passait alors pour réduire les gonflements. Vers la fin de l'année, Cixi se remit au travail tout en continuant à régurgiter anormalement. Une réaction physique d'une telle intensité ne lui ressemblait pas : loin d'être une fleur fragile, elle avait après tout froidement combiné un coup d'État sans trahir la moindre tension physique ou émotionnelle. En cas d'échec, on l'eût pourtant condamnée au supplice des mille coupures. Là, malgré tout, son cœur saignait. Seul l'amour avait pu provoquer en elle une telle commotion.

Son dévoué fils pria pour son rétablissement. Il ne manquait pas de prendre de ses nouvelles, mais il n'était pas en son pouvoir de la consoler : Cixi demeura de fait inconsolable. Seule la musique l'apaisait. Pendant près de dix ans, elle n'avait pu en écouter autant qu'elle l'eût souhaité. Après la mort de son époux, l'étiquette avait banni de la cour toute distraction pendant deux ans. Une pression généralisée incita ensuite Cixi à prolonger de deux autres années la proscription, jusqu'à la mise au tombeau de l'empereur. Et après cela, on ne donna plus d'opéras dans la Cité interdite qu'en de rares occasions festives. À présent, comme par défi, Cixi fit jouer des opéras tous les jours et interpréter des mélodies presque en continu dans ses appartements. Alitée, noyant son chagrin dans la musique[15], elle se mit à réfléchir au moyen de punir l'homme qui avait réclamé avec le plus de virulence la mise à mort du petit An ; l'homme à la tête de la meute que l'on avait tant entendu aboyer – son beau-frère, le prince Chun.

En tout état de cause, l'exécution du petit An et de ses compagnons de voyage dissuada Cixi de prendre un autre amant. Le jeu n'en valait pas la chandelle. Il semblerait que son cœur se soit dès lors fermé à l'amour. La modernisation de la Chine en souffrit aussi et ne progressa quasiment plus au cours des quelques années suivantes. À ce moment-là, Cixi dut en effet se frayer un chemin en terrain miné.

8. Altercations à répétition avec l'Occident (1869-1871)

Le prince Chun avait été le premier et le plus solide appui de Cixi lors de son coup d'État, près de dix ans plus tôt. Il cherchait alors à se débarrasser d'un groupe de sots incompétents, auxquels il reprochait la défaite militaire de l'empire et la mort de son frère, l'empereur. À la différence de Cixi, il ne comptait en aucun cas infléchir la politique de l'empire, qu'il souhaitait simplement fortifier dans l'idée de se venger un beau jour des puissances occidentales. Le prince Chun avait soutenu Cixi au moment de sa révolution de palais et coopérait depuis avec elle parce qu'il lui supposait les mêmes ambitions que lui.

Au fil des années 1860, le prince Chun comprit toutefois que la revanche ne figurait pas parmi les projets de Cixi, plutôt séduite, à vrai dire, par les pratiques occidentales. Une fois matées les rébellions internes, elle ignora ainsi les nombreuses voix qui réclamaient l'expulsion des Occidentaux. Début 1869, le prince Chun estima de son devoir d'agir. Il soumit à Cixi un mémoire lui rappelant l'incendie de l'ancien Palais d'été et la mort de son époux en exil. Il y nota que le défunt empereur s'était « éteint, le cœur rongé par une souffrance aiguë » qui le tourmentait à présent lui-même au point qu'il ne saurait « vivre sous le même ciel que l'ennemi ». Passant sous silence l'enrichissement pourtant notoire du pays grâce au commerce avec l'Occident, il réclama l'expulsion de tous les Occidentaux et la fermeture de la Chine au monde extérieur. Il convenait selon lui de prendre six mesures. La première : boycotter les produits étrangers, de manière à priver les Occidentaux de tout motif de venir en Chine ; il priait la cour de montrer l'exemple en détruisant publiquement tout ce qui, dans les palais, venait d'Occident. Les Affaires étrangères devraient en outre dresser une liste des étrangers établis à Pékin, de manière à pouvoir au besoin les « éliminer » quand sonnerait l'heure de la rupture. Le prince proposa d'ailleurs de s'en charger lui-même. Il voulait enfin que Cixi « recommande, par un décret, aux chefs des provinces, d'inciter la petite noblesse et le peuple [...] à brûler les églises étrangères, piller les marchandises étrangères, assassiner les marchands étrangers et couler les navires étrangers » et insista sur la nécessité de procéder « dans toutes les provinces » en même temps. En conclusion de son long mémoire, le prince Chun déclara sans ambages à Cixi qu'elle devait « répondre aux vœux » de son défunt mari sur son lit de mort et « ne pas laisser s'écouler un jour sans songer à la revanche, ni la perdre de vue un instant[1] ».

Cixi ne voulut cependant pas atteler l'empire au char de la vengeance. « Même en admettant que nous ne perdions pas un seul jour de vue nos griefs [...] nous ne les réparerons ni en tuant des gens ni en incendiant des maisons[2] », raisonna-t-elle. Elle transmit le mémoire du prince Chun aux dignitaires, dans l'intention d'en discuter avec eux. Choqués par la violence de ses propositions, ils dirent tous à Cixi de garder « le plus grand secret » dessus et de ne surtout rien en laisser filtrer. Au prince Chun, ils adressèrent des propos apaisants, certes un peu creux, approuvant son point de vue et admettant même sa volonté de bannir les objets venus d'Occident dans la Cité interdite (à l'exception des « choses utiles comme les horloges ou les armes à feu »). Ils ne lui cachèrent toutefois pas que la nature belliqueuse de ses suggestions les rebutait dans la mesure où risquait d'en découler une guerre contre l'Occident dont la Chine ne sortirait pas victorieuse[3]. Le prince Chun se plia de mauvais gré au verdict des dignitaires, pas convaincu pour autant.

Ce fut peu après cet épisode qu'il insista pour mettre à mort le petit An. Cixi ne douta pas qu'il cherchait alors à lui nuire sur le plan politique aussi bien que personnel. Alors qu'elle guettait une occasion de riposter, le prince Chun, lui, se mit à manigancer son prochain coup.

À l'époque, la rencontre des cultures occidentale et chinoise n'allait pas sans heurts. Les Occidentaux tenaient la Chine pour « à moitié civilisée » seulement, tandis que les Chinois surnommaient les Occidentaux les « diables étrangers ». L'animosité se concentrait toutefois sur les missions chrétiennes établies depuis une dizaine d'années dans maintes régions de l'empire. De temps à autre éclataient des émeutes. On avait même forgé un terme spécifique pour les désigner : *jiao-an,* « les incidents liés aux missions chrétiennes ».

Cela dit, on ne pouvait les imputer à des préjugés religieux. Comme le remarqua Freeman-Mitford, l'attaché à Pékin, les Chinois ne nourrissaient pas de préventions religieuses marquées :

> S'il en allait autrement, comment se ferait-il qu'une colonie de Juifs ait vécu parmi eux deux mille ans sans subir de persécutions jusqu'à ce jour [...] à Kai Feng, dans la province de Ho Nan ? Comment se fait-il que les mahométans aient considérablement prospéré dans certaines provinces ? Le long des murailles du palais impérial de Pékin se dresse un pavillon richement orné d'inscriptions arabes tirées du Coran, en l'honneur d'une mahométane, épouse, ou favorite, d'un empereur. Voilà qui ne ressemble pas à des persécutions pour motifs religieux. Et, qui plus est [...] le bouddhisme a jusqu'ici été la religion du peuple[4].

Les Chinois estimaient que le christianisme « incitait à faire preuve de bonté » : *quan-ren-wei-shan.* Même les émeutiers antichrétiens ne se montraient pas hostiles à la doctrine chrétienne. Leur colère visait les missions en tant que telles. D'abord, les étrangers éveillaient par nature les soupçons. Le principal problème venait cependant du pouvoir concurrent des missions au sein du bas peuple. Les fonctionnaires locaux exerçaient traditionnellement une autorité absolue sur tous les litiges et dispensaient la justice – si tant est qu'elle méritait ce nom – selon leur propre notion de l'équité. La voyageuse anglaise Isabella Bird prit un jour place à la porte d'un *yamen*, le siège administratif d'un chef-lieu de comté, pour observer son fonctionnement :

> Pendant l'heure que j'ai passée à la porte du *yamen* de Ying-san Hsien, 407 personnes en sont entrées et sorties – des hommes de toutes conditions, beaucoup en chaises à porteurs, la plupart à pied, et presque tous bien habillés. Tous étaient munis de papiers et certains, de gros *dossiers*. À l'intérieur, des secrétaires, des clercs et des rédacteurs pressés allaient et venaient sans arrêt dans la cour, et des *chai-jen*, ou messagers, partaient continuellement apporter des papiers. Nul doute que beaucoup d'affaires, et de tous genres, se concluaient là[5].

La venue de missionnaires, au besoin défendus par des canonnières, marqua l'irruption au cœur de la société d'une nouvelle forme d'autorité. Les nombreux désaccords qui découlaient aussi bien de l'appropriation d'une source d'eau ou de terres que de conflits de longue date entre clans fournissaient l'occasion à ceux qui s'estimaient lésés par les fonctionnaires locaux de chercher protection auprès de l'église en se convertissant. Il arrivait alors à un chrétien chinois de se tourner vers un prêtre, comme le nota Freeman-Mitford,

> [...] en jurant que les charges retenues contre lui ne servaient que de prétexte à l'inculper ; qu'on lui reprochait en réalité sa foi chrétienne, en dépit de la protection dont il bénéficiait pour cela du fait d'un traité. Indigné, sûr d'être dans son droit et convaincu de la bonne foi du converti qui, en tant que chrétien, mérite forcément plus d'être cru que le païen qui l'accuse, le prêtre court au bureau du magistrat plaider la cause de son protégé. Le magistrat le juge coupable et le punit ; le prêtre continue à la défendre avec vigueur ; une correspondance diplomatique s'ensuit et, de part et d'autre, les fioles de la colère se répandent. Comment le prêtre qui s'ingère dans les affaires du mandarin, et le mandarin qui subit l'ingérence du prêtre, pourraient-ils s'apprécier[6] ?

Excédés, certains fonctionnaires sans grade encouragèrent les manifestations d'hostilité à l'encontre des chrétiens. D'authentiques malentendus alimentèrent en outre le ressentiment. L'un d'eux, et non des moindres, concernait les orphelinats gérés par les missions. Selon la tradition chinoise, les institutions caritatives ne s'occupaient que des enfants abandonnés à la naissance, dont les autorités locales tenaient le registre. Le soin des orphelins et des enfants trouvés incombait à leurs proches parents, et la manière dont ceux-ci les traitaient ne regardait qu'eux. Les Chinois n'admettaient pas que des étrangers s'occupent de garçons ou de filles sans le consentement de leur famille, d'ailleurs même pas autorisée à leur rendre visite, et encore moins à les emmener chez eux. Les plus noirs soupçons s'éveillèrent : de nombreuses rumeurs prétendirent que les missionnaires enlevaient des enfants et utilisaient leurs yeux et leurs cœurs pour fabriquer des médicaments ou développer des photographies – un processus mystérieux, à l'époque. Isabella Bird nota :

> les histoires de mangeurs d'enfants sont courantes, et je suis certaine que les gens soupçonnent les missionnaires d'en être [...] j'ai remarqué que quand nous, des étrangers, avons débouché dans l'une des rues les plus pauvres, beaucoup ont pris dans leurs bras leurs enfants pour les ramener en toute hâte chez eux ; il y avait aussi des enfants avec des

croix rouges sur des carrés de tissu vert cousus au dos de leurs habits par précaution, en vertu de la croyance que les étrangers respectent trop la croix pour faire du mal aux enfants qui l'arborent[7].

En juin 1870, une émeute antichrétienne éclata à Tianjin, à cause, semblerait-il, d'une rumeur imputant des enlèvements d'enfants à un orphelinat dirigé par les sœurs de la Miséricorde. Attachées à l'Église catholique romaine de France, elles leur auraient arraché les yeux et le cœur pour produire des photographies et des médicaments. Une foule en rage passa à tabac plusieurs chrétiens autochtones, accusés des enlèvements, avant de les remettre à la justice locale. Bien que l'on innocentât au bout du compte tous les accusés (l'un d'eux ramenait chez lui un écolier à la sortie des classes), des milliers d'hommes continuèrent d'envahir les rues en jetant des briques sur les chrétiens chinois. Le consul français de Tianjin, Henri Fontanier, accourut, escorté par des gardes, et blessa par un coup de feu un domestique du magistrat chinois. La foule déchaînée battit à mort le Français et tua entre 30 et 40 catholiques chinois, plus 21 étrangers. En trois heures de lynchage et de pillage se multiplièrent les incendies d'orphelinats, d'églises et des écoles attenantes, sans parler des mutilations et des éventrements. On alla même jusqu'à déshabiller et assassiner des religieuses étrangères[8].

La politique de Cixi concernant les incidents liés aux chrétiens avait toujours été de « s'en occuper impartialement[9] » : *chi-ping-ban-li*. Elle ne croyait pas à la rumeur des « mangeurs d'enfants », déjà maintes fois répandue sans fondement dans d'autres régions. Elle condamna fermement les meurtres et incendies, et ordonna au marquis Zeng, alors vice-roi de Zhili, en principe en poste à Tianjun mais pour l'heure malade et donc absent, de faire aussitôt « appréhender et punir les meneurs de l'émeute, pour que justice soit faite ». Elle exprima par un décret sa compassion pour les victimes chrétiennes, réfuta les rumeurs et enjoignit aux chefs des provinces de protéger les missionnaires. Le prince Gong envoya des sentinelles supplémentaires patrouiller aux alentours du domicile des Occidentaux.

Le marquis Zeng ne tarda pas à prouver que la rumeur qui circulait à Tianjin ne reposait que sur du vent. Il s'aperçut en outre que la récente émeute différait des précédentes où des fonctionnaires locaux avaient laissé la bride sur le cou d'une foule en colère contre les chrétiens – elle avait en effet surgi dans un concours de circonstances plus sinistre. L'enquête mit en évidence qu'un certain commandant Chen Guorui, « le grand chef Chen », était à l'origine de la rumeur. Certains émeutiers avouèrent que c'était lui qui leur avait parlé des « yeux et des cœurs », qu'il prétendait d'ailleurs en sa possession. Chen avait débarqué à Tianjin quelques jours avant le soulèvement, au moment précis où la rumeur se mit à enfler. Des forgerons vendirent alors des armes, au mépris des lois des Qing, alors que des canailles et des fauteurs de trouble allaient et venaient au logement du grand chef, dans une auberge jouxtant un temple. Le jour des troubles, des sonneurs de gongs battirent le rappel des émeutiers. Lorsque le commissaire impérial de la région, Chonghou, voulut démanteler le pont flottant qui menait à la colonie étrangère pour en interdire l'accès à la meute déchaînée des protestataires, le grand chef Chen ordonna de le reformer. Depuis son bateau, il poussa la foule à l'action : « Braves gens, éliminez les étrangers, brûlez leurs maisons ! » Au cours du massacre, Chen, un homme d'un caractère exécrable, habitué à rudoyer ses subalternes, prit « du plaisir avec de jeunes garçons » à bord de son embarcation. Du moins l'affirma-t-il.

Le grand chef Chen s'avéra au bout du compte le protégé du prince Chun. Une fois éventé le rôle de Chen dans l'affaire, le prince écrivit à maintes reprises à Cixi qu'il « appréciait énormément cet homme et comptait sur lui pour servir notre cause contre les barbares étrangers ». Il ajouta qu'il fallait bien traiter Chen, vu que tous les hommes d'idéaux que comptait l'empire s'intéresseraient à son sort, curieux de voir si le trône souhaitait ou non « venger le pays ». Il fallait « encourager » la foule des émeutiers et non la punir, conclut le prince. Nul doute que Chen avait fomenté les troubles et que le prince Chun tirait les ficelles[10].

Il apparut évident à Cixi que le prince Chun s'était arrangé pour que l'ensemble du pays suive l'exemple de Tianjin. Pendant le massacre et tout de suite après, une vague de troubles submergea l'empire, les mêmes rumeurs sur les missionnaires consommateurs d'yeux et de cœurs circulant un peu partout. En certains lieux, on placarda des affiches appelant la population à massacrer les étrangers et détruire leurs églises à telle ou telle date. Des émeutes de moindre ampleur éclatèrent dans un certain nombre de villes, en écho au mémoire adressé par le prince Chun à Cixi, l'année précédente. La conclusion s'imposait que le prince avait pris l'initiative de traduire dans la réalité son projet d'action.

Prenant la mesure du rôle joué par le prince Chun, dont elle n'ignorait ni le pouvoir ni la popularité des idées, Cixi opta pour la prudence. Il lui parut préférable de ne pas remettre à la justice le grand chef Chen, comme l'exigeait pourtant l'ambassadeur français, mis au courant par des chrétiens autochtones de son implication dans les émeutes. Accéder aux demandes des Français eût valu à Cixi et son gouvernement une haine impossible à contenir. Déjà, des pétitions appelaient l'impératrice douairière à suivre les traces des émeutiers de Tianjin en bannissant de Chine les missions chrétiennes et les Occidentaux, et en détruisant leurs églises. Les hauts dignitaires bouillaient de rage à l'idée de sanctionner les fauteurs de troubles, fêtés en héros et admirés par des hommes tels que le Grand Précepteur Weng. Les scènes de massacres et d'incendies qui fleurirent alors sur d'élégants éventails furent appréciées par les lettrés en tant qu'œuvres d'art. Le marquis Zeng attira sur lui bien du courroux et se marginalisa en « prenant le parti des diables étrangers ». Quant au prince Chun, il ne s'en laissa pas imposer face au trône lorsqu'il fut question des émeutes, et nul n'osa proposer de punir le grand chef Chen. Le prince reprocha d'un ton arrogant au gouvernement de Cixi de ne rien avoir fait, depuis dix ans, pour se venger des étrangers.

Sa position déjà considérablement affaiblie par l'affaire du petit An, Cixi s'estima tenue de rentrer dans les bonnes grâces du prince Chun en feignant de l'approuver. Elle lui soutint, à lui et aux dignitaires, qu'elle aussi tenait les barbares étrangers pour ses ennemis jurés. Son fils n'étant hélas pas en âge de régner, elle ne pouvait qu'expédier les affaires courantes jusqu'à sa majorité. Estimant peut-être dans son intérêt de charmer son auditoire et de s'attirer la sympathie par tous les moyens, Cixi demanda à enlever le paravent de soie jaune pour se retrouver face aux dignitaires, à coup sûr pour la première fois de sa vie[11]. Se montrant réduite à l'impuissance afin de les circonvenir, elle les supplia de lui indiquer comment réagir, à elle et à l'impératrice Zhen, car « nous n'en avons pas la moindre idée ».

Au même moment la mère de Cixi mourut, le 25 juillet 1870. Malade, elle avait consulté des médecins chinois, ainsi que Mrs Headland, une Américaine devenue l'amie de confiance de nombreuses familles nobles. Cixi envoya ses gens au domicile de sa mère lui rendre un dernier hommage de sa part et pria pour elle devant un autel aménagé dans ses appartements. Elle prit des dispositions pour placer le cercueil de sa mère pendant cent jours dans un temple taoïste, où un prêtre célébrerait un office quotidien. Elle-même ne sortit pas de la Cité interdite où il était plus aisé de garantir sa sécurité que dans les rues de Pékin. Peut-être fut-ce une sombre prémonition qui l'incita à rester sur ses gardes. L'astrologue de la cour, qui observait les étoiles et interprétait leur configuration dans l'observatoire impérial fondé par les jésuites à l'aide de matériel européen, annonça vers la même époque l'assassinat d'un personnage officiel en vue – une prédiction d'autant plus extraordinaire que presque aucun crime de ce genre n'entachait l'histoire des Qing. Un mois plus tard, le vice-roi Ma Xinyi fut assassiné à Nankin. Il venait de dénoncer puis de punir les promoteurs de rumeurs sans fondement attribuant des abominations à des missionnaires, et d'empêcher par là même un massacre semblable à celui de Tianjin[12].

Les émeutes de Tianjin ayant surtout eu pour victimes des Français et, parmi eux, le consul Henri Fontanier, des canonnières françaises vinrent tirer des coups de canon devant les forts de Taku en guise de mise en garde. La guerre parut dès lors inévitable. Cixi dut déplacer des troupes et ordonner les préparatifs nécessaires. Des crises nerveuses saisirent le marquis Zeng, déjà mal en point, l'obligeant à s'aliter. Il écrivit à Cixi : « La Chine ne peut absolument pas se permettre d'entrer en guerre. » Personne à la cour, pas même ceux qui réclamaient haut et fort une revanche, ne sut comment répondre à la démonstration de force des Français.

À ce moment critique, ce fut encore le comte Li, lui aussi vice-roi, mais d'une autre région, qui apporta le soutien le plus efficace à Cixi. (Ils étaient neuf en Chine à se partager le titre.) Le comte partit aussitôt défendre la côte à la tête de son armée. Il donna en outre à Cixi des conseils pratiques quant à une éventuelle résolution de la crise par la voie diplomatique. Il recommanda l'exécution de coupables de meurtres, mais en petit nombre seulement, pour ne pas attiser le mécontentement de la population. Les Affaires étrangères devraient expliquer aux légations qui réclamaient le châtiment des émeutiers qu'un « trop grand nombre d'exécutions vaudrait aux Occidentaux des ennemis plus radicaux encore, ce qui nuirait à leur intérêt à long terme[13] ». Il proposa en outre de déclarer aux Occidentaux que Pékin comprenait « leur souci de traiter avec générosité les Chinois du commun et leur profond respect du principe qui veut qu'on ne donne pas la mort à la légère » ; il savait que les missionnaires prêchaient la bienveillance. « De tels sentiments vont à l'encontre d'exécutions à grande échelle. » Se félicitant qu'il comprît aussi bien la culture occidentale, Cixi confia au comte la vice-royauté du Zhili, la plus importante de par sa situation aux abords de Pékin. Comme la capitale n'en était autre que Tianjin, un port de traité où vivaient de nombreux Occidentaux, le comte pourrait entrer en relations directes avec eux. Et bien sûr, il resterait à proximité de Pékin. Le comte succéda au marquis Zeng qui rendit l'âme, à l'issue d'une longue maladie, en 1872.

Sur les conseils du comte Li, le prince Gong proposa une solution de conciliation à même de satisfaire les Français sans enrager pour autant les Chinois xénophobes. 20 « criminels » furent condamnés à mort et 25 autres, chassés du pays. Bon nombre d'entre eux n'avaient pas de nom propre – ce qui donne une idée de la misère dans laquelle ils croupissaient. Ils se faisaient tout simplement appeler « Liu le fils cadet », « Deng le vieux » et ainsi de suite. En tête de la liste des condamnés à mort figurait un certain « Feng le boiteux ». Le jour de leur exécution, ces hommes, salués en héros par les dignitaires aussi bien que par les spectateurs de leur supplice, connurent leur seule et unique heure de gloire. Deux fonctionnaires locaux impliqués dans les émeutes et punis pour simple négligence (« faute de réprimer les troubles avec assez de fermeté »), furent condamnés à l'exil aux frontières du nord. Ils n'y restèrent pas longtemps, car « l'empire tout entier garde l'œil sur leur sort » prévint le marquis Zeng. Le commandant Chen, quant à lui, fut reconnu « tout à fait innocent ». La cour employa dans sa correspondance les termes les plus modérés à son égard, de crainte de susciter sa colère.

Les victimes reçurent une indemnisation, au même titre que les églises, et ce en vue de leur remise en état. Chonghou, le fonctionnaire ayant tenté de protéger les Occidentaux par le démantèlement du pont flottant, fut envoyé en France pour y affirmer que Pékin condamnait les émeutes et aspirait à « la conciliation et à l'amitié ». On a souvent dit à tort (et on le dit encore) que Cixi voulait voir Chonghou s'aplatir devant les Français. Le prince Chun protesta en tout cas avec fureur contre l'objet de sa mission.

La France s'inclina. En guerre contre la Prusse sur le sol européen, elle n'avait pas les moyens de s'engager dans un autre conflit en Orient. L'empire chinois échappa de justesse à une guerre.

Le prince Chun ne se repentit pas de la crise qu'il venait de provoquer. Vexé par son issue, il s'alita, soi-disant à cause d'une « maladie du cœur ». Il adressa trois longues lettres à Cixi, où il lui reprocha vivement de ne pas avoir donné son aval aux émeutiers de Tianjin ni incité l'ensemble de la population chinoise à suivre leur exemple, sous-entendant qu'elle avait ainsi trahi son défunt mari. Cixi lui répondit par des platitudes pour ne pas s'engager dans un débat. Le prince Chun ne voulut toutefois pas en rester là : il lui adressa aussitôt un quatrième courrier où il renouvela ses accusations et affirma qu'à cause d'elle, « les étrangers ont encore redoublé d'arrogance ». L'attitude évasive de Cixi ne lui avait pas échappé : « Le texte du décret ne correspond pas du tout à ce que j'évoquais. Il n'y figure pas un mot au sujet des barbares étrangers. Voilà qui me consterne et m'inquiète au plus haut point[14]. » Finalement bien obligée d'aborder la question, Cixi souligna que l'expulsion des Occidentaux n'était « pas à l'ordre du jour » et que la Chine devait garder pour objectif la « coexistence pacifique avec les pays étrangers ». Le soutien que lui accordèrent le prince Gong et ceux qui, comme le comte Li, occupaient des postes clé lui permit de ne pas tenir compte du prince Chun.

L'amertume du prince ne fit que croître. Au début de l'année suivante, 1871, il se répandit de nouveau en plaintes à n'en plus finir, cette fois parce que Cixi ne cherchait même pas à se venger de l'Occident. Il n'évita que de justesse de s'en prendre expressément à elle et choisit comme boucs émissaires le prince Gong et ses collègues, qu'il accusa de « s'abaisser plus bas que terre devant les barbares étrangers ». À ce moment-là, les deux demi-frères ne s'adressaient plus la parole. Malgré tout, Cixi devait ménager Chun.

Le prince aurait en effet fort bien pu déclencher d'autres troubles dans le genre de ceux de Tianjin, au risque d'entraîner l'empire dans une guerre désastreuse. Cixi n'était pas en mesure de le réduire au silence : la moindre tentative de sa part de le contrer lui aurait porté préjudice, compte tenu de la popularité de l'attitude antioccidentale du prince auprès des fonctionnaires et de la population en général. Chun constituait de fait une sorte de bombe à retardement. En tant que chef du parti xénophobe, il demeurait le principal obstacle à la politique d'ouverture de Cixi. À la tête de la garde prétorienne, il pouvait attenter à sa vie. Jusque-là, son statut de mère de l'empereur et de belle-sœur du prince avait évité à Cixi qu'il ne s'en prît à elle, d'autant qu'approchait l'heure pour elle de retourner au harem et de céder le pouvoir à son fils. D'ici là, le prince prendrait son mal en patience. Du point de vue de Cixi, la sécurité à long terme à la fois de l'empire et de sa propre personne impliquait cependant de prendre des mesures contre le prince Chun.

9. Vie et mort de l'empereur Tongzhi (1861-1875)

Dès ses cinq ans, le fils de Cixi, Tongzhi, fut soumis au strict régime scolaire réservé aux princes et aux futurs empereurs de la dynastie Qing[1]. Il dut alors déménager des appartements de sa mère pour occuper un logement indépendant. Ses leçons commençaient en général à 5 heures du matin dans son bureau. La Cite interdite dormait encore au moment où il s'y rendait en chaise à porteurs ; seuls quelques domestiques allaient et venaient ou somnolaient, en appui contre un pilier. Bien souvent, seule la lueur des lanternes brandies par son escorte trouait les ténèbres qui ensevelissaient les allées du palais.

Comme de juste, les deux impératrices douairières lui choisirent des précepteurs à l'érudition et à la probité reconnues de tous. Leur enseignement se focalisa sur les classiques confucéens, que Tongzhi ne tarda pas à réciter sans toutefois les comprendre. L'intelligence qu'il en avait se développa malgré tout peu à peu, à mesure qu'il grandit et apprit à composer dissertations et poèmes. Il reçut aussi des cours de calligraphie, de mandchou et de mongol, d'équitation et de tir à l'arc. L'empereur Tongzhi n'évoluait hélas pas parmi le corpus confucéen comme un poisson dans l'eau. Son principal professeur, le Grand Précepteur Weng, confiait chaque soir des plaintes exaspérées à son journal intime : l'empereur n'arrivait ni à se concentrer ni à tracer comme il le fallait les idéogrammes, ni même à lire à voix haute sans buter sur les mots – et ses leçons l'ennuyaient. En matière de poésie, les sujets épurés tels que « l'eau claire qui coule d'un ruisseau sur un rocher » ne l'inspiraient pas beaucoup, et il ne semblait pas tellement plus à l'aise avec ceux qui se rapportaient à ses devoirs royaux comme « le recrutement de personnes compétentes par souci de bien gouverner le pays ». Cixi et l'impératrice Zhen se tenaient informées de ses progrès par ses précepteurs. La panique de l'enfant « dès qu'il aperçoit un livre » consternait les impératrices qui en pleurèrent même lorsque vint pour lui le moment d'assumer le pouvoir. Elles enjoignirent ses professeurs de lui inculquer le minimum de compétences nécessaires à ses fonctions. Le Grand Précepteur Weng les assura qu'il n'y avait là rien d'impossible : les rapports soumis à Sa Majesté ne présenteraient pas autant de difficultés que les classiques. Quant à ses édits, d'autres que lui les rédigeraient à sa place. Lorsque Cixi évalua les capacités de son fils dans le contexte d'une audience, elle s'aperçut qu'il ne parlait pas distinctement et tenait des propos sans cohérence. Alarmée, elle insista pour qu'un entraînement intensif le rendît enfin capable de poser des questions simples et de donner de brèves instructions[2].

Une chose intéressait malgré tout l'empereur : l'opéra, que ses précepteurs considéraient comme un vain passe-temps, « tout juste bon à flatter les sens ». Tongzhi, au mépris de leur avis, se maquillait pour incarner des personnages d'opéra devant sa mère, qui ne cherchait nullement à l'en dissuader. Piètre chanteur, il interprétait de préférence les rôles qui supposaient la pratique d'un art martial. Un jour, en tant que général d'opéra, il s'inclina face à un eunuque qui jouait un roi. Celui-ci s'agenouilla aussitôt, et l'empereur hurla : « Qu'est-ce que vous fabriquez ? Vous ne pouvez pas faire ça quand vous interprétez le roi ! » Cixi éclata de rire. Tongzhi aimait aussi les danses mandchoues, dont il exécutait les pas de bon cœur devant sa mère.

Il recherchait d'autres plaisirs encore. Le Grand Précepteur Weng nota que l'empereur à l'orée de l'adolescence « pouffait de rire et s'amusait » avec ses compagnons d'étude. Un jour, il ne parvint pas à réprimer un fou rire à propos d'un texte particulièrement aride, à la grande perplexité de son précepteur. « Bizarre ! » nota celui-ci dans son journal. Il n'y avait guère que dans les moments de détente que Sa Majesté déployait un tant soit peu d'énergie. Le reste du temps, il ne parvenait à se départir ni de son air épuisé ni de sa torpeur. Un jour, il admit qu'il n'avait pas fermé l'œil depuis plusieurs nuits. Mais il interdit à ses professeurs de le questionner à ce propos et leur recommanda d'un ton grave de ne pas en toucher mot à sa mère ni à l'impératrice Zhen. Ne sachant plus à quel saint se vouer, le Grand Précepteur Weng alla jusqu'à élever la voix sur son royal élève. Cela dit, il ne confiait en général sa détresse qu'à son journal : « Qu'allons-nous faire ! Qu'allons-nous faire ! »

L'empereur adolescent venait de goûter aux plaisirs de la chair. L'homme qui les lui fit à coup sûr découvrir, un jeune érudit de la cour au physique agréable, se nommait Wang Qingqi[3]. L'empereur s'enticha de lui et l'installa dans son bureau en tant que compagnon d'études. Ensemble, ils se faufilaient en catimini hors de la Cite interdite pour fréquenter des prostitués des deux sexes dès que l'occasion se présentait[4].

Pendant que le jeune empereur s'adonnait sans retenue aux plaisirs, la cour, elle, préparait son mariage. Au final, il fallut près de trois ans pour lui choisir des concubines, l'exécution du petit An et l'effondrement nerveux de Cixi ayant interrompu le processus de sélection. Début 1872, les deux impératrices douairières et Tongzhi désignèrent enfin ses épouses – avant même son seizième anniversaire. La noce devait avoir lieu plus tard, cette même année. Une certaine Mlle Alute fut retenue parmi plusieurs centaines de candidates pour devenir la prochaine impératrice[5].

L'élite de l'empire au grand complet tenait cette jeune fille mongole hors pair pour un modèle de bonne conduite. Son père, Chongqi, le seul Mongol jamais classé premier à l'un des examens impériaux auxquels se présentaient des lettrés de toute la Chine, professait un attachement sans faille aux valeurs confucéennes, qu'il inculqua d'ailleurs à sa fille. L'obéissance inconditionnelle de Mlle Alute à son père amenait à penser qu'elle se soumettrait de même à son futur époux. Très belle et douée de manières irréprochables, elle connaissait sur le bout des doigts les classiques, que son père lui avait lui-même appris. L'impératrice Zhen arrêta son choix sur elle, et l'empereur Tongzhi aussi. N'ayant aucune envie de partager la couche de son épouse, il se dit que cette Mlle Alute en prendrait à coup sûr son parti sans se plaindre.

Cixi, elle, nourrissait quelques réserves vis-à-vis de Mlle Alute. L'impératrice douairière avait en effet donné à son grand-père maternel le prince Zheng – l'un des huit membres du Conseil de régents nommés par le précédent empereur – l'ordre de se suicider au lendemain de son coup d'État, en lui envoyant une longue écharpe de soie blanche à laquelle se pendre. Qui plus est, le fameux Sushun, qui vouait une haine tenace à Cixi, et dont elle avait ordonné la décapitation, n'était autre que le grand-oncle de Mlle Alute. Ce drame familial projeta d'ailleurs une ombre sur l'enfance de celle-ci : on confisqua aux proches de sa mère leur élégante maison bien connue à Pékin et les hommes de la famille furent exclus de l'administration de l'empire, conformément au code pénal. Ce que ressentait vraiment Mlle Alute sous le masque de son attitude au-delà de tout reproche, Cixi n'aurait su le dire. Elle lui préférait une autre candidate, Mlle Fengxiu, dont elle appréciait l'esprit vif. Cixi finit toutefois par céder aux supplications de son fils et consentir à son choix : elle l'aimait tant ! Prête à faire confiance à Mlle Alute, elle se convainquit que son père n'avait pas semé d'idées de mauvais aloi dans son esprit. Une fois la question résolue, Cixi ordonna la restitution de sa résidence à la famille maternelle de Mlle Alute et celle de leur titre à ses parents mâles.

Le mariage du jeune empereur fit écho au précédent établi deux cents ans plus tôt par Kangxi, en 1665 ; depuis, aucun autre monarque régnant n'avait épousé de jeune fille désignée comme la future impératrice. (L'impératrice Zhen ne fut promue à son rang qu'une fois entrée à la cour.) On eut beau qualifier l'événement de « grand mariage » (*da-hun*), il ne s'accompagna pas de réjouissances dans tout le pays : il ne concernait que la cour. Dans la Cité interdite apparurent des soieries aux couleurs éclatantes que le vent gonfla de part et d'autre de gigantesques idéogrammes rouges signifiant « double félicité » : *xi.* Un semblable étalage de soieries orna la demeure de la promise et notamment les chapiteaux des colonnes rouges qui en encadraient l'entrée. La future impératrice rejoindrait ses nouveaux quartiers à la Cité interdite au bout de plusieurs kilomètres de routes empoussiérées creusées d'ornières, pour l'occasion aplanies et couvertes de terre jaune, comme le voulait l'usage au passage d'une procession royale[6].

Chaque matin pendant la semaine qui précéda la noce, des porteurs en livrées rouges à pois blancs empruntèrent l'itinéraire établi pour apporter au nouveau domicile de la promise son trousseau – de grands coffres et de petites coupelles en jade, des supports en bois de vasques et des objets d'art raffinés, goûtés des connaisseurs. Des bandes de soie jaune et rouge maintenaient en place les plus petits objets sur des tables couvertes de tissu jaune. Curieux de voir le mobilier du domicile impérial, les habitants de Pékin se massèrent en foule, dès l'aube, de chaque côté de la route. En dehors de cela, ils ne prirent pas part à la fête. La valeur des objets qu'il fallut transporter un matin incita la procession à se mettre en route avant l'aurore, de manière à se soustraire au regard des badauds pour plus de sécurité. Déçus dans leur attente, ceux-ci finirent par se disperser, mécontents. Une autre déconvenue guetta ceux qui voulaient voir s'entraîner les porteurs de la chaise de la future épouse : c'était en transportant un vase rempli d'eau qu'ils se préparaient à maintenir la chaise en parfait équilibre et à se relayer l'un l'autre rapidement et sans heurt. Mais, pour une raison quelconque, la chaise ne parut jamais à l'heure annoncée.

L'astrologue impérial fixa les noces au 16 octobre 1872. Un peu avant minuit, sous une pleine lune, une imposante procession vint chercher chez elle Mlle Alute, vêtue pour l'occasion d'une splendide robe brodée d'un dragon et d'un phénix enlacés (les symboles de l'empereur et de l'impératrice). Un pan de brocart rouge orné du même motif lui couvrait la tête. Dans les rues ne traînaient à cette heure-là que quelques chiens errants et les gardes postés le long du trajet – les seuls en droit d'assister à l'impérial défilé. La population avait reçu l'ordre de s'en maintenir à l'écart. On mit en garde ceux qui habitaient le long de la route : ils allaient devoir se cloîtrer chez eux et ne surtout pas regarder dehors. On dressa des écrans de bambous aux croisements des ruelles et du royal itinéraire pour éviter tout risque de coup d'œil indiscret. Deux jours avant le mariage, les légations étrangères reçurent l'ordre d'enjoindre leurs ressortissants de ne pas quitter leur domicile – ce qui suscita bien de la colère et de la frustration. À quoi bon une cérémonie d'État en grande pompe si personne n'y assistait[7] ?

Un peintre anglais, William Simpson, fut l'un des rares à l'entrevoir à la dérobée, de l'intérieur d'un commerce bondé le long du trajet, où il entra discrètement avec un ami missionnaire. Les clients occupés à fumer de l'opium ne prêtèrent pas plus attention aux étrangers qu'à la parade royale. Les minces feuilles de papier collées sur des cadres en bois qui y tenaient lieu de fenêtres laissaient sans peine distinguer ce qui se passait à l'extérieur. Des bannières, des dais et des éventails géants précédèrent – et suivirent – des princes et des nobles juchés sur des chevaux blancs. On eût presque dit des fantômes dans les rues désertes de Pékin, à peine éclairées par des lanternes en papier suspendues ou tenues à la main. Comme pour obéir à la directive impériale, même la lune se cacha derrière des nuages au passage lent et silencieux du cortège.

L'heure n'était pas à la joie et l'on pourrait même aller jusqu'à qualifier l'ambiance de lugubre. Cela dit, on estimait en ce temps-là qu'il devait en aller ainsi dans des circonstances solennelles. Quelques minutes après minuit, Mlle Alute franchit la porte d'entrée sud de la Cité interdite dans sa chaise à 16 porteurs abondamment dorée. C'était la première représentante de son sexe à passer par là en deux cents ans et à pénétrer dans la partie avant de la Cité interdite, dont étaient bannies toutes les femmes à l'exception de l'impératrice le jour de son mariage. Ni Cixi ni l'impératrice Zhen n'y avaient encore mis le pied.

Un tel honneur n'incita pourtant pas Mlle Alute à se départir de sa modestie. Lorsqu'elle descendit de sa chaise à porteurs dans l'enceinte de la Cité interdite, l'épouse d'un prince lui prit les deux pommes qu'elle tenait à la main, pour les placer sous deux selles incrustées de pierreries devant la porte de la chambre nuptiale. Le mot « pomme », en chinois, contient le son « *ping* » et le mot « selle », le son « *an* ». Deux pommes et deux selles – « *ping-ping an-an* » – rappelaient le sempiternel vœu de « sécurité et de paix », presque trop trivial, à première vue, pour une impératrice. Malgré tout, Mlle Alute ne goûterait ni à l'une ni à l'autre, une fois entrée dans sa chambre en enjambant ces objets symboliques.

À l'issue des rites de la nuit de noces, dans une pièce à la décoration majoritairement rouge, face à l'idéogramme qui signifie « double félicité », l'empereur demanda à son épouse de réciter des poèmes de la dynastie Tang, plutôt que de lui faire l'amour[8]. Tongzhi resta comme il se doit toute la nuit aux côtés de son épouse. Les nuits suivantes, il les passerait en revanche dans un palais à l'écart, loin de son harem. Mlle Alute estimait de son devoir de s'offrir à son époux, mais il la repoussait et – timide, ayant appris à ne pas le contredire – elle prit le pli de retourner docilement dans ses appartements.

Mlle Fengxiu, la favorite de Cixi, devint la deuxième concubine[9]. Elle parvint à la Cité interdite juste avant les noces. Une petite chaise à 4 porteurs à peine la conduisit à la porte arrière à la tête d'une procession réduite. Les pensionnaires du harem ne méritaient pas mieux qu'une cérémonie aussi piteuse. Ni l'impératrice ni les trois autres concubines impériales n'auraient à envier le sort de cette Mlle Fengxiu, en ce qui concerne ses relations avec l'empereur : une vie de solitude attendait les cinq femmes.

L'entrée en fonction officielle de l'empereur Tongzhi fut marquée par une cérémonie, le 23 février 1873, peu après son mariage[10]. Il avait alors seize ans. Régner en monarque absolu à un si jeune âge n'avait rien d'inhabituel. Aussi étrange que cela paraisse, les deux premiers empereurs de la dynastie Qing, Shunzhi et Kangxi, avaient gouverné dès leurs treize ans. L'intronisation de l'empereur Tongzhi demeura, comme son mariage, l'affaire de la cour. La population l'apprit par une déclaration impériale : un rouleau de papier affiché à la porte de la paix céleste (Tian'anmen) puis copié en vue de sa diffusion dans tout l'empire, de même que lors de son couronnement. À compter de ce jour, l'adolescent prendrait seul toutes les décisions relatives à l'empire. Son usage de l'encre écarlate rendrait par ailleurs caduc l'emploi des sceaux que les deux impératrices douairières apposaient jusque-là sur les décrets[11]. On replia le paravent de soie jaune derrière lequel se tenaient Cixi et l'impératrice Zhen, qui se retirèrent au harem.

Décidé à se montrer à la hauteur de ses fonctions, l'empereur promit au Grand Précepteur Weng de ne pas se laisser aller à la « paresse ni à la négligence » et de ne pas « décevoir mes ancêtres[12] ». Quelle ne fut pas alors la joie de l'enseignant ! Pendant à peu près un an, le jeune homme tint parole : il éplucha des rapports, promulgua des édits et accorda des audiences. Mais il n'avait pas hérité l'esprit d'initiative de sa mère et ne rédigeait à l'encre écarlate que des instructions brèves et routinières. S'en tenant aux règles établies, Cixi n'intervint pas. Aucun nouveau projet de modernisation de l'empire ne vit le jour.

À une exception près. Depuis leur arrivée à Pékin, les légations occidentales demandaient à présenter leurs lettres d'accréditation lors d'une audience. Jusque-là, il leur avait été répondu qu'il ne fallait pas y songer : l'empereur n'était encore qu'un enfant et les deux impératrices douairières ne sauraient, en tant que femmes, se montrer aux envoyés. Dès le lendemain de l'intronisation, les légations sollicitèrent une audience par un courrier collectif où elles réclamèrent par ailleurs la permission de ne pas s'agenouiller devant Tongzhi. Si Lord Macartney s'y était résolu à contrecœur en 1793, dans l'intérêt de sa mission commerciale, le deuxième envoyé britannique, Lord Amherst, en 1816, n'avait quant à lui pas voulu en entendre parler. Afin de donner plus de poids à leur revendication, les légations s'étaient cette fois concertées pour exiger une audience sans génuflexions. La plupart des dignitaires à la cour ne voulurent toutefois pas en démordre : il convenait que les envoyés se prosternent.

Cixi était d'avis de ne pas obliger les envoyés à s'agenouiller. Quelques années plus tôt, elle en avait discuté avec un petit cercle de dignitaires à l'esprit ouvert, dont le prince Gong, le marquis Zeng et le comte Li. Tous estimaient possible et même préférable d'opter pour un compromis. L'empereur Tongzhi se rangea aux vues de sa mère[13]. Le 29 juin 1873, il reçut les ambassadeurs de la légation qui ne mirent pas de genou en terre et ne touchèrent pas non plus le sol du front. Ce fut là un jour historique. Les ambassadeurs, debout, ôtèrent leur chapeau et inclinèrent le buste en s'approchant pas à pas du trône. Le doyen du corps diplomatique prononça un discours de félicitation et le prince Gong récita la réponse bienveillante de l'empereur Tongzhi. Tout cela ne prit au final qu'une demi-heure. La cour, qui ne voulait pas attirer l'attention sur la dispense de génuflexion, ne fit pas de déclaration publique. Parmi ceux qui eurent tout de même vent de l'affaire, le Grand Précepteur Weng s'inquiéta. Certains, même, contrariés que l'empereur eût cédé aux pressions des Occidentaux, se jurèrent de venger l'affront[14].

Ce point délicat mis à part, l'appareil bureaucratique fonctionnait pour ainsi dire tout seul. À moins d'une crise, la machine bien huilée de l'administration chinoise tournait d'elle-même. Il n'était pas nécessaire de prendre des initiatives et cela n'arrivait d'ailleurs pas souvent. La politique de l'empire dépendait presque entièrement du dynamisme du trône. Le fils de Cixi manquait d'idées innovantes, alors qu'elle-même en avait à revendre. Rien n'incitait par ailleurs au changement. Cixi avait assuré la paix, la stabilité et une relative prospérité à l'empire. Aucune révolte paysanne ni d'invasion étrangère ne se profilait à l'horizon.

L'empereur Tongzhi devait malgré tout s'impliquer un minimum pour éviter à la machine d'État de s'enrayer, quand bien même il se cantonnait à un rôle de simple bureaucrate. Il finit cependant par s'en lasser. Le bel adolescent de haute taille qui aimait tant s'amuser prolongea de plus en plus tard ses grasses matinées. Il réduisit le nombre de ses audiences au point de n'en accorder bientôt plus qu'une ou deux par jour. Et il ne posait à ces occasions-là que quelques questions élémentaires. Bien souvent, il ne prenait pas la peine de lire les incessants rapports qui lui parvenaient, où il notait simplement : « Adopter la proposition », qu'il y en eût une ou non. Les ambassadeurs s'en aperçurent et n'agirent dès lors plus que selon ce qui leur semblait bon. L'administration se relâcha.

Les dignitaires de l'empire avaient déjà eu le temps de s'en alarmer quand Tongzhi décida de reconstruire en partie l'ancien Palais d'été où il venait de se rendre avec sa mère. La vue de tant de splendeurs en ruines envahies par les herbes folles l'avait déprimé. En automne 1873, il annonça par un édit de sa propre main son intention de restaurer au moins une partie du palais, au motif qu'il fallait aux deux impératrices douairières un cadre à leur retraite. Certains jugèrent le projet raisonnable : le prince Gong y concourut à hauteur de 20 000 taels d'argent. Cixi promit avec enthousiasme son soutien. Elle rêvait de voir le palais remis en état et aspirait à retourner y vivre. Avec son énergie et son souci du détail coutumiers, elle se lança corps et âme dans le projet : elle recruta des contremaîtres et des architectes, donna son aval aux plans et aux maquettes, et alla même jusqu'à concevoir certains aménagements intérieurs[15].

La construction débuta au printemps suivant, et l'empereur ne manqua pas d'inspecter régulièrement le chantier, pressant les maîtres d'œuvre de terminer au plus vite son logement, de manière à s'y installer avant même les impératrices douairières. En réalité, le jeune monarque voulait être libre de multiplier les aventures amoureuses. Il négligeait de plus en plus ses devoirs royaux et nul n'ignorait son penchant à « s'ébattre et folâtrer » avec des eunuques. Il continuait en outre à s'échapper de la Cité interdite sous un déguisement pour fréquenter des établissements à la réputation douteuse. L'empereur trouvait incommode de résider à la Cité interdite dont même lui n'avait plus le droit de sortir sans motif valable après la fermeture des portes au coucher du soleil. À l'heure convenue, chaque soir, les eunuques de garde lançaient « l'appel du couchant » de leurs voix haut perchées, et les lourdes portes se fermaient l'une après l'autre avec un claquement sonore. Sur l'immense complexe s'abattait alors un profond silence à peine troublé, de temps à autre, par le battement des semelles en bambou des veilleurs de nuit qui effectuaient leurs rondes dans les rues de Pékin. Sans un bruit, les sentinelles se passaient un relais, de main en main, le long des murailles de la Cité interdite, afin de s'assurer qu'aucun garde ne dormait ou ne manquait à son poste. Les appels à l'heure du couchant et la fermeture des portes inspiraient une sainte horreur à l'empereur Tongzhi. Les innombrables et immuables règles qui pesaient sur son quotidien – depuis l'heure de son lever jusqu'à la prise en note de ses moindres déplacements – l'irritaient au plus haut point. Il aspirait à se réfugier à l'ancien Palais d'été, du fait de l'immense étendue du complexe. Là, au moins, sans solide muraille pour l'encercler, il pourrait mener sa vie comme bon lui semblerait.

Assez vite s'éleva toutefois un chœur de voix discordantes en vertu d'une tradition de semonces au monarque, dès lors que celui-ci se livrait à la poursuite effrénée du plaisir ou se lançait dans une entreprise particulièrement ruineuse. D'aucuns soulignèrent que le pays n'était pas assez prospère et le ministère du Revenu transmit à l'empereur des comptes attestant que le projet excédait les moyens financiers de l'État. L'oncle de l'empereur, le prince Chun, lui asséna que l'ancien Palais d'été ne devait servir qu'à lui rappeler la mort de son père et son devoir de revanche[16]. Mais l'empereur Tongzhi était disposé à s'amuser plus qu'à se venger. Ne faisant aucun cas de l'avis de son oncle, il lança le rapport du ministère du Revenu à la face du ministre prosterné devant lui. Ce n'était pas son genre de prêter l'oreille aux critiques. À l'encre écarlate, il accusa ses détracteurs de chercher à l'empêcher de remplir ses devoirs filiaux – une faute gravissime, selon l'éthique confucéenne. Comme si la balance morale penchait en sa faveur, l'empereur limogea un fonctionnaire « en guise d'avertissement » et prévint les autres qu'il les punirait « s'ils remettent la question sur le tapis[17] ». Le prince Gong, reconnaissant ce qu'un tel projet avait de chimérique, finit par ajouter son nom à une pétition invitant son royal neveu à reconsidérer sa position. Le jeune homme lui rétorqua : « Peut-être aimeriez-vous que je vous cède mon trône, aussi ! » La réaction de l'empereur choqua tant un Grand Conseiller, prosterné face contre terre, qu'il éclata en sanglots et s'évanouit. Il fallut l'emporter, inconscient.

Le tumulte soulevé par la reconstruction de l'ancien Palais d'été fut l'occasion de condamner le genre de vie de Sa Majesté ; son amour compulsif de l'opéra, son laisser-aller en tant que chef d'État et, surtout, ses nuits de débauche incognito. Tongzhi exigea de ses oncles qu'ils lui révèlent l'identité de ceux qui répandaient de tels bruits. Le prince Chun dressa devant lui la liste de ses lieux de perdition favoris et le prince Gong admit qu'il tenait ses renseignements de son propre fils aîné, ami de l'empereur. Furieux, celui-ci les accusa de le « harceler » et encore d'autres délits équivalant à de la haute trahison. Les deux princes eurent beau heurter du front le sol, le courroux de l'empereur ne s'apaisa pas et il rédigea un édit à l'encre écarlate, dépouillant le prince Gong et son fils de leurs titres et de leurs postes. Il fit en outre placer le prince sous bonne garde au Département des nobles. Par un autre édit, il évinça le prince Chun.

Heureusement pour les dignitaires, la mère de l'empereur veillait au grain[18]. Implorée d'intervenir, Cixi se présenta au bureau de son fils avec l'impératrice Zhen pour lui demander de prendre en considération l'opinion de la majorité. Les larmes aux yeux, elle lui reprocha son attitude envers le prince Gong. Le jeune empereur l'écouta d'abord debout. Mais, quand la vive émotion de sa mère éclata, il mit un genou en terre. Comme la tradition le contraignait à fléchir devant Cixi qu'en plus il aimait beaucoup, il révoqua ses ordres de limogeage – et Cixi renonça à son rêve de s'installer de nouveau dans l'ancien Palais d'été[19].

Ne voulant pas renoncer à ses aventures amoureuses hors de la Cité interdite, l'empereur Tonghzi jeta son dévolu sur le Palais de la mer voisin. Cet immense domaine ne comprenait pas de majestueux palais mais un ensemble de temples et de constructions aux lignes élégantes, autour d'un vaste lac artificiel. Des murs d'enceinte plus symboliques qu'autre chose le protégeaient des regards. Le père et le grand-père de l'empereur Tongzhi, en difficulté financière, avaient laissé les parties habitables se détériorer. Les dignitaires consentirent à sa remise en état et les travaux commencèrent aussitôt. L'empereur, se prenant d'affection pour les lieux, continua de s'y rendre alors que l'été cédait la place à l'hiver. Un jour qu'il se promenait sur le lac, il attrapa un refroidissement.

Et plus grave encore : une éruption cutanée, comme l'indique son dossier médical archivé à la clinique royale, à la date du 8 décembre 1874. Le diagnostic tomba le lendemain : il s'agissait de la petite vérole. La nouvelle se répandit parmi les grands conseillers qui discutèrent des remèdes à prescrire à Tongzhi : des herbes bouillies mélangées entre autres à des vers de terre, que l'on croyait alors capables d'extraire le poison. Les médecins goûtèrent leur potion une première fois avant les eunuques en chef. La cour accomplit les rituels associés à la petite vérole. Confrontés à une force maléfique, les Chinois tentaient – et tentent, aujourd'hui encore, en un certain sens – de l'apaiser ou même de la flatter, dans l'espoir qu'une fois amadouée, elle les laissera tranquilles. On prétendit pour le coup que l'empereur « jouissait de la félicité des fleurs célestes » – le surnom laudateur de la petite vérole : *tian-hua*. Les courtisans parés de tenues à motifs floraux et d'écharpes en soie rouge (la couleur de la joie) aménagèrent des autels en l'honneur de la déesse des pustules, tenue pour responsable de l'apparition des cloques remplies de pus. Le neuvième jour de la maladie, les pustules parurent sur le point d'éclater. Le cercle des intimes de Sa Majesté fut invité à lui rendre visite[20].

Cixi et l'impératrice Zhen, postées auprès du lit de l'empereur, des bougies à la main, prièrent les dignitaires, à genoux à quelque distance d'elles, de s'approcher. L'adolescent malade qui tournait vers eux son visage leva un bras pour qu'ils l'examinent. Ils s'aperçurent, comme le relata le Grand Précepteur Weng, qu'en raison « de l'extrême densité des fleurs, on distingue à peine ses yeux[21] ».

Ils se retirèrent alors et Cixi les convoqua dans la salle d'audience, où elle leur tint un assez long discours. Dans son trouble, elle éclata en sanglots et annonça que son fils aurait sans doute besoin de se délasser pendant sa convalescence et que si, « à l'occasion », il voulait que l'on joue devant lui de la musique, elle « comptait » sur les dignitaires pour qu'ils « ne s'y opposent pas[22] ». À ces mots, à valeur évidente de reproche, les dignitaires heurtèrent le sol du front à maintes reprises.

Cixi en profita pour discuter avec eux des affaires de l'empire. Depuis quelques jours, leur annonça-t-elle, l'empereur dont l'état de santé ne lui permettait plus de travailler se rongeait les sangs. Il comptait sur les dignitaires pour trouver un moyen de le remplacer. Ceux-ci proposèrent que les deux impératrices douairières se substituent à lui tant qu'il « profiterait de son heureuse condition ». Ils venaient de se retirer pour rédiger une pétition en ce sens quand Cixi, y réfléchissant à deux fois, les rappela afin de les en dissuader : une telle « pétition » pourrait donner l'impression que l'on priait l'empereur de renoncer au pouvoir. Selon elle, il valait mieux que la requête émane de son fils. À l'issue d'un entretien avec Cixi, celui-ci admit qu'il ne demandait pas mieux que de la voir intervenir. Dès le lendemain, il convoqua les dignitaires et, en meilleure forme que la veille, déclara au prince Gong d'une voix ferme : « Je n'ai que quelques mots à ajouter. Il ne saurait s'écouler de jour où les affaires de l'État restent en souffrance. Je compte prier les deux impératrices douairières de s'occuper à ma place de tous les rapports et je continuerai d'accomplir mon devoir comme avant, une fois conclu cet heureux événement. » Cixi lui assura que, la veille, les dignitaires avaient déjà « réclamé » de telles dispositions à l'unanimité : l'empereur devait donc cesser de s'inquiéter. Les dignitaires s'en furent, soulagés et ravis que Cixi prenne de nouveau les rênes du pouvoir.

Le seizième jour de sa maladie, les ampoules disparurent peu à peu du corps du jeune homme, qui parut sur le point de se remettre. À l'occasion d'une cérémonie raffinée, sous l'escorte de gardes d'honneur, on sortit de l'une des principales salles de la Cité interdite le grand autel dédié à la déesse des pustules.

L'empereur Tongzhi ne recouvra cependant pas la santé. Ses pustules enflèrent au point d'éclater puis de suppurer sans remède. Le 12 janvier 1875, il rendit l'âme, à même pas dix-neuf ans. Il venait de régner moins de deux ans. On prétend parfois que Cixi l'empoisonna. Une telle accusation ne repose sur rien de sérieux.

Beaucoup le soupçonnent d'être mort de la syphilis, aux symptômes fort semblables à ceux de la petite vérole (et qu'on désigne à l'occasion comme la « grosse » ou « grande » vérole). Faute de méthodes modernes de diagnostic à l'époque, rien n'a pu être établi avec certitude. Il semblerait que la cour, elle-même dans le doute, eût attribué au genre de vie de l'empereur une part de responsabilité dans sa maladie. Wang Qingqi, son compagnon de débauche, fut banni de la cour et privé à vie de tout poste officiel[23]. Les eunuques proches de l'empereur écopèrent de punitions – allant d'une volée de coups à l'exil aux frontières.

Le plus probable reste que Tongzhi ait contracté la petite vérole, endémique à l'époque, et qui emporta peu après, le 5 février, sa seule et unique sœur, la Grande Princesse. Celle-ci murmura, tandis qu'elle délirait, que son défunt père l'appelait à suivre son frère[24].

Mlle Alute résolut d'accompagner l'empereur dans la mort. Une femme ne pouvait alors rien accomplir de plus méritoire que de s'ôter la vie après le décès de son époux. Dans les villes et villages, des arcs de triomphe honoraient celles qui recouraient à une telle extrémité*. Mlle Alute, sélectionnée pour ses qualités morales, se montra à la hauteur des circonstances. Selon certains eunuques, lorsque son mari eut rendu l'âme, son père lui fit parvenir une boîte repas. Elle comprit en l'ouvrant et en la trouvant vide qu'il lui enjoignait de se laisser mourir de faim. Elle s'exécuta et on l'admira grandement : voilà bien la digne fille de son père ! Elle s'éteignit soixante-dix jours après son mari, le 27 mars[25].

On a largement reproché à Cixi la mort de Mlle Alute. Les Chinois l'ont accusée de maltraiter sa belle-fille et de l'avoir poussée au suicide. Les Occidentaux ont affirmé que celle-ci attendait un héritier et que Cixi a ordonné son assassinat pour garder le pouvoir. De telles accusations ne reposent sur aucune preuve (même s'il se peut que Cixi se fût montrée assez dure envers Mlle Alute). En réalité, Mlle Alute venait d'une famille qui tenait le suicide pour la démonstration d'honneur la plus éclatante. Plus tard, lorsque les troupes occidentales envahiraient Pékin en 1900, obligeant Cixi à prendre la fuite, les parents de Mlle Alute au grand complet – quatorze personnes en tout – mirent fin à leurs jours en signe de loyauté[26].

* Une concubine du grand-père maternel de l'auteur mit fin à ses jours en ingérant de l'opium quand celui-ci mourut au début des années 1930, à l'époque où un tel geste passait encore pour le comble de la fidélité conjugale. Une plaque commémorerait son geste.

Pendant cent jours après la mort de l'empereur Tongzhi, il n'y eut ni mariage ni distractions dans la capitale et, d'un bout à l'autre de l'empire, les hommes durent renoncer à se raser ou se faire couper les cheveux. (Un peu plus tôt, l'empereur Qianlong avait fait emprisonner des fonctionnaires récalcitrants durant le deuil de sa femme.) Toutes les cloches des temples de Pékin, petits ou grands, sonnèrent 30 000 coups. Des règles minutieuses indiquèrent à tout un chacun quels habits de deuil revêtir. En ce temps-là, les Chinois étaient probablement le peuple le plus cérémonieux de la planète. Les lettrés se référaient à un manuel d'étiquette de pas moins de trois mille prescriptions. L'une d'elles, et non la moindre, interdisait la musique à la cour jusqu'à l'enterrement de l'empereur. Le silence enveloppa de nouveau la Cité interdite parcourue par des silhouettes falotes que seul accompagnait l'écho de leurs pas.

On ne joua plus de musique à la cour pendant quatre ans, le temps d'édifier le mausolée de l'empereur Tongzhi. La brièveté de son règne ne lui ayant pas permis d'entreprendre la construction de sa propre tombe, sa mère confia au prince Chun, au Grand Précepteur Weng et à une équipe de maîtres *feng-shui* le soin de déterminer le meilleur lieu d'inhumation possible. Les hauts fonctionnaires lui rendraient d'ici là un dernier hommage en défilant devant son énorme cercueil en bois précieux rehaussé de symboles bouddhistes exposé dans une salle de la ville royale. Il était couvert de 49 couches de dorure et 13 épaisseurs de brocart à motifs de dragons en doublaient l'intérieur.

Aux abords de Pékin, deux ensembles de mausolées abritaient les restes des empereurs de la dynastie Qing : l'un, à l'ouest et l'autre, à l'est de la ville. Une règle imposait de bâtir le mausolée d'un empereur auprès de celui de son grand-père et non de son père. Comme le père de Tongzhi reposait à l'est de la capitale, lui-même aurait dû être enterré à l'ouest. Mais Cixi, appelée à partager la sépulture de son mari, souhaitait être inhumée près de son fils. Elle ordonna donc d'ensevelir là sa dépouille. Les dignitaires, compatissants, n'émirent aucune objection à cette entorse à la tradition.

Les deux ensembles de mausolées, aussi immenses l'un que l'autre, se situaient dans un cadre naturel paisible et d'une grande beauté, composé de collines, ruisseaux et bois. Chaque mausolée comportait une chambre enterrée sous une réplique d'un palais de la Cité interdite. En façade se détachaient des piliers sculptés en marbre blanc, couronnés de chapiteaux ailés. Mais le plus impressionnant restait encore la longue voie rectiligne qui y menait, bordée de statues géantes en pierre de lions, chevaux, éléphants et autres imposants animaux sur un vaste terrain ouvert. Aucune avenue de ce genre ne conduirait cependant au mausolée de l'empereur Tongzhi par manque de fonds. Cixi dut en effet choisir entre l'aménagement d'un chemin d'accès au mausolée ou l'importation de bois pour le cercueil et la chambre qu'il abriterait. Faute d'essences de première qualité en Chine, il avait fallu construire le mausolée du mari de Cixi à l'aide des restes du bois ayant servi à celui de son défunt père. Croyant en la vie après la mort, Cixi tenait à garantir à son fils ce qui se faisait de mieux dans l'au-delà. Elle décida donc de sacrifier la splendeur de l'avenue qui mènerait à sa tombe. Elle acquit à l'étranger les essences les plus chères, dont un type particulier de *nan-mu*, d'une densité telle qu'il coulait apparemment dans l'eau, au lieu de flotter.

La construction du mausolée de Tongzhi prit fin plus de quatre ans après son décès. Un jour de 1879 que l'astrologue de la cour estima le plus favorable, on ensevelit sa dépouille et celle de son impératrice, Mlle Alute, dans la chambre souterraine, l'une auprès de l'autre. Des centaines d'objets en or, argent, jade et pierres précieuses lestaient leurs cercueils. La cérémonie de leur mise au tombeau sous la supervision attentive de Cixi fut d'une majesté sans égale. Y prit part tout l'échelon supérieur de la bureaucratie de Pékin. 66 groupes de 120 hommes se relayèrent pour porter le cercueil de l'empereur le long d'une route de 120 kilomètres partant de la capitale. Entraînés en vue d'une telle tâche, ils s'étaient tous baignés avant de revêtir des vestes pourpres en toile de jute, le tissu de rigueur pour les deuils de la plus haute importance. Tous les fonctionnaires en poste à moins de 50 kilomètres du trajet suivi par la procession allèrent se prosterner au passage du cercueil dans des mémoriaux construits pour l'occasion, illuminés de milliers de cierges blancs[27].

Bien qu'un tel cérémonial ne fît que suivre une tradition établie, Cixi prit la peine de veiller aux moindres détails. Elle aimait vraiment beaucoup son fils. Des années plus tard, le jour anniversaire de sa mort, l'artiste américaine Katharine Carl, chargée de réaliser le portrait de Cixi à la cour, s'habilla en noir. Elle raconte que Cixi, notant qu'elle arborait la couleur du deuil en Occident, « parut très touchée ». Elle « prit ma main entre les siennes et dit : "Vous avez bon cœur d'avoir songé à mon chagrin et d'avoir cherché à me témoigner votre sympathie", et des larmes tombèrent de ses yeux sur ma main, qu'elle serrait dans les siennes[28] ».

III.

Aux commandes de l'empire par le truchement d'un fils adoptif 1875-1889

10. Un enfant de trois ans devient empereur (1875)

Cixi se tenait au chevet de son fils lorsqu'il rendit l'âme en janvier 1875. Les dignitaires du royaume étaient accourus auprès de lui au dernier moment, avertis par les médecins de l'imminence de son décès. C'était à peine s'il respirait encore. Les sanglots de Cixi l'étouffaient trop pour qu'elle prît la parole. Au bout d'un certain temps, les dignitaires laissèrent la mère et son fils en tête-à-tête. Peu après l'annonce de la mort de l'empereur, l'impératrice douairière les convoqua encore en larmes afin de prendre des dispositions en vue de l'avenir.

L'instinct de prudence du prince Gong lui dicta de rester à l'écart. Connaissant Cixi, il pressentit peut-être qu'elle allait contrevenir aux règles établies, or il hésitait à lui emboîter le pas. Il n'en alla pas moins la trouver avec les autres dignitaires. Cixi leur demanda sans ambages si cela leur semblait une bonne idée de lui laisser le pouvoir à elle et à l'impératrice Zhen « derrière le paravent ». Un dignitaire répondit sur-le-champ « oui » : l'impératrice douairière aurait-elle la bonté, dans l'intérêt de l'empire, de nommer un nouvel empereur sans cesser pour autant de régner comme par le passé ? Cixi prit la parole au nom de l'impératrice Zhen : « Nous avons pris notre décision d'un commun accord : voici notre dernier mot, et ne songez pas à nous faire revenir dessus. Contentez-vous d'écouter et d'obéir. » Seule une personne en position de force pouvait tenir un tel langage d'autorité. L'empereur Tongzhi ne laissait ni héritier ni testament indiquant qui devait lui succéder. Juste avant de s'éteindre, il avait prié les deux impératrices douairières de gouverner l'empire. Il leur revenait à présent de désigner le prochain souverain.

Cixi annonça que l'impératrice Zhen et elle allaient adopter au nom de leur défunt mari un fils qu'elles élèveraient elles-mêmes.

Cixi ambitionnait à l'évidence de gouverner de nouveau l'empire en tant qu'impératrice douairière, et ce, le plus longtemps possible. En principe, elle aurait dû adopter un héritier au nom de son défunt fils, si ce n'est qu'il lui eût été malaisé dans ce cas de justifier son autorité : la veuve de Tongzhi, Mlle Alute, encore en vie à ce moment-là, serait en effet devenue impératrice douairière. L'entorse aux règles que proposait Cixi ne souleva au final aucune objection. La plupart se réjouirent de son retour au pouvoir. Elle avait accompli un fabuleux travail jusqu'à l'avènement de son fils. Le règne éphémère de Tongzhi n'avait en revanche laissé présager que des catastrophes. Sur un coup de tête, le défunt empereur avait en effet admonesté presque tous les dignitaires avant d'en limoger certains, or qui sait ce qui serait arrivé en l'absence de Cixi, seule à même de lui faire entendre raison ? Quel soulagement de la savoir sur le point de reprendre les rênes de l'empire ! Ce fut du moins ce que se dirent les réformateurs frustrés par l'enlisement des dernières années.

Cixi nomma alors le nouvel empereur : Zaitian, le fils de trois ans de sa sœur et du prince Chun[1].

Loin de ravir le prince Chun, présent dans la salle, la nouvelle le terrassa[2]. Des convulsions le saisirent alors qu'il se tenait à genoux devant le trône et il gémit en heurtant du front le sol tant et si bien qu'il perdit connaissance – réduit à un tas informe d'habits de cour. Il n'avait pas d'autre fils à l'époque[3], or son épouse et lui le chérissaient comme si leur vie en dépendait, d'autant que leur aîné venait de mourir. L'impression vint au prince Chun qu'il perdait à jamais son unique enfant. Cixi, imperturbable, ordonna de le faire sortir. D'après un témoin de la scène : « Il gisait à ce moment-là dans un coin, sans que nul ne lui prête attention. Quel lamentable spectacle[4]. »

Les Grands Conseillers se retirèrent pour rédiger le décret impérial de proclamation du nouvel empereur. Celui qui devait tenir le pinceau était si crispé qu'il ne parvint à rien écrire de lisible. Junglu, qui était alors Grand Chambellan et tout dévoué à Cixi, se mit à craindre des objections avant la proclamation du décret. Aussi s'empara-t-il du pinceau dans l'intention de le rédiger lui-même – sauf qu'il ne pouvait en aller ainsi, puisqu'il n'était pas Grand Conseiller. Il semblerait que Junglu eût incité Cixi à nommer un nouvel empereur tout de suite après la mort de son fils, de manière à ne laisser aux opposants aucune occasion de se manifester[5].

Rien ne vint toutefois contrecarrer les desseins de Cixi. On régla en un rien de temps les formalités de l'avènement du nouveau monarque, qu'une procession alla d'ailleurs chercher. Avant les premiers rayons du soleil, on réveilla l'enfant de trois ans pour le séparer de sa mère et l'emmitoufler dans une pesante tenue de cour. Une chaise à porteurs le conduisit en compagnie d'un dignitaire à la Cité interdite éclairée de lanternes et de bougies. Il dut ensuite se prosterner devant Cixi et l'impératrice Zhen dans une salle obscure. On l'emmena enfin auprès de feu Tongzhi où il était de son devoir de se répandre en lamentations. Il s'en acquitta avec d'autant plus de naturel que l'on venait de troubler son sommeil. Ainsi commença la nouvelle vie de Guangxu, l'empereur de la « glorieuse succession[6] ».

L'heure des représailles envers le prince Chun venait de sonner. En riposte aux tourments que lui avait causés l'exécution du petit An, Cixi lui enfonça un poignard dans le cœur en lui arrachant son unique fils. Elle conçut en outre une vengeance qui ôtait au prince Chun toute raison de se plaindre : n'élevait-elle pas son enfant à la dignité d'empereur ?

La proclamation de son fils priverait le prince Chun de tout rôle politique. En tant que simple père biologique de l'empereur et non régent, le prince dut renoncer à l'ensemble des postes qu'il occupait pour qu'on ne pût l'accuser d'user de son influence afin de se mêler des affaires de l'État – un crime assimilé à la trahison. Le prince présenta aussitôt sa démission en des termes d'une extrême humilité[7]. Cixi ordonna aux dignitaires d'en débattre. Le prince Gong recommanda vivement de l'accepter pour des raisons entre autres protocolaires : en tant que dignitaire, le prince Chun devrait se prosterner devant l'empereur, or il était hors de question qu'un père agisse ainsi vis-à-vis de son fils. Le Grand Précepteur Weng, allié conservateur du prince Chun, songea qu'après son départ, il ne resterait plus personne pour résister aux réformateurs. Il proposa de laisser au prince un poste clé : celui de chef de la garde prétorienne. Cixi ne suivit pas son avis et accepta la démission en bloc du prince Chun. Elle lui réserva toutefois une fonction qui ne supposait aucune espèce de pouvoir : celle de veiller sur les mausolées des empereurs Qing. Et, bien sûr, elle l'accabla d'honneurs.

En privant le prince Chun de tout poste significatif, Cixi le réduisit au silence. Au cas où il s'aviserait de protester contre sa politique, on lui reprocherait de se mêler indûment des affaires de l'État. Le prince Chun vit clair dans le jeu de Cixi. De crainte qu'elle ne franchît un pas supplémentaire en trouvant un prétexte pour l'accuser de haute trahison, il l'assura par une lettre d'une grande bassesse qu'il ne caressait aucune velléité d'ingérence. C'en fut dès lors fini du prince Chun en tant que champion du parti xénophobe. Voilà enfin désamorcée la bombe à retardement qui menaçait jusque-là l'empire.

D'autres drames personnels frapperaient le prince[8]. La sœur de Cixi donna encore naissance à deux garçons, mais le premier ne vécut qu'un jour et demi et le second mourut au bout de quelques années, victime, selon les domestiques, d'une sollicitude trop inquiète. Le couple redoutait que leur fils n'ingérât de la nourriture en excès – un sérieux problème pour les rejetons des familles riches. Au final, il souffrit de malnutrition.

À la surprise du prince, Cixi ne chercha pas à le briser. Une fois qu'elle lui eut prouvé qu'elle aurait tout à fait pu se débarrasser de lui, elle l'inonda de faveurs[9]. Elle lui accorda par exemple des concubines et décida de donner au plus âgé des trois autres fils qu'eut encore le prince (en 1883) le nom de son père – Zaifeng. Elle chargea en outre le prince de veiller à l'éducation de l'empereur de manière à lui assurer un contact avec son fils. L'épouse du prince, la sœur de Cixi, fut invitée à séjourner de temps à autre au palais pour le voir, elle aussi. Mais ni le père, ni la mère de Guangxu ne parvenait à se détendre complètement en sa présence, du fait de son adoption par Cixi et de son accession au trône. Quoi qu'il en soit, Cixi traita le prince Chun infiniment mieux qu'il ne l'escomptait et sa gratitude ne connut plus de bornes.

Cixi se concilia également les amis du prince en leur prouvant qu'elle ne leur gardait pas rancune et en les achetant avec diplomatie. Elle s'assura la reconnaissance éternelle du Grand Précepteur Weng en le nommant principal précepteur du nouvel empereur. Elle combla de promotions et d'honneurs le gouverneur Ding, le responsable de l'exécution du petit An, comme si rien de fâcheux ne s'était produit. Une fois promu vice-roi, Ding se rendit à Pékin en vue d'une audience, comme cela se pratiquait chez les Qing. Avant son arrivée, Cixi lui fit remettre par l'intermédiaire de Junglu, le Grand Chambellan, 10 000 taels en prévision de ses dépenses dans la capitale, où il était d'usage de donner des fêtes et de distribuer des cadeaux[10]. Ding se trouvait alors à court d'argent : incorruptible, il n'avait pas profité de ses fonctions pour s'enrichir. Junglu lui présenta la somme comme venant de lui-même mais Ding, qu'aucun lien d'amitié particulier ne liait à Junglu, ne fut pas dupe. Non seulement il accepta l'argent, mais il demanda par

Fervente bouddhiste, Cixi vénérait la déesse de la miséricorde Guanyin. En 1903, elle se fit photographier à plusieurs reprises en costume de Guanyin ; on la voit ici auprès des deux eunuques dont elle se sentait proche, Lianying (*à sa gauche*) et Cui (*à sa droite*). Leurs habits sont ceux de personnages associés à la déesse.

Rues du vieux Pékin. On distingue au premier plan des carrioles à mules, les taxis de l'époque. Ce fut l'un de ces véhicules qui conduisit Cixi en 1852 à la Cité interdite où l'empereur Xianfeng la soumit à son inspection avant de la retenir au nombre de ses concubines.

Passage d'une caravane de chameaux devant une porte de Pékin. Il paraît qu'à peu près 5 000 de ces animaux pénétraient chaque jour dans la capitale chinoise.

À la mort de l'empereur Xianfeng en 1861, le fils de Cixi, âgé de cinq ans, lui succéda sur le trône. Elle évinça par un coup d'État les régents désignés par son mari et prit en main le gouvernement de la Chine. On la voit ici sur le chemin de son audience matinale habituelle, entourée d'eunuques aux habits de couleurs éclatantes. On reconnaît au premier plan Cui à gauche, et Lianying à droite.

Les hommes au service de l'impératrice douairière

Ci-dessus : Le prince Chun, qui avait épousé la sœur de Cixi.

Ci-dessus, à droite : Le prince Gong, bras droit et conseiller de Cixi.

Ci-contre : Le vice-roi Zhang Zhidong, principal soutien de Cixi et modernisateur de renom.

Ci-dessus : Li Hongzhang (le comte Li), le principal réformateur au service de Cixi, en Grande-Bretagne, en 1896, entre Lord Salisbury, Premier ministre britannique (*à gauche*) et Lord Curzon (*à droite*).

À gauche : Le général Yuan Shikai, futur premier président de la République de Chine.

Junglu (*au centre, au premier plan*), farouche partisan de Cixi, en train de recevoir des visiteuses occidentales.

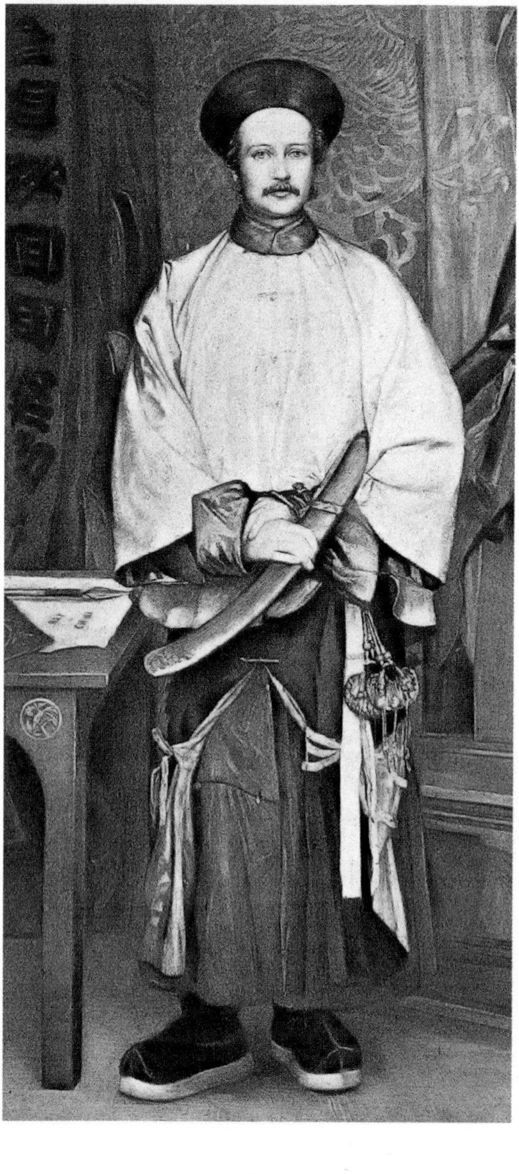

Les Occidentaux, amis de Cixi

Ci-dessus : Anson Burlingame, ambassadeur du Président Lincoln en Chine (de 1861 à 1867), et futur premier ambassadeur de Chine auprès des puissances occidentales, debout au centre de sa délégation, entre ses deux assistants chinois (*assis*) Zhigang et Sun Jiagu, eux-mêmes flanqués du Britannique et du Français secrétaires de la mission (*également assis*).

À gauche : Le lieutenant-colonel Charles Gordon (« Gordon le Chinois ») qui contribua à l'écrasement de la révolte des Taiping. Sa victoire ouvrit la voie au règne de Cixi.

Ci-dessus: Sarah Conger (vêtue de sombre), l'épouse de l'ambassadeur des États-Unis en Chine (de 1898 à 1905), tenant la main de Cixi auprès d'autres dames de la légation américaine.

Ci-dessous: Sir Robert Hart, avec son orchestre occidental composé de musiciens chinois. Il est resté inspecteur général des douanes maritimes chinoises pendant toute la période où Cixi a exercé une influence en politique.

Ci-dessus : Peinture de Cixi.

Ci-dessus à droite : Cixi apprit à tracer des idéogrammes aussi grands que celui-ci (le support mesure 211 cm de hauteur sur 102 de côté). Il s'agissait d'une prouesse d'autant plus remarquable de sa part que, de petite taille, elle n'était alors plus toute jeune. Cet idéogramme qui se prononce shou, signifie « longévité ».

À droite : Une œuvre réalisée par l'empereur Xianfeng l'année de ses seize ans.

Une partie de jeu de go opposant Cixi à un eunuque, représentée par un peintre de la cour.

Portrait de Cixi envoyé au Président des États-Unis Theodore Roosevelt en 1904, en remerciement des vœux qu'il lui avait adressés à l'occasion de son soixante-dixième anniversaire. Les traits de Cixi ont été lissés sur la photo.

L'empereur Xianfeng tel que l'on représentait traditionnellement les monarques après leur mort. Xianfeng s'éteignit en 1860, dans un exil qu'il s'était lui-même imposé, à cause, notamment, de l'incendie de l'ancien Palais d'été par les Britanniques.

« Lootie », un Pékinois, fut conduit de l'ancien Palais d'été en Grande-Bretagne et offert à la reine Victoria, qui commanda son portrait.

À gauche : Le fils de Cixi, le futur empereur Tongzhi, en train de jouer avec sa demi-sœur.

Ci-dessous, à gauche : À la mort de Tongzhi, en 1875, Cixi fit monter sur le trône l'empereur Guangxu, alors qu'il n'avait que trois ans.

Ci-dessous à droite : Zhen, l'impératrice de Xianfeng, qui fut toute sa vie l'amie de Cixi.

Le harem, à l'arrière de la Cité interdite. Cixi trouvait ses hauts murs et ses allées en cul-de-sac « déprimants ».

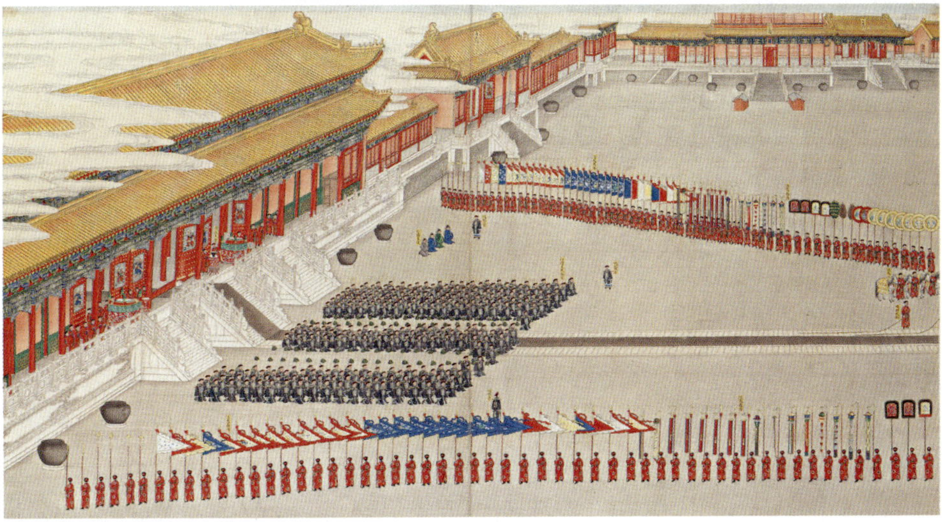

La partie principale de la Cité interdite, à l'avant, immense et imposante — et interdite aux femmes. Cixi n'y mit jamais les pieds, même à l'époque où elle dirigeait la Chine.

En tant que femme, Cixi n'était pas censée voir les dignitaires de l'empire — tous des hommes.
Lors des audiences, elle prenait place derrière le trône et un paravent en soie jaune.
Il arrivait à l'empereur enfant de s'asseoir sur le trône, devant elle.

Le Palais d'été, que Cixi aimait passionnément, représenté par un artiste étranger.

Ci-dessus : Portrait de Cixi par l'Américaine Katharine Carl, réalisé en vue de l'exposition universelle de 1904 à St. Louis.

À droite : Katharine Carl, dans un costume chinois choisi — et peut-être même conçu — par Cixi.

écrit à « emprunter » 10 000 taels supplémentaires – que Junglu lui remit aussitôt. Une façon malicieuse pour le vieil homme de faire comprendre qu'il savait d'où sortait l'argent (il n'aurait jamais réclamé plus à un autre fonctionnaire) et de conclure un marché avec Cixi. Sans pour autant renoncer à leurs vues conservatrices, Ding et le Grand Précepteur Weng ne créeraient plus d'ennuis à l'impératrice douairière.

Voilà comment Cixi finit par surmonter les obstacles qui se dressaient sur son chemin et par remettre l'empire sur la voie qu'elle lui avait tracée. Cette fois, elle accélérerait le rythme du progrès. Pendant sa réclusion forcée au harem, loin de demeurer oisive, elle avait beaucoup appris sur le monde extérieur par le truchement des rapports et des journaux des premiers Chinois envoyés à l'étranger. Les organes de presse à l'occidentale qui proliféraient depuis peu à Hong Kong et dans les ports de traité parvenaient à la cour, où ils constituaient une source d'information indispensable[11]. Cixi comprenait désormais bien mieux à la fois l'Occident et le monde moderne que dix ans plus tôt, lors de son accession au pouvoir. Convaincue que la modernisation résoudrait les problèmes de l'empire, elle mesurait aussi le temps perdu. Depuis la redoutable mise en garde qu'avait représentée pour elle l'exécution du petit An, le pays avait connu, sous le règne de son fils, cinq années d'immobilisme. Cixi entendait à présent rattraper le temps perdu.

11. La modernisation s'accélère (1875-1889)

Début 1875, Cixi perdit son fils, mais elle regagna le pouvoir. Cette année-là fut à marquer d'une pierre blanche en raison du nombre d'avancées notables qui s'y produisirent. D'abord, Cixi convoqua le comte Li pour mettre au point une stratégie globale de modernisation. Installé à Tianjin, le comte avait déjà réclamé une audience dans ce but en 1872 mais, à l'époque, consciente de sa vulnérabilité et sur le point de se retirer au harem, Cixi n'avait pas voulu le recevoir. Là, elle s'entretint avec lui le lendemain de son arrivée, le jour suivant et une troisième fois, même pas une semaine plus tard[1]. Sa hâte à renouer avec sa politique antérieure de transformation du pays devenait palpable.

Le comte s'était entre-temps distingué en tant que principal modernisateur de l'empire. Il s'était entouré d'Occidentaux et même lié d'amitié avec bon nombre d'entre eux, dont l'ancien président des États-Unis, Ulysses S. Grant[2]. Les deux hommes se fréquentaient assidûment à Tianjin en 1879. Voici comment le missionnaire Timothy Richard décrivait le comte : « Physiquement, il était plus grand que la plupart ; intellectuellement, il les dépassait tous, et sa vue portait jusqu'à un lointain horizon, bien au-delà de leurs têtes[3]. » Le comte devint l'homme clé de la politique de modernisation de Cixi et son bras droit, au même titre que le prince Gong, qui présidait le Grand Conseil et dont le nom était pour les Occidentaux « synonyme de progrès en Chine[4] ». Grâce à leur appui, Cixi engagea fermement l'empire sur la voie d'une modernité radicale. Comme l'écrivit le comte Li à Cixi en résumant ce à quoi ils aspiraient l'un et l'autre : « À partir de maintenant, toutes sortes de choses vont être introduites en Chine et les esprits s'ouvriront graduellement[5]. » Malgré tout, le trio ne laisserait pas les conservateurs sur le carreau. Cixi était du genre à œuvrer avec des hommes tels que le Grand Précepteur Weng aussi bien qu'avec les réformateurs et à user de persuasion plutôt que de force. Elle reconnaissait en outre que seuls le temps et la raison parviendraient à changer les mentalités.

Cixi voulait envoyer des représentants diplomatiques de la Chine à l'étranger depuis une dizaine d'années. Ce fut bientôt chose faite. Le 31 août 1875, elle annonça une première nomination : celle de Guo Songtao, ambassadeur à Londres[6]. Ce remarquable visionnaire préconisait de tirer des leçons de l'Occident en dotant par exemple la Chine de chemins de fer ou du télégraphe. Bien sûr, il faisait l'objet de furieuses attaques de la part des conservateurs. Le Grand Précepteur Weng le qualifiait dans son journal de « déviant[7] » et les lettrés de sa province venus passer les examens impériaux à Pékin parlèrent en s'échauffant, lors d'une réunion, de démolir sa maison. Cixi le réconforta lors de trois entretiens qu'elle lui accorda avant son départ, en présence de l'impératrice Zhen[8]. Les deux femmes lui répétèrent qu'il ne devait pas se laisser abattre par les moqueries ni les médisances. « Tous ceux qui travaillent aux Affaires étrangères sont la cible d'insultes, lui dirent-elles. Mais le trône vous connaît et vous apprécie [...] vous devez vous charger de cette mission délicate dans l'intérêt du pays. »

Pendant le séjour outre-mer de Guo, les Affaires étrangères publièrent son journal, où il consignait ses impressions. À le lire, il vouait un véritable culte aux Britanniques : leur système législatif était « juste », leurs manières « courtoises » et leurs prisons « d'une propreté exquise, avec leurs planchers cirés, et sans air vicié [...] on oublie qu'il s'agit d'un lieu de détention ». Voilà qui prouvait selon lui « que ce pays n'est pas riche et puissant par hasard ». Il laissa même entendre que la monarchie chinoise vieille de deux mille ans ne lui semblait pas aussi exemplaire que la monarchie parlementaire britannique. En dépit de la censure de certains passages – où il critiquait par exemple les manières des Chinois qui « laissent beaucoup, mais alors beaucoup à désirer » –, la première édition de son journal fit grincer des dents les fonctionnaires lettrés. Ces derniers accusèrent haineusement Guo de vouloir « subordonner la Chine à la Grande-Bretagne » et appelèrent le trône à le pénaliser. Il fallut cesser de publier son journal. Cixi ne réprimanda pas Guo pour autant mais le nomma ambassadeur en France et en Grande-Bretagne, au mépris des protestations des conservateurs. Lorsqu'une altercation, qui reçut une certaine publicité, dressa Guo contre son adjoint traditionaliste à Londres, ce fut ce dernier que Cixi muta en Allemagne. Dans l'impossibilité de s'entendre avec les autres mandarins, Guo finit par présenter sa démission, que Cixi accepta. Elle confia à son successeur, le marquis Zeng le jeune, fils du défunt marquis Zeng Zuofan, qu'elle tenait Guo pour un « brave homme, ayant accompli un travail remarquable[9] ».

Si elle ne partageait pas toutes les vues de Guo, Cixi appréciait du moins son esprit d'indépendance. Elle se fixait en outre pour principe de collaborer avec des personnes de tous bords. Son ambassadeur à Berlin, Hung Jun, était tout l'opposé de Guo[10] : il n'appréciait pas les us et coutumes européens, surtout pas ceux qui rapprochaient les deux sexes. Une fois remplis ses devoirs officiels, il n'aimait rien tant que de poursuivre ses recherches sur l'histoire chinoise à son domicile, dont il ne sortait que pour se promener à pied dans le Tiergarten. La concubine qu'il emmena avec lui à Berlin, une courtisane de haut vol connue dans la profession sous le pseudonyme de « Plus jolie qu'une fleur d'or », aspirait à une vie mondaine, mais Hung ne l'autorisait pas à se montrer en société, même les soirs où il recevait. Parée de ses plus beaux atours, elle se contentait d'une modeste apparition devant les invités de son mari, le temps de les saluer, avant de se retirer à l'étage. Quand, une fois n'est pas coutume, elle s'attardait à une fête, elle ne pouvait pas danser – aussi bien à cause de son mari que de ses pieds bandés qui faisaient du moindre pas ou même de la station debout un supplice. Elle se souviendrait plus tard d'avoir tiré la révérence au Kaiser et à l'impératrice, et reçu des compliments sur sa beauté d'un chancelier Bismarck à la mine radieuse et à la barbe argentée, au regard perçant, courtois mais distant – et voilà tout. Elle dut en outre renoncer à la plupart de ses domestiques : seuls deux d'entre eux consentirent à suivre le couple au-delà des mers ; et encore, en grinçant des dents à la perspective de ce qu'ils tenaient à coup sûr pour un « départ sans retour ». Ils percevaient chaque mois 50 taels – bien plus que ce que gagnait un fonctionnaire à Pékin – et 10 taels de plus que ce que touchaient les bonnes allemandes engagées à Berlin. À en croire la compagne de l'ambassadeur, celles-ci faisaient preuve d'une « extrême considération et servaient mieux que personne, bien plus loyales et nettement plus obéissantes que les domestiques chinois ».

Cela dit, même Hung Jun ne put résister à l'influence de son nouvel environnement. S'il se récria dans un premier temps à l'idée d'adopter les chaussettes européennes, il finit par admettre que leur confort surpassait de loin celui des chaussettes qu'il avait apportées de Chine, en coton qui grattait. Lorsqu'il quitta Berlin, il acheta une luge en cadeau pour l'impératrice douairière.

Vers le milieu des années 1880, grâce aux constantes incitations de Cixi à « ne pas traîner la semelle[11] », Pékin s'apprêtait à envoyer de par le vaste monde des représentants qui étudieraient la culture et les institutions occidentales dans l'idée de réformer le système chinois. Quand les ministères concernés se mirent en quête de candidats, il s'en présenta à foison – à l'inverse d'à peine dix ans plus tôt[12]. Traiter avec l'Occident ne passait plus pour un calvaire ou un sujet de honte. Voilà désormais que l'on convoitait les postes impliquant des contacts rapprochés avec les étrangers. Les journaux intimes et les publications de l'époque indiquent l'ampleur du changement subi par la société. Même les sacro-saints examens impériaux, soubassement des structures politiques et sociales depuis plus de mille ans, connurent un début de modernisation. Les candidats aux missions à l'étranger durent disserter sur des questions telles que « le chemin de fer », « la défense », « les ports commerciaux » ou encore « l'histoire des rapports de la Chine avec les pays occidentaux depuis la dynastie Ming » – autant de sujets de nature à ouvrir les esprits et inciter à l'acquisition de nouvelles connaissances et à l'élaboration d'une pensée originale. Certains candidats, déstabilisés par les innovations introduites, s'efforcèrent de faire cadrer la tradition et la nouveauté. L'un d'eux prétendit par exemple que les principes de la chimie et des machines à vapeur remontaient aux enseignements de Mozi, un sage confucéen des ve et ive siècles av. J.-C.

Les centaines de milliers de victimes du commerce des travailleurs esclaves, développé dès la fin des années 1840, principalement à Cuba et au Pérou, ne tardèrent pas à bénéficier de la diplomatie active du régime. En 1873-74, le gouvernement Qing envoya des commissions enquêter sur leurs conditions de vie. Selon le rapport de la commission cubaine :

> les 8/10e du total ont déclaré qu'ils ont été enlevés ou sont tombés dans un piège [...] à leur arrivée à La Havane, ils ont été vendus comme esclaves [...] l'immense majorité est devenue la propriété des planteurs de canne à sucre [...] la cruauté dont ceux-ci font preuve [...] est terrible et [...] insoutenable. Le travail dans les plantations s'avère excessivement dur et la nourriture, insuffisante ; les heures de travail sont trop longues et les punitions : coups de bâton, coups de fouet,

mise aux fers ou au pilori, etc., etc., engendrent bien des souffrances et laissent des séquelles. Ces dernières années, un grand nombre sont morts roués de coups, ou des suites de leurs blessures, quand ils ne se sont pas pendus, tranché la gorge, empoisonnés à l'opium ou jetés dans des puits et des chaudrons de sucre[13].

Un traitement non moins atroce attendait les travailleurs chinois au Pérou. Pékin négociait avec l'un et l'autre pays dans l'intention de les protéger, quand Cixi reprit le pouvoir en 1875. Elle indiqua à ses négociateurs, chapeautés par le comte Li : « Vous devez trouver un moyen de vous assurer qu'on interdira de tels abus et qu'ils cesseront[14]. » Les conventions qui virent le jour peu après libérèrent les travailleurs esclaves et prohibèrent leur commerce[15]. Cixi nomma ambassadeur en Amérique, à Cuba et au Pérou l'un de ses meilleurs diplomates, Chen Lanbin, ancien enquêteur en chef à Cuba[16]. Lui reviendrait la lourde responsabilité de veiller sur le sort des émigrés chinois.

En 1875, la Chine redoubla ses efforts pour se doter d'une marine de premier ordre. Le Japon, voisin de plus en plus agressif de l'empire, venait en effet de tenter de s'emparer de l'île de Taiwan. La montée en puissance du Japon qui, s'inspirant du modèle occidental, acquérait alors des machines et des canonnières, construisait des chemins de fer et fabriquait des armes, n'avait échappé ni à Cixi, ni à ses proches, à la veille de sa retraite au harem, début 1873. La cour de Cixi se demanda dès lors comment parer au mieux à cette « redoutable menace permanente[17] ». Cixi accorda 4 millions de taels d'argent par an – un budget faramineux – à la mise sur pied d'une marine digne de ce nom[18]. On venait alors d'inventer en Europe les cuirassés à coque en fer. Un édit de Cixi daté du 30 mai autorisa le comte Li à « en acheter un ou deux » ; pas plus, compte tenu de leur « coût astronomique ». Au cours des années suivantes, la Chine se procura deux cuirassés à coque de fer et d'autres navires de guerre. De jeunes hommes allèrent apprendre en France à en construire. D'autres suivirent en Grande-Bretagne une formation d'officiers de marine. Quant aux cadets, on les envoya en Allemagne.

Enfin, en 1888, Cixi avalisa un règlement maritime à l'occidentale et, par la même occasion, présenta au monde le premier drapeau national de la Chine[19]. Il avait fallu attendre le conflit entre la Chine et l'Occident au début du règne de Cixi pour que la marine naissante se dote d'un drapeau doré triangulaire. Cixi approuva sa mise aux normes internationales : à présent rectangulaire, et baptisé le Dragon Jaune, il s'ornait d'un dragon bleu vif à la tête dressée face à un globe d'un rouge éclatant : le soleil. Selon les commentateurs occidentaux de l'époque : grâce à la conception de cet emblème national, « la Chine allait fièrement occuper la place qui lui revient parmi les nations[20] ».

À l'automne de la décisive année 1875, Robert Hart, l'Irlandais inspecteur général des douanes, se vit confier la mission de rédiger un mémoire en vue d'une expansion du commerce avec l'étranger. Il s'en chargea, comme il le lui avait été explicitement demandé, en « gardant à l'esprit qu'il est essentiel que ce que vous proposerez bénéficie à la Chine et ne lui nuise en aucun cas[21] ». Assez vite, d'autres ports s'ouvrirent au commerce international, pour la plupart le long du Yangzi Jiang qui menait au cœur de l'empire, à Chongqing ; non pas par la force mais par une libre décision du gouvernement de Cixi, suite à une requête de Thomas Wade*. À Philadelphie, aux États-Unis, un fonctionnaire chinois participa pour la première fois à une exposition universelle, sa mission consistant à relater tout ce qu'il y découvrirait. Hart fut à l'origine de la création, entre autres institutions modernes, de la poste chinoise, qui imprima les premiers timbres du pays, les « grands dragons[22] », en 1878.

Le vieil adage « rendre la Chine forte » impliqua bientôt aussi de « rendre les Chinois riches » (*qiu-fu*). Un consensus s'établit parmi les intimes de Cixi : « La faiblesse de la Chine est liée à sa longue histoire de pauvreté[23]. » Seuls des projets industriels de style occidental garantiraient sa prospérité. « Nous devons adopter pas à pas leurs innovations, de manière à échapper à la pauvreté et nous enrichir à notre tour. » Hart et Wade avaient déjà mis en avant de tels projets, une décennie plus tôt – mais l'antique empire chinois n'était alors pas prêt. Tous ces voyages en Occident avaient depuis ouvert les yeux et les esprits. En 1875, Cixi ordonna l'installation du télégraphe[24], d'abord dans la province de Fujian, pour communiquer avec Taiwan, l'île que convoitaient les Japonais mais que Cixi entendait bien garder. L'administration impériale du télégraphe

* L'ouverture de ces nouveaux ports fut stipulée dans la même convention (de Chefoo) que les dispositions prises à l'issue du meurtre au Yunnan de M. Margary, membre de la légation britannique. Les Britanniques ne l'exigèrent pourtant pas sous la menace.

vit le jour sous la direction d'un homme d'affaires parmi les plus modernes du pays, Sheng Xuanhuai. Au début, certains détruisirent des fils et des poteaux. Puis l'on constata l'innocuité d'un tel système de communication – qui tenait en soi du miracle. L'on mesura ses avantages, et le sabotage cessa. Les lignes télégraphiques s'étendirent dès lors à tout l'empire.

Toujours en 1875, Cixi donna le coup d'envoi à l'exploitation minière moderne en Chine avec l'ouverture de deux gisements test[25]. Une forte résistance et de nombreuses craintes s'élevèrent – dont celle, et non des moindres, que les étrangers ne s'approprient indûment les richesses souterraines de la Chine. Consciente du danger, Cixi décréta : « Nous devons nous réserver le pouvoir décisionnel, même si nous employons des étrangers. Ne les laissons pas tout contrôler ni prendre des décisions clé à notre place. » Les deux sites expérimentaux se situaient, l'un sur l'île de Taiwan, et l'autre à Kaiping, à quelque 160 kilomètres à l'est de Pékin. Y parvinrent bientôt des techniciens occidentaux et des machines. Cixi en confia la direction à un homme d'affaires, lui aussi en avance sur son temps : Tong King-sing. Fondateur de la première compagnie de commerce maritime chinoise, il avait acquis son savoir-faire au service d'entreprises occidentales. Tong, Sheng, et une première génération de capitaines d'industrie et d'hommes d'affaires, frayèrent la voie à la montée en puissance de la classe moyenne, pendant que Kaiping se changeait en « berceau de l'industrie chinoise moderne ». De fait, un énorme centre industriel s'y développerait : Tangshan. En plus de ces projets étatiques, on incita les particuliers à repérer des gisements et ouvrir des mines. Pour résoudre les problèmes de financement et encourager l'entreprenariat, Cixi autorisa les promoteurs individuels à émettre des actions.

Après le charbon vint l'électricité[26]. Cixi montra l'exemple en installant l'éclairage électrique au Palais de la mer dès 1888. La Chine acquit au Danemark des générateurs, que firent fonctionner les gardes prétoriens. Pour la première fois dans l'empire, des lumières électriques s'allumèrent hors des ports de traité, annonçant la généralisation du recours à l'électricité. Au cours des années suivantes virent le jour à Pékin et dans d'autres grandes villes 17 compagnies produisant de l'électricité à des fins civiles aussi bien que militaires ou commerciales. En 1889, circula le premier tramway de Pékin[27].

Un autre projet tenait à cœur à Cixi : celui de remplacer la monnaie archaïque du pays, les lingots d'argent, par des pièces manufacturées[28]. Les lingots présentaient un lourd handicap pour la Chine en matière de commerce international : leur contenu variable en métal précieux amenait en effet à les sous-évaluer. Seule la frappe de monnaie moderne résoudrait le problème en rendant la monnaie chinoise compatible avec celle des autres pays. Il ne s'agissait cependant pas là d'une entreprise facile, d'autant qu'elle nécessitait un investissement de taille. Confrontée à une résistance opiniâtre, Cixi tint bon et proposa de financer les coûts initiaux en puisant dans la caisse de la maison royale. Le projet prit son essor, sous réserve de l'évaluation des résultats à une échéance de trois ans.

L'invention moderne la plus notable dont la Chine ne voulut ni en 1875 ni les années suivantes fut encore le chemin de fer. On touchait là presque à la religion de l'empire. Déplacer les nombreuses tombes d'ancêtres édifiées avec dévotion par les familles dans le respect du *feng-shui* et disséminées par tout le pays eût été hors de question. On ne pouvait pas songer non plus à les laisser en l'état à proximité d'une voie ferrée : la population chinoise était convaincue que le passage des trains troublerait le repos des morts. Cixi elle-même tenait les tombes pour sacrées.

Se posait par ailleurs le problème du financement. Pendant trois ans, après le retour au pouvoir de Cixi, de 1876 à 1878, des inondations, des sécheresses et des invasions de sauterelles touchèrent près de la moitié des provinces chinoises, soit pas moins de 200 millions d'habitants. Voilà plus de deux cents ans que l'empire n'avait pas connu de plus terrible succession de catastrophes naturelles – l'une des pires de son histoire. La famine et les épidémies, en particulier de typhus, firent des millions de victimes. D'ordinaire, quand la nourriture manquait, la cour priait pour que le temps se rétablisse, déliait les cordons de la bourse royale, exemptait d'impôts les régions touchées et organisait l'équivalent chinois de la « soupe populaire » : des « centres de distribution de riz ». Là, on consacra des sommes sans précédent à l'import de nourriture. Dans ces conditions, la construction de chemins de fer aurait dû dépendre d'emprunts à l'étranger, dont Cixi n'avait aucune expérience. Elle se montra prudente. « Il nous faudrait emprunter des dizaines de millions, expliqua-t-elle. Au risque de nous attirer des ennuis[29]. »

En guise d'exemple, en 1876, des commerçants britanniques construisirent une voie ferrée de 20 kilomètres entre Shanghai et son port extérieur, Wusong – la première à entrer en service en Chine[30]. Villageois et fonctionnaires s'en épouvantèrent. Un jour qu'un train devait passer, des hommes, des femmes et des enfants se postèrent en pleine voie, l'obligeant à s'arrêter. Lorsqu'il repartit, ils s'accrochèrent aux wagons dans la vaine intention de les arrêter de nouveau. Une autre fois, un train écrasa un homme, et une émeute parut sur le point d'éclater. Thomas Wade convainquit l'entreprise britannique à l'origine du projet de renoncer. Le gouvernement de Cixi acquit la voie ferrée qu'il fit démanteler, de manière à satisfaire tout le monde. On prétend souvent que Cixi a bêtement ordonné de jeter ce premier chemin de fer chinois à la mer. En réalité, il fut transporté par bateau sur l'île de Taiwan où il devait fonctionner à la mine de charbon. Les Taiwanais étaient moins attachés aux tombes de leurs ancêtres que les Chinois du continent, et du fait de la densité de population moindre de l'île, ces tombes n'étaient de toute façon pas si nombreuses. La voie ferrée s'avéra toutefois inutilisable ; on la ramena sur le continent, dans l'espoir qu'elle servirait à Kaiping, où elle traverserait une zone relativement déserte et peu peuplée, semée d'un nombre restreint de tombes. Seule la décision visionnaire de l'ingénieur en chef de Kaiping, l'Anglais Claude W. Kinder, d'adopter l'écartement standard explique que la ligne Wusong Shanghai, à voie étroite, finit par rouiller, à l'abandon.

Une fois installée la voie ferrée de Kaiping, d'une dizaine de kilomètres de long, surgit la crainte qu'elle ne trouble le repos des rares morts du voisinage. Ce furent donc des chevaux qui tractèrent les wagons. Puis, non sans méfiance, on leur substitua une locomotive, construite sur place sous la direction de Kinder et baptisée « la fusée de la Chine ». Les opposants donnèrent de la voix, puis ils se calmèrent, et l'on finit par ne plus les entendre.

La décision de construire – ou pas – un réseau ferré étendu en Chine fut la plus délicate que dut prendre Cixi. Pendant plus de dix ans, elle invita l'élite à en débattre à plusieurs reprises. Des opinions si tranchées s'exprimèrent que l'impératrice douairière, d'ordinaire résolue, se montra pour une fois hésitante. Les arguments avancés par le comte Li en faveur du chemin de fer – utile à la défense du pays, aux voyages et aux communications – ne suffirent pas à la convaincre de violer une croyance phare de la population ni de contracter auprès des Occidentaux des prêts risquant de lourdement handicaper la Chine.

Au bout du compte, Cixi résolut d'expérimenter elle-même le chemin de fer. En 1888, elle acquit auprès d'une compagnie française un train de 6 voitures et une ligne de 3,5 kilomètres, qu'elle fit installer dans l'enceinte du Palais de la mer[31]. Il lui en coûta

6 000 taels en tout, emballage et transport du matériel inclus, soit une partie seulement du prix de revient de l'entreprise. Les entrepreneurs occidentaux se livraient une compétition féroce en vue de décrocher un contrat en Chine. Des années auparavant, les Britanniques avaient offert un train du même genre en cadeau de mariage à son fils, qui n'en avait d'ailleurs pas voulu. Le comte Li s'occupa de la transaction. Il affirma à Cixi que l'entreprise ne demandait qu'un prix symbolique, que tout avait été artistement fabriqué à Paris, y compris une voiture de luxe rien que pour elle. La voie ferrée fut installée sur les conseils d'un maître *feng-shui* de la cour, qui détermina quand commencer sa pose et dans quelle direction. Il décréta qu'il était hors de question de creuser au nord cette année-là, si bien qu'il fallut attendre le dixième jour du premier mois de 1889 pour poser la partie nord de la voie. Ce jour-là, on retourna la terre entre 15 et 17 heures de l'après-midi. Une fois la ligne en fonctionnement, Cixi monta à bord du train et découvrit, au moins quelques instants, ce que l'on ressentait en chemin de fer. Elle goûta à la vitesse et au confort, mais aussi à la fumée noire et au bruit du moteur. Le train fut ensuite entreposé en lieu sûr et on ne le ressortit plus que pour le montrer aux visiteurs. Des eunuques tractaient alors les voitures à l'aide de longs pans de soie jaune noués en cordes.

Vers la même époque, en avril 1889, le vice-roi Zhang Zhidong soumit à Cixi un puissant argument en faveur d'un réseau ferré, qui emporta son adhésion. Le vice-roi à la longue barbe, de petite taille et de deux ans le cadet de Cixi, était à cinquante-deux ans l'un des principaux champions de la modernisation. Les Occidentaux de l'époque le qualifiaient de « géant par l'intelligence » et de « héros » au vu de ce qu'il avait accompli[32]. Il avait retenu l'attention de Cixi, des années plus tôt, peu après son coup d'État, lors d'un examen impérial : la liberté de ton de son audacieuse dissertation finale sur les affaires contemporaines avait déconcerté ses juges, qui lui attribuèrent une note à peine passable. Lorsque Cixi en prit connaissance, elle reconnut cependant chez son auteur une tournure d'esprit identique à la sienne et fit de lui le numéro 3 de tout l'empire. Au fil des ans, elle adopta nombre de ses suggestions et le promut à des postes clé, dont celui de vice-roi à la tête de deux provinces de toute première importance, dans la vallée du Yangzi Jiang.

L'argument qui décida Cixi ne fut autre que le formidable coup de pouce que le chemin de fer donnerait, selon le vice-roi, aux exportations seules à même d'enrichir la population et le pays à l'ère du commerce international. À ce moment-là, la Chine exportait principalement du thé et de la soie, et ses projets de modernisation augmentaient ses importations. Le déficit de la balance commerciale s'élevait à plus de 32 millions de taels en 1888[33] ; l'avenir s'annonçait inquiétant, du fait de la diminution de la quantité de thé exporté. En 1867, la Chine fournissait 90 pour cent du thé consommé en Occident mais, depuis, le thé des Indes britanniques et d'ailleurs avait investi le marché mondial. Il fallait donc à tout prix diversifier les exportations. Ce fut en songeant à une telle nécessité que le vice-roi Zhang proposa de construire une ligne de 1 500 kilomètres de Pékin à Wuhan, une importante ville au sud, reliée à la mer par le Yangzi Jiang[34]. Toutes les provinces jusque-là enclavées sur le passage de la ligne et à proximité entreraient ainsi en contact avec le monde extérieur. Il suffirait de traiter la production locale par des machines importées pour la rendre apte à l'exportation avant de l'acheminer jusqu'à la côte. Voilà de quoi transformer l'économie chinoise et résoudre le principal problème, le plus handicapant aussi, du pays : la pauvreté. Cette proposition visionnaire impressionna Cixi : les voilà, les avantages du chemin de fer, or ils valaient bien des sacrifices et des risques.

Cixi soumit à délibération la proposition du vice-roi. Comme le sommet de la hiérarchie[35] n'y émit aucune objection, le 27 août 1889, Cixi promulgua un décret qui marqua le début de l'ère du chemin de fer en Chine par la construction d'un tronçon nord-sud. La ligne Pékin-Wuhan, plus tard prolongée jusqu'à Canton, devint (et reste encore aujourd'hui) l'artère de transport centrale du pays, essentielle à son économie. Il semblerait que Cixi l'eût pressenti, tant son décret a des accents de manifeste : « Ce projet revêt une signification de grande portée, il s'agit de la composante clé de notre plan en vue de rendre la Chine forte. Nous devons nous attendre à ce qu'à l'heure de nous lancer dans ce projet novateur se manifestent des doutes et des craintes[36]. » Elle ordonna aux chefs des provinces que traverserait la ligne d'expliquer aux autochtones de quoi il retournait et de les empêcher d'y faire obstacle. « Dans l'ensemble, conclut-elle, j'espère que la cour et le pays œuvreront dans le même sens et que fonctionnaires et commerçants consentiront à des efforts communs en vue d'un franc succès […] » Le vice-roi Zhang superviserait la construction de la voie avec l'aide du comte Li. Il établit son quartier général à Wuhan où, grâce au chemin de fer, il impulsa la création d'une pléthore d'industries modernes et fit de Wuhan l'un des creusets de l'industrialisation chinoise.

Cixi n'embrassa pas la cause de l'industrialisation sans nuances ni réserves. En 1882, le comte Li lui demanda l'autorisation d'ouvrir des usines textiles. Elle s'y opposa, manifestement contrariée : « La confection textile est notre principal industrie nationale. Les tissus fabriqués à la machine privent de travail les Chinoises, mettant en péril leurs moyens de subsistance. C'est déjà bien assez dommage de ne pouvoir interdire les tissus étrangers, nous ne devrions pas nous porter préjudice à nous-mêmes. Il convient de considérer attentivement la question[37]. » À l'époque, on désignait « la fabrication textile » sous le nom de *can-sang* qui signifie « vers à soie et feuilles de mûriers », vu que la production de soie constituait depuis des milliers d'années l'une des principales activités des Chinoises. Par souci de perpétuer la tradition, chaque année au printemps, quand les vers commençaient à produire de la soie, Cixi emmenait les dames de la cour dans un sanctuaire de la Cité interdite implorer le dieu du ver à soie de protéger ces créatures. L'impératrice douairière et ces dames nourrissaient les vers 4 à 5 fois par jour de feuilles des mûriers cueillies dans l'enceinte du palais. Une fois un ver à soie entouré d'un cocon, on le mettait à bouillir. On enroulait alors le fil de soie qu'il avait produit, long de plusieurs centaines de mètres en moyenne, autour d'une bobine, prêt à tisser. Toute sa vie, Cixi conserva de la soie qu'elle-même avait tissée, jeune fille, pour comparer la qualité de la production récente et de l'ancienne. Cixi ne souhaitait pas la disparition complète des procédés d'antan. Bien que résolue à imposer des transformations dans certains domaines, dans d'autres, elle résistait au changement ou ne l'acceptait qu'à contrecœur. Sous son règne, l'industrialisation de la Chine n'avança en aucun cas à la manière d'un bulldozer, détruisant sur son passage toutes les traditions.

12. Au secours de l'empire (1875-1889)

Depuis qu'on lui avait enlevé son fils pour le couronner empereur en 1875, le prince Chun n'était plus le même. Il craignait à présent sa belle-sœur. La perte de son fils unique lui avait ouvert les yeux sur une facette de l'impératrice douairière qu'il ne soupçonnait pas jusque-là : il était en son pouvoir d'asséner des coups mortels, même si elle ne s'y résolvait que rarement. Ni au moment de donner son aval à l'exécution du petit An en 1869, ni à l'heure de fomenter des émeutes contre des missionnaires à Tianjin au mépris des ordres de Cixi, en 1870, il n'avait redouté de riposte. Là, il se rendit compte que Cixi n'avait ni oublié, ni pardonné : cinq ans plus tard, elle lui servait sa vengeance – et elle la lui servait froide. Sous le choc, il perdit ses moyens. Après qu'on lui eut arraché son fils, il écrivit à Cixi qu'à l'annonce de la nouvelle, il avait « perdu connaissance » puis qu'il était rentré chez lui « tout tremblant, dans ma chair et dans mon cœur, comme en transe ou en état d'ébriété ». Il s'effondra alors et s'alita « dans un état végétatif[1] ». Son arrogance envolée, il demanda pardon pour ses fautes passées (sans préciser en quoi elles consistaient), s'autoflagella et réclama miséricorde. « Vous avez vu clair en moi, écrivit-il. Je vous en prie, accordez-moi une faveur imméritée » – épargner sa vie, « la vie d'un imbécile, d'un inutile idiot ».

Là-dessus, il constata que Cixi, loin de précipiter sa ruine comme elle aurait très bien pu le faire, lui témoignait de la bienveillance. La gratitude le submergea et la crainte que lui inspirait Cixi se mua en un respect admiratif. Il passa dès lors le plus clair de ses journées à méditer et adopta la devise « prendre le temps de réfléchir au moyen de réparer les torts du passé » (*tui-si-bu-guo*). Il la fit d'ailleurs graver sur une plaque au-dessus de la porte de son bureau. Tout, à son domicile, était destiné à lui rappeler un tel précepte, depuis les rouleaux accrochés aux murs jusqu'aux inscriptions ornant un presse-papier en ivoire sur sa table de travail. Il finit par estimer « entachée de préjugés » son ancienne hostilité à l'attitude de Cixi vis-à-vis de l'Occident et devint l'un de ses plus ardents soutiens.

La métamorphose du prince s'explique aussi par d'autres motifs, de plus de poids sans doute[2]. Ce que Cixi avait accompli à la tête de l'empire l'impressionna – sa reconquête, par exemple, du Xinjiang, un immense territoire d'Asie centrale de la taille de la Grande-Bretagne, de la France, de l'Allemagne et de l'Italie réunies. L'historien H.B. Morse nota au début du XXe siècle : « Voilà plus de deux mille ans que la Chine détient cette possession ; fermement quand l'administration centrale est forte, de manière plus lâche quand le pouvoir central se relâche. Elle y a même renoncé aux époques troublées [...] Souvent, le Xinjiang s'est séparé de la Chine, tout cela pour ensuite se soumettre de nouveau à son joug[3]. » La dernière séparation remontait au début des années 1860, dans le sillage de la révolte des Taiping. Yakub Beg, un musulman qualifié de « soldat de fortune[4] » par Charles Denby, futur envoyé américain en Chine, contrôlait alors une grande part du territoire indépendantisé. Cixi était résolue à ramener le Xinjiang sous la tutelle de Pékin. Elle s'y engagea au mépris des conseils du comte Li, d'avis de renoncer à la région pour la laisser devenir un État vassal de l'empire « comme le Vietnam et la Corée[5] ».

Les États vassaux, de petits pays indépendants qui entouraient la Chine, géraient eux-mêmes leurs affaires tout en reconnaissant la souveraineté de l'empereur chinois, auquel ils apportaient un tribut régulier et dont ils sollicitaient l'approbation lors de l'avènement d'un nouveau dirigeant. En dehors du Vietnam et de la Corée, la liste des États vassaux incluait le Népal, la Birmanie, le Laos et les îles Ryukyu. Le comte Li recommandait de laisser le Xinjiang s'ajouter à leur nombre. De son point de vue, le Xinjiang, « plusieurs milliers de *li* de terre aride », ne « valait pas la peine » qu'on le récupère et, même en admettant qu'on y réussirait, « on ne pourra pas le garder longtemps, vu que tous ses voisins ont des vues dessus : la Russie au nord, la Turquie, la Perse et d'autres pays musulmans à l'ouest, sans parler des Indes britanniques, à proximité, au sud ». Selon le comte, la reconquête du Xinjiang obligerait un important contingent à traverser à pied un désert avant de livrer une guerre prolongée « excédant les ressources » de l'empire. C'était aussi ce que pensait feu le marquis Zeng, un excellent stratège[6], et le prince Chun ne lui donnait pas tort[7].

Cixi refusa malgré tout de renoncer au Xinjiang, qu'elle envoya le général Zuo Zongtang reconquérir, dès son retour au pouvoir en 1875. Cette expédition revêtait à ses yeux un caractère d'autant plus urgent que la Russie occupait depuis quatre ans une zone clé de la région, l'Ili, or si la Chine n'agissait pas sur-le-champ, la domination des Russes se changerait en fait accompli.

Cixi finança la campagne militaire du général Zuo en pressant les provinces et en l'autorisant à emprunter 5 millions de taels à des banques étrangères. Elle suivit l'avancée de Zuo grâce à ses rapports détaillés mais elle peinait à satisfaire ses incessantes demandes – d'argent, la plupart du temps. Quand il partit pour le désert, le général, combattant aguerri d'une soixantaine d'années, emporta dans ses bagages un cercueil – preuve de sa détermination à lutter aussi longtemps qu'il le faudrait. Il mena une campagne éclatante quoique d'une extrême férocité. Début 1878, il avait déjà reconquis l'essentiel du Xinjiang. Le mot « pitié » ne faisait pas partie de son vocabulaire et les massacres étaient monnaie courante sur son passage. Conformément aux codes pénaux des Qing, on castra les fils et petit-fils capturés de Yakub Beg (lui-même mort) avant de les céder comme esclaves. Les Occidentaux s'en horrifièrent. Même les diplomates chinois modérés estimaient pourtant qu'ils méritaient un tel châtiment, et ils reprochèrent aux Occidentaux de « se mêler de ce qui ne les regardait pas[8] ».

Cixi approuvait Zuo – et ses méthodes[9]. Sur ses conseils, une fois réaffirmée l'emprise de Pékin sur le Xinjiang, elle accorda peu à peu le statut de province à la région, plutôt que son autonomie. Des troupes s'y établirent, défrichant des terres vierges pour assurer leur subsistance, quand elles ne réprimaient pas des révoltes.

Cixi envoya Chonghou négocier à Saint-Pétersbourg le retour de l'Ili à la Chine. Chonghou n'était autre que l'affable fonctionnaire ayant tenté de protéger les Occidentaux lors du massacre de Tianjin en 1870. N'ayant rien d'un âpre négociateur, après des mois de pourparlers, il signa un accord obligeant la Chine à échanger l'Ili contre une large part du Xinjiang. Une clameur indignée s'éleva à Pékin et, avec l'aval de Cixi, un conseil de dignitaires condamna Chonghou à « l'emprisonnement en l'attente de son exécution ». Les envoyés occidentaux exprimèrent haut et fort leur désaccord : c'était, selon eux, indigne de « la nouvelle diplomatie de la Chine » de « condamner à mort par décapitation » un diplomate « accusé, non pas de trahison, mais d'avoir échoué dans sa mission ». La reine Victoria elle-même fit appel à la clémence de « la grande impératrice douairière de Chine[10] ». Cixi s'inclina et relaxa Chonghou.

Elle refusa malgré tout de reconnaître le traité qu'il avait conclu. La Russie menaça d'entrer en guerre et déplaça 90 000 soldats sur le territoire objet du litige. Gordon le Chinois, l'Anglais ayant contribué à l'écrasement des rebelles Taiping, se permit de donner le conseil suivant : « Si vous êtes prêts à entrer en guerre, brûlez les environs de Pékin, faites-en sortir les archives et l'empereur [...] et battez-vous [...] pendant cinq ans. [...] Si vous voulez la paix, renoncez à l'Ili dans sa totalité[11]. » Cixi ne penchait pour aucun de ces scénarios. Un conflit armé lui semblait hors de question, vu que la Chine n'en avait pas les moyens, et que la Russie pourrait bien en profiter pour acquérir plus de territoire encore. D'un autre côté, la paix ne devait pas s'établir au prix de la perte de l'Ili ou de la région à laquelle Chonghou avait renoncé. Cixi donna l'impression que la Chine était « prête à se battre – aussi prête que sa rivale[12] », tout en envoyant un autre négociateur, le marquis Zeng le jeune, en Russie. Elle lui donna des instructions précises, dont la plus importante était qu'au cas où il ne parviendrait pas à récupérer l'ensemble du territoire contesté, il reviendrait au statu quo d'avant l'intervention de Chonghou et laisserait l'Ili aux Russes, tout en maintenant dessus les prétentions des Chinois[13]. Le marquis se rendit aux pourparlers avec un exemplaire du traité annoté distinguant les articles inacceptables des clauses négociables. Du début à la fin de sa mission, il garda contact avec Cixi par télégramme.

L'adoption d'une stratégie claire appuyée par de minutieux préparatifs s'avéra payante. La Chine récupéra l'essentiel du territoire cédé par Chonghou, de même que l'Ili. Les observateurs occidentaux saluèrent comme un « triomphe diplomatique[14] » le nouveau traité, un compromis*. Lord Dufferin, alors ambassadeur britannique à Saint-Pétersbourg, nota : « La Chine a obligé la Russie à ce qu'elle n'avait encore jamais consenti jusque-là, rendre un territoire après

* La Chine verserait à la Russie une certaine somme pour empêcher l'Ili de tomber aux mains des rebelles et permettre au commerce de s'y développer. Il ne s'agirait pas d'indemnités de guerre, en dépit de ce que laissent entendre les livres d'histoire chinoise, qui emploient à ce propos le terme de *pei-kuan*.

l'avoir absorbé[15]. » La première victoire de son pays en matière de diplomatie moderne valut au marquis Zeng le jeune des acclamations nourries. Malgré tout, Cixi assuma dans l'affaire un rôle clé.

Au plus fort de la crise, face à l'éventualité d'une guerre et d'une perte de territoire, Cixi s'effondra sous le coup d'un excès de tension nerveuse. Pendant plusieurs nuits, elle ne put fermer l'œil, et cracha du sang, vidée de toute énergie[16]. Conformément à la tradition, la cour demanda, en juillet 1880, aux chefs des provinces, de recommander des médecins à même de seconder les praticiens royaux et « d'envoyer ceux-ci à Pékin par bateaux à vapeur pour qu'ils y arrivent au plus vite ». Un certain Dr Xue de la province du Zhejiang nous a laissé le récit de sa première consultation, au chevet de Cixi. Il commença, comme de juste, par se prosterner devant elle. Elle lui ordonna de se relever pour s'approcher de son lit et s'assit en tailleur derrière les rideaux de soie jaune qui l'encadraient. L'un de ses bras dépassait de la tenture et reposait sur un petit coussin, au-dessus d'un guéridon. Un mouchoir tout simple le couvrait, n'en laissant visible que la partie où le médecin prendrait le pouls, un élément essentiel au diagnostic. À genoux, le Dr Xue pressa les doigts au creux du poignet de Cixi. Il diagnostiqua « un excès de préoccupation et d'anxiété » et informa l'impératrice douairière qu'elle se rétablirait rapidement, à condition qu'elle cesse de se faire trop de souci. Cixi répondit : « J'en ai bien conscience, mais ça m'est impossible. » Elle finit tout de même par se remettre, bien aidée en cela par les rapports optimistes du marquis Zeng le jeune.

Le prince Chun se retrouva mêlé à la controverse. Ayant obtenu qu'il renonce à tous les postes qu'il occupait, Cixi mit un point d'honneur à l'inclure dans le processus décisionnel. À ceux qui ne le souhaitaient pas, elle rétorqua que le prince avait « supplié qu'on le pardonne, frappant son front contre le sol à n'en plus finir[17] » et qu'elle-même insistait pour qu'il prenne part au débat. Cixi comptait gagner le prince à ses vues en lui donnant un aperçu de sa gestion des affaires de l'État. Il dut admettre que Cixi, dévouée aux intérêts de l'empire, défendait celui-ci avec courage et habileté. Sa fermeté le frappa au début de la campagne au Xinjiang et face à la Russie, ainsi que son habileté à diriger des négociations et à obtenir un compromis. À côté de cela, lui qui promettait d'un ton bravache une « revanche » sur les étrangers n'avait pas su comment réagir à d'authentiques menaces de la part d'autres nations. Tout ceci convainquit le prince qu'il servait une impératrice douairière d'une valeur inestimable pour la Chine, et il s'inclina devant Cixi en se reconnaissant son humble serviteur.

Ce qui impressionna le plus le prince Chun et fit à jamais de lui l'« esclave » de Cixi fut peut-être encore sa conduite de la guerre contre la France, de 1884 à 1885. En 1859, la France se lança dans une campagne militaire en vue de coloniser le Vietnam, État voisin et vassal de la Chine. Le gouvernement Qing ne réagit ni à l'annexion du sud du pays à la France ni à l'avancée des troupes françaises vers le nord – entre autres parce que les Vietnamiens ne réclamèrent aucune aide (ce qu'un État vassal était pourtant en droit de faire). Jusque-là, Cixi n'envoyait de troupes au Vietnam que pour y mater des brigands chinois, à la demande des Vietnamiens. Sitôt leur mission accomplie, les soldats se retiraient[18].

Il semblerait que Cixi eût alors mûrement réfléchi à sa politique aux frontières de l'empire. Résolue à conserver le territoire qu'elle considérait comme celui de la Chine, elle n'hésiterait pas à renoncer aux États vassaux, au cas où les circonstances l'y obligeraient. Pragmatique, et consciente que les Européens disposaient de forces plus puissantes qu'avant, elle savait son empire incapable de garder sous sa tutelle les États vassaux. Tout en envoyant une nombreuse armée récupérer le Xinjiang et en s'efforçant de son mieux de conserver Taiwan, elle n'émit qu'une simple protestation verbale contre l'annexion par le Japon de l'État vassal des îles Ryukyu, à la fin des années 1870. De même, elle se contenta de consolider la frontière avec le Vietnam plutôt que de chercher à le maintenir dans la dépendance de la Chine. En août 1883, le Vietnam devint par la force des choses un protectorat français. Le Premier ministre français, Jules Ferry, désireux de doter son pays d'un empire colonial, s'était lancé dans l'aventure de l'impérialisme dans des pays aussi différents que la Tunisie, le Congo, le Niger et Madagascar, sans oublier l'Indochine. À présent, les troupes françaises avançaient d'un bon pas vers la frontière entre la Chine et le Vietnam.

Cixi entreprit des préparatifs de guerre. Les astrologues, de la cour notamment, virent dans le flamboiement anormal du ciel pendant plusieurs jours et l'angle d'une comète le présage de grandes batailles. Cixi croyait à l'astrologie et considérait les comètes comme des mises en garde du Ciel. Jusque-là, dès qu'il en passait une, Cixi s'interrogeait sur ses possibles erreurs et sollicitait par des édits des opinions éclairées sur l'éventuelle incompétence de certains fonctionnaires ou leur indifférence à la pauvreté de la population. L'appréhension envahit soudain l'impératrice douairière. Victime d'un refroidissement dont elle ne guérirait pas avant des mois, elle toussait depuis peu sans arrêt pendant les audiences. Aux fonctionnaires soucieux de la réconforter, elle répondait : « Je suis bien obligée de me faire du souci avec tous ces signes qui apparaissent dans le ciel[19]. »

Comme les Français se massaient à la frontière, Cixi envoya des troupes au Tonkin, la région la plus septentrionale du Vietnam, accolée aux provinces chinoises du Guangxi et du Yunnan, particulièrement riche en ressources minières convoitées par les Français. Cixi comptait, si possible, garder une partie du Tonkin en tant que bouclier ou, à défaut, défendre la frontière. De décembre 1883 jusqu'au mois d'avril 1884, les troupes chinoises essuyèrent des défaites à répétition contre les Français, qu'on eût alors bien cru capables de pénétrer en Chine même.

Le prince Gong, à la tête du Grand Conseil, penchait par nature vers une politique d'apaisement. Sans illusions sur la possibilité de remporter une guerre contre une puissance occidentale, il n'aida pas du tout Cixi à diriger les combats. Si l'on en croit le journal du Grand Précepteur Weng, le prince « tenait des propos vagues sans avancer la moindre idée ». « Il se rendit encore et encore auprès de l'impératrice douairière, avec laquelle il passa un temps fou, tout cela pour rien[20]. » Apathique, il lui arrivait parfois de ne même pas se présenter à son bureau. Sa mauvaise santé n'arrangeait rien. Gravement malade depuis quelques années, il crachait parfois du sang. Cixi lui avait déjà accordé plus d'un congé prolongé. En dépit de son manque d'énergie et de ses facultés de jugement émoussées, il ne proposait pas sa démission, or il était délicat pour Cixi de le limoger, compte tenu de son statut et vu qu'il œuvrait avec elle depuis le tout début. Malgré tout, depuis quelque temps, elle bouillait d'impatience.

La goutte d'eau qui fit déborder le vase tomba le 30 mars 1884[21], lorsqu'au beau milieu d'une succession d'écrasantes défaites face aux Français, le prince insista pour discuter avec Cixi de son cinquantième anniversaire*, qu'elle fêterait à l'automne, et en particulier de la présentation de ses cadeaux. Le prince se prosterna devant elle et garda la parole une heure et demie. Courroucée, Cixi s'emporta : « La situation aux frontières étant ce qu'elle est, vous osez me parler de cadeaux d'anniversaire ! On ne devrait pas s'en soucier dans un moment pareil ; pourquoi m'ennuyer avec cela ? » Mais le prince

* Selon le mode de calcul chinois.

continua de plus belle, sans se laisser démonter. Il demeura si longtemps agenouillé qu'il eut ensuite du mal à se relever. Le Grand Précepteur Weng, témoin de la scène, la relata dans son journal, sans cacher son mépris pour le prince. Le lendemain, le prince Gong revint et reprit son verbiage, « priant l'impératrice douairière d'avoir la bonté d'accepter des cadeaux d'anniversaire ». Cixi « le tança en des termes indiquant qu'elle en avait gros sur le cœur ». Mais ses paroles restèrent à l'évidence sans effet. Le Grand Précepteur estima de son devoir de « [s]'élever au-dessus de [s]a condition » pour dire au prince ce qu'il pensait. Il l'enjoignit de ménager l'impératrice douairière et de « ne plus s'attarder sur des broutilles ». Dans son journal, le Grand Précepteur nota, méprisant : « Ce noble de haut rang a un esprit si terre à terre ! »

Cixi résolut de congédier le prince Gong[22] mais il ne s'agirait pas là d'une mince affaire. Il assumait depuis un quart de siècle la présidence du Grand Conseil. En dehors de Cixi, personne ne détenait plus de pouvoir que lui dans l'empire. Cixi dut donc manœuvrer avec la plus grande prudence. Elle trouva un motif valable d'éloigner quelques jours le prince Gong de Pékin et, en son absence, convoqua le prince Chun pour se livrer à des préparatifs dignes d'une révolution de palais. Sitôt le prince Gong de retour, le 8 avril, Cixi lui remit un décret à l'encre écarlate annonçant son renvoi et la dissolution du Grand Conseil tout entier. Grâce à ce coup asséné par surprise, l'impératrice douairière se sépara de son partenaire politique de plus de vingt ans ; l'homme qui, presque chaque jour, à ses côtés, avait relevé avec elle les défis de la réforme. Peut-être à cause de la façon dont elle l'avait congédié – qui convenait plus à un ennemi qu'à un ami proche ne lui ayant si longtemps témoigné que son dévouement – Cixi, mal à l'aise vis-à-vis du prince, ne le reverrait plus avant dix ans. Le prince Gong voulut l'assurer qu'il ne lui en tenait pas rancune et comprenait qu'elle eût dû prendre des précautions. Il la pria de l'autoriser à la voir, au moins le temps de lui présenter ses vœux d'anniversaire, mais elle refusa.

Cixi nomma un nouveau Grand Conseil qu'elle chargea le prince Chun de présider ; une fonction qu'il ne pouvait toutefois officiellement assumer en tant que père biologique de l'empereur. De fait, il s'en occuperait depuis son domicile. Ce transfert du pouvoir d'un frère à l'autre n'occasionna pas de frictions entre les deux princes. Au contraire : jusque-là brouillés en raison de leurs différences de vues sur l'Occident, ils se rapprochèrent peu à peu. Le prince Chun, changé du tout au tout, se mit à rendre de fréquentes visites à son demi-frère en disgrâce. Un lien les unissait : leur commune admiration pour leur belle-sœur. Ils prirent le pli de s'écrire l'un à l'autre des poèmes. Ceux du prince Gong évoquaient souvent la difficulté pour lui « de revenir en pensée sur toutes ces années passées[23] ». Le prince y exprimait ainsi sa nostalgie de sa collaboration avec Cixi. Il espérait en outre lui faire comprendre, par l'intermédiaire du prince Chun, qu'il chérissait leurs souvenirs communs et lui resterait toujours fidèle.

Le prince Chun, ne sachant pas plus que son frère comment résoudre la crise avec la France, exécuta les ordres de Cixi sans vaciller. Les Occidentaux le tinrent dès lors pour un partisan du recours à la force, rétif à tout compromis, à l'inverse du prince Gong. La substitution du prince Chun au prince Gong fut interprétée comme un signe de la détermination de Cixi à emprunter le chemin de la guerre. De fait, elle entendait bien livrer « une guerre prolongée contre l'ennemi[24] » (*yu-di-jiu-chi*), jusqu'à ce que les Français épuisés, loin de leur patrie, souhaitent d'eux-mêmes mettre un terme au conflit.

En réalité, Cixi désirait la paix, et pour l'obtenir, elle renoncerait s'il le fallait au Vietnam, à condition que la France s'engage à respecter la frontière chinoise. Elle confia au comte Li la responsabilité des négociations : il allait constituer son meilleur atout diplomatique, en plus d'être son principal conseiller. Infiniment supérieur au prince Gong, il œuvrait en parfaite harmonie avec Cixi. Souvent du même avis, ils se comprenaient à mi-mot. Le comte Li était à ce moment-là en deuil de sa défunte mère, ce qui lui interdisait en principe de travailler. Cixi lui ordonna de mettre un terme prématuré à ce deuil de vingt-sept mois, lui citant l'exemple d'exceptions consenties à des militaires par des sages de l'Antiquité. Du début à la fin des négociations, ils s'échangèrent des télégrammes. Ils savaient que la France, engagée dans la bataille pour l'Afrique, ne voulait surtout pas d'une guerre prolongée avec la Chine. La paix semblait donc possible. De fait, le comte parvint à un accord à Tianjin avec le commandant Fournier, qu'il connaissait déjà et dont il était même l'ami. La convention Li-Fournier s'appuya sur des conditions que Cixi n'eût pas consenti à discuter : la France y promettait de ne jamais franchir les frontières méridionales de la Chine et s'engageait à empêcher quiconque de les violer ; en échange, la Chine reconnaissait l'emprise de la France sur le Vietnam. Fournier informa le comte que le ministère français des Affaires étrangères exigeait une indemnité de guerre, au motif que l'opinion publique en France la réclamait. Cixi qualifia devant le comte Li une telle demande de « complètement injuste, complètement déraisonnable et manifestement contraire aux conventions internationales[25] ». Le comte refusa de s'y plier et Fournier n'insista pas. Une fois le texte provisoire de l'accord envoyé à Cixi, elle câbla, le 9 mai 1884 : « L'ai lu attentivement. Aucun article n'y nuit aux intérêts vitaux de notre pays. Approuvé[26]. » La signature de la convention eut lieu le 11.

Cixi entreprit de rappeler ses troupes du Vietnam[27] – encore qu'avec méfiance, compte tenu du mécontentement de Paris, où l'on n'avait rien réussi à extorquer aux Chinois. Les canonnières étaient en route. Le 12 juillet, la France adressa un ultimatum à la Chine, lui réclamant une indemnité faramineuse de 250 millions de francs, au motif que la Chine avait rompu leur accord par un affrontement armé[28] – en réalité une simple escarmouche que les observateurs occidentaux assimilèrent à un « malentendu de bonne foi ». Cixi entra en fureur. Son inhabituelle intransigeance frappa ceux qui assistèrent à l'audience, où elle interdit à quiconque de plaider en faveur de négociations sur le montant d'une éventuelle indemnité. À l'époque, presque tous ceux qui s'intéressaient au conflit, y compris le comte Li, s'étaient résignés à céder au moins en partie à la volonté d'extorsion des Français, de manière à éviter une guerre. Cixi demeura cependant ferme : Paris n'obtiendrait pas un *sou*[29]. Lorsque ses diplomates prirent l'initiative de proposer aux Français une somme bien moindre que celle qu'ils réclamaient, elle les tança vertement. Face à la menace d'une guerre, elle demanda d'abord aux États-Unis de s'entremettre puis, devant l'entêtement de la France, elle serra les dents et déclara la guerre « inévitable[30] ». Elle confia à un fonctionnaire, Shi Nianzu, lors d'une audience : « En ce qui concerne les relations de la Chine avec l'étranger, bien entendu, mieux vaut la paix. Mais avant d'obtenir une paix digne de ce nom, la Chine doit être prête à se battre. Si nous cédons aux moindres demandes, plus nous chercherons la paix, moins nous aurons de chances de l'obtenir[31]. »

La France donna le coup d'envoi de la guerre sino-française le 5 août 1884 par l'attaque de Taiwan, avant d'anéantir la flotte chinoise à Fuzhou, sur la côte sud-est, en détruisant du même coup le chantier naval de Fuzhou – construit sous la direction du Français Prosper Giquel. Le 26 août, Cixi déclara la Chine en guerre contre la France par un décret aux accents outragés. Une touche de modernité vint s'ajouter à l'antique rhétorique belliqueuse : il convenait de protéger les ressortissants étrangers, Français y compris. Lorsqu'elle apprit que des fonctionnaires en poste sur la côte placardaient des affiches appelant les habitants chinois des îles de la mer du sud à empoisonner le ravitaillement des navires français en rade, elle y mit aussitôt le holà par un édit et réprimanda les responsables, ajoutant que les Chinois établis hors de l'empire ne devaient pas se mêler du conflit[32].

Les mois suivants, l'armée chinoise remporta quelques victoires, moins nombreuses toutefois que ses défaites. Fin mars 1885, elle gagna une bataille décisive au col de Zhennan, à la frontière, et les Français évacuèrent la ville de Lang Son, d'une importance stratégique. Le gouvernement de Jules Ferry tomba. Son successeur ne tarda pas à conclure la paix. Le 9 juin, à Tianjin, le comte Li et le ministre français Jules Patenôtre signèrent un traité, identique en substance à la convention Li-Fournier de l'année précédente. Voilà les Français de retour à leur point de départ, n'ayant pas réussi à extorquer un seul franc à la Chine. Au final, il en coûta beaucoup aux Chinois, mais la lutte eut au moins le mérite de gonfler leur moral à bloc, « balayant », pour citer le Grand Précepteur Weng, « l'humble résignation du pays à sa faiblesse[33] ».

Non contente d'avoir su livrer une guerre décisive, Cixi eut l'intelligence d'y mettre un terme au bon moment. À l'issue des victoires à la frontière, les commandants, sur le front, ne demandaient qu'à poursuivre la lutte. Même le vice-roi Zhang Zhidong, d'ordinaire raisonnable, préconisa de conserver en tant que zone tampon Lang Son et certaines parties du Vietnam jouxtant la frontière. Par une suite d'ordres pressants au ton comminatoire, Cixi leur imposa un cessez-le-feu et le retrait des troupes[34]. Elle leur fit comprendre que rien ne les assurait « de remporter d'autres victoires ; et quand bien même, le Vietnam ne nous appartient pas* ». Elle n'ignorait pas la longue histoire de résistance du Vietnam à la domination chinoise (le nom chinois du col frontalier, *Zhennan*, signifie « soumettre le Vietnam »). Elle savait aussi que, cette fois, certains Vietnamiens étaient venus en aide aux Français[35]. Pendant ce temps-là, les Français imposèrent un blocus à Taiwan, qu'ils n'hésiteraient sans doute pas à attaquer, si jamais la guerre se poursuivait, auquel cas la Chine pourrait bien perdre l'île. Dans ses câbles, Cixi tança avec la plus

* Certains reprochent, aujourd'hui encore, à Cixi, d'avoir mis un terme à la guerre sino-française à l'issue de ces victoires chinoises. Ses détracteurs laissent entendre que la Chine n'aurait pas dû renoncer au Vietnam, un pays pourtant souverain.

grande sévérité le vice-roi, qui finit par lui obéir. Plus tard, avec le recul, le prince Chun admit : « Sans la remarquable prescience de l'impératrice douairière et sa résolution de conclure la paix avec la France, nous nous serions enlisés dans de périlleux conflits à n'en plus finir et nous aurions vu nos coffres se vider et nos défenses, s'affaiblir. On ne souffre d'imaginer ce qui aurait pu se produire[36]. »

La manière dont Cixi géra le conflit valut un certain respect à l'empire chinois. Robert Hart déclara : « Je ne crois pas qu'il puisse se trouver quelqu'un pour estimer que la Chine s'est mal sortie des épreuves de l'année. » Au banquet qui suivit la signature du traité de paix, le signataire français Patenôtre s'enthousiasma :

> J'ai toute confiance en la capacité de l'accord diplomatique que nous venons de signer à enterrer nos querelles passées et – je l'espère – à les effacer rapidement de notre mémoire. En créant de nouveaux liens entre la France et la Chine [...] le traité du 9 juin contribuera indubitablement à développer entre l'empire chinois et les pays étrangers cette communauté d'intérêts qui a toujours été le ciment le plus efficace de l'amitié entre les peuples.

Le comte Li lui répondit sur le même ton : « À partir de maintenant, l'amitié entre nos deux pays resplendira avec autant d'éclat que le soleil du matin lorsqu'il jaillit des ténèbres de la nuit[37]. »

Après la guerre contre la France, Cixi se concentra sur la reconstruction et la mise aux normes modernes de la marine : elle rédigea pour cela des décrets à l'encre écarlate (dont elle usait rarement et qui symbolisait l'autorité du monarque[38]), histoire de souligner l'importance de l'entreprise. La Chine acquit d'autres canonnières à l'Europe, et des instructeurs occidentaux assurèrent la formation de leur équipage. Au printemps 1886, Cixi envoya le prince Chun inspecter la flotte du nord nouvellement équipée le long de la côte face aux forts de Taku. Le prince emmena avec lui le chef des eunuques de Cixi, Lee Lianying, réputé très proche de l'impératrice douairière. Portant la pipe à eau du prince, dont il ne s'éloignait guère, Lianying devint une figure signalée de son entourage.

Le prince l'avait emmené avec lui dans un but précis. Dix-sept ans plus tôt, Cixi avait envoyé le petit An, le prédécesseur de Lianying, acheter des tenues de mariage pour son fils à Suzhou. Le petit An mourut décapité pour être sorti de la capitale, or le principal responsable de son exécution avait été le prince Chun.

Voilà désormais qu'il adressait à Cixi un signe de son repentir, après le terrible tort qu'il lui avait causé. En invitant son eunuque favori à voyager, à bord d'un navire moderne, en pleine mer, loin de Pékin, le prince présentait à Cixi des excuses certes tardives, mais qu'elle ne manquerait pas d'apprécier.

Le prince Chun eut ce geste extraordinaire envers Cixi, parce qu'il tenait vraiment à lui prouver combien il lui savait gré de sa défense de l'empire. Au cours de la période, Cixi conclut des traités avec les puissances européennes – la Russie en 1881, la France (à propos de la frontière avec le Vietnam) en 1885 et la Grande-Bretagne (à propos de la Birmanie en 1886 et du Sikkim en 1888) – et obtint leur promesse de respecter les frontières de la Chine, officiellement établies à cette époque-là et qui, pour l'essentiel, n'ont pas changé depuis. Ce fut surtout grâce à elle que, ces années-là, les puissances européennes, alors qu'elles balayaient la planète, engloutissant d'antiques royaumes et se taillant une belle part de plus d'un continent, laissèrent la Chine tranquille.

Début 1889, au plus fort de sa réussite, l'impératrice douairière annonça qu'elle allait se retirer des affaires de l'État pour en laisser la charge à son fils adoptif de dix-sept ans. Depuis qu'elle gouvernait, les revenus annuels de la Chine avaient doublé[39]. Avant son arrivée au pouvoir, ils atteignaient, bon an, mal an, environ 40 millions de taels, même sous le règne particulièrement prospère de Qianlong le Magnifique. À présent, ils s'élevaient à près de 88 millions, dont un tiers provenait des droits de douane – le fruit de sa politique d'ouverture[40]. Avant de retourner au harem, Cixi publia une liste d'honneurs, et remercia de leurs services une centaine de fonctionnaires, vivants ou morts. Y figurait en deuxième place Robert Hart, l'inspecteur général des douanes. Il avait mis sur pied une institution fiscale efficace et bien organisée, libre de toute corruption, « assurant des revenus tout à fait considérables et sans cesse croissants à la Chine ». Les sommes rapportées par les douanes au fil des ans permirent de sauver des millions de vies. Quand, en 1888, des inondations, des tremblements de terre et autres catastrophes naturelles frappèrent le pays, l'État put acheter pour 10 millions de taels d'argent de riz afin de nourrir la population. Cixi conféra à Hart l'honneur de Rang ancestral de première classe du premier ordre pour trois générations – la plus haute distinction possible, car le titre revenait à ses ancêtres et non à ses descendants. Hart écrivit à un ami : « De la part des

Chinois, rien ne saurait être plus flatteur ; de toute façon, c'est une grande satisfaction pour moi que l'impératrice douairière ait eu ce geste avant de se retirer[41] [...] »

Un décret de Cixi remercia l'ensemble des envoyés étrangers de leur contribution à l'établissement de relations amicales entre leurs pays et la Chine. Elle ordonna aux Affaires étrangères de choisir un jour propice à l'organisation d'un grand banquet où chaque envoyé recevrait un *nu-yi*, un sceptre porte-bonheur en grande partie en jade, ainsi que des soieries et des brocarts, qu'elle choisirait elle-même. Ce banquet où les diplomates occidentaux la comblèrent d'éloges, le 7 mars 1889, marqua l'un des sommets de son règne[42].

Un invité prit spontanément la parole, ce jour-là : Charles Denby, l'ambassadeur américain à Pékin de 1885 à 1898. Il se rappellerait plus tard « l'éclatante réputation » de Cixi auprès des Occidentaux, en ce temps-là, et ses nombreuses réussites. Non seulement, l'empire avait maintenu son intégrité territoriale et les troubles intérieurs avaient cessé, mais :

> une excellente marine a été créée et le niveau de l'armée s'est amélioré. Le télégraphe électrique a couvert le territoire. Des arsenaux et des chantiers navals ont vu le jour à Fuzhou, Shanghai, Canton, Taku et Port Arthur. Des méthodes occidentales d'exploitation minière ont été introduites et deux lignes de chemin de fer, construites. Des bateaux à vapeur desservent les principaux fleuves. L'étude des mathématiques a reçu une impulsion nouvelle et les sciences physiques sont désormais inscrites au programme des examens de sélection. Une tolérance absolue en matière de religion a permis aux missionnaires de s'établir partout en Chine [...] Au cours de la période couverte par le gouvernement de l'impératrice, nos compatriotes ont établi de nombreux collèges ou écoles en Chine[43].

Le règne de Cixi s'avéra en outre le plus tolérant de l'histoire des Qing ; plus personne ne fut alors condamné à mort à cause des propos qu'il tenait, de vive voix ou par écrit, à l'inverse de ce qui se pratiquait sous les précédents empereurs. Par souci d'atténuer la pauvreté, Cixi fit importer de la nourriture à grande échelle et, chaque année, consacra des centaines de milliers, voire des millions de taels à l'achat de provisions pour la population. Comme le nota Denby : « Jusqu'à ce tournant de sa carrière, elle se montra bonne et miséricordieuse envers son propre peuple, et juste vis-à-vis des étrangers. » En plus d'améliorer radicalement ses relations avec l'étranger, la Chine conservait des rapports « pacifiques et satisfaisants » avec les États-Unis. Surtout, souligna l'ambassadeur américain : « Il convient de souligner que l'impératrice douairière a été la première de sa race à se confronter au problème des relations de la Chine avec le monde extérieur et à utiliser ceux-ci pour consolider sa dynastie et promouvoir le progrès matériel. » De fait, Cixi mit un terme à l'isolement volontaire de la Chine pour que le pays assume sa place parmi la communauté internationale – et ce, dans l'idée qu'il en profiterait. « À l'époque, résume Denby, jouissant de l'estime générale des étrangers, vénérée par son propre peuple, elle était tenue pour l'un des personnages les plus illustres de l'histoire [...] Sous sa férule, en un quart de siècle, la Chine a réalisé d'immenses progrès. »

Une Chine moderne venait de voir le jour à l'état embryonnaire or c'était à Cixi qu'on le devait. Comme le souligna Denby : « Nul ne niera que les améliorations et les progrès évoqués plus haut sont principalement le fruit de la volonté et du pouvoir de l'impératrice régente. » Alors qu'elle laissait à la postérité cet impressionnant legs, Cixi remit les rênes de l'empire à son fils adoptif, l'empereur Guangxu.

IV.

L'empereur Guangxu prend la relève 1889-1898

13. Guangxu dressé contre Cixi (1875-1894)

Venu au monde le vingt-huitième jour du sixième mois lunaire de 1871, l'empereur Guangxu monta sur le trône à l'âge de trois ans, suite à la mort sans héritier du propre fils de Cixi, l'empereur Tongzhi. L'impératrice adopta l'enfant et fit de lui un empereur, en partie pour honorer un membre de sa famille – le fils de sa sœur – et en partie aussi par volonté de punir son père, le prince Chun. Cixi n'éprouvait pas de réelle affection pour l'enfant, du moins pas telle que lui en avait inspiré son propre fils défunt. Arraché à son domicile pour être conduit dans le cadre impersonnel de la Cité interdite en plein cœur d'une nuit d'hiver, par un froid mordant, l'enfant fut d'un coup séparé de ses parents – et de sa nourrice, qui n'eut pas le droit de l'accompagner – pour être confié à des eunuques. Cixi lui ordonna de la nommer « très cher papa » (*qin-ba-ba*) et, plus âgé, il l'appellerait « mon royal père » (*huang-ba-ba*). Cixi aspirait à assumer un rôle d'homme. C'était une mère plus diligente que chaleureuse. À vrai dire, les enfants n'éveillaient en elle aucune tendresse instinctive. Un jour, lors d'une fête à la cour en l'honneur de dames nobles, une petite fille se mit à geindre à n'en plus finir. Agacée, Cixi ordonna à sa mère de la faire sortir et lui asséna, tandis qu'elle tombait à genoux en larmes : « Je vous chasse du Palais pour vous donner une leçon, qu'il vous reviendra de transmettre à votre enfant. Je ne lui en veux pas ; c'est à vous que j'en veux. Elle me fait pitié. Cela dit, il convient de la punir au même titre que vous[1]. » Un certain temps s'écoula avant que la famille ne reçoive de nouveau des invitations.

Auprès de l'empereur enfant, l'impératrice Zhen faisait plus figure de mère que Cixi. Seulement, elle mourut dans sa quarante-quatrième année, le 8 avril 1881, alors que Guangxu n'avait encore que neuf ans. Devant son cercueil, il ne put tarir ses larmes. On a prétendu que Cixi avait empoisonné l'impératrice Zhen mais rien ne le prouve. En réalité, elle mourut presque à coup sûr d'une hémorragie cérébrale, comme l'ont conclu les médecins ayant étudié ses antécédents : de fait, elle avait déjà souffert de ce qui ressemblait fort à des attaques[2]. Le journal du Grand Précepteur Weng en mentionne au moins trois. La première survint dès 1863 : elle perdit tout à coup connaissance et ne parvint plus à articuler le moindre mot avant un mois. Il n'est pas exclu que ce soit de ce moment que date sa réputation de « s'exprimer lentement et avec difficulté » pendant les audiences. Elle rendit l'âme quelques jours après une dernière attaque, qui la laissa inconsciente.

Cixi prit le deuil de l'impératrice Zhen comme elle l'eût fait d'un proche de rang supérieur – en s'entourant la tête d'une écharpe de soie blanche. Comme l'étiquette n'en demandait pas tant à une impératrice douairière, son attitude lui valut « l'immense admiration » des tenants de la tradition, tels que le Grand Précepteur Weng. Alors que les pratiques dynastiques ne donnaient lieu en pareil cas qu'à vingt-sept jours de deuil, Cixi n'en imposa pas moins de cent, pendant lesquels on suspendit toutes les occasions de réjouissances telles que les mariages. Cixi interdit en outre la musique à la cour pendant vingt-sept mois[3] : un authentique sacrifice, à peine un an après les quatre années de proscription suivant la mort de son fils, alors même que, malade, elle n'aspirait qu'à en écouter. La musique lui manquait tant que, plusieurs mois avant la fin de la prohibition, elle commença de programmer des spectacles et d'auditionner des chanteurs étrangers à la cour. La musique n'y avait de nouveau droit de cité que depuis quelques jours quand, à l'été 1883, Cixi écouta de l'opéra pendant dix heures d'affilée. Les représentations se succédèrent ensuite sans interruption. Il y en eut même une qui dura douze heures.

La disparition de l'impératrice Zhen priva l'empereur Guangxu d'une mère et laissa un vide à la cour : il n'y aurait dorénavant plus personne pour s'entremettre entre lui et Cixi. Quand, en grandissant, l'enfant témoignerait une hostilité croissante à son très cher papa, nul ne serait là pour les réconcilier. Personne n'était en position de s'y risquer ni ne détenait l'influence nécessaire. L'impératrice Zhen, supérieure à Cixi de par son rang, amie avec elle depuis son adolescence et complice de son coup d'État, qui les avait amenées, l'une et l'autre, à risquer le supplice des mille coupures, était la seule envers qui Cixi faisait preuve d'humilité. Cixi respectait l'opinion de l'impératrice Zhen, avec laquelle elle œuvra plus de vingt ans en tandem. Cixi avait confié à Zhen la gestion des affaires intérieures – et jusqu'au soin pourtant crucial de choisir une épouse à son fils. Zhen n'étant plus là pour l'épauler, Cixi ne parviendrait pas à empêcher sa relation avec l'empereur Guangxu de se détériorer. Bien des désastres en résulteraient, tant pour l'empire que pour eux-mêmes.

À ce stade-là, Cixi se comportait pour l'essentiel en « parent absent ». Elle recevait les salutations rituelles quotidiennes de l'enfant mais ne s'impliquait que peu dans son éducation. Elle nomma principal professeur de l'empereur le Grand Précepteur Weng, qui avait jadis tenu ce rôle auprès de son défunt fils, en dépit de son conservatisme et des nombreux points de désaccord qui les opposaient. On pouvait en effet compter sur Weng, le plus loué et, de l'avis général, le plus intègre des érudits, pour instiller à l'enfant toutes les qualités que se devait de posséder un bon empereur. L'ouverture de Cixi au mode de pensée occidental n'empêchait pas son attachement à la culture chinoise. Il allait alors de soi d'élever à la manière chinoise un futur monarque chinois. Il ne semble pas être venu à l'esprit de Cixi qu'il convenait de former autrement cet empereur-là. Et même ainsi, les hauts dignitaires, ayant voix au chapitre, n'auraient pas donné leur accord à un nouveau genre d'éducation. L'empereur Guangxu se retrouva donc coulé dans le même moule que ses ancêtres. Rien, dans sa formation, ne le préparerait à se colleter avec le monde moderne.

L'empereur reçut sa première leçon à l'âge de quatre ans[4]. Par une journée ensoleillée de printemps, on le conduisit à son cabinet d'étude, où il fit la connaissance de ses précepteurs. Il prit place à une table basse face au sud, où il étala une grande feuille de papier et réclama un pinceau. Il avait déjà un peu appris à écrire. Le Grand Précepteur Weng trempa dans un encrier un pinceau qu'il tendit à l'enfant, et celui-ci traça deux expressions, de quatre idéogrammes chacune, dans une calligraphie que son précepteur jugea « extrêmement symétrique et agréable ». L'une signifiait « paix et stabilité sous le Ciel », l'autre : « intègre, magnanime, honorable et sage ». Voilà les idéaux confucéens auxquels se devait d'aspirer tout bon monarque. Après ce délectable début, le Grand Précepteur Weng enseigna à son élève le vocable *di-de*, « la moralité de l'empereur », que l'enfant répéta quatre fois à la suite de son professeur. Weng ouvrit ensuite un livre d'images intitulé *Leçons pour un empereur*, où figuraient les portraits des empereurs connus pour leurs qualités ou, au contraire, notoirement mauvais. Tandis qu'il expliquait à l'enfant ce qui justifiait leur réputation, l'index du petit, suivant celui de l'enseignant, s'arrêta sur les mythiques empereurs Yao et Shun des trois grandes dynasties antiques, vénérés en tant que monarques exemplaires. Ils parurent fasciner l'enfant de quatre ans, dont le regard s'attarda sur leurs portraits. Guangxu demanda au Grand Précepteur Weng de bien vouloir écrire une nouvelle fois « la moralité de l'empereur », ce qu'il fit. L'enfant observa encore un petit moment le caractère tracé par son précepteur puis la leçon s'acheva.

Narrée par le menu dans le journal du Grand Précepteur Weng, cette première leçon nous donne un aperçu de la formation de l'empereur Guangxu et du genre d'élève qu'il allait devenir. À la différence de son cousin et prédécesseur immédiat, l'empereur Tongzhi, qui tenait l'étude en horreur, Guangxu parut y prendre goût. À cinq ans, au grand étonnement de Cixi, il récitait à tout moment – « assis, debout, allongé ou en train de marcher[5] » – des textes classiques auxquels il ne comprenait probablement rien. Son application n'était sans doute pas étrangère à son solide attachement à son professeur. Le petit garçon tenait en effet à faire plaisir au vieux Weng. Un jour, celui-ci dut s'absenter pour veiller à l'entretien des tombes de sa famille. Pendant ce temps-là, l'empereur de six ans s'amusa comme un petit garçon ordinaire, sans tenir compte de ce que lui avait demandé son précepteur : réciter des textes classiques à vingt reprises, de manière à les mémoriser. Guangxu ne les lut qu'une seule fois chacun. Le jour du retour de Weng, l'enfant se jeta dans les bras du vieil homme et s'écria : « Vous m'avez si longtemps manqué[6] ! » Il s'assit alors à son bureau et entreprit de réciter vingt fois les textes. Un eunuque témoin de la scène commenta : « Nous n'avions plus entendu cela depuis des siècles ! »

La forte motivation de l'empereur Guangxu à s'imprégner des classiques et son excellente mémoire l'amenèrent à faire des étincelles. Les journaux du Grand Précepteur Weng, jadis remplis de commentaires exaspérés sur son précédent élève, fourmillaient à présent d'exclamations telles que « bien », « très bien », « extrêmement bien » ou « excellent » ! À neuf ans, l'empereur ornait déjà des éventails d'une calligraphie « qui dénote un authentique tempérament artistique » ; du moins à en croire son professeur ravi, lui-même renommé pour sa calligraphie. À une dizaine d'années à peine, le petit garçon devint capable de rédiger aussi bien des poèmes « avec une grande facilité » que des dissertations au fil du pinceau, comme si des pensées matures prenaient leur envol « à tire-d'aile » hors de sa jeune tête.

L'enfant consacrait toutes ses journées à l'étude, du mandchou et du mongol entre autres ; les classiques chinois demeurant le pivot de sa formation[7]. À partir de neuf ans, il s'entraîna à lire des rapports et à y noter ses instructions à l'encre écarlate. On en établissait des copies pour qu'il se fasse la main. Comme, à l'époque, il n'existait pas de signes de ponctuation en chinois, l'enfant devait d'abord diviser en phrases, à l'aide de points écarlates, les textes, parfois très longs. Ses instructions ne manquaient pas de bon sens, même si elles se limitaient à des généralités, ce dont il n'y a pas lieu de s'étonner. Il arrivait à Cixi de s'installer auprès de lui pendant qu'il s'exerçait, comme un père ou une mère, de nos jours, surveillerait les devoirs de son enfant. Un jour, un gouverneur pria l'empereur de lui faire parvenir un extrait de sa calligraphie qu'il graverait sur une plaque à l'entrée d'un temple au dieu du Tonnerre. S'il faut en croire son rapport[8], ce dieu venait d'apparaître aux autochtones qui, terrifiés, en conclurent que des tempêtes allaient sous peu détruire leurs récoltes. Un royal hommage au dieu apaiserait sans doute sa colère. L'enfant de neuf ans donna satisfaction au gouverneur en lui adressant une réponse à l'évidence tirée de ses lectures. Cixi lui indiqua ce qu'il aurait pu ajouter de plus pertinent en notant elle-même que le fonctionnaire ne devait pas seulement compter sur l'inscription royale pour engranger d'abondantes récoltes : en s'acquittant consciencieusement de ses devoirs, il contenterait encore plus les dieux.

À dix ans, l'empereur approuva une suggestion du marquis Zeng le jeune, qui souhaitait autoriser les jeunes diplomates à l'étranger à revenir en Chine, le temps de leurs vacances, aux frais de l'empire. Cixi ajouta : « Le plus important, c'est de s'entourer de personnes valables. Une fois qu'on les a trouvées, il ne faut pas regarder à la dépense[9]. »

Aussi bien l'impératrice douairière que ses grands précepteurs préparèrent l'empereur à gouverner sagement. À dix ans, il accordait déjà quelques audiences, de temps à autre. Lorsque Cixi tomba malade, il prit le relais et s'adressa en ces termes à des fonctionnaires : « Comment vont les récoltes au Henan ? Ne pleut-il toujours pas assez ? Dans la capitale aussi, nous pâtissons de la sécheresse. Comme nous aspirons à ce qu'il pleuve ! » Voilà le genre de répliques que l'on attendait d'un souverain digne de ce nom. Le Grand Précepteur Weng s'en estima « très gratifié et content ».

Guangxu se préparait à devenir un monarque confucéen modèle. Le Grand Précepteur lui apprit à mépriser la « richesse personnelle », *cai*, à laquelle l'empereur déclara préférer la « frugalité », *jian* – ce qui poussa le vieil homme à s'exclamer : « Quelle chance pour tous sous le Ciel ! » Les archives de la Cité interdite conservent des centaines de ses dissertations et poèmes dans des enveloppes de soie jaune. La plupart indiquent ce qui selon lui faisait d'un souverain un empereur digne de ce nom[10]. Le thème du « souci du peuple » (*ai-min*) y revient constamment. Quand il évoquait le clair de lune au bord d'un lac du palais, l'empereur songeait à des villageois affamés, loin de là, que baignait la même lumière mais qui ne jouissaient pas du même luxe. Lorsque, l'été, il se rafraîchissait à l'ombre d'un pavillon en grignotant des fruits glacés, il plaignait les paysans en train de trimer sous un soleil accablant. L'hiver, auprès d'un brasero doré, dans son palais chauffé, il imaginait le vent qu'il entendait hurler cinglant « les masures de dizaines de milliers de familles ».

Ce qu'il éprouvait s'accordait autant que sa manière de l'exprimer avec la tradition pluriséculaire des valeurs que devait incarner un bon empereur confucéen. Mais Guangxu avait beau se soucier du bien-être de ses sujets, il n'avait rien à proposer pour améliorer leur quotidien par des moyens modernes. Nulle part, dans ses écrits, il n'est question d'industrie, de commerce avec l'étranger ou de diplomatie. L'esprit encore jeune de l'empereur demeurait figé dans le passé.

Éduqué dans la plus pure tradition confucéenne, il considérait toute forme de divertissement comme un péché. Les jours de fête, il les passait en général dans son cabinet d'étude, tout comme ses anniversaires. À l'occasion de ses huit ans, on donna des opéras pendant plusieurs jours à la cour. Il se contenta d'y faire une brève apparition quotidienne avant de retourner auprès de ses professeurs. En plus de son assiduité à l'étude, il avait appris de Weng à mépriser l'opéra, dont les intrigues mélodramatiques et les airs mélodieux passaient alors pour « vulgaires ». À la grande joie du précepteur, l'enfant jugeait l'opéra tout juste bon pour ses subalternes – lui-même préférait les « élégantes sonorités des cloches et des tambours », la musique antique solennelle (encore que monotone), conçue non pour le plaisir mais pour la méditation et les cérémonies, et dont Confucius pensait le plus grand bien.

L'enfant fuyait les jeux et les activités physiques un tant soit peu énergiques, y compris l'équitation, pourtant obligatoire pour un empereur mandchou. Il apprit malgré tout à monter sur un cheval de bois où il s'installait, le temps de ses leçons[11]. À côté de cela, il aimait les occupations manuelles et adorait démonter et remonter des montres et des horloges. Les eunuques en achetaient à un Danois, qui les importait d'Europe pour les vendre dans sa boutique à Pékin[12].

Sans grande force physique, timide, nerveux et bègue[13], Guangxu prenait facilement peur. Le grondement du tonnerre le terrifiait[14]. En cas de tempête, des eunuques se groupaient autour de lui et criaient à pleins poumons pour noyer le fracas du tonnerre. À l'inverse de son très cher papa ou de son cousin, l'empereur Tongzhi, Guangxu semblait dépourvu de vitalité. Il n'exprimait aucun désir de voyager, ni même de sortir de la Cité interdite : il se tenait pour satisfait de vivre coupé du monde extérieur.

Dans l'enceinte de la Cité interdite, l'étude intensive des classiques durait en général une dizaine d'années – le temps de former un érudit. Au bout de dix ans, les précepteurs de l'empereur Guangxu estimèrent sa formation terminée « avec les honneurs ». À l'été 1886, lorsqu'il eut quinze ans, on le décréta tout à fait qualifié pour gouverner la Chine. Cixi se sentit obligée de publier un édit priant l'astrologue impérial de désigner une date propice, au début de l'année suivante, à laquelle céder le pouvoir au jeune homme.

L'imminence du départ de Cixi plongea les modernisateurs dans la panique. Sans son esprit d'initiative, son énergie et sa détermination, les projets de réforme qu'elle venait de lancer risquaient fort de faire long feu. Plusieurs jours durant, le comte Li, « incapable de dormir ou de se nourrir correctement », demeura la proie d'une « appréhension sans relâche ». Il finit par implorer par écrit le prince Chun de songer à un moyen pour Cixi de rester au pouvoir. Conscient que son fils n'avait pas la carrure suffisante pour se substituer à Cixi, le prince se lança dans une campagne de pétitions destinées à convaincre Cixi d'assumer le rôle de « tutrice », quelques années encore. Il fit pression sur son fils pour qu'il implore à genoux l'impératrice douairière de ne pas se retirer. Cixi encouragea son initiative en demandant au Grand Conseil de rédiger des modèles de pétitions à l'intention des fonctionnaires. Selon l'une d'elles, chantant sa louange, Cixi avait « amené le pays dans une toute nouvelle et glorieuse phase sans précédent dans sa longue histoire » – affirmation que le Grand

Précepteur Weng, soucieux de voir son élève occuper la place qui lui revenait de droit, estima « inappropriée ». Comme toujours, Cixi envisagea la question sous tous les angles et désamorça la crainte de certains pétitionnaires de contrarier l'empereur en lui demandant de repousser la passation de pouvoir : elle fit savoir que celui-ci l'avait lui-même suppliée à genoux de continuer à gouverner[15].

Au bout du compte, Cixi annonça qu'elle « continuerait d'assumer un rôle de tutrice quelques années encore ». Le comte Li ne contint plus sa joie. Le prince Chun nota : « Mon cœur, que j'avais au bord des lèvres depuis plusieurs jours, est retourné à sa place. C'est vraiment heureux pour tout l'empire. » « À quel point c'est vrai ! » commenta le comte Li[16]. Le Grand Précepteur Weng n'en fut pas ravi, lui, mais, courtisan blanchi sous le harnais, il ne broncha pas[17]. Quand l'impératrice douairière lui demanda si son élève était prêt à prendre pour de bon la relève, il répondit qu'en tant que précepteur de l'empereur, il ne saurait se vanter de ce qu'il ne restait plus de marge de progrès pour Sa Majesté ; et quand bien même c'eût été le cas, « les intérêts de la dynastie priment ».

L'empereur Guangxu fut déçu. Après avoir dû jouer la scène de la « supplication », il se sentit mal pendant plusieurs jours – « patraque, souffrant d'un rhume et de maux de tête », selon Weng[18]. L'empereur interrompit ses leçons et lorsqu'il revit ensuite son précepteur, le vieil homme le trouva si déprimé qu'il fondit en larmes, alors même qu'il tentait de lui remonter le moral. Le jeune homme, d'ordinaire placide, se laissa déborder par ses émotions. Son précepteur le poussa à dire ce qu'il pensait à l'impératrice douairière. Il n'en fit rien. De toutes les vertus louées par Confucius, la piété filiale était celle qui comptait le plus*. On l'avait inculquée au jeune homme par le biais, notamment, d'un rituel : chaque jour, sauf quand ils ne logeaient pas au même endroit, il allait souhaiter une « bonne journée » puis une « bonne nuit » à son royal père. Bien qu'il dût toujours garder présente à l'esprit la nécessité de « ne pas lui manquer de respect », l'amertume gagna son cœur. Comme il n'avait plus la tête à étudier, son précepteur, jusque-là content, se plaignit bientôt du manque de concentration de son élève.

D'un naturel introverti, l'empereur Guangxu se mit à broyer du noir. Sa santé se détériora[19]. Presque tous les jours, il devait

* Le Grand Précepteur Weng vénérait entre autres héros un dignitaire qui, après la mort de ses parents, refusa les soins que nécessitait son état de santé déclinant et s'éteignit à son tour.

prendre un genre de bouillon médicinal. Il écrivit plus tard que ce fut à partir de ce moment-là « qu'ayant en permanence froid aux chevilles et aux genoux » il s'enrhuma « au moindre courant d'air » ou s'il ne s'emmitouflait pas assez la nuit. Sa voix se réduisit bientôt à un murmure inintelligible pour les dignitaires, lors des rares audiences qu'il accordait encore. Même son écriture trahit des signes de faiblesse – il ne formait plus que des idéogrammes deux fois plus petits que la normale, et ses traits manquaient d'assurance, comme s'il n'avait plus la force de tenir son pinceau.

Consciente de l'état de son fils adoptif, Cixi pria le Grand Précepteur Weng de l'inciter à reprendre ses études. Les larmes aux yeux, elle justifia sa décision de repousser son départ des affaires par la nécessité d'accomplir « son devoir envers les ancêtres[20] ». Cixi n'eût pu remédier au mal-être de l'empereur qu'en renonçant au pouvoir, or c'était justement ce à quoi elle ne consentirait pas.

À l'été 1887, l'empereur Guangxu eut seize ans ; l'âge auquel avait convolé le défunt fils de Cixi, les préparatifs en vue de son mariage ayant commencé l'année de ses treize ans. Cixi avait reculé le mariage de son fils adoptif, parce qu'il entrerait à ce moment-là dans l'âge adulte et qu'elle n'aurait plus, dès lors, de motif valable de s'accrocher au pouvoir. Mais le mariage ne pouvait être indéfiniment repoussé et la sélection nationale des concubines dut commencer. Le processus prit cependant tant de temps qu'un jour de 1888, l'empereur Guangxu explosa sous le coup de la frustration. Il refusa d'assister à une leçon pourtant prévue et brisa une vitre, en proie à une vive agitation. (L'empereur était connu pour son mauvais caractère. Un jour, si l'on en croit son précepteur Weng, « furieux, il fit rouer de terribles coups trois eunuques du département du thé, dont un qui manqua de peu y laisser la vie, tout cela pour des broutilles[21] ».) Guangxu n'en pouvait plus de contenir sa colère envers son très cher papa, qui n'en revint pas[22]. Deux jours après le coup d'éclat de son fils adoptif, Cixi annonça qu'il se marierait au début de l'année suivante. Bientôt, un autre décret annonça son retrait des affaires au lendemain des noces – et là-dessus, l'empereur publia à son tour un décret détaillant les dispositions relatives à la cérémonie du départ de Cixi, empêchant du même coup qui que ce soit d'intervenir. Quelques jours plus tard, Cixi quitta la Cité interdite pour le Palais de la mer, où elle résiderait dorénavant. En attendant que sèche la peinture de ses nouveaux appartements, elle s'installa dans un logement provisoire.

En tant qu'impératrice douairière, Cixi avait son mot à dire sur le choix de l'épouse de son fils adoptif, or elle en voulait une qui lui obéît aveuglément. À l'issue du processus de sélection de rigueur, Cixi fit connaître son choix : une fille de son frère, le duc Guixiang*. Il y avait de longues années déjà qu'elle plaisait à Cixi, qui lui « réservait » la place d'impératrice[23]. Pusillanime et débonnaire, Longyu possédait des manières exquises mais un physique quelconque – un défaut que ne compensait pas sa vivacité d'esprit. De trois ans l'aînée de l'empereur, elle aurait vingt et un ans au moment du mariage, soit bien plus que l'âge habituel d'une royale promise. Même dans une famille ordinaire, on l'eût considérée comme une vieille fille. Lorsque le Grand Précepteur Weng dressa la liste des futures compagnes de l'empereur, il omit de mentionner l'âge de la nouvelle impératrice et ne précisa que celui des deux concubines : Perle, douze ans, et Jade, quatorze ans.

La nouvelle impératrice déplaisait à Guangxu – qui appréciait encore moins son père. Le duc Guixiang n'éveillait que le mépris général. Il fumait de l'opium, alors même que sa sœur, l'impératrice douairière, tenait cette drogue en horreur. D'une grande incompétence, il n'occuperait pas un seul poste significatif de toute sa vie. Comme il avait dilapidé une bonne part de sa fortune, Cixi se sentait obligée de venir en aide à sa famille, non pas en lui donnant de l'argent, qui serait sans doute allé droit dans la poche des vendeurs d'opium, mais en lui offrant de temps à autre des cadeaux. Quand les eunuques lui apportaient un vase en porcelaine ou une boîte à bijoux en cloisonné de la part de l'impératrice douairière, ils tablaient sur un généreux pourboire ; ce qui contraignait le duc à mettre en gage certains de ses biens. Les eunuques arrivaient exprès à temps pour laisser la famille se rendre chez un prêteur. En attendant son retour, ils saluaient tous les membres de la maison du duc ou égrenaient, autour d'une tasse de thé, des compliments à n'en plus finir à la duchesse, incapable de résister à la flatterie. Une fois empochés leurs pourboires, les eunuques échangeaient entre eux des quolibets obscènes aux dépens de la duchesse. Le duc et elle n'étaient pas le genre de beaux-parents dont pouvait s'enorgueillir un empereur.

Ce mariage arrangé révèle un manque d'empathie frappant de la part de Cixi envers son fils adoptif. Elle avait autorisé son propre

* Après avoir désigné comme empereur le fils de sa sœur, Cixi allait élever à la dignité d'impératrice la fille de son frère. Les unions entre cousins germains étaient courantes à l'époque.

fils à choisir lui-même son épouse, en dépit de la méfiance que lui inspirait l'élue, dont le grand-père avait péri par sa faute et qui risquait fort de nourrir une profonde aversion pour elle. Cixi aimait en effet assez son fils pour ne pas contrarier son choix. Cette fois, elle désigna la compagne de son fils adoptif sans prendre en considération ce qu'il ressentait. Acquis au principe de l'obéissance filiale, l'empereur Guangxu ne protesta pas ouvertement – sans compter qu'il fallait bien du courage pour défier son très cher papa. Mais il contre-attaqua à sa façon en réservant à Cixi une surprise, tout de suite après sa prise de pouvoir officielle, le 4 mars 1889.

L'empereur célébra son mariage, qui ne coûta pas moins de 5,5 millions de taels, le lendemain du Jour des Félicitations[24]. Ce fut comme de juste un événement grandiose qui se déroula en plus sous un magnifique soleil. L'impératrice Longyu longea en chaise à porteurs dorée la ligne centrale de la Cité interdite, que seul un empereur – ou une impératrice à l'unique occasion de ses noces – avait le droit d'emprunter. Celle-ci traversait l'immense et auguste partie avant de la Cite interdite où ne poussait aucun arbre mais où se massèrent pour l'occasion des gardes prétoriens aux uniformes rouges brandissant des bannières multicolores, et des dignitaires dont les tenues bleues se détachaient sur les murs écarlates surmontés de toits d'or. La chaise à porteurs de l'impératrice franchit la porte de l'Harmonie suprême, récemment incendiée et qui ne consistait pour l'heure qu'en un trompe-l'œil en bois et en papier, malgré tout non moins imposant que l'authentique porte. De même, le mariage de Longyu ne serait pas autre chose que de la poudre aux yeux.

Au-delà de la porte se trouvait la salle la plus magnifique de la Cité interdite, celle de l'Harmonie suprême, *Tai-he* – décor des événements les plus marquants de la dynastie. Le grand banquet en l'honneur du père de la mariée, le duc Guixiang, devait s'y tenir le lendemain du Jour des Félicitations[25]. Ce matin-là, cependant, l'empereur Guangxu, à son lever, « se plaignit d'étourdissements » et « rendit de l'eau » selon le Grand Précepteur Weng. Les médecins royaux ne décelèrent rien d'anormal, mais l'empereur décréta qu'il devait éviter les courants d'air et refusa de se rendre dans la grande salle. Il fallut renoncer au banquet et disperser les dignitaires rassemblés là. Une telle annulation, sans précédent, donna aussitôt naissance à des rumeurs d'un bout à l'autre de la capitale. L'empereur fit en sorte de snober jusqu'au bout la famille de son épouse en ordonnant de distribuer la nourriture intacte aux dignitaires invités, sans laisser une seule miette à la maison de son beau-père.

On se figure sans peine la fureur de Cixi lorsqu'elle eut vent de la spectaculaire humiliation infligée à son frère. Dans son Palais de la mer, nota le Grand Précepteur Weng, « les opéras ne s'interrompirent pas » à la nouvelle du malaise de l'empereur.

À compter de ce jour, l'empereur Guangxu traiterait son épouse, Longyu, au mieux avec froideur[26]. En présence de la cour, il laissait glisser sur elle son regard, comme si elle n'existait pas. Elle s'efforçait de lui plaire mais ne réussissait qu'à l'irriter. Il était de notoriété publique que lorsqu'elle « se montrait devant lui, il n'était pas rare qu'il lui lance l'une de ses chaussures ». La volonté de Cixi de contrôler son fils adoptif se retourna contre elle en aigrissant encore un peu plus leurs relations. À présent que sonnait l'heure de sa retraite, le dernier souhait de l'empereur Guangxu eût été de la consulter, en particulier au sujet des affaires de l'État.

La préférence de l'empereur allait à Perle, sa jeune concubine enjouée qui, remarquèrent les eunuques, ne se présentait pas à lui en tant que femme[27]. Elle ne se maquillait pas, se coiffait comme un homme (les cheveux attachés sur la nuque, pendant dans le dos) et portait d'ordinaire un chapeau d'homme, un gilet d'équitation et des bottes en satin noir à talon plat. Comme il l'expliquerait plus tard à ses médecins, dont un Français, le Dr Dethève[28], l'empereur Guangxu souffrait de pollutions nocturnes depuis l'orée de l'adolescence. Le son des instruments à percussion qu'il entendait en rêve l'excitait au point qu'il éjaculait dans son sommeil. Le Dr Dethève nota dans son rapport médical que cela ne se produisait pas en d'autres circonstances et qu'il « ne lui est pas possible d'avoir une érection ». Autant dire que l'empereur Guangxu ne pouvait avoir une sexualité normale ; ce qu'on pressentit d'ailleurs en Chine dès cette époque – il fut question à son sujet de « castration par le Ciel ». Perle, habillée en homme, ne pressait pas l'empereur de coucher avec elle, aussi parvenait-il à se détendre en sa compagnie. Il se mit à l'apprentissage du gong, du tambour et des cymbales – les instruments qui l'excitaient – et devint un assez bon percussionniste.

En dépit de ses soucis physiologiques, l'empereur s'acquittait consciencieusement de ses devoirs royaux et approfondissait son étude des classiques chinois et du mandchou. Sa vie entière se déroulait à l'intérieur de la Cité interdite : jamais, il ne s'aventurait au-delà du Palais de la mer voisin, des temples où il priait à l'occasion pour de bonnes récoltes, ni des mausolées royaux où il implorait la bénédiction de ses ancêtres. Plus proche que jamais du

Grand Précepteur Weng, un père pour lui, auprès duquel il avait passé toutes ses années de formation, il continuait de le voir pour ainsi dire chaque jour. Un autre de ses précepteurs, un dénommé Sun Jianai, à l'esprit moderne, l'incitait à réfléchir à des réformes. Mais cela n'intéressait pas le jeune homme. D'ailleurs, aucun lien particulier ne l'attachait à ce professeur. Seul Weng se trouvait en position d'orienter la politique du règne de Guangxu.

Le Grand Précepteur continuait à déprécier l'Occident, même si la haine ne l'étouffait plus et s'il se montrait depuis peu ouvert à certaines pratiques occidentales. Les récits de voyageurs chinois et son propre séjour à Shanghai finirent par le convaincre de l'utilité d'industries telles que « les aciéries, les chantiers navals et les manufactures d'armes[29] ». Il se fit prendre en photo pour la première fois en 1887. Lorsqu'il visita une église catholique, il alla jusqu'à émettre quelques remarques appréciatives. L'orphelinat adjacent, nota-t-il, bâti sur un terrain « en hauteur, échappant à l'humidité », se composait d'une aile pour les garçons et d'une autre, à part, pour les filles, « et l'ordre y régnait[30] ». C'était en outre un plaisir d'entendre les élèves de l'école paroissiale lire à voix haute dans les quatre salles de classe. Il trouva ses hôtes « d'une extrême courtoisie » et leurs domestiques « refusèrent tout pourboire ». Dans l'ensemble, le Grand Précepteur se dit impressionné. Malgré tout, les bâtiments à l'occidentale de Shanghai lui inspirèrent une « forte aversion » et il aima mieux rester seul à l'intérieur que de se promener dehors. Il continuait par ailleurs de s'opposer à la construction de chemins de fer. Quand un incendie se déclara dans la Cite interdite, juste avant le mariage de l'empereur, il y vit une mise en garde du Ciel contre l'éclairage électrique, les bateaux à moteur et le chemin de fer miniature installé au palais[31].

Cixi avait conscience de ce que pensait Weng et de son influence sur son fils adoptif, mais elle pouvait d'autant moins lutter contre que le jeune empereur, très attaché au vieil homme, nourrissait à présent une profonde hostilité envers Cixi. Avant la passation de pouvoir, elle extorqua au Grand Précepteur et à Guangxu, lors d'un entretien en privé, la promesse de ne pas modifier l'orientation qu'elle avait imprimée à l'empire[32]. Elle ne put toutefois pas les empêcher, peu après, de remiser dans les cartons le projet d'une grande ligne de chemin de fer nord sud qu'elle-même avait lancé[33] ni de laisser la réforme monétaire faire long feu[34]. Lorsque la délégation de fonctionnaires que Cixi avait envoyée parcourir le monde revint en Chine, nul n'en tint compte ni ne s'intéressa aux connaissances acquises. Soucieuse d'inspirer à son fils adoptif de meilleures dispositions envers l'Occident, Cixi lui « ordonna » selon le Grand Précepteur Weng d'apprendre l'anglais[35]. En tant que parent, elle avait son mot à dire dans son éducation, même si, à présent adulte, il assumait le pouvoir en tant qu'empereur. Les cours d'anglais commencèrent, au grand dam du précepteur. « À quoi bon ? » se demanda-t-il dans son journal, où il se lamenta : « Des manuels de langue étrangère trônent à présent sur le pupitre impérial. Comme cela me rend triste[36] ! » Guangxu poursuivit ses leçons à la fois parce que Cixi y tenait beaucoup et que l'anglais l'intriguait. Mais son intérêt purement scolaire pour la langue ne se traduisit par aucun effort de modernisation.

L'empereur Guangxu ne tenta rien pour donner suite aux réformes de Cixi, qu'il laissa au contraire s'enliser. Il se remit à gouverner selon la tradition pluriséculaire de l'empire, se contentant, en bon bureaucrate, d'audiences brèves et routinières et de succinctes annotations à l'encre écarlate sur les dépêches quotidiennes – « rapport reçu », « proposition adoptée » « à envoyer au service concerné ». Nul n'ignorait que l'empereur « tient des discours hésitants [...] s'exprime lentement et avec difficulté ». Non seulement, il parlait d'une voix à peine audible, mais il bégayait[37]. Pour lui éviter le tourment de prendre la parole, les fonctionnaires s'incitaient les uns les autres à entamer un monologue, tout de suite après les questions initiales de l'empereur, de manière à remplir les dix minutes obligatoires d'entretien. La « rudesse de la vie du peuple » continuait malgré tout de tourmenter Guangxu. Un jour, une inondation rompit une digue et une crue atteignit à Pékin les murailles de la Cité interdite. L'empereur inquiet se préoccupa du sort des nombreux habitants de la zone sinistrée. Il se contenta toutefois de mettre en place les traditionnels centres de distribution de riz et de prier le Ciel. Il ne semble pas lui être venu à l'esprit que la modernisation de l'empire pourrait résoudre ce genre de problème. Les importations de nourriture continuèrent, de même que le commerce avec l'étranger, mais le pays entra, selon les Occidentaux, dans une « période de léthargie », « où seuls les commerçants étrangers se montraient encore entreprenants[38] ».

Nul ne rédigea de pétition pour déplorer la stagnation de l'empire. Ceux qui, par tradition, se posaient en gardiens du trône poussaient les hauts cris quand l'empereur s'écartait de la tradition et des conventions ou des préceptes confucéens – mais pas s'il demeurait les bras croisés. C'en fut fini des débats politiques qui mettaient du piment à la cour de Cixi. L'élite renoua avec la routine d'antan. Le prince Gong n'exerçait plus aucune fonction. De toute façon, il n'était pas du genre à pousser au changement ni à définir des priorités. Quant au prince Chun, il avait besoin d'un supérieur qui le guide plutôt que de guider lui-même les autres. Sans compter qu'accablé par la maladie, il mourut en 1891, le jour de l'an. Le comte Li, que nombre d'Occidentaux tenaient pour « le plus grand modernisateur de la Chine et un grand homme d'État », ne pouvait rien tenter non plus sans Cixi. Bien qu'il eût conservé son poste, il se retrouvait pieds et poings liés : son adversaire politique et ennemi juré, le Grand Précepteur Weng, était dans les petits papiers de l'empereur.

Guangxu n'accorda d'audience au corps diplomatique que deux ans après son accession au pouvoir. Malgré tout, son premier contact avec les envoyés occidentaux, lorsqu'il consentit enfin à recevoir leurs lettres d'accréditation, se passa bien. Depuis 1873, grâce à Cixi, ceux-ci n'avaient plus à se prosterner. Ils s'inclinèrent donc devant l'empereur Guangxu, qui leur répondit par un salut de la tête. Le prince Ching, successeur du prince Gong à la direction des Affaires étrangères, prit des mains des ambassadeurs leurs lettres de félicitations et les plaça sur l'autel au dragon jaune avant de s'agenouiller pour réciter une espèce de rapport officiel. Il se releva ensuite et lut la réponse royale aux envoyés. Le même cérémonial se répéta pour chaque ambassadeur. « L'audience fut un succès[39] », nota Robert Hart. Quel n'eût pas été l'étonnement des diplomates s'ils avaient jeté un coup d'œil au journal du Grand Précepteur Weng ! Celui-ci y usa de termes que nul n'employait plus à la cour de Cixi depuis des décennies : en présence de Sa Majesté, « les envoyés des barbares étrangers avaient peur et tremblaient ; ils se sont résolus à faire preuve de l'obéissance requise[40] ».

Les Occidentaux avaient fondé sur le jeune empereur de grands espoirs lors de son accession au trône. « Le chemin de fer, l'éclairage électrique, les sciences physiques, la nouvelle marine, l'armée, le système bancaire, la monnaie nationale, à l'état embryonnaire pour l'heure, ne tarderont pas à se développer [...] le règne du jeune empereur coïncidera avec l'époque la plus mémorable de l'histoire chinoise[41]. » Beaucoup en avaient rêvé, mais les semences plantées par Cixi n'eurent pas l'occasion de germer ni encore moins de donner des fruits.

L'empereur Guangxu, en administrateur consciencieux porté pour les études, suivit son bonhomme de chemin, tandis que le Grand

Précepteur Weng s'adonnait à ses loisirs : évaluer des poèmes et des œuvres de calligraphie. Tous deux récoltaient alors les bénéfices de la paix et de la stabilité instaurées par Cixi. Un violent tourbillon qui changerait tout pour eux – et pour l'empire – les emporterait lorsque le Japon, profitant de l'éloignement de Cixi du pouvoir, passerait à l'attaque en 1894.

14. Le Palais d'été (1886-1894)

Quand, en 1886, il avait été question pour Cixi de se retirer du pouvoir, son rêve de restaurer une partie de l'ancien Palais d'été, rasé plus d'un quart de siècle plus tôt, revint la hanter. Le souvenir qu'elle gardait de sa splendeur s'était embelli au fil des ans et nul n'ignorait à la cour qu'elle ambitionnait de lui rendre sa magnificence d'antan[1]. Pour financer son rêve, Cixi avait mis de côté une partie de sa pension de la maison royale. Les eunuques remarquaient son « extrême frugalité » et ses dames de compagnie se rappelleraient plus tard ses incitations à recycler les emballages cadeaux. Elle décida pour commencer de remettre en état un palais baptisé *Qing-yi-yuan*, ou Jardin des vagues claires, un domaine paysager autour de l'immense lac de Kunming, dont elle raffolait. Là, on pourrait rebâtir des édifices relativement peu nombreux et pas trop endommagés pour un coût pas si élevé que cela.

Cixi se doutait bien que son projet soulèverait des objections. Plus de dix ans auparavant, quand son défunt fils, l'empereur Tongzhi, l'avait mis en chantier lors de son premier retrait du pouvoir, il s'était heurté à une résistance si virulente qu'il avait dû y renoncer. Le chœur des opposants ne manquerait pas de donner de nouveau de la voix, d'autant qu'une résidence officielle attendait déjà Cixi : le Palais de la mer, contigu à la Cité interdite. Sa rénovation avait d'ailleurs été critiquée : le financement s'en était avéré problématique. À un moment donné, les maîtres d'œuvre, qui employaient des milliers d'ouvriers, ne purent verser à ceux-ci leurs salaires, et ils firent grève – ce fut d'ailleurs à cette occasion que le terme moderne de « grève » fit son apparition dans les archives de la cour, en 1886-1887[2].

Le Palais de la mer ne plaisait pas à Cixi parce qu'en plein centre de Pékin, il ne formait pas le cadre naturel auquel elle aspirait tant.

C'était l'ancien Palais d'été qui lui tenait surtout à cœur. Elle tenta de justifier les travaux de reconstruction par un décret impérial et rompit avec son habitude en y ajoutant une supplication en son nom propre. Elle y minimisa l'ampleur du projet (« des travaux très réduits de remise en état ») et, s'adressant à l'empire, déclara que, pendant un quart de siècle, elle s'était épuisée à faire son devoir « jour et nuit, avec effroi, comme au bord d'un précipice, craignant que quelque chose aille de travers ». Malgré tout, elle avait apporté au pays « un tant soit peu de paix et de stabilité ». Pendant toutes ces années, elle ne s'était pas autorisée un seul déplacement « pour le plaisir, une partie de chasse, par exemple, alors que les précédents monarques en avaient, eux, profité pleinement », ne perdant pas de vue « les rudes conditions de vie du peuple ». Cixi s'engageait à ce que la construction n'écorne pas « les fonds du ministère du Revenu et n'affecte donc pas le mode de subsistance du peuple », et, pour finir, implora « la compréhension de tous, dans l'empire[3] ».

Il est vrai que, tandis que Qianlong le Magnifique s'accordait bon an, mal an, deux ou trois longs déplacements avec sa mère et ses concubines, d'un coût d'une centaine de milliers de taels chacun, Cixi ne s'était jamais autorisée à voyager. Ce n'était pourtant pas l'envie qui lui manquait. Fort pieuse, elle avait conçu le désir de se rendre au mont Wutai, un lieu sacré du bouddhisme, très prisé des précédents empereurs, au sud-ouest de Pékin. Au vu de ce qu'il en coûterait, elle avait toutefois suivi le conseil du prince Gong et des autres Grands Conseillers d'y renoncer[4]. Elle déclara pour le coup aux dignitaires qu'au lieu d'entreprendre de ruineuses excursions comme les précédents empereurs, au Pavillon de chasse, par exemple, ou d'aller sur la côte inspecter la marine modernisée depuis peu – ce qu'elle était somme toute en droit de faire – elle bâtirait la résidence dont elle rêvait pour y couler sa retraite[5]. En l'absence de vives protestations, la construction du nouveau Palais d'été put commencer, celui de Cixi, le *Yi-he-yuan*, les jardins de l'Harmonie préservée.

Beaucoup ont condamné Cixi à cause du Palais d'été, attraction touristique majeure à Pékin de nos jours. On a prétendu que sa reconstruction avait coûté des dizaines de millions de taels, prélevés par Cixi sur le budget de la marine, de ce fait à court de fonds, ce qui expliquerait son écrasante défaite face au Japon. Ceux qui visitent aujourd'hui le Palais d'été doivent s'attendre à ce que les guides leur tiennent ce genre de propos. La remise en état du palais n'a toutefois pas été financée comme ils le prétendent[6]. D'abord, il n'en a pas coûté des dizaines de millions de taels. L'aménagement des jardins d'origine (des Vagues claires) sous le règne de Qianlong vers le milieu du XVIIIe siècle était revenu à 4 402 852 taels. Lorsque Cixi les restaura, elle y ajouta plusieurs constructions et y apporta le confort moderne, pour une somme à coup sûr supérieure. Le budget du projet initial, qui concernait une première moitié des chantiers (soit cinquante-six), s'élevait d'après le bureau des comptes à 3 166 700 taels. Les historiens chinois qui ont depuis étudié dans le détail les archives de la cour estiment le montant total de la restauration à 6 millions de taels, au maximum. Soit un peu plus que ce que coûta le mariage de l'empereur Guangxu – 5,5 millions de taels (fournis par le ministère du Revenu sans que nul n'y trouve à redire). Cixi sortit de sa poche 3 millions économisés sur sa pension de la maison royale[7]. Certains dignitaires consentirent aussi des « dons ». Malgré tout, Cixi devrait recourir à une subvention du gouvernement.

Les moindres dépenses de l'État devaient être avalisées par l'impératrice douairière mais cela ne signifiait pas qu'elle pouvait piocher dans les fonds à sa guise. Ayant promis par décret de ne pas puiser dans les caisses du ministère du Revenu, Cixi conçut une manière détournée d'obtenir de l'argent de l'État. La marine se modernisait alors, sous la houlette du prince Chun, or elle disposait pour cela d'un budget colossal de 4 millions de taels annuels. Une petite partie de cette somme – une fraction des intérêts sur des placements dans une banque (étrangère) – ne pourrait-elle pas contribuer à la reconstruction du Palais d'été, sans que le fonctionnement de la marine s'en ressente ? Ce fut apparemment ce que pensa Cixi. Elle se dit en outre que l'on pourrait ne pas ébruiter ses manipulations à condition que son fidèle serviteur, le prince Chun, et d'autres encore, la couvrent. Le montant exact qu'elle s'adjugea reste sujet à débat. Ce qui est certain, c'est qu'une année lui furent promis 300 000 taels ; une somme qui équivaut à la moyenne annuelle. En dix ans à peine, elle put ainsi prélever 3 millions de taels – qui ont dû lui permettre de couvrir le coût total des travaux. Ces 3 millions ne provinrent pas du capital déposé à la banque au nom de la flotte chinoise, et les chercheurs chinois les plus à la pointe ont conclu qu'un tel arrangement « n'a pas eu d'impact significatif sur la marine ».

Pour n'avoir été qu'insensible, cet impact a malgré tout exercé un effet potentiellement dévastateur. À partir du moment où Cixi s'engagerait sur le chemin de la corruption, d'autres l'y suivraient à coup sûr. Son stratagème nuirait fatalement à la marine, qu'elle-même avait cependant enfantée, pour ainsi dire. Il semblerait que les manigances de Cixi aient troublé sa conscience. Pour l'apaiser, elle et le peuple qui commençait à médire à cause du chantier, le fidèle prince Chun proposa à la marine de s'entraîner sur le lac de Kunming. Cixi pourrait ainsi assister aux manœuvres sans séjourner sur la côte et cela légitimerait en partie la remise en état des bâtiments alentour. Cixi fut bel et bien témoin de quelques exercices militaires, même si aucune canonnière ne pouvait évidemment naviguer sur le lac. L'impératrice douairière craignait tout de même que le Ciel ne décèle son escroquerie. Quand le grand incendie de la Cité interdite se déclara, début 1889, juste avant le mariage de l'empereur Guangxu et son retrait des affaires, la panique gagna Cixi. Persuadée que le Ciel courroucé lui reprochait son forfait, elle publia un décret interrompant les travaux. Malgré tout, son amour pour son Palais d'été chéri prit le pas sur toute autre considération, et Cixi mystifia même le Ciel. La rénovation reprit.

Cixi suivait avec impatience la progression du chantier. Elle examinait les plans en détail et en discutait avec les responsables qui, presque tous les jours, la tenaient au courant de l'avancement des travaux. Un plan d'eau occupait les trois quarts du domaine du Palais d'été – le lac de Kunming, d'une superficie de 2,2 kilomètres carrés, au pied de la colline de la Longévité, d'une hauteur de 60 mètres. Sur la rive du lac serpentait une longue promenade en bois couverte, aux poutres ornées d'illustrations aux couleurs vives de paraboles bouddhistes et de contes folkloriques. Du côté opposé se devinait au loin un pont de pierre de 17 arches, qui enjambait avec élégance une étroite nappe d'eau. D'un bout à l'autre du domaine, de splendides créations artistiques s'intégraient à merveille à un cadre naturel en apparence intact. On y installa l'éclairage électrique, fourni par des générateurs et des lampes acquises en Allemagne. Le comte Li, qui supervisa leur achat, écrivit au prince Ching, de la part de l'impératrice douairière, que les lampes « sont du dernier cri en Occident, telles qu'on n'en a jamais vu encore en Chine [...] elles sont vraiment extraordinairement belles[8] ». Les habitants des environs savaient quand Cixi résidait au palais : ces jours-là s'allumait un haut lampadaire électrique à l'orée du ponton d'embarquement. Une fois qu'il eut visité l'endroit, le Grand Précepteur Weng nota qu'il n'avait « jamais vu d'aussi splendides constructions ni d'aussi luxueux décors[9] ». Le Palais d'été, considéré comme le joyau de Pékin, offre un brillant exemple de l'aménagement paysager traditionnel à la chinoise.

15. Une retraite oisive (1889-1894)

Comme les travaux se poursuivaient encore au Palais d'été lorsque Cixi se retira du pouvoir en 1889, elle habita d'abord le Palais de la mer, contigu à la Cité interdite. Son fils adoptif y disposait d'une villa de plaisance, Yingtai, au milieu du lac, où il séjournait fréquemment. Guangxu voyait Cixi presque tous les jours, le temps de lui adresser le salut de rigueur, mais il gardait le silence sur les affaires de l'État. Il souhaitait depuis longtemps assumer lui-même ses responsabilités, et il désirait encore moins l'intervention de Cixi depuis qu'elle lui avait imposé une union qu'il abhorrait.

Avant le départ de Cixi, le prince Chun et les hauts dignitaires rédigèrent un ensemble de règles, les Statuts[1], définissant son futur rôle politique. Cixi s'y était résignée. Selon ces Statuts, l'empereur Guangxu n'était pas tenu de la consulter en matière de politique, et elle n'avait pas à se mêler des décisions de l'empereur – à l'exception des nominations des fonctionnaires de haut rang, qu'elle devait approuver avant leur proclamation officielle. Par ailleurs, Guangxu communiquerait à Cixi les intitulés des rapports qui lui parviendraient, de manière à lui donner une vague idée de ce qui se passait dans l'empire. Ces copies ne lui seraient en tout état de cause adressées qu'à titre purement informatif. Malgré le vif désir du prince Chun – un désir partagé par Cixi – de la maintenir à la tête de l'empire, ils ne pouvaient pas faire plus. Quand, juste avant son départ, un fonctionnaire réclama de transmettre à Cixi l'ensemble des rapports destinés à l'empereur, il lui fallut malgré elle repousser sa suggestion sur-le-champ[2].

L'empereur Guangxu suivit les Statuts à la lettre et une première liste d'intitulés parvint à Cixi dès le lendemain de son accession au pouvoir[3]. Cixi perdit du même coup contact avec le Grand Conseil et les autres dignitaires, dont le comte Li. Il semblerait que celle qui avait occupé le centre de la vie politique pendant près de trente ans ait d'abord eu du mal à s'en maintenir à l'écart. Cet été-là, Cixi mit son grain de sel en annonçant le lancement d'une voie ferrée de Pékin à Wuhan, par un décret qui commençait ainsi : « Sa Majesté, sur l'ordre de Sa Majesté l'impératrice douairière Cixi[4] [...]. » Sans doute profita-t-elle de l'absence du Grand Précepteur Weng, parti s'occuper des tombes de sa famille. Face à l'intervention musclée de Cixi, l'empereur s'inclina. Cela dit, une fois le précepteur de retour, comme il n'approuvait pas le projet[5], Guangxu le remisa dans les cartons[6]. Au début de l'année suivante, 1890, Cixi saisit l'occasion d'une visite de certains hauts dignitaires aux mausolées orientaux pour s'entretenir avec le Grand Conseil et le comte Li[7]. Ils évoquèrent les projets de chemin de fer et la situation de la Corée, un État vassal de la Chine, où couvait une crise impliquant des puissances étrangères rivales. Leur entrevue déplut tant à l'empereur qu'il livra vraisemblablement le fond de sa pensée à Cixi sans trop la ménager, à sa grande fureur. Lorsqu'il lui fallut offrir par courtoisie des fruits aux dignitaires, elle ignora la suite de l'empereur. D'autres moments de tension se succédèrent en 1891[8].

L'installation officielle de Cixi au Palais d'été, le 4 juin 1891[9], mit un terme à sa confrontation avec l'empereur, du fait qu'elle résiderait désormais à l'écart du siège du pouvoir. La moindre tentative de sa part d'intervenir impliquerait à tout le moins une conspiration. Guangxu ne se fit pas faute de marquer le départ de Cixi par un décret impérial et une cérémonie raffinée, à laquelle assista une horde de dignitaires. Le matin du jour J, il les emmena tous, en tenue officielle, s'agenouiller à l'entrée du Palais de la mer, afin de la voir passer. Une fois partie Cixi, il doubla sa chaise à porteurs pour aller l'accueillir, à genoux, au Palais d'été. Ils dînèrent ensuite ensemble et l'empereur regagna la Cité interdite. À compter de cette date, il se rendrait régulièrement au Palais d'été, dans l'unique intention de saluer Cixi. Ce genre de démarches dictées par l'étiquette la maintiendrait éloignée de la politique. Comme elle le confierait plus tard à un vice-roi : « Après mon départ, je n'ai plus rien eu à voir avec les affaires de l'État[10]. »

De fait, Cixi n'assumait plus que des devoirs symboliques prescrits d'avance. Quand les récoltes venaient à manquer, elle annonçait publiquement que la cour consentirait à des dons pour nourrir le peuple. À la mort du prince Chun en 1891, ce fut à elle de s'occuper de ses funérailles, depuis sa sépulture jusqu'à la construction d'un temple à sa mémoire. Le reste de ses journées, elle les passait avec les eunuques et les dames de la cour.

Quelqu'un veillait sur Cixi et s'assurait que tout allait bien pour elle : son eunuque en chef, Lee Lianying – celui que le prince Chun avait emmené avec lui passer en revue la marine. Cela avait été une manière pour Cixi d'honorer celui qui tenait la plus grande place dans son quotidien, et pour le prince, de faire auprès d'elle amende honorable. La peintre américaine Katharine Carl, qui fit la connaissance de Lianying quelques années plus tard, le décrit ainsi :

> C'est un homme grand et mince. Il a une tête à la Savonarole : un nez romain, une mâchoire inférieure proéminente, une lèvre inférieure saillante et des yeux perçants, pleins d'intelligence, qui brillent du fond de ses orbites creusées. Il a le visage très ridé et la peau pareille à un vieux parchemin [...] Doué de manières gracieuses et enjôleuses, il parle un excellent chinois – il prononce distinctement ses mots, qu'il choisit avec bonheur, et d'une voix basse et agréable, qui plus est[11].

L'avenir de Lianying en tant qu'eunuque fut scellé l'année de ses six ans, lorsque son père accablé par la pauvreté le conduisit à un castrateur professionnel. Au début de sa vie à la cour, Lianying, encore enfant, aimait mieux jouer que travailler, ce qui lui valut une réputation de « paresse ». Mais une stricte discipline et de sévères punitions pour sa « négligence » le transformèrent du tout au tout. Il servirait par la suite assidûment ses maîtres en se pliant aux règles de la cour. D'une prudence et d'un bon sens remarquables, il s'occupait à merveille de Cixi. Il goûtait ses plats – et lui servait aussi de meilleur ami. Cixi se sentait fort seule. Certains de ses eunuques se rappelleraient :

> Bien que l'impératrice douairière eût fort à faire, il subsistait comme un vide dans sa vie. Quand elle ne travaillait pas, elle peignait ou assistait à des opéras et ainsi de suite, et bien souvent, elle ne tenait pas en place. Le seul capable de la calmer, c'était l'eunuque Lee Lianying. Lui savait comment se comporter avec elle, au point même de se rendre indispensable. On voyait bien qu'ils étaient très, très proches[12].

Selon les eunuques, Cixi faisait souvent irruption dans la chambre de Lianying en s'écriant : « Lianying, si nous allions faire un tour ? » Ils « se promenaient alors ensemble et nous les suivions à distance. Il arrivait même à l'impératrice douairière de convoquer Lee Lianying dans sa chambre [...] et ils bavardaient jusque tard dans la nuit ». Quand Lianying était malade – ou feignait de l'être pour rester au lit, selon les eunuques – « l'impératrice douairière s'alarmait et appelait aussitôt les médecins de la cour. Elle restait auprès de lui jusqu'à ce qu'il eût pris ses médicaments ». (Il fallait du temps pour mélanger et infuser les herbes et autres remèdes avant de les administrer.) Lianying disposait d'un dossier à lui seul dans les archives médicales de la cour – un privilège dont ne jouissait aucun autre membre du personnel ni même les concubines de rang inférieur. Cixi l'inondait de cadeaux coûteux et le promut à un rang plus élevé qu'aucun autre eunuque sous la dynastie Qing.

La position privilégiée de Lianying suscita moins de jalousie malveillante qu'on ne pourrait le croire. À la cour, tous le jugeaient « respectueux envers ses supérieurs et généreux vis-à-vis de ses subalternes ». Les fonctionnaires des provinces l'accusaient en revanche sans relâche de se mêler des affaires de l'État, parce qu'il était eunuque et proche de Cixi. Aucune preuve n'en a pourtant été fournie. Fidèle aux préceptes des Qing, Cixi ne lui confia pas le moindre rôle politique. Les accusations persistèrent malgré tout. Quand la nouvelle se répandit que le prince Chun l'emmenait avec lui inspecter la marine, la tempête qui s'éleva manqua de peu éclipser la revue de la flotte elle-même. Un censeur réprimanda Cixi : à l'entendre, les crues qui venaient de saccager des récoltes dans plusieurs provinces résultaient de la présence de Lianying auprès du prince[13]. Cixi fit une entorse à la règle qu'elle s'imposait de ne pas punir les critiques en accusant le censeur de diffamation ; motif suffisant pour rejeter publiquement ses pétitions (« qu'elle lui lança d'un geste virulent à la figure ») et destituer le malheureux. Quand un autre fonctionnaire écrivit qu'il ne faudrait pas autoriser les eunuques à sortir de la capitale, elle l'ignora. Les mauvaises langues prétendaient que la position enviable de Lianying s'expliquait par son habileté hors du commun à coiffer Cixi – une rumeur aux sous-entendus sexuels dépourvue de fondement. On attribua à la relation de Cixi et Lianying jusqu'à une défaite face au Japon, à une époque où Cixi s'était pourtant déjà retirée du pouvoir.

Lianying se vengeait à sa façon. Souvent, des fonctionnaires briguant un poste honorifique lui remettaient de coûteux cadeaux qu'il acceptait, sans pour autant contribuer à leur avancement. Cixi le savait mais ne l'en blâmait pas.

Cherchant par tous les moyens à récompenser Lianying, Cixi invita la sœur de celui-ci à la cour, mais son séjour fut de courte durée. Sa parenté avec un eunuque la plaçait dans une position délicate. Quand les dames de la cour montaient en chaise à porteurs après une longue promenade épuisante, elle devait trottiner à leur côté comme son frère ; une véritable torture du fait de ses pieds bandés. Une femme de chambre du palais affirma que l'impératrice douairière lui eût volontiers accordé une chaise à porteurs, mais le prudent Lianying n'y aurait pas consenti. Sa sœur occupait un rang si bas que les domestiques ne voulaient même pas de gratifications de sa part. « Nous n'empocherions pas ses pourboires, même si nous mourions de pauvreté », persifla une servante. Assez vite, la sœur de Lianying cessa de paraître à la cour.

L'entourage de Cixi à la cour se composait en majorité de jeunes veuves. L'impératrice douairière en personne avait arrangé leur mariage, ce qui passait alors pour le comble des privilèges, et le code d'honneur traditionnel leur défendait de convoler de nouveau. Il y avait parmi elles une fille du prince Ching prénommée Si Gege. Pétulante, populaire et vive d'esprit, elle aimait s'amuser et divertissait beaucoup Cixi, qui disait se reconnaître en elle, plus jeune. Chaque fois qu'elle s'éloignait, son absence pesait à Cixi. Une autre adolescente, dame Yuan, ne s'était pas mariée pour de bon : son promis, un neveu de Cixi, avait rendu l'âme avant les noces. Au moment des funérailles, dame Yuan s'habilla cependant en veuve, et une chaise à porteurs drapée de toile de jute blanche en signe de deuil la conduisit auprès du cercueil. Les rites qu'elle y accomplit proclamèrent son statut de veuve. Une telle démonstration de loyauté conjugale lui valut une grande considération et marqua pour elle le début d'une vie de solitude et de chasteté. À en croire un observateur, elle semblait sans vie, comme de bois, et Cixi n'avait pas grand-chose à lui dire. Malgré tout, dame Yuan lui faisait pitié, aussi l'incluait-elle systématiquement sur ses listes d'invitées.

L'impératrice Longyu se mêlait elle aussi sans faute à la suite de Cixi[14]. L'empereur l'ignorait complètement, même quand ils se croisaient par hasard et qu'elle s'agenouillait pour le saluer. On la trouvait « douce », « charmante » et même « adorable », « mais, dans ses yeux, se lit parfois une résignation stoïque qui frise le pathétique ». Le vide de son existence lui inspirait un profond ennui. D'aucuns prétendent qu'elle évacuait sa frustration et son amertume sur ses domestiques et ses animaux de compagnie et que ses chats prenaient tous la poudre d'escampette au bout de quelques mois. Toutes ces dames s'efforçaient à la gaieté en présence de Cixi, mais on ne les sentait pas vraiment heureuses.

Cixi menait une vie bien ordonnée. Le matin, elle prenait son temps : elle ne s'obligeait plus à se lever dès 5 ou 6 heures, mais traînait au lit jusqu'à 8 heures parfois. Sitôt prête à affronter une nouvelle journée, elle faisait ouvrir les fenêtres de ses appartements, et le palais tout entier se mettait à bourdonner d'activité. Des eunuques messagers couraient annoncer les « nouvelles » et les eunuques en chef se rassemblaient à la porte de Cixi dans l'attente de ses instructions.

Dans sa chambre, Cixi enfilait une robe d'intérieur en soie, pendant qu'une servante allait chercher en vitesse en cuisine de l'eau bouillante qu'elle versait dans une bassine d'argent tenue par un eunuque à genoux. D'autres femmes de chambre, debout, présentaient à Cixi des porte-savonnette et des essuie-mains. Cixi se couvrait le visage d'une serviette chaude qui lui servait à le tamponner, quelques minutes plus tard. Elle enveloppait ensuite ses mains dans une autre serviette et les laissait tremper dans de l'eau bouillante un assez long moment – si long qu'il fallait renouveler l'eau deux ou trois fois. Tel était apparemment son secret pour garder des mains aussi douces que celles d'une jeune fille.

Une fois sa bouche rincée, Cixi prenait place sur une chaise face au sud et un eunuque venait la coiffer. Si l'on en croit les eunuques, Cixi perdit ses cheveux dès l'âge de quarante ans. Une perruque d'un noir de jais couvrait la partie dégarnie de son crâne[15]. Il fallait beaucoup d'habileté pour la maintenir en place tout en peignant Cixi et en arrangeant ses cheveux à la mode mandchoue, à l'aide d'épingles ornées de pierres précieuses. Son coiffeur la mettait au courant des derniers potins, pendant qu'elle avalait sans se presser sa gelée quotidienne de « champignons d'argent » (*yin-er*), supposément bonne pour la santé. Une fois coiffée, Cixi disposait parmi sa chevelure quelques-uns de ces ornements dont les dames mandchoues ne pouvaient se passer[16]. Cixi préférait les fleurs fraîches aux bijoux. Elle les arrangeait avec une grande habileté et il lui arrivait d'arborer du jasmin à la blancheur neigeuse en diadème. (Ses femmes de chambre aussi mêlaient des fleurs à leurs cheveux. Quand elles devaient encadrer Cixi, celles qui se tenaient à sa droite plaçaient des fleurs du côté droit de leur tête et celles qui se postaient à sa gauche, du côté gauche.)

Cixi ne pouvait recourir qu'à peu d'artifices : une veuve n'était pas censée se maquiller. Les dames mandchoues se plâtraient d'ordinaire le visage de fard blanc ou rose et se dessinaient sur la lèvre inférieure une petite bouche rouge vif « en cerise » très appréciée à l'époque, où l'on trouvait disgracieuses les lèvres larges. Aspirant à utiliser un peu de fard, Cixi appliquait une discrète touche de rouge sur ses joues, au creux de ses paumes et même sur ses lèvres. Le rouge utilisé à la cour provenait d'une variété de roses rouges cultivées sur les collines à l'ouest de Pékin, dont on écrasait les pétales dans un mortier en pierre, à l'aide d'un pilon en marbre blanc. On y ajoutait un peu d'alun avant de verser dans un « pot à rouge » le liquide rouge sombre filtré par un morceau de fine gaze blanche. On laissait ensuite s'en imbiber plusieurs jours de petits carrés de laine de soie à l'intérieur même du pot. Une fois séchés dans une pièce aux fenêtres vitrées pour éviter la poussière, ces morceaux de soie prenaient le chemin de la coiffeuse royale. Cixi les humectait d'eau tiède avant de s'en tamponner le visage. Elle en enroulait sur eux-mêmes ou autour d'une épingle à cheveux en jade pour former une sorte de bâton de rouge à lèvres qu'elle appliquait au centre de sa bouche – sur la lèvre inférieure surtout. En guise de parfum, elle mélangeait elle-même des huiles essentielles de différentes fleurs. (Au palais, on produisait du savon, sous la direction de Cixi. Ses domestiques lui présentaient la pâte qui, en se solidifiant, formerait des savonnettes, pour qu'elle l'agite vigoureusement.)

Veuve, Cixi ne pouvait revêtir de couleurs éclatantes comme le vert ou le rouge vifs. Cela dit, même les tenues que les Chinois jugeaient sobres semblaient colorées aux Européens. Dans ses appartements, Cixi déambulait par exemple en robe orange pâle et en gilet bleu pastel brodé aux ourlets uniquement et, dans les grandes occasions, elle revêtait une robe en brocart bleu brodée de grands magnolias blancs, qu'elle affectionnait beaucoup. Katharine Carl, la peintre américaine qui passa onze mois auprès d'elle, nota :

> Elle est toujours impeccablement mise. Elle dessine elle-même ses tenues [...] montre un goût très sûr dans le choix des couleurs et je ne l'ai jamais vue porter une couleur qui ne lui allait pas, en dehors du jaune impérial. Il ne lui seyait pas, mais elle était obligée d'en porter dans les occasions officielles. Elle l'altérait autant que possible en y ajoutant des finitions et il lui arrivait de le couvrir d'une telle quantité de broderies que c'était à peine si l'on distinguait encore la nuance d'origine.

Cixi portait de nombreux bijoux de sa conception, dont un mantelet en perles qu'elle mettait souvent par-dessus une veste officielle. Le goût pour les diamants n'apparut que tardivement en Chine. Du temps de Cixi, leur éclat passait pour vulgaire et on s'en servait surtout comme de pointes de forets.

Cixi attachait une grande importance à l'élégance. Elle s'examinait à loisir dans son miroir – plus en détail qu'il ne semblait convenable à son âge, du moins à en croire certaines de ses femmes de chambre et dames de compagnie. Devinant ce qu'elles pensaient, elle dit un jour à sa dame de compagnie Der Ling, qui se rappellerait plus tard leur échange :

> « Cela doit vous sembler assez comique de voir une vieille dame comme moi prendre tant de soin et de peines à se vêtir et se pomponner. Ma foi ! J'aime être bien habillée et voir de jolies jeunes filles sur leur trente et un ; cela donne envie de rajeunir. » Je l'assurai qu'elle paraissait encore jeune et qu'elle était encore très belle, et que bien que jeunes, nous-mêmes, nous n'oserions pas nous comparer à elle. Cela lui fit très plaisir, car elle raffolait des compliments.

Avant de sortir, Cixi accordait un dernier coup d'œil à ses souliers à bout carré, bien plus confortables que ceux des femmes hans, en pointe. Cixi veillait à ce que ses chaussettes de soie blanche, attachées par un joli ruban à ses chevilles, ne dépassent pas plus qu'il ne le fallait de ses chaussures. Elle ne portait chaque paire qu'une seule fois, ce qui obligeait à les renouveler en permanence. Une équipe de couturières lui en confectionnait, de même que sa famille et d'autres maisons d'aristocrates, qui les lui offraient en cadeau.

Une fois terminée sa toilette matinale, Cixi s'avançait jusqu'à sa porte, « le maintien bien droit, de son pas léger et alerte ». Une domestique écartait les rideaux et, à cet instant que guettaient dehors les eunuques en chef, le regard rivé aux tentures, tous s'agenouillaient en s'écriant : « Vieux bouddha [*lao-fo-ye*], que la joie soit avec toi[17] ! » Cixi s'était elle-même attribué ce surnom, prestigieux quoique informel, et c'était ainsi que l'on s'adressait désormais à elle à la cour et qu'on la désignait à Pékin.

Tout en communiquant aux eunuques en chef leurs instructions du jour, Cixi tirait sa première bouffée d'une pipe à eau à la tige allongée, dont le petit fourneau rectangulaire se tenait au creux de la main. En général, ce n'était pas elle qui s'en chargeait mais une domestique, debout, si l'on en croit l'une d'elles, « à une distance d'environ deux briques de pavage ». Un coup d'œil de Cixi à sa servante indiquait à celle-ci d'approcher du coin de la bouche de l'impératrice le tuyau de la pipe au creux de sa paume droite. D'un léger mouvement de tête, Cixi écartait alors les lèvres pour s'en saisir. La pipe demeurait entre les mains de la servante tout le temps que Cixi tirait dessus. Les jeunes filles à qui l'on confiait une telle tâche devaient s'entraîner plusieurs mois à supporter sans tressaillir le contact prolongé d'une tasse d'eau bouillante sur leur paume.

Après deux pipes de tabac arrivait le petit déjeuner qui commençait par une tasse de thé. Les Mandchous le prenaient avec beaucoup de lait. Celui que buvait Cixi provenait d'une nourrice. Sur les recommandations d'un médecin renommé, Cixi consommait en effet du lait humain depuis sa maladie prolongée au début des années 1880[18]. Plusieurs nourrices se relayaient pour extraire leur lait dans un bol. Elles amenaient avec elles leurs nourrissons au palais et celle qui servit le plus longtemps Cixi finit même par s'y installer. Son fils reçut une bonne instruction puis un emploi de bureau.

Pendant que Cixi sirotait son thé, une cohorte d'eunuques lui apportaient à manger dans des boîtes laquées enveloppées de soie jaune à motif de dragon. Lianying, l'eunuque en chef, réceptionnait ces boîtes à la porte avant de les remettre lui-même à Cixi, qui prenait ses repas assise en tailleur sur un *kang* – une longue structure en brique rectangulaire de la hauteur d'un lit, que l'on pouvait chauffer par le dessous et dont on se servait, dans tout le nord de la Chine, comme d'un lit ou d'un siège. Cixi aimait s'installer près d'une fenêtre, de manière à profiter d'une vue sur la cour et le ciel, et d'une lumière naturelle. Une table basse posée à même le *kang* et d'autres petites tables que l'on repliait à la fin du repas accueillaient la nourriture. Les règles en vigueur à la cour prescrivaient de n'ouvrir les boîtes sous les yeux de Cixi qu'une fois celles-ci disposées comme il fallait. Elles contenaient une grande variété de bouillies, de rouleaux et de pâtés – cuits à la vapeur, au four ou frits – ainsi que toutes sortes de boissons, allant du jus de pousse de soja au bouillon d'os à moelle de bœuf. Les savoureux à-côtés ne manquaient pas : du foie de canard, par exemple, à la sauce soja ou en marinade épicée.

Dotée d'un bon appétit, Cixi prenait, en plus du petit déjeuner, deux repas consistants chaque jour, et quelques encas. À défaut de salle à manger attitrée, elle mangeait là où elle se trouvait. Les usages de la cour déterminaient l'abondance et la présentation des repas. Seule une catastrophe nationale eût justifié leur restriction. En tant qu'impératrice douairière, Cixi avait droit chaque jour à 31 kilos de porc, un poulet et un canard, à partir desquels on préparait, avec des légumes et d'autres ingrédients en quantités déterminées, des dizaines de plats disposés dans plus d'une centaine d'assiettes ou de bols[19]. Cixi ne touchait pas à la plupart, qui ne servaient qu'à agrémenter la présentation du repas. En général, elle ne buvait pas à table et mangeait seule : d'autres convives eussent dû se tenir debout en sa présence – seul l'empereur dérogeait à la règle[20]. Souvent, à l'issue d'une collation, elle priait ses dames de compagnie de manger à la table qu'elle venait de quitter, où elles avaient alors le droit de s'asseoir. La plupart du temps, Cixi remettait les reliefs de son repas à des courtisans, en signe de faveur. L'empereur aussi recevait les plats laissés intacts par Cixi, quand ils résidaient dans le même complexe palatial. Les énormes quantités de restes à la cour permettaient à une ribambelle de vendeurs de rue du voisinage de gagner leur vie. Chaque jour, à telle ou telle heure, on autorisait des mendiants en haillons à se présenter à une porte donnée pour recevoir de quoi manger et fouiller parmi les déchets avant leur enlèvement.

Après le déjeuner, Cixi se lavait les mains avec soin, puis venait l'heure de sa sieste. Avant de s'assoupir, elle lisait des classiques avec ses professeurs eunuques, qui égayaient les textes en y intercalant des plaisanteries pour l'amuser. À son réveil, on notait une certaine trépidation au palais, comme le relata par la suite un témoin de l'époque : « Quand Sa Majesté se lève, la nouvelle se répand partout comme une traînée de poudre et tout le monde se met aussitôt sur le *qui-vive*[21]. »

Avant de se coucher, vers 23 heures, Cixi se faisait souvent masser les pieds. Deux masseuses les lui trempaient d'abord dans une bassine en bois plaquée en argent, munie, sur les côtés, de deux larges repose-pieds. Dans l'eau bouillie de la bassine infusaient des fleurs ou des herbes, selon les prescriptions des médecins, fondées sur des facteurs tels que le climat ou l'état de santé de Cixi – des chrysanthèmes séchés l'été, par exemple, et en hiver, des fleurs de coings. Les masseuses appuyaient sur certains points précis de la voûte plantaire – comme le ferait de nos jours un réflexologue. Quand il fallait lui couper les ongles des doigts de pied, les masseuses sollicitaient courtoisement la permission d'utiliser des ciseaux, qu'apportait alors la femme de chambre en chef. En principe, rien de ce qui se terminait en pointe n'avait droit de cité dans les appartements de Cixi. Les soins de manucure avaient pour objet ses ongles – d'une longueur exceptionnelle à l'annulaire et à l'auriculaire, comme chez beaucoup d'aristocrates mandchoues. Des sortes de bijoux en cloisonné ou en or, incrustés de rubis ou de perles, les protégeaient. Vu qu'aucune dame de haut rang ne s'habillait ni ne se peignait elle-même, se laisser pousser les ongles ne leur posait pas de problème insurmontable.

Cixi dormait dans une alcôve, sur un *kang* entouré d'étagères en U supportant des objets décoratifs tels que de petites figurines en jade. En guise de lecture de chevet, elle étudiait une fois encore les classiques avec des eunuques, et s'endormait tout de suite après. Pendant son sommeil, une domestique demeurait assise sur le sol de sa chambre, sans faire plus de bruit qu'un meuble. D'autres domestiques et eunuques se tenaient dans son antichambre et d'autres parties du palais où elle logeait. Les veilleurs de nuit n'entendaient plus alors que le ronflement d'une Cixi dormant à poings fermés.

À un peu plus de cinquante ans, Cixi jouissait d'une excellente santé. Elle jouait au *jianzi* (ou dacau) avec plus d'agilité que son entourage, pourtant bien plus jeune qu'elle, et gravissait des collines d'un pas alerte, sans le moindre signe de fatigue. À Pékin, où l'hiver est pourtant rude, elle ne chauffait que les larges couloirs de son palais et non sa chambre, et encore, à l'aide de simples braseros en cuivre. Bien que pittoresques, ils ne produisaient que des flammèches bleues sans augmenter de beaucoup la température. Dans l'embrasure des portes toujours ouvertes des appartements de Cixi pendaient des rideaux matelassés. Comme les eunuques et les domestiques les soulevaient à leur passage, des courants d'air glacé y pénétraient à leurs moindres allées et venues. Tout le monde se sentait gelé jusqu'à la moelle, à part Cixi, impassible dans ses sous-vêtements en laine de soie et son manteau de fourrure, par-dessus lequel elle ne jetait, tout au plus, qu'une grande cape en fourrure.

Il dut en coûter à Cixi, à l'esprit mieux aiguisé que jamais, de ne plus du tout se mêler de politique. Seul le large éventail de ses centres d'intérêt lui rendit tolérables son isolement et son oisiveté forcés. La moindre nouveauté éveillait sa curiosité, et elle avait envie de tout essayer. Elle fit ainsi venir des bateaux à vapeur sur le lac et demanda à monter à bord d'une montgolfière, acquise quelques années plus tôt à des fins militaires[22]. Le comte Li dut la décevoir en lui annonçant (par l'intermédiaire du prince Ching, vu qu'il ne lui était plus permis de s'adresser directement à Cixi) que la montgolfière, abîmée, risquait fort d'exploser.

Cixi ne se lassait pas de se promener au Palais d'été, source de joie infinie pour elle. C'étaient encore les balades sous la pluie qui lui plaisaient le plus. Les eunuques ne manquaient pas d'emporter un parapluie, mais elle ne s'en servait que lorsqu'il tombait des cordes. Une troupe d'eunuques, de dames de compagnie et de domestiques l'escortait, portant ses « habits, chaussures, mouchoirs, peignes, brosses, poudriers, lorgnettes de différentes tailles, parfums, épingles, encre noire et rouge, papier jaune, cigarettes, pipes à eau et la dernière personne de sa suite portait son tabouret au siège en satin » – « on eût dit un cabinet de toilette ambulant[23] », estimait une dame de compagnie. Souvent, Cixi et ses compagnes se rendaient en chaise à porteurs à un point de vue remarquable de son choix. Elle prenait alors place sur son tabouret en satin jaune et laissait son regard errer au loin. L'arche d'un haut pont qui semblait ondoyer et qu'on surnommait à juste titre la ceinture de jade offrait une vue spectaculaire. Cixi affectionnait en outre une chaumière aux murs et à l'ameublement tout en bambous, où elle prenait souvent le thé. Elle n'en consommait que les meilleurs – les premières feuilles récoltées dans l'empire – qu'elle dégustait au fond d'une tasse en jade, où elle plaçait quelques pétales séchés de chèvrefeuille, de jasmin ou de rose. On les lui apportait dans un bol en jade et, à l'aide d'une paire de baguettes en bois de cerisier, elle les déposait au fond de sa tasse et remuait son thé.

Pendant les sorties en bateau sur le lac – un loisir des plus appréciés –, il arrivait à des eunuques musiciens, jouant de la flûte de bambou ou encore du *yue-qin*, un instrument en forme de lune semblable à la mandoline, de suivre la barque de Cixi à distance. Tous se taisaient pendant que Cixi tendait l'oreille à leurs mélodies, « comme en transe[24] ». Parfois, au clair de lune, elle chantait d'une voix douce à l'unisson de la musique qui lui parvenait par-dessus les flots.

Cixi aimait passionnément la nature et raffolait des plantes. Les chrysanthèmes comptaient au nombre de ses fleurs préférées. Pendant la saison de leur reproduction, Cixi allait jusqu'à renoncer à sa sieste pour emmener les dames de la cour faire des boutures qu'elles prenaient bien soin d'arroser jusqu'à les voir fleurir dans des pots. Des sortes de treillis protégeaient les bourgeons des fortes pluies. Plus tard, lorsque Cixi revint au pouvoir, elle renonça à la tradition de supprimer toute la végétation dans les lieux où s'affirme l'autorité et fit remplir les salles d'audience de plantes en pot étagées. Les dignitaires convoqués à une audience mettraient dès lors un peu de temps à s'orienter avant de s'agenouiller, du fait de la « montagne de fleurs[25] » qui leur masquerait son trône.

Cixi consacrait aussi beaucoup de soin à son verger : on lui en apportait chaque jour de grandes corbeilles de fruits de saison. Elle examinait leur teinte, leur forme et passait parfois de longs moments à étudier une grappe de raisins en pleine lumière. Dans les couloirs, des pommes, des poires et des pêches au subtil parfum garnissaient d'énormes pots en porcelaine. Une fois leur senteur évaporée, on les répartissait entre la domesticité. Les calebasses inodores qui poussaient sur des treilles plaisaient beaucoup à Cixi. Elle aimait passer la paume sur leur écorce, parfois même par une pluie torrentielle. Cixi possédait une collection de plusieurs centaines de calebasses[26], transformées par un eunuque en instruments de musique, en vaisselle ou en autres babioles encore à la surface ornée de miniatures ou de calligraphies. Cixi les préparait à la sculpture en raclant leur écorce à l'aide d'un tronçon de bambou affûté.

Tous les jours, elle inspectait ses immenses potagers et rien ne la réjouissait tant que d'emporter avec elle des légumes frais ou tout autre produit de la ferme. Il lui arrivait à l'occasion de les cuisiner elle-même[27] et, un jour, elle enseigna à ses dames de compagnie la préparation des œufs durs en ajoutant à l'eau de cuisson des feuilles de thé noir et des épices.

Les eunuques de Cixi conçurent une ingénieuse parade aux moustiques qui sévissaient au palais, en particulier les soirs d'été. Ils y installèrent plusieurs dais, de taille à couvrir chacun un bâtiment et ses dépendances[28]. Doublées par un treillis en roseau et munies d'un système de cordes et de poulies permettant de les enrouler et de les dérouler à volonté, ces véritables œuvres d'art servaient de moustiquaires géants en plus de protéger du soleil, la journée. Ainsi, les insectes troublaient à peine le plaisir des soirées où la brise agitait la flamme de discrètes lanternes suspendues. Ces mêmes dais étaient érigés en l'honneur des légations étrangères.

Cixi raffolait des oiseaux et des animaux, au point qu'elle engagea un expert eunuque pour lui en enseigner l'élevage. Les oiseaux dont il avait la charge ne passaient pas tout leur temps dans les cages en bambous qui pendaient par rangées de plusieurs centaines dans une vaste cour du palais. Certains volaient librement au Palais d'été, où ils avaient élu domicile. On recruta de jeunes membres de la garde prétorienne s'y connaissant en oiseaux pour protéger les espèces rares : ils patrouillaient, armés d'une arbalète, prêts à abattre le moindre prédateur ou oiseau sauvage assez téméraire pour s'introduire au palais sans qu'on l'y eût invité. La nécessité de nourrir les oiseaux de Cixi engendra un commerce florissant aux portes du Palais d'été, où l'on vendit bientôt des chenilles, des criquets, des sauterelles et des nids de fourmis, censés apporter des nutriments spécifiques aux volatiles.

Certains oiseaux apprirent à accourir à tire-d'ailes au son d'une trille haut perchée pour recevoir leur nourriture favorite. Chaque fois que Cixi gravissait une colline ou se promenait en bateau sur le lac, des eunuques émettaient cette trille auprès d'elle, de manière à ce que les oiseaux volent autour de l'impératrice douairière. Douée pour imiter les chants d'oiseaux, celle-ci réussissait à les faire se percher au bout de ses doigts. Son talent pour apprivoiser les oiseaux fascinerait plus tard les Occidentaux qui lui rendraient visite. Selon l'Américaine Katharine Carl, qui réalisa son portrait :

> Elle se promenait toujours avec un long bâton en forme de baguette, taillé dans un jeune arbre à l'écorce ôtée de frais. La subtile senteur de forêt de ces bâtons taillés depuis peu l'enchantait [...] elle brandissait bien haut sa baguette et produisait, avec ses lèvres, un son grave, semblable au chant de l'oiseau, qu'elle ne quittait pas des yeux [...] Battant des ailes, celui-ci descendait de branche en branche jusqu'à se poser sur la fourche à l'extrémité de la baguette ; pendant ce temps-là, elle approchait peu à peu son autre main, jusqu'à ce qu'il se pose sur son doigt !

Miss Carl « tout yeux, tout oreilles » retint son souffle, « si tendue, si prise par la scène, qu'à la fin, quand l'oiseau se posa tout à coup sur son doigt, il me vint un saisissement, presque de douleur[29] ».

On parvenait à faire bondir jusqu'à des poissons entre les paumes de Cixi – qui poussait alors de petits cris enfantins de plaisir. Il fallait plusieurs seaux d'un ver de terre particulier, rouge et d'une longueur de trois centimètres, pour inciter les poissons à sauter en direction d'une main humaine, sur un appontement où l'impératrice douairière s'arrêtait souvent déjeuner.

Cixi élevait des chiens par dizaines. Ils dormaient dans un pavillon à part, sur des coussins de soie, et disposaient d'une garde-robe bien fournie en manteaux de brocart brodés de chrysanthèmes, de fleurs de pommiers et autres somptueux motifs. Pour éviter les accouplements indésirables, seuls les chiens de Cixi avaient droit de cité au palais. Les centaines de chiens des dames de la cour et des eunuques ne devaient pas sortir du quartier où résidait leur propriétaire. D'aucuns estiment que Cixi « a fait plus pour les pékinois que tout autre éleveur depuis que la race existe[30] ». Elle renonça pourtant à perpétuer la race des « chiens de manchon[31] », de tout petits pékinois que les courtisans dissimulaient dans les amples manches qui leur servaient de poches. Il paraît qu'on bridait leur croissance en ne les nourrissant que de vin et de sucreries et en les obligeant à revêtir des gilets serrés en cotte de mailles. Cixi confia à Katharine Carl qu'elle tenait en horreur des méthodes aussi contraires à la nature et qu'elle ne concevait pas que l'on pût s'autoriser à déformer des animaux pour le bon plaisir de l'homme.

Cixi éprouvait un faible particulier pour un carlin pékinois et un skye terrier capable de réaliser des tours d'adresse. Il s'immobilisait aussi longtemps qu'elle le lui ordonnait, même quand d'autres personnes le sollicitaient. Le dressage du carlin pékinois, aux longs poils soyeux fauves et aux grands yeux marron clair, ne fut pas facile. Cixi lui donna le surnom affectueux de Petit Écervelé (*shazi*). Elle commanderait leurs portraits à Katharine Carl et, pendant que l'artiste y travaillerait, Cixi se posterait derrière elle avec « le plus vif intérêt[32] ».

Le missionnaire, zoologue et botaniste français Armand David avait constitué à Pékin une impressionnante collection d'oiseaux et d'animaux en tous genres. Depuis son arrivée en Chine, au tout début du règne de Cixi, il avait identifié des centaines d'espèces inconnues en Europe, dont le panda géant. Quand elle en entendit parler, Cixi, intriguée, voulut voir de quoi il retournait[33]. Or la collection dépendait d'une cathédrale catholique, dont le clocher dominait le Palais de la mer. À l'issue de négociations avec le Vatican (par l'intermédiaire d'un Anglais), le gouvernement chinois finança à hauteur de 400 000 taels la construction d'une autre cathédrale ailleurs et acquit à la fois l'édifice de culte et la collection qu'il abritait. Cixi n'alla pourtant la visiter qu'une fois. Les animaux morts ne l'intéressaient pas tellement.

La tradition n'autorisait à Cixi qu'une seule forme de jeux de compétition : ceux de société. Cixi n'aimait ni les parties de cartes ni le mah-jong, qu'elle bannit de la cour. Il lui arrivait en revanche de s'adonner au lancer de dés, un passe-temps populaire à l'époque. Elle conçut par ailleurs un jeu de dés pas très différent de « serpents et échelles », si ce n'est qu'il se jouait sur une carte de l'empire chinois où chaque province possédait une couleur distincte. Huit déités en ivoire sculpté figurant les huit immortels taoïstes de la légende s'y déplaçaient dans l'empire en direction de la capitale. Les lancers de dés pouvaient les contraindre à un détour par des lieux de toute beauté comme Hangzhou ou à l'exil, auquel cas ils abandonnaient la partie. Le premier à rejoindre Pékin l'emportait et recevait des gâteaux et des sucreries, alors que les perdants devaient chanter une chanson ou raconter une histoire drôle[34]. Les paris n'avaient pas cours : ils étaient même punis par des amendes et des coups de bâton[35].

À l'époque, on prenait très au sérieux la peinture, même en tant que passe-temps. Cixi engagea une jeune veuve, dame Miao, en tant que professeur. Dame Miao, une Han de la tête aux pieds, ne passait pas inaperçue à la cour. Au lieu d'arborer une coiffure mandchoue élaborée, elle attachait ses cheveux sur sa nuque en un simple chignon entouré de rangs de perles. Elle portait non pas une longue robe mandchoue mais une tunique ample qui lui arrivait juste au-dessous du genou, par-dessus une longue jupe plissée révélant deux « lis d'or de trois pouces » – des pieds bandés qui ne lui permettaient de se déplacer que d'un pas douloureux et vacillant. Cixi qui, en tant que mandchoue, échappa au bandage des pieds, ne pouvait se défendre d'un mouvement de recul à la vue de ceux, déformés, de dame Miao. Un jour, apercevant pieds nus une nourrice qui la fournissait en lait, elle déclara qu'elle ne supportait pas de la voir ainsi et lui ordonna d'ôter les bandes qui lui comprimaient les pieds. Là, elle pria d'en faire autant dame Miao, qui ne fut que trop heureuse de lui obéir[36].

Grâce aux conseils de dame Miao, Cixi devint une peintre amateur plutôt douée, maniant le pinceau « avec force et précision », selon sa professeur. Cixi réussit un tour de force très prisé en calligraphie, qui consiste à tracer d'un seul coup de pinceau un idéogramme géant, aussi grand qu'une silhouette humaine. Les hauts dignitaires recevaient en cadeaux rituels ces caractères, signes de « longévité » et de « bonheur ». La réputation de dame Miao en tant que professeur de l'impératrice douairière lui permit de vendre ses propres œuvres à prix fort et, ainsi, de s'acheter une grande maison et de subvenir aux besoins de sa famille.

Auprès du Palais d'été s'élevaient de nombreux temples bouddhistes et taoïstes où l'on organisait régulièrement des festivals. Les femmes avaient le droit d'y assister mais en présence d'un chaperon.

Elles revêtaient pour l'occasion des tenues aux magnifiques couleurs. Des saltimbanques venus parfois de très loin marchaient sur des échasses, exécutaient de bondissantes danses du lion, agitaient des lanternes en forme de dragons et se livraient à toutes sortes d'acrobaties et de tours de magie. Quand ils passaient à proximité du Palais d'été, Cixi allait les voir du haut d'une tour dominant le mur d'enceinte. Les baladins conscients de la présence de l'impératrice douairière faisaient étalage de leurs talents. Cixi les encourageait par des cris de joie et de généreux pourboires. Un barbu déguisé en villageoise qui tournait sur lui-même reçut pendant un certain temps les plus grosses gratifications : Cixi appréciait beaucoup les divertissements populaires qu'elle ne considérait pas indignes d'elle[37].

Ce fut dans cet esprit qu'elle contribua à élever l'opéra de Pékin au rang d'opéra national chinois. Par tradition destiné « à l'homme moyen de la rue », l'opéra de Pékin se fondait sur une musique, des histoires et un humour faciles à comprendre et apprécier. La cour, le jugeant « vulgaire », le snobait jusque-là pour ne donner que des opéras orthodoxes, aux airs et aux intrigues limités. Le mari de Cixi, l'empereur Xianfeng, avait commencé à parrainer l'opéra de Pékin, mais ce fut Cixi qui lui imposa une forme artistique sophistiquée, tout en préservant son côté ludique. Elle fit venir à la cour des artistes de l'extérieur qui se produisaient devant elle et donnaient des leçons aux eunuques en charge de la musique. Cixi exigeait de ces derniers un grand professionnalisme. Les opéras de Pékin manquaient jusque-là de rigueur : le rideau se levait avec du retard, les acteurs se maquillaient et se costumaient comme ils pouvaient et il n'était pas rare qu'ils interpellent leurs amis depuis la scène ou fassent une blague à l'improviste. Cixi mit bon ordre à tout cela. Elle rendit obligatoire la ponctualité, menaçant de coups de bâton les retardataires chroniques. Un jour, un acteur qui tenait un rôle clé, Tan Xinpei, arriva sur scène après l'heure convenue or Cixi, qui l'admirait trop pour le faire rouer de coups, l'obligea à jouer un cochon burlesque dans *Le Roi singe*[38]. Les acteurs professionnels recevaient de coquettes sommes. Alors que les précédents empereurs accordaient aux rôles principaux un tael d'argent au plus, Cixi avait pour habitude de leur en verser des douzaines – jusqu'à 60 taels, par exemple, à Tan, qui reçut en outre en cadeau une partie de la dot de sa fille. (À titre de comparaison, le responsable de la musique à la cour gagnait 7 taels par mois.) En un an, Cixi ne versa pas moins de 33 000 taels à l'ensemble des artistes qui prirent part aux opéras[39].

Un tel traitement de faveur hissa les acteurs de l'opéra de Pékin au rang de vedettes – un peu comme à une époque ultérieure les stars du cinéma. Le grand public put mesurer leur prestige quand 218 artistes à cheval se mêlèrent par exemple à une procession royale où une douzaine de carrioles transportèrent leurs costumes et accessoires du Palais d'été à la Cité interdite. Une carrière dans l'opéra devint dès lors très recherchée.

Les théâtres construits à la demande de Cixi le furent avec beaucoup d'art et de soin. Au Palais de la mer, on édifia au centre du lac un opéra à l'allure de pavillon cerné de lotus. L'été, les représentations se dérouleraient parmi leurs fleurs. L'hiver, une confortable serre chauffée dans la Cité interdite servirait de théâtre à l'abri du vent et de la neige. Au Palais d'été, Cixi ordonna la remise en état d'un théâtre de deux étages dans une zone qu'affectionnaient les loriots, dont le chant passait pour s'harmoniser à merveille avec les airs d'opéra. Elle fit encore construire un autre opéra, plus imposant, de trois étages, pourvu d'une scène de 21 mètres de hauteur, 17 de large et 16 de profondeur, et d'une arrière-scène capable d'accueillir des décors complexes – le plus grand théâtre de Chine à l'époque. Le plafond et le plancher pouvaient s'ouvrir pendant les représentations, le temps que les dieux descendent du Ciel ou que le Bouddha surgisse des profondeurs de la terre, assis sur une énorme fleur de lotus ; des flocons de neige (en réalité des confettis blancs) tombaient parfois aussi du ciel et de l'eau jaillissait de la bouche d'une tortue géante. Un plan d'eau sous la scène en rehaussait l'acoustique. Ce théâtre se situait juste à côté du vaste lac, de manière à ce que les mélodies se propagent sans obstacle sur sa surface.

Le répertoire de l'opéra de Pékin s'élargit considérablement sous l'impulsion de Cixi. Elle remit au goût du jour des drames passés de mode. Elle fit exhumer des livrets des archives de la cour en vue de leur adaptation aux airs à la mode. Ce fut en se pliant de son mieux aux directives de Cixi que Wang Yaoqing, un acteur et compositeur, donna une plus grande ampleur musicale à l'opéra de Pékin. Encouragé par les largesses de Cixi, il révolutionna le genre en accordant enfin aux personnages féminins (interprétés par des hommes comme lui) des rôles dignes de ce nom. La tradition les cantonnait jusque-là aux utilités : les acteurs incarnant des femmes ne jouaient pas la comédie mais se contentaient d'entonner un chant guindé. L'apparition de premiers rôles féminins dans un opéra de Pékin constitua une innovation sans précédent.

Cixi s'impliqua personnellement dans l'écriture d'une œuvre de pas moins de 105 épisodes, *Les Guerriers de la famille Yang*[40], au sujet d'une famille des Xe et XIe siècles ayant pris les armes pour défendre la Chine des envahisseurs. Si l'on en croit les historiens, ce furent les hommes de cette famille qui se battirent. En revanche, les légendes populaires, dont se faisait l'écho un livret de *kunqu*, une forme d'opéra menacée d'extinction, attribuaient ce rôle aux femmes. Cixi, qui connaissait leur histoire, prit l'initiative de l'ajouter au répertoire de l'opéra de Pékin. Elle convoqua les lettrés de sa cour, des médecins et des peintres pour la plupart, et leur lut sa traduction du livret avant de leur en confier par groupes l'adaptation de certains épisodes. Une poétesse veuve convoquée par Cixi à la cour en même temps que dame Miao coordonnerait l'entreprise. Cixi supervisa elle-même la rédaction du livret. Certaines scènes des *Guerrières de la famille Yang* comptent aujourd'hui parmi les plus populaires et les plus jouées de l'opéra de Pékin, sans parler de leurs nombreuses adaptations à d'autres formes d'art. Les noms des guerrières sont même passés dans le langage courant : ils désignent des femmes qui éclipsent les hommes par leur esprit et leur courage.

Cixi abhorrait les antiques préjugés à l'encontre des femmes. Lors d'un opéra, elle entra en rage quand un chanteur entonna « il n'y a rien de plus retors que le cœur d'une femme[41] », et ordonna son départ de la scène. L'aversion de Cixi pour le traitement que la tradition réservait au sexe faible s'explique sans conteste par son propre vécu. En dépit de ce qu'elle accomplit au pouvoir, qu'elle assuma au nom de son fils puis de son fils adoptif, on ne lui permit jamais de gouverner elle-même. Une fois ces jeunes hommes parvenus à l'âge adulte, Cixi dut leur laisser la place et renoncer, du même coup, à se mêler de politique. On ne l'autoriserait même plus à exprimer son opinion. En voyant l'empereur Guangxu remiser dans les cartons les projets de modernisation qu'elle avait conçus, Cixi dut à coup sûr s'arracher les cheveux. Malgré tout, elle ne pouvait rien faire. La moindre tentative de modifier le statu quo l'eût contrainte à recourir à des extrémités telles qu'une révolution de palais – ce qu'elle n'était pas prête à envisager. Une seule femme, dans l'histoire de la Chine – Wu Zetian – s'est proclamée empereur et a dirigé le pays en tant que tel. Mais elle a dû affronter une forte opposition, qu'elle a réprimée par des méthodes d'une cruauté à faire dresser les cheveux. Sur la longue liste d'assassinats sanglants qu'on lui attribue figure celui de son propre fils, le prince héritier. Cixi, d'un tempérament différent, aimait mieux régner par consensus : gagner ses opposants à ses vues plutôt que de les écraser. Elle résolut par conséquent de se plier aux conditions de sa retraite. Cela dit, elle admirait à l'évidence Wu Zeitan et eût souhaité assumer à son tour ses prétentions – s'il ne lui en eût pas coûté autant. Dame Miao, qui lui enseignait la peinture, s'en doutait bien : un jour, elle lui offrit un rouleau où figurait Wu Zeitan s'occupant des affaires de l'État en tant que souveraine légitime[42]. Cixi accepta le cadeau, ce qui en dit long sur ses aspirations et ses frustrations.

16. En guerre contre le Japon (1894)

Le Japon entreprit sa miraculeuse transformation en puissance moderne sous le règne de l'empereur Meiji, arrivé au pouvoir en 1867. Peuplé de 40 millions d'habitants, le pays aspirait à devenir un empire planétaire. Dans les années 1870, il s'empara d'un État vassal de la Chine, les îles Ryukyu, et tenta d'envahir Taiwan, alors possession de l'empire chinois. La politique de Cixi consistait à maintenir l'intégrité de l'empire à tout prix, quitte à renoncer aux États vassaux, au besoin. Elle se lava les mains des îles Ryukyu, si ce n'est verbalement, du moins dans les faits, et fit son possible pour conserver l'île de Taiwan, en la reliant plus étroitement au continent.

Le Japon lorgnait par ailleurs la Corée, un autre État vassal de la Chine. Cette fois, Cixi résolut d'empêcher les Japonais de l'annexer, du fait de sa frontière commune avec la Mandchourie, proche de Pékin. La Chine n'étant pas de taille à s'opposer seule au Japon, Cixi voulut mettre les Occidentaux de la partie, afin de dissuader les Japonais. Elle donna pour instruction au comte Li de convaincre la Corée de s'ouvrir au commerce avec les puissances occidentales dans l'intention de les intéresser au sort du pays. En 1882 y éclatèrent des troubles internes. Une attaque visa la légation japonaise. Tokyo envoya une canonnière protéger ses ressortissants en Corée. Dès qu'elle en eut vent, Cixi confia au comte Li sa crainte que le Japon « exploite la situation pour poursuivre ses desseins ». Elle manda aussitôt, par voie de terre et de mer, dans la capitale coréenne, l'actuelle Séoul, des troupes sous le commandement du comte Li, basé pour sa part à Tianjin. L'armée chinoise prit part à la répression de l'émeute, mais les Japonais, eux, ne se mêlèrent pas aux combats, ce qui leur valut quelques compensations – surtout, leurs soldats restèrent sur place. Cixi ordonna par conséquent à une partie de ses troupes de stationner en Corée tant que l'armée japonaise ne s'en irait pas*. Elle écrivit elle-même au comte Li à l'encre écarlate, de manière à souligner l'importance de ses propos : « Le Japon, certes un petit pays, nourrit de grandes ambitions. Il a déjà absorbé les îles Ryukyu et voilà maintenant qu'il a des vues sur la Corée. Nous devons nous préparer discrètement. Il faut que vous gardiez la plus grande prudence face au Japon, sans baisser la garde un instant. » Ce fut ce qui la décida principalement à consacrer d'énormes sommes à la construction d'une flotte de guerre[1].

Fin 1884, alors que la Chine livrait une guerre à la France le long de sa frontière avec le Vietnam, eut lieu en Corée un coup d'État en faveur du Japon[2]. Les renseignements que réunit Cixi la convainquirent que « les Japonais se cachaient derrière tout cela », « profitant que la Chine soit occupée ailleurs ». Elle envoya des soldats mater les auteurs du coup d'État, mais leur enjoignit de ne surtout pas fournir de prétexte au Japon pour déclencher une guerre. Les troupes chinoises se heurtèrent aux soldats japonais dans le palais du roi de Corée et prirent le dessus. Sur ordre de Cixi, le comte Li entama des pourparlers avec le comte Ito Hirobumi qui allait avant tout autre assumer les fonctions de Premier ministre du Japon. Les deux puissances consentirent à se retirer de Corée. Cixi se félicita de la conclusion « rapide et satisfaisante[3] » de l'affaire. Robert Hart aussi. L'inspecteur général des douanes écrivit dans sa correspondance : « Les Japs devaient signer hier à T'tsin [Tianjin] : nous gagnons sur tous les tableaux[4]. »

Pendant les dix années suivantes, le Japon accéléra la modernisation de son armée et, en particulier, de sa flotte de guerre. En Chine, la marine impériale allait suivre un rythme d'expansion défini par Cixi à la veille de son retrait de la vie politique, début 1889 : « Son développement et son actualisation doivent continuer, petit à petit mais sans faiblir[5]. »

* Les troupes restées en Corée recevaient leurs ordres d'un certain commandant Wu Changqing, qui réussit, semble-t-il, à maintenir une stricte discipline parmi ses hommes et à gagner du même coup la bienveillance des Coréens. En 1884, il tomba malade et retourna en Chine. Comme rien ne paraissait à même de le guérir, son fils adolescent, au désespoir, s'inspira de fables confucéennes et préleva deux lambeaux de chair sur son propre torse, à gauche, près du cœur, avant de les cuire avec les médicaments destinés à son père, dans l'espoir, hélas vain, que son amour et son sacrifice, émouvant le Ciel, redonneraient vie à son père.

Une fois Cixi écartée du pouvoir, la Chine cessa d'acquérir des navires de guerre à la pointe de la technique[6]. L'empereur Guangxu se laissait mener par le Grand Précepteur Weng, en charge des finances de l'empire à la tête du ministère du Revenu, or Weng ne voyait pas l'intérêt de consacrer des sommes considérables à l'achat de canonnières tant que la Chine n'entrerait pas en guerre. Il ne considérait pas le Japon comme une menace et ne se souciait que des affaires intérieures. En 1890, des inondations privèrent de domicile des millions de Chinois. Hart nota : « Nous avons eu des lacs en ville – une mer aux environs – des rivières dans les rues – une piscine dans la cour – des douches à l'intérieur des chambres – sans parler des toitures ou des plafonds détruits[7]. » Les victimes de la famine ne survécurent que grâce aux centres de distribution de riz, auxquels Cixi consentit des dons. Cette année-là, le gouvernement consacra plus de 11 millions de taels à l'achat de riz à l'étranger[8].

La modernisation de la marine ne reprit pourtant pas à l'issue du désastre, une fois les importations de riz diminuées de moitié. Au contraire : quand l'emménagement de Cixi au Palais d'été en 1891 rompit ses liens avec le gouvernement, l'empereur Guangxu renonça aux moindres postes de dépenses militaires[9], sur le conseil du Grand Précepteur Weng (« il n'y a pas de guerre sur la côte »). Il est fort possible que la décision de Guangxu eût été à l'origine de ses heurts avec Cixi, inquiète de voir le Japon désormais mieux équipé que la Chine pour se battre. Comme le nota le comte Li, le Japon « concentre l'ensemble de ses ressources dans le but de se doter d'une marine » et « achète une canonnière par an [...] et aussi des cuirassés à coque en fer dernier cri à la Grande-Bretagne[10] ». Il ne faudrait que quelques années à la marine japonaise pour se doter de navires de guerre plus rapides et plus modernes que la flotte chinoise, et la dépasser ainsi en puissance. L'infanterie japonaise aussi serait alors mieux équipée.

À l'époque, c'était au comte Li d'assurer la défense des côtes chinoises. L'empereur Guangxu continuait d'œuvrer avec les collaborateurs de Cixi, dont il avait hérité en accédant au pouvoir. Quel que fût son ressentiment envers son très cher papa, aucun rapport de force ne s'instaura entre eux. En plus, l'empereur ne s'intéressait pas à la défense du pays – aimant mieux ne pas devoir y penser, il s'en remettait entièrement au comte Li. Celui-ci assumait une énorme responsabilité, sans pour autant bénéficier de la confiance sans réserve que lui accordait jadis Cixi. Au côté de l'empereur se tenait son ennemi, le Grand Précepteur Weng. L'hostilité du professeur ultra conservateur envers le principal réformateur de l'empire ne datait pas de la veille. Weng soupçonnait depuis longtemps une partie de l'argent confié au comte en vue du développement de la marine de l'avoir enrichi, lui et ses partenaires en affaires ; ce qui explique d'ailleurs qu'il eût conseillé à l'empereur de renoncer à l'achat d'autres canonnières. Sitôt Cixi écartée du pouvoir, le Grand Précepteur entreprit de vérifier les comptes de Li, année par année, à partir de 1884, date du début de la modernisation de la marine[11]. Le comte fut sommé de justifier en détail les transactions conclues et de satisfaire des requêtes à n'en plus finir – et surtout de supplier qu'on lui accorde de quoi maintenir en état les navires de guerre chinois. Les soupçons du Grand Précepteur ne se dissipèrent pas pour autant et l'empereur nomma le prince Ching à la tête de la marine, en signe de méfiance envers le comte.

L'impression vint à celui-ci que le trône « accorde foi à des rumeurs sans fondement et cherche à m'arracher le pouvoir[12] ». Sous pression, le comte Li donna la priorité à la satisfaction de l'empereur et à la conservation de son poste. Guangxu ayant renoncé à l'acquisition de navires de guerre, le comte en conclut à juste titre que Sa Majesté ne voulait rien dépenser pour la défense de l'empire, et lui présenta un rapport plus qu'enthousiaste[13] qualifiant la côte d'imprenable sans évoquer le moindre souci. Le comte n'ignorait pourtant pas que les problèmes s'accumulaient. Il nota pour lui-même : « Nos navires ne sont pas à la pointe, loin de là, et l'entraînement des troupes laisse à désirer. Nous aurions beaucoup de mal à sortir victorieux d'une bataille navale[14]. » Plus tard, il alla jusqu'à déclarer qu'il avait toujours su que l'armée chinoise n'était qu'un « tigre de papier[15] ». À l'empereur Guangxu, il se contenta toutefois de dire ce que Sa Majesté souhaitait entendre. Ravi, l'empereur lui adressa une avalanche de compliments sur son excellent travail.

Les responsables de la marine réclamèrent à maintes reprises de nouveaux navires de guerre, mais le comte ne transmit pas leurs requêtes au trône[16]. Il craignait que le Grand Précepteur Weng ne l'accusât de crier au loup dans le seul but de s'enrichir, ce qui eût incité l'empereur à le limoger.

Le comte rechignait à prendre la mesure des ambitions du Japon. Il ne s'alarma pas, et pourtant, il devait bien se rendre compte que le développement de la marine japonaise menaçait la Chine : le Japon s'efforçait de « garder une longueur d'avance sur nous à tout point de vue : si la vitesse de nos canonnières atteint 15 nœuds, ils s'arrangent pour que les leurs filent à 16 nœuds ». « Ce pays ira loin[17] », confia-t-il à un collègue. Malgré tout, il refusa d'admettre que le Japon ne pourrait « aller loin » qu'aux dépens de l'empire chinois.

Si Cixi avait eu son mot à dire, jamais elle n'eût laissé le Japon dépasser militairement la Chine. Il n'y avait pas d'autre moyen de le dissuader, or elle le savait bien. Avant sa mise à l'écart du pouvoir, Cixi avait créé une marine, alors la plus puissante d'Asie, bien mieux équipée que celle du Japon. La Chine aurait fort bien pu conserver son avance, vu qu'à l'époque le Japon, faute de disposer d'autant de fonds, n'était pas en mesure de se lancer dans une course à l'armement.

Dans sa retraite, Cixi n'était plus au courant des affaires internationales, dont elle n'avait de toute façon pas à se mêler. Le jeune empereur, quant à lui, ne réfléchissait pas en stratège. Il abandonna la défense du pays au comte Li, qui ne se souciait que de son propre intérêt.

Le 29 mai 1894, à l'issue d'une inspection de la côte, le comte Li remit au monarque un rapport optimiste de plus[18]. Une note d'appréhension y perçait toutefois : le comte annonça que le Japon achetait tous les ans des canonnières et que la Chine était à la traîne. Il n'alla toutefois pas jusqu'à expliquer ce qu'il fallait en conclure, et qui échappa de ce fait à l'empereur Guangxu. Sa Majesté ne posa pas de questions et complimenta une fois de plus le comte sur son excellent travail.

Ce fut à ce moment précis que le Japon frappa. Au printemps de cette même année, une révolte paysanne avait éclaté en Corée. Le 3 juin, la Chine y envoya des soldats à la demande du roi. Conformément à l'accord passé entre les comtes Li et Ito, la Chine en avertit le Japon, qui se déclara dans l'obligation de faire venir en Corée des soldats chargés de protéger les diplomates et les ressortissants japonais. La révolte se tassa sans que les troupes de l'un ou l'autre pays aient l'occasion d'intervenir et les Coréens réclamèrent leur retrait. À la différence des Chinois, prêts à obtempérer, les Japonais refusèrent de s'en retourner chez eux.

Le Japon avait alors pour Premier ministre le comte Ito, l'homologue du comte Li lors des négociations qui remontaient à dix ans déjà. Homme d'État d'une stature exceptionnelle, Ito avait entretemps mis la main à la rédaction de la constitution Meiji (en 1889), avant d'établir une diète nationale bicamérale (1890), posant ainsi les jalons du Japon moderne. Il envoya des troupes en Corée dans l'idée qu'elles ne s'en iraient pas de sitôt – et le rapprocheraient ainsi d'un objectif bien plus ambitieux : affronter militairement la Chine, la vaincre et se rendre maître de l'est de l'Asie. Au lieu de rappeler les soldats japonais en Corée, il leur adjoignit des renforts et envahit le pays sous le prétexte d'imposer au gouvernement des « réformes » modernisatrices. Le Japon invita les Chinois à se joindre à son entreprise « réformiste », en précisant que dans l'éventualité où ils n'y prendraient pas part, il la mènerait à bien seul. La stratégie du Premier ministre Ito assurait le Japon de l'emporter à tous les coups. En cas de départ des troupes chinoises, le Japon occuperait seul la Corée – et défierait la Chine au moment où cela l'arrangeait le mieux. Si, au contraire, les soldats chinois restaient en Corée, les occasions ne manqueraient pas de provoquer un affrontement entre les deux armées et de déclencher une guerre, là encore quand le déciderait le Japon. À vrai dire, le Premier ministre Ito était résolu à s'opposer à la Chine sans tarder[19].

Aucun membre du gouvernement chinois ne perça les intentions du Japon, pas même le comte Li. Pendant que le Japon accélérait le rythme de son implantation militaire en Corée, on s'en tenait à Pékin à la vieille routine de toujours. L'empereur Guangxu étudiait les classiques de plus belle et prévoyait à ce moment-là de célébrer par des banquets son anniversaire, fin juillet. Le Grand Précepteur Weng ornait quant à lui de calligraphies des éventails – un loisir très prisé des lettrés – et montrait sa collection chérie de décalques de pierres à des connaisseurs en visite. Le comte Li reporta l'envoi de renforts chinois en Corée par crainte de provoquer une guerre. Il ne lui vint apparemment pas à l'esprit que le Japon ne bornait pas ses ambitions à la Corée – et qu'il souhaitait un conflit avec la Chine. Convaincu de la possibilité de maintenir la paix, le comte se lança dans une campagne de pression énergique auprès des puissances européennes, et en particulier de la Russie, qui lorgnait elle aussi la Corée (ce que le comte n'ignorait pas). Il espérait que leur intervention contiendrait les Japonais – en vain. Robert Hart estima que le comte « table trop sur une intervention étrangère et attend trop du consentement des Japonais à des pourparlers[20] ». « Les puissances à l'œuvre tentent de convaincre le Japon de se retirer et de discuter, car elles ne veulent pas d'une guerre, mais le Japon fanfaronne et joue les fier-à-bras » ; le Japon « les remercie de leurs conseils bienveillants, continue sur sa lancée et aimerait sans doute mieux toutes les affronter que de céder ! ».

Fin juin, le comte Li comprit enfin que le Japon « ne menaçait pas seulement la Corée » mais voulait une guerre « contre la Chine, et userait de tous les moyens à sa portée pour la déclencher[21] ». S'il parvint à une telle conclusion, ce fut grâce aux informations que lui communiqua Robert Hart. « Le Japon mobilise en ce moment même 50 000 hommes, il a commandé deux cuirassés à coque en fer dernier cri à la Grande-Bretagne et a loué ou acheté de nombreux véhicules commerciaux anglais afin de transporter des soldats et des armes. » Quand il annonça la nouvelle à l'empereur, le comte insista sur la difficulté de défendre l'empire. Cette fois, il ne lui cacha pas que la Chine « ne réussirait sans doute pas à l'emporter sur mer » et que seuls 20 000 hommes surveillaient toute la côte nord, de la Mandchourie jusqu'au Shandong.

L'empereur nota que le discours du comte ne cadrait pas avec son récent rapport exultant, mais il ne s'en alarma pas. Optimiste envers et contre tout, il déclara qu'un conflit entre la Chine et le Japon au sujet de la Corée faisait partie de « ce à quoi nous nous attendions[22] ». Il évoqua sur un ton grandiloquent « une action militaire punitive à grande échelle[23] ». La grande majorité de ses sujets partageait sa condescendance vis-à-vis du Japon. Hart nota : « 999 Chinois sur 1 000 croient la grande Chine en mesure d'écraser le petit Japon[24]. »

Le 15 juillet, alors que le Japon avançait ses pions « avec maestria[25] » (dixit Hart), l'empereur chinois fit de son fidèle professeur son principal conseiller militaire. Le Grand Conseil ne pourrait désormais plus se réunir en l'absence de Weng. Le précepteur et son élève se maintenaient dans une bienheureuse insouciance du piètre état des défenses de leur pays. Hart prédit que la Chine ne tarderait pas à s'apercevoir que « son armée et sa marine ne sont pas ce qu'elle croit » et qu'en cas de conflit, « le Japon passera à la charge avec brio et peut-être bien avec succès, tandis que la Chine, du fait de sa stratégie dépassée, devra encaisser plus d'une défaite[26] ». L'armée chinoise avait en effet renoué avec sa discipline relâchée et sa corruption d'antan. Les canonnières servaient au trafic de contrebande et les canons des fusils mal entretenus, à sécher du linge. Le népotisme avait grossi d'incompétents les rangs des officiers et nul n'était d'humeur à se battre – alors que l'entraînement de l'armée japonaise l'avait changée en une formidable machine de guerre, ne demandant qu'à entrer en action.

Le comte Li entreprit, un peu tard, de transporter des soldats en Corée par voie de mer, à bord de trois navires britanniques loués pour l'occasion. Tous n'avaient pas encore débarqué lorsque, le 23 juillet, les Japonais envahirent Séoul, s'emparèrent du roi de Corée et mirent en place un gouvernement fantoche qui autorisa l'armée japonaise à expulser les troupes chinoises. Le 25, la marine japonaise attaqua par surprise les navires qui transportaient les soldats chinois, et coula l'un d'eux, le *Kow-shing*. Pas loin de mille hommes, dont cinq officiers de la marine britannique, y laissèrent la vie. Le comte Li cacha ce premier affrontement militaire à Guangxu pendant deux jours, de crainte que l'empereur peu au fait de la situation ne déclare aussitôt la guerre – une décision selon lui mal avisée. Il tenta d'utiliser le naufrage d'un navire britannique pour éviter un conflit. « La Grande-Bretagne ne le tolérera pas[27] », se dit le comte, convaincu que les Britanniques prendraient les devants afin de contenir le Japon. Il s'accrocha du moins à cet espoir comme à un fétu de paille.

En réalité, ni la Grande-Bretagne ni aucune autre puissance ne voulut intervenir. La Chine et le Japon se déclarèrent la guerre le 1er août. La charge de mener la première guerre moderne de la Chine – la plus importante depuis plus de deux siècles – retomba sur les épaules d'un jeune homme de vingt-trois ans qui vivait en reclus. N'ayant qu'une vague idée du monde, il était mal renseigné sur ses propres forces armées – et pas du tout sur celles de l'ennemi. En plus, il ne s'en remettait qu'aux conseils de son professeur au regard tourné vers le passé. Le comte Li, à la tête des troupes, misa tout sur ses tentatives de maintenir la paix et ne se prépara pas à défendre l'empire comme il l'eût fallu. Pire encore : le comte ne s'estimait pas libre de discuter de stratégie avec Guangxu – auquel il cacha plus d'une fois la vérité.

Face à une telle gabegie se dressait l'armée moderne du Japon, au commandement d'une rare efficacité. On devine sans peine l'issue de la guerre : les Chinois essuyèrent une déroute après l'autre, sur terre en Corée, aussi bien qu'en mer. À la fin septembre, les Japonais, maîtres de la principale ville du nord de la Corée, Pyongyang, s'étaient avancés jusqu'au Yalou – c'est-à-dire jusqu'à la frontière chinoise.

L'empereur Guangxu ne se tourna vers Cixi qu'un peu avant le 16 juillet, quand la guerre parut inévitable ; ce dont il l'informa. Coupée du centre décisionnel au Palais d'été, Cixi ne se formait qu'une vague idée du conflit. L'empereur la pria de lui confirmer la nécessité de livrer une guerre. Elle l'assura de son plein soutien[28] et souligna que la Chine « ne doit rien faire de nature à produire une impression de faiblesse[29] ». La conduite du comte Li qui cherchait la paix à tout prix équivalait cependant à un aveu de faiblesse – et même de désespoir. Rien n'indique que le message de Cixi lui eût été transmis. L'empereur Guangxu se contenta d'en parler *en passant* au Grand Précepteur Weng, dans l'intimité de son cabinet. Faute de contact personnel avec le comte, Cixi ne disposait d'aucun moyen de lui transmettre ses instructions – ni à lui ni à qui que ce soit d'autre, d'ailleurs.

À partir de là, Guangxu ne sollicita plus l'opinion de Cixi, qui n'assuma plus qu'un rôle symbolique. Une récompense fut décernée en son nom à un bataillon responsable de ce que l'on présenta comme la première victoire chinoise – un camouflet, en réalité. Cixi dut sans nul doute s'alarmer. Il semblerait qu'elle ait tenté de soutirer des informations à des Grands Conseillers, par l'intermédiaire du prince Ching, mais cela revint aux oreilles de Guangxu, qui les réprimanda[30]. À l'instigation de certains de ses intimes, l'empereur maintint Cixi à l'écart du gouvernement[31]. Les rapports militaires parvenaient sous enveloppes scellées à l'empereur, qui n'autorisait Cixi qu'à prendre connaissance de leurs intitulés.

Du début de la guerre en août jusqu'à la chute de Pyongyang à la fin septembre, Guangxu ne consulta selon toute apparence qu'une seule fois Cixi – quand il se mit en tête de destituer l'amiral Ting, à la tête de la flotte du nord. Les statuts établis lors de son accession au pouvoir l'obligeaient à soumettre à l'approbation de Cixi les nominations des fonctionnaires et militaires de haut rang. L'empereur accusa l'amiral de « poltronnerie et d'incompétence[32] », parce qu'il n'avait pas envoyé sa flotte en pleine mer. L'amiral s'en tenait à une stratégie défensive, conscient que la supériorité des navires japonais bien plus rapides eût porté le coup de grâce à la Chine loin des côtes. En restant à sa base, la flotte chinoise bénéficiait en revanche de la protection de ses forts. L'empereur tint compte du conseil d'un cousin de sa concubine, Perle : un dénommé Zhirui, convaincu que, comme le « Japon n'est qu'un petit pays pauvre, nos navires doivent manœuvrer en pleine mer [...] attaquer et détruire ses canonnières. Nos canons doivent faire feu les premiers, dès que nous rencontrerons un navire ennemi[33] ». Cixi, mise en rage par l'édit qui sanctionnait l'amiral, déclara, outragée, que celui-ci « n'a été reconnu coupable d'aucun crime ! » et refusa de promulguer l'édit. Par défi, Guangxu proclama une virulente condamnation de l'amiral et pria le comte Li de lui substituer quelqu'un d'autre. Le comte supplia l'empereur de revenir sur sa décision : il lui expliqua la stratégie de défense de l'amiral, souligna qu'il n'y avait personne pour le remplacer et l'avertit, enfin, que son limogeage provoquerait un soulèvement dans la marine. L'empereur finit par renoncer, certes à contrecœur, à sanctionner le militaire, mais il continua de le réprimander et de le critiquer[34].

Ce fut dans ce contexte que l'amiral dirigea, le 17 septembre 1894, une bataille décisive lors de laquelle coulèrent 5 navires de guerre chinois. Ce désastre, ajouté à la chute imminente de Pyongyang, contraignit Guangxu à se tourner vers Cixi, qui venait de quitter le Palais d'été pour le Palais de la mer contigu à la Cité interdite. Le jour même de la défaite navale, après deux mois d'une guerre désastreuse et pour la première fois depuis de longues années, Cixi rencontra le Grand Conseil. Rien ne l'autorisait toutefois à orienter le conflit[35]. Son retour au Palais d'été était initialement prévu le 26 septembre, c'est-à-dire au bout d'à peine une semaine et demie[36]. Son statut et ses antécédents la revêtaient malgré tout d'une certaine autorité – en particulier aux yeux de ceux qui la vénéraient jadis. Le comte Li lui résuma l'affrontement en lui communiquant à la fois des rapports détaillés et des télégrammes[37]. Alors qu'un tableau assez déplorable de la situation militaire s'esquissait peu à peu, Cixi annonça qu'elle consacrerait 3 millions de taels à l'entretien de l'armée[38]. Elle décida en outre de prolonger son séjour au Palais de la mer jusqu'au 6 octobre – « à titre provisoire ». Autrement dit : il ne fallait pas exclure qu'elle y reste plus longtemps encore. Par la même occasion, elle annula les célébrations prévues pour son soixantième anniversaire*, le 7 novembre[39].

Les préparatifs en avaient débuté trois ans plus tôt, sous la supervision du Grand Précepteur Weng notamment. Le passage à la soixantaine marquait une étape importante pour les Chinois. Aussi l'anniversaire de l'impératrice douairière méritait-il de fastueuses célébrations. L'une des principales missions du ministère des Rites, au rôle proéminent au sein du gouvernement, consistait à ordonner de telles fêtes. Le programme des réjouissances, inspiré du précédent établi par Qianlong le Magnifique en son honneur et en celui de sa mère, ne remplit pas moins de deux livrets reliés en satin rouge. Des listes d'honneurs et de promotions à décerner, de criminels à amnistier et de mille et une autres choses à prévoir grossirent les textes des décrets impériaux. 60 emplacements avaient été retenus

* Selon le mode de calcul chinois.

entre la Cité interdite et le Palais d'été pour y édifier des arcs et des pavillons, des théâtres en plein air et des pistes de danse richement décorés. Il fallut y renoncer au beau milieu des travaux. Cixi se contenterait de recevoir des félicitations à la Cité interdite, à l'occasion d'une cérémonie réduite à sa plus simple expression.

Plusieurs jours durant, Cixi analysa l'évolution du conflit. Elle conclut que le comte Li avait mis en péril la Chine par une accumulation de mauvais calculs – et une gestion déplorable de la situation, induisant par exemple l'empereur en erreur. L'armée lui étant dévouée, elle préféra toutefois ne pas le limoger. À ceux qui réclamaient sa tête, elle rétorqua : « Patience. Pour l'instant, il n'y a personne en mesure de le remplacer[40]. » Le prince Gong reprit du service en tant que Grand Conseiller en chef, mais il ne pouvait pas faire de miracles. D'autres défaites survinrent – non dépourvues d'héroïsme. Lors d'une bataille navale, un capitaine du nom de Deng Shichang mit le cap sur un navire japonais dans l'intention de lui rentrer dedans, mais il n'y parvint pas. Alors même que son propre bateau coulait, il refusa des secours et mourut noyé (avec son chien, semble-t-il).

À la fin septembre, les Chinois avaient été repoussés hors de Corée, de leur côté du Yalou. À Pékin, il apparut évident, pour citer Robert Hart, que « poursuivre le combat serait hasardeux et que le mieux reste de conclure un accord au plus tôt[41] ». Deux Grands Conseillers se tournèrent vers Hart dans l'espoir qu'il convaincrait la Grande-Bretagne de négocier la paix. Les Britanniques proposèrent en contrepartie de faire de la Corée un protectorat international et d'obliger la Chine à verser une indemnité de guerre au Japon. Compte tenu des circonstances, ce n'était pas si mal. Le Grand Précepteur Weng n'en écuma pas moins : il exigea des Grands Conseillers qu'ils repoussent les propositions de l'ambassadeur britannique et qualifia celui-ci de « retors ». Cixi mit beaucoup de temps à le convaincre de se plier aux suggestions des Britanniques comme elle le souhaitait[42]. Le courtisan ne s'inclina qu'à contrecœur devant la volonté de l'impératrice douairière. Là-dessus, les Britanniques soumirent leurs propositions aux Japonais.

Voilà qui prouve que Cixi n'occupait plus qu'une position bien éloignée de celle dont elle jouissait avant son retrait des affaires. À présent, elle n'assumait plus qu'un rôle de « consultante », certes influente. De toute manière, elle ne disposait pas de renseignements pertinents sur la situation, l'empereur ne lui communiquant pas tous les rapports. Sa vision partielle du conflit donna l'illusion à Cixi que la Chine pourrait parvenir à un accord avec le Japon grâce à la médiation des Britanniques et au versement d'une indemnité. Elle sous-estimait la convoitise du Japon, convaincue qu'il se contenterait d'engloutir la Corée. En attendant la réponse du Japon aux propositions des Britanniques, elle prit une décision qui ne lui ressemblait pas du tout en tant que chef d'État mais qui cadre avec un autre aspect de sa personnalité : son goût pour les belles choses. Le comte Li venait de lui envoyer une liste des cadeaux qu'il lui offrirait pour son anniversaire : neuf ensembles de trésors* : « Neuf *ru-yi* champlevés en jade, neuf statues d'or massif du bouddha de la longévité, neuf montres en or incrustées de diamants, neuf assortiments de tasses d'or de "bonne fortune" et de "longévité", neuf diadèmes ornés de fleurs en diamants, neuf rouleaux de velours jaune uni, neuf rouleaux de brocart jaune fleuri, neuf encensoirs en or sertis de sept pierres précieuses chacun, et neuf vases en or ornés de sept pierres précieuses chacun[43]. »

Il s'agissait là de splendides cadeaux – même pour une impératrice douairière de Chine. Cixi, qui goûtait fort les objets d'art et le luxe, fut très tentée de les accepter. Le comte, qui n'était pourtant pas à la tête d'une grande fortune, voulait à tout prix s'insinuer dans les bonnes grâces de Cixi, dans l'espoir qu'elle sauverait sa peau. Il n'ignorait pourtant pas qu'elle avait annoncé par décret, deux ans plus tôt, qu'elle ne voulait « pas de cadeaux[44] » pour son soixantième anniversaire.

La liste de présents du comte atteste sa remarquable habileté à entrer dans les petits papiers de ses supérieurs en exploitant leurs faiblesses. Cixi aurait du mal à refuser une telle avalanche de cadeaux. En revanche, si elle cédait, il lui faudrait en accepter d'autres encore. Les Chinois n'en recevaient jamais autant que lorsqu'ils atteignaient un âge correspondant à un chiffre rond. Le cinquantième anniversaire de Cixi ayant coïncidé avec la guerre contre la France, elle avait à l'époque dû interdire qu'on lui offre quoi que ce soit. Fallait-il vraiment qu'elle renonce encore une fois à ce qu'on l'honore ? Cixi ne résista pas à la tentation. Après quelques jours sur des charbons ardents, elle se convainquit qu'il n'y avait rien d'incompatible entre la célébration de son anniversaire et la poursuite de la guerre, de même qu'elle s'était leurrée en se persuadant que le prélèvement

* Neuf passait alors pour le chiffre le plus propice : il n'en existe pas de plus grand et c'est l'homonyme de l'adjectif *jiu* qui signifie « de longue durée ».

annuel d'une petite somme sur les fonds de la marine ne porterait pas à conséquence. Au bout du compte, Cixi abrogea son précédent décret et envoya des eunuques annoncer que les dignitaires d'un certain rang pourraient lui offrir des cadeaux s'ils le souhaitaient[45].

Une telle déclaration suscita aussitôt l'émoi des hauts dignitaires. Certains, comme le Grand Précepteur Weng, annoncèrent qu'ils n'avaient rien prévu conformément au premier décret de l'impératrice douairière, et que leur admiration pour elle ne saurait de toute façon se mesurer matériellement (comme le prétendait un précepte confucéen). Tout le monde à la cour se mit malgré tout à réfléchir à d'éventuels cadeaux. Weng et d'autres embauchèrent même des subalternes pour en dénicher à leur place. Comprenant son erreur, Cixi publia aussitôt un nouvel édit afin de s'expliquer[46] : il lui eût paru dommage de dédaigner tant de bonne volonté. Le mal n'en était pas moins fait. L'esprit combatif déjà trop rare à la cour s'y éteignit tout à fait. Robert Hart écrivit dans sa correspondance : « Ça sent le roussi, ici. Les dignitaires n'ont aucune envie de lutter et le désespoir s'abat sur tout le monde : l'avenir s'annonce sombre et si le Japon n'accepte pas "le rameau d'olivier", je ne sais pas comment nous allons nous en sortir[47]. »

De fait, les Japonais n'acceptèrent pas « le rameau d'olivier ». Sans même répondre aux Britanniques, ils se lancèrent à l'assaut des défenses frontalières chinoises, qui s'effondrèrent comme un château de cartes. Le 27 octobre, les Japonais avaient déjà pénétré en Chine. Cixi tenta, un peu tard, de faire amende honorable. Elle proposa de participer à l'effort de guerre à hauteur de 2 millions de taels. Mais son geste ne parvint à remédier ni à l'issue de la guerre ni à son image. La célébration de son anniversaire, réduite à sa plus simple expression, fut rythmée par les pas des troupes japonaises en marche. Il fallut maintenir les cérémonies en son honneur comme on préserve une façade : leur annulation eût équivalu à l'annonce d'une catastrophe nationale, désorientant l'empire entier. Cela dit, même la pompe de circonstance ne parvint pas à égayer l'ambiance sinistre.

L'incapacité à se battre dignement de l'empire chinois, tout juste bon à fêter un anniversaire en fanfare, scandalisa les puissances occidentales et suscita leur mépris. La réputation de Cixi prit du plomb dans l'aile. Robert Hart nota ironiquement, sans plus de trace de son ancienne admiration pour l'impératrice douairière : « L'anniversaire de l'imp. (le 7 nov.) sera probablement célébré par la capture de *Liao Yang* – je ne crois pas les Japonais capables d'atteindre encore Moukden à cette date[48] ! » Liao Yang se situait en plein cœur de la péninsule de Liaodong, dans le sud de la Mandchourie, à proximité de la Corée. Quant à Moukden, ce n'était autre que l'ancienne capitale des Mandchous, plus au nord.

Le 21 novembre, les Japonais s'emparèrent de Port Arthur, une forteresse stratégique à l'extrémité méridionale de la péninsule de Liaodong – la porte d'accès par voie de terre à la Mandchourie, à Tianjin et même, au-delà d'un étroit bras de mer, à Pékin. Cette catastrophe éclaira Cixi sur l'ampleur des ambitions et des moyens du Japon. L'imbroglio de la remise de ses cadeaux et sa cérémonie d'anniversaire, pourtant réduite à sa plus simple expression, lui inspirèrent à coup sûr d'amers regrets. Elle allait bientôt renoncer pour de bon aux fêtes ou aux distributions de présents le jour de sa naissance, y compris lorsqu'elle atteindrait soixante-dix ans[49]. Cette année-là, on l'implorerait dans plus d'une province d'accepter qu'un hommage lui soit rendu, mais elle tiendrait bon.

En novembre 1894, Cixi attribua son erreur de calcul à son manque d'informations. Elle résolut de rompre l'embargo de son fils adoptif sur les rapports qu'il recevait. Comme son refus de les communiquer à Cixi découlait de conseils d'amis entrés dans ses bonnes grâces par l'entremise de Perle, sa concubine favorite, Cixi s'en prit d'abord à elle.

Parce qu'elle appartenait au harem, Perle dépendait officiellement de Cixi, qui ne lui témoignait jusque-là pas d'hostilité particulière mais au contraire de la sympathie. Cixi l'invitait en effet, elle et sa sœur Jade, à de fréquents séjours au Palais d'été. Quand Perle avait exprimé le désir d'apprendre à peindre, Cixi lui avait proposé les services de dame Miao. Au début de cette année-là, dans le cadre des célébrations en l'honneur de son soixantième anniversaire, Cixi promut Perle à un échelon supérieur de la hiérarchie des concubines impériales. À dix-huit ans, Perle était cupide. Les pourboires aux eunuques constituaient de grosses dépenses pour les concubines soucieuses d'être bien servies. Perle distribuait de généreuses sommes, qu'elle se procurait en vendant des postes aux plus offrants[50]. Elle supplia par exemple l'empereur de nommer maire de Shanghai un certain Lu. Lorsque Guangxu ordonna aux Grands Conseillers d'entériner sa prise de poste – sans mentionner le rôle de Perle dans l'affaire – ceux-ci exprimèrent des doutes, n'ayant jamais entendu parler de ce Lu. L'empereur fut obligé de le faire évaluer par le ministère des Fonctionnaires, qui l'estima indigne du poste et l'inscrivit sur une liste de suppléants, au cas où un emploi subalterne se libérerait. Le bruit filtra que Lu, analphabète, avait acheté l'appui de Perle contre une coquette somme. Et il ne s'agit pas là d'un cas isolé.

Une concubine impériale qui profitait de sa relation avec le monarque pour vendre des postes officiels commettait un crime en principe puni de mort à la cour des Qing. Au cas où le scandale éclaterait, l'empereur, jugé stupide et indigne de sa charge, deviendrait la risée de tous. Cixi saisit le prétexte de l'inconduite de Perle et de la complicité de Guangxu pour obliger celui-ci à se plier à ses exigences. Elle obtint des aveux de Perle et des eunuques à son service[51] – en ordonnant qu'on leur frappe les épaules à l'aide de longues battes en bambou devant Perle. Sous ses yeux, leur peau se creusa de plaies, tandis que leurs cris déchirants se muaient peu à peu en geignements. Perle reçut pour sa part une gifle en pleine figure. Sous le coup de la douleur, humiliée et apeurée, elle s'évanouit. Un médecin royal la trouva « inconsciente, les mâchoires crispées, tressaillant et tremblant de tous ses membres ». Du sang s'écoulait de sa bouche et de son nez. Pendant une quinzaine de jours, elle ne reprit connaissance que par intermittence.

Quelques années plus tôt, tout juste après le choix de Perle comme concubine impériale, un pressentiment vint à sa mère du triste sort qui l'attendait. Mrs Headland, médecin américaine, appelée à son chevet, se rappellerait que cette aristocrate :

> souffrait d'une dépression nerveuse, due à l'inquiétude et à l'insomnie. En l'interrogeant, j'appris que ses deux filles avaient été emmenées au palais en tant que concubines de l'empereur Kuang Hsu [Guangxu] [...] Elle me saisit la main, me fit asseoir à côté d'elle, sur le lit de briques, et me dit d'un ton pathétique qu'on lui avait arraché ses deux filles le même jour. « Mais elles ont été conduites au palais », lui fis-je remarquer, dans l'intention de la réconforter, « et j'ai entendu dire que l'empereur était très attaché à votre fille aînée ». « C'est vrai », rétorqua-t-elle, « mais en quoi cela peut-il me consoler ? [...] Je me méfie des intrigues de la cour, en plus, ce ne sont que des enfants, incapables de comprendre la duplicité de la vie de cour – j'ai peur pour elles, j'ai peur pour elles », conclut-elle, se balançant d'avant en arrière, sur son lit de briques[52].

Cixi profita des aveux de Perle pour imposer un « marché » à son fils adoptif. Elle couvrirait son rôle dans le scandale à condition qu'il lui communique l'ensemble des rapports concernant la guerre. Le 26 novembre, l'empereur n'assista pas à la réunion du Grand Conseil où Cixi dénonça les méfaits de Perle et publia, en tant qu'impératrice douairière en charge du harem, un décret récapitulant les délits commis par Perle et sa sœur Jade, toutes deux répudiées. Ce décret réaffirmait par ailleurs la probité au-dessus de tout soupçon de l'empereur, expliquant que les deux concubines avaient « supplié » le monarque d'accorder des postes à certains, mais que, « profondément troublé par une telle attitude », il s'était tourné vers l'impératrice douairière, la priant de rappeler à l'ordre les deux femmes[53]. Lorsque le Grand Précepteur Weng vit Guangxu le lendemain, Sa Majesté aborda le sujet sans s'émouvoir, comme s'il n'avait rien à se reprocher[54]. Ce jour-là, le 27, l'empereur Guangxu ordonna par un édit de transmettre à l'impératrice douairière les rapports que lui-même recevrait – dans leur intégralité. Ce ne fut qu'à compter de cette date que Cixi eut accès à toutes les informations souhaitables à propos du conflit[55].

On afficha dans les appartements de Perle une réprimande à la formulation rigoureuse lui rappelant la gravité du scandale. Un eunuque en chef mêlé à l'affaire fut en outre exécuté. Cixi voulait rendre public son supplice, mais le Grand Précepteur Weng la convainquit que cela desservirait la dynastie ; l'eunuque rendit l'âme dans l'enceinte de la Cité interdite, sous l'autorité du département des Peines proportionnées – roué de coups jusqu'à ce que mort s'ensuive.

Cixi se mit dès lors en tête de détacher l'empereur Guangxu des amis qui l'avaient incité à l'exclure, elle, du processus décisionnel. Elle tenait avant tout à bannir de la cour le cousin de Perle, Zhirui, qui avait tenté de convaincre l'empereur de destituer l'amiral Ting pour le jeter en prison – et même l'exécuter – au seul motif qu'il avait opté pour une stratégie défensive (des plus avisées). Zhirui conseilla en outre par une autre pétition à l'empereur de réduire de 80 pour cent la solde des défenseurs de la Mandchourie – par volonté, à l'en croire, de réaliser des économies[56]. Mais pourquoi se focaliser sur la Mandchourie, qui jouxtait la Corée, alors même que les Japonais se massaient aux portes de l'empire ? La suggestion du cousin Zhirui ne put que sembler malvenue à Cixi dans la mesure où elle profiterait surtout aux Japonais. Se méfiant de lui comme de la peste, elle lui confia un poste dans le nord de l'empire, loin de la cour.

Cixi résolut par ailleurs de réduire à néant l'influence de Wen Tingshi, un ami de la famille de Perle. Wen avait écrit à l'empereur qu'il convenait d'écarter Cixi des affaires de l'État, car une femme qui assume un rôle politique, c'est comme « une poule qui caquette le matin : le présage d'une journée catastrophique[57] ». Wen convainquit en outre un censeur, Weijun, d'adresser au trône une pétition accusant Cixi d'intervenir à tort et à travers, et de se laisser manipuler par son eunuque en chef, Lianying. Cixi s'en émut, d'autant que certains hauts dignitaires parurent accorder foi aux allégations de Wen[58]. L'un d'eux exprima sa méfiance envers Cixi lors d'une audience. Elle l'interrompit aussitôt pour l'assurer d'un ton furieux que de telles accusations ne reposaient sur rien de fondé. Le bruit se mit à circuler qu'elle cherchait la conciliation et « faisait pression sur l'empereur pour qu'il ne se batte pas contre le Japon ». « Voilà ce que les historiens vont écrire. Comment faire encore face au pays après cela ? Qu'est-ce que les générations futures vont penser de moi ? » s'emporta-t-elle. Guangxu se sentit obligé de réprimander le censeur à l'origine de telles calomnies en le bannissant pour plusieurs années à la frontière. Aucune critique à l'encontre de Cixi n'avait valu à son auteur une punition aussi sévère sous son règne. Cela fit des remous. Beaucoup accordèrent foi aux accusations portées contre l'impératrice douairière (il n'était – et il n'est encore – que trop aisé, en cas d'échec, de prendre une femme pour bouc émissaire). Et beaucoup fêtèrent en héros le censeur, qui bénéficia d'un fort mouvement de sympathie à l'initiative de Wen, sa proximité avec l'empereur garantissant sa crédibilité. Wen collecta des dizaines de milliers de taels au bénéfice du censeur condamné à l'exil, histoire de lui remonter le moral. Mais il eut beau s'acharner contre elle, Cixi se contint vis-à-vis de lui. Tant que dura la guerre, elle le laissa tranquille. Ensuite, elle persuada son fils adoptif de le chasser de la cour et de la capitale. Deux autres amis de l'empereur, qui lui chuchotaient par exemple de « ne pas laisser l'impératrice douairière intervenir », perdirent leur poste à l'issue du conflit, accusés de « monter l'une contre l'autre leurs Majestés[59] ».

Dans un premier temps, Cixi chercha le moyen d'obliger l'empereur à renoncer à son cabinet d'étude[60] – le seul endroit où ses amis pouvaient lui parler sans éveiller les soupçons. Le monarque y approfondissait sa connaissance des classiques et du mandchou – et même de l'anglais – alors qu'une guerre catastrophique faisait rage. Responsable, en tant que parent de l'empereur, de sa formation, Cixi était en droit d'y mettre bon ordre. C'en serait du même coup fini des tête-à-tête de l'empereur et du Grand Précepteur Weng, où ils définissaient la stratégie militaire de l'empire. Cixi tenait à ce que la politique de l'empire soit définie en concertation avec le Grand Conseil, et en sa présence. Elle nomma Weng Grand Conseiller, lui ôtant ainsi tout motif de dispenser ses suggestions en privé.

La démarche de Cixi à l'encontre du cabinet d'étude de l'empereur ne fut pas couronnée de succès. Contrarié à l'idée de renoncer à son petit univers, Guangxu pria le prince Gong, à la tête du Grand Conseil, d'intervenir. Weng aussi se fâcha. Cixi dut autoriser les leçons à se poursuivre, à l'exception des cours de langue. Il lui fallut en outre assurer Weng qu'elle le tenait pour « loyal et digne de confiance » et que sa volonté d'interrompre les études de l'empereur ne le visait pas, lui, mais seulement les Zhirui et consorts. Elle s'excusa enfin de la « brutalité excessive » de l'ordre qu'elle venait de donner.

Ce ne fut qu'à l'issue de cette lutte titanesque que Cixi parvint enfin à prendre part au processus de décision. L'année 1894 touchait alors à son terme. Le conflit durait déjà depuis de longs mois et une défaite assurée guettait la Chine.

17. La paix qui allait ruiner la Chine (1895)

Une fois maîtres de Port Arthur, les Japonais se dirent prêts à entamer des pourparlers de paix. Deux négociateurs chinois se rendirent au Japon. Le 5 janvier 1895, avant leur départ, ils s'entretinrent avec Cixi et Guangxu. À l'issue de cette audience, Cixi résuma ses instructions[1] aux envoyés sur une feuille de papier jaune royal. Elle les y enjoignait de ne surtout rien signer sans en référer à Pékin et de ne pas faire de promesse que l'empire n'aurait pas les moyens de respecter ou qui concernerait un territoire.

Le jour de l'arrivée au Japon des deux négociateurs, la guerre prit un tournant décisif dont les Chinois ne se relèveraient pas : les Japonais manquèrent de peu s'emparer de Weihaiwei, le quartier général de la flotte du nord. Celle-ci avait reçu l'ordre de tenter une sortie et, en dernier ressort, de couler ses navires pour qu'ils ne tombent pas aux mains de l'ennemi. Les officiers et leurs hommes refusèrent toutefois d'obtempérer. Certains supplièrent, à genoux, l'amiral Ting de ne pas détruire leurs bateaux, de crainte que les Japonais ne les soumettent à une torture sans pitié avant de les tuer. Sous pression, l'amiral Ting signa une lettre de reddition et remit aux Japonais ses dix canonnières, dont l'un des deux cuirassés à coque en fer alors en possession de l'empire, avant de se suicider à l'opium. En février 1895, il ne restait plus rien de la flotte du nord – l'épine dorsale de la marine chinoise. Alors même que les combattants japonais comparaient avec mépris leurs antagonistes à des « porcs à l'agonie vautrés par terre en attendant qu'on les débite en morceaux[2] », à Tokyo, on renvoyait les négociateurs chinois, pour réclamer à leur place un plénipotentiaire jouissant d'un plus grand prestige – le comte Li, de toute évidence.

Le ton sur lequel Tokyo dicta ses conditions fit comprendre à Cixi que les pourparlers n'aboutiraient à aucune issue acceptable. Le 6 février, elle annonça au Grand Conseil que le Japon ne pouvait qu'imposer « des conditions que nous ne saurions accepter » et qu'il convenait de rappeler les envoyés, d'interrompre les pourparlers et de reprendre la lutte armée[3]. La « dureté de ses propos et de son attitude » stupéfia le Grand Précepteur Weng. Le lendemain, Cixi reçut en audience un haut commandant dénommé Wang Wenshao qui partagea la consternation de Weng, ainsi qu'il le relata dans son journal :

> Le courroux de l'impératrice douairière éclatait sur ses traits et dans ses propos. Elle me pria de faire mon possible pour ranimer l'esprit combatif des officiers et de leurs hommes. Elle me dit d'imposer des règles strictes récompensant la bravoure et punissant la lâcheté, et de nous mettre en quatre pour sauver la situation [...] Elle me délivra ses instructions en long et en large, pendant trois quarts d'heure, soucieuse que je saisisse bien ce qu'elle voulait. Voyant clairement à quel point elle s'inquiétait de ne pas avoir été comprise, je m'attardai à la porte, tandis qu'elle recevait les Grands Conseillers, au cas où elle eût eu d'autres directives à me communiquer[4].

Cixi remit au commandant un décret à transmettre aux troupes. Promulgué en son nom propre, il appelait à continuer vaillamment la lutte[5].

Elle se tourna vers le vice-roi Zhang Zhidong, qui se dressait de pied ferme contre une paix basée sur d'inacceptables conditions et venait d'exposer, par un câble à la cour, ses idées sur la poursuite des combats. Elle lui demanda par courrier d'outrepasser ses prérogatives de vice-roi en l'aidant à définir une stratégie globale. Mais lorsqu'il pria Pékin de lui communiquer de plus amples informations sur la guerre, l'empereur, mécontent, lui répliqua qu'il n'avait pas à s'en mêler[6].

À l'évidence, l'opinion de Cixi comptait pour du beurre. Les hommes au pouvoir – l'empereur Guangxu, le prince Gong et le Grand Conseil –, peu désireux de continuer la lutte, ne demandaient qu'à se plier aux conditions des Japonais, quelles qu'elles fussent. L'éventualité d'un renversement de la dynastie, au cas où l'ennemi marcherait sur Pékin, les avait de toute façon humiliés[7]. Ce fut « en larmes » que l'empereur en parla au Grand Précepteur Weng qui, pour sa part, « tremblait et suait à grosses gouttes ». Cixi dut consentir à envoyer le comte Li au Japon, mais elle pria le Grand Conseil d'ordonner au comte « de recevoir ses instructions au préalable[8] ». De crainte que les conditions imposées par Cixi ne mènent les négociations à un fiasco, le prince Gong intervint : « Mais l'empereur a dit que Li n'était pas tenu de venir. Ce n'est pas là ce que souhaite Sa Majesté. » Cixi rétorqua : « Voulez-vous savoir ce que je pense, oui ou non ? Ce que je dis a-t-il du poids, oui ou non ? »

Le comte Li eut finalement droit à une audience. Le 25 février, le prince Gong et Li informèrent Cixi que les Japonais ne voulaient pas du comte à Tokyo sans un mandat l'autorisant à céder du territoire et verser au Japon une forte indemnité. Ils ajoutèrent que Guangxu était d'accord pour le lui donner. Cixi, en revanche, s'y opposa avec fureur – en vain. Elle finit par s'exclamer, en colère : « Faites ce que bon vous semble. Ne me demandez plus mon avis[9] ! » Lorsque Guangxu sollicita son opinion sur ce que le comte Li devait accorder au Japon, elle lui fit répondre, par un eunuque, qu'elle ne se sentait pas bien, et l'empereur aurait-il la bonté de prendre ses décisions lui-même ?

Le comte Li ne voulant pas assumer en son nom la responsabilité d'une amputation du territoire chinois – de la plus haute importance pour l'empire – Guangxu l'autorisa par écrit le 3 mars à « céder du territoire[10] », suivant en cela l'opinion des Grands Conseillers qui, le même jour, écrivirent tous à l'impératrice douairière[11], la suppliant de compatir au dilemme de l'empereur qui, selon eux, s'inquiétait avant tout du « danger encouru par la capitale ». Cixi ne répondit rien. Elle tourna le dos à son fils adoptif qui, ne sachant plus à quel saint se vouer, se mit à rôder autour de ses appartements, dans l'espoir de s'entretenir avec elle et de lui arracher son approbation[12].

Le 8 avril, le Japon posa l'ensemble de ses conditions. En plus d'une indemnité astronomique, il exigeait la cession de Taiwan, « joyau » de l'empire chinois qui, comme le vice-roi Zhang le rappela à la cour, « rapporte chaque année plus de 2 millions de taels à l'État et des dizaines de fois autant aux commerçants et à la population dans son ensemble[13] ». En plus de Taiwan, le Japon réclamait les îles toutes proches des Pescadores et la péninsule de Liaodong, dans le sud de la Mandchourie. Cixi, furieuse, déclara à Guangxu : « Ne cédez pas de territoire, rappelez les négociateurs et continuez la lutte[14] ! »

Bien entendu, il ne lui restait plus de carte dans sa manche. Ne comptant pas céder pour autant, elle n'hésiterait pas à prendre des risques. Les hommes au pouvoir, peu désireux quant à eux d'en assumer, ne tinrent aucun compte d'elle. Lorsqu'il reçut un ultimatum du Premier ministre Ito, l'avertissant que 100 000 soldats marchaient sur Pékin, l'empereur Guangxu ordonna le 14 avril au comte Li de se soumettre aux exigences des Japonais[15]. Le 17, le comte signa le traité de Shimonoseki avec Ito. Le Japon obtint les territoires qu'il réclamait, plus 200 millions de taels d'indemnités.

Pendant tout ce temps-là, un désespoir outragé qu'aggravait encore son impuissance tourmenta Cixi. Elle passa par de telles affres qu'il lui arriva plus d'une fois de perdre connaissance[16]. Un eunuque « l'apercevait souvent en train de pleurer, quand elle se croyait seule[17] ». Selon lui, « les larmes que versait Cixi en privé trahissaient la douleur muette qui lui étreignait le cœur [...] Si l'on me demandait ce qui m'a surtout frappé chez Cixi, je dirais que c'était l'être le plus à la torture qui fût sur terre ».

Comparée aux indemnités versées en 1842 à la Grande-Bretagne et en 1860 à la Grande-Bretagne et à la France, la somme extorquée par le Japon à la Chine en 1895 trahit la convoitise sans pitié et sans précédent de la puissance asiatique alors en pleine ascension. Ce que les Européens avaient en leur temps réclamé – 21 millions de dollars d'argent puis 8 millions de taels par pays – reflétait plus ou moins le coût de la guerre et des dommages civils. Les 200 millions exigés par le Japon n'entretenaient en revanche qu'un lointain rapport avec les frais encourus par le pays dont les coffres ne contenaient au début de la guerre que 30 millions de taels et qui n'encaissa jamais la totalité des obligations de guerre qu'il émit – d'une valeur de 80 millions. Le Premier ministre Ito ne contesta d'ailleurs pas ces chiffres lorsque le comte Li les lui cita[18].

Le traité mit en rage l'élite chinoise au pouvoir. Des centaines de fonctionnaires de la capitale signèrent des pétitions appelant à son rejet. Plus d'un millier de lettrés venus des provinces à Pékin à l'occasion des examens impériaux de recrutement se joignirent aux protestations. La campagne contre le traité atteignit une ampleur inédite. Son contenu, bien qu'il n'eût pas été rendu public, avait fini par s'ébruiter. Les pétitionnaires implorèrent tous l'empereur de ne pas le ratifier – certains l'incitant même à déplacer la capitale au cœur de l'empire et à s'engager dans une guerre à rallonge. L'empereur repoussa leurs ardentes supplications – « ils donnent de la voix, et c'est tout[19] » (Hart dixit). Guangxu n'attachait que peu de poids à l'opinion publique. À ses yeux, seules les révoltes des paysans en armes présentaient une réelle menace intérieure.

Sinon, il n'y avait guère que le Japon pour mettre en péril le grand Qing.

Certaines puissances européennes dont on n'attendait pourtant pas un tel geste vinrent à la rescousse de Pékin. La Russie, l'Allemagne et la France réclamèrent la restitution à la Chine de la péninsule de Liaodong, au motif que son occupation par le Japon « placerait la capitale chinoise sous une menace permanente ». L'Europe craignait que le Japon ne prît le contrôle de la Chine. Robert Hart nota : « Si le Japon l'emporte et s'empare de la Chine, le plus grand empire qu'ait jamais connu le monde – le plus fonceur et le plus puissant [...] alors, en 1900, il n'y aura plus qu'à bien se tenir[20] ! » Le Kaiser Guillaume II forgea le terme de « péril jaune » pour qualifier ce qui lui semblait alors un cauchemar pour l'Europe : le Japon « à la tête d'une Asie fortifiée, le contrôle de la Chine par le Japon[21] ».

Voyant à quel point s'alarmait l'Europe, Cixi écarta la probabilité d'une attaque de Pékin ou de la liquidation de la dynastie Qing par les Japonais, qui ne semblaient pas encore en mesure de défier l'Occident. (De fait, le Japon finit par se plier aux exigences des trois puissances européennes en évacuant la péninsule de Liaodong – encore que non sans contrepartie.) Cixi espérait de Guangxu et des hauts dignitaires qu'une fois assurés que ni la capitale ni la dynastie ne couraient de danger, ils refuseraient les conditions posées par le Japon. On ne pouvait bien sûr exclure que le Japon s'empare malgré tout de Pékin, mais Cixi estimait judicieux d'encourir un tel risque. Selon elle, les conditions du traité nuiraient trop à l'empire pour ne pas tenter le tout pour le tout. Soumis à la pression des Occidentaux, le Japon, face à une Chine déterminée à se battre le temps qu'il faudrait, pourrait bien accepter un traité de paix nettement moins désastreux que celui de Shimonoseki.

Espérant que la cour lui donnerait raison, le 26 avril, Cixi demanda au Grand Conseil de reconsidérer le traité et de lui communiquer ses conclusions[22]. Les membres du Grand Conseil tombèrent tous d'accord avec l'empereur pour estimer que la Chine ne saurait reprendre les armes sans la garantie d'une intervention européenne en sa faveur. L'empereur réclama par des câbles l'engagement ferme et définitif des trois puissances occidentales. Sans surprise, il ne reçut pas de réponse immédiate. L'approche de la date butoir de la ratification du traité tournait cependant à l'obsession pour Guangxu, tétanisé par la perspective d'une éventuelle marche des Japonais sur Pékin. Au bord de l'effondrement nerveux, le souverain de vingt-trois ans semblait alors prématurément vieilli. Pas un dignitaire ne lui conseilla de ne pas ratifier le traité, aucun ne voulant assumer la responsabilité de la chute de la dynastie. Le Grand Précepteur Weng se contenta de grommeler qu'il n'hésiterait pas à se fracasser le crâne si cela pouvait servir à quoi que ce soit. Tous les regards se tournèrent alors vers le prince Gong, bien qu'il eût en réalité pris peu de part à l'affaire, gravement malade à ce moment-là. Sans surprise, il préconisa la ratification du traité. En dépit de ses indéniables qualités, c'était un faible, enclin à faire machine arrière en cas de crise.

Comme ni l'empereur ni les dignitaires ne semblaient désireux de se battre, Cixi renonça à les en convaincre[23]. Elle refusa toutefois de prendre part à la ratification du traité de Shimonoseki, dont Guangxu se chargea le 2 mai, en présence du prince Gong et du Grand Conseil. Il y eut à ce moment-là beaucoup de « tremblements » et de « pleurs[24] ». L'empereur câbla au comte Li de procéder à l'échange des ratifications sur-le-champ. Ce fut chose faite, le 8 mai. Impatient d'en finir une bonne fois pour toutes, l'empereur alla jusqu'à brusquer le comte[25].

Guangxu choisit au final « la voie la plus sûre[26] », selon Robert Hart. « C'est tout de même un empire, qui est en jeu ! » Cixi, elle, jugea le coût de la « paix » trop élevé : en dernière analyse, Guangxu causerait la perte de l'empire plutôt que de le sauver. Cixi voyait loin et ne manquait pas de courage. Ce qui lui faisait défaut, c'était de la latitude pour agir.

Le traité de Shimonoseki allait ruiner la Chine. Charles Denby, l'ambassadeur américain qui servit d'intermédiaire aux négociations, témoin à la fois de la relative prospérité antérieure à la guerre et des années épouvantables qui suivirent, estima que : « Le conflit contre le Japon a marqué le début de la fin pour la Chine[27]. » Aux 200 millions de taels d'indemnités s'ajoutèrent 30 millions en échange du retour à la Chine de la péninsule de Liaodong et d'autres « frais » encore. En tout et pour tout, le Japon extorqua 231,5 millions de taels – soit plus de quatre fois ses rentrées d'argent annuelles – à la Chine. Sans parler de son butin de guerre constitué d'armes et de canonnières.

Pour honorer le paiement d'une telle somme, Guangxu dut emprunter à l'Occident. À la mi 1895, la Chine avait pour ainsi dire remboursé sa dette extérieure, dont le montant échelonné sur les trente années précédentes atteignait 41 millions de taels[28]. Le pays aurait pu disposer d'assez de liquidités pour mener à bien toute une panoplie de projets de modernisation, sans parler de l'élévation du niveau de vie de la population. Mais cet admirable legs fut dilapidé : la Chine dut emprunter 300 millions de taels à des conditions handicapantes. Si l'on additionne les indemnités, les intérêts des prêts et les dépenses colossales de la Chine au cours du conflit, celui-ci – et la « paix » qui suivit – coûta au pays 600 millions de taels, soit près de six fois la totalité de ses rentrées d'argent en 1895 (101 567 millions). Pressé d'en finir, Guangxu aggrava encore une situation déjà problématique en liquidant sa dette envers le Japon en à peine trois ans. Toutes les recettes des douanes revinrent dès lors au Japon et les impôts augmentèrent en Chine. Les provinces tenues elles aussi de verser leur écot pressèrent la population. La Chine se vida dès lors de sa force vitale.

On a souvent reproché à Cixi, entre autres accusations fallacieuses, ce conflit et la « paix » qui suivit, aussi désastreux l'un que l'autre. Si l'on en croit les affirmations imprécises et pourtant catégoriques de ses détracteurs, Cixi avait pillé la marine pour construire son Palais d'été. Obnubilée par son soixantième anniversaire, elle aurait en outre négligé la guerre et cherché l'apaisement par manque de cran. En réalité, c'est elle qui a mis sur pied une flotte chinoise moderne. La remise en état du Palais d'été n'a pas privé la marine de liquidités, en dépit du prélèvement d'une petite partie de ses fonds. Si Cixi a tant tardé à prendre une part active à la gestion du conflit, ce n'est pas à cause de son anniversaire mais parce que Guangxu l'en empêchait. Loin de chercher l'apaisement, elle a au contraire été la seule à la cour à préconiser sans détours de rejeter les demandes du Japon pour continuer la lutte.

Cixi commit deux lourdes erreurs qui méritent à coup sûr le blâme : elle s'appropria indûment une part des fonds de la marine avant la guerre (ce qui ne l'empêcha pas de verser à celle-ci une somme équivalente pendant le conflit) et sollicita des cadeaux d'anniversaire. D'une part, elle sapa la discipline qui régnait au sein de la marine, et de l'autre, elle porta un coup à l'esprit combatif de la cour. Cixi s'en rendit compte et fit plus tard amende honorable. On ne saurait toutefois lui attribuer ni la défaite de la Chine, ni la « paix » ô combien néfaste qui suivit. Une telle responsabilité revient à l'empereur Guangxu (qu'une imagerie populaire dépeint à tort comme un héros de tragédie se démenant pour agir au mieux) et, dans une moindre mesure, aux Grands Conseillers (encore que leur rôle officiel fût purement consultatif). En dernier ressort, il convient d'accuser le système qui faisait peser d'aussi lourdes responsabilités sur d'aussi frêles épaules. Robert Hart se lamenta de l'absence « de chef – d'homme fort[29] ». De fait, il n'y avait en Chine qu'une femme forte, hélas dans l'impossibilité de prendre la tête du pays à l'heure de la crise. Elle ne pouvait pas non plus se faire entendre hors du cercle restreint de la cour – une situation tragique, terreau fertile de toutes les allégations que l'on répandrait plus tard à tort sur son compte. Un Français perspicace a dit par la suite de Cixi : « C'est le seul homme de la Chine[30]. » Voilà pour le coup qui la dépeint on ne peut mieux, au cœur de la Cité interdite, en 1895.

18. L'empoignade en vue du dépeçage de la Chine (1895-1898)

Après le désastre de la guerre, Cixi retourna à sa retraite dorée. Le 30 juin 1895, une escorte l'accompagna en grande pompe de la Cité interdite au Palais de la mer, avant sa réinstallation au Palais d'été. Au passage de la chaise à porteurs de Cixi, le prince Gong et les autres dignitaires à genoux sur un chemin de pierre face au sud, auprès de trompettistes de la cour et d'eunuques en costumes colorés des grandes occasions, se frappèrent le front par terre à trois reprises. Des rituels élaborés obligeant les fonctionnaires du palais à revêtir des habits de cérémonie – et soulignant surtout que Cixi ne gouvernait plus le pays – marqueraient dorénavant chaque trajet de l'impératrice douairière jusqu'à la Cité interdite.

Une nouvelle étape de sa retraite commença toutefois : depuis l'affaire impliquant Perle, tous les documents clé parvenaient à sa connaissance[1]. Son fils adoptif la consultait en outre plus volontiers et lui rendait plus souvent visite au Palais d'été[2]. Le jeune empereur et ses Grands Conseillers durent admettre que la signature du ruineux traité au mépris des recommandations de l'impératrice douairière revenait à « boire du poison pour étancher la soif ». Ce traité apporta en effet à l'empire tout sauf une authentique paix. Le vice-roi Zhang, qui s'était vivement opposé à sa ratification sans que nul ne l'écoute, y vit une occasion pour le Japon de s'enrichir et d'aiguiser son appétit au point de chercher tôt ou tard à conquérir une Chine terriblement affaiblie[3]. En outre, les puissances européennes, conscientes de la vulnérabilité de l'empire, n'hésiteraient plus à lui imposer des exigences à n'en plus finir ni à brandir la menace d'une guerre, sachant le gouvernement chinois dans l'impossibilité de les prendre au mot.

De fait, les puissances européennes ne considéraient plus la Chine que comme un tigre de papier[4]. Jusque-là, l'empire avait bénéficié d'un certain respect, en partie du fait de sa taille. Mais à présent, les Européens, pour citer Charles Denby, se savaient face à un géant « gonflé de vent », conscients que « la bulle chinoise a éclaté ». Persuadés que la Chine « n'avait pas les moyens de se battre, ils se tinrent dès lors prêts à s'emparer de son territoire au moindre prétexte ». Ceux qui inclinaient à la bienveillance l'excusaient (« la Chine n'est pas une nation guerrière – son passé, sa civilisation, ce qui assure sa spécificité ; tout l'incline à la paix, or il serait dommage que le monde la malmène », écrivit Robert Hart), mais elle inspirait à la plupart un franc mépris. Le Grand Précepteur Weng nota : « Quand les envoyés occidentaux se présentent aux Affaires étrangères, ils ne font plus preuve de courtoisie ; ils hurlent des insultes pour un oui ou pour un non[5]. » Un fonctionnaire chinois témoin d'une visite des Occidentaux au ministère crut que « ses veines allaient éclater sous le coup de l'outrage[6] ».

À compter de cette date, Guangxu se tint sur la défensive. Il ne fit aucune déclaration publique au sujet de la guerre, se contentant de solliciter par courrier la compréhension des hauts fonctionnaires – auxquels il enjoignit de ne plus en reparler, empêchant du même coup toute analyse des faits a posteriori[7]. L'empereur ne lança pas de réflexion sur les leçons à tirer du conflit ni sur d'éventuels projets d'avenir – en dehors de platitudes du genre : il convient de s'employer « à deux grandes tâches : former l'armée et trouver plus d'argent pour la subventionner ». Ébranlé, il tenta de se défausser de ses responsabilités avec la plus grande puérilité, affirmant à certains fonctionnaires que deux Grands Conseillers l'avaient « contraint de ratifier[8] » le traité. Le comte Li servit de principal bouc émissaire. Au lieu de lui reprocher ses torts – il avait induit le trône en erreur sur la solidité des défenses chinoises avant le conflit, qu'il avait ensuite mal géré –, l'empereur enfla la rumeur l'accusant d'avoir signé le traité sans son autorisation. Lors de la première audience qu'il accorda au comte Li à l'issue de la guerre, l'empereur l'admonesta parce qu'il avait accordé 200 millions de taels d'argent, plus Taiwan et tout le reste au Japon, alors que lui-même le lui avait demandé[9]. À peine remis d'une blessure par balle reçue lors d'une tentative d'assassinat alors qu'il négociait au Japon, le comte ne put que se cogner le front par terre à n'en plus finir en répétant : « Oui, oui, Votre Majesté, tout est de ma faute. » Cette mascarade eut lieu devant les Grands Conseillers, alors qu'ils savaient très bien de quoi il retournait

S'il voulait des sujets loyaux, un monarque chinois devait se montrer juste. Cixi avait le chic pour traiter équitablement ses subalternes.

La plupart des récompenses et des châtiments qu'elle distribuait semblaient légitimes, ce qui expliquait le dévouement sans faille de ceux qui partageaient ses vues aussi bien que des autres. L'empereur Guangxu ne possédait pas son habileté. Pendant la guerre, il rudoya l'amiral Ting, ce qui contribua en partie à la funeste reddition de la flotte du nord et de ses dix canonnières. Amer, le comte Li estima que l'empereur « n'a même pas l'air d'un monarque[10] », et ne s'en cacha pas à ses subordonnés, en qui il plaçait toute sa confiance. Même les fonctionnaires qui n'appartenaient pas au clan du comte se rendirent bientôt compte qu'il souhaitait un changement à la cour : il aspirait à la reprise en mains par Cixi des rênes de l'État.

Cixi ne réprimanda ni son fils adoptif ni les Grands Conseillers sur l'air de « je vous l'avais bien dit ». Elle estima plutôt qu'au vu des circonstances il valait mieux redoubler de prévenance envers eux. Leur gratitude ne connut dès lors plus de bornes. Nul n'avait réclamé la signature du traité plus fort que le prince Gong et, pourtant, Cixi ne lui adressa pas un reproche. Elle l'invita au contraire au Palais d'été, veillant elle-même à l'ameublement de ses appartements et aux plats qu'on lui servirait. Le prince lui en fut si reconnaissant qu'il interrompit sa convalescence pour se rendre à l'appel de Cixi, au mépris des supplications de son fils, estimant que, dans son état, il valait mieux garder le lit que de se soumettre aux génuflexions et autres rites épuisants prescrits par l'étiquette[11]. Le Grand Précepteur Weng jugea insolente l'attitude du prince Gong, qui attendit le lendemain de la venue de l'empereur au Palais d'été où il séjournait lui-même pour aller le saluer. Cixi régnait en quelque sorte en maître à la cour[12]. Les dignitaires lui obéissaient au doigt et à l'œil : à sa demande, ils accouraient au Palais d'été et l'accompagnaient dans ses sorties dès qu'elle en manifestait le désir – chose d'ailleurs tout à fait inhabituelle. Il leur arrivait même de manquer leur audience quotidienne dans la Cité interdite.

Si l'empereur Guangxu éprouva le moindre ressentiment, il ne le montra en tout cas pas et se soumit plus que jamais à son Très cher papa. Cixi s'en émut, au point de le décrire à ce moment-là comme « quelqu'un d'extrêmement gentil[13] ». Son fils adoptif lui inspira une tendresse nouvelle du fait de la guerre : elle mesurait à présent aussi bien le poids de la charge qui lui incombait que ses déficiences. Le Grand Précepteur Weng nota que lorsque l'empereur tomba malade, Cixi lui rendit souvent visite à son chevet et lui témoigna plus d'affection que jamais encore. À un vice-roi, elle déclara sans détours : « J'aime sincèrement l'empereur. » Dorénavant, elle passerait plus de temps en sa compagnie et l'emmènerait visiter le Palais d'été et les points de vue remarquables des environs. Elle rendit en outre à Perle et à sa sœur Jade leurs titres de concubines impériales. À ce moment-là, mère et fils s'entendaient à merveille[14].

Cixi ne voulait pas de qui que ce soit parmi son entourage qui pût mettre en péril leur relation. Aussi chassa-t-elle de la cour les amis de l'empereur l'ayant incité à l'écarter du pouvoir. Les fonctionnaires furent prévenus : « Celui qui recommencera ne s'en sortira plus aussi facilement, il recevra au contraire une sévère punition[15]. » L'empereur dut renoncer une bonne fois pour toutes à ses études[16] et du même coup à toute occasion de prêter l'oreille à des rumeurs secrètes.

Dorénavant assurée de la docilité de Guangxu, Cixi prit l'initiative de se colleter à ce qui lui semblait alors le plus urgent : la menace du Japon. De brillants stratèges tels que le vice-roi Zhang préconisaient une alliance avec la Russie, voisine de la Chine au nord et seul pays européen directement affectée par la montée en puissance du Japon[17]. Cixi n'ignorait pas que la Russie convoitait elle aussi le territoire chinois : elle en avait d'ailleurs prélevé une belle part en 1860 et tenté de recommencer deux décennies plus tard. Mais, cette fois-là, Cixi ne la laissa pas s'emparer de l'Ili, dans le Xinjiang. Après de longs mois à peser le pour et le contre, Cixi jugea qu'il valait encore mieux s'allier à la Russie qu'attendre, les bras croisés, une nouvelle attaque du Japon. Début 1896, la Chine essaya d'arracher à la Russie la promesse de lutter à ses côtés dans l'éventualité d'une invasion japonaise. Le Grand Conseil leva le camp pour suivre l'impératrice douairière au Palais d'été. Il y établit ses quartiers provisoires dans des bungalows à l'entrée orientale[18]. Le prince Gong emménagea quant à lui dans une résidence d'apparat non loin de là. Nul ne se soucia de ce que devenait l'empereur.

Cixi savait par l'ambassadeur chinois à Saint-Pétersbourg ce que la Chine pouvait offrir à la Russie en contrepartie de son soutien militaire. À ce moment-là restait encore à déterminer le parcours du transsibérien, qui relierait Moscou et la Russie européenne à l'extrême Orient, et au port de Vladivostok, terminus de la ligne sur la côte Pacifique. En restant sur le territoire russe, le transsibérien devrait faire un long détour de 500 kilomètres en terrain difficile alors qu'en passant par le nord de la Mandchourie, il pourrait progresser en ligne droite. De ce fait, les Russes penchaient pour le raccourci par la Chine. À l'issue d'un débat au sommet, Cixi résolut d'autoriser la Russie à construire en Chine sa ligne ferroviaire, plus tard surnommée « chemin de fer de l'Est chinois » (ou chemin de fer sibérien). L'économie de la Chine en profiterait de toute manière. Des quantités de marchandises que Pékin ne manquerait pas de taxer transiteraient par la ligne, qui relierait l'Asie à l'Europe par voie de terre. Comme la Russie se chargerait de sa construction, il n'en coûterait pas grand-chose à la Chine. Pour assurer à l'empire une part des profits, Pékin versa 5 millions de taels du capital de départ et acquit du même coup un tiers des actions de l'entreprise – fruit d'un partenariat entre les deux pays. Au cas où les relations de la Chine et de la Russie s'aigriraient, comme la voie ferrée se situait sur le territoire chinois, la Chine pourrait en théorie l'utiliser comme bon lui semblerait. Et, bien sûr, d'ici là, elle s'assurerait un puissant allié militaire dans l'éventualité d'une attaque japonaise.

Pour autant qu'on pût alors le prévoir, une telle disposition comportait un inconvénient : une spectaculaire augmentation de l'influence russe en Mandchourie, aux conséquences encore impossibles à anticiper. Cixi prit conscience que Pékin devait « rester sur ses gardes et se méfier des périls à venir[19] ». D'un autre côté, protéger l'empire du Japon primait alors sur toute autre considération.

Une fois définie la ligne de conduite chinoise, le comte Li alla négocier le pacte à Moscou. Cixi, dressée contre lui à cause de sa conduite pendant la guerre contre le Japon, n'eut recours à lui que par commodité – c'était en effet un négociateur hors pair. Le comte partit assister au couronnement du tsar Nicolas II, qui devait comme par hasard se dérouler en mai 1896, en tant qu'ambassadeur extraordinaire de la Chine. Bien sûr, il garda le secret sur l'objectif réel de son voyage. Lorsque le bruit se répandit qu'il visiterait la Russie, d'autres pays l'invitèrent : la Grande-Bretagne, la France, l'Allemagne et les États-Unis. Voilà bien la première fois que se rendrait à l'étranger un dignitaire d'une telle stature – rien de moins que « le plus grand homme d'État de la Chine » aux yeux des Occidentaux. Pour ne pas se mettre à dos ces puissances et dissimuler le véritable but de son déplacement, le comte Li fit la tournée des quatre autres pays[20]. Il en résulta beaucoup de tapage mais pas grand-chose de concret*.

* Officiellement, le comte n'avait pour objectif digne de ce nom que d'imposer aux puissances occidentales une augmentation des droits de douane. Elles eurent beau reconnaître le bien-fondé d'une telle mesure, rien ne changea dans l'immédiat et nul ne toucha aux droits de douane.

Le traité secret entre la Russie et la Chine se conclut avec succès le 3 juin, quelques jours après le couronnement du tsar Nicolas II. Il stipulait que la Russie mobiliserait toutes les forces armées à sa disposition pour venir en aide à la Chine, au cas où le Japon l'envahirait.

Le comte Li conçut un enthousiasme fébrile à l'idée qu'une mission lui était confiée. Il y vit la preuve que l'impératrice douairière lui pardonnait et n'hésiterait pas à renouveler leur collaboration, maintenant qu'elle assumait le pouvoir. Le comte ne doutait en outre pas de ses propres talents. Lors d'un banquet d'adieu précédant de peu son départ, un vent violent projeta de la poussière sur les plats à l'abri d'un dais. Le comte n'en mangea pas moins de bon appétit, bavardant et riant, d'excellente humeur. Quand on l'assura que le dieu du vent lui rendait hommage – et qu'à l'issue de son périple, de retour au siège du pouvoir, il accomplirait de plus grandes choses encore – le comte sourit, hochant la tête, ravi par tant de flatteries[21].

Fêté par les chefs d'État des pays qu'il visita, le comte fut salué comme le « Bismarck de l'Orient ». Le *New York Times* le décrivit ainsi : « Qu'il se déplace ou se tienne assis, il incline son imposante tête sur sa poitrine, rappelant Napoléon tel que l'a décrit Browning – "son front proéminent accablé par le poids de son esprit[22]". » Mais sitôt de retour en Chine à la fin 1896, il comprit que tout n'allait pas au mieux. Il dut attendre plus de deux semaines à Tianjin (où il débarqua) sa convocation à Pékin. Et une fois dans la capitale, il n'eut droit qu'à une audience d'une demi-heure avec l'empereur Guangxu, qui se focalisa presque exclusivement sur la médaille incrustée de diamants offerte par l'Allemagne à Sa Majesté[23]. Lorsque le comte tenta de lui faire mesurer le pouvoir de l'Occident et la nécessité pressante de réformes en Chine, le jeune monarque lui répondit d'en « discuter avec le prince Gong et de voir ce que vous pourrez faire ». Le comte n'essuya qu'une déception relative, dans la mesure où il ne fondait pas de grands espoirs sur l'empereur. En revanche, son entrevue avec l'impératrice douairière, plus tard, le même jour, lui causa « une réelle inquiétude ». Ce que Cixi déclara au comte, et dont il ne reste aucune trace, dut lui glacer le sang, car il sortit de leur entretien complètement abattu[24]. Alors qu'il logeait à ce moment-là dans un temple non loin du Palais d'été, il se rendit par mégarde aux ruines de l'ancien Palais d'été. Les eunuques qui y montaient la garde, le reconnaissant, lui en autorisèrent l'accès. « Un grand trouble » continua d'agiter l'esprit du comte « toute la nuit », comme il l'écrivit lui-même. Le lendemain matin, il présenta sa démission de tous les postes qu'il occupait jusque-là.

Un édit impérial succinct ne tenant aucun compte de sa démission laissa entendre qu'à l'issue de son limogeage, il occuperait un poste aux Affaires étrangères – non plus d'ambassadeur mais de simple employé. Bien sûr, le comte ne récupéra aucun des deux postes clé qu'il occupait précédemment, déjà confiés à quelqu'un d'autre : commissaire impérial du nord de la Chine et vice-roi de Zhili. Le comte n'eut le droit que de garder le titre avant tout honorifique d'administrateur en chef de l'empire. Comme si une telle punition ne suffisait pas, un autre édit public lui reprocha son « entrée par effraction dans un domaine royal », et lui réclama une amende équivalant à une année de traitement. Ce fut l'impératrice douairière qui lui porta ces rudes coups sanctionnant sa responsabilité dans la ruine de la Chine dont elle ne pouvait l'accuser officiellement, vu l'impossibilité de détailler les torts du comte sans révéler du même coup ceux de l'empereur. Cixi fit toutefois comprendre au présomptueux comte que c'en était fini de leur étroite collaboration politique. La gloire dont on venait de le couvrir à l'étranger lui valut un châtiment encore plus dur (d'où l'amende ajoutée à sa mise à la porte). Plus tard, quand Cixi, de retour au pouvoir, parut avoir besoin d'un habile politique à ses côtés, le comte tenta de regagner sa position d'antan. Cixi lui fit comprendre qu'il ne méritait selon elle que de plus amples tourments : elle l'envoya, à soixante-quinze ans, en mission le long du fleuve Jaune gelé « dans le cadre d'une étude géologique visant à déterminer un moyen de contrôler ses crues[25] ».

Voilà comment Cixi mit un terme à plusieurs décennies de partenariat politique avec le comte Li, un homme d'État hors pair malheureusement pas exempt de tout reproche. Là-dessus, soulagée que le pacte avec la Russie eût garanti la paix de l'empire dans un avenir proche, Cixi tourna le dos aux affaires de l'État. L'anxiété et la frustration liées à l'évolution houleuse du conflit l'avaient laissée à bout et cela la mina de voir se dissiper le fruit de plusieurs dizaines d'années de labeur. À soixante ans, elle n'avait à l'évidence plus le cœur à repartir de zéro. L'impératrice douairière n'était plus la même qu'autrefois – la Cixi dynamique qui dirigeait des débats, promulguait des décrets et lançait des innovations. Tout lui semblait désormais égal. Après tout, son fils adoptif s'occupait de l'empire. Elle pouvait contrôler un ou deux dossiers clé mais pas intervenir au quotidien. Guangxu, aussi apathique que de coutume, n'entendait rien aux réformes. Lorsque le vice-roi Zhang lui soumit une proposition de modernisation de la Chine, il se contenta de lui débiter des idées reçues et on en resta là[26]. Le chemin de fer bénéficia toutefois d'une nouvelle impulsion, par la construction, notamment, d'une ligne entre Pékin et Wuhan ; une idée de Cixi remisée dans les cartons par l'empereur. Tout le monde admettait à présent l'importance vitale des voies ferrées, y compris le Grand Précepteur Weng.

À l'époque, la bourgeoisie chinoise issue du commerce, du transport maritime et de l'exploitation minière, épargnée par la guerre, poursuivait son essor. Les provinces du cœur de l'empire, telles que le Hunan, disposaient de l'électricité et « des villes entières y brillent de lumières électriques[27] », comme le nota non sans stupeur un commentateur. Des entrepreneurs mettaient en pratique des idées nouvelles. Sheng Xuanhuai, l'homme d'affaires en charge de la construction de la ligne Pékin Wuhan, réclamait la création d'une banque d'État. Cixi eût adopté avec enthousiasme une telle suggestion si on la lui avait soumise plus tôt. Là, elle y parut indifférente. Guangxu suggéra à Sheng de fonder lui-même une banque à l'aide de fonds privés. Les observateurs étrangers qui comptaient sur la Chine pour se lancer dans des réformes à l'issue du séjour du comte Li en Occident furent déçus. En plus de deux ans, depuis la fin de la guerre, le pays n'avait « rien tenté pour réformer son administration ni réorganiser ses forces armées[28] » et n'avait par ailleurs tiré aucune leçon de sa défaite.

La multitude de ses centres d'intérêts facilita le renoncement de Cixi à la politique. Elle résolut de privilégier désormais son bon plaisir. Le 21 septembre 1896, après la conclusion du pacte secret avec la Russie, elle invita les hauts dignitaires de la cour au Palais d'été à l'occasion des fêtes de la lune[29]. Elle les accueillit au palais des Vagues de jade, le *Yu-lan-tang* en bordure du lac, qui assurait une vue panoramique sur les environs. Bien que ce fût la résidence de l'empereur, Cixi se comporta en maîtresse de maison. À en croire le Grand Précepteur Weng, elle qualifia la villa de « lumineuse et aérée, bien plus agréable que la Cité interdite ». « Pleine de sollicitude » envers les dignitaires, Cixi loua leur « rude labeur » concernant le pacte avec la Russie. Elle s'enquit d'un Grand Conseiller mal en point, offrit quelques conseils médicaux et pria Weng d'informer le malade qu'il « pouvait prendre du ginseng mais avec prudence ». À aucun moment, il ne fut question des affaires de l'État. Les dignitaires reçurent pour consigne de s'amuser. À la tombée de la nuit, une pleine lune se leva dans un magnifique ciel où la pluie venait de chasser les nuages, au-dessus du lac de Kunming. Le Grand Précepteur Weng trinqua et récita des poèmes avec ses amis avant de se laisser gagner par la mélancolie, à mesure que la lune déclinait à l'horizon et que son éclat se dissipait.

On n'entendit pas de musique ce jour-là. La mère biologique de l'empereur – la sœur de Cixi – ayant rendu l'âme le 18 juin, il n'était alors pas question d'en jouer à la cour. Trois jours plus tard, à l'issue des cent jours de deuil, une fois les derniers devoirs de Cixi et de l'empereur accomplis, des notes retentirent comme jamais encore : au crépuscule, des barques décorées conduisirent les dignitaires au centre du lac où elles oscillèrent au gré des vagues scintillant au clair de lune. À un signal donné s'allumèrent tout autour des lanternes rouges en forme de fleurs de lotus – alimentées à l'électricité – et une estrade vivement éclairée apparut sans bruit. On y donna un opéra avec effets de lumière modernes, le premier du genre auquel assistèrent les dignitaires. Suivit un somptueux feu d'artifice contre la sombre silhouette d'une colline toute proche. Cixi démontra ce soir-là son talent pour la mise en scène, au mépris du froid qui montait des flots. Le Grand Précepteur Weng, certes impressionné, n'eut toutefois qu'une hâte : que le spectacle se termine, pour courir s'emmitoufler dans un grand manteau matelassé.

Plus le Palais d'été lui apportait de joies, plus le cœur de Cixi se serrait : si les hommes sans nerf qui détenaient le pouvoir n'avaient pas versé une somme aussi colossale au Japon, jusqu'à quel point n'aurait-elle pas pu remettre en état l'ancien Palais d'été ! Que de beauté, que de splendeur n'eût-elle pas eu l'occasion de créer ! Et combien de projets de modernisation n'eût-elle pas menés à bien ! Elle avait beau se contenir pour ne pas fustiger les responsables, la rage la dévorait. Un jour, un irrépressible désir d'évacuer sa colère la saisit : elle annonça au ministère du Revenu, dont s'occupait le Grand Précepteur Weng, qu'elle comptait restaurer l'ancien Palais d'été et souhaitait qu'on lui remît à cette fin les taxes prélevées sur l'opium cultivé en Chine[30]. Depuis sa légalisation en 1860, de nombreux arpents avaient été consacrés à sa culture, dont l'empire tirait des ressources non négligeables.

Voilà pourtant une requête aberrante : alors même que des dettes colossales accablaient l'empire, Cixi prétendait financer l'édification d'un palais de plaisance par des fonds étatiques ? Elle n'avait rien exigé de ce genre au moment de bâtir son Palais d'été. À vrai dire, elle avait même garanti publiquement que l'État ne lui verserait pas un tael. Les deniers publics dont elle finit par faire usage, elle dut les détourner. À présent, on eût dit qu'elle défiait les dignitaires : « Puisque vous avez trouvé de l'argent pour les Japonais, pourquoi ne m'en donneriez-vous pas à moi aussi ? C'est vous qui avez ruiné le pays, vous n'avez aucun droit de me refuser quoi que ce soit ! » Du fait de leur conduite, les dignitaires semblaient mal placés pour lui dire non. Penaud, le Grand Précepteur Weng chercha un moyen d'accéder aux désirs de Cixi.

Il ne lui fallut pas moins d'une année pour trouver une solution, tant il y répugnait. Au début de l'été 1897, il annonça à Cixi qu'il venait de consulter Robert Hart et que, selon celui-ci, la production chinoise d'opium, pour l'heure sous-estimée, pourrait rapporter jusqu'à 20 millions de taels par an – soit bien plus que ce que percevait alors l'État chinois. Weng proposa de collecter les taxes sur l'opium en s'appuyant sur les estimations de Hart et d'en remettre 30 pour cent à Cixi « pour la construction de palais royaux ». Elle recevrait ainsi 6 millions de taels par an – une somme fabuleuse[31]. Cixi n'eut rien de plus pressé que de donner son aval au rapport.

Des protestations s'élevèrent aussitôt, non de la part des dignitaires mais de Li Bingheng, le gouverneur du Shandong, une province côtière au sud-est de Pékin. L'estimation revue à la hausse de la production d'opium lui semblait exagérée : elle impliquerait au Shandong de décupler le montant des taxes. « Même l'exploitation poussée à ses limites n'y suffira pas[32] », prévint-il. D'autant que, pour liquider la dette étrangère, la population des provinces assumait déjà un fardeau fiscal écrasant. Il ne fallait pas songer à lui en demander plus, sous peine de voir éclater une rébellion. Li Bingheng pressa la cour d'enterrer le rapport du ministère du Revenu et « de renoncer à la quête des plaisirs » pour « ne pas ruiner notre peuple ».

Il suffit à Cixi d'entendre de tels arguments pour admettre la nécessité de tirer un trait sur son rêve. Elle rabattit de ses exigences et, de son côté, l'empereur transmit la pétition de Li Bingheng au ministère du Revenu, qui renonça à la « combine de l'inspecteur général[33] ». Aucun membre du gouvernement ne voulut que l'on y associe son nom, ce qui amena Robert Hart à servir de « bouc émissaire ». Le gouverneur Bingheng, adversaire déclaré du projet, fut promu vice-roi. Les ruines de l'ancien Palais d'été demeurèrent à l'état de ruines.

La quête de plaisirs de Cixi ne dura pas. L'éventualité qu'elle redoutait le plus, formulée de manière saisissante par le vice-roi Zhang à l'époque où il protestait contre la signature du traité de Shimonoseki, se concrétisa fin 1897. Les puissances européennes, méprisantes et agressives envers la Chine, se mirent à réclamer haut et fort des morceaux de l'empire. L'Allemagne jeta son dévolu sur la baie de Jiaozhou, dans le Shandong, et le port de Qingdao en guise de base navale. Elle estimait qu'il devait lui revenir à titre de récompense au rôle qu'elle venait de jouer dans l'évacuation par le Japon de la péninsule de Liaodong. Pékin s'obstinant malgré tout à repousser ses exigences, Guillaume II opta pour une « petite démonstration de force ». Des vaisseaux de guerre allemands longèrent la côte en quête d'une « occasion, d'un prétexte » pour citer le Kaiser. Ils n'eurent pas à attendre longtemps. Le 1er novembre, deux missionnaires allemands furent assassinés dans un village du Shandong. Le gouverneur Bingheng donna aussitôt la chasse aux criminels, tandis que le Kaiser ne contenait plus sa joie : « Ainsi, les Chinois ont enfin provoqué l'"incident" que [les Allemands] désirent depuis longtemps. » Une flotte allemande, prête à livrer bataille, rejoignit Qingdao en laissant à la garnison chinoise quarante-huit heures pour évacuer le port[34].

Dès qu'il reçut l'ultimatum, l'empereur Guangxu, redoutant une invasion, se comporta comme un animal apeuré et, par télégramme, « interdit absolument[35] » à Bingheng de résister par la force, comme le gouverneur outragé en avait pourtant l'intention. Dans un télégramme ultérieur, l'empereur déclara : « Peu importe la sauvagerie de l'ennemi, la cour ne recourra en aucun cas à une guerre. » Selon le grand tuteur Weng, « Sa Majesté a insisté avec force sur deux mots : "pas de lutte" [*bu-zhan*]. » Cixi n'eut vent de la situation qu'à l'issue de ces échanges, lorsque le prince Gong en personne lui apporta au Palais d'été des rapports et des édits[36]. De retour à la Cité interdite, le prince, soulagé, annonça au Grand Conseil que Cixi venait de « les accepter ». La Chine satisfit presque la totalité des exigences allemandes, le prince Gong préconisant de dire « oui à tout » pour que les soldats allemands qui occupaient le port quittent le pays. Les Allemands avaient pourtant formulé leurs demandes sans prendre de gants : « Si vous ne cédez pas, nous entamerons une guerre. » L'une de leurs exigences concernait le gouverneur Bingheng : il convenait de « le destituer et de le chasser du service public ». Le gouverneur, promu suite à son opposition au projet de Cixi de reconstruire l'ancien Palais d'été, perdit son poste par la volonté des Allemands. Il devint dès lors un fervent adversaire des Occidentaux et ne tarderait pas à soutenir de tout son cœur les Boxers xénophobes. Quand la révolte des Boxers déboucha sur l'invasion de la Chine par des troupes occidentales, il se porta volontaire pour combattre celles-ci à la tête d'une force armée. Une fois vaincu, il se suicida.

L'Allemagne acquit le port stratégique de Qingdao* et sa baie « par un bail provisoire de quatre-vingt-dix-neuf ans » que le comte Li et le Grand Précepteur Weng signèrent à Pékin le 6 mars 1898. Bouc émissaire du régime, le comte devait désormais ratifier tout ce qui était susceptible de salir une réputation. Le prince Gong insista pour confier au Grand Précepteur un poste aux Affaires étrangères : il tenait à ce que Weng, d'une telle fanfaronnerie dans ses propos, assume sa part de responsabilité dans la conclusion de traités revenant à « vendre le pays ». Le Grand Précepteur nota que, lorsque le représentant allemand réclama la signature du prince Gong, celui-ci se contenta de le désigner, lui. Honteux de son rôle dans la cession de Qingdao aux « bêtes puantes[37] », il se tortura lui-même à l'idée « de passer à la postérité en tant que criminel ».

L'attitude réconfortante qu'adopta Cixi envers les responsables est d'autant plus remarquable qu'elle ne prit aucune part aux événements et se contenta d'entériner un *fait accompli*. Weng se rappellerait, reconnaissant, que lorsque le Grand Conseil battit sa coulpe, « l'impératrice douairière nous consola par des propos bienveillants et nous assura qu'elle concevait tout à fait les difficultés que nous rencontrions[38] ». Elle se dit simplement navrée de voir la Chine réduite à un aussi triste sort.

Tout alla dès lors de mal en pis. Après l'Allemagne vint le tour de la Russie. Moins d'une semaine après l'assaut des Allemands sur Qingdao, des navires de guerre russes se massèrent à Port Arthur, à l'extrémité de la péninsule de Liaodong. La Russie avait été au nombre des puissances à réclamer l'évacuation de la péninsule par le Japon – et voilà maintenant qu'elle convoitait le port. « À partir du moment où l'Allemagne occupe Qingdao, Port Arthur doit revenir à la Russie », estimèrent les Russes. Le comte Witte, le négociateur de l'accord secret entre la Russie et la Chine, l'année précédente, qualifia la conduite de son propre pays de « comble de la trahison

* Telle est l'origine de la bière « Qingdao », au départ brassée par des Allemands.

et de la déloyauté[39] ». Il n'en fit pas moins son possible pour parvenir à ses fins. Lorsque le refus de Pékin de se plier aux demandes des Russes valut à la Chine une menace de guerre, Witte conseilla de corrompre les négociateurs chinois, le comte Li et Sir Chang Yinhuan, un diplomate onctueux[40]. (Sir Yinhuan, le représentant de la Chine au jubilé de la reine Victoria, l'année précédente, avait été le premier fonctionnaire chinois à recevoir le titre de chevalier britannique.) À en croire certains documents russes, on leur offrit un demi-million de taels chacun, qu'ils acceptèrent. Les Russes voulaient aussi acheter le Grand Précepteur Weng, mais celui-ci refusa toute entrevue secrète.

Le comte reçut son demi-million en mains propres et « se dit satisfait » le lendemain de la signature de l'accord par lequel il cédait Port Arthur – encore que « seulement » pour un quart de siècle – le 27 mars 1898. Cela n'eût en réalité rien changé qu'il accepte ou non l'argent. La fermeté de Pékin aurait tourné court, pour peu que la Russie mette à exécution ses menaces d'une guerre, l'empereur Guangxu souhaitant éviter un conflit à tout prix. À la cour, les dignitaires ne purent que pleurer tous ensemble. « Quel tableau pathétique[41] ! » se lamenta Weng. Le comte n'ignorait pas qu'il allait jouer les boucs émissaires. Lors d'une audience, quelques jours avant la signature, l'empereur lui attribua tous les torts, et le tança : « Et maintenant, nous avons des problèmes avec la Russie. Et votre traité secret de l'an dernier, alors ? » Le comte ne put rien dire ni faire hormis se prosterner, pantelant. À la fin, quand l'empereur lui fit signe de s'en aller, il fallut l'aider à se relever. Peinant à reprendre son souffle, il ne sortit qu'en chancelant[42]. Peut-être le comte estima-t-il qu'il méritait son argent après un tel traitement. Les propos qu'il tint à Sir Yinhuan, lequel se plaignait qu'en signant le traité, il allait ruiner sa réputation, en disent long sur l'état d'esprit du comte : « Il n'y a pas que vous ou moi qui allons être détruits. Nous [l'empire tout entier] allons tous sombrer ensemble[43]. » Sir Yinhuan n'accepta dans un premier temps que 10 600 taels, au motif que les dénonciations liées à des pots-de-vin pleuvaient déjà sur lui. Il fallait selon lui attendre que la tempête se calme.

Cixi ne fut pas consultée à propos de la cession de Port Arthur[44]. Quand le comte Li demanda à l'empereur : « Votre Majesté en a-t-elle parlé à l'impératrice douairière ? » Guangxu répondit que non et avoua au Grand Précepteur Weng qu'il aimait mieux ne pas en toucher mot à Cixi, déjà « accablée de chagrin ». Le Grand

Précepteur se figura sans peine « la colère rentrée et l'amertume » de l'impératrice douairière. À l'évidence, Guangxu craignait qu'elle ne l'amène à se sentir coupable, si ce n'est par le discours qu'elle lui adresserait, du moins par le regard qu'elle porterait sur lui. De toute façon, cela ne servirait à rien de la mettre au courant : pour autant qu'il pût en juger, il n'y avait pas d'autre solution que de « louer » Port Arthur.

L'empereur Guangxu prit soin de ne rien faire de nature à réveiller la colère de Cixi à propos de sa désastreuse gestion de la guerre contre le Japon, cause de toutes ces crises. Le censeur Weijun, à l'origine d'accusations sans fondement visant à éloigner Cixi du processus décisionnel durant le conflit, avait été envoyé à la frontière. Sa peine enfin purgée, il s'apprêtait à retourner à Pékin[45]. Le Grand Précepteur Weng se rappela que lorsque l'empereur l'apprit, il « réfléchit un long moment et ordonna que cet homme demeure là où il résidait plusieurs années encore ». Il ajouta malgré tout que « ses intérêts tiennent à cœur à Sa Majesté ». Guangxu redoutait que le censeur, de retour à la cour, ne canalise les foudres de l'impératrice douairière.

Emboîtant le pas à l'Allemagne et à la Russie, la Grande-Bretagne et la France réclamèrent elles aussi leur part du gâteau. La Grande-Bretagne s'appropria par un bail de vingt-cinq ans – d'une durée égale à celui consenti aux Russes – l'ancien quartier général de la flotte du Nord, Weihaiwei, à l'extrémité orientale de la péninsule du Shandong, sur la côte face à Port Arthur. Les deux puissances rivales se livraient alors au Grand jeu pour imposer leur influence en Orient. La Grande-Bretagne ajouta en outre le reste de Kowloon (les nouveaux territoires) à sa colonie de Hong Kong – pour une durée de quatre-vingt-dix-neuf ans. La France s'adjugerait pendant ce temps Guangzhouwan, une petite enclave sur la côte sud, qui prolongeait indirectement l'Indochine française. La province du Fujian, de l'autre côté du détroit de Taiwan, bascula dans la sphère d'influence du Japon en tant que colonie japonaise. À la mi 1898, les points stratégiques de la côte chinoise se trouvaient à peu près tous aux mains de puissances étrangères. Cela permettrait à celles-ci, au cas où cela leur chanterait, de manipuler la Chine à leur guise.

V.

Sur le devant de la scène (1898-1901)

19. Les réformes de 1898 (1898)

H.B. Morse, auteur de remarquables essais sur la Chine de son temps, commenta : « Dans l'histoire du monde, aucun pays, au territoire aussi vaste et peuplé que la Chine, sous la houlette d'un seul et unique gouvernement – aucun pays ne serait-ce que dix fois moins étendu ou peuplé – n'a été soumis à tant d'humiliations successives ou à tant de preuves de la piètre estime en laquelle on le tient que la Chine en l'espace de six mois, de novembre 1897 à mai 1898[1]. » La nécessité de réformes s'imposait. Sans cela, l'empire ne survivrait peut-être plus longtemps. Des pétitions parvinrent les unes après les autres à la Cité interdite. L'empereur Guangxu lui-même, mû par un « pressant besoin[2] » d'agir, se secoua de sa torpeur.

À vingt-six ans, l'empereur, qui ne connaissait pas grand-chose au monde, ne savait pas par où commencer. Peut-être résolut-il par intuition, comme tous les jeunes gens de son âge, de renoncer aux aspects les plus contraignants de l'étiquette. En mai 1898, le prince Henri de Prusse rendit visite à la cour de Chine. Frère du Kaiser, il devait à l'origine y arriver en tant qu'amiral d'une flotte envoyée en renfort lors de l'attaque allemande de Qingdao. Le temps pour lui de faire le voyage, les deux pays renouèrent des « relations amicales » grâce à la complaisance de Pékin. L'ambassadeur allemand chargé d'organiser la réception du prince par l'empereur requit la permission pour Henri de s'asseoir pendant l'audience – une entorse sans précédent à l'étiquette : seule Cixi était autorisée à en faire autant. Guangxu ne demandait cependant qu'à satisfaire les exigences du prince de Prusse. Il alla jusqu'à proposer de rester lui-même debout pendant que Henri s'inclinerait devant lui, et de lui serrer la main avant de l'inviter à prendre un siège. Le Grand Précepteur Weng jugea une telle infraction au protocole déshonorante et surtout blessante, au vu du récent outrage infligé à la Chine par les Allemands[3]. Weng illustra son point de vue par de touchants arguments, mais l'empereur, qui ne partageait pas les scrupules du vieil homme, perdit patience, ce qui lui valut des semonces de Cixi. Que Guangxu cesse donc de se fâcher pour des broutilles dans un contexte aussi désastreux pour tous[4] ! Elle-même aspirait à rencontrer le prince Henri – pour la première fois de sa vie, elle verrait et se laisserait voir par un Occidental – or il était impératif qu'il reste debout en sa présence[5]. Au bout du compte, Cixi imposa sa volonté, et l'empereur, la sienne. Il alla lui-même au-devant du prince et lui rendit hommage en lui remettant une médaille en mains propres. Quand le prince lui eut annoncé que son frère le Kaiser lui avait confié une médaille à son intention, Guangxu se mit en quatre pour en offrir une au Kaiser, en remerciement.

Les médailles – de même qu'un peu plus tôt les montres et les horloges venues d'Europe – fascinaient alors le jeune monarque. Il consacra une énergie folle à la conception de la médaille au Kaiser et discuta à n'en plus finir de sa couleur, de sa taille, de la technique employée, des pierres précieuses et d'autres menus détails encore avec le ministère des Affaires étrangères et le responsable du projet. La teinte du métal – or, jaune royal ou rouge doré – fit l'objet de plus d'une conférence et de beaucoup d'agitation. Se posait aussi la question du type de perle à incruster. L'empereur penchait pour une grande, et fut déçu qu'elle ne convînt pas, du fait de sa taille. Il consentit à se rabattre sur une plus petite, mais il n'en existait pas d'assez bonne qualité. De plus amples discussions suivirent avant que le choix d'une perle et d'autres minuties ne soient réglés. L'empereur prit quant à lui le pli d'arborer des médailles cadeaux de monarques étrangers et, sur un coup de tête, il en donna une au comte Li et une autre à Sir Yinhuan – en dépit de la disgrâce du comte et des accusations de corruption qui pleuvaient alors sur les deux hommes. L'empereur avait en effet vu certains diplomates occidentaux en porter[6].

Les initiatives de Sa Majesté en matière de réformes tournèrent court et les dignitaires ne surent bientôt plus à quel saint se vouer. Selon le Grand Précepteur Weng, quand Guangxu leur demanda ce qu'il convenait de faire, « le prince Gong garda le silence – puis il déclara qu'il fallait commencer par l'administration. Je plaçai à mon tour quelques mots mais le reste du Grand Conseil garda le silence[7]. » Le prince Gong ne tarda pas à rendre l'âme, le 29 mai 1898. Sur son lit de mort, il ne put que pleurer sur le sort de l'empire dévasté.

La survie de sa dynastie étant tout de même en jeu, Guangxu se tourna vers Cixi. Sir Yinhuan, très proche de l'empereur à l'époque, nota (et confia aux Japonais) : « Les hauts et les bas de ces dernières années ont beaucoup ébranlé l'empereur et lui ont fait sentir la nécessité de réformes [...] L'impératrice douairière apprécie par principe les réformateurs. Depuis que l'empereur a changé, et s'est converti à l'idée de réformes, il se rapproche de l'impératrice douairière, ce qui accroît d'autant son pouvoir[8]. »

Guangxu se mit à solliciter les conseils de Cixi, qui lui témoigna en retour une affection enthousiaste. Le cabinet de l'empereur transmettait à Cixi des propositions de réforme, qu'elle étudiait, en quête d'idées neuves. Comme il résidait à la Cité interdite, Guangxu allait consulter Cixi en chaise à porteurs au Palais d'été presque tous les jours, or le trajet lui prenait trois heures à l'aller, et autant au retour. De temps à autre, l'impératrice douairière lui rendait visite à la Cité interdite. En tout, ils passaient à ce moment-là plus des deux tiers de leur temps ensemble, à discuter des affaires de l'État. Leur relation était celle d'un élève et de son professeur. Ce fut à l'issue d'une visite au Palais d'été que l'empereur, de retour à la Cité interdite, fit part au Grand Conseil d'un décret de Cixi. Le Grand Précepteur Weng s'en rappellerait dans son journal, à la date du 11 juin 1898 :

> Aujourd'hui, Sa Majesté a transmis un décret de l'impératrice douairière [*shang-feng-ci-yu*] : ce que le Censeur Yang Shenxiu et le Compagnon d'apprentissage Xu Zhijing ont déclaré ces derniers jours est tout à fait vrai. La ligne politique de notre État n'a pas encore été bien comprise. À compter de ce jour, nous allons devoir adopter les us et coutumes occidentaux. Faire une déclaration officielle sans ambiguïté ni équivoque, etc. [...] L'impératrice douairière est très déterminée. Je me suis permis de dire à Sa Majesté qu'il fallait bien entendu adopter les façons de procéder des Occidentaux mais surtout qu'il ne fallait pas renoncer aux enseignements éthiques ou philosophiques de nos sages. Je me suis ensuite retiré pour rédiger l'édit impérial[9].

Cet édit, « l'annonce de la politique fondamentale de l'État », rédigé par le Grand Précepteur Weng sur les instructions de Cixi, dont Guangxu se fit le relais, fut promulgué le jour même et marqua le début des réformes historiques de 1898. Les livres qui en traitent le célèbrent comme un tournant dans l'histoire de la Chine. Ils l'attribuent sans faute à l'empereur Guangxu et reprochent à

Cixi son opposition ultra conservatrice. En réalité, ce fut elle qui donna le coup d'envoi aux réformes.

La carrière politique du Grand Précepteur Weng se conclut par la rédaction de « l'annonce ». Quelques jours plus tard, l'empereur, son élève, le chassa de la cour.

Il en coûta beaucoup à Guangxu de rompre avec le vieil homme, qu'il assimilait depuis son enfance à une figure paternelle. Il n'y avait personne dont il se sentît aussi proche. Jusque-là, et en particulier pendant la guerre contre le Japon, le jeune monarque s'était toujours fié aux conseils de son aîné. Après le désastre du conflit, un malheur en engendrant un autre, le prestige du précepteur se ternit toutefois aux yeux de son élève. Leur relation devint intenable quand l'empereur opta pour des réformes, alors que Weng restait englué dans le passé. De nombreux désaccords les séparaient en outre. Le Grand Précepteur n'avait à l'évidence pas sa place dans une cour réformiste, en dépit de son érudition et de ses incomparables talents de calligraphe, de sa droiture et de sa loyauté. Guangxu rédigea de sa propre main un édit à l'encre écarlate ordonnant à Weng de se retirer à son domicile[10]. Le précepteur, anéanti, eut le cœur brisé par le refus de l'empereur de lui dire adieu en personne. Désirant l'apercevoir, Weng accourut à une porte par laquelle il savait que passerait l'empereur dans l'enceinte de la Cité interdite. Quand survint enfin la chaise à porteurs du jeune homme, le précepteur âgé se prosterna jusqu'à toucher du front les pavés. Il écrivit plus tard : « Sa Majesté s'est tournée et m'a regardé sans un mot. J'avais l'impression de vivre un cauchemar. »

Cixi approuva sans nul doute la décision de Guangxu, qui dut à la fois la ravir et la soulager. Elle s'arrangeait jusque-là pour qu'il dépende le moins possible de Weng en politique, mais il lui fallait marcher sur des œufs, tant ils étaient proches l'un de l'autre. Cixi n'en témoigna pas moins sa sollicitude à Weng. Le lendemain de son renvoi, elle devait distribuer ses cadeaux d'été aux Grands Conseillers. Weng refusa le sien, qu'un eunuque lui tendait, au motif qu'il venait de perdre son poste. Il finit par s'incliner face à l'insistance de Cixi, par le truchement de l'eunuque, mais n'envoya pas de lettre de remerciement à l'impératrice douairière. Ses anciens collègues lui exprimèrent sa reconnaissance à sa place[11].

Cixi et son fils adoptif entamèrent une collaboration sans précédent[12]. Des palais impériaux sortit une avalanche de décrets réformistes. Bien que rédigés au nom de l'empereur, ils reçurent tous l'aval de Cixi[13]. Ils s'inspiraient de suggestions de fonctionnaires de tout l'empire. L'un des premiers changements à mettre en œuvre concerna le système éducatif, essentiel à la formation de l'élite au pouvoir. Focalisé sur les classiques confucéens abscons, il préparait mal les futurs dirigeants à la modernité et, à cause de lui, 99 pour cent de la population chinoise demeurait analphabète. Selon une pertinente remarque du missionnaire américain W.A.P. Martin : « l'avenir de la Chine dépend de » sa capacité à se réformer[14]. Le système éducatif servant de soubassement à l'État, son occidentalisation ne provoquerait rien de moins qu'un séisme.

Les sujets de composition les plus hermétiques disparurent dans un premier temps des examens impériaux, qui inclurent dès l'année suivante des épreuves portant sur les affaires courantes et l'économie. L'empereur rédigea de sa propre main un édit à cet effet, ce qui prouve l'importance qu'il y accordait. Dans toute la Chine, on établirait des écoles primaires et secondaires, et des universités à l'occidentale, où l'on enseignerait les sciences naturelles et sociales. On réfléchit mûrement à leur implantation, leur financement, au recrutement de leur personnel et au matériel, support de l'enseignement. La fondation de l'université de Pékin marquerait un premier pas en ce sens.

De nombreux projets renouèrent avec les tentatives de modernisation antérieures de Cixi ou les amplifièrnt. Parmi eux : l'envoi d'étudiants dans des universités étrangères. On annonça que Leurs Majestés prendraient le train pour Tianjin à l'automne afin de passer en revue les troupes désormais soumises à un entraînement moderne. Ce geste symbolique devait attester l'importance accordée par la Chine aux chemins de fer et à une défense du territoire à la pointe. L'empire se décida enfin à adopter des méthodes agricoles modernes et un commerce à l'occidentale, sans parler des publications et des innovations technologiques. On mit à l'étude une nouvelle législation des brevets. Ce fut à coup sûr de Cixi que vint l'idée tout à fait novatrice, aux retombées considérables, d'importer des machines à même de transformer des matières premières en produits manufacturés d'exportation. (Ce fut à son fidèle Junglu que Cixi ordonna de la traduire dans les faits[15].) La valeur des poils de chameau et de la laine de mouton, traditionnellement exportés par la Chine, se multipliait dès lors qu'ils se présentaient sous forme de tissus et de couvertures. Ce fut à l'origine la perspective de diversifier les exportations qui convainquit Cixi de l'intérêt d'un réseau ferré.

La collaboration harmonieuse de Cixi et de l'empereur dura un peu plus de deux mois, au cours desquels le zèle modernisateur de la cour se fit ressentir d'un bout à l'autre du pays. On estima que, parmi les fonctionnaires, il y en avait « six ou sept sur dix » favorables au mouvement « et pas plus d'un ou deux sur dix qui s'entêtent à s'en tenir à l'ancienne façon de faire[16] ». Certains décrets prirent aussitôt effet, lors de la fondation de l'université de Pékin, par exemple. Mais avant que l'essentiel des réformes ne soit mené à bien, un drame y mit un terme abrupt – un drame provoqué par un homme retors et hors du commun : Kang Youwei, surnommé Kang le Renard.

Cantonais de quarante ans, issu d'une famille de fonctionnaires, Kang grandit dans le port ouvert de Nanhai, où l'on notait une forte présence des Occidentaux. Acquis à bon nombre d'idées réformistes, il avait hâte de les mettre en pratique. Doué d'une assurance phénoménale, dans ses mémoires manuscrits auxquels il donna le titre révélateur d'*Histoire de moi-même*, il déclara que sa supériorité commença de se manifester dès ses cinq ans. À vingt ans, un jour qu'il se trouvait seul, il vit soudain « le ciel et la terre et tout le reste ne plus faire qu'un avec moi, et de cette entité jaillirent de spectaculaires rais de lumière. Je compris que j'étais le Sage, et je souris avec joie[17] ». Par « Sage » il faut entendre Confucius, dont il se croyait la réincarnation. Pendant un certain temps, il s'efforça d'entrer en contact avec le trône, de manière à faire connaître et appliquer ses idées ; à vrai dire, il souhaitait orienter la politique de l'empire. En tant que fonctionnaire à un échelon assez bas, il se heurta à de nombreuses frustrations qui ne le rebutèrent pas pour autant.

Résolu à cultiver des relations influentes, Kang se lia d'amitié avec l'homme qui allait changer son destin : Sir Yinhuan, Cantonais, lui aussi, principal responsable des Affaires étrangères et choisi par l'empereur comme confident en dépit des accusations de corruption qui pesaient sur lui. Le 24 janvier 1898, à force de manigances, Kang obtint un entretien avec cinq des plus hauts dignitaires de l'empire. Aussitôt après, il adressa à l'empereur une lettre, que lui remit Sir Yinhuan. Voilà comment le Renard s'introduisit dans les plus hautes sphères, auprès du trône.

Sur sa lancée, Kang émit d'autres suggestions, que Sir Yinhuan transmit à l'empereur. Celui-ci les communiqua sur-le-champ à Cixi, sans en prendre lui-même connaissance en totalité. Cixi, elle, lut attentivement les écrits de Kang, qui l'impressionnèrent[18]. Elle attira l'attention de son fils adoptif sur un pamphlet au sujet de la transformation du Japon[19]. Cixi venait de découvrir un remarquable réformateur capable d'exprimer ses idées neuves avec hardiesse et habileté. Elle ne tarda pas à déceler des réflexions tout aussi inspirées dans les pétitions de deux fonctionnaires, le Censeur Shenxiu et le Compagnon d'apprentissage Xu – les deux hommes mentionnés dans le décret à l'origine des Réformes du 11 juin. Kang les avait lui-même rédigées à l'insu de l'impératrice douairière. À l'évidence, ils partageaient les mêmes idées.

Comme le décret impérial mentionnait le Compagnon d'apprentissage Xu, Kang rédigea une autre pétition en son nom incitant l'empereur à lui confier, à lui, Kang, un rôle de « proche conseiller en politiques nouvelles[20] ». Le ventriloque répéta ensuite son numéro en utilisant comme intermédiaire le partisan le plus remarqué de Kang, un brillant essayiste du nom de Liang Qichao. Avec la bénédiction de Cixi[21], Guangxu accorda une audience à Kang au Palais d'été, le 16 juin : le Renard devint ainsi l'un des premiers serviteurs de l'empire au bas de l'échelle auquel l'empereur eût accordé un entretien en vue de son avancement. Un poste aux Affaires étrangères fut proposé à Kang, qui n'en voulut pourtant pas. En privé, il estima l'offre « humiliante » et « risible au possible[22] ». Il ambitionnait en effet de prendre des décisions à la place de Sa Majesté, à ses côtés. Depuis le début de l'année, il préconisait pour cela la constitution auprès du trône d'un organe consultatif investi d'un pouvoir exécutif.

Apparemment, de toutes les idées de Kang, ce fut celle qui rencontra le plus d'écho chez Cixi. Il n'existait aucun organe de ce genre à la cour, vu que les empereurs de la dynastie Qing devaient tout décider seuls : le Grand Conseil n'assumait auprès du monarque qu'un rôle consultatif. Kang venait de mettre le doigt sur une lacune fondamentale du régime – dont s'était aperçu Lord Macartney, cent ans plus tôt, à l'issue d'un séjour auprès de l'empereur Qianlong, alors âgé de quatre-vingts ans. Dès cette époque-là, Macartney posa une question prémonitoire : « Qui sera l'Atlas chargé par l'empereur de porter le fardeau de l'empire après sa mort ? Quelles que soient les épaules sur lesquelles il retombera, poursuivit-il, il leur faudra une force surhumaine. » L'empire chinois évoquait à Macartney un « navire de guerre de premier ordre, qu'une heureuse succession d'officiers capables et prudents a réussi à maintenir à flots ces cent cinquante dernières années [...] Mais qu'un incompétent assume le commandement sur le pont et adieu la discipline et la sécurité à bord [...] le navire risque fort de dériver en tant qu'épave avant que ses débris n'échouent sur le rivage[23] ». « Incompétent », l'empereur Guangxu avait besoin d'esprits clairvoyants pour le seconder. Cixi ne le savait que trop. À vrai dire, il ne lui avait pas échappé que la Grande-Bretagne ne devait pas tant son statut de puissance mondiale à la reine Victoria qu'aux « parlementaires capables[24] » qui prenaient collectivement les décisions.

Les hauts fonctionnaires invités par Cixi à débattre de l'instauration d'un organe consultatif se prononcèrent en sa défaveur. Elle leur dit d'y réfléchir à deux fois – « de bien y penser et d'en discuter dans le détail » tout en les prévenant qu'elle ne voulait malgré tout pas d'un « assentiment de pure forme ». De longs mois à peser le pour et le contre ne les firent pas changer d'avis[25]. Leur principale objection provenait d'un insurmontable problème : qui constituerait ce nouveau conseil et partagerait le pouvoir avec l'empereur ? Faute de procédure de sélection, de « mauvaises » personnes risquaient de se frayer une place auprès du trône par des moyens tortueux ; en convenant en secret de se coopter les uns les autres, par exemple, auquel cas la dynastie tomberait entre leurs mains. Les sceptiques pensaient en réalité à Kang le Renard. Le bruit courait qu'il « achetait » des pétitions en sa faveur – une accusation sans nul doute justifiée. Une pétition signée par le Compagnon d'apprentissage Xu lui aurait ainsi coûté 4 000 taels[26], alors qu'il versait à d'autres pétitionnaires 300 taels par mois en échange de leur appui. Dans la capitale, un scandale éclata et on jugea le Renard « impudent ». Des spéculations coururent en outre sur la provenance de son argent, vu qu'il n'appartenait pas à une famille riche. Un ancien précepteur réformiste de l'empereur, Sun Jianai, avança que l'organe consultatif ne donnerait de résultats qu'à condition de le constituer par une « élection » à l'occidentale, c'est-à-dire en soumettant les candidats au regard critique du grand public[27]. Comme c'était alors impensable, l'idée d'un nouveau conseil fut abandonnée fin juillet.

Malgré tous les bruits déplaisants qui couraient sur le Renard et la méfiance qu'il lui inspirait, Cixi, l'appréciant en tant que réformateur, lui confia des missions clé. Elle lui enjoignit par exemple par un décret de lancer à Shanghai le premier journal officiel moderne destiné à rendre publique la politique du gouvernement. La responsabilité lui échut en outre de rédiger une loi sur la presse inspirée de modèles occidentaux. À en croire une partie de ses amis, de telles tâches semblaient faites sur mesure pour lui[28]. C'était tout à fait le genre de Cixi d'envoyer un fonctionnaire en disgrâce loin de la capitale, là où il ne nuirait à personne et continuerait d'assumer un rôle d'importance. Elle jugeait préférable de se créer le moins d'ennemis possible. Mais Kang ne voulut pas quitter Pékin. Il ne se contenterait de rien de moins que du trône. Son bras droit, Liang, ne s'estimait pas satisfait, lui non plus, de sa nouvelle mission – superviser la rédaction de manuels scolaires en usage dans tout l'empire. Il venait pourtant de bénéficier d'une extraordinaire promotion, vu qu'il n'occupait jusque-là aucun poste officiel. Kang s'attarda à Pékin et, avec l'aide de Liang, complota son prochain coup.

Il logeait alors chez Sir Yinhuan, le plus proche conseiller de l'empereur depuis le départ du Grand Précepteur Weng. Sir Yinhuan tint un rôle décisif dans les machinations de Kang, auquel il donna de nombreuses informations sur Sa Majesté. La considérable charge de travail de l'empereur, encore accrue par sa manie de rectifier les fautes de grammaire dans les innombrables rapports qui atterrissaient sur son bureau, lui avait épuisé les nerfs. Vulnérable et faible, il ressentait une certaine aigreur envers son Très cher papa. À leurs dissensions passées s'était ajoutée, en 1896, l'initiative de Cixi de conclure un traité secret entre la Russie et la Chine, suite à la guerre contre le Japon, à l'époque où Guangxu n'osait plus se présenter la tête haute à la cour. Cixi avait tout combiné seule, sans que nul ne prît la peine d'informer l'empereur de ce qui se tramait. Non seulement, le jeune homme en garda de la rancune envers Cixi, mais il en vint à haïr la Russie – alors que les autres puissances, l'Allemagne y compris, ne lui inspiraient que de l'indifférence. Le Renard put manipuler l'empereur à sa guise en touchant ses points sensibles par des écrits que Sir Yinhuan remit clandestinement au monarque en court-circuitant, et le Grand Conseil, et Cixi[29]. Un pamphlet intitulé *De la destruction de la Pologne* dépeignit par exemple la Russie sous les traits d'un méchant ogre : « Un pays de bêtes assoiffées de sang, qui fait son affaire d'engloutir d'autres pays. » Déformant sans se gêner l'histoire de la Pologne pour lui donner une dimension prophétique, Kang écrivit qu'y régnait « un roi sage et capable déterminé à mener à bien des réformes » ; un roi aux efforts contrecarrés par des « aristocrates et des hauts fonctionnaires », et qui manqua par leur faute « l'occasion de rendre son pays fort ». Selon le Renard, « les troupes russes arrivèrent alors [...] et le pays périt en moins de sept ans ». Quant au roi, il connut « un destin parmi les plus cruels et les plus atroces dont l'histoire garde trace ». Kang conclut que la Chine s'apprêtait à suivre l'exemple de la Pologne à cause de « l'opposition des dignitaires à la constitution d'un organe consultatif » et que « les troupes russes arriveront d'ici quelques années, une fois terminé le chemin de fer sibérien ». Kang mentionna cette clause essentielle du traité secret dans l'intention de porter à son comble l'exaspération de l'empereur Guangxu.

Cette fable de mauvais augure se retrouva entre les mains de l'empereur, peu après son vingt-septième anniversaire, qu'il fêta le 13 août. Il la lut jusque tard dans la nuit, alors que la cire rouge des bougies qui l'éclairaient gouttait sur les pages. Son sommeil déjà agité se dégrada encore et ses nerfs à vif lâchèrent[30]. Son dossier médical indique que ses médecins lui rendirent visite presque tous les jours à partir du 19. En sanglotant, il ordonna de remettre 2 000 taels d'argent à Kang en gage d'estime. Kang l'en remercia le 29 par une lettre qui n'était pas seulement de circonstance. Remise à l'empereur en secret, elle atteignait une longueur exceptionnelle : le récit des horreurs survenues à la Pologne y figurait une fois de plus, et Kang soulignait que le seul moyen d'éviter à la Chine un sort semblable consistait à créer sur-le-champ un organe consultatif. Il accabla en outre l'empereur de flatteries dépassant les bornes. Kang qualifia par exemple Guangxu de « plus sage empereur que l'histoire ait connu », « dont les yeux pénétrants émettent des rayons, à l'instar du soleil et de la lune », doué de qualités « sublimes et sans commune mesure avec celles des empereurs même les plus grands de tous les temps ». Seule une « injustice millénaire » expliquait que les soucis de la Chine soient retombés sur lui[31]. D'ailleurs, ces soucis n'étaient survenus que parce qu'il avait manqué à l'empereur l'occasion d'exercer « sa suprême sagesse, son immense bravoure et sa terrible force pareille au tonnerre ». De « vieux fonctionnaires » l'empêchaient de donner sa pleine mesure. Et le plus préoccupant, c'était que l'empereur ne disposait pas auprès de lui des bonnes personnes. Il suffirait à Sa Majesté de remédier à cet état de fait pour accomplir enfin de grandes choses.

Nul n'avait encore tenu de tels propos à Guangxu. La cour usait de formules fleuries à la louange du trône mais n'encourageait pas les compliments excessifs. Un bon empereur se devait d'encaisser les critiques et de fuir les flagorneurs. Le sentiment de ne pas être à la hauteur, surtout à côté de son très cher papa, minait depuis toujours Guangxu. Voilà soudain que quelqu'un semblait l'apprécier pour de bon. On ne saurait surestimer l'impact des flatteries de Kang sur le jeune homme peu sûr de lui. Son estime de lui-même en sortit gonflée à bloc. Il cessa par ailleurs de se reprocher l'issue du conflit contre le Japon, et son complexe d'infériorité s'atténua. Après tout, rien n'était de sa faute. C'étaient les « vieux fonctionnaires » qu'il fallait blâmer. Surtout, il n'y aurait plus de limite à ce qu'il pourrait accomplir, une fois Kang à ses côtés. Voilà comment Guangxu succomba à l'influence du Renard, qu'il n'avait rencontré qu'une seule fois. Il ordonna sur-le-champ de réunir en livrets les pétitions de Kang sous le titre de « pétitions du héros », dans l'intention de les étudier plus à fond[32].

En plus de sa longue lettre obséquieuse, Kang pressa l'empereur de congédier au plus vite les vieux fonctionnaires pour en nommer d'autres à leur place. Tout feu tout flamme, l'empereur prit aussitôt la plume pour limoger une légion de serviteurs de l'empire, dont beaucoup qu'il ne remplaça pas. Le décret qu'il rédigea de sa propre main indique à quel point cela lui démangeait de « se débarrasser d'eux tous[33] ». L'idée ne vint pas à Guangxu que, quelle que fût l'incompétence de beaucoup d'entre eux, en tant que gratte-papiers de bas étage, ils se contentaient d'exécuter les ordres émanant du trône.

Cixi n'eut pas plus tôt pris connaissance de l'édit, avant même sa proclamation, qu'elle s'alarma. Pour ne pas contrarier son fils adoptif, elle ne rétablit que quelques postes clé, celui de Chargé du transport des céréales du sud au nord de la Chine, par exemple, et laissa courir. Une fois face à l'empereur, elle s'éleva malgré tout avec force contre les limogeages et l'avertit qu'il allait « perdre des soutiens et de la bonne volonté [*shi-ren-xin*] » envers les réformes, ce qui pourrait bien lui coûter son trône[34]. De fait, comme l'édit privait tout à coup des milliers de fonctionnaires de leurs moyens de subsistance rien que dans la capitale, la consternation se répandit parmi l'administration de tout l'empire, où l'on se mit à redouter le pire.

Sachant que Cixi ne l'approuvait pas, l'empereur ne lui montra pas certains édits qu'il promulga au mépris du pacte sur lequel reposait leur relation de travail. Le 4 septembre, dès le départ de Cixi de la Cité interdite pour le Palais d'été, il renvoya le ministre des Rites et cinq hauts fonctionnaires de ses collaborateurs par un édit furibond à l'encre écarlate. L'empereur entra dans une rage sans commune mesure avec les torts du ministère, qui n'avait que tardé à lui transmettre une proposition d'un dénommé Wang Zhao, un ami de Kang. L'empereur promut celui-ci et nomma un nouveau ministre – encore un ami de Kang, ayant entonné la louange du

Renard dans un courrier au trône. D'autres amis de Kang, dont le Compagnon d'apprentissage Xu, deviendraient ministres adjoints. Guangxu comptait appliquer la même procédure à d'autres ministères. Le lendemain, il nomma au Grand Conseil quatre secrétaires subalternes, dont deux camarades de Kang, qu'il n'avait entrevus que quelques instants. Il ne les en considérait pas moins comme des « hommes brillants et courageux », à la différence de tous ces vieux fonctionnaires « idiots et bons à rien[35] ».

Les édits de l'empereur ne furent communiqués à Cixi qu'à titre informatif, une fois rendus publics. Lorsqu'elle s'entretint de nouveau avec son fils adoptif, elle lui reprocha son remaniement ministériel, qu'elle qualifia de déraisonnable, et refusa de cautionner certaines nominations, dont celle du Compagnon d'apprentissage Xu, qu'elle savait appartenir à la coterie du Renard. Sans faire de bruit, elle s'arrangea pour que les édits des nouveaux secrétaires lui fussent soumis dès leur rédaction. En dehors de cela, elle ne s'éleva pas contre Guangxu.

Fort du précédent que venait d'établir l'empereur en procédant de son propre chef à un remaniement du personnel administratif, le Renard se lança, lui et ses camarades, dans une campagne de pétitions appelant Guangxu à établir un organe consultatif – dont Kang prendrait la direction. L'un des quatre nouveaux secrétaires qui n'appartenait pas à la clique de Kang nota dans sa correspondance privée, le 13 septembre : « Chaque jour, il est question du conseil consultatif, et tout pousse l'empereur à le créer. Kang et Liang n'ont pas obtenu les postes qu'ils briguaient, et je crains que la situation ne devienne houleuse[36]. » Le même jour, Guangxu se décida enfin à instituer ce qui serait de fait le Comité Kang[37]. Quand le Renard en eut vent, il alla aussitôt trouver ses amis, rayonnant. Il leur annonça que le conseil compterait dix membres que le trône choisirait sur recommandation. Il remit aux dignitaires en droit d'adresser des courriers personnels à l'empereur une liste de dix hommes et enjoignit à chacun d'eux d'en mettre en avant quelques-uns. Sur la liste figuraient Kang lui-même, son frère Guangren, son bras droit Liang, deux fils du Compagnon d'apprentissage Xu, etc. Voilà comment s'établit dans l'esprit de Guangxu la renommée des membres de la cabale.

Le 14 septembre, l'empereur emporta la liste au Palais d'été. Cixi refusa de l'approuver et annonça d'un ton sans appel qu'il ne servirait à rien d'en discuter. Le lendemain, Guangxu, anxieux, convoqua l'un des quatre nouveaux secrétaires auquel il remit une lettre où il priait ceux qu'il venait de nommer et qu'il qualifiait de « camarades » de trouver un moyen de constituer le Comité Kang sans contrarier son royal père. Ce secrétaire, Yang Rui, n'appartenait pas à la clique de Kang, dont il n'approuvait d'ailleurs pas les agissements. Mais Sa Majesté ne prenait pas garde aux allégeances des fonctionnaires depuis peu en poste qui envahissaient alors la cour et qu'il assimilait à tort à une seule et même force de progrès.

Le Renard eut vent de la lettre. Il n'est pas exclu qu'il l'ait même lue. Là-dessus, il apprit que l'empereur le suppliait par un édit public, au ton toutefois étrangement personnel, de quitter Pékin pour s'occuper à Shanghai du journal qui lui avait été confié. Le Renard comprit que l'impératrice douairière faisait obstacle à son ascension. Jusque-là, Cixi ne s'opposait pas à la politique réformiste de Kang – dont elle partageait les idées. Ce fut elle qui, la première, mesura le potentiel de Kang et lui accorda des promotions. Pour autant, elle ne voulait pas lui céder le pouvoir.

On ne saurait nier, au vu des désastres imputables au régime des Qing, que l'instauration en Chine d'une autre forme de gouvernement aurait eu du bon. Si l'on peut toujours débattre des qualités de dirigeant de Kang, une chose reste certaine : il ne comptait pas transformer l'empire en démocratie parlementaire, comme on le prétend souvent. Il n'en a pas une seule fois exprimé le souhait ; au contraire, il affirma dans un article de presse que la démocratie convenait certes à l'Occident, mais ne vaudrait rien de bon à la Chine. « Un empereur est comme un père de famille, écrivit-il, et son peuple, ce sont ses enfants. Le peuple chinois s'apparente à une nuée de jeunes enfants. Or comment une famille d'une douzaine de bambins peut-elle fonctionner si les parents ne s'arrogent pas le droit exclusif de prendre les décisions et laissent au contraire les petits n'en faire qu'à leur tête ? [...] Je peux vous assurer qu'en Chine, seul l'empereur doit gouverner[38]. »

Kang le Renard voulait être empereur. Il avait d'ailleurs tenté de légitimer ses aspirations au trône en se prétendant dans un premier temps la réincarnation de Confucius, attirant du même coup l'attention sur lui. Même les Occidentaux entendirent parler de lui comme du « Sage moderne » et du « second Confucius[39] ». Ensuite, avec sa coterie, peu nombreuse mais influente, il tenta d'imposer l'idée que Confucius avait été couronné roi de Chine en substitution de l'empereur de l'époque[40]. À cette fin, il fonda un journal basé sur un « calendrier confucéen » où l'année de la naissance de Confucius correspondait à l'an un. Comme une telle stratégie menaçait directement l'empereur Guangxu, le Renard y renonça lorsqu'il se mit en tête d'entrer dans ses bonnes grâces. Sitôt Guangxu sous son emprise, Kang expliqua au monarque, par une lettre officieuse, que, victime d'un malentendu, lui, Kang, n'avait jamais affirmé que Confucius avait été couronné roi. Kang souhaitait à tout prix ôter à l'empereur l'idée qu'il convoitait sa place[41]. Une fois Guangxu séduit, Kang résolut de réaliser son rêve en tirant les ficelles, dans l'ombre du trône. Voilà désormais qu'une Cixi à la volonté de fer se dressait sur son chemin. Il ne restait plus qu'un moyen au Renard de parvenir à ses fins : écarter l'impératrice douairière par la force.

20. Complot contre la vie de Cixi (septembre 1898)

Kang le Renard complotait depuis quelque temps d'assassiner Cixi, du fait qu'elle s'interposait entre lui et le pouvoir suprême. Pour se débarrasser d'elle, il lui fallait une force armée, or il songea d'abord à faire appel à un commandant du nom de Nie. Il demanda à Wang Zhao, un fonctionnaire sans grade, de prendre contact avec Nie pour le convaincre de se joindre à leur conspiration[1], mais Wang Zhao refusa et traita, devant Kang, son projet de songe creux. L'armée était à la botte de Cixi. Au moment de donner le coup d'envoi aux réformes, elle avait décrété de nouvelles nominations aux postes militaires clé et confié à Junglu, à la loyauté inébranlable, le commandement de l'armée à Pékin et aux environs. Son quartier général se trouvait à Tianjin.

Le général Yuan Shikai – un officier hors pair dévoré par l'ambition, qui allait devenir le premier Président de la république de Chine – recevait ses ordres de Junglu. Remarquant que l'empereur nommait à des postes en vue ceux que lui recommandaient Kang et sa coterie, il se lia avec eux. Grâce à Kang, l'empereur accorda au général Yuan non pas une mais deux audiences, tout de suite après son altercation avec Cixi, le 14 septembre. Sa Majesté le promut en court-circuitant ses supérieurs et déclara pour ainsi dire à Yuan de prendre ses distances par rapport à Junglu pour ne plus recevoir d'ordres que de lui-même. L'empereur appliquait de fait le conseil du Renard de se constituer une armée personnelle.

Après ces audiences, un complice de Kang, Tan Sitong, rendit visite au général Yuan, tard dans la nuit du 18 septembre. Tan, l'un des quatre secrétaires nommés depuis peu au Grand Conseil, estimait impossible de mener à bien les réformes sans violence. « Il n'y a pas eu de réforme sans bain de sang depuis l'Antiquité ; il va nous falloir liquider tous ces parasites si nous voulons faire avancer les choses. » Tan, que le général ne connaissait que comme « un personnage important, proche de l'empereur, à l'ascension récente », se présenta en tant que messager de Guangxu, qui souhaitait à l'entendre que le général Yuan assassine Junglu à Tianjin et emmène ses troupes à Pékin, où il encerclerait le Palais d'été avant de s'emparer de l'impératrice douairière. Après cela, ajouta Tan, « ce sera à moi de pourfendre cette sale vieille et Votre Excellence n'a pas à s'en soucier ». Tan promit au général que l'empereur lui-même lui remettrait à cet effet un édit à l'encre écarlate lors d'une troisième audience, deux jours plus tard, le 20 septembre. Yuan, à qui Tan parut « déchaîné et à moitié fou », ne se compromit pas mais conclut qu'il faudrait du temps pour combiner un tel coup[2].

C'était justement ce dont s'occupait le Renard, qui venait de concevoir un prétexte pour déplacer les hommes du général Yuan, au nombre de 7 000, des alentours de Pékin aux abords immédiats du Palais d'été. Il rédigea une proposition au nom d'un autre de ses complices, le Censeur Shenxiu : pour soulager la crise des finances de l'État, il convenait de déterrer une cargaison d'or et d'argent enfouie auprès de l'ancien Palais d'été[3]. Cette proposition devait arriver sur le bureau de l'empereur juste avant la troisième audience de Yuan, de manière à ce que Guangxu puisse confier les travaux d'excavation au général, dès lors en droit de placer ses hommes sur le pas de la porte de Cixi, pour ainsi dire.

Comme son journal le révélerait par la suite, la proposition de Tan stupéfia le général Yuan. Le voilà face à un dilemme, contraint de prendre parti pour l'empereur Guangxu ou pour l'impératrice douairière. Comme il le déclara à Tan, dans l'hypothèse où Guangxu rédigerait à l'encre écarlate un édit lui ordonnant de se débarrasser de l'impératrice douairière, « qui oserait désobéir à un papier émanant de l'empereur ? ». Malgré tout, le soir même, il dénonça le complot à un prince, fidèle allié de Cixi*.

Au même moment, Ito Hirobumi, l'ancien Premier ministre du Japon qui ne détenait alors plus de poste, responsable de la guerre contre la Chine, quatre ans plus tôt, et du calamiteux traité de

* La plupart des historiens placent la dénonciation de Yuan plus tard, après sa troisième entrevue avec l'empereur. C'est impossible. S'il avait un tant soit peu tardé à prévenir Cixi, alors que sa vie était en jeu, elle aurait douté de sa loyauté, pensant qu'il avait hésité. Jamais plus elle ne se serait fiée à lui. Alors qu'à compter de ce jour, Cixi accorderait une confiance sans faille au général Yuan, à l'ascension fulgurante.

Shimonoseki, se rendit à Pékin « à titre privé ». L'empereur Guangxu devait le recevoir le jour même de sa troisième audience avec le général Yuan.

Une partie de l'élite chinoise était passée, vis-à-vis du Japon, de la haine à l'admiration, voire au désir de coopération, depuis l'immixtion des puissances européennes dans les affaires chinoises en 1897 et 1898. Les Japonais cultivaient des relations influentes parmi les Chinois, sur l'air de : « La guerre entre nos deux pays a été une erreur dont nous avons souffert, les uns comme les autres. Maintenant que les Blancs nous menacent, nous les Asiatiques, la Chine et le Japon doivent s'unir pour leur résister. Nous devons nous tendre la main. » Certains dignitaires, sensibles à un tel argument, aspiraient à voir le Japon enseigner à la Chine le moyen de gagner en force. Des pétitions appelèrent Guangxu à inviter Ito à Pékin en tant que conseiller. Kang le Renard tirait en réalité les ficelles, rédigeant des pétitions au nom de ses amis[4]. Un journal très lu à Tianjin, le *Guo-wen-bao*, propriété d'un Japonais, subventionné par le gouvernement japonais, se fit le relais d'un tel souhait, affirmant que « non seulement, la Chine et le Japon n'auraient qu'à s'en féliciter, mais qu'il en allait de la survie de l'Asie et de la race jaune[5] ».

Il était de notoriété publique que Guangxu comptait engager Ito comme conseiller. L'empereur se montrait de plus en plus favorable aux Japonais depuis qu'il subissait l'ascendant de Kang. Le 7 septembre, il écrivit lui-même à l'empereur japonais une lettre au ton d'entrée de jeu intime – et de ce fait sans exemple dans une correspondance diplomatique. « Mon plus cher et plus proche et amical voisin du même continent » commençait-il, avant de conclure par le souhait que les deux pays « s'aident mutuellement à défendre le Grand Orient[6] ». Ito lui-même comptait à l'évidence collaborer avec le trône chinois. À son arrivée à Tianjin, il écrivit à sa femme : « Je pars demain pour Pékin, où il semblerait que l'empereur aspire depuis un certain temps à me voir [...] À Tianjin, des banquets occupent tout mon temps. De nombreux Chinois sont venus me demander d'aider la Chine, et il m'est vraiment impossible de dire non. J'ai entendu parler de l'empereur comme d'un homme capable et brillant, et il n'a que vingt-sept ans[7]. » Guangxu accorderait une audience à Ito le 20 septembre, peut-être bien en prélude à sa nomination. (L'annonce de l'attribution d'un nouveau poste survenait en général tout de suite après l'audience de celui qui allait l'assumer.) Pour qu'en engageant Ito, l'empereur ait l'air d'exaucer un vœu du peuple, le Renard rédigea au nom de ses amis deux pétitions incitant l'empereur à prendre Ito à son service – l'une atterrirait sur le bureau de Sa Majesté quelques heures avant l'audience d'Ito et l'autre, le lendemain.

Kang le Renard préconisait d'engager Ito par calcul personnel. Il n'était pas assez naïf pour s'imaginer qu'Ito œuvrerait dans l'intérêt de la Chine et non du Japon, ou que la Chine conserverait son indépendance sous sa houlette. De fait, le Japon ambitionnait plus que jamais de contrôler la Chine. Pendant la visite d'Ito, les journaux japonais parlèrent de la « nécessité » pour la Chine de « consulter le gouvernement japonais[8] » à propos de sa politique. Quand il eut vent du désir de l'empereur de faire d'Ito son conseiller, le comte Li n'émit qu'un laconique commentaire dans sa correspondance : « Absurde[9] ! » « Choqué », le vice-roi Zhang, le fameux modernisateur à l'origine de la ligne de chemin de fer stratégique entre Pékin et Wuhan, rejeta « d'emblée l'idée[10] ». Tout en prônant de tirer des leçons du Japon et d'employer des conseillers japonais, le comte et le vice-roi se doutaient qu'au cas où Ito deviendrait le « conseiller » de l'empereur, plus rien n'empêcherait l'ancien Premier ministre japonais de manipuler Guangxu comme une marionnette, et la Chine perdrait alors son indépendance*.

Kang le Renard, quoique tout aussi clairvoyant que les deux hommes d'État, ourdissait non seulement l'engagement d'Ito mais la création d'une « union » (*lian-bang*), voire d'une « fusion » (*he-bang*) sino-japonaise. Les pétitions qu'il rédigea au nom de ses amis, réclamant la nomination d'Ito à un poste officiel, poussaient en même temps l'empereur à opter pour l'une ou l'autre formule. Certes, il est peu probable qu'il eût carrément voulu remettre la Chine au Japon. À coup sûr, il avait conclu avec les Japonais un accord par lequel ils s'engageaient à défendre leurs intérêts mutuels. Depuis le lancement des réformes, le journal de Tianjin qui appartenait à un Japonais consacrait de longues pages aux opinions de Kang, dont il accroissait la notoriété, en contribuant à créer l'impression que les Réformes lui étaient entièrement dues[11] – impression qui s'étendrait d'ailleurs au-delà du lectorat du journal. Comme d'autres organes de presse en reprenaient les informations dans tous les ports de traité, le nom de Kang acquit un tel lustre qu'on le crut bientôt en charge des Réformes. Le journal de Tianjin mit en avant l'idée d'un conseil consultatif – au moment précis où Kang suggérait à

* La plupart des livres d'histoire n'en tiennent pourtant pas compte : on y lit que le louable projet d'engager Ito aurait bénéficié à la Chine.

l'empereur qu'Ito devrait en faire partie. Le plus grand service rendu par les Japonais à Kang consista toutefois à lui donner dans un premier temps accès à Guangxu – par l'intermédiaire de Sir Yinhuan, à n'en pas douter à leur solde et qui devait leur servir d'agent.

Sir Yinhuan, l'un des dignitaires chinois les plus occidentalisés, d'une habileté hors pair, excellait aux Affaires étrangères. Cixi avait envoyé ce diplomate plein de panache dans toute une série de pays (à Washington, dans les années 1880, il avait été « le premier ambassadeur chinois à donner un bal à sa résidence officielle[12] », selon le *New York Times*). Représentant de la Chine au jubilé de la reine Victoria, il avait même reçu le titre de chevalier britannique. Un rapport confidentiel adressé à Tokyo par Yano Fumio, ambassadeur japonais à Pékin en 1898, indique que Sir Yinhuan lui transmettait régulièrement des informations en principe « secrètes[13] ». Ainsi, lorsqu'il demanda à Sir Yinhuan la raison du renvoi du Grand Précepteur Weng, celui-ci confia aux Japonais tout ce qu'il savait. Certains dignitaires, parmi les plus haut placés, jetèrent alors le discrédit sur lui, au motif qu'il « transmettait des secrets d'État à l'étranger ». Les Grands Conseillers dénoncèrent au trône ses agissements « clandestins et suspects[14] ». Mais il n'existait à l'époque aucune procédure d'enquête suite à des accusations d'espionnage. Comme l'empereur indigné défendit Sir Yinhuan, aucune mesure ne fut prise contre lui[15]. Cixi réclama une fouille de son domicile à la recherche de pièces à conviction mais, du fait entre autres de la proximité de Sir Yinhuan avec l'empereur, l'ordre de l'impératrice douairière ne fut pas suivi d'effet.

Ce fut Sir Yinhuan qui fit entrer Kang dans le petit cercle au sommet de l'État, à l'issue de machinations occultes plutôt que par de franches recommandations. Ce fut lui qui servit en secret d'intermédiaire entre Kang et Guangxu[16]. Et ce fut encore lui qui donna l'occasion à Kang de faire passer l'empereur sous sa coupe. S'il fit tant pour Kang, ce ne fut pas parce qu'ils étaient amis de longue date – tout amène à penser le contraire, vu qu'il précipita par la suite la chute du Renard, sans raison valable. Sir Yinhuan agit en réalité sur les instances de Tokyo – et il n'obéissait pas aux Japonais parce qu'il pensait que la domination japonaise profiterait à la Chine. Il n'ignorait pas la brutalité des Japonais, pour avoir négocié avec eux les indemnités de guerre. Lorsque la Chine, écrasée par les intérêts exorbitants de ses emprunts à l'étranger, aux prises avec une crue du fleuve Jaune, sollicita le report de l'échéance des paiements, prévus dans trois ans, Tokyo lui opposa un refus. Sir

Yinhuan se plaignit en privé qu'une telle attitude prouvait que « le prétendu désir des Japonais de nouer une relation privilégiée avec la Chine se résume à des propos creux[17] ».

Il obéissait à l'évidence à l'appât du gain. Joueur impénitent, Sir Yinhuan était connu pour accepter des pots-de-vin – d'un montant jugé indécent, même en Chine, un pays pourtant infesté par la corruption. On ne comptait plus les accusations qui pesaient sur lui de recevoir des dessous-de-table à l'occasion de négociations avec l'étranger et en particulier de la Russie. Les Japonais n'hésitaient pas à corrompre leurs interlocuteurs. Sir Yinhuan professait en outre un cynisme absolu. Au moment de la prise de Qingdao par les Allemands, son indifférence laissa perplexe son collègue, le Grand Précepteur Weng, pour sa part « à la torture, comme ébouillanté ou brûlé vif ». Weng nota dans son journal : « Quand je vais chez lui [pour discuter affaires], je le trouve toujours en train de se prélasser et de bavarder en riant comme si rien de fâcheux n'arrivait. Je ne le comprends vraiment pas[18]. »

Cixi ne se représentait pas toute l'ampleur de ce qui se tramait alors entre Sir Yinhuan, Kang le Renard, les Japonais et son fils adoptif. Elle savait qu'Ito devait venir à Pékin, que d'aucuns poussaient l'empereur à l'engager et que Guangxu comptait lui accorder une audience. Consciente du danger d'une installation d'Ito à la cour, elle entra en action, arrachant à Guangxu la promesse qu'il solliciterait les conseils d'Ito, mais que celui-ci ne les lui communiquerait que par l'intermédiaire du ministère des Affaires étrangères. Elle pensait ainsi empêcher Ito de nuire.

Le soir du 18 septembre lui parvint une missive urgente, qui l'inquiéta. Son auteur, le censeur Chongyi, parent par alliance du comte Li, y attirait l'attention de Cixi sur le danger d'un engagement d'Ito et du formidable ascendant que détenait Kang sur l'empereur, à l'insu de tous. « Si le trône emploie Ito, prévint-il, autant offrir sur un plateau le pays de nos ancêtres au Japon[19]. » Le censeur implorait Cixi de reprendre sur-le-champ le pouvoir pour éviter d'autres catastrophes.

Cixi resta perplexe. Et si son fils adoptif, au mépris de leur accord, installait Ito auprès de lui par un édit à l'encre écarlate ? Elle résolut de se rendre à la Cité interdite le lendemain, 19 septembre, veille de l'audience d'Ito, pour empêcher Guangxu d'en arriver là. Elle comptait ensuite retourner au Palais d'été. Une fois sa décision prise, elle partit se coucher.

Elle dormait comme à son habitude d'un profond sommeil quand lui parvint, aux premières heures du jour, la dénonciation du complot par le général Yuan. Cixi en resta comme frappée par la foudre. Certes, elle n'était pas dans les meilleurs termes avec son fils adoptif, pour autant, sa participation à un complot en vue de l'assassiner lui semblait inconcevable.

À en croire le général Yuan, l'empereur ne tenait pas un rôle très clair dans le complot mais il était sans nul doute au courant de ce qui se tramait. Pourquoi, sinon, aurait-il demandé au général de n'obéir qu'à lui, sans tenir compte du reste de l'armée – lui vers qui les conspirateurs s'étaient tournés dans l'intention de nuire à Cixi ? Et pourquoi l'empereur entourait-il de tant de mystère son association avec Kang le Renard ? Le fait que son fils adoptif ait eu vent des machinations de Kang faisait de lui son complice – ce qu'on ne saurait lui pardonner dans une culture à l'éthique fondée sur la piété filiale.

Le matin venu, Cixi quitta le Palais d'été comme prévu. En apparence, il n'y avait là rien d'anormal. Sur le ponton devant sa villa, elle monta à bord d'une barque qui la transporta de l'autre côté du lac, jusqu'au canal impérial menant à Pékin. Sur ses rives longues de dix kilomètres s'alignaient saules et pêchers – et aussi des gardes prétoriens. À une écluse, Cixi profita qu'il fallait débarquer pour aller prier à un temple bouddhiste. Au bout du canal l'attendait une chaise à porteurs qui la conduisit au Palais de la mer, voisin de la Cité interdite. Pendant ce trajet paisible à première vue, son esprit s'agita sans répit.

Guangxu, averti de l'arrivée imprévue de Cixi, se précipita aux portes du palais pour l'accueillir à genoux. Si l'impératrice douairière sentit la moutarde lui monter au nez à la vue de son fils adoptif, elle conserva malgré tout son calme. Elle ne voulait pas lui mettre la puce à l'oreille, d'autant qu'il devait recevoir Ito le lendemain : mieux valait éviter toute complication avec le Japon. Elle ne savait peut-être pas exactement ce qui se tramait entre Kang et les Japonais, mais la venue d'Ito à ce moment précis ne pouvait résulter d'une simple coïncidence.

Le lendemain matin, 20 septembre, tout se passa d'abord comme à l'accoutumée. Guangxu accorda dans un premier temps sa troisième audience au général Yuan. Il ne lui remit pas d'édit à l'encre écarlate, comme l'avait pourtant promis Tan, l'un des conspirateurs – mais cela ne signifie pas qu'il n'en avait pas l'intention. Cixi se trouvait en effet à portée d'oreille. Pendant l'audience, le général glissa une allusion claire au complot : il dit à Sa Majesté que ses nouveaux amis « s'activaient mais avec désinvolture, sans préparatifs dignes de ce nom » et que « la moindre fuite incriminerait Votre Majesté[20] ». L'empereur fixa Yuan sans mot dire, d'un air malgré tout ému. S'il avait paru comprendre de quoi parlait le général, Cixi n'aurait plus eu de doute sur sa culpabilité.

Yuan repartit à Tianjin à la tête de ses troupes. Cixi ne broncha pas lorsque son fils adoptif, conformément au rituel, vint lui dire bonjour avant d'entrer dans la plus imposante salle du Palais de la mer pour y rencontrer Ito. Pendant leur entretien, il ne dit rien de plus que ce qui avait été convenu : il accueillerait volontiers les conseils d'Ito mais à condition que celui-ci les lui communique par l'intermédiaire du cabinet. Sitôt conclue l'audience, Cixi assigna son fils adoptif à résidence dans sa villa de Yingtai, la petite île au milieu du lac du Palais de la mer, à laquelle on n'accédait que par un long pont obstruable à volonté. Elle l'emmènerait ensuite avec elle au Palais d'été en tant que prisonnier.

Ce fut dans ces conditions que, le lendemain, Guangxu nomma Cixi sa tutrice par un décret qu'il rédigea lui-même à l'encre écarlate, entériné par une cérémonie officielle. À compter de ce jour, Guangxu ne fut plus qu'une marionnette entre les mains de Cixi : il signerait des décrets à l'encre écarlate selon le bon plaisir de l'impératrice douairière et continuerait de recevoir fonctionnaires et Grands Conseillers, mais en présence de Cixi. Le paravent de soie qui la masquait venait de disparaître : Cixi allait quitter l'ombre du trône pour occuper le devant de la scène.

Cixi ne tarda pas à se former une idée précise des agissements du Renard vis-à-vis de son fils adoptif. L'empereur ne gardant pas de secret pour ses eunuques, Cixi entreprit de les questionner. Elle établit ainsi l'identité de ceux que fréquentait Guangxu et qui l'influençaient. Sir Yinhuan, rapidement incriminé, devint sa deuxième bête noire. Cixi ne donna que de vive voix l'ordre de faire tomber l'un après l'autre les conspirateurs. Les arrestations n'eurent pas toutes lieu en même temps : mieux valait procéder le plus discrètement possible.

Kang aurait dû être le premier visé, mais Cixi réagit deux jours trop tard. Le Renard comprit que sa combine était éventée en apprenant que le général Yuan refusait de se compromettre – de même, d'ailleurs, qu'un autre conspirateur répondant au nom de Bi, enrôlé pour tuer Cixi. Ce Bi relata par la suite sa visite à Tan, le jour suivant à l'aube. « M. Tan se peignait d'un geste alangui », raconte-t-il. Tan informa Bi que le général ne s'était engagé à rien. Bi demanda : « Êtes-vous sûr que Yuan soit l'homme indiqué pour une telle mission ? » Tan, qui se méfiait à l'évidence de Yuan, répondit : « J'en ai discuté à maintes reprises avec M. Kang mais il n'en démord pas : il veut faire appel à Yuan. Qu'y puis-je ? » Bi s'étonna : « Vous avez mis Yuan au courant de tout ? » L'autre le lui confirma et Bi s'exclama : « Nous sommes fichus. Nous sommes fichus ! Vous ne vous rendez donc pas compte de quel genre de machination il s'agit ? Vous ne pouvez pas en parler à la légère ! Je crains que vous et vos familles ne finissiez entre les mains du bourreau ! » Là-dessus, Bi s'en fut à la hâte, abandonnant les conspirateurs à leur sort[21].

Le Renard rendit quant à lui visite à deux ressortissants étrangers : Timothy Richard, un de ses amis, missionnaire baptiste et gallois, et Ito – la veille de son audience avec Guangxu. Kang cherchait alors à se réfugier en lieu sûr. Cultivant l'amitié de fonctionnaires et de lettrés, Richard connaissait beaucoup d'hommes influents, dont le comte Li[22]. Il rêvait non seulement « d'établir le Royaume de Dieu » sur le sol chinois, mais aussi de diriger le pays – « de réformer la Chine, remodeler ses institutions et, en résumé, de se charger de la gouverner[23] », comme le nota Robert Hart, à qui une telle perspective semblait « par trop délicieuse[24] ! » Les diplomates britanniques, eux, jugeaient « absurdes[25] » les projets grandioses de Richard. (Il voulait entre autres que « deux gouvernantes étrangères entrent au service de l'impératrice douairière ».) Kang avait recommandé à Guangxu de réserver au missionnaire une place dans son conseil consultatif, qui n'inclurait qu'un seul autre étranger : Ito. Richard lui en fut reconnaissant. Il s'empressa pour l'heure de rameuter des appuis à Kang ; en vain, compte tenu, selon Richard, des « mauvaises dispositions » envers Kang de l'ambassadeur britannique, Sir Claude MacDonald.

Ito n'offrit pas l'asile à Kang au sein de la légation japonaise. Le marché qu'ils avaient conclu ne supposait certainement pas de confier à une bande d'amateurs la mission ô combien hasardeuse d'assassiner l'impératrice douairière. En plus, Ito devait rencontrer l'empereur le lendemain. Cela ferait mauvais effet que Guangxu lui demande de lui livrer Kang. Le Renard se vit donc dans l'obligation de quitter Pékin, dont il partit aussitôt. Le temps d'ordonner son arrestation, il quitta Tianjin à bord d'un vapeur britannique à destination de Shanghai. Là-bas, sur le quai, « des inspecteurs et des policiers » l'attendaient « fébriles à la perspective d'empocher les 2 000 dollars » promis en échange de sa capture[26]. Les journaux attribuant à Kang la paternité des réformes (et compte tenu du secret gardé par la cour sur le rôle de Cixi dans l'affaire), le consul général britannique Byron Brenan voulut sauver la peau de Kang, comme il le relata plus tard. Ne pouvant, en tant que représentant officiel de la Grande-Bretagne, s'y risquer au grand jour, il envoya en mer le correspondant du *Times*, J.O.P. Bland, à bord d'une chaloupe, juste avant l'accostage du vapeur. Une canonnière britannique conduisit ainsi Kang à Hong Kong. Là-bas, le consul japonais lui rendit visite et l'invita à séjourner au Japon. Aux dires de Kang, qui ne tarda pas à débarquer au Japon, Tokyo « chérissait l'aspiration à construire une Grande Asie orientale[27] ».

Le lendemain de l'audience d'Ito, son bras droit Liang demanda asile à la légation japonaise, qui l'aida à se réfugier au Japon. Une fois coupés ses cheveux qu'il attachait d'ordinaire en une longue queue, et habillé à l'européenne, il prit place à bord d'un navire de guerre japonais sous la protection des Japonais à Tianjin.

Tan, le radical qui prônait la violence, reçut lui aussi une proposition d'asile au Japon. Mais il la refusa. Selon ses amis, il exposa une fois de plus sa théorie selon laquelle il faut verser du sang pour mener à bien des réformes : « Dans les autres pays, les réformes ont été couronnées de succès parce que du sang a coulé. En Chine, il n'y a pas eu de bain de sang, voilà pourquoi le pays ne s'en sort pas bien. Que mon sang soit donc le premier à se répandre[28] ! » Il eut la tête coupée le 28 septembre, en même temps que Guangren, le frère de Kang, que le censeur Shenxiu, auteur de la pétition réclamant l'envoi de troupes au Palais d'été, au motif d'y déterrer de l'or mais en réalité pour assassiner Cixi, et que les trois autres nouveaux secrétaires du Grand Conseil (les collègues de Tan). Sur le lieu du supplice, d'après un journal de l'époque, Tan se comporta « comme si la mort était un délice ». Le frère de Kang, en revanche, ne semblait pas ravi à l'idée de mourir : « Il ne portait que des chaussettes, pas de chaussures, le teint cendreux, couleur de poussière[29]. » Les exécutions choquèrent l'opinion : depuis que Cixi avait pris le pouvoir, quarante ans plus tôt, c'était la première fois qu'elle ordonnait la mort de ses ennemis politiques.

Deux des quatre nouveaux secrétaires, dont Yang Rui, auquel l'empereur avait confié sa lettre angoissée du 14 septembre, n'avaient rien à voir avec Kang et ses machinations. En prison, le cœur léger, ils crurent que l'on établirait leur innocence, vu que, sur ordre de

Cixi, ils auraient droit à un procès conforme à la procédure en vigueur sous les Qing. Mais la justice ne se fut pas plus tôt saisie de l'affaire que Cixi s'interposa et les deux innocents furent menés au supplice avec les autres conspirateurs. Bien sûr, ils protestèrent haut et fort. L'un refusa de s'agenouiller à la lecture du décret impérial qui le condamnait à mort, et l'autre, Yang Rui, demanda avec insistance au fonctionnaire chargé de son exécution quel était son crime. Une légende prétend que le sang qui s'échappa de sa tête tranchée gicla à plus d'un mètre de hauteur, tant l'injustice dont il avait été victime l'indignait[30]. En tout cas, les exécutions consternèrent la population[31]. En apprenant la nouvelle, un courtisan se dit « choqué, et souffrit autant que si on lui enfonçait un poignard dans le cœur », puis il « rendit, pris de violents spasmes ». Même les dignitaires au courant de l'attentat contre Cixi se récrièrent face à un mépris aussi flagrant de la loi – exceptionnel sous son règne.

Cixi n'interrompit le procès que parce qu'elle se doutait bien qu'il aurait rendu public ce qu'elle tenait à dissimuler à tout prix : la participation de son fils adoptif à la conspiration. Un procès en bonne et due forme eût révélé que l'empereur voulait la déposer, si ce n'est la tuer. Le Renard accordait depuis peu à des journaux étrangers des entretiens où il affirmait que l'empereur venait de lui ordonner par un « édit secret » de trouver des appuis pour le libérer puis évincer Cixi. Ce fut ce qu'il prétendit une première fois dans les colonnes du *North China Herald* de Shanghai le 27 septembre[32], la veille du jour où Cixi enterra le procès et ordonna les exécutions. Il est bien possible que l'article ait pesé sur sa décision. Une confirmation des allégations de Kang devant un tribunal eût placé Cixi en fâcheuse posture et divisé les Chinois qui auraient alors dû prendre parti entre l'impératrice douairière et son fils adoptif. Le pays eût basculé dans le chaos et qui sait si les puissances étrangères n'auraient pas exaucé les vœux de Kang en envoyant des troupes ? Le Japon, en particulier, risquait de manipuler Guangxu comme sa marionnette, sous le prétexte de lui porter secours. En conclusion, Cixi n'aurait su tolérer de rendre public l'antagonisme entre son fils adoptif et elle.

En somme, Cixi couvrit l'attentat contre sa propre vie. Le décret volontairement imprécis au sujet du complot et des exécutions fut promulgué au nom de l'empereur captif, présentant sa position sous un jour mensonger. Kang et ses complices, y lut-on, « ont tenté d'encercler et d'attaquer le Palais d'été, de s'emparer de l'impératrice douairière et de moi-même[33] ». L'autre personnage clé de l'affaire, le général Yuan, avait lui aussi de bonnes raisons de dissimuler la vérité : il ne tenait pas à ébruiter sa trahison de l'empereur. (Il cacherait toute sa vie le journal qu'il tint à ce moment-là[34].) Du fait du silence que garda Cixi, la voix de Kang fut la seule que l'on entendit. Il nia envers et contre tout l'existence d'un complot contre les jours de Cixi, et prétendit que c'était elle qui avait manigancé de tuer Guangxu, or la plupart admirent sa version des faits. Sir Claude MacDonald crut ainsi que « le prétendu complot n'est qu'un prétexte pour entraver les réformes radicales de l'empereur Guangxu[35] ».

La tentative de coup d'État de Kang le Renard demeura dans les ténèbres près d'un siècle, jusqu'aux années 1980, lorsque des chercheurs chinois découvrirent dans les archives japonaises le témoignage de Bi, l'homme chargé de tuer Cixi, attestant sans l'ombre d'un doute la réalité du complot. Entre-temps, les six hommes mis à mort, dont quatre conspirateurs, passèrent à la postérité en tant que héros et martyrs des réformes, sous le surnom des « six gentilshommes ». Voilà comment naquit le mythe de Kang le Renard, le héros ayant allumé le flambeau des réformes, désireux de transformer la Chine en démocratie parlementaire. Kang entretint lui-même sa légende par la révision et la falsification de ses pétitions et autres écrits – il supprima, par exemple, l'article où il n'estimait pas souhaitable d'établir en Chine une démocratie parlementaire. En tant que propagandiste, il n'avait pas son pareil. Tout en assurant sa promotion, son bras droit, Liang, et lui noircirent inlassablement la réputation de Cixi, inventant maintes anecdotes répugnantes à son sujet au fil d'entretiens, de discours et d'écrits, publiés par les journaux des ports de traité ou sous forme de pamphlets au Japon et, de là, diffusés en Chine. Kang accusa par exemple Cixi d'avoir empoisonné l'impératrice Zhen, précipité la mort de son fils, l'empereur Tongzhi, forcé sa veuve à se suicider en avalant une pépite d'or, vidé les caisses de la marine en y puisant des dizaines de millions de taels pour construire son Palais d'été, et enfin, il lui attribua la responsabilité de la défaite de la Chine face au Japon[36]. Presque toutes les accusations qui ternissent aujourd'hui encore l'image que le grand public se forme de Cixi émanent du Renard.

Ce fut lui qui, le premier, dépeignit Cixi sous les traits d'une débauchée despotique se livrant à des orgies avec ses eunuques, et multipliant les aventures. Si l'on accorda foi aux dires de Kang, ce fut en grande partie parce qu'il laissa entendre qu'il tenait ses renseignements de Guangxu en personne, lequel lui aurait remis un

« édit secret » sorti de la Cité interdite en cachette, cousu à l'intérieur d'une ceinture. Kang déclara que l'empereur ne considérait pas Cixi comme sa mère, mais « simplement comme une concubine parmi tant d'autres d'un défunt empereur » – et une concubine « dépravée », qui plus est.

Alors que le plus mortel ennemi de Cixi, en liberté, dénaturait l'image que l'on garderait d'elle pendant au moins cent ans, l'homme qu'elle haïssait le plus après lui, Sir Yinhuan, vit son nom rayé de la liste des condamnés à mort. Britanniques et Japonais prirent en effet sa défense, et les Britanniques avec d'autant plus d'insistance qu'ils l'avaient nommé chevalier. Sa peine fut commuée en exil dans le Xinjiang*. Cixi l'exécrait parce qu'il avait fait de son vulnérable fils adoptif la proie du Renard – et des Japonais. À cause de Sir Yinhuan, l'empire avait manqué de peu atterrir dans le giron du Japon.

Sir Yinhuan lui-même reconnut que ses relations avec le Japon occasionnèrent sa chute[37]. Il confia aux gardes qui l'escortaient en exil que les soupçons de l'impératrice douairière, liés à son intimité avec Ito, dataient de son audience auprès de Guangxu. Qu'elle eût commencé à se méfier à ce moment-là ou pas, Cixi était en tout cas convaincue qu'il servait les Japonais. De fait, elle le crut peut-être l'agent des Japonais dès avant 1898 – convaincue de son rôle dans la spectaculaire déconfiture de la Chine lors du conflit de 1894-1895. À l'époque, Guangxu comptait sur le Grand Précepteur Weng pour l'aider à prendre des décisions. Et celui-ci, dépassé par les événements, s'en remettait à Sir Yinhuan, auquel il transmettait plusieurs fois par jour des projets de décrets[38]. En outre, Sir Yinhuan était responsable du système vital de communication entre Pékin et le front. À ce titre, il fit l'objet de plusieurs dénonciations, tant ses agissements éveillaient la méfiance. On l'accusa entre autres de « dissimuler des rapports et des câbles et de modifier une partie de leur contenu ». Ceux qui travaillaient sous ses ordres le qualifiaient de « traître[39] » car ils le soupçonnaient de transmettre des secrets militaires aux Japonais. Mais à l'instar des charges qui pesaient sur

* Avant son départ, Sir Yinhuan réclama aux Russes 15 000 taels qu'ils s'étaient engagés à lui verser. Ses gardes, sur la route de son exil, le rudoyaient sans pitié, affirmant que, sans argent, « nos traits ne pourront pas refléter une brise printanière caressante plutôt que le gel glaçant de l'hiver ». Les Russes lui donnèrent satisfaction, même s'il ne leur était plus d'aucune utilité. Sans doute songèrent-ils à la nécessité de prouver à ceux qui accepteraient plus tard de se laisser acheter qu'ils tenaient parole.

les hauts dignitaires, celle-là ne donna lieu à aucune enquête. Le Grand Précepteur Weng, son ami, défendit Sir Yinhuan auprès de l'empereur. Depuis, il a été prouvé que les Japonais n'ignoraient rien des télégraphes échangés par les Chinois et connaissaient « comme leur poche » les manœuvres de l'armée chinoise. Tokyo apprit en outre que l'empereur Guangxu ne reculerait devant rien pour garantir la paix, ce qui permit au Japon d'extorquer à la Chine des indemnités exorbitantes[40].

Cixi eut beau écumer de rage et ne pas douter un instant que Sir Yinhuan jouait double jeu, elle se vit là encore dans l'incapacité de dénoncer ses manigances lors d'un procès[41]. Elle ne pouvait en effet pas se permettre d'offenser le Japon. Le décret impérial qui condamna Sir Yinhuan à l'exil mentionna une liste de ses « crimes » plutôt farfelue : il « nourrissait de mauvaises intentions, enveloppait de secret sa conduite, briguait les faveurs des puissants et se montrait imprévisible et indigne de confiance[42] ». De pareilles accusations, qu'on eût dites fabriquées de toutes pièces, accrurent l'aversion des étrangers contre Cixi. Ils ne cessèrent plus, dès lors, de réclamer la remise en liberté de Sir Yinhuan. Deux ans plus tard, le jour même où elle réclama l'aide du Japon et de la Grande-Bretagne face à une menace d'invasion, Cixi ordonna l'exécution de Sir Yinhuan en exil[43], précisant qu'il convenait de transmettre son ordre au plus vite. Sir Yinhuan n'avait pas cessé de la préoccuper or elle tenait à couper court à toute demande, de la part du Japon ou de la Grande-Bretagne, de lui rendre sa liberté en échange de leur appui.

Cixi ordonna par ailleurs l'exécution d'eunuques, laissée à la discrétion du trône, et ne requérant donc pas l'intervention de la justice[44]. Quatre d'entre eux ayant facilité la communication entre Guangxu et le Renard moururent roués de coups de bâton dans l'enceinte de la Cité interdite[45]*. La fureur de Cixi ne s'atténua pas pour autant : elle prit la peine de préciser qu'ils ne méritaient « ni cercueil ni funérailles, et qu'il fallait les jeter dans la fosse commune ». Dix autres eunuques furent passés à tabac puis contraints de porter une cangue – une sorte de pilori en bois de

* En 1898, le ministère des Châtiments condamna à mort un eunuque, Kou Liancai, qui fut exécuté en public. Sa mort n'avait rien à voir avec la conspiration. Il avait écrit une pétition, or les Qing interdisaient aux eunuques de se mêler de politique, sous peine de mort.

13 à 18 kilos qui pesait sur la nuque et les épaules et que l'on n'ôtait dans certains cas qu'à la mort du supplicié. Il y avait si longtemps que de tels châtiments n'avaient plus cours que l'on ne trouva plus que des cangues pourries dans la prison de la cour, aux cellules en partie effondrées. Il fallut en fabriquer des neuves et remettre en état les cachots.

Comparés aux eunuques, les dignitaires impliqués dans l'affaire Kang mais n'ayant pas trempé dans l'attentat contre Cixi s'en sortirent plutôt bien : ils écopèrent d'une simple mise à la porte. Seul le Compagnon d'apprentissage Xu eut droit à une peine de détention à vie[46], encore qu'il recouvra la liberté deux ans plus tard. À ce moment-là, des envahisseurs étrangers occuperaient Pékin, et l'on ouvrirait les portes des prisons. Au lieu de fuir, Xu demeura dans la capitale. Ce fut à Cixi qu'il dut sa relaxe. Un autre dignitaire dut s'exiler dans le Xinjiang, mais il reçut l'autorisation d'en revenir, deux ans plus tard.

Tout en réglant leur compte à ses ennemis, Cixi voulut poursuivre les réformes et promulgua d'autres décrets exprimant son intention[47]. Elle rédigea elle-même un long édit louant l'aptitude des Occidentaux à « enrichir et consolider leurs pays » et s'engagea à ce que la Chine « apprenne de leur exemple et applique pas à pas leurs procédés ». Si de nombreux changements eurent encore lieu, le processus de réforme, en tant que tel, s'enraya fatalement. Les décrets concernant Kang et ses comparses furent abrogés ; les fonctionnaires limogés à la va-vite retrouvèrent leur poste ; on renonça aux mesures inapplicables en pratique, telles que donner à tout sujet de l'empire le droit d'écrire directement à l'empereur et d'en attendre une réponse. Quant à la révision des examens impériaux, on la remit à plus tard. On eût dit que l'empire renouait avec ses bonnes vieilles façons de faire. Les observateurs occidentaux, ne se doutant pas que Cixi avait donné le coup d'envoi aux réformes, dont ils attribuaient le mérite à Kang, lui reprochèrent à l'unanimité d'avoir étouffé dans l'œuf le mouvement, qui ne dura au final pas plus de cent jours.

Kang profita de ce que le mauvais rôle revenait à Cixi pour tenter de convaincre les gouvernements étrangers de la détrôner par la force militaire et de réinstaller à sa place l'empereur Guangxu. Dès son arrivée au Japon, il prit contact avec les services de renseignement, qu'il incita à enlever l'empereur et instaurer un régime soutenu par le Japon, dans l'objectif ultime d'une « fusion du Grand Orient », ni plus ni moins[48]. Kang s'entretint entre autres avec Bi, l'homme désigné pour assassiner Cixi. Un officier des renseignements japonais, Kotaro Munakata, résuma la position officielle de Tokyo : « Le gouvernement japonais n'enverra pas de force armée à la légère, mais quand le moment opportun se présentera, il fournira bien évidemment de l'aide sans que vous ayez à le demander[49]. »

Pour éviter que des secours parviennent à l'empereur, Cixi renforça la sécurité de son prisonnier. On installa à sa villa du Palais de la mer de gros cadenas et des barreaux de fer commandés aux forgerons royaux de la capitale. Des murs de brique la coupèrent en outre du lac qui l'entourait. La consolidation de l'écluse qui séparait le lac des canaux voisins empêcherait enfin des nageurs de s'y faufiler. Quand vint l'hiver et que la surface du plan d'eau gela, Cixi donna l'ordre de briser la glace pour empêcher quiconque d'approcher l'empereur[50]. La paranoïa de Cixi l'amena même à craindre que les percussions de son fils adoptif – ses tambours, gongs et cymbales – ne s'entendent hors du palais et ne permettent à des hommes chargés de le délivrer de le localiser et d'entrer en contact avec lui[51]. Elle ordonna aux eunuques qui s'occupaient des instruments de Guangxu de la prévenir avant de les lui remettre.

La concubine impériale Perle avait aidé l'empereur à communiquer avec Kang par l'intermédiaire des eunuques qui la servaient. Elle occupait une villa sur la rive du lac, face à celle de l'empereur. Un mur de brique y fut érigé et elle aussi devint la prisonnière de Cixi[52].

De vilains murs gris défigurèrent jusqu'au Palais d'été de Cixi. La résidence qu'y occupait l'empereur Guangxu, le palais des Vagues de jade, se dressait sur la rive du lac ; on pouvait donc en théorie y accéder par bateau ou à la nage. Un empilement de briques, en partie visible aujourd'hui encore, y boucha tout accès du côté du lac.

21. Prête à tout pour déposer son fils adoptif (1898-1900)

Cixi exécrait désormais son fils adoptif : il venait de prendre part à un complot contre ses jours sans qu'elle eût pu le dénoncer. Beaucoup voyaient en lui un héros réformiste victime d'une tragédie et en elle, une méchante réactionnaire – et, bien sûr, il lui était impossible de se justifier. Son amertume et sa frustration ne s'atténuaient que lorsqu'elle assistait à un opéra au sujet d'un jeune garçon sans cœur qui causait la mort de ses parents adoptifs et recevait son dû quand le dieu du tonnerre déchaînait sur lui la foudre qui le tuait. Cixi se prit d'un goût très vif pour cet opéra auquel elle assista à maintes reprises. Elle attribua au fils adoptif un rôle de canaille sans scrupules et ordonna de multiplier par cinq les coups de tonnerre qui s'abattaient sur lui. Elle fit en outre intervenir sur scène le dieu menaçant des vents et des tempêtes afin de redoubler l'atrocité de son châtiment. Cixi eût aimé que les dieux punissent son propre fils adoptif dont elle ne pouvait elle-même se venger[1].

Cixi n'a jamais envisagé de tuer l'empereur Guangxu pour de bon, même si l'idée a pu lui traverser l'esprit. Outre qu'elle craignait le Ciel, elle n'aurait pas pu assumer les conséquences de son crime, ni en Chine ni parmi la communauté internationale : il lui fallait déjà combattre des rumeurs selon lesquelles Guangxu allait être assassiné sous peu – si ce n'était pas déjà fait. L'empereur, à la santé fragile, tomba gravement malade lorsque son petit monde se retrouva sens dessus dessous. Comme le voulait la tradition, on communiqua les rapports des médecins royaux aux plus hauts dignitaires, et un édit public réclama l'envoi à Pékin des meilleurs praticiens de chaque province. D'aucuns y virent une preuve de la volonté de Cixi de préparer l'empire à l'annonce de la mort de

Guangxu. Elle dut envoyer le prince Ching, responsable des Affaires étrangères, demander à Sir Claude MacDonald, l'ambassadeur britannique, qu'il l'aide à « apaiser les esprits[2] » et, lorsque Sir Claude proposa de laisser un médecin de la légation examiner l'empereur, le prince Ching accepta aussitôt.

Le Dr Dethève de la légation française examina Guangxu à la Cité interdite, le 18 octobre 1898. Son rapport corrobora la gravité de l'état de l'empereur[3]. Il souffrait entre autres de nausées et de vomissements, de difficultés respiratoires, de bourdonnements dans les oreilles et de vertiges. Les genoux et les jambes flageolants, les doigts gourds, il entendait mal, sa vue se détériorait, ses reins l'élançaient. Et il n'urinait pas normalement. Le médecin en conclut qu'à vingt-sept ans, Guangxu était atteint de néphrite chronique – que ses reins endommagés ne parvenaient plus à filtrer son sang comme il fallait. Cela suffit à étouffer le bruit qu'on cherchait à le tuer. D'un autre côté, nul n'estima Guangxu trop mal en point pour continuer à gouverner.

Cixi voulait à tout prix écarter du trône son fils adoptif. Les salutations qu'il lui adressait chaque jour et les audiences matinales en sa présence, qui lui rappelaient sans cesse la conspiration et son rôle dans l'affaire, l'empêchaient de se sentir le cœur en paix. Les jours se suivaient et se ressemblaient pour Cixi qui se levait entre 5 et 6 heures du matin[4]. Une fois l'empereur habillé et ses longs cheveux nattés, il faisait sa toilette, fumait sa pipe, prenait un rapide petit déjeuner et ne tardait pas à paraître en chaise à huit porteurs sous un dais jaune. (Sa suite transportait tout ce qu'il lui fallait, jusqu'à son pot de chambre.) Quand sa chaise parvenait à la cour où donnaient les appartements de Cixi et qu'on lui annonçait son arrivée, Cixi s'asseyait, le dos bien droit, et un eunuque posait par terre un coussin en brocart jaune. Guangxu entrait, s'y agenouillait et récitait les salutations d'usage d'un empereur à une impératrice douairière. Cixi le priait de se lever. Il obtempérait, s'approchait d'elle et lui demandait : « Le Royal Père a-t-il bien dormi ? A-t-il bien dîné hier ? » Le plus souvent, Cixi lui répondait par l'affirmative avant de prendre de ses nouvelles puis de conclure : « Votre Majesté peut disposer. » À ces mots, Guangxu se rendait dans une autre salle où il s'occupait des rapports que lui confiait Cixi et qu'elle complétait par ses instructions. Dans la salle d'audience, ils se tenaient côte à côte, flanqués des rares gardes prétoriens autorisés à s'approcher du trône, dont faisait partie le frère de Cixi, le duc Guixiang. L'empereur prenait rarement la parole au cours des audiences et ne marmonnait alors que quelques questions insignifiantes, souvent inaudibles.

Chaque journée se déroulait à l'identique. Cela horripilait Cixi de croiser l'empereur à la cour. Connu pour aimer porter des tuniques en coton rapiécées en guise de sous-vêtements, l'empereur affectionnait les tenues simples aux teintes sombres, d'une sobriété incongrue auprès des dames aux parures éclatantes et des bijoux dont se couvrait Cixi. Un jour, au Palais de la mer, on le reconnut de loin à ses habits ternes, parmi les dignitaires en costumes officiels colorés, alors qu'il accomplissait le rite du labour – l'empereur menait lui-même le buffle attelé à la charrue qui creusait le premier sillon de l'année. Ses appartements aussi étaient réputés pour leur austérité. S'il ne vivait pas dans l'opulence, ce n'était pas forcément par choix : il n'est pas exclu que ses eunuques aient négligé son bien-être matériel[5]. Plus tard, lorsque des Occidentaux se mirent à fréquenter la cour, ils notèrent qu'on ne le traitait pas en Fils du Ciel : « Aucun eunuque ne s'agenouillait, obséquieux, à son approche [...] Pendant mon séjour au palais, je n'ai pas vu un seul genou fléchir devant l'empereur, excepté quand un étranger le saluait ou lui disait adieu. C'était d'autant plus frappant que les hommes d'État et les eunuques s'agenouillaient chaque fois qu'ils s'adressaient à l'impératrice douairière[6]*. »

Guangxu ne laissait paraître aucune espèce de ressentiment – pas même quand des eunuques se moquaient de lui à l'occasion des fréquentes parties de jeux de société qu'ils disputaient ensemble[7]. Un tel comportement en amena plus d'un à penser que l'empereur feignait l'idiotie en attendant son heure. D'autres, à l'instar de la portraitiste américaine Katharine Carl, remarquèrent qu'il y avait dans le sourire du monarque svelte et frêle « quelque chose d'un Sphinx [...] À le voir, on pressent qu'il réprime tout ce qu'il éprouve, au point d'afficher une mine presque passive[8] ». Même Cixi, à l'œil pourtant pénétrant, ne devinait pas ce que dissimulait un masque aussi inexpressif. En captivité dans sa villa, l'empereur lisait des traductions de livres occidentaux, aussi bien que des classiques chinois, s'exerçait à la calligraphie et jouait de la musique.

* Guangxu n'avait pas le goût du luxe. Katharine Carl nota que « Sa Majesté n'avait rien d'un épicurien. Il mangeait vite sans paraître se soucier de ce qui se trouvait dans son assiette. Une fois terminé son repas, il se plaçait, debout, auprès de Sa Majesté [l'impératrice douairière] ou arpentait la salle du trône en attendant qu'elle ait fini. »

(Il disait ne pas aimer les airs tristes.) Il démontait et remontait en outre des horloges. Un jour, il s'attaqua à une boîte à musique cassée. Non content de la réparer, il fit en sorte qu'elle produise une mélodie chinoise[9]. Mais ce qu'il aimait le plus, c'était encore de dessiner des sortes de diables au dos desquels il inscrivait le nom du général Yuan, le délateur des conspirateurs, à cause duquel il vivait désormais en détention. Il fixait ces dessins au mur, et y lançait des fléchettes en bambou avant de les déchirer en mille morceaux[10].

Qui eût pu dire ce qu'il ressentait en réalité ? Peut-être Guangxu attendait-il que vienne à sa rescousse une équipe formée par Kang le Renard à la solde des Japonais. Une telle éventualité plongea en tout cas Cixi dans la panique. En 1899, elle eut recours à une ruse visant à neutraliser les Japonais en leur donnant l'impression qu'elle désirait se rapprocher d'eux autant que son fils adoptif. Deux dignitaires se rendirent au Japon, où ils accordèrent des entretiens à des journalistes et affirmèrent dans des discours publics que l'impératrice douairière les envoyait nouer une alliance avec le Japon[11]. Ils virent l'empereur japonais et l'ancien Premier ministre Ito qui, croyant son heure arrivée, proposa de se rendre sur-le-champ en Chine en tant que conseiller du trône. De crainte de se voir entraînés trop loin par une telle mise en scène, les messagers firent de leur mieux pour saper leur propre crédibilité, au point que la presse japonaise les trouva « bizarres ». Les Européens estimèrent que Cixi avait « commis une erreur en choisissant de tels hommes ; car ces commissaires, contrairement à la plupart des jaunes *[sic]*, ont trop largement dévoilé leur mission[12] ». À Tokyo, où ils suscitèrent beaucoup de perplexité, nul ne donna suite à leur proposition, bien qu'on crût apparemment que Cixi comptait pour de bon s'allier au Japon. Ces manigances, tout en semant la confusion chez les Japonais, inquiétèrent la Russie, de même que l'opinion publique, forcée d'admettre que le gouvernement tramait du louche avec le Japon. Une machination aussi maladroite n'était pas digne de Cixi et l'homme qui en conçut l'idée et convainquit Cixi de la mettre en œuvre, le censeur Chongyi, s'offrit comme bouc émissaire en proposant qu'on le congédie publiquement. Tout cela laisse penser que Cixi ne savait plus à quel saint se vouer.

Elle craignait sans cesse une évasion de son prisonnier et ne le laissait plus sortir des palais sans l'accompagner elle-même. Il y avait toutefois un endroit, hors de la Cité interdite, où l'empereur devait se rendre, et où Cixi en tant que femme, ne pouvait le suivre : le temple du Ciel. (D'aucuns le tenaient pour « le plus bel exemple de l'architecture chinoise ».) L'empereur devait régulièrement aller y prier le Ciel d'accorder à la Chine un temps propice aux récoltes, dont dépendait la survie de la nation. Et, bien sûr, il devait y passer la nuit. Tous les empereurs Qing prenaient ce rituel très au sérieux. Kangxi, par exemple, avait attribué le demi-siècle de conditions climatiques clémentes ayant coïncidé avec son glorieux règne à la sincérité de ses prières au temple[13]. Cixi aussi y croyait dur comme fer. Mais comme elle-même n'avait pas le droit de s'y rendre et que rien ne lui garantissait que Guangxu ne prendrait pas la fuite en chemin, elle y envoya des princes à sa place, même si leurs prières ne valaient pas autant que celles de l'empereur en personne. Cixi redoutait en permanence que le Ciel ne considère l'absence du souverain comme un manque de respect et n'accable l'empire de catastrophes. Anxieuse, elle aspirait désespérément à l'avènement d'un nouvel empereur.

Jamais le peuple chinois n'eût songé à détrôner Guangxu – même si l'opinion publique se réjouissait du retour de Cixi au pouvoir. La nouvelle d'un complot contre ses jours finit par s'ébruiter et courir les maisons de thé, où l'on jugeait inexcusable le rôle joué par l'empereur, mais où l'on reportait le blâme sur Kang le Renard. Beaucoup estimaient que « Sa Majesté a manqué de jugement et l'impératrice douairière a eu raison de reprendre la situation en mains ». Malgré tout, le peuple tenait à garder Guangxu comme empereur. Sa personne passait en effet pour sacrée, « venue du Ciel », au point même qu'il ne devait pas se laisser voir de ses sujets (d'où les paravents qui dissimulaient aux regards les processions impériales). Le peuple aimait mieux dire du mal de Kang le Renard, qui « bernait l'empereur » et « montait Leurs Majestés l'une contre l'autre[14] ». Les vice-rois des provinces, tout en soutenant Cixi, souhaitaient qu'elle collabore avec son fils adoptif. En privé, le comte Li ne cachait ni son désir de laisser à Cixi les rênes de l'État, ni son mépris de l'empereur : à l'entendre, Guangxu n'avait même pas l'allure d'un monarque. Malgré tout, il s'opposait à sa déposition. Lorsque Junglu, le plus proche confident de Cixi, le sonda, il bondit avant même que celui-ci eût fini de parler. « Comment osez-vous y songer ! C'est de la trahison ! Quel désastre ! » se récria-t-il en haussant le ton. « Les diplomates occidentaux protesteraient, les vice-rois et les gouverneurs prendraient les armes et une guerre civile ravagerait l'empire. Quelle catastrophe ! » Junglu ne donna pas tort au comte Li. Lui-même s'évertuait à dissuader Cixi de détrôner son fils adoptif[15].

La sympathie des légations allait à n'en pas douter à l'empereur. Cixi savait que les étrangers en Chine le considéraient comme le réformateur de l'empire alors qu'ils la prenaient pour un tyran hostile aux réformes. Soucieuse de rectifier cette impression et de prouver ses bonnes dispositions envers l'Occident, elle invita les dames du corps diplomatique à prendre le thé au Palais de la mer à l'occasion de son anniversaire, en 1898. Pour la première fois, des étrangères pénètreraient à la cour. (Le premier Occidental qu'eût rencontré Cixi, un peu plus tôt cette même année, n'était autre que le prince Henri de Prusse.)

Avant de se rendre à l'invitation de Cixi, les étrangères se comportèrent comme des gamines qui jouent à « se faire prier ». Robert Hart relata : « D'abord, elles n'étaient pas prêtes le jour où S.M. voulait les recevoir – puis elles n'ont pas pu venir à la date retenue ensuite, faute de se mettre d'accord sur l'interprète [...] puis une autre difficulté encore a surgi [...] si bien que la visite a été reportée *sine die*[16]. »

Le thé finit par avoir lieu le 13 décembre, bien après l'anniversaire de Cixi. Si elle s'en irrita, et il y aurait eu de quoi, elle ne laissa en tout cas pas sa frustration gâter la réception. Sarah Conger, l'épouse du ministre américain, en livra un récit détaillé. À 10 heures ce matin-là, des chaises à porteurs vinrent chercher ces dames :

> Nous en formions, une procession, avec nos douze chaises et leurs soixante porteurs ! [...] Arrivées à la première porte du Palais d'hiver [de la mer], nous dûmes dire adieu aux chaises, aux porteurs, aux mafous, à notre suite – à tout. Au-delà de la porte nous attendaient en rang sept chaises de cour aux sièges en tissu rouge, portées par six eunuques chacune, sans parler de ceux qui nous escorteraient. On nous conduisit à une porte où se trouvait une voiture de chemin de fer offerte à la Chine par la France. Nous y prîmes place et des eunuques vêtus de noir la poussèrent et la traînèrent jusqu'à une autre halte, où de nombreux dignitaires nous accueillirent et où l'on nous servit du thé [...] Après un bref temps de repos, à siroter du thé, de hauts dignitaires nous accompagnèrent à la salle du trône. On nous prit nos lourds manteaux à l'entrée et on nous conduisit en présence de l'empereur et de l'impératrice douairière. Nous prîmes un siège qu'on nous attribua selon notre rang (c'est-à-dire notre ancienneté à Pékin) avant d'esquisser une révérence. Notre premier interprète présenta chaque dame au prince Ch'ing [Ching] qui, à son tour, nous présenta à Leurs Majestés. Lady MacDonald lut ensuite un bref discours en anglais au nom de nous toutes. L'impératrice douairière y répondit par l'intermédiaire du prince Ch'ing. Après que

nous eûmes encore adressé une autre révérence bien bas à l'empereur, on nous escorta chacune notre tour jusqu'au trône, et nous nous inclinâmes face à l'empereur, qui tendit la main à chacune d'entre nous. »

Ce fut pour Lady MacDonald une « agréable surprise qu'il [Guangxu] assiste à l'audience [...] Ce jeune homme au regard triste, de constitution délicate, aux traits empreints de fort peu de caractère, ne leva presque pas les yeux pendant notre réception ». Une fois salué l'empereur, relate Mrs Conger, « nous avançâmes jusqu'à Sa Majesté l'impératrice en nous inclinant devant elle. Elle nous tendit ses deux mains et nous nous approchâmes d'elle. Après quelques salutations, Sa Majesté serra nos mains entre les siennes et plaça au doigt de chaque dame une lourde bague en or ciselé, ornée d'une grosse perle ».

Dans ce genre de circonstances, en Chine, les femmes avaient pour coutume de s'offrir des bagues. L'impératrice douairière cherchait à établir des liens fraternels avec les épouses des Occidentaux. En leur honneur eut lieu une fête présidée par la princesse Ching et d'autres princesses encore, vêtues des « broderies les plus exquises, de riches satins et de soieries ornées de perles ». Des « bijoux en or incrustés de pierreries » protégeaient leurs ongles. À l'issue de la réception, les dames retrouvèrent Cixi. Sarah Conger s'en rappellerait :

> À notre étonnement, nous reconnûmes sur une sorte de trône jaune Sa Majesté l'impératrice douairière, autour de laquelle nous nous rassemblâmes, comme nous l'avions fait un peu plus tôt. Elle rayonnait de bonheur et la bienveillance illuminait son visage. Aucun soupçon de cruauté ne se décelait sur ses traits. Elle nous accueillit par des mots simples, et des gestes libres et chaleureux. Enfin, Sa Majesté se leva et nous souhaita bonne continuation. Elle tendit les deux mains à chacune d'entre nous puis, se désignant elle-même, déclara, enthousiaste et sincère : « La même famille, toutes de la même famille. »

On donna ensuite un opéra de Pékin et Cixi prit congé de ses invitées avec une certaine théâtralité : « Installée sur son espèce de trône, elle se montra très aimable. Au moment où l'on nous servit du thé, elle s'avança pour porter la tasse de chacune d'entre nous à ses lèvres puis aux nôtres et elle répéta : "La même famille, toutes de la même famille." Elle nous remit encore de magnifiques cadeaux ; les mêmes à chacune. » Sa rencontre avec Cixi transporta d'aise Mrs Conger qui affiche une mine pourtant peu amène sur les photos :

Après cette fabuleuse journée de rêve, tellement irréelle pour nous toutes, nous sommes rentrées chez nous, grisées par tant de nouveauté et de beauté […] Songez un peu ! La Chine, après des siècles et des siècles de repli sur soi, entrouvre à présent ses portes ! Aucune étrangère n'avait encore aperçu les souverains chinois et aucun souverain chinois n'avait encore aperçu de dame étrangère. Nous sommes retournées à la légation britannique et, d'excellente humeur, avons posé ensemble pour une photo qui immortaliserait ce jour extraordinaire – un jour à vrai dire historique. Le 13 décembre 1898 fut un grand jour pour la Chine et pour le monde.

Lady MacDonald avait emmené avec elle, en tant qu'interprète, Henry Cockburn, secrétaire à la légation britannique, « fort de plus de vingt ans d'expérience de la Chine […] très capable et au coup d'œil très sûr ». Elle écrivit : « Avant notre visite, son opinion de l'impératrice douairière était, dirais-je, celle de la plupart […] À son retour, il admit que ce qu'il venait de voir et d'entendre l'obligeait à réviser ses préjugés. Il résuma le tempérament de l'impératrice douairière en quelques mots : "affabilité, frisant la faiblesse !" » Sir Claude déclara à Londres : « L'impératrice douairière a produit une impression des plus favorables par sa courtoisie et son amabilité. Ceux qui se sont rendus au palais en s'attendant à rencontrer quelqu'un de froid et hautain à l'attitude méprisante et autoritaire ont été agréablement surpris de découvrir en Sa Majesté une hôtesse prévenante et courtoise, qui a fait preuve du tact et de la douceur propres à une nature féminine. » Il ne fut pas le seul à la légation à en penser autant[17].

Cixi venait de redorer son image. Cela dit, les membres de la légation ne se formaient une meilleure idée d'elle que parce qu'ils lui trouvaient à présent un « tempérament féminin » auquel ils ne s'attendaient pas. Pour autant, ils ne l'eussent pas préférée à Guangxu à la tête de l'empire. L'année suivante, la nécessité de surveiller son fils adoptif en permanence finit par accabler Cixi. La tension liée à son rôle de gardienne de prison lui devint intolérable, tant elle redoutait les conséquences de l'absence du monarque au temple du Ciel où il aurait en principe dû prier. Quand on lui proposa d'adopter un héritier présomptif, elle n'hésita pas un instant : celui-ci remplirait les obligations de l'empereur et, le moment venu, se substituerait carrément à lui. Les raisons d'opter pour une telle solution ne manquaient pas : Guangxu approchait la trentaine or il n'avait toujours pas d'enfant. On pouvait tout à fait soutenir qu'il lui fallait adopter un fils afin de perpétuer la dynastie. Le captif rédigea lui-même à l'encre écarlate un édit annonçant que son état de santé l'empêchait d'engendrer un héritier et que, sur ses instances réitérées, l'impératrice douairière avait eu l'obligeance de consentir à désigner un héritier présomptif dans l'intérêt de la dynastie[18].

Cet héritier présomptif, âgé de quatorze ans, se nommait Pujun. Son père, le prince Duan, était le fils d'un demi-frère de l'empereur Xianfeng, le défunt mari de Cixi ; d'où sa légitimité à régner.

Ces dispositions donnèrent lieu à des rumeurs selon lesquelles Guangxu n'allait plus rester longtemps au pouvoir. Les plus remontés contre Cixi affirmèrent qu'elle comptait l'assassiner sous peu. « Les ambassadeurs étrangers parurent de nouveau soucieux. Ils ne cachaient pas qu'ils craignaient que les jours de Kuang Hsu [Guangxu] fussent comptés », relate un témoin de l'époque. Lorsque Cixi fit connaître son choix d'un héritier présomptif, le 24 janvier 1900, les légations étrangères réclamèrent une audience à Guangxu – signifiant ainsi sans ambiguïté qu'elles soutenaient l'empereur captif et snobaient son successeur présumé[19]. On leur répondit que Guangxu, en mauvaise santé, ne pouvait les recevoir. Quand les épouses des diplomates sollicitèrent une répétition du thé de l'année précédente, on leur rétorqua que l'impératrice douairière était « trop occupée par les affaires de l'État[20]. »

22. En guerre contre les puissances mondiales – du côté des Boxers (1899-1900)

Cixi devint amère en voyant les légations étrangères se ranger du côté de son fils adoptif. Mais le mépris avec lequel les puissances occidentales traitèrent l'empire après qu'elle leur eut offert son amitié au thé en l'honneur des épouses de diplomates l'enragea encore plus. Elle venait à peine de leur tendre la main en affirmant : « la même famille, toutes de la même famille » quand un coup bas lui fut asséné. Début 1899, l'Italie réclama la cession d'une base navale dans la baie de Sanmen, une anse sur la côte orientale de la province du Zhejiang, pour des raisons pas tant stratégiques que de prestige : l'Italie convoitait en effet une portion de la Chine afin de ne pas se laisser distancer par les autres puissances européennes*. Comme une telle acquisition ne présentait aucune menace pour elles, la Grande-Bretagne et la plupart des nations voisines donnèrent leur feu vert à l'Italie[1]. Les navires de guerre italiens se livrèrent à une démonstration de force le long des côtes chinoises, à proximité de Pékin. L'Italie et les puissances s'attendaient à voir la Chine tomber à genoux face à la menace d'une guerre, comme à l'accoutumée. Robert Hart, partisan de la Chine, se montra pessimiste : « Les Italiens ont posé un ultimatum à la Chine : si elle ne leur répond pas "oui" d'ici quatre jours, gare aux conséquences ! La situation est une fois de plus critique. [...] Je crains que tout n'aille pour nous de mal en pis. Il ne nous reste plus d'argent – nous n'avons plus de marine –, nous ne disposons d'aucune organisation militaire digne

* À l'époque, l'Italie qui cherchait à s'affirmer en tant que grande puissance maritime revendiquait, non sans emphase, la paternité de la boussole, pourtant inventée en Chine. On érigea en 1900 à Amalfi une statue de son inventeur supposé, Flavio Gioja (qui n'a jamais existé, comme l'ont depuis conclu les historiens italiens).

de ce nom [...] D'autres puissances prendront le même chemin et la *débacle [sic]* nous guette. Ce n'est pas la Chine qui s'effrite en mille morceaux, ce sont les puissances qui se l'arrachent ! » Hart se lamenta, comme du temps de la guerre contre le Japon : « Il n'y a pas d'homme fort[2] [...] »

Seulement, cette fois, l'autorité avait changé de main. Les Occidentaux apprirent, « à la grande surprise de l'Italie et de tout le monde, que la Chine s'obstinait dans son refus de céder[3] ». Le ministère chinois des Affaires étrangères renvoya les lettres de l'ambassadeur de la légation italienne, De Martino, sans même les ouvrir et expliqua à Sir Claude MacDonald que, « dans l'impossibilité d'accéder à une telle requête et considérant qu'en débattre avec l'ambassadeur italien occasionnerait une grande dépense d'encre et de papier, il retournait au Signore De Martino ses dépêches[4] ». Cixi ordonna des préparatifs de guerre. Les observateurs étrangers notèrent « une recrudescence d'activité dans tout l'empire[5] ».

Au beau milieu de la crise, l'Italie remplaça De Martino par Giuseppe Salvago Raggi. Sitôt arrivé en Chine, il présenta ses lettres d'accréditation à l'empereur Guangxu. Faisant une entorse au protocole qui laissait au responsable des Affaires étrangères le soin de les recevoir à sa place, celui-ci « tendit la main pour s'emparer de la lettre », comme le nota Salvago Raggi, et « le prince Ching se figea[6] ». Les Italiens y virent un geste significatif de la part de l'empereur – certains de l'effet produit par leurs navires de guerre, ils crurent que la Chine allait se mettre en quatre pour les satisfaire. Quelle ne fut pas leur déception lorsque des dignitaires chinois leur expliquèrent, le lendemain, qu'il ne fallait rien déduire de particulier de cette irrégularité. Les 20 et 21 novembre 1899, Cixi promulgua deux décrets, exprimant son courroux et sa détermination :

> La situation comporte à cette heure bien des périls et les puissances fixent sur nous un regard aussi noir que celui d'un tigre jaugeant sa proie. Elles ne pensent toutes qu'à fondre sur notre pays. Compte tenu de la situation financière et militaire de la Chine aujourd'hui, nous nous efforcerons bien entendu d'éviter un conflit [...] Mais si nos puissants ennemis veulent nous contraindre à céder à des exigences qu'il nous est impossible d'accepter, alors nous n'aurons pas d'autre solution que de nous en remettre au bien-fondé de notre cause et de combattre tous unis [...] Si l'on nous accule à la guerre, une fois la guerre déclarée, les chefs des provinces devront lutter de concert contre ces redoutables ennemis [...] Nul n'est autorisé à employer le terme *he* [apaisement] et nul ne doit ne serait-ce qu'y penser. La Chine est

un vaste pays riche en ressources, qui compte des centaines de millions d'habitants. Si la nation communie dans sa dévotion à l'empereur et au pays, quel puissant ennemi a-t-elle à craindre[7] ?

L'Italie, qui n'avait en réalité pas le cran d'entamer un conflit, rabattit de ses exigences et ne réclama pour finir qu'une concession dans un port de traité. Il paraît que Cixi rétorqua aux Italiens : « Vous n'obtiendrez pas une seule motte de terre chinoise[8]. » Quoi qu'il en soit, l'Italie battit en retraite et, à la fin de l'année, renonça à l'ensemble de ses exigences. « L'euphorie envahit le cœur des Chinois patriotes[9] », notèrent les Occidentaux. La victoire de Cixi ne suffit pas à la tranquilliser : elle avait eu de la chance et ne l'ignorait pas. L'Italie, « petit pays pauvre », ne voulait pas d'une guerre. Rome bluffait, or Cixi l'avait prise au mot[10]. D'un autre côté, le soutien à l'Italie des plus grandes puissances européennes détruisit son illusion de ne former avec elles qu'une « même famille » et accrut son amertume. « Les puissances étrangères nous malmènent trop, beaucoup trop », répétait-elle alors. « Les puissances étrangères se liguent contre nous [...] je me sens dévorée de l'intérieur[11]. »

L'empoignade des puissances européennes avides de s'adjuger une part de la Chine enragea les membres de l'élite chinoise même les plus ouverts et les plus favorables à l'Occident. Pour ne rien arranger, les États-Unis, la seule grande puissance à ne pas vouloir accaparer leur territoire, promulguèrent une Loi d'exclusion des Chinois hostile à l'immigration chinoise, qui les consterna*. Tous ou presque s'estimèrent blessés dans leur fierté personnelle. Un incident en particulier offensa Wu Tingfang, qui avait étudié le droit à Londres et chapeauté la mission chinoise aux États-Unis : « Les Occidentaux aiment les courses de chevaux. Or à Shanghai, ils ont obtenu des Chinois un vaste terrain où ils organisent des courses, deux fois par an, mais aucun Chinois n'a le droit de paraître à la tribune, les jours de course. Une entrée et une galerie à part leur sont réservées, comme s'ils étaient porteurs d'une maladie infectieuse[12]. »

Yung Wing, le premier Chinois diplômé de l'université de Yale, relata une mésaventure lors d'une vente aux enchères à Shanghai, qui le marqua profondément : « Je me trouvais debout parmi une

* La loi fédérale signée en 1882 en révision du traité de Burlingame de 1868 ne serait pas abrogée avant 1943. Le 18 juin 2012, le Congrès des États-Unis déclara officiellement qu'il « regrettait » cette loi discriminatoire à l'encontre des Chinois.

foule de Chinois et d'étrangers. Un Écossais plutôt costaud, d'un bon mètre quatre-vingts, se tenait derrière moi [...] Il tentait d'attacher un bouquet de balles de coton à ma natte en manière de plaisanterie, quand je le pris sur le fait et, aimablement, lui demandai de le dénouer. Il croisa les bras et se dressa de toute sa hauteur, d'un air de profond mépris. » L'altercation se conclut par une bagarre : sous les coups de Yung Wing, « du sang coula à profusion de la lèvre et du nez de l'Écossais. Après cela, celui-ci ne se montra plus en public pendant une semaine [...] mais surtout [...] parce qu'un petit Chinois lui avait remonté les bretelles devant tout le monde ». Yung Wing en conclut :

> Étant donné que la colonie étrangère sur la base de l'extraterritorialité a été établie près de la ville de Shanghai, aucun Chinois sous sa juridiction n'a, pour autant qu'on sache, eu le cran de défendre ses droits [...] quand ceux-ci ont été violés ou piétinés par un étranger. Du fait de leur naturel humble et soumis, les Chinois ont encaissé des affronts et des insultes sans réagir [...] Bientôt, cependant, le peuple chinois sera suffisamment instruit et éclairé pour connaître ses droits, publics et privés, et réunir le courage moral de les défendre[13].

C'était à l'initiative de Yung Wing que de jeunes Chinois étaient partis étudier en Amérique. Quant à Wu Tingfang, il participerait plus tard à la rédaction d'un code de lois à l'occidentale. Tous deux canalisèrent leur ressentiment dans leur aspiration à réformer la Chine sur le modèle de l'Occident, pour lequel ils garderaient toute leur vie de l'affection et de l'admiration. Wu écrivit à propos des États-Unis :

> Quand un Oriental qui a passé toute sa vie dans sa patrie, où la volonté du souverain règne en maître et où l'on ne sait pas ce que c'est que la liberté personnelle, quand cet homme foule pour la première fois le sol américain, il respire une atmosphère tout à fait différente de ce qu'il a connu jusqu'alors, et de drôles de sensations absolument inédites lui viennent. Pour la première fois de sa vie, il a le sentiment de pouvoir faire ce qui lui chante, sans entraves [...] le voilà éperdu d'émerveillement[14].

L'hostilité de la plupart des villageois chinois envers les Occidentaux visait surtout les missions chrétiennes établies parmi eux. Plus de 2 000 missionnaires installés dans l'empire y répandaient alors la bonne parole. Du fait qu'ils étaient étrangers, les Chinois les prenaient pour cibles quand les temps devenaient trop durs. L'inflexibilité de certains prêtres n'arrangeait rien. L'animosité envers les Occidentaux redoublait chaque fois qu'une sécheresse prolongée plaçait les paysans sur des charbons ardents. Dans ces cas-là, les villageois organisaient souvent des cérémonies élaborées où ils priaient le dieu de la Pluie, dans l'espoir de tenir bon jusqu'à l'année suivante. Comme il y allait de leur survie, tous les villageois se devaient d'y prendre part afin de prouver la bonne foi de la collectivité. Beaucoup de missions chrétiennes, convaincues que les invocations s'adressaient à un faux dieu, condamnaient les cérémonies en tant que mise en scène « idolâtre ». E.H. Edwards, médecin missionnaire en Chine pendant plus de vingt ans, écrivit : « Les étrangers (qui ne trouvent aucun sens à ces cérémonies théâtrales) ont peine à concevoir l'emprise qu'elles détiennent sur le peuple et les sommes considérables que celui-ci y consacre chaque année[15]. » Comme les missionnaires interdisaient aux convertis de payer leur écot ou de s'y mêler, les villageois attribuaient la prolongation des sécheresses aux étrangers ou aux convertis dont l'attitude offensait le dieu de la Pluie – et les acculait du même coup à mourir de faim. Les mandarins eurent beau l'expliquer aux prêtres, ceux-ci demeurèrent inflexibles, ainsi que le nota Edwards : « Les dignitaires demandèrent aux missionnaires d'inciter les chrétiens à s'acquitter des sommes requises pour éviter d'autres troubles à l'avenir. Il ne pouvait bien sûr y avoir qu'une réponse à une telle sollicitation ; et les dignitaires s'entendirent expliquer que l'Église protestante, en Chine, non contente de réprouver la fréquentation des théâtres, punissait ceux de ses membres qui s'y rendaient régulièrement. »

Les missions, au besoin défendues par des canonnières, incarnaient une autorité concurrente du pouvoir impérial. Il leur arrivait de protéger des convertis mêlés à des querelles de bas étage. Le révérend Arthur H. Smith, missionnaire américain en Chine pendant vingt-neuf ans, écrivit (à propos de la mission française) :

> Chaque fois qu'un différend oppose un chrétien à un païen, quel que soit l'objet de leur désaccord, le prêtre ne tarde pas à s'en mêler et, s'il ne parvient pas à intimider lui-même les représentants locaux de l'État pour qu'ils donnent satisfaction au chrétien, il présente l'affaire comme un cas de persécution et en appelle au consul de France. Celui-ci exige des réparations, de gré ou de force, sans que nul ne s'interroge sur le bien-fondé des réclamations[16].

Certains Chinois se convainquirent dès lors, à tort ou pas, que le représentant local de l'État trancherait n'importe quel litige en faveur des chrétiens, pour éviter des ennuis à son gouvernement et faciliter son propre avancement. Ce fut parce que les Chinois estimaient leurs intérêts lésés qu'eut lieu plus d'une émeute contre les chrétiens. Cixi ordonnait de régler la moindre dispute impliquant des chrétiens avec « justice et fermeté[17] ». Son gouvernement réprimait sans faute les soulèvements contre les chrétiens et punissait les fonctionnaires qui ne mettaient pas assez de moyens en œuvre pour mater les émeutes – voire qui les attisaient, comme cela arrivait parfois. En quarante ans, en Chine, on ne dénombra en tout et pour tout pas plus d'une dizaine de troubles, dont pas un seul ne déboucha sur un massacre comparable à celui de Tianjin en 1870.

Après que l'Allemagne eut établi sa présence au Shandong et se le fut en partie approprié à la fin 1897, de nombreux villageois se convertirent à la religion chrétienne afin de se garantir une protection. Dans plusieurs comtés, si l'on en croit les autorités locales, des Chinois rejoignirent l'église pour se soustraire à la justice « parce qu'ils ne voulaient pas rembourser leurs dettes [...] qu'ils commettaient des larcins ou même des meurtres[18] ». Un homme se réfugia ainsi dans le giron de l'église pour ne pas répondre à une citation à comparaître, après que son père « lui eut intenté un procès pour désobéissance grave ». Dans un comté, un paysan chrétien fut accusé de récolter le blé du champ de son voisin. Dans un autre, le bruit courut qu'un chrétien plutôt aisé refusait de prêter des céréales aux affamés lors d'une sécheresse (au mépris de la tradition). Dans l'un et l'autre cas, les magistrats tranchèrent en faveur des convertis. Des troubles éclatèrent et l'on brûla les églises. Ailleurs, une tentative de certains chrétiens de convertir en église un temple dédié à l'empereur céleste déclencha une émeute. En général, les violences cessaient quand le gouvernement local punissait les émeutiers et versait de substantielles compensations à l'église – augmentant du même coup le ressentiment des non-convertis.

Au printemps 1899, l'Allemagne, soucieuse de mettre un terme aux révoltes dans le Shandong, envoya une expédition dans certains villages, où des soldats incendièrent des centaines de maisons et tuèrent par balles une partie de la population[19]. Dans le sillage de ces atrocités, un groupe connu depuis environ un an en tant que Société des poings justes et harmonieux, ou *Yi-he-quan*, gagna une immense popularité et des centaines de milliers d'adeptes. (Les hommes du Shandong étaient connus pour aimer les arts martiaux et en particulier un type de lutte aux poings semblable à la boxe.) Cette société attribuait les maux du pays et les misères du quotidien aux étrangers, qu'elle se jura de chasser de Chine. La presse étrangère les surnomma les « Boxers ». Ceux qui rejoignirent le mouvement le firent pour différentes raisons. Certains détestaient les Allemands qui venaient de détruire leurs foyers – or leur haine ne tarda pas à s'étendre à tous les étrangers et aux Chinois chrétiens. D'autres avaient des comptes à régler avec leurs voisins convertis. D'autres encore cherchaient un exutoire à leur inquiétude quant aux récoltes de l'année à venir, qui s'annonçaient insuffisantes. « Dans l'ensemble [...] les Chinois sont plutôt bien nourris[20] », nota Isabella Bird, voyageuse à l'œil critique, en Chine à ce moment-là. Mais dès que le temps devenait inclément – comme alors au Shandong – il ne restait plus à ces mêmes Chinois qu'à lutter pour survivre.

Quand des violences éclataient contre les chrétiens, Cixi ordonnait d'arrêter leurs auteurs et de les « punir sévèrement[21] », tout en protégeant les chrétiens. Le gouverneur du Shandong, Yuxian, exécrait les puissances occidentales et rechignait à garantir la sécurité des chrétiens. Cixi le remplaça par le général Yuan Shikai[22]. Peu après l'arrivée du général Yuan au Shandong, le 30 décembre 1899, des maraudeurs, partisans des Boxers, mirent à mort le révérend S.M. Brooks, un missionnaire de l'Église anglicane, alors qu'il se déplaçait à dos d'âne le long de chemins de campagne. Le dernier assassinat de missionnaire en Chine remontait à deux ans. Dans un édit, Cixi se déclara « profondément peinée » et ordonna au général Yuan « de capturer les criminels et de les punir sévèrement[23] ». Yuan ne tarda pas à appréhender les coupables et à les traduire en justice. Certains furent exécutés. Le général Yuan informa Cixi que, cette année-là, les Boxers avaient détruit dix foyers utilisés comme lieux de culte, mis à sac le domicile de 328 familles chrétiennes et tué 23 convertis[24]. Le général se dit résolu à recourir à la force pour écraser les Boxers. Cixi lui donna son aval mais l'avertit qu'il ne pourrait se lancer dans une action militaire à grande échelle qu'avec « une extrême circonspection[25] ». Il devait avant tout « démanteler » les bandes et ne punir que les auteurs de véritables crimes. Les Boxers se dispersèrent au fur et à mesure de la campagne de Yuan – aidé par des chutes de neige depuis longtemps attendues, annonciatrices de meilleures récoltes, et donc d'estomacs pleins. La neige salvatrice fut suivie, au printemps, par d'abondantes pluies, qui clairsemèrent encore un peu plus les rangs des Boxers.

Certains d'entre eux basculèrent alors dans le banditisme et se mirent à vivre de larcins dans la province voisine du Zhili, à proximité de Pékin. Le 19 février 1900, Cixi chassa les Boxers du Zhili et du Shandong, réservant de « rudes châtiments » à tous les coupables de violences[26]. Selon l'usage, on placarda des copies du décret dans les deux provinces.

Les mesures prises par Cixi contre les Boxers ne suffirent pas à contenter les légations étrangères, pourtant « tranquillisées » par son édit en réaction à l'assassinat du révérend Brook. Ce qu'elles voulaient – ou plutôt ce que voulaient la Grande-Bretagne, les États-Unis, l'Allemagne, l'Italie et la France – c'était une proclamation impériale adressée à l'ensemble de la nation, « ordonnant la suppression » des Boxers et de toute société s'en réclamant[27]. Les représentants des puissances européennes exigèrent que « le décret insiste sur le fait que l'appartenance à l'une ou l'autre de ces sociétés ou la protection de l'un de leurs membres constituent une violation criminelle des lois de la Chine », et réclamèrent sa publication par la *Gazette de Pékin*, le bulletin d'information du gouvernement.

Cixi refusa. Non seulement, elle se sentait d'humeur à tenir tête aux Occidentaux, mais elle ne souhaitait pas crier haro sur les Boxers dans tout l'empire, alors que leur présence ne s'étendait pas au-delà de deux provinces. Elle ne les interdirait que là où ils se manifestaient : au Shandong et dans le Zhili. Elle punirait les responsables de violences ayant enfreint la loi, sans pour autant assimiler les simples sympathisants du mouvement à des criminels. Il lui répugnait que le peuple la crût résolue à réprimer à tout prix l'hostilité envers les Occidentaux ou la prît pour une marionnette aux mains des puissances étrangères. L'attitude des légations lui semblait par ailleurs aberrante et injustifiée. Aucune n'avait élevé la voix contre les débordements des soldats allemands, alors qu'elle-même luttait activement contre les Boxers, et non sans résultats à en juger par la dispersion de la majorité d'entre eux du Shandong. Plus les légations insistèrent, plus Cixi campa sur ses positions. La *Gazette de Pékin* ne mentionna pas une seule fois les Boxers. Sir Claude MacDonald, l'ambassadeur britannique, écrivit, excédé, le 2 avril : « Je n'ai jamais vu le [ministère chinois des Affaires étrangères] aussi têtu ni aussi content de lui[28]. » Il en attribuait la faute au repli des Italiens : « Leurs navires sont venus et sont repartis et leur ambassadeur a été rappelé – les queues-de-rat l'ont emporté sur toute la ligne. »

Sir Claude ignorait une chose : l'attitude de l'Italie n'avait en rien pesé sur la décision de Cixi.

Le 12 avril, Sir Claude et ses collègues, tout en renonçant à « réclamer la parution d'un décret dans la Gazette », donnèrent au gouvernement chinois deux mois pour liquider les Boxers. Sans cela, ils enverraient une force armée en Chine s'en charger à sa place[29]. La menace s'accompagna d'un défilé de canonnières devant les forts de Taku. Ne voulant pas de confrontation, Cixi consentit à des concessions. Deux jours plus tard, un mémoire du vice-roi de Zhili annonça dans la *Gazette de Pékin* la dispersion des Boxers par les troupes gouvernementales ; une manière de prévenir le reste du pays que leur société tombait dans l'illégalité. Le 17, un décret publié par la *Gazette* condamna ceux qui « cherchent des occasions de s'en prendre aux convertis [...] et trempent dans des crimes[30] ». Les légations prirent connaissance de la traduction suivante : « Le trône ne pose aucune limite à son principe de considérer tous les hommes avec une égale bienveillance » ; il revient aux représentants de l'autorité de « saisir toutes les occasions de faire clairement savoir que chaque homme doit s'occuper de ses affaires et vivre en paix avec son prochain ». Le décret, au ton ferme mais pas implacable, ne mentionna pas les Boxers en tant que tels.

La parution de ces proclamations dans la *Gazette de Pékin* fit plaisir à Sir Claude et ses collègues, qui ne s'en tinrent cependant pas pour satisfaits, compte tenu du manque de rigueur du décret. Les canonnières qui mouillaient aux abords des forts de Taku rappelaient chaque jour à Cixi que, si elle ne liquidait pas les Boxers en moins de deux mois, les Occidentaux envahiraient la Chine. Les Européens ne voulaient pourtant pas vraiment d'un conflit. Comme le nota Mrs Sarah Conger, l'épouse de l'ambassadeur américain : « Personne n'a envie d'entrer en guerre contre la Chine[31]. » Et cependant, « il y a beaucoup de navires de guerre à Taku ». Leur rôle consistait à impressionner les autorités chinoises. Lord Salisbury, Premier ministre britannique, admit plus tard : « J'ai passé un certain temps à tenter de convaincre mes compatriotes que bluffer avec les Chinois était un jeu dangereux : cela dit, je ne m'attendais pas à une confirmation aussi éclatante de mon point de vue[32]. » La fureur de Cixi accrut sa détermination à défier les puissances européennes.

Depuis le désastre de la guerre contre le Japon et de la « paix » consécutive, cinq ans plus tôt, il en allait toujours de même : les puissances étrangères présentaient leurs exigences et, dès qu'elles menaçaient de recourir à la force, Pékin cédait. Cela dit, Cixi venait de créer un précédent en obligeant l'Italie à dévoiler ses cartes. Elle comptait agir de même vis-à-vis des autres puissances. Mais si son attitude conduisait à un conflit, comment – et avec quoi ? – la Chine se battrait-elle ? La marine avait été détruite et l'armée n'était pas de taille à lutter. Une défaite semblait inévitable. Réduite à la dernière extrémité, Cixi se raccrocha à un espoir aussi mince qu'un fétu : peut-être les Boxers pourraient-ils entamer une sorte de « guérilla populaire » contre les envahisseurs ? Elle dut se dire que leur haine des Occidentaux les transformerait en braves et redoutables soldats.

Les plus pragmatiques parmi l'entourage de Cixi, Junglu par exemple, pressentirent l'imminence d'un affrontement avec l'Occident et lui conseillèrent d'apaiser les légations pour éviter d'en arriver là. Cixi fit la sourde oreille. Redoutant le pire, Junglu réclama un congé pour raison de santé et demeura soixante jours à l'écart de la cour[33]. Son fidèle confident, dont elle suivait la plupart des recommandations avisées, était donc absent lorsque Cixi prit la décision la plus lourde de conséquences de son règne.

Celui qu'elle écoutait pour l'heure le plus, le prince Duan, le père de l'héritier présomptif du trône, exécrait les Occidentaux parce qu'ils snobaient son fils. Il se fit le champion du recours aux Boxers en tant que soldats. Avec d'autres princes et aristocrates qui partageaient ses vues, il tenta de convaincre Cixi de la loyauté, de l'intrépidité et de la « discipline[34] » des Boxers et proposa de les organiser en force de combat prête à repousser l'invasion. Le côté rationnel de Cixi lui souffla que les Boxers n'étaient pas de taille à livrer une telle guerre. Malgré tout, elle ne désirait rien tant que de se persuader du contraire. Il ne lui restait plus d'autre recours. Elle a pu se dire aussi que les Boxers donneraient du fil à retordre aux envahisseurs, ce qui lui laisserait une chance de négocier un compromis et d'éviter ainsi une capitulation.

À présent que la tentation lui était venue de recourir aux Boxers en tant que soldats, Cixi ne les frappa plus que d'une main hésitante. Bien que l'armée dût officiellement continuer à démanteler leur société, les soldats perçurent l'ambivalence de Cixi et leur ardeur fléchit. Enhardis, les Boxers grossirent leurs rangs et se répandirent comme une traînée de poudre dans les environs immédiats de Pékin.

Au printemps 1900, alors que des pluies bienvenues arrosaient le Shandong, les alentours de Pékin connurent une terrible sécheresse. Un missionnaire de l'époque écrivit : « Pour la première fois depuis la grande famine de 1878, on n'a pour ainsi dire pas planté de blé, cet hiver [...] Au mieux, il tombe un peu de pluie au printemps, mais presque jamais assez, or cette année, il n'y en a quasiment pas eu. Le sol s'est tant asséché qu'on n'a rien pu y semer et, dans des moments pareils, le peuple désœuvré ne tient plus en place et ne demande qu'à faire des siennes[35]. » Redoutant la famine, les Boxers prétendirent que le dieu de la pluie n'exauçait pas leurs prières parce que les « diables étrangers » – ces créatures inhumaines aux yeux bleus ! – les avaient ensorcelés. Comme les Chinois ont tous les yeux noirs, les Occidentaux se distinguaient par la couleur de leurs yeux. Une rumeur à laquelle beaucoup croyaient alors attribuait à leurs yeux clairs la capacité de percer le sol en surface et de repérer des trésors souterrains, qu'ils s'appropriaient ensuite en laissant la Chine accablée par la pauvreté[36].

En mai, les Boxers, en majorité des paysans mis à rude épreuve par les mauvaises conditions climatiques, pénétrèrent à Pékin, dont ils envahirent les rues par dizaines de milliers. Armés de grands couteaux de boucher, ils portaient des foulards et des chemises rouges, et à la taille, une ceinture rouge. Ils se déplaçaient par bandes et, un peu partout, établirent des autels où ils priaient tout un éventail de déités – surtout des personnages du théâtre populaire comme *Le Roi singe*. Au cours de certaines cérémonies, l'esprit d'une déité pénétrait le chef de la bande et le rendait sacré, lui et ce qu'il disait. Il bondissait alors sur place, hurlait et dansait, déchaîné, comme en transe, multipliant les gestes inspirés de l'opéra de Pékin. D'aucuns récitaient après lui des incantations dépourvues de sens en esquissant des mouvements de *kung-fu*. Convaincus que des esprits protecteurs les habitaient, ils se croyaient immunisés contre les armes à feu des étrangers.

L'on comptait aussi parmi leurs rangs de jeunes femmes vierges ou veuves qui se qualifiaient elles-mêmes de Lanternes Rouges. Souvent munies de lanternes rouges et de piques à glands rouges, elles paradaient dans les rues en corsages rouges à manches courtes et en pantalons serrés, en rupture avec la tradition. Elles allaient même jusqu'à agiter sous le nez des passants leurs mouchoirs rouges, auxquels on prêtait des propriétés magiques. Quand on en étalait un par terre et qu'on posait le pied dessus, une Lanterne Rouge (comme au théâtre) montait au ciel, d'où elle repérait la tête d'un diable étranger, qu'elle tranchait d'un coup de couteau. Il suffisait en outre qu'une Lanterne Rouge frotte avec son mouchoir une haute construction (telle qu'une église) pour l'incendier et la réduire en cendres. Ces femmes, qui menaient pour la plupart des vies misérables, savouraient dès lors une sorte de libération, surtout lorsque des foules d'hommes se prosternaient sur leur passage en guise d'hommage.

Sur les murs de Pékin, juste à côté des édits impériaux interdisant leur société, les affiches voyantes des Boxers appelaient hardiment à « tuer tous les étrangers d'ici trois mois[37] ». Le 31 mai, alors que la situation échappait à tout contrôle, Cixi donna l'autorisation à 400 soldats occidentaux d'entrer à Pékin par Tianjin, pour protéger les légations étrangères[38]. Comme, à en croire celles-ci, cela ne suffirait pas, le 10 juin, plus de 2 000 hommes aux ordres de l'amiral Edward Seymour, commandant en chef de la marine britannique stationnée en Chine, partirent de Tianjin pour Pékin. Ils parcoururent les 120 kilomètres entre les deux villes en chemin de fer. Cixi, qui n'avait pas autorisé ce mouvement de troupes, demanda à ses diplomates de prier les légations de les rappeler[39]. Le prince Ching, responsable des Affaires étrangères, se déclara favorable à la venue de l'armée occidentale. En colère, Cixi le remplaça par l'inflexible prince Duan. Au final, les légations refusèrent de rappeler les soldats.

Résolue à empêcher l'armée étrangère d'entrer dans la capitale sans autorisation, Cixi approuva la mobilisation de certains Boxers le long de la voie ferrée dans l'intention d'arrêter le convoi[40]. Les Boxers firent preuve d'une surprenante efficacité. Ils sabotèrent la ligne et se battirent « avec le plus grand courage[41] », selon le capitaine Jellicoe, chef d'État-major de l'amiral Seymour. Le lieutenant Fownes Luttrell nota, lui aussi, « l'immense bravoure » des Boxers. Bientôt rejoints par les troupes impériales équipées d'armes modernes, ils obligèrent l'expédition Seymour à reculer. Un tel succès renforça l'espoir de Cixi en la capacité des Boxers à repousser une invasion.

Les combats accrurent les tensions à Pékin. Le 11 juin, des soldats en majorité musulmans défendant la capitale tuèrent en pleine rue le chancelier de la légation japonaise, Sugiyama Akira. Cixi fit publiquement savoir qu'elle « regrettait au plus haut point[42] » ce crime atroce visant un diplomate étranger, et promit d'en punir les auteurs. Mais lorsqu'elle en donna l'ordre au commandant de l'armée, Dong Fuxiang, celui-ci lui répliqua que l'exécution d'un seul de ses hommes en réaction à ce meurtre provoquerait une mutinerie. Après un long silence, Cixi lâcha : « Ma foi, ce qui est fait est fait[43]... »

Soutenus par l'armée musulmane, les Boxers se mirent à détruire des voies ferrées, des trains et des lignes de télégraphe, coupant ainsi la communication entre Pékin et les provinces. Les vice-rois du sud en furent réduits à envoyer leurs câbles au Shandong, où des messagers à cheval partaient ensuite les transmettre à Pékin. Dans la capitale, les Boxers incendièrent des églises et des biens appartenant à des étrangers sous les vivats d'immenses foules. Dans un paroxysme de haine, la populace profana des cimetières étrangers : on saccagea tombes et monuments funéraires, et on sortit de leurs cercueils des cadavres pour les embrocher sur des piques avant d'y mettre le feu.

Les Chinois se référaient souvent aux étrangers comme aux « poilus » – *mao-zi* – du fait de leur pilosité plus abondante. Quant aux Chinois christianisés, on les surnommait les « poilus en second » – *er-mao-zi*. La sauvagerie des Boxers se déchaîna sur eux. La peau brûlée ou lacérée, ils affluèrent auprès des légations en quête de protection : « Un être de chair et de sang ne saurait soutenir un tel spectacle », reconnut un garde. On envoya des équipes de secours sauver ceux qu'elles pourraient : elles firent feu sur la foule et tuèrent en quelques jours une centaine de Boxers et de Chinois de la rue[44]. La haine fut dès lors impossible à endiguer. Des hommes en furie armés d'épées, de piques et de couteaux, à la taille ceinte d'une bande de tissu rouge, se massèrent aux abords du quartier des légations, dont ils entreprirent le siège.

Le quartier des légations, où résidaient les représentants de onze pays, formait une enclave d'environ trois kilomètres de long sur un et demi de large jouxtant le mur sud-est de la Cité impériale, qui englobait la Cité interdite. La muraille crénelée qui séparait la Cité intérieure habitée par les Mandchous de la Cité extérieure peuplée de Hans la délimitait au sud. Un étroit canal orienté nord sud la divisait à peu près en deux. 473 civils étrangers et des milliers de Chinois christianisés vinrent s'y réfugier auprès de 400 gardes militaires, qui y édifièrent un labyrinthe de barricades. Les Boxers et leurs dizaines de milliers de partisans se jetèrent contre les murs et leur cordon de défense en hurlant « Mort aux diables étrangers ! Qu'on les tue ! » Ceux qui entendirent en pleine nuit ces cris à glacer le sang n'oublieraient jamais « cet aperçu du Pandémonium, cette vision de l'enfer[45] », comme l'écrivit le révérend Arthur H. Smith.

Cixi chargea Junglu de protéger le quartier des légations à la tête de ses troupes. Bien disposé envers les Occidentaux, il revenait alors de son « congé maladie »[46]. Cixi promulgua de nombreux décrets en vue de juguler les Boxers[47] et envoya des dignitaires, en qui les Boxers avaient a priori confiance, les convaincre de se disperser et de retourner dans leurs villages. S'ils ne renonçaient pas à détruire des voies ferrées, des églises et le domicile d'étrangers et à attaquer – ou même à assassiner – des chrétiens chinois ou étrangers, les troupes gouvernementales se lanceraient contre eux dans une campagne d'extermination. Dans le même temps, Cixi appela par câble le comte Li à Pékin pour qu'il négocie avec les puissances étrangères. À l'époque vice-roi de Canton, le comte gouvernait deux provinces côtières du sud. Jugeant « insensée » l'attitude de Cixi par rapport aux Boxers, il échangeait alors des câbles quotidiens avec les autres dignitaires afin de discuter de la marche à suivre[48]. Brûlant d'impatience de venir en aide à son pays, il eût voulu rejoindre Pékin « à tire-d'aile ». Mais avant même son départ, les événements se précipitèrent : Cixi apprit que des hordes de navires de guerre occidentaux se massaient le long des côtes et que des milliers de soldats faisaient route vers la Chine. Une invasion parut dès lors inévitable.

Vu qu'une entrée en guerre eût mis en jeu la survie de la dynastie, Cixi estima nécessaire de faire avaliser sa décision. Le 16 juin, elle organisa une réunion extraordinaire à laquelle assistèrent plus de 70 personnes : les Grands Conseillers et le cabinet au complet, rien que des Mandchous ou presque, ne jouissant d'aucune distinction particulière – ce qui frappa les témoins de la scène. Selon l'un d'eux[49], ces hommes s'agenouillèrent devant Cixi et l'empereur Guangxu, assis côte à côte dans la salle d'audience bondée. Le prince Duan s'exprima au nom des nombreux esprits échauffés qui réclamaient l'octroi d'un statut légal aux Boxers afin de les employer comme une force de combat. Certains s'y opposèrent et réclamèrent des mesures plus strictes pour mater la populace. L'un des opposants exprimait son point de vue quand le prince Duan l'interrompit d'un ton sarcastique : « Voilà un excellent moyen de perdre le soutien du peuple. » Là-dessus, il dressa le pouce droit – geste à la signification universelle : « Très bonne idée. » Lorsqu'un homme avança qu'on ne pouvait pas compter sur les Boxers pour livrer une guerre « parce qu'une bonne part de leur courage vient de la magie noire qui les protège selon eux des balles », Cixi rétorqua, indignée : « Certes, on ne peut pas se fier à la magie, mais ne peut-on pas se fier au cœur et à l'esprit du peuple ? La Chine a été extrêmement affaiblie et il ne nous reste plus que le cœur et l'esprit du peuple. Si nous les laissons de côté, de quoi disposerons-nous encore pour nous soutenir ? » Elle foudroya du regard ceux qui persistaient à protester.

Le même jour se produisit un incident de mauvais augure. Dans le quartier commercial le plus animé de Pékin, aux portes de la Cité interdite, non loin des légations, les Boxers incendièrent des boutiques d'articles d'importation et une pharmacie qui vendait des médicaments occidentaux. Les flammes bondirent d'un magasin à l'autre en consumant les soieries et les fourrures, les meubles et les bijoux, les antiquités et les objets d'art les plus rares et les plus précieux. Une étincelle gagna la tour voisine de Tian'anmen. D'une hauteur de plus de 30 mètres, la porte de Tian'anmen, la plus haute de Pékin, qui dominait de 15 mètres les murailles qui l'encadraient, se situait au sud d'un axe central partant de la Cité interdite. Elle ne s'ouvrait que pour l'empereur, quand il allait prier au Temple du Ciel ou à celui du dieu de l'agriculture. Les Boxers n'avaient en aucun cas eu l'intention de la détruire. Ils tombèrent à genoux devant les flammes qui la dévoraient en suppliant le dieu du Feu d'épargner cet édifice sacré. Néanmoins, la tour ne tarda pas à se réduire à un immense tas de décombres fumants. Cet incendie, le plus destructeur dans la capitale depuis plus de deux cents ans, terrifia tous ceux qui en entendirent parler et qui y virent un funeste présage.

Bien que Cixi crût aux présages, il n'était plus temps pour elle de reculer. Le soir même, des soldats de huit pays sous un commandement uni – la Russie, le Japon, la Grande-Bretagne, la France, l'Allemagne, les États-Unis, l'Italie et l'Autriche-Hongrie – attaquèrent les forts de Taku qui défendaient l'accès par voie de mer à Tianjin et à Pékin. Ces forts tombèrent à l'issue d'une rude bataille de six heures. Leur chute rappela à Cixi l'épisode ô combien douloureux de leur capture, quatre décennies plus tôt, par une autre armée alliée, anglo-française celle-là. Cixi avait alors dû fuir avec son mari, qui n'avait pas tardé à mourir, rongé par l'amertume, à l'extérieur de la grande muraille. Les envahisseurs incendièrent ensuite l'ancien Palais d'été où ils ne laissèrent que des ruines – et dans le cœur de Cixi, une plaie à vif. Depuis, elle rêvait de le restaurer au moins en partie, allant même pour cela jusqu'à détourner des fonds de la marine et désobéir au Ciel – ce qui lui valut d'ailleurs bien des critiques. Cette fois, quand l'ennemi s'empara des forts, plus rien n'empêcherait Cixi de lutter jusqu'au bout.

De tous côtés, on s'attendait à un conflit. En Grande-Bretagne, ce jour-là, la reine Victoria écrivit à Lord Salisbury : « J'aimerais savoir ce que vous pensez de ce qui se passe en Chine et qui me semble assez sérieux : ayez en outre la bonté de me dire ce que vous proposez[50]. » À compter de ce jour, une quantité faramineuse de « télégrammes de Chine[51] » parvint à la reine, qui envoya elle-même de nombreux messages, dont celui-ci : « Me fais du souci pour la sécurité de Sir C. MacDonald. Avez-vous songé à la possibilité de rappeler de Pékin les ambassadeurs étrangers. Si l'un d'eux était tué, la guerre deviendrait inévitable[52]. »

Tous les réformateurs dont l'opinion comptait pour Cixi – Junglu, le comte Li, le vice-roi Zhang parmi tant d'autres – se déclaraient contre la guerre et contre sa politique. Lors du précédent conflit avec le Japon, de nombreuses pétitions avaient lancé un appel passionné à la lutte. Là, il n'en alla pas de même. Beaucoup estimaient les étrangers en droit de confier à leurs soldats la mission de protéger leurs ressortissants ; mission que le gouvernement chinois n'assumait pas comme il l'aurait dû. « Nous sommes en tort[53] », *li-qu*, s'entendit dire Cixi. Les fonctionnaires aux plus bas échelons voulaient écraser la populace en colère[54] : les Boxers qui réclamaient le gîte et le couvert et se vengeaient des offenses passées les houspillaient sans relâche en semant la terreur. Cixi avait toutefois pris sa décision. Lors d'une autre réunion au sommet, elle éleva la voix et déclara aux dignitaires assemblés : « Nous avons le choix entre offrir sur un plateau notre pays aux envahisseurs ou nous battre jusqu'au bout. Je n'oserai plus faire face à nos ancêtres si nous ne nous battons pas. J'aimerais autant lutter jusqu'à la fin [...] S'il faut que c'en soit fini de nous, vous serez témoins et pourrez attester que j'aurai en tout cas fait de mon mieux[55]. » Son discours passionné et son agitation inhabituelle produisirent leur effet sur l'assistance : tous se frappèrent le front par terre en jurant de la suivre.

Le 20 juin, des soldats abattirent l'ambassadeur allemand, le baron von Ketteler[56], alors qu'il franchissait les barricades pour se rendre au ministère des Affaires étrangères*. Les ponts étaient à présent brûlés – Cixi savait pertinemment, comme l'avait bien dit la reine Victoria, que si un ambassadeur était tué, la guerre deviendrait dès lors « inévitable[57] ». Le lendemain, 21 juin, Cixi déclara de fait la guerre aux huit pays ayant envahi la Chine.

---

* D'après son biographe, Andrew Roberts, Lord Salisbury dit à Betty Balfour que la mort de von Ketteler relevait d'une « justice poétique ». Salisbury déclara : « Tout est de la faute de l'Allemagne. C'est elle qui est à l'origine de tous ces troubles. »

23. Lutter jusqu'aux dernières – et amères – extrémités (1900)

La déclaration de guerre fut suivie de la légalisation des Boxers, que des princes bien disposés à leur encontre encadreraient dès lors. Dans la capitale, on en dénombrait 250 000, sous le commandement du prince Duan, répartis en 1 400 ligues d'à peu près 200 membres chacune[1]. Plus de 100 000 Boxers défendirent la route de Pékin au côté de l'armée impériale contre plus de 20 000 soldats occidentaux. Les soldats impériaux équipés d'armes modernes suivaient un entraînement et arboraient un uniforme à l'occidentale, d'où le surnom que leur donnaient les Boxers de « poilus en second ». Les voilà désormais camarades de lutte. Sarah Conger, l'épouse de l'ambassadeur américain, se rappellerait : « Les Boxers venus en renfort des soldats formaient une puissante armée [...] les étrangers qui connaissent le mieux, depuis le plus longtemps, les Chinois affirment qu'ils n'avaient encore rien vu de tel [...] Les batailles de Tientsin [Tianjin] ont été terribles. Les Chinois ont fait preuve d'un courage qui dépasse l'imagination même de ceux qui les connaissent le mieux. Déterminés, ils se sont vaillamment battus et ont donné du fil à retordre aux armées étrangères[2]. » Le révérend Arthur H. Smith écrivit : « Il ne fait aucun doute que les armées chinoises [...] ont mené une lutte jusqu'au-boutiste sans commune mesure avec leur attitude lors du conflit contre le Japon[3]. »

Cixi témoigna sa gratitude aux Boxers en leur remettant de l'argent de la cour[4]. Elle fit ouvrir des entrepôts remplis de vieilles armes de l'armée impériale à présent équipée au goût du jour pour les leur distribuer[5]. Munis de fusils rudimentaires, de couteaux et de piques plus rudimentaires encore, les Boxers se lancèrent à l'attaque de la technologie la plus moderne avec un fatalisme empreint de fanatisme. Un de leurs adversaires écrivit : « Peu à peu, ils surgirent, en criant, leurs piques et leurs épées étincelant au soleil, tout cela pour tomber par rangs entiers sous les tirs de fusils et de mitrailleuses[6]. » Les chefs des Boxers convaincus de leurs pouvoirs surnaturels moururent les premiers. Un soldat britannique relata « une scène impressionnante : un chef Boxer bien habillé s'approcha seul du pont flottant face à l'infanterie russe [...] Il agita son écharpe et se livra à sa petite cérémonie mais, bien sûr, quelques secondes plus tard, il n'en restait déjà plus qu'un cadavre[7] ».

L'inefficacité de la magie à laquelle recouraient leurs chefs persuada certains Boxers que les étrangers détenaient de mystérieux pouvoirs. Ils se tournèrent dès lors vers une antique stratégie, l'empuantissement : ils disposèrent sur les murailles crénelées de la ville des pots de chambre et des bandes de tissu servant à comprimer des pieds de femmes – c'est-à-dire, ce qui, selon eux, sentait le plus mauvais – dans le vain espoir que leur odeur repousserait les étrangers[8]. Cixi se vit elle aussi réduite à user d'une tactique irrationnelle. Elle dicta deux édits demandant à un moine bouddhiste qu'on disait capable de miracles d'aller au front repousser les canonnières par ses prières[9]. Face à l'afflux continu de soldats alliés, il devint malgré tout évident qu'aucune espèce de magie, de puanteur ou d'intervention divine ne donnerait de résultats.

Forts de leur conviction de s'être rendus indispensables à l'effort de guerre, les Boxers se déchaînèrent. Ils firent ce à quoi ils inclinaient le plus : mettre à sac les villes et les bourgades à leur merci. Rien que dans une rue commerçante de Tianjin, ils occasionnèrent des dommages évalués à des dizaines de millions de taels, avant la chute de la ville aux mains des envahisseurs. La populace en colère saccagea les domiciles des particuliers et jusqu'aux résidences de dignitaires. À Pékin, les pillards n'épargnèrent même pas la demeure de la princesse impériale, la fille de feu le prince Gong, adoptée par Cixi[10].

La Cité interdite non plus n'échappa pas aux troubles[11]. Des princes d'un certain âge y revêtirent la tenue des Boxers – un maillot et une écharpe rouge à la taille – et se mirent à rôder d'un air agressif en « bondissant et en hurlant comme s'ils étaient fous ou ivres, alors qu'en temps normal, ils ne se comportaient pas du tout ainsi », rappellerait plus tard Cixi. L'un d'eux « alla jusqu'à se disputer avec moi ! et il manqua de peu renverser l'autel impérial ! » Certains gardes prétoriens eux-mêmes (dont le prince Duan commandait une section) rejoignirent les Boxers. Le bruit courut que ceux-ci comptaient pénétrer dans la Cité interdite et tuer des dignitaires pro-Occidentaux tels que le prince Ching et Junglu. Un jour, certains Boxers prièrent Cixi de leur laisser examiner les domestiques de la Cité interdite pour s'assurer qu'il n'y avait pas de « poilus en second » parmi eux. Cixi leur demanda comment ils comptaient s'y prendre : elle s'entendit répondre qu'une fois récitées certaines incantations, les Boxers voyaient apparaître une croix sur le front des baptisés. Des eunuques et des femmes de chambre terrifiés implorèrent Cixi de les protéger, mais elle dut malgré elle les soumettre à l'examen en question – de crainte que les Boxers ne prétextent son refus pour se lancer dans une mise à sac de la Cité interdite[12]. En fin de compte, les Boxers ne portèrent aucune accusation contre les serviteurs : sans doute la prise en considération de leurs exigences suffit-elle à les contenter. Cixi se sentait en tout cas comme un « tigre de papier ». Ainsi qu'elle l'expliqua aux vice-rois qui protestaient contre sa gestion des événements : « Tout à coup, en quelques mois, les Boxers ont fait plus d'une centaine de milliers d'adeptes dans la capitale, depuis des gens de la rue jusqu'à des princes et des dignitaires, en passant par des soldats [...] d'inconcevables périls guetteraient la capitale si je tentais de recourir à l'armée pour les écraser. Il faut que je leur emboîte le pas, qu'on me traite comme leur chef, que je parvienne à les maîtriser et à sauver la situation dans la mesure du possible[13]. »

Cixi exerça toutefois sur les Boxers un contrôle moins strict qu'il n'était dans ses habitudes. Sous son nez, des dizaines de milliers de Boxers assiégèrent, avec l'armée musulmane, le quartier des légations, avant de l'attaquer pour de bon au début de la guerre proprement dite. Consciente qu'il serait suicidaire de la part de la Chine de s'en prendre à des diplomates, Cixi ne remit pas d'armes aux Boxers qui cernaient le quartier. L'armée musulmane farouchement hostile aux Occidentaux n'en occupait qu'une section. Le pro-occidental Junglu dirigea sur le reste des attaques furieuses qui n'aboutirent toutefois pas à grand-chose. Sarah Conger, dans l'enceinte des légations, nota à ce propos : « Le son de leurs cors, leurs hurlements et leurs coups de fusils sont les bruits les plus effrayants qu'il m'ait été donné d'entendre. » D'un autre côté, « les Chinois tirent souvent en l'air, ce dont nous nous félicitons[14] ».

« Le canon qui gronde envoie ses projectiles droit sur nous ; parfois, ils éclatent au-dessus de nos têtes, parfois ils atterrissent un peu plus loin, mais jamais ils ne nous atteignent. Quand l'ennemi, après maintes tentatives, règle la portée de ses armes de manière à nous toucher, et qu'il suffirait de quelques obus pour démolir nos constructions, alors il semble que quelque chose retienne les mains de ces Chinois. Pas une seule fois ils n'ont continué de tirer au point de détruire entièrement un édifice ou un mur. Comment cela se pourrait-il si Dieu ne nous protégeait pas ? Son bras aimant nous entoure. »

En réalité, Cixi confia les canons à Junglu, qui s'arrangea pour qu'ils lancent leurs projectiles un peu trop haut[15]. Cixi affirmerait plus tard[16] : « Si j'avais vraiment voulu détruire les légations, il n'en resterait plus rien aujourd'hui[17]*. »

Au bout d'un mois, Cixi se mit à redouter la mort des assiégés, qui n'avaient alors plus rien de frais à manger. Elle ordonna à Junglu de faire porter des fruits et des légumes aux légations[18].

Le siège dura en tout cinquante-cinq jours : du 20 juin au 14 août. L'armée alliée s'empara ensuite de Pékin. On dénombra 68 tués et 159 blessés parmi les Occidentaux présents au quartier des légations. Nul, en revanche, ne compta les victimes dans les rangs des Chinois convertis. Les Boxers, qui s'étaient lancés à l'assaut de l'ennemi pratiquement à mains nues, eurent à déplorer des milliers de pertes[19] – bien plus que les étrangers en apparence entre leurs griffes.

La cathédrale catholique de Pékin, le Pé-tang, où près de 4 000 étrangers et Chinois christianisés s'étaient réfugiés, fit elle aussi l'objet d'un siège. Cixi ordonna au prince Duan, le chef des opérations, « de ne pas utiliser de fusils ni d'armes à feu[20] ». Les Boxers, qui n'attaquèrent le solide édifice défendu par un arsenal de premier ordre qu'avec un armement rudimentaire, succombèrent en masse. Les réserves de nourriture à l'intérieur de la cathédrale venant à s'épuiser, des raids eurent lieu, en quête de provisions. Quand Cixi en eut vent, elle donna d'abord l'ordre oral « aux troupes d'y mettre bon ordre », puis elle changea d'avis et publia l'édit suivant : « Si des convertis au christianisme s'échappent, ne leur faites aucun

* Une fois qu'elle se fut rendue sur place, Katharine Carl admit : « Quand j'ai vu la situation du quartier des légations et, en particulier, de la légation britannique, où tous les étrangers ont fini par se rassembler [...] il m'a paru hors de doute que, s'il n'y avait pas eu parmi leurs propres rangs une force qui les retenait, les Chinois auraient liquidé les étrangers en moins d'une semaine. Leurs tirs mal dirigés n'ont repoussé que de peu l'échéance inévitable pour les légations. Sans cette force qui mettait un frein à l'ardeur des Chinois, il ne resterait plus un Européen pour raconter l'épisode ; et cette force, j'en suis certaine, émanait de l'empereur et de l'impératrice douairière en personne. »

mal, envoyez des hommes les protéger. » De nombreux chrétiens préférèrent néanmoins se laisser mourir de faim dans la cathédrale plutôt que de tomber entre les mains des Boxers ; ce qui explique une grande part des 400 décès parmi les assiégés.

La politique ambivalente de Cixi envers les Boxers envoya nombre d'entre eux au-devant d'une mort certaine en assurant par ailleurs la survie de la majorité des étrangers pris au piège en Chine, encerclés, pour beaucoup, par des foules enclines à les massacrer.

Ailleurs dans l'empire, des représentants du gouvernement assassinèrent des missionnaires et des convertis. La province du Shanxi fut le théâtre des pires atrocités. Cixi y avait muté le gouverneur du Shandong, Yuxian, qu'elle jugeait trop favorable aux Boxers – absents du Shanxi. Jusque-là, les missions entretenaient des relations cordiales avec les autorités du Shanxi et la population en général. Mais Yuxian implanta dans la province sa haine de l'Occident. Avec l'aide de soldats, il organisa un massacre atroce de 178 missionnaires et de milliers de convertis[21] : « On promena Monseigneur Hamer pendant trois jours dans les rues de To To, où tout le monde put le torturer à sa guise. On lui arracha les cheveux et on lui coupa les doigts, le nez et les oreilles pour l'envelopper ensuite dans de la toile imbibée d'huile, le pendre la tête en bas et mettre le feu à ses pieds. Deux mendiants lui dévorèrent le cœur[22]. »

Un peu tard, Cixi mit le holà aux horribles crimes encouragés par Yuxian[23]. Elle opposa en outre son veto au massacre que se mirent en tête de perpétrer dans tout l'empire certains dignitaires[24], dont le père de sa défunte belle-fille, Chongqi – qui avait selon toute probabilité ordonné à celle-ci de se laisser mourir de faim après le décès de son époux. Lui-même ne tarderait pas à se suicider (de même que le reste de sa famille) quand Pékin tomberait aux mains des étrangers. Il réclama à Cixi, par une pétition que d'autres encore signèrent, un « décret qui autorise n'importe quel sujet de l'empire à pourfendre les étrangers qu'il croise ». Ainsi, selon les signataires de la pétition :

> le peuple se sentira en droit de se venger des affronts qu'il a longtemps encaissés sans rien dire […] pendant des dizaines d'années, il a été empoisonné par les étrangers [à l'opium], harassé par les convertis et brimé par des représentants du gouvernement qui émettaient contre la population des jugements partiaux – sans pouvoir se tourner vers qui que ce soit […] une fois un tel décret rendu public, le peuple se réjouira tant et éprouvera une telle gratitude envers le trône qu'il prendra

les armes pour combattre les envahisseurs [...] la Chine sera enfin purgée des étrangers et notre peuple, libéré des maux qui l'accablent.

Cixi garda pour elle la pétition et ne rédigea pas le moindre décret en ce sens.

Le déchaînement des Boxers sous l'autorité de Cixi consterna ses soutiens de toujours, qui se retournèrent contre elle. Ce fut en particulier le cas du comte Li et du vice-roi Zhang Zhidong, qui lui adressèrent une lettre de rappel à l'ordre : « Si vous persistez à vous laisser entraîner par votre obstination et à ne chercher qu'un exutoire à votre courroux, vous ruinerez notre pays. Dans quel abîme allez-vous encore le précipiter avant de vous estimer satisfaite[25] ? » Ils firent remarquer à Cixi qu'elle ne ménageait pas les Boxers : « Un grand nombre d'entre eux a trouvé la mort, leurs cadavres jonchent les campagnes [...] On ne peut que les plaindre d'être aussi stupides. » En outre, la sécheresse, s'ajoutant aux exactions des Boxers, avait réduit le nord de la Chine à une « étendue de terre stérile » : il était temps que Cixi prête un peu plus attention au bien-être de ses sujets.

Les vice-rois de tout le pays s'échangeaient alors chaque jour des câbles : ils convinrent d'un commun accord de « ne surtout pas obéir[26] » aux décrets de Cixi. Pour la première fois de son règne, la plupart des notables des provinces, au rôle crucial dans un aussi vaste empire, perdirent foi en l'impératrice douairière. Jamais elle n'avait pu compter sur si peu d'alliés. Que ce soit lors de son coup d'État à vingt-cinq ans, ou au moment de désigner arbitrairement un enfant de trois ans pour occuper le trône, pendant les dizaines d'années où elle avait gouverné sans mandat, ou encore quand elle avait fait prisonnier l'empereur – tous l'avaient soutenue sans faute. La voilà dorénavant sans appui.

Pourtant, son isolement ne l'alarma pas. Déterminée, elle passa seule à l'attaque, pariant qu'elle trouverait bien le moyen de repousser les envahisseurs. Ne souhaitant pas entraîner à sa suite l'empire tout entier, elle encouragea les vice-rois à rester à l'écart de ses menées. Elle leur ordonna de maintenir l'intégrité du territoire dont ils avaient la charge et d'opter pour une approche « réaliste[27] ». Ce fut avec le consentement implicite de Cixi que les principaux vice-rois signèrent sous la houlette du comte Li et de Zhang un pacte de « neutralité » avec les puissances hostiles, garantissant la paix dans la majeure partie de la Chine, en particulier au sud. Les combats furent dès lors circonscrits à la zone entre les forts de Taku et Pékin. La majorité des provinces échappa aux violences du genre de celles que perpétraient les Boxers.

L'approche des Alliés de Pékin contraignit Cixi à conclure la paix. Elle pria le comte Li, encore à Canton, de venir à la capitale négocier en son nom et lui fit miroiter en contrepartie le poste qu'il convoitait : celui de vice-roi de Zhili. Le comte qui n'aspirait jusque-là qu'à se rendre à Pékin y rechigna pour le coup. Il savait qu'il ne restait à la Chine pas d'autre option que de se rendre, mais que l'impératrice douairière ne s'y résignerait pas sans peine, car elle espérait encore de meilleures conditions[28]. De fait, Cixi était prête à poursuivre la lutte, quitte à rassembler hommes et munitions pour défendre la capitale des troupes occidentales parvenues aux murailles de Pékin. Le comte poussa au nord jusqu'à Shanghai, où il fit halte au motif qu'il se trouvait mal en point. Dans le même temps, le vice-roi Zhang réunit les signatures de six vice-rois de l'empire, de gouverneurs et de généraux sur une pétition implorant Cixi d'autoriser le comte à négocier avec les puissances occidentales à Shanghai[29]. Peu de pétitions avaient jusque-là reçu l'appui d'un tel nombre de notables des provinces.

Convaincue que, faute de chapeauter elle-même les négociations, elle n'en obtiendrait rien d'acceptable, Cixi ne voulut pas suivre le conseil qu'on lui donnait. Elle adressa aux pétitionnaires une mise en garde surtout destinée à leur chef le vice-roi Zhang. Le 28 juillet, elle ordonna l'exécution de deux fonctionnaires proches de lui. Il était de notoriété publique que le premier, Yuan Chang, en poste aux Affaires étrangères, servait à Pékin d'espion au vice-roi[30]. (Le vice-roi disposait dans la capitale d'un bon réseau d'informateurs[31], or Cixi était jusque-là disposée à passer l'éponge.) Le second, Xu Juingcheng, avait été ambassadeur chinois à Berlin, à l'époque où l'Allemagne s'apprêtait à s'emparer de Qingdao[32]. On a depuis exhumé dans les archives allemandes la preuve qu'il avait laissé entendre au gouvernement allemand « par allusions – sous le sceau du plus grand secret, bien entendu » – que la Chine ne céderait une part de son territoire que face à la « menace d'un recours à la force militaire » et que l'Allemagne devrait « tout bonnement aller occuper un port à sa convenance ». Le Kaiser suivit son conseil et renonça du même coup à son projet initial moins agressif. Il confia au chancelier, le prince Hohenlohe, que « c'est vraiment une honte qu'un ambassadeur chinois doive nous dire à nous, imbéciles que nous sommes, comment nous comporter en Chine dans notre propre intérêt ».

Les remords de conscience de Jingcheng devaient le tourmenter, car il parut accueillir avec joie sa fin prochaine : sur le lieu de son exécution, « rajustant soigneusement son chapeau et sa tenue et s'agenouillant face au nord [c'est-à-dire au trône], il toucha le sol du front et exprima sa gratitude envers le trône. Ni peine ni récrimination ne se lisaient alors sur son visage[33] ».

Il semblerait que Cixi ait eu vent de la trahison de Jingcheng. Le décret impérial annonçant les exécutions reprocha aux condamnés de « poursuivre des visées personnelles tout en traitant avec des étrangers[34] ». C'était tout à fait le genre de Cixi de ne formuler que de manière imprécise une accusation mettant en cause une puissance étrangère.

Le vice-roi Zhang comprit que ces exécutions devaient lui servir de mise en garde. Il s'était en effet plus ou moins entendu avec les puissances étrangères, en particulier la Grande-Bretagne et le Japon, qui le tenaient en haute estime[35]. Réputé pour sa probité, il préférait les habits en coton aux fourrures ou aux soieries, refusait le moindre cadeau et n'accumulait pas de fortune personnelle. À sa mort, sa famille ne parvint pas à réunir assez d'argent pour lui organiser des funérailles dignes de lui. Il ne se passionnait que pour la nature et les chats – il en hébergeait chez lui des dizaines, dont il s'occupait personnellement. Les Occidentaux qui traitaient avec lui le tenaient pour « un authentique patriote », « honnête comme pas deux et dévoué au bien-être du peuple ». Il comptait au nombre des rares dignitaires que les Japonais estimaient incorruptibles et respectaient vraiment. L'ancien Premier ministre Ito considérait le vice-roi comme « le seul homme » capable de se colleter à la tâche herculéenne de réformer la Chine ; quant aux Britanniques, ils traitaient de préférence avec lui[36]. Déçu par Cixi et convaincu qu'une fois chassée de Pékin, elle perdrait son autorité – ce qu'il n'était pas le seul à penser – le vice-roi se mit en tête de la supplanter. Son représentant à Tokyo, officiellement chargé de surveiller les étudiants originaires de sa province, confia à son contact japonais que « si le trône doit quitter Pékin (probablement pour le Xian) et que l'empire des Qing se retrouve sans gouvernement », le vice-roi « se tiendra prêt à former un nouveau gouvernement à Nankin avec deux ou trois autres vice-rois[37] ». Le même message fut adressé aux Britanniques. Soucieux de se préparer à une telle éventualité, le vice-roi demanda aux Japonais de lui fournir des officiers et des armes. Cixi ignorait peut-être les détails de ces machinations, mais elle disposait d'espions – et d'un instinct qui ne la trompait pas.

Cixi défendit aux vice-rois de négocier en sous-main avec les puissances étrangères et se battit jusqu'au bout. Après une défaite cruciale qui laissa Pékin sans défense, son commandant au front se donna la mort. Elle le remplaça par le gouverneur Li Bingheng, qui l'avait jadis dissuadée de presser le peuple pour remettre en état l'ancien Palais d'été – ce qui lui valut d'ailleurs une promotion. Les Allemands avaient entre-temps exigé son limogeage, car il ne voulait pas les laisser occuper la Chine. Haïssant de tout cœur les envahisseurs, il jura à Cixi de lutter jusqu'à son dernier soupir, mais la guerre lui semblait perdue d'avance. Les soldats de l'armée en déroute « prenaient alors la fuite par dizaines de milliers, sans même se battre : ils encombraient les routes et pillaient en les incendiant les villages et les bourgades qu'ils traversaient », annonça le gouverneur Bingheng à Cixi – avant de mettre fin à ses jours.

À sa mort, le 11 août, les derniers espoirs de Cixi s'éteignirent : ce n'était plus qu'une question de jours avant que les envahisseurs n'occupent Pékin. Il y eut encore trois exécutions de hauts dignitaires pour « trahison », dont celle du grand chambellan de l'époque, Lishan, un ancien proche de Cixi, convaincue que « plus d'un traître[38] » vendait alors des secrets aux étrangers. Ses eunuques se rappelleraient qu'elle marmonnait à l'époque : « Il y a forcément des espions au palais, sinon comment expliquer que les moindres décisions que l'on prend ici soient aussitôt connues à l'extérieur[39] ? » Il est possible qu'elle eût soupçonné Lishan dès 1898[40] : il s'était alors mis en quatre pour empêcher la perquisition qu'elle avait ordonnée au domicile de Sir Yinhuan – et qui aurait prouvé sa complicité avec les Japonais. D'un autre côté, les exécutions s'expliquent avant tout par le contexte de la guerre : Cixi cherchait à dissuader les hauts fonctionnaires de collaborer avec les Alliés victorieux sur le point d'entrer à Pékin.

L'impératrice douairière finit par se résoudre à fuir. Quand elle s'enquit des moyens de transport disponibles, on lui répondit que les troupes battant en retraite venaient de réquisitionner 200 carrioles à cheval jusque-là à disposition des autorités et qu'il n'était plus possible d'en louer ou d'en acheter d'autres, car tout le monde prenait la poudre d'escampette[41]. La négligence de Cixi, qui omit de s'informer à temps du sort de ces 200 planches de salut, prouve que l'idée de quitter Pékin venait à peine de germer dans son esprit. Quand on lui annonça qu'il n'était plus question de partir, elle soupira : « Eh bien, nous resterons. » Et de fait, elle resta dans la capitale. Il semblerait qu'elle eût été prête à mourir dans la Cité interdite. Au dernier moment, elle changea toutefois d'avis. Tôt le matin du 15 août, alors que les Alliés se massaient aux portes de la Cité interdite, sur les instances d'un prince lui apportant une carriole tractée par des mules, Cixi s'en fut[42].

La pénurie de véhicules contraignit la majeure partie de la cour à demeurer sur place. Cixi emmena avec elle l'empereur Guangxu, l'impératrice Longyu, l'héritier présomptif, une dizaine de princes, princesses et dignitaires et Jade, l'une des concubines de l'empereur. Le sort de Perle, son autre concubine, assignée à résidence depuis deux ans, posait un problème à Cixi qui rechignait à lui réserver l'une des rares places disponibles. D'un autre côté, elle ne voulait pas non plus laisser à Pékin cette complice de Guangxu. Pour finir, elle usa de ses prérogatives et lui ordonna de se suicider. Perle refusa et, à genoux aux pieds de Cixi, la supplia, les larmes aux yeux, d'épargner sa vie. Pressée par le temps, Cixi dit à ses eunuques de la pousser au fond d'un puits. Comme aucun d'eux ne lui obéissait, elle cria, en colère, à un jeune eunuque vigoureux, Cui, d'exécuter Perle sur-le-champ. Cui la traîna jusqu'à la margelle d'un puits où il la jeta tandis qu'elle réclamait en vain de l'aide[43].

24. En fuite (1900-1901)

Cixi prit la fuite en carriole à mules dans une robe d'intérieur en coton bleu sans prétention, les cheveux noués en chignon. Comme l'été battait son plein, ses habits collaient à sa peau moite et les bêtes en sueur et leur chargement attiraient des essaims de mouches et d'insectes. Bientôt, il se mit à pleuvoir et, même si Cixi ne se retrouva pas trempée comme le millier de personnes qui l'accompagnaient à cheval ou à pied dans la boue, les violents cahots de sa carriole la projetèrent d'un côté puis d'un autre. Plus tard, quelqu'un lui trouva une chaise que tiraient deux mules, une à l'avant, l'autre à l'arrière, ce qui améliora quelque peu son confort. Malgré tout, elle continua de bringuebaler sur les routes semées d'ornières. Lorsqu'il fallut franchir une rivière en crue, ses gardes soulevèrent sa chaise par le fond et le courant ne manqua l'emporter que de peu[1].

Cixi fuyait vers l'ouest, vers l'intérieur des terres. Elle dut traverser une étendue stérile de villages et de villes en cendres mis à sac par les Boxers et l'armée impériale dispersée. C'était à peine s'il y restait une porte ou une fenêtre en place. Des impacts de balles criblaient les murs des maisons. Et pas un habitant en vue. Cixi mourait de soif, mais lorsque des eunuques allèrent chercher de l'eau à un puits, ils y aperçurent des têtes humaines à la surface. Cixi dut mâchonner des racines pour s'hydrater. Tant pis si la faim la tenaillait, il n'y avait rien à manger. Impossible aussi de trouver un lit. Cixi et l'empereur passèrent leur deuxième nuit assis dos à dos à fixer le toit au-dessus de leur tête. À l'approche de l'aube, le froid pénétrant qui s'éleva du sol glaça Cixi jusqu'aux os. Bien qu'elle n'y fût d'ordinaire pas sensible, cette fois-là, l'impératrice douairière de soixante-quatre ans eut tout de même du mal à le supporter – comme elle le relaterait plus tard. La première nuit, l'empereur avait dormi dans une mosquée, sur un tapis de prière. Une pelle à poussière en rotin et un balai sans manche enveloppés dans un dessus de chaise gris lui tinrent lieu d'oreiller. Au matin, Sa Majesté empaqueta sa précieuse literie dans un baluchon qu'il serra contre lui car il ne voulait pas le confier aux eunuques. Nombre d'entre eux, à la traîne, prirent la poudre d'escampette : ils n'avaient pas l'habitude de parcourir de longues distances sur des routes de campagne semées de pierres. D'autant que leurs souliers à semelle de coton crottés de boue les mettaient à la torture à chaque pas.

Vêtu d'une fine robe en soie, l'empereur, qui ne voulait pas non plus lâcher sa pipe à eau en or massif, fut pris de tremblements incontrôlables lorsque le soleil se coucha et que la température chuta. Lianying, l'eunuque en chef, offrit à Sa Majesté sa propre veste matelassée, qu'il lui présenta à genoux, des larmes sur les joues. L'empereur affirmerait plus tard que, sans Lianying, il n'eût pas survécu et qu'il lui en gardait une éternelle reconnaissance. À partir de là, il traita l'eunuque en ami.

Après deux jours et deux nuits cauchemardesques, Cixi parvint à une ville où l'accueillit le dernier représentant des autorités encore présent. Le chef de comté Woo Yong venait d'apprendre son arrivée par un bout de papier sale et chiffonné sans enveloppe où figurait une longue liste de membres de la cour dont il devait assurer le gîte et le couvert – et en grand style, encore. Conformément à la pompe impériale, il lui faudrait servir à l'impératrice douairière et à l'empereur un banquet de plats mandchous et hans (*man-han-quan-xi*). Une fête de premier ordre honorerait ensuite chacun des princes et des dignitaires accompagnant par dizaines la famille impériale. Le message ne précisait pas le nombre exact de personnes attendues mais ordonnait de préparer autant de nourriture que possible, pour les hommes comme pour les chevaux ; ce qui ne s'annonçait pas simple dans une bourgade ravagée par les soldats et les Boxers. Les employés du chef de comté Woo lui conseillèrent de ne pas tenir compte du bout de papier et de prétendre qu'il ne l'avait pas reçu – ou de s'en aller, à l'instar d'autres représentants des autorités, par le même chemin que l'empereur. Mais Woo, sujet loyal au bon cœur, plutôt que de rejeter les exigences de la cour au motif de leur incongruité, tenta de les satisfaire de son mieux[2].

Le mieux auquel il parvint s'avéra malgré tout lamentable. Son cuisinier réunit quelques provisions, mais des soldats de l'armée en repli les lui volèrent sur le chemin des cuisines en s'emparant sans autre forme de procès de l'âne qui les transportait. Les tentatives de résistance du cuisinier lui valurent une estafilade au bras droit. Il réussit tout de même à préparer trois poêlées de haricots mungo et de gruau de millet. Hélas ! des soldats affamés en engloutirent deux et ne laissèrent la troisième à la famille impériale qu'à contrecœur. Woo plaça des sentinelles autour, prêt à faire feu sur le premier qui s'en approcherait.

Il arrangea ensuite une chambre dans une auberge déserte à l'intention de l'impératrice douairière : il disposa des coussins sur les sièges, des rideaux aux portes, des peintures sur les murs et même des objets décoratifs sur les tables. Quand, à son arrivée, elle vit tout ce faste et le chef de comté prosterné devant elle, Cixi fondit en larmes. Entre deux sanglots, elle confia à Woo qu'elle n'aurait jamais cru tomber aussi bas. Elle lui narra son pitoyable périple et, à l'annonce que du gruau de millet aux haricots mungo l'attendait, son visage s'illumina. Elle s'apprêtait à ordonner qu'on le lui apporte quand, se rappelant tout à coup l'empereur, elle pria Lianying d'emmener le chef de comté saluer Sa Majesté. Woo découvrit un homme négligé, mal rasé, pas lavé, vêtu d'une vieille veste matelassée qui lui battait les flancs. Guangxu ne prononça pas un mot et Woo alla lui apporter le gruau. Comme il n'avait pas pensé aux baguettes, Cixi demanda aux domestiques d'amener des tiges de sorgho. Woo s'éloignait tout juste lorsqu'il entendit Leurs Majestés fondre sur le gruau. Au bout d'un moment, Lianying alla faire part à Woo de la satisfaction de l'impératrice douairière. Le pouce dressé, il annonça que « Le vieux bouddha avait très envie d'un œuf ». Woo fouilla la ville entière avant de dénicher cinq œufs au fond d'un tiroir, dans un entrepôt à l'abandon. Il alluma lui-même du feu pour les cuire. Lianying les apporta à Cixi dans un bol de facture grossière, saupoudrés d'un peu de sel et, à son retour, quelques minutes plus tard, il sourit à Woo : « le vieux bouddha s'est régalé. Elle en a mangé trois et en a laissé deux au Maître de dix mille ans. Personne d'autre n'y a touché. Voilà une bonne nouvelle. Mais pour l'heure, le Vieux bouddha aimerait tirer une bouffée de sa pipe à eau. Croyez-vous pouvoir trouver de quoi l'allumer ? » Woo improvisa : il roula sur lui-même un épais morceau de papier, sur l'appui d'une fenêtre. Peu après, l'impératrice douairière écarta elle-même le rideau dans l'embrasure de la porte (une tâche pourtant réservée aux domestiques) qui menait à la terrasse. Là, elle alluma elle-même sa pipe dont elle tira quelques bouffées, offrant alors l'image même du contentement.

Comme elle jetait un coup d'œil autour d'elle, Cixi aperçut Woo et lui adressa la parole ; ce qui obligea le chef du comté à s'agenouiller dans la cour embourbée. Elle lui demanda s'il ne pourrait pas lui trouver des habits. Woo répondit que la garde-robe de sa défunte épouse se trouvait à Pékin mais qu'il lui restait des vêtements de feue sa mère, « si leur rusticité ne rebute pas l'impératrice douairière… ». Cixi répondit : « Du moment qu'ils me tiennent chaud. À propos, ce serait formidable si vous pouviez aussi dénicher de quoi habiller l'empereur et les princesses qui n'ont pas emporté de rechange. » Woo retourna chez lui. De la malle de sa mère, il exhuma un manteau de laine pour l'impératrice douairière, une longue veste pour l'empereur et quelques robes pour les princesses. Il prit à sa belle-sœur un nécessaire de toilette composé d'un miroir, un peigne et un poudrier, empaqueta le tout et le remit à un eunuque. Plus tard, quand la famille impériale reparut, tous ses membres portaient une ancienne tenue des proches de Woo. Voilà bien la première fois que Cixi revêtait un costume han[3].

La suite impériale passa deux nuits dans la ville du chef de comté Woo. Celui-ci informa Cixi que les Boxers, non contents de saccager son comté, avaient failli le passer par les armes alors qu'ils occupaient la ville. Un jour, ils l'appréhendèrent afin de s'assurer qu'il n'était pas un « poilu en second ». Leur verdict, par chance en sa faveur, avait dépendu de la direction prise par les cendres d'un bout de papier en train de brûler. Un autre jour, les Boxers interceptèrent une lettre de Woo à un ami où il se plaignait d'eux. Il n'échappa à leur vengeance qu'en niant farouchement qu'il en était l'auteur. Enfin, lorsqu'il voulut aller à la rencontre de la famille impériale, les Boxers refusèrent de lui ouvrir les portes de la ville et lui répliquèrent : « Ils fuient et ne méritent pas d'occuper le trône ! » La populace, craignant malgré tout les gardes prétoriens, finit par prendre la poudre d'escampette.

Bien qu'il n'approuvât pas son soutien aux Boxers, le chef de comté Woo procura une chaise à porteurs à l'impératrice douairière et une autre à l'empereur Guangxu. Cixi décida que Woo les accompagnerait et organiserait le reste du voyage. « Vous avez fait du bon travail, lui dit-elle, et je vous en suis très reconnaissante. Je n'oublierai pas votre loyauté et vous pouvez compter sur ma gratitude. L'empereur et moi sommes conscients des difficultés qui vous attendent […] Loin de nous l'idée de nous montrer exigeants. Sentez-vous à l'aise, surtout, et n'ayez aucune appréhension. » Ces paroles amenèrent des larmes aux yeux de Woo, qui ôta son chapeau et s'inclina jusqu'au sol. Cixi ajouta avec courtoisie : « Votre cuisinier, Zhou Fu, fait des merveilles. Il nous a servi des nouilles délicieuses et du porc savoureux. Je songe à l'emmener avec moi, mais je me demande s'il accepterait de nous suivre ? » À une demande aussi gracieusement formulée, Woo répondit bien sûr par l'affirmative et ajouta qu'il le prendrait comme un honneur. Ce soir-là, il dut dîner chez un ami, vu que son cuisinier avait été promu aux Cuisines Royales, où il reçut d'ailleurs un titre imposant.

Cixi avait précipitamment quitté la capitale occupée par les Occidentaux, les défenses chinoises n'ayant pas tenu bon. Malgré tout, contrairement à ce à quoi beaucoup s'attendaient, l'autorité de Cixi ne s'effondra pas. Elle prouva qu'elle continuait de détenir le pouvoir suprême dans sa fuite, en dépit de circonstances adverses. Des témoins affirmèrent qu'ils la virent monter à bord de sa carriole à mules d'un air de prendre place sur le trône impérial[4]. À partir de là, son lieu de séjour, quel qu'il fût, devint le centre névralgique de l'empire. Ses ordres aux provinces, formulés sur le même ton qu'à l'accoutumée, attestaient son autorité absolue[5]. Encore et toujours lui parvenaient des rapports de toute la Chine. Elle réclama des soldats pour escorter la famille impériale et il en arriva aussi vite que leurs chevaux et leurs jambes le permettaient. Cixi réclama aussi de l'argent, de la nourriture et des moyens de transport et en obtint sur-le-champ, plus qu'il ne lui en fallait. Elle ne manqua de rien pendant le reste du trajet, parcourant 1 000 kilomètres en un peu plus de deux mois. À la fin octobre, dans l'ouest de la Chine, une fois installée dans l'antique ville de Xian, capitale de plus d'une dizaine de dynasties chinoises depuis l'an 1100 av. J.-C., elle reçut plus de 6 millions de taels de tout l'empire[6]. Quand la cour regagna Pékin, l'année suivante, 2 000 carrioles l'escortèrent, chargées de paperasses et de tributs[7]. Cette miraculeuse démonstration de loyauté à l'occasion d'une crise sans précédent en dit long sur la stabilité de l'empire, ancrée dans la profonde foi que gardaient en l'impératrice douairière le peuple, les meneurs de la plèbe et les chefs de province – une foi assez solide pour passer outre les récents déboires du régime.

La présence continue de Cixi aux commandes de l'État arrêta net dans leur élan ceux qui songeaient à abandonner le navire. Le sort de sa *bête noire*, Sir Yinhuan, donna une idée de ce qui allait se passer : lorsqu'elle ordonna au gouverneur du Xinjiang, où Sir Yinhuan était en exil, de l'exécuter, celui-ci préféra s'en abstenir, pariant ainsi sur l'avenir. Les envahisseurs marchaient alors sur Pékin or Sir Yinhuan était leur ami. Le gouverneur n'obéit à l'impératrice douairière que cinquante jours plus tard, le 20 août, en apprenant que Cixi venait de fuir la capitale, saine et sauve[8].

Comme Cixi gardait la situation bien en main sans que son gouvernement ne s'effondre, le vice-roi Zhang renonça à son projet d'établir un régime autonome à Nankin. Ceux auxquels il avait songé pour gouverner avec lui – et qui ignoraient tout de ses machinations – venaient de toute façon de réaffirmer leur allégeance à Cixi. Le comte Li se rendit de Shanghai à Pékin pour négocier au nom de l'impératrice douairière. Quand les Britanniques annoncèrent au vice-roi Liu Kunyi, son plus proche collègue, que Londres comptait sur lui et sur le vice-roi Zhang pour prendre le pouvoir et traiter avec les Alliés, Liu s'en effara. Il demanda par câble au vice-roi Zhang si lui aussi avait reçu le même message déconcertant. Il rappela en outre à Zhang que les Britanniques devaient discuter avec le comte Li, qui recevait ses instructions de l'impératrice douairière[9]. Alors que Tokyo parlait encore de « mettre en place un nouveau gouvernement » en lui laissant entendre qu'il y assumerait un rôle clé, le vice-roi Zhang, paniqué, adressa un câble « mille fois urgent[10] », contrairement à ses habitudes, à son représentant au Japon, pour lui dire « de tout arrêter sur-le-champ, quoi qu'il en coûte ». Le lendemain, il expliqua qu'une telle manœuvre « mettrait le feu aux poudres et plongerait la Chine dans le chaos d'une guerre intestine ».

Là-dessus, Zhang fit pression sur les puissances occidentales dans l'espoir qu'elles protégeraient Cixi[11]. Même à l'heure d'envisager la formation d'un nouveau gouvernement, il avait accordé la priorité à la sécurité de l'impératrice douairière. Le vice-roi Liu et lui déclarèrent au consul général britannique de Shanghai par intérim, Peiham L. Warren, qui recevait ses ordres de Lord Salisbury, que sans la « garantie que l'on protégera sa personne, ils ne pourront appliquer l'accord de neutralité » (conclu entre les puissances occidentales et les vice-rois qui s'engageaient à maintenir la paix dans leurs provinces en y veillant à ce que rien n'arrive aux étrangers). Quand il apprit l'arrivée de soldats alliés à Pékin, le vice-roi Zhang exigea une fois de plus que Cixi « n'ait pas à courir le moindre danger ». Lorsque la nouvelle de la fuite de Cixi lui parvint, il pria par câble l'ambassadeur chinois à Londres de s'entretenir avec Lord Salisbury et d'obtenir de lui « la réitération de sa promesse ».

Le soutien plein et entier des vice-rois à Cixi détruisit les espoirs des Occidentaux de la poursuivre pour la destituer. Beaucoup, et notamment Sir Claude MacDonald, l'ambassadeur britannique, étaient d'avis de la remplacer par l'empereur Guangxu. Lord Salisbury l'en dissuada toutefois : « Nous risquerions de nous lancer dans une longue expédition coûteuse qui, au bout du compte, ne donnerait pas de résultats[12]. » Le Premier ministre repoussa l'idée d'une occupation conjointe du territoire conquis : « Même seuls, nous ne nous efforcerions qu'en vain de maintenir l'ordre dans le nord de la Chine. Et comme, sinon, il en résulterait des heurts entre nous et nos alliés, un désastre assuré nous attendrait. » Sans la collaboration d'au moins un haut fonctionnaire chinois, l'occupation de la Chine courrait à l'échec. Les puissances occidentales s'aperçurent hélas que tous les Chinois au pouvoir « se rangeaient sans conteste[13] » du côté de l'impératrice douairière. Les Européens croyaient « l'empire aux mains des vice-rois » farouchement opposés à Cixi, alors que ceux-ci demeuraient sous sa coupe, comme les Occidentaux s'en rendirent d'ailleurs compte, dès que la situation devint critique. Aucun vice-roi ne se sentait prêt à la défier. Il n'était que trop évident que seule Cixi parviendrait à maintenir la cohésion de l'empire. Sa destitution déboucherait sur une guerre civile, qui se traduirait pour les Occidentaux par l'effondrement du commerce, la cessation du paiement de la dette et la montée en puissance des Boxers. Voilà pourquoi les Alliés renoncèrent au final à s'en prendre à l'impératrice douairière. Le 26 octobre 1900, Cixi, assurée de sa sécurité, s'établit à Xi'an. Ses représentants, le prince Ching et le comte Li, entamèrent des négociations avec les puissances occidentales.

Il tardait au vice-roi Zhang, le seul dignitaire de l'empire qui eût songé à évincer Cixi en se tournant pour cela vers les puissances occidentales, de se justifier devant elle. Il avait compris à ses mises en garde qu'elle n'ignorait rien de ses machinations, que plus d'un monarque eût assimilées à une trahison. Elle ne l'avait pas puni, mais il se doutait bien qu'elle n'était pas contente de lui. Il se mit en tête de lui expliquer de vive voix qu'il n'avait conçu ses desseins que dans l'éventualité d'une destitution de son gouvernement, sans jamais former le désir de la renverser. Il sollicita par courrier une audience, expliquant qu'il n'avait plus vu Sa Majesté depuis plus d'une dizaine d'années et qu'il s'en voulait tant qu'il aspirait à se placer sur son trajet afin de « saluer Votre Majesté à genoux ». Cixi ne lui répondit que par un laconique : « Inutile que vous veniez » où éclatait sans fard sa contrariété[14]. Le vice-roi pria l'un de ses proches collaborateurs d'intercéder en sa faveur lors d'une audience avec Cixi. Le vice-roi « n'a plus vu Votre Majesté depuis dix-huit ans » lui dit cet homme, « et depuis le départ de Votre Majesté vers l'ouest, il s'inquiète tant pour Votre Majesté, et regrette tellement Son absence, que son appétit et son sommeil s'en ressentent. Oserais-je demander à Votre Majesté pourquoi elle refuse de le recevoir ? » Cixi prétexta l'impossibilité pour le vice-roi de « quitter son poste, tant que la situation ne se tassera pas » et promit de « le convoquer à Pékin dès notre retour ». Mais lorsqu'elle regagna la capitale, début 1902, elle trouva un autre motif encore de repousser l'audience. Un an plus tard, le vice-roi, qui n'en pouvait plus d'attendre, annonça par courrier sa venue à Pékin au printemps 1903, sitôt libéré de ses devoirs. Il fallait absolument qu'il voie Sa Majesté, dont la présence « lui manquait depuis vingt ans ». Cette fois, il reçut une réponse favorable bien que succincte : « Vous êtes autorisé à venir. »

En mai cette année-là, le vice-roi Zhang se rendit à Pékin où il obtint enfin son audience. D'après le secrétaire du Grand Conseil qui l'escorta au Palais d'été et les eunuques postés à l'entrée de la salle où Cixi le reçut, ils n'échangèrent pour ainsi dire pas un mot[15]. Dès qu'il parut, elle fondit en larmes et lui aussi se mit à pleurer. Les sanglots de Cixi l'empêchèrent d'interroger Zhang, qui n'eut de ce fait pas l'occasion de prendre la parole. Le protocole interdisait aux dignitaires de s'exprimer tant que le monarque ne s'adressait pas à eux. Cixi ne donna aucun prétexte au vice-roi Zhang pour ouvrir la bouche. Ils sanglotèrent tous deux un petit moment, puis Cixi lui conseilla d'aller « se reposer ». À ces mots, il se retira. Cixi garda le silence exprès : mieux valait selon elle ne pas évoquer la conduite du vice-roi. Revenir dessus et le laisser s'expliquer n'eût réussi qu'à la contrarier et à la dresser contre lui – or elle entendait bien prendre son parti de ses raisons d'agir, les jugeant compréhensibles. Elle prouva à Zhang qu'elle ne lui en voulait pas en lui faisant livrer, le lendemain, une peinture de sa main – figurant un pin, symbole de droiture, auprès d'une plante, *zi-zhi*, objet traditionnel de comparaison avec un homme sage et intègre. La signification, évidente, de l'œuvre rassura et réjouit le vice-roi, qui prit aussitôt la plume. « À l'instar d'un vieil arbre rabougri sur lequel souffle la brise la plus délicate / En une nuit, la couleur noire est revenue à mes tempes grisonnantes », écrivit-il.

Le vice-roi Zhang composa 15 autres poèmes de gratitude dans la même veine[16]. Il y évoqua les moments passés auprès de l'impératrice douairière et les attentions qu'elle avait eues pour lui : les plats de sa table, les fruits de ses vergers, les magnifiques soieries et brocarts, et le long collier en corail qu'elle lui avait offerts, et ainsi de suite. Un jour, on apporta à Cixi des melons destinés à Zhang, cueillis dans l'enceinte du palais. Ne les jugeant pas assez beaux, elle envoya ses serviteurs en chercher d'autres, meilleurs, en ville. Un autre jour, un fonctionnaire répéta à Zhang que l'impératrice douairière l'avait comparé à un personnage historique de premier plan, pilier de sa dynastie. Ces « célestes propos », pour reprendre les termes du vice-roi, plus dévoué que jamais à Cixi, le comblèrent de gratitude. À son départ de Pékin, Cixi lui remit plusieurs cadeaux d'adieu, dont 5 000 taels d'argent, qui lui servirent à fonder une école moderne. À son arrivée chez lui l'attendaient trois lots de présents de l'impératrice douairière. Éperdu de reconnaissance, le vice-roi composa un autre poème encore en son honneur.

Voilà comment Cixi conquit le cœur de ses sujets et s'assura une exceptionnelle loyauté de leur part. Lors de sa fuite de Pékin, en 1900, Junglu, un autre de ses fidèles partisans, entraîna, de son propre chef, une armée entière dans une autre direction pour détourner de sa piste d'éventuels poursuivants[17]. Chongqi, le père de la défunte belle-fille de Cixi, servit lui aussi volontairement « d'appât » aux envahisseurs. Comme ceux-ci n'arrivaient toujours pas, au désespoir de ne pouvoir aider l'impératrice, il se pendit avec sa ceinture, laissant derrière lui ces lignes poignantes : « Je crains de ne pas être en mesure de rendre le moindre service au trône. Je n'ai que ma vie à offrir et par conséquent je l'offre. » Quand les Alliés envahirent la capitale, son épouse fit creuser dans leur propriété deux grandes fosses. Elle ordonna à ses proches et même à ses enfants d'y prendre place en bon ordre, et aux domestiques, de remplir les fosses de terre afin de les ensevelir vivants. Lorsque les domestiques, horrifiés, voulurent fuir plutôt que d'obéir, son fils mit le feu à la maison, les tuant tous les 13[18]. Une telle fin n'avait rien d'exceptionnel. Des multitudes de familles se suicidèrent en incendiant leur domicile[19], sans parler de ceux qui se noyèrent[20] ou se pendirent*.

* Un père de famille attendant que le feu consume les siens autorisa, au dernier moment, ses deux jeunes enfants à s'échapper de leur maison en flammes.

Cixi avait par ailleurs des ennemis résolus – qui, en 1900, crurent leur heure venue. Cette année-là, Kang le Renard se mit en tête de former une armée équipée par les Japonais afin d'occuper un certain nombre de grandes villes. Beaucoup de Japonais prirent part à son équipée pendant que lui-même séjournait à l'étranger. Il recruta le long de la côte sud, aux abords de Hong Kong, une équipe de tueurs formée de plus de 30 pirates des mers, chapeautée par un Japonais. Ils se donnaient pour mission d'assassiner Cixi et de rétablir sur le trône l'empereur Guangxu[21]. Les hommes du Renard sollicitèrent l'aide de la Grande-Bretagne et d'autres puissances par une lettre au consul général par intérim Peiham L. Warren, à Shanghai, qui en câbla le contenu à Lord Salisbury : « À moins que l'empereur ne reprenne le pouvoir, ils n'hésiteront pas à mobiliser les sociétés secrètes du pays tout entier pour obliger les puissances étrangères à intervenir. Ils ont insisté sur le fait que les soulèvements populaires, selon eux inévitables, infligeraient de graves dommages au commerce international et [...] qu'il fallait s'attendre à des destructions de missions[22]. » Bien entendu, de tels arguments, loin de susciter l'adhésion des Occidentaux, confortèrent les Britanniques dans l'idée que les troupes de Kang ne valaient pas mieux que les Boxers. Sans surprise, les Britanniques ne leur prêtèrent aucun soutien. Le Renard rêvait d'arriver à Pékin à bord d'une canonnière britannique assurant sa protection. Il dut y renoncer. Les puissances alliées épaulèrent au contraire le vice-roi Zhang lorsqu'il s'empara des hommes de Kang massés dans sa province, le Wuhan, à l'issue de leur soulèvement. La Grande-Bretagne approuva l'exécution des principaux rebelles, sur ordre du vice-roi. Le représentant britannique sur place en informa Warren (qui transmit son câble à Lord Salisbury) :

> Le parti de la Réforme [celui de Kang] menace l'ordre public dans le Yang-tsé [*sic*] sans cela pacifié. Ce parti fomente une rébellion ; et [prétend ?] bénéficier de notre soutien [...] des armes et des munitions sont arrivées clandestinement du Japon et des proclamations incendiaires ont été postées un peu partout. Il n'est plus question de réforme mais d'anarchie et de pillage. On dénombre beaucoup de Japonais parmi les partisans de Kang. Le vice-roi [Zhang] demande que vous vous entreteniez en secret avec le consul général du Japon [pour dissuader les Japonais de s'engager plus avant[23]].

Tokyo rappela à l'ordre les Japonais passés dans le camp de Kang. Le Japon n'avait aucun intérêt à renverser l'impératrice douairière ni à provoquer des troubles au sein de l'empire chinois occupé par les armées de pays étrangers qui convoitaient chacun une partie de son territoire. Le chef japonais de l'équipe de tueurs se désista en invoquant des raisons de santé. Un Chinois, Shen Jin, le remplaça. Au final, la révolte de Kang fit long feu.

Un certain Sun Yat-sen, l'un des premiers à préconiser l'instauration d'une république en Chine, voulut lui aussi profiter des difficultés que connaissait alors Cixi. Ce Cantonais à la moustache noire ayant depuis longtemps renoncé à la longue natte sur la nuque et au costume chinois au profit d'une coupe de cheveux et d'une tenue à l'européenne, comptait renverser par la force la dynastie Qing. En 1895, dans le sillage de la désastreuse guerre contre le Japon, il lança un soulèvement armé à Canton qui échoua, mais eut au moins le mérite de faire connaître son nom à la cour. Sun Yat-sen se réfugia ensuite à l'étranger. Les autorités chinoises l'appréhendèrent à Londres et le placèrent en détention dans leur légation de Portland Place. Le gouvernement britannique refusa son extradition et le fit libérer. Plus tard, au Japon, il tenta de se rapprocher de Kang le Renard, mais celui-ci ne voulut même pas en entendre parler. Sans se laisser démonter pour autant, Sun continua de promouvoir ses idéaux républicains par le biais d'insurrections armées et acquit des disciples au Japon. En 1900, à en croire l'un de ses camarades japonais en liaison avec Tokyo, Sun comptait s'emparer de 6 provinces de la côte sud pour y « fonder une république qui s'étendrait ensuite aux 18 provinces de la Chine, renversant ainsi les Aisin Gioro pour établir à terme une Grande république d'Asie Orientale[24] ». Il eut beau multiplier les avances aux Japonais, ceux-ci ne lui accordèrent qu'un soutien sporadique. Au final, lui non plus n'aboutit à rien.

L'impératrice douairière, en exil à Xi'an, continuait de diriger la Chine d'une main de fer. Passée maître en l'art de retourner de fâcheuses situations à son avantage, elle éclatait parfois en sanglots en présence de dignitaires[25]. Offrant l'image même de la vulnérabilité, elle incitait ces hommes à se montrer protecteurs et indulgents, et eux, bien sûr, ne demandaient qu'à tendre la main à une femme en détresse. À côté de cela, ceux qui outrepassaient les limites se retrouvaient face à une toute autre Cixi, comme en fut témoin le chef de comté Woo. Depuis qu'il lui avait fourni une aide cruciale à un moment particulièrement difficile pour elle, Cixi, qui n'oubliait jamais un service rendu, le traitait en intime, au point qu'il s'enhardit un jour à lui donner un avis personnel. Selon lui, avant de prendre la fuite, Cixi n'aurait pas dû ordonner l'exécution de dignitaires, ni surtout de l'ancien ambassadeur à Berlin, Jingcheng. Le chef de comté était loin de soupçonner que ce Jingcheng avait donné aux Allemands des conseils fort préjudiciables à la Chine. « Au beau milieu d'une phrase, le visage de l'impératrice douairière se décomposa tout à coup. Me poignardant du regard, la mâchoire serrée, les veines battant aux tempes, elle serra les dents et s'exprima sur le ton le plus âpre qui soit[26]. » Elle dit à Woo que ses critiques manquaient de fondement, car il ignorait de quoi il retournait. « Je n'avais jamais vu l'impératrice douairière en colère et voilà que son courroux s'abattait soudain sur moi, me glaçant l'âme. » Woo sentit « la sueur [lui] ruisseler entre les omoplates ». Il esquissa une révérence et se répandit en excuses. « L'impératrice douairière se calma et, l'instant d'après, sa fureur se dissipa et son visage se détendit, de nouveau serein. » Un changement s'opéra en elle, comme si « une forte tempête accompagnée d'éclairs et de coups de tonnerre eût laissé la place à un ciel bleu dégagé en un clin d'œil ». Le chef de comté admit qu'il n'eût pas cru « l'impératrice douairière capable d'une rage aussi violente. Il paraît que d'importants personnages tels que le marquis Zeng et le comte Li la redoutaient tant qu'ils perdaient contenance en sa présence. Je veux désormais bien le croire ». Cixi avait le don d'inspirer aussi bien de la crainte qu'un désir de protection – mais jamais de haine.

Pendant l'exil de Cixi et de l'empereur Guangxu, un plus grand nombre de personnes eurent l'occasion de les approcher. Nul ne manqua d'être frappé par le contraste entre Leurs Majestés. Leur longue et éprouvante fuite vers l'ouest n'avait apparemment ni épuisé ni fragilisé Cixi alors que son fils adoptif semblait en permanence sur le point de s'effondrer. Lors des audiences où ils se tenaient assis l'un à côté de l'autre, l'empereur gardait un silence prolongé au point de devenir gênant, jusqu'à ce que Cixi se tourne vers lui pour lui dire : « Votre Majesté, posez donc quelques questions[27]. » Même à ce moment-là, il en formulait rarement plus de deux ou trois, toujours les mêmes selon le chef de comté Woo, qui le vit à maintes reprises. « Tout va bien ? Les récoltes sont bonnes ? » En plus, Guangxu « s'exprimait d'une voix fluette, pareille au bourdonnement d'une mouche ou d'un moustique. On distinguait à peine ses propos. » À côté de cela, nota Woo, « l'impératrice douairière, d'une rare éloquence, citait des classiques avec aisance, tout en restant très factuelle ; elle connaissait les façons de faire du peuple et les usages de la société. Les dignitaires la craignaient : il suffisait à son interlocuteur de prononcer quelques mots pour qu'elle lise dans ses pensées. Vu la fragilité, l'étrangeté de l'empereur, et la force peu commune et l'esprit vif de l'impératrice douairière, il ne faut pas s'étonner s'il était sous sa coupe ». Les dignitaires relatant leurs audiences finirent par se référer à Cixi comme au « *shang* » (au monarque) – un terme en principe réservé à l'empereur. Cixi elle-même prit conscience de son changement de statut. À Xi'an, elle se fit installer un trône, derrière celui de l'empereur et en hauteur par rapport à lui, se présentant ainsi comme sa supérieure lors des audiences officielles[28]. De retour à Pékin, elle prendrait le pli de s'installer sur un trône au centre de la salle d'audience, et Guangxu un peu plus bas, sur l'estrade à sa gauche.

En résumé, l'épreuve de l'invasion, au lieu d'écorner l'autorité de Cixi, la consolida en lui apportant une assurance nouvelle.

25. Remords (1900-1901)

La dernière mesure que Cixi prit avant de fuir la Cité interdite consista à remettre aux huissiers du palais une note manuscrite estampillée de son sceau annonçant que seul le détenteur d'une autorisation en bonne et due forme où figurerait ce même sceau pourrait emporter avec lui le moindre objet[1]. À l'heure du départ, Cixi s'inquiéta en effet du sort des trésors du palais.

Quelques jours plus tard, les huissiers lui communiquèrent des nouvelles rassurantes. Au lieu de piller sans frein les palais ou de les incendier, les envahisseurs venaient d'y poster des gardes et de placarder, sur leurs lourdes portes closes, des affiches adressées à l'armée d'occupation, la « priant poliment de ne pas frapper les serviteurs chinois s'ils refusaient d'ouvrir[2] ». Les huissiers informèrent Cixi avec un soulagement palpable que « les troupes étrangères montent à présent la garde autour de la Cité royale et dans son enceinte [...] les palais et les bureaux du gouvernement sont tous intacts [...] les palais et les temples sont tous à l'abri du danger[3] ».

Les huissiers tiendraient Cixi au courant de la situation. Ils l'informèrent d'abord que des étrangers avaient visité la Cité interdite, sans rien y déranger hormis quelques objets par-ci, par-là. Plus tard, lors de l'inventaire des palais consécutif au retrait des troupes étrangères, les huissiers repérèrent assez peu d'objets manquants. La plus grosse perte toucha les cuisines royales, où l'on ne parvint pas à retrouver 68 objets en or et 54 en argent. 40 vases et 300 assiettes et bols disparurent dans le dressoir à porcelaine – à l'évidence volés par des Chinois des environs, vu qu'un trou avait été creusé dans le mur. Les Italiens et les Britanniques laissèrent indemne le Palais d'été, qui ne subit que quelques dégâts mineurs. (Les ruines de l'ancien Palais d'été voisin, en revanche, furent démantelées – par des habitants des environs – qui s'y faufilèrent en douce pour s'emparer de tout ce qui restait de l'incendie, depuis le bois de la charpente jusqu'aux briques.) Il n'y eut cette fois pas de pillage, contrairement à ce qui s'était passé en 1860, du temps de Lord Elgin. Lorsqu'on s'aperçut que des vases de cérémonie en or, en argent et en bronze manquaient aux mausolées occidentaux – où reposaient un certain nombre d'empereurs Qing – une plainte fut déposée auprès de l'ambassadeur français, et l'armée française restitua ce qu'elle avait pris.

Ce qui disparut surtout, ce fut de l'argent sous forme métallique : des millions de taels pris dans la Cité interdite et dans différents ministères de la capitale et de Tianjin quittèrent le pays[4]. De riches particuliers subirent eux aussi des pertes : des soldats étrangers assoiffés d'argent forcèrent leur domicile au début de l'occupation[5]. De tels incidents cessèrent toutefois au bout de quelques jours. Les huissiers se tournèrent en effet vers Robert Hart, qui les aida à y mettre bon ordre[6]. Si l'on en croit leur rapport à Cixi, les huissiers expliquèrent à Hart que « le plus urgent et le principal, c'est de protéger les temples dynastiques, les mausolées orientaux et occidentaux, et tous les palais, dont la Cité interdite et la Cité royale ; et ensuite, les vies de millions de personnes ». Hart rétorqua, non sans ironie : « En Occident, nous accordons plus d'importance aux vies humaines, et la dynastie ne vient qu'après. Malgré tout, votre requête ne me paraît pas difficile à satisfaire. » Hart fit imprimer deux affiches, l'une libellée en plusieurs langues étrangères et l'autre en chinois, qu'il ordonna aux huissiers de placarder par milliers dans toute la ville. La première interdisait aux soldats étrangers de molester les Chinois et la seconde ordonnait aux Boxers et autres hors-la-loi de rentrer chez eux reprendre une vie normale, les menaçant d'« extermination » s'ils n'obéissaient pas. La plupart des Boxers se dispersèrent. Cixi exprima sa gratitude à Hart par courrier : « Des dizaines d'années durant, Votre Excellence a mis ses talents au service d'un pays qui n'était pas le sien et aujourd'hui, votre sincère dévouement à la Chine éclate aux yeux de tous. Je ne saurais vous être plus reconnaissante[7]. »

Un petit nombre de Boxers tenta en vain de résister aux étrangers. Un officier allié relata l'arrestation dans leur cachette d'une poignée de Boxers dénoncés par des Chinois convertis : « L'endroit était à l'évidence bien défendu et ils ne comptaient pas se rendre de sitôt. Réunis là, armés de hachoirs, de barres de fer et de longs bâtons, la horde de vauriens indigènes guettait le dénouement dans un lugubre

Dans la neige, durant l'hiver 1903-1904. On reconnaît, un peu en retrait, la proche conseillère de Cixi, Louisa Pierson, mi-américaine, mi-chinoise, dont les deux filles Der Ling et Rongling encadrent Cixi.

Ci-dessus : Louisa Pierson (*assise*), son mari Yu Keng (*à l'extrême droite*), ambassadeur de Chine en France, leurs deux filles et leur fils Hsingling (*à l'extrême gauche*) dans un restaurant parisien où ils recevaient le prince Zaizhen (*assis au centre*), alors qu'il venait d'assister au couronnement du roi Édouard VII à Londres, en 1902.

À gauche : Rongling, leur fille, étudia la danse à Paris ; elle est passée à la postérité en tant que « première dame de la danse moderne en Chine ».

À droite : Hsingling déguisé en Napoléon lors d'un bal donné par ses parents à l'occasion du nouvel an chinois en 1901.

Ci-dessus : Une courtisane de haute volée ressemblant à s'y méprendre à Plus Jolie qu'une Fleur d'Or, la concubine de l'ambassadeur envoyé par Cixi à Berlin au milieu des années 1880.

Ci-dessous : Dans le cadre des projets de modernisation de Cixi, au cours des années 1870, de jeunes adolescents partirent en Amérique parfaire leur instruction.

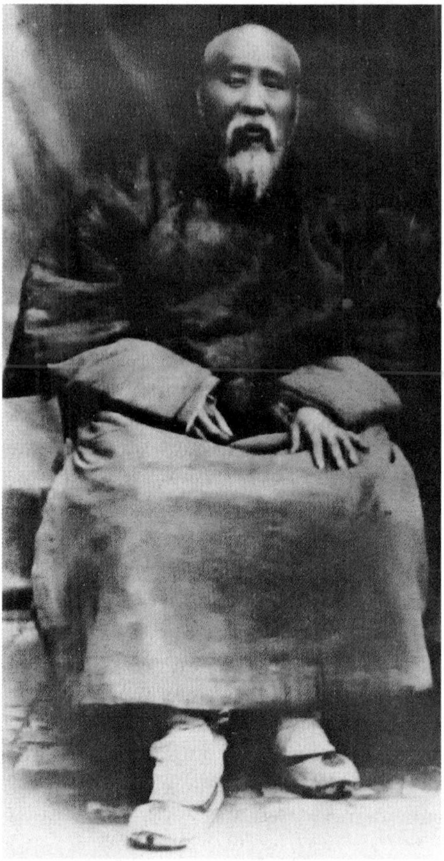

En 1889, l'empereur Guangxu prit la relève du gouvernement de l'empire et Cixi se retira de la vie politique. *Ci-dessus* : La concubine préférée de Guangxu, Perle.

À droite : Le Grand Précepteur Weng, qui fut pour lui presque comme un père.

Guangxu détestait son épouse, l'impératrice Longyu choisie par Cixi (*au centre, vêtue d'une cape*). Voûtée, celle-ci (*la deuxième en partant de la gauche*) faisait piètre figure à la cour. Tout à fait à gauche, on reconnaît l'eunuque Cui, et tout à fait à droite, Louisa Pierson.

Les ennemis de Cixi

Sir Yinhuan (*ci-dessus*), confident de l'empereur Guangxu et peut-être bien aussi principal agent des Japonais. Il aida Kang Youwei (*ci-dessus à gauche*) à s'assurer une influence croissante sur Guangxu. Kang complotait d'assassiner Cixi.

À gauche : Liang Qichao, le principal partisan de Kang.

À droite : L'ancien Premier ministre du Japon, Ito Hirobumi, ici sur un billet de banque, architecte de la guerre livrée par le Japon à la Chine en 1894.

Ci-dessus : Les Boxers xénophobes, fauteurs de troubles dans le nord de la Chine en 1900. L'invasion du pays par les puissances occidentales chassa Cixi de Pékin. Les Alliés entrèrent dans la Cité interdite (*à droite*).

Cixi revint à Pékin début 1902. Ce fut un train mené par la locomotive impériale (*à gauche*) fournie par les Alliés qui finit par la ramener à la capitale. Un étranger la prit en photo du haut des murailles de la ville (*ci-dessus*) alors qu'elle saluait la foule, un mouchoir à la main.

Ci-dessus : Jeunes filles aux pieds bandés. L'un des premiers décrets de Cixi après son retour à Pékin mit fin à cette pratique.

À droite : Détenus portant des cangues. Les réformes légales entreprises par Cixi abolirent les châtiments moyenâgeux tels que celui-ci — de même que la « mort des mille coupures ».

Cixi, que l'on voit ici piquer une fleur dans sa coiffure de style mandchou, prenait grand soin de son apparence. Elle dessinait ses tenues et ses bijoux et veillait à la confection de son fard à joues, de son parfum et de son savon. *À l'arrière-plan* : des pommes de son verger diffusent leur subtil arôme.

Ci-dessus : La seule photo de Cixi où elle sourit. Elle aimait rire mais prenait toujours un air grave quand elle travaillait — ou devant les photographes.

Page de droite :
À bord d'une barque, sur le lac du Palais de la mer, parmi des fleurs de lotus. *En haut* : Auprès de dames de la cour et d'eunuques. On reconnaît Louisa Pierson à l'extrême droite. La cinquième en partant de la droite n'est autre que la concubine impériale Jade, la sœur de Perle. Nul n'avait le droit de s'asseoir en présence de Cixi, la seule à ne pas se tenir debout.

Ci-dessus : Ici en costume d'opéra, Cixi adorait la musique et ce fut en partie grâce à elle que l'opéra de Pékin devint l'opéra national de Chine.

Ci-dessus : La princesse impériale, fille adoptive de Cixi, qu'elle représente ici, à la tête du premier groupe de dames de la cour qui dînèrent, en 1902, à la légation américaine. On l'aperçoit assise au centre, à côté de Sarah Conger.

Ci-dessous : Cour sur laquelle donnait la salle à manger des Conger. L'été, une moustiquaire géante (en réalité, un treillis de roseaux fabriqué par d'ingénieux eunuques) couvrait la cour et la maison tout entière. Sarah Conger écrivit : « L'air est frais et les magnifiques arbres, plantes en pot et arbustes, les fleurs en quantité et les invités ravis ont fait de ce jour un vrai bonheur. »

Cixi entourée de quatre eunuques au physique avantageux. Sa dame de compagnie Der Ling se tient sur le côté. Dans sa jeunesse, une telle intimité ne pouvait qu'éveiller en elle des désirs charnels. De fait, elle s'éprit d'un eunuque, An Dehai, à l'orée de la trentaine. Sa mort par décapitation en 1869 provoqua chez Cixi une dépression nerveuse.

À gauche : Sur son lit de mort, en 1908, Cixi confia la succession de l'empire à son petit-neveu de deux ans, Puyi (*debout*) et nomma régent son père Zaifeng (*assis, il tient sur ses genoux le frère de Puyi*).

Ci-dessus : Sun Yat-sen (*au centre*), le « père » de la Chine républicaine, tenta à plusieurs reprises de renverser la dynastie mandchoue par des moyens militaires.

Ci-dessus : Funérailles de Cixi. Brooke Astor, philanthrope américain, passa son enfance à Pékin où il observa la procession auprès de sa famille, du haut des murailles de la ville. « Toute la journée, ils sont passés à nos pieds par la porte ; des prêtres bouddhistes et taoïstes en robes blanches, des lamas bouddhistes en jaune, avec des ceintures rouges. Des cohortes d'eunuques à n'en plus finir, tout de blanc vêtus, qui lançaient en l'air du papier monnaie (au bénéfice de l'impératrice, en route pour le ciel) [...] Il y avait 24 chameaux blancs, des dais en brocart jaune sur le dos [...] et tout un troupeau de poneys blancs [...] il y avait aussi des répliques en papier mâché de tous les palais de l'impératrice [...] Tout cela est passé sous les cris des pleureuses, qui s'arrachaient les cheveux et se frappaient la poitrine au son des cymbales. » Une pièce de brocart jaune brodée de phénix couvrait l'immense palanquin. Sur son passage, les Occidentaux se levèrent tous et se découvrirent.

Mausolées orientaux des monarques Qing aux abords de Pékin, où Cixi fut enterrée avec son mari et son fils. En 1928, une unité de l'armée républicaine viola sa sépulture et pilla les joyaux ensevelis auprès d'elle, laissant son cadavre à l'air libre.

silence. Quelle scène extraordinaire ! Tout était alors silencieux [...] ce genre de choses n'arrive pas deux fois dans une vie[8]. »

À Pékin, tout rentra rapidement dans l'ordre et un immense soulagement envahit ceux qui s'attendaient à voir l'armée conquérante « piller, incendier, violer et tuer ». On informa Cixi « qu'il n'y a pas eu de massacres[9] » ni d'incendies[10]*. Aucun viol ne fut signalé. Cela dit, les aristocrates se sentirent humiliés de devoir emporter hors de Pékin, comme des gens du commun, les corps des victimes des Boxers. Il leur fallut en outre tracter des carrioles à la manière de bêtes de trait pour nettoyer la capitale, et ceux qui regimbèrent reçurent des coups de fouet des étrangers en charge des opérations.

Malgré tout, la plupart des Chinois estimèrent les Alliés de loin préférables aux Boxers. Les occupants allèrent jusqu'à se soucier de l'hygiène des rues qui, à l'époque, servaient de toilettes à ciel ouvert[11]. Les nouvelles autorités ordonnèrent aux particuliers aussi bien qu'aux commerçants de nettoyer la chaussée devant leur maison ou leur boutique. Les rues de Pékin subirent ainsi une transformation radicale, à la grande satisfaction des résidants – et de Cixi, une fois de retour à la capitale. Les futurs gouvernements chinois adopteraient la mesure à leur tour en confiant aux habitants la responsabilité de la portion de voie publique bordant leur domicile.

Deux mois après l'occupation de Pékin arriva un contingent allemand de taille, bien que la guerre se fût pour ainsi dire terminée avant même son départ d'Europe. Sous la pression du Kaiser Guillaume II, le feld-maréchal comte von Waldersee reçut le commandement en chef des Alliés. Rêvant de « rentrer au pays en tant que conquérant des Chinois[12] », il organisa des expéditions punitives aux alentours de Pékin où beaucoup de Chinois se firent trouer la peau, comme il ne manqua pas de le relater. Il estima « qu'ils méritaient leur sort[13] » puisque c'étaient des Boxers. Dans une ville, les Allemands passèrent par les armes six représentants des autorités

* Pendant le siège de Pékin, les Boxers mirent le feu à la bibliothèque impériale qui abritait de nombreux livres d'une incalculable valeur et se situait à proximité immédiate de la légation britannique, dans l'intention d'incendier celle-ci. La rumeur n'en imputa pas moins la responsabilité de l'incendie aux Britanniques, comme l'affirma d'ailleurs un rapport adressé à Cixi. Sa publication dans la *Gazette de Pékin* suscita des protestations de la part de l'ambassadeur britannique, qui souligna que les Occidentaux assiégés dans la légation avaient en réalité combattu le feu et tenté de sauver les livres. L'auteur du rapport présenta ses excuses – à Cixi et publiquement – et reconnut avoir transmis des informations erronées.

chinoises, auxquels ils imputèrent un massacre de missionnaires. La tête coupée d'un homme fut brandie au bout d'un bâton à la manière chinoise, sauf que la démonstration de force venait pour le coup des Allemands. Alors même qu'il soumettait les alentours de Pékin à une violence sans répit, le comte von Waldersee, dans ses rapports au Kaiser, exagérait, et de beaucoup, les destructions et pillages perpétrés par les Alliés avant son arrivée, histoire de se poser en restaurateur de l'ordre : « Je crois pouvoir dire qu'en dehors de quelques cas isolés, aucun excès n'a été commis depuis que je suis ici[14]. »

La violence déchaînée par les Allemands au lendemain de la guerre se tassa lorsque le commandant en chef établit son QG au Palais de la mer, où résidait Cixi. La beauté du lieu charma le comte, qui tenait dans l'ensemble Pékin pour « la ville la plus sale du monde ». Il nota dans son journal :

> Hier soir, tard, je suis rentré à mon palais. Jamais, de toute ma vie, je n'avais vu un aussi beau ciel étoilé. Je venais de traverser la grande cour blanche déserte du palais impérial et d'atteindre la rive du lac du lotus quand des bribes de musique retentirent [...] la fanfare du 1er régiment d'infanterie d'Asie orientale se produisait dans le palais de l'île, où l'empereur avait été détenu [...] là, dans la grande ville païenne, retentissant au-delà des innombrables temples au bouddha, elle produisit sur moi l'impression la plus vive. Je demeurai immobile jusqu'à ce que meurent les dernières notes[15].

Le comte, qui ne manquait pas d'un certain sens des convenances, ordonna « que l'on ne se serve pas de la chambre à coucher ni du salon de Sa Majesté l'impératrice[16] ». Un soir, un incendie détruisit hélas de fond en comble le splendide édifice amoureusement bâti par Cixi pendant de longues années. Le feu partit d'un grand poêle en fonte installé par les Allemands dans le cellier. Cixi en eut le cœur brisé mais elle se consola en songeant que les palais et la ville de Pékin avaient subi moins de dégâts qu'elle ne le redoutait, ce dont elle loua d'ailleurs la providence. Comme les habitants de la région ne s'attendaient pas à être épargnés, ils accordèrent foi aux dires d'une courtisane qui prétendait les avoir sauvés par ses conversations enjôleuses sur l'oreiller avec le comte von Waldersee. Cette femme, Plus Jolie qu'une Fleur d'Or, avait accompagné en Allemagne son mari, nommé ambassadeur de Chine à Berlin dans les années 1880. À la mort de celui-ci, elle revint en Chine et renoua avec son ancienne profession. Sous l'occupation alliée, elle mit à profit son passé de compagne de l'ambassadeur et le peu d'allemand qu'elle savait pour entrer en affaires avec les officiers allemands, au côté desquels on la voyait souvent parcourir à cheval les rues de Pékin. Elle persuada les militaires qui la fréquentaient de la conduire aux appartements du comte von Waldersee, au Palais de la mer, dans l'espoir de lui être présentée ou, du moins, d'attirer son regard. On ne sait si elle y parvint ou pas. Elle prétendit en tout cas « avoir sauvé le peuple de Pékin » en subjuguant le feld-maréchal et l'imagination populaire broda là-dessus à loisir[17]. Plus Jolie qu'une Fleur d'Or acquit une certaine renommée[18] et beaucoup finirent par voir en elle une héroïne tragique*.

Le protocole de paix Boxer, le document qui mit un terme aux hostilités, ne fut signé que le 7 septembre 1901, un an après l'entrée des Alliés à Pékin. Les négociateurs chinois, le prince Ching et le comte Li, au lieu de négocier, attendirent en réalité que les puissances se mettent d'accord sur ce qu'elles réclameraient à la Chine.

Ne voulant pas imputer à Cixi les crimes des Boxers, celles-ci désignèrent comme principal coupable le prince Duan, père de l'héritier présomptif du trône, et soutien majeur des Boxers. Il écopa d'une condamnation à mort révocable par le trône en raison de son appartenance à la famille royale et purgea une peine de prison à vie dans le Xingjang. On ne compta pas moins de six exécutions de dignitaires et de fonctionnaires, sans parler d'une multitude d'autres sentences. Le trône envoya des représentants en Allemagne et au Japon exprimer des « regrets » quant aux assassinats de diplomates de l'un et l'autre pays. Il fallut aussi démanteler les forts de Taku. Et une nouvelle loi interdit la création de sociétés xénophobes.

Une clause en particulier rejaillit sur le quotidien du peuple chinois : celle qui avait trait aux indemnités. En additionnant ce que réclamait chaque pays impliqué dans le conflit en dédommagement des expéditions militaires et des préjudices subis par ses ressortissants, on parvenait au montant astronomique de 450 millions de taels. Les États-Unis estimèrent dans un premier temps que les indemnités

* Dans les années 1930 vit le jour une pièce de théâtre inspirée de son histoire. La future Mme Mao, Jiang Qing, voulut l'incarner sur scène, mais une autre actrice, Wang Ying, lui fut préférée. Mme Mao en garda une profonde rancune envers cette comédienne et se vengea d'elle lors de la révolution culturelle, trente ans plus tard. Elle mourut en prison.

« devaient rester dans les bornes de ce que pourrait rembourser la Chine[19] ». Ils incitèrent les puissances occidentales à rabattre de leurs exigences et proposèrent d'abord un total de 40 millions. Mais l'Allemagne « ne voyait pas pourquoi les puissances devraient se montrer généreuses à l'excès » et la plupart des autres nations abondèrent dans le même sens. Selon le comte von Waldersee, le Kaiser estimait qu'il fallait « imposer aux Chinois une indemnité de guerre aussi élevée que possible, vu qu'il avait un besoin urgent de fonds pour la Flotte[20] ». Faute d'autorité chargée d'examiner le bien-fondé des prétentions de chaque pays et en l'absence d'une méthode commune d'évaluation des dommages, il revint à chacun de se montrer raisonnable... ou pas. Peu d'États le furent. La Russie réclama le montant le plus important (29 pour cent du total) sous le prétexte du saccage de son chemin de fer mandchou par la populace chinoise. L'Allemagne revendiqua quant à elle 20 pour cent des indemnités ; suivie par la France et la Grande-Bretagne qui, bien que prêtes, au départ, à suivre les recommandations des États-Unis, ne tardèrent pas à demander plus. Vint ensuite le Japon, relativement peu gourmand par rapport à 1895. Les États-Unis eux-mêmes finirent par changer d'avis[21] et par exiger une somme dont une enquête ultérieure prouva l'exagération*. Au bout du compte, on arrondit à 450 millions les 462 560 614 taels extorqués à la Chine. Comme ce chiffre correspondait au nombre d'habitants de l'empire[22], les Chinois crurent (et croient encore) à tort que le

* Voici ce que réclamèrent les différents pays, qu'ils fissent ou non partie des forces alliées : (les sommes sont exprimées en taels ; un tael valant alors trois shillings anglais ou 0,74 dollar américain) :

Russie : 133 316 000
Allemagne : 91 287 043
France : 75 779 250
Grande-Bretagne : 51 664 029
Japon : 35 552 540
États-Unis : 34 072 500
Italie : 27 113 927
Belgique : 8 607 750
Autriche-Hongrie : 3 979 520
Pays-Bas : 800 000
Espagne : 278 055
Suède : 110 000
Portugal : 0
Total : 462 538 116 [sic]
(H.B. Morse, *The International Relations of the Chinese Empire*, vol. 3, pp. 352-3)

montant des indemnités symbolisait la pénalisation de la population tout entière.

Robert Hart et d'autres encore avancèrent que « le pays n'est pas en mesure de faire face à de telles exigences ». D'aucuns prétendirent toutefois le contraire. Un évêque français, Pierre-Marie-Alphonse Favier, affirma que « la famille impériale détient un trésor d'une valeur de 300 millions de marks ». Mais même le comte von Waldersee jugea cela absurde. La Cité interdite produisait, selon lui, « une impression d'antique grandeur suivie par un déclin progressif ». Il déclara au Kaiser : « Je ne peux croire qu'une cour qui s'accommode d'une telle décadence possède de grandes richesses. Je ne sais où un tel trésor pourrait être conservé. » Une solution fut proposée : « Chaque puissance s'indemniserait elle-même en occupant une portion du territoire chinois. » Le comte von Waldersee voulait « s'emparer d'une partie du Shan-tung [Shandong] ». C'était en tout cas le rêve du Kaiser, qu'il espérait réaliser grâce au comte. D'autres puissances, dont la Grande-Bretagne et les États-Unis, s'opposèrent à la partition de la Chine. Selon le comte von Waldersee, les États-Unis « ont l'air de ne pas vouloir que quiconque prenne quoi que ce soit à la Chine[23] ». Sarah Conger, l'épouse de l'ambassadeur américain, avoua, émue :

> J'éprouve beaucoup de sympathie pour les Chinois […] La Chine appartient aux Chinois et n'a jamais voulu d'étrangers sur son sol […] Les Chinois semblent prêts à d'indicibles sacrifices pour atteindre un tel objectif […] La partition de la Chine impliquerait des conflits et la présence sur le sol chinois de puissantes troupes d'occupation. Le ressentiment des Chinois s'exacerberait au point qu'ils distilleraient auprès des étrangers un venin dont les effets nuisibles n'ont pas encore été mesurés[24].

Il fallut renoncer à l'idée d'un partage de la Chine. Certains pays voulurent obliger l'empire à contracter de plus amples prêts à l'étranger. Robert Hart s'y opposa : la Chine consacrait déjà le quart de ses rentrées annuelles au remboursement de sa dette, dont l'augmentation pourrait bien précipiter sa banqueroute. Compatissant aux malheurs du peuple chinois, Hart et d'autres experts étrangers s'affairèrent à procurer à l'empire de nouvelles sources de revenus. Ils persuadèrent les puissances d'accepter que les taxes d'importation en Chine passent de 3,17 pour cent ou un peu moins à 5 pour cent et que l'État en prélève sur des marchandises jusque-là libres de droits de douane surtout consommées par les étrangers, telles que les vins européens, l'alcool fort et les cigarettes[25]. La charge que représenteraient pour la Chine les indemnités[26] retomberait de ce fait en partie sur les Occidentaux*. Selon les estimations de Hart, l'empire pourrait ainsi se procurer jusqu'à 18 millions de taels par an[27].

Cixi songea elle aussi à cette nouvelle source de rentrées d'argent et calcula que la hausse des droits d'importation rapporterait à peu près 20 millions de taels par an[28]. Voilà des années que le gouvernement chinois voulait augmenter les droits de douane[29]. Quand le comte Li s'était rendu en Amérique et en Europe en 1896, c'était avant tout dans l'idée de convaincre les gouvernements occidentaux de se plier à une telle mesure. Il n'y était pas arrivé. Cixi confia une fois encore la même mission à ses négociateurs – en sollicitant pour le coup le soutien des Britanniques. Leurs intérêts étant liés à la prospérité du commerce chinois, ils auraient beaucoup à perdre à une faillite de l'État. Cixi avait en outre foi dans la retenue et la modération des Britanniques – et peut-être aussi était-elle au courant de la proposition de Hart. La Grande-Bretagne et les États-Unis soutinrent en tout cas le projet. L'impératrice douairière jugeait les nations avec autant de perspicacité que les individus. Elle donna pour instruction au prince Ching et au comte Li de négocier un échelonnement des paiements tel que les revenus supplémentaires de la Chine « suffisent à rembourser les indemnités ou, au pire, tel que la différence ne soit pas trop difficile à compenser[30] ». La Chine disposerait au final de trente-neuf ans pour liquider ses dettes à raison d'environ 20 millions de taels par an. (En plus des indemnités elles-mêmes, il lui fallait aussi s'acquitter des intérêts.)

Les nouveaux droits de douane fournirent une large part des indemnités extorquées à la Chine et réduisirent sensiblement l'insoutenable fardeau qui pesait sur les sujets de l'empire. Ce fut Hart qui eut l'idée de ces nouvelles rentrées d'argent, aux dépens des étrangers et des fonctionnaires corrompus. En persuadant les puissances de s'y plier, il rendit à la Chine un fier service. Il écrivit

* Hart prit dès lors en charge une partie des douanes intérieures jusque-là gérées par des fonctionnaires souvent corrompus, qui ne se gênaient pas pour empocher les taxes qu'ils percevaient. « Les anciens détenteurs du poste, écrivit-il, n'avaient qu'à verser des sommes symboliques au trésor et gardaient pour eux le reste. T'tsin, par exemple, collectait plus de 400 000 taels et, là-dessus, il n'y en avait que 90 000 qui revenaient au trésor. »

dans sa correspondance de l'époque : « Je crois m'être rendu utile, mais on ne m'en saura gré que plus tard[31]. » Cixi lui décerna par reconnaissance le titre de vice-tuteur de l'héritier présomptif, qui venait d'être conféré aux deux hommes les plus en vue de l'empire, le vice-roi Zhang et le général Yuan[32]. Depuis la mort de Cixi, voici plus d'un siècle, le pays dans l'intérêt duquel Hart s'est plus démené que n'importe quel autre étranger – et sans doute aussi que beaucoup de Chinois – ne lui a témoigné aucune reconnaissance. Aujourd'hui encore, son nom reste inconnu des Chinois de la rue, alors que tous les manuels d'histoire parlent des indemnités consécutives à la guerre des Boxers, invoquées à tout bout de champ pour condamner « les impérialistes » et dénoncer la mise en gage du pays par Cixi.

Les États-Unis s'en sont mieux sortis que Hart dans le sens où l'histoire leur a rendu justice : ils encaissèrent pendant quelques années ce que leur devait la Chine avant de renoncer au reste à condition que l'instruction publique en bénéficie. Ce fut ainsi que vit le jour l'université Tsinghua, la plus à la pointe de Chine. Un grand nombre de jeunes gens reçurent en outre des bourses pour étudier en Amérique. Seuls les États-Unis ont restitué à la Chine l'argent métallique dont ils s'étaient emparés pendant l'invasion. En 1901, des soldats américains avaient fait main basse sur 500 000 taels dans le bureau du commissaire au sel de Tianjin[33]. Six mois plus tard, la Chine récupéra leur équivalent : 376 300 dollars américains.

Lorsque Cixi reçut une première version du protocole de paix Boxer vers la fin 1900, « une multitude d'émotions la submergea[34] » et parmi elles, le soulagement. Elle redoutait surtout que la Chine perde sa souveraineté et de devoir céder le pouvoir à Guangxu. Il n'en fut rien. Les Alliés ne se montrèrent pas tout à fait déraisonnables. Ils réclamèrent une indemnité qui n'atteignait pas les sommets du traité de Shimonoseki. Comme ils avaient par ailleurs protégé dans une large mesure les palais et la capitale, Cixi fit dès lors bonne figure aux Occidentaux.

Son exil fut l'occasion pour elle de revenir en pensée sur les récents événements. Elle dut admettre que sa politique avait provoqué une guerre et des atrocités ayant fait des centaines de milliers de victimes – des missionnaires, des Chinois chrétiens, des Boxers, des soldats ou encore de simples civils. Cixi justifiait son rapprochement des Boxers en affirmant que « les étrangers nous ont trop malmenés », mais reconnaissait que « en tant que responsable du pays, je n'aurais pas dû laisser la situation se détériorer autant. Tout a été de ma faute. Je n'ai pas été à la hauteur de nos ancêtres ni de notre peuple[35] ». Ce fut dans cet état d'esprit qu'au début de la nouvelle année, elle publia ce qu'elle qualifia de « décret d'autocondamnation » (*zi-ze-zhi-zhao*). Elle y admit qu'en « réfléchissant aux récents événements » elle se sentait le cœur brisé par « la honte et la révolte face aux torts causés à la Chine ». Elle condamna « la populace cruelle et ignare » ayant attaqué les missions chrétiennes et les légations, et ajouta qu'elle savait gré aux Alliés de ne pas avoir rendu dent pour dent « ni destitué la Chine de sa souveraineté ou dépecé notre territoire ». Surtout, Cixi insista sur ses propres torts envers son pays : « La dynastie a été entraînée au bord du gouffre, les esprits de nos ancêtres, anéantis, et la capitale, ravagée. Des milliers de familles de lettrés au service de l'empire ont été privées de domicile et des centaines de milliers de soldats et de civils sont aujourd'hui morts ou blessés. » Tout en s'efforçant de se justifier et de rejeter une part du blâme sur des tiers, par exemple sur les dignitaires partisans des Boxers, elle battit sa coulpe : « De quel droit irais-je adresser des reproches aux autres ? Je ne m'en ferai jamais assez à moi-même. » Elle insista surtout sur ses « remords à propos de la catastrophe » (*hui-huo*) dont elle s'estimait à l'origine[36].

D'amers remords assaillirent en effet Cixi, qui ne s'en cacha pas. L'épisode des Boxers marqua un tournant de son règne : il y aurait à la cour un « avant » et un « après[37] ». Contrite, Cixi promit de faire amende honorable. Un décret publié le 29 janvier 1901, à Xi'an, annonça une nouvelle phase de son règne. Cixi y affirma en substance la nécessité « d'apprendre de l'Occident » : « L'impératrice douairière déclare à son peuple que ce n'est qu'en adoptant ce qui assure la supériorité des pays étrangers que nous pallierons ce qui manque en Chine. » De semblables convictions avaient déjà été exprimées auparavant, mais cette fois, il convenait d'acclimater « tous les principes fondamentaux qui ont assuré la richesse et la puissance des pays étrangers », en modifiant entre autres « le régime dynastique, les traditions nationales, les méthodes de gouvernement, le mode de vie du peuple, le système éducatif, l'armée et les finances[38] ». Cixi affirma dans un autre décret : « De ces changements dépend la survie de notre pays, ils permettront à notre peuple de mieux vivre. L'empereur et moi-même sommes résolus à les imposer dans l'intérêt de notre dynastie et de notre peuple. Il ne nous reste pas d'autre issue[39]. »

Les initiatives de Cixi obtinrent un vaste soutien – en dépit des ravages occasionnés par les Boxers ou précisément à cause d'eux. L'occupation étrangère de Pékin et de Tianjin montra aux habitants du nord, comme l'exemple de Hong Kong et de Shanghai à ceux du sud, comment un gouvernement à l'occidentale pouvait améliorer le quotidien. La présence des Occidentaux dans ces deux villes y exerça un impact d'autant plus marquant que lorsqu'ils s'y implantèrent au début des années 1840, à l'issue de la Guerre de l'opium, ce n'étaient encore que des villages de pêcheurs cernés de marécages. Pékin et Tianjin comptaient en revanche des millions d'habitants et, parmi eux, une forte proportion de mandarins. Tous goûtèrent aux bienfaits d'une administration efficace. Tianjin, surtout, profita de la présence des Alliés : ils y restèrent deux ans et y instaurèrent un gouvernement provisoire[40] qui collecta sous forme d'impôts un total de 2 758 651 taels[41] pour en dépenser 2 578 627 dans la plus grande transparence. Il en résulta une indéniable transformation de la ville, qui passa du Moyen Âge à la modernité. Pour la première fois, ses habitants goûtèrent aux facilités de l'eau courante, des tramways, de l'éclairage public et du téléphone. Les rues furent nettoyées de fond en comble avant la mise en place d'une infrastructure d'assainissement. Des monceaux d'ordures disparurent. Des toilettes publiques – une nouveauté à l'époque – firent leur apparition. Et une police à l'occidentale assura le maintien de l'ordre*. Un consensus s'établit dès lors : l'Occident représentait un modèle à suivre. Le vice-roi Zhang, grand réformateur, nota :

> À la différence d'il y a trente ans, le peuple s'émerveille aujourd'hui de la richesse de l'Occident et se lamente sur la pauvreté de la Chine ; en admiration devant la puissance des armées occidentales, il méprise la couardise des troupes impériales ; il apprécie la probité des douanes [administrées par Robert Hart] alors que les tracasseries des collecteurs d'impôts chinois l'excèdent ; il loue le bon gouvernement des villes sous la houlette des Occidentaux et souffre des brimades que leur infligent nos fonctionnaires[42].

---

* La modernisation n'alla toutefois pas sans déchirements. Beaucoup se lamentèrent en particulier du démantèlement des imposantes murailles qui entouraient les villes « pour des motifs militaires et d'hygiène ». Tianjin fut la première à renoncer à ses murailles. Aux yeux de la plupart, une ville n'en était pas une sans de hauts murs crénelés – et pourtant, les Chinois apprécièrent de pouvoir se déplacer plus facilement.

Les vice-rois accordèrent à Cixi leur plein et entier soutien – de même que les réformateurs nommés au gouvernement depuis la disgrâce ou la marginalisation des dignitaires xénophobes. Les rares ennemis de l'Occident et les quelques réactionnaires encore en place, réduits au silence, n'osèrent plus mettre de bâtons dans les roues à l'impératrice douairière. À en croire W.A.P. Martin, le missionnaire américain qui vécut plusieurs dizaines d'années en Chine, « l'esprit de la réforme soufflait sur l'ensemble du pays et le cœur du peuple battait à l'unisson de celui de Cixi[43] ».

Les gouvernements occidentaux s'inclinèrent devant l'autorité incontestée de Cixi. La plaçant sur un pied d'égalité avec « Catherine de Russie et Élisabeth d'Angleterre, les reines égyptiennes Hatshepsout et Cléopâtre, ces grandes femmes de pouvoir de l'histoire[44] », ils résolurent de coopérer avec elle. Enhardie par tant d'appuis, Cixi s'engagea sur la voie de changements si étendus et si profonds que les années suivantes méritent qu'on les considère comme la « véritable révolution de la modernité en Chine[45] ».

VI.
La véritable révolution de la modernité en Chine (1901-1908)

26. Retour à Pékin (1901-1902)

Les bouleversements qui allaient frapper la Chine à l'orée du xxe siècle se profilèrent à l'horizon alors que Cixi se trouvait encore en exil à Xi'an. En avril 1901, elle y constitua un cabinet d'affaires politiques chargé d'appliquer le programme établi par ses soins. Elle quitta Xi'an pour Pékin le 6 octobre, après la signature du protocole de paix Boxer et le retrait des troupes d'occupation (encore en place à Tianjin). Elle ne se serait pas sentie en sécurité dans la capitale en présence des armées étrangères. La communauté occidentale partageait son appréhension. Un « malaise » s'empara des légations à l'annonce du retour de Cixi, nota Robert Hart, et « les gardes de la légation devront se tenir prêts à toute éventualité [...] Je ne crois pas la cour assez insensée pour tenter un *coup* mais [...] s'il arrive quoi que ce soit, nous serons engloutis, auquel cas il se pourrait bien que ce soit là ma dernière lettre[1] ! »

À 7 heures, le matin où la cour quitta Xi'an, des représentants locaux des autorités se rassemblèrent à la porte du palais où logeait la famille impériale pour lui dire adieu. Une fois partis les carrioles chargées de bagages, la garde montée, les eunuques, les princes et les dignitaires à cheval, survint une courte pause. Un eunuque s'avança et donna par terre trois coups d'un fouet de dix mètres de long aux lanières en soie jaune nattée trempée dans la cire, et au manche sculpté d'un dragon doré. L'assistance comprit à ce signal que le monarque s'apprêtait à paraître et qu'il fallait se tenir tranquille. Cixi et l'empereur Guangxu surgirent en chaises à porteurs jaunes. Une nombreuse escorte les suivit sous la forme d'une immense colonne serpentant dans les rues de Xi'an avant d'en sortir par la porte sud pour se diriger ensuite vers l'est et la route de Pékin. Le cortège ne passa pas tout de suite par la porte orientale pour des raisons de géomancie : le souverain devait se déplacer vers le sud d'abord[2].

Des soieries et des lanternes colorées décoraient boutiques et maisons le long du trajet. Au passage de la procession, les badauds s'agenouillèrent. Comme il était par tradition interdit de regarder en face Leurs Majestés, certains se prosternèrent tandis que d'autres inclinaient la tête en baissant les yeux, les mains jointes en un geste bouddhiste d'hommage. Il y eut de sincères effusions de gratitude. Lors de l'arrivée à Xi'an de Cixi, la famine sévissait dans la région éprouvée par une récolte catastrophique. Heureusement, Cixi fournit à la population des denrées venues d'autres provinces. Peu après, le temps revint au beau fixe et la récolte suivante fut un succès. Les habitants en attribuèrent le mérite à la présence auprès d'eux de la famille impériale. Des foules le long des rues versèrent des larmes en s'écriant : « Longue vie au Vieux Bouddha ! Longue vie à l'empereur[3] ! » Là où la foule était la plus dense, Cixi rompit avec la tradition en ordonnant d'écarter les rideaux de sa chaise à porteurs pour se laisser apercevoir. Des Chinois s'étant rendus en Occident l'avaient informée que les monarques européens n'hésitaient pas à se montrer dans la rue. Des eunuques distribuèrent des pièces d'argent et les personnes âgées reçurent des cartes en argent en forme du caractère qui signifie « longévité ». Dans l'espoir de recevoir plus de métal précieux encore, certains suivirent Cixi des jours durant.

Les représentants des autorités venus dire adieu à la famille royale brandirent leurs propres bannières, ajoutant ainsi plus de couleurs encore à la scène. Certains n'avaient pas voulu se présenter mais on leur fit savoir que, dans ce cas-là, ils ne bénéficieraient d'aucune promotion avant deux ans. Des dignitaires de plusieurs provinces furent tenus de saluer la famille royale le long de son itinéraire et de lui fournir de la nourriture et des rafraîchissements. Ils reçurent d'ailleurs pour cela de généreuses sommes. À la halte qui suivit le départ de Xi'an, le responsable local manqua à tous ses devoirs, alors même qu'il venait d'encaisser 27 000 taels. Il avait, semble-t-il, obtenu son poste grâce à ses relations avec le gouverneur de la province dans la seule intention de percevoir la généreuse subvention royale. Incapable d'organiser une réception digne d'un tel nombre de personnes, sans parler des raffinements du protocole, il prit la poudre d'escampette et enfouit sa tête dans le sable. Quand Cixi l'apprit, dans une villa où ne restait plus une chandelle, elle ordonna de l'épargner – sans même le destituer[4]. Son entourage se fit la réflexion que le Vieux Bouddha s'était décidément radouci.

En chemin, Cixi visita des montagnes sacrées et des points de vue remarquables. Elle emprunta des sentiers le long de vallées, au pied de hautes falaises, et rattrapa en somme le temps perdu pendant toutes ces années où elle aspirait à voyager sans que cela lui fût possible. Son départ remontait à un mois quand elle apprit la mort du comte Li, le 7 novembre 1901 – un mois après la signature du protocole de paix Boxer. Il allait alors sur ses quatre-vingts ans. Sa disparition priva Cixi d'un diplomate de premier ordre, mais n'altéra pas le cours de sa révolution. Le comte traînait en effet une réputation de « plus grand modernisateur de la Chine » quelque peu usurpée.

L'ultime lettre du comte à Cixi – écrite du fond du cœur – lui arriva peu après par câble. Il lui savait gré d'avoir « le plus tôt et le plus sincèrement bénéficié de son estime et de sa confiance[5] » ; il affirmait en outre avoir pris connaissance de ses décrets à propos des réformes à venir. Ne doutant pas qu'elles rendraient la Chine forte, il « s'éteindrait sans regret ». Cixi promulgua un décret officiel et un autre en son nom propre. « Quand j'ai lu la lettre de feu le comte Li, le chagrin m'a submergée[6] », y admit-elle. La veillée funèbre du comte se déroula dans la capitale, où l'on tendit de nombreuses bannières blanches, dans une vaste salle aux murs drapés de blanc. Des pleureurs vêtus d'une grossière toile de jute blanche y défilèrent au son d'une musique plaintive. La famille du comte escorta son cercueil, sur un immense catafalque soutenu par des cohortes de porteurs, jusqu'à son lieu de naissance, à plus de 1 000 kilomètres au sud, dans la province d'Anhui. Cixi ordonna aux représentants des autorités de faciliter le passage de la procession. Des autels et des pavillons de repos furent dressés tout le long du trajet. Sarah Conger affirma que le cortège « surpassa en majesté et en splendeur tout ce que j'aurais pu imaginer d'extraordinaire[7] ». Cixi s'assura que l'on rendait au comte les honneurs qu'il méritait et que l'on s'occupait comme il fallait de sa famille. Surtout, elle rétracta officiellement les critiques à son encontre formulées par le trône.

Cixi occupait alors à Kaifeng, l'une des anciennes capitales de la Chine, un logement digne d'une impératrice. Un mois après l'ultime lettre du défunt comte, elle lui décerna d'autres honneurs encore, à lui et à sa famille, par un décret supplémentaire[8]. À l'évidence, le comte avait beaucoup compté pour elle. Les débuts de leur collaboration remontaient à une quarantaine d'années et, pendant longtemps, il avait été son bras droit – celui qui la comprenait le mieux. Ils avaient beaucoup accompli ensemble, arrachant l'empire à son isolement pour le lancer au cœur du monde. D'un autre côté, tous deux avaient commis des erreurs fatales qui coûtèrent cher à l'empire et les éloignèrent l'un de l'autre. Au fond de son cœur, Cixi ne pardonna jamais au comte son rôle dans la guerre contre le Japon – et le déclin de la Chine. L'attitude de Cixi vis-à-vis des Boxers l'avait quant à lui mis en colère. À la veille de son retour à Pékin, Cixi aurait eu besoin de lui, au moins pour s'éviter d'éventuelles humiliations et se préserver du tort que risquaient de lui porter les Occidentaux (avec lesquels il s'entendait bien). Hésitante, elle s'attarda à Kaifeng – jusqu'à la réception d'un câble du général Yuan Shikai[9], le successeur du comte en tant que vice-roi de Zhili et commissaire impérial du nord de la Chine ; postes que lui avait confiés Cixi en récompense de sa dénonciation du complot contre ses jours en 1898. Ses aptitudes s'étaient depuis révélées à la hauteur de sa loyauté. Il informa Cixi que les armées étrangères ne quitteraient pas Tianjinn tant qu'elle ne retournerait pas à Pékin. Aussitôt, elle partit de Kaifeng.

À Kaifeng, en prévision de son retour à Pékin, Cixi retira son titre à l'héritier présomptif du trône, qu'elle renvoya de la cour[10]. L'on venait d'imputer au père de l'adolescent, le prince Duan, la responsabilité des crimes des Boxers. Comme Cixi avait approuvé sa conduite vis-à-vis d'eux, elle aurait en dernier ressort dû endosser elle-même le blâme. S'estimant de ce fait redevable envers le prince, elle avait jusque-là garanti la position de l'héritier présomptif à la cour – en dépit des dignitaires qui la poussaient à le destituer. Malgré tout, il était évident que cet héritier présomptif ne deviendrait jamais un empereur convenable. Il ne manifestait aucune aptitude à la gestion des affaires de l'État et ne se comportait pas comme un futur monarque. Il ne s'intéressait qu'à ses animaux de compagnie – ses chiens, lapins, pigeons et criquets – et prenait plaisir à jouer des tours pendables. Un jour, il fit tomber son oncle, l'empereur Guangxu, le fils du Ciel, qui s'étala de tout son long par terre. Sa Majesté s'en plaignit d'un ton larmoyant à Cixi, qui ordonna vingt coups de fouet (essentiellement symboliques) à l'héritier présomptif. Les eunuques le tenaient en piètre estime et se moquaient de lui car il se livrait avec eux à des jeux indignes de son rang. Cixi n'en attendit pas moins une année entière avant de révoquer son titre : elle ne voulait pas « couvrir de givre la neige », pour citer un vieux proverbe. Malgré tout, l'heure de prendre des mesures finit par sonner. Le décret de Cixi, sans mentionner un seul défaut du jeune garçon, stipula que lui-même avait demandé qu'on le soulage du fardeau de sa charge, compte tenu de sa situation délicate. Il quitta la cour en tant que prince, avec sa vieille nourrice, pour rejoindre son père en exil.

Le moment vint aussi de dire adieu au chef de comté Woo[11]. Cixi lui accorda un poste dans la province côtière du Guangdong en précisant qu'elle tenait à le placer dans une région prospère car elle savait qu'il ne lui restait plus grand-chose depuis qu'il la servait. Cela sous-entendait qu'il trouverait là-bas des opportunités de s'enrichir. Le détournement de fonds publics constituait à l'époque un mode de vie à part entière. Les Chinois, conscients du problème et du mépris qu'il leur valait de la part des Occidentaux, désespéraient malgré tout d'y remédier. Cixi elle-même eut beau se lancer dans des réformes radicales au fil de son règne, pas une seule fois elle ne tenta de s'y colleter. Elle suivit au contraire la pente générale – contribuant ainsi au maintien de cette déplorable pratique.

Au cours de l'audience où elle essuya ses larmes à maintes reprises, Cixi exprima sa reconnaissance à Woo : dans le besoin, elle avait trouvé en lui un ami et cela l'attristait de prendre congé de lui, tant il allait lui manquer. Le chef de comté, éperdu de gratitude, s'en fut comblé de présents : des taels d'argent et des rouleaux de calligraphies de la main même de l'impératrice douairière.

Woo passa un jour et une nuit complets à planifier en détail la traversée par Cixi du fleuve Jaune après son départ de Kaifeng. Une tempête de neige venait de balayer l'ancienne capitale, la veille du jour où Cixi devait se mettre en route, mais le temps se rétablit avant qu'elle s'en aille et elle traversa en fin de compte le fleuve sans difficulté. Au moment de partir sous les saluts de dignitaires et d'autochtones à genoux, Cixi alla prier sous un dais le long de la rive, où elle rendit hommage au Dieu du fleuve. Elle embarqua ensuite sur un bateau en forme de dragon. La flotte qui l'escortait et qui arborait de vives couleurs vogua vers le nord sur une onde aussi lisse qu'une coulée de verre, à peine troublée par les rames qui en rompaient la surface. Cixi, aux anges, vit dans « l'extraordinaire commodité[12] » du trajet un signe que les dieux la protégeaient – et approuvaient le chemin qu'elle avait choisi. Elle ne s'en montra pas moins généreuse envers les bateliers.

Cixi effectua la dernière étape de son périple de trois mois en train[13] – sur la partie nord de la grande voie ferrée entre Pékin et

Wuhan, à l'histoire presque aussi riche en péripéties que celle de Cixi elle-même. L'année précédente, les Boxers avaient démoli le chemin de fer aux abords de Pékin et incendié un certain nombre de gares. Les envahisseurs étrangers les remirent en état et les cédèrent au gouvernement chinois en offrant par la même occasion à Cixi une voiture impériale. Ce fut donc en grand style que, le 7 janvier 1902, elle parvint à Pékin par les portes sud, jusque là réservées à l'empereur : d'abord la Qianmen, à la tour massive incendiée lors des troubles liés aux Boxers, et rebâtie depuis ; puis, plus au nord, la porte du Grand Qing. Cixi s'arrêta toutefois devant la porte de la Cité interdite pour regagner le harem par l'entrée arrière. Le passage d'une femme par la grande entrée eût constitué un affront si choquant au caractère sacré du monarque que Cixi prit bien soin de ne pas contrevenir à la règle[14].

Sitôt dans l'enceinte de la Cité interdite, Cixi adressa ses prières aux ancêtres de la dynastie Qing. Puis elle prit sans tarder les dispositions nécessaires pour emmener la cour rendre hommage à ceux qui reposaient dans les mausolées orientaux et implorer leur protection. Là, elle aperçut le petit singe apprivoisé d'un dignitaire alors qu'il bondissait sur sa tente. Elle se prit d'affection pour l'animal et s'arrangea pour se le faire offrir. Bientôt, ce singe se mit à sautiller partout vêtu d'un magnifique gilet en soie jaune[15].

Le lendemain de son retour d'exil, Cixi honora surtout la concubine impériale Perle, qu'elle avait ordonné de noyer dans un puits au moment de fuir – une manière pour elle de faire acte de contrition et aussi de présenter des excuses à son fils adoptif, qui lui avait depuis plusieurs années assuré son soutien même en exil. L'hommage de Cixi se voulait peut-être aussi un message aux puissances occidentales, consternées par le sort de Perle[16]. Cixi désirait s'assurer leur bienveillance. Il en allait du sort de la Chine et du sien. Le montant annuel de l'indemnité à rembourser aux puissances variait en fonction des taux de change or il suffirait d'un peu de bonne volonté de la part des anciens ennemis de la Chine pour qu'ils adoptent une méthode de calcul favorable à l'empire. Surtout, Cixi ne parviendrait pas à transformer l'empire sans la coopération amicale de la communauté internationale.

27. Ami, ami avec les Occidentaux (1902-1907)

Cixi rompit avec la tradition lors de son entrée à Pékin en invitant les étrangers au passage de la procession royale[1]. Les diplomates furent conviés dans un édifice qui leur assurerait un excellent point de vue sur le défilé. D'autres se posteraient le long des murailles de la ville. L'un d'eux prit une photo de l'impératrice douairière alors qu'elle descendait de sa chaise à porteurs pour entrer dans une salle. Le cliché la montre en lourde robe brodée ondoyant au vent, se retournant pour saluer, un mouchoir à la main, le photographe, en hauteur par rapport à elle. On n'avait jusque-là rien vu de tel en Chine, mais Cixi savait par les récits de ses compatriotes envoyés à l'étranger que les monarques occidentaux n'hésitaient pas à s'adresser ainsi aux foules.

Vingt jours après son retour, le 27 janvier 1902, Cixi et l'empereur Guangxu reçurent en audience le corps diplomatique. Cixi prit place sur un trône et, cette fois, aucun paravent en soie ne la dissimula. La réception, pour citer Sarah Conger, fut « très digne et marquée par le plus grand respect[2] ». Quelques jours plus tard, Cixi accueillit les familles des diplomates. Le commerce des hommes lui demeurant interdit, Cixi s'efforça surtout de se lier avec les épouses des Occidentaux. « La cour se surpasse en courtoisie », nota Robert Hart, amusé : « L'impératrice douairière reçoit non seulement les épouses des ambassadeurs mais même les *enfants* de la légation[3] ! »

La réception eut lieu sous un ciel dégagé, ne laissant pour une fois présager aucune tempête de sable aveuglante. Avant l'audience, la doyenne des épouses de diplomates, Sarah Conger, une pieuse chrétienne encline au pardon, rassembla ses consœurs pour les prier de faire bonne figure à Cixi. Celle-ci les attendait dans une salle de la Cité interdite, à une longue table pareille à un autel, sur laquelle reposait un sceptre en corail. Elle adressa un sourire de reconnaissance à Sarah Conger, déjà conviée à une précédente réception, trois ans plus tôt, et qui avait depuis subi le siège des légations. Pendant les troubles liés aux Boxers, les États-Unis s'étaient montrés parmi les plus compréhensifs envers la Chine et Cixi. Mrs Conger s'adressa aimablement à Cixi, qui lui répondit sur le même ton, par le truchement du prince Ching : celui-ci lut à genoux auprès du trône le discours qu'elle lui remit en mains propres. Chacune des dames et leurs enfants eurent droit à une présentation à Cixi puis à une sorte de poignée de main. On les présenta ensuite à Guangxu, qui saisit à son tour la main de chaque dame.

À l'issue des présentations officielles, on conduisit les Occidentaux à une autre salle où les attendait une réception informelle. Cixi demanda alors à parler à Sarah Conger, qui relata par la suite : « Elle serra mes mains entre les siennes et l'émotion la déborda. Quand elle parvint de nouveau à contrôler sa voix, elle me dit : "Je regrette et déplore les récents troubles. Ils ont été une grave erreur et la Chine sera dorénavant l'amie des étrangers. Cela ne se reproduira plus. La Chine protégera désormais les étrangers et nous espérons devenir leurs amis à l'avenir." » Cixi livrait là une déclaration sincère en même temps qu'une mise en scène. Au banquet qui suivit eut lieu un rituel de réconciliation. Mrs Conger décrivit ainsi la scène : Cixi « s'empara de son verre de vin et nous en fîmes autant. Elle plaça son verre dans ma main gauche, pressa mes deux mains de manière à ce que nos verres se touchent et s'écria : "unies". Elle prit ensuite mon verre, me laissant le sien, et porta un toast aux convives, qui toutes y répondirent ». Cixi « m'assura encore et encore que des troubles tels que ceux des deux dernières années ne se renouvelleraient pas. La mine posée, réfléchie, elle se montra on ne peut plus attentive au bien-être et au plaisir de ses invités. Rien n'échappe à son regard vif et observateur. Ses traits n'indiquent ni cruauté ni sévérité ; elle s'exprime d'une voix basse, douce et plaisante ; ses gestes aussi sont d'une grande douceur ». À l'évidence, Cixi produisit sur ses invitées l'impression voulue[4].

Elle s'attabla ensuite auprès de ses hôtes ; un événement sans précédent, vu que l'étiquette obligeait en principe ceux qui partageaient le repas de l'impératrice douairière à rester debout. L'entorse de Cixi au protocole lui valut malgré tout quelques déconvenues. À côté d'elle se tenait la « première dame » de la légation britannique, Lady Susan Townley – épouse du premier secrétaire ; le responsable de la légation, Sir Ernest Satow, étant célibataire. Lady Townley était arrivée en Chine au lendemain des émeutes des Boxers, « résolument hostile à la perspective de me retrouver entourée de domestiques chinois – que j'imaginais sales et sentant mauvais, aux mains dégoûtantes[5]* ». Elle se pencha vers Cixi pour la prier de lui offrir le bol dans lequel elle mangeait. Lady Townley savait pourtant bien que l'étiquette défendait au souverain de partager ses plats et que sa requête ne pourrait être perçue que comme une insulte. Plus tard, Cixi confia à une dame d'honneur : « Ces étrangers prennent les Chinois pour des ignares et s'imaginent qu'ils n'ont pas à se tenir aussi bien avec eux que vis-à-vis des Européens[6]. » Cixi n'oubliait toutefois pas que de nombreux Occidentaux la détestaient à cause des Boxers. Elle avala donc l'injure et donna satisfaction à Lady Townley (qui se vanterait par la suite de ce « cadeau exceptionnel »). Cixi continuerait à se montrer aimable envers Lady Townley – à l'entendre : sa « grande favorite » – même après qu'elle eut été surprise en train de chercher à s'approprier des trésors du palais. Un Occidental l'ayant entendue réclamer à Cixi son bol précisa : « À une autre occasion, cette même dame était sur le point d'emporter un objet décoratif d'un cabinet quand une servante lui demanda de le remettre en place : responsable de tout ce qui se trouvait dans la salle, elle eût été punie de sa disparition. » Cixi ne témoigna pas de rancune à Lady Townley parce qu'elle représentait en quelque sorte la Grande-Bretagne, mais peut-être l'impératrice douairière discerna-t-elle aussi une facette plus amène de son caractère. Sur le bateau à vapeur qui la conduisait en Chine, Lady Townley aperçut en effet une petite fille aux pieds bandés et se prit de pitié pour « la pauvre enfant ».

À compter de ce banquet, qui fut pourtant le seul du genre auquel elle participa, Cixi se mit à fréquenter avec assiduité les Occidentales. À l'issue du repas, elle déclara aux épouses des diplomates : « J'espère que nous allons dorénavant souvent nous réunir et qu'en apprenant à mieux nous connaître, nous deviendrons amies. » Comme il était d'usage en Chine d'offrir des cadeaux en signe de bienveillance (surtout s'ils étaient uniques en leur genre), Cixi inonda de présents les Occidentales. Le jour du banquet, elle serra les mains de Sarah Conger entre les siennes et « ôta d'un de

* Elle rectifierait plus tard ses idées reçues : « Maintenant, je les regrette souvent. Si seulement je les avais encore à ma disposition ! On n'imagine pas de serviteurs plus soignés ni plus discrets. Ils ne me causaient pas le moindre souci et ne réclamaient jamais un soir de congé ! »

ses doigts une lourde bague en or sculptée qu'ornait une élégante perle pour la passer à l'un des miens ; elle ôta de ses poignets de magnifiques bracelets qu'elle me remit aussi. À chaque dame, elle offrit des cadeaux de grande valeur. Elle n'oublia pas non plus les enfants ni les interprètes ».

Les diplomates, quant à eux, estimant que Cixi cherchait à s'acheter l'appui de leurs épouses, prièrent la cour de renoncer aux cadeaux. Robert Hart remarqua : « Les audiences se sont si bien déroulées que d'aucuns s'en plaignent et flairent là-dessous un manque de sincérité[7]. » Certains accusèrent de fait Cixi de vouloir « enjôler les étrangers et s'attirer leurs bonnes grâces pour que les puissances la traitent mieux[8] ». Telle était à n'en pas douter l'une de ses raisons d'agir. Mais, comme le dit Sarah Conger : « Ce jour historique ne fera de mal à personne… »

D'autres manifestations de bonne volonté suivirent[9] et notamment des invitations aux mausolées occidentaux et orientaux, au Palais d'été et même à la Cité interdite. Quand un visiteur se rendait à ses appartements, Cixi y plaçait bien en évidence les cadeaux qu'elle tenait de son pays. Le jour où l'épouse de l'ambassadeur russe vint la voir, elle reconnut ainsi des portraits du tsar et de la tsarine de Russie sur une table basse. Lorsqu'elle recevait des Britanniques, ceux-ci remarquaient sur le mur deux gravures de la reine Victoria, en costume de reine sur l'une et, sur l'autre, auprès du prince Albert et de leur descendance, sans compter une boîte à musique et d'autres objets décoratifs encore offerts par la souveraine. Une profusion d'horloges venues d'Europe remplaçait la collection de statues de bouddha en jade blanc et vert de Cixi.

Son entrevue suivante avec les épouses des diplomates parut à Sarah Conger « lourde de sens ». L'impératrice douairière prit l'initiative exceptionnelle d'inviter les Occidentales dans sa chambre à coucher. « Une fois introduites dans l'intimité de Sa Majesté, nous vîmes celle-ci nous désigner d'un air ravi un *k'ang* couvert de riches draperies et coussins, à une extrémité de la longue pièce. » Cixi s'asseyait de préférence sur un *k'ang* – un lit en brique chauffant qui servait aussi de siège. Là, comme par malice, elle offrit à ses invitées d'autres cadeaux encore :

> Sa Majesté prit place sur le *k'ang* et, d'un signe de la main, invita plusieurs d'entre nous à en faire autant. Elle saisit sur l'étagère un petit bébé en jade qu'elle me remit en mains propres et me signifia par

gestes : « Surtout, pas un mot ! » J'emportai chez moi ce petit objet cher à mon cœur, auquel j'attache un grand prix. Il illustrait les bonnes dispositions de l'impératrice douairière et je ne compte pas renoncer à cette idée [...] Je me félicite qu'un aperçu m'ait été donné de la bienveillance de cette femme que le monde a si amèrement condamnée.

D'autres cadeaux allaient encore suivre. Comme Mrs Conger avait un faible pour les pékinois, un « ravissant petit chien noir » parvint à la légation américaine dans « un panier garni d'un coussin en satin rouge » où se trouvait aussi « un harnais en or attaché par un crochet à une longue laisse en soie ». À la naissance de sa petite-fille, Cixi envoya à Mrs Conger « des boîtes garnies de soie jaune contenant deux magnifiques ornements en jade [...] ses premiers présents à un nouveau-né étranger ».

De temps à autre parvenaient aux légations des pivoines en pots ou des orchidées du jardin, des corbeilles de fruits du verger ou des gâteaux et des boules à thé accompagnés des meilleurs vœux de Cixi. Au nouvel an chinois, les familles des diplomates eurent droit à un poisson – symbole de bon augure en raison de son homonymie avec « abondance ». La légation américaine en reçut un gigantesque de près de trois mètres de long qui pesait 164 kilos. À sa façon, typiquement chinoise, Cixi s'efforçait de nouer de bonnes relations avec les Occidentaux. Elle acquit en Sarah Conger une amie de valeur qui facilita sans nul doute ses rapports avec les puissances étrangères. Leur sympathie mutuelle contribua à l'éveil de sentiments favorables à la Chine en Amérique et incita les États-Unis à renoncer à une partie de l'indemnité boxer[10].

Dans le cadre de son offensive de charme, Cixi poussa d'autres Chinoises à se rapprocher des Occidentales. Peu après la première réception de Cixi, Sarah Conger invita des dames de la cour à dîner à la légation américaine[11]. Il faut dire qu'elle semblait alors bien disposée envers les Chinois (« Si, à mon avis, beaucoup laisse à désirer dans leur caractère, j'y trouve par ailleurs de nombreux motifs d'admiration [...] j'aspire réellement à les connaître. J'apprécie les Chinois[12] »). La fille adoptive de Cixi, la princesse impériale, en tête de la liste des onze invitées, lui tint lieu de représentante. « D'apparence quelconque, le maintien digne », elle passait pour « la plus gracieuse des dames de la cour quand il s'agit de faire des courbettes[13] ». Le jour convenu, elle arriva en chaise à porteurs jaune. Les autres princesses en utilisaient des rouges et les dames de moindre rang, des vertes. L'interprète se présenta quant à lui en carriole à mules. Les accompagnaient 481 domestiques, dont 8 eunuques par dame et 60 soldats qui se postèrent à la porte. En Chine, plus quelqu'un tenait un rang élevé, plus il avait de serviteurs. « Quel tableau ! » s'exclama Mrs Conger. La princesse impériale lui transmit les salutations de Cixi, qui « espère que les harmonieuses relations qui se sont aujourd'hui établies entre l'Amérique et la Chine se maintiendront telles quelles ». Lorsque les dames s'en furent, « l'imposante procession passa sous le drapeau américain pour longer les rues où flottait le drapeau au dragon (...) l'itinéraire de la procession fut interdit aux Chinois mais il y en eut des milliers qui se postèrent à quelques pas de là pour jouir du spectacle ».

Peu après, les dames de la cour lancèrent à leur tour une invitation aux étrangères[14]. Mrs Conger s'y rendit accompagnée de près de 100 domestiques, « en accord avec la coutume chinoise ». À partir de là, Chinoises et Occidentales se fréquentèrent régulièrement et devinrent amies. Début 1903, Mrs Conger écrivit à sa fille, qui venait de séjourner auprès d'elle en Chine, un peu plus tôt :

> As-tu remarqué la distance prise par rapport aux antiques coutumes et l'ouverture, petit à petit, des portes closes ? Je le note et m'en félicite [...] les épouses de hauts dignitaires, aussi bien mandchous que chinois, nous ouvrent leurs portes et je les reçois en retour. L'idée que je me formais jusque-là des dames chinoises a beaucoup changé [...] Je m'aperçois qu'elles s'intéressent aux affaires de leur propre pays et à celles d'autres nations. Elles épluchent les édits et lisent les journaux. Parfois, je mentionne devant elles certains événements, curieuse de savoir ce qu'elles en pensent, et je m'aperçois qu'il y a beaucoup de renseignements à tirer d'elles.

Mrs Conger découvrit que « nous partageons beaucoup d'idées communes ». Les Chinoises avaient lu des ouvrages traduits par des missionnaires. Elles aimaient discuter « de la découverte de l'Amérique par Colomb, de l'arrivée des Pèlerins, de nos démêlés avec l'Angleterre, de la sécession des colonies, de notre déclaration d'indépendance... ». Une Chinoise de la cour « s'intéressait vivement au système monétaire du professeur Jenks » – un système que, cette année-là, Jeremiah Jenks, enseignant à l'université de Cornell, recommandait à la Chine d'adopter. L'ambassadeur américain, Edwin H. Conger, ne fut pas moins impressionné que son épouse. Lorsqu'un amiral américain demanda à Mrs Conger : « De quoi parlez-vous entre femmes – de chiffons et de parures ? » Il répondit à sa place : « Pas du tout ! Elles évoquent les troubles en Mandchourie, la politique de l'empire et des tas de choses liées au gouvernement. » Au moins une partie des dames de la cour avait dû suivre les instructions de Cixi et potasser l'actualité : l'impératrice douairière n'ignorait pas que les Occidentaux respectaient les femmes d'esprit et de tête.

Sarah Conger et Cixi se réunissaient fréquemment pour discuter à bâtons rompus[15]. Cixi livra le récit de ses déboires de 1900 à l'Américaine. Elle lui fit part « sur un ton très vivant des péripéties de sa fuite en compagnie de la cour avant d'évoquer les épreuves et les privations subies […] Sa Majesté mentionna beaucoup de choses dont je ne l'aurais pas crue au courant ». Cixi savait aussi écouter : cela l'intéressait « beaucoup de m'entendre décrire la Chine telle que je la percevais ». Lors de leurs retrouvailles après que l'Américaine eut parcouru le pays en long et en large en 1905, celle-ci communiqua ses impressions à l'impératrice douairière : « Les Chinois sont plus à l'affût que jamais encore de nouveautés de l'étranger […] le monde entier pressent l'éclosion d'idées plus larges. » Sarah Conger fit en outre part à Cixi de ce qui comptait beaucoup à ses yeux : ce qu'une Occidentale pouvait penser des considérables réformes mises en train.

Indignée par « les horribles caricatures injustes » de son amie par la presse étrangère, Sarah Conger éprouvait « le désir de plus en plus vif que le monde la voie telle qu'elle est ». Elle accorda des entretiens à des journaux américains auxquels elle décrivit Cixi « comme je l'ai vue à maintes reprises ». Le portrait que l'Américaine brossa de Cixi et leur solide amitié donnèrent une image nouvelle, plus sympathique de l'impératrice douairière, en particulier aux États-Unis. La presse se mit à louer les réformes de Cixi et à en attribuer le mérite à Mrs Conger : « De nombreux changements ont eu lieu grâce à l'influence de Mrs Conger[16]. » « La dirigeante de la Chine américanise son empire[17] », titra une manchette. Bien qu'à contrecœur, les journaux commencèrent à présenter Cixi comme une progressiste. Un dessin humoristique la figura même en posture de combat sous la légende : « Elle interdit que l'on bande les pieds des femmes[18]. » (Ce fut à cet effet que Cixi promulgua l'un de ses premiers édits après son retour à Pékin.) Si Cixi eut meilleure presse en Occident, ce fut en grande partie grâce à Sarah Conger.

Cixi appréciait l'Américaine à laquelle la liait une amitié sincère. En 1905, les Conger durent quitter la Chine à cause d'un changement de poste de Mr Conger. Un titre éclatant fut décerné à

Sarah qui reçut de magnifiques cadeaux d'adieu. Avant de s'en aller, elle prit congé de Cixi au palais et, après les salutations d'usage « l'impératrice douairière et moi, assises l'une auprès de l'autre, avons discuté entre femmes[19] ». « J'allais partir, après lui avoir dit au revoir, quand on me retint un instant. L'interprète de Sa Majesté plaça dans ma main une "pierre porte-bonheur" – en jade de sang, où figurait cette inscription : "Sa Majesté a ôté de sa personne cette pierre porte-bonheur qu'elle souhaite que vous portiez pendant votre long voyage sur les eaux, afin que vous arriviez saine et sauve dans votre honorable pays." » Depuis le début de son règne, Cixi ne s'était pas une seule fois séparée de cette pièce en jade d'apparence banale, transmise d'une génération à l'autre de la dynastie Qing, en guise de talisman protecteur. Il dut lui en coûter de s'en défaire. La spontanéité de son geste atteste en tout cas la sincérité de ses sentiments. Les Conger continuèrent de recevoir de ses nouvelles après leur départ[20].

La volonté de Sarah Conger de redorer l'image de Cixi en Occident lui donna l'idée de commander son portrait à une artiste américaine en vue de l'exposition universelle de Saint Louis, en 1904. Cixi se plia à l'exercice, mais il lui en coûta beaucoup d'un point de vue psychologique. En principe, on ne peignait de portraits en Chine que des ancêtres morts (il existait à côté de cela des aquarelles figurant des scènes de la vie quotidienne) or tout en tordant le cou aux conventions, Cixi restait superstitieuse. Elle n'eut malgré tout pas le cœur de dédaigner l'aimable intention de son amie, qui lui offrait qui plus est une chance d'amender sa réputation.

Recommandée à Cixi, Katharine Carl, dont le frère travaillait aux douanes chinoises, arriva à la cour en août 1903. Cixi n'avait alors promis de lui accorder qu'une seule séance de pose. Elle s'y rendit, le jour convenu, aussi magnifiquement parée qu'il convenait à une impératrice douairière de Chine. Sur sa robe en brocart jaune impérial se détachaient des glycines en perles. À un bouton sur son épaule droite pendait une rangée de 18 grosses perles séparées par des bijoux en jade, et un énorme rubis dont dépassaient des glands de soie jaune piriformes. Sous un bras, Cixi tenait un mouchoir en soie brodé bleu pâle et, sous l'autre, un sachet odoriférant aux longs glands en soie noire. Des bijoux en tous genres et de grandes fleurs cueillies de frais ornaient sa coiffure. Des bracelets et des bagues garnissaient ses mains et ses poignets et, comme si la place lui manquait pour exhiber d'autres parures, des protège-ongles incrustés de pierres précieuses lui couvraient deux doigts de chaque main. Cixi n'avait pas négligé ses pieds : de petites perles décoraient toute la surface de ses souliers en satin brodé à bouts carrés, dont seules les semelles de plusieurs centimètres de haut n'arboraient aucun ornement. En dépit de l'inconfort de telles chaussures, Cixi avança d'un pas vif en direction de Miss Carl et lui demanda où placer le trône du double dragon où elle s'installerait. La portraitiste s'attela à l'ouvrage, dans une salle où elle ne dénombra pas moins de 85 horloges tictaquant et carillonnant, alors que son modèle « fixait » sur elle « son regard perçant[21] ».

Du premier coup d'œil, Cixi comprit qu'elle avait affaire à une jeune femme franche et directe à la forte personnalité. Miss Carl plut à l'impératrice douairière. À l'issue de sa première session de travail, relata-t-elle, Cixi me « demanda, en me regardant droit dans les yeux, si cela m'ennuierait de rester quelques jours de plus au palais, pour qu'elle m'accorde d'autres séances de pose à loisir ». L'artiste qui n'avait pas tardé à se prendre d'affection pour Cixi s'en réjouit. « Cette première audience et ce que j'y vis dissipa l'impression laissée par les récits qui couraient sur la haine de Sa Majesté envers les étrangers. Il me sembla que même l'actrice la plus consommée ne pourrait ainsi dissimuler sa personnalité. »

Carl demeura en tout près d'un an en Chine. Par son intermédiaire, Cixi laissa pénétrer le monde extérieur dans la cour chinoise nimbée de mystère. L'impératrice douairière appréciait la compagnie de la portraitiste établie au palais. Celle-ci voyait presque chaque jour Cixi et fréquentait avec assiduité la cour. Sensible et observatrice, elle devint étonnamment proche de Cixi. Elle ne tarda pas à prendre la mesure de son imposante autorité : à la cour, on traitait son portrait avec le « respect d'un pieux officiant envers les saintes huiles ». Même les outils de travail de l'artiste furent investis d'un caractère quasi sacré : « Quand la lassitude gagnait Sa Majesté et qu'elle mettait fin à une séance, l'eunuque me prenait des mains mes pinceaux et ma palette, ôtait le portrait du chevalet et le remisait avec déférence dans la salle réservée à cet effet. » Il prenait alors soin de placer le matériel de Miss Carl dans de grandes boîtes plates fabriquées sur mesure avant de les fermer à l'aide d'une clé qu'il remettait à l'eunuque en chef.

Katharine Carl eut un aperçu de l'habileté de Cixi à obtenir gain de cause quand celle-ci lui présenta humblement ses exigences d'un air de réclamer une faveur. « Elle prit ma main dans la sienne et, sur un ton presque suppliant, me dit : "Il reste quelques finitions à peaufiner. Vous y veillerez, n'est-ce pas ?" » On eût dit que Cixi s'excusait de lui en demander autant : « Je vous donne bien du fil à retordre, vous êtes fort aimable. » L'une des requêtes que Cixi formula sur le ton le plus hésitant et le plus soucieux concernait la date à laquelle Miss Carl terminerait son portrait. Il fallait choisir un jour propice : l'artiste ne pouvait pas achever son œuvre quand cela lui chanterait. On consulta les almanachs et Miss Carl accepta de bonne grâce de donner le dernier coup de pinceau à son tableau le 19 avril 1904 à 16 heures. Cixi en parut immensément soulagée.

La passion de Cixi pour ses jardins marqua Katharine Carl : « Même accablée de soucis ou épuisée, elle semblait trouver une consolation dans les fleurs ! Elle en approchait une de son nez, humait son parfum et la caressait comme un être doué de sentiment. Elle s'attardait parfois à placer sous un meilleur jour l'une des fleurs dont ses appartements étaient remplis ou changeait la disposition d'une jardinière pour faire bénéficier une plante d'une lumière plus favorable. »

La portraitiste de Cixi partageait sa passion pour les chiens. L'impératrice douairière disposait d'un luxueux chenil où Katharine Carl se rendait souvent. Cixi le remarqua et lui offrit un animal de compagnie rien qu'à elle. Un jour, « on amena à l'impératrice douairière de jeunes chiots. Elle caressa leur mère et les examina d'un œil expert. Puis elle me fit appeler pour me les montrer et me demanda lequel je préférais [...] elle attira mon attention sur leurs caractéristiques et insista pour que je les prenne dans mes bras tour à tour. » Comme l'Américaine n'osait pas lui obéir, Cixi lui fit remettre « un beau pékinois blanc et ambre ». C'était justement le préféré de l'artiste, celui auquel elle s'était le plus intéressée lors de sa visite du chenil. Cixi avait à l'évidence veillé à se renseigner.

Katharine Carl eut, à titre personnel, en tant que femme, un aperçu de la prévenance de Cixi, un soir de promenade. « Comme le jour diminuait et que je n'étais pas fort vêtue, Sa Majesté pensa que j'avais froid. Voyant que je n'avais rien à me mettre sur le dos, elle demanda à l'eunuque en chef de m'apporter un châle à elle. Il remit à Sa Majesté l'un de ceux qu'elle avait coutume d'emporter à ces occasions-là et elle le drapa sur mes épaules. Elle me pria de le garder et de prendre mieux soin de moi à l'avenir. » À l'approche de l'hiver, Cixi se fit apporter par une femme de chambre l'une des robes de l'artiste confectionnées sur mesure en Europe et demanda aux couturiers du palais d'en réaliser une identique en soie matelassée. Elle offrit à Katharine Carl une longue écharpe à nouer sur le côté, qui, à l'en croire, ajoutait à l'élégance de sa tenue. Lorsque le froid s'intensifia, Cixi commanda pour sa portraitiste un long vêtement doublé de fourrure de style mi-chinois, mi-européen, qui lui parut aussi ravissant que confortable et qu'elle adopta comme tenue de travail. L'impératrice douairière lui choisit enfin un chapeau noir qui, à l'entendre, s'harmoniserait parfaitement avec le blond de sa chevelure, et dont la forme soulignerait sa personnalité marquée.

Cixi offrit ces tenues chinoises à Carl avec le plus grand tact, se doutant bien que l'Américaine n'apprécierait pas forcément un costume étranger. Cixi ne portait quant à elle que des habits conformes à son ethnie. Il n'y eut qu'une époque de sa vie où elle ne se vêtit pas à la façon mandchoue : lorsque, en fuite, elle dut se contenter des effets de l'une ou l'autre parente du chef de comté Woo, de l'ethnie han. Cixi crut bon de préciser à l'artiste qu'elle lui offrait de nouvelles tenues pour de simples raisons pratiques, sans violenter sa personnalité. Cixi donna une autre preuve de sa délicatesse lors de la garden-party où elle convia les épouses des diplomates, en s'arrangeant pour que Katharine Carl aille rejoindre Mrs Conger hors du palais avant d'y entrer en même temps que les dames de la délégation américaine – au cas où cela eût gêné l'artiste qu'on la crût membre de l'entourage de l'impératrice douairière. Quand elle se promenait dans ses jardins, Cixi cueillait des fleurs et les plaçait derrière l'oreille de sa portraitiste en témoignage de leur intimité afin de « garantir » à Katharine Carl « un traitement égal de la part des dames de compagnie et des eunuques ». Cixi veillait en outre à ne pas oublier l'Américaine à l'heure de se divertir : à la saison des cerfs-volants, par exemple, quand, au printemps, les dignitaires et les lettrés s'amusaient à courir en tous sens comme des enfants. L'impératrice douairière était accoutumée à lancer le premier cerf-volant de l'année. Le jour convenu, Cixi invita Katharine Carl au jardin et, une fois la ficelle du cerf-volant dévidée d'un geste expert, elle lui proposa de lui apprendre à en diriger un.

Cixi traitait Miss Carl en amie. Elles avaient beaucoup en commun. Nul n'appréciait les jardins de Cixi mieux que l'Américaine : « Le plaisir exquis que me procurait la contemplation de ce glorieux spectacle me faisait frémir de joie. » Elles riaient ensemble de bon cœur. Un jour, Cixi alla jeter un coup d'œil à ses chrysanthèmes en fleurs pendant que Katharine Carl peignait. À son retour, l'impératrice douairière en apporta une nouvelle variété à l'artiste et lui dit : « Je vous offrirai quelque chose de ravissant si vous devinez quel nom j'ai donné à cette fleur. » Les pétales de la plante, semblables à des cheveux, évoquèrent à l'Américaine le crâne dégarni d'un vieil homme. Ravie, Cixi s'exclama : « Vous avez deviné ! Je l'ai baptisée : le vieil homme de la montagne ! » Une intimité assez libre s'établit entre les deux femmes. À l'occasion d'une garden-party, Cixi examina la robe grise de l'artiste et y accrocha une pivoine rose prélevée dans un vase, en précisant qu'une touche de couleur lui siérait à merveille. Les deux femmes parlaient en outre chiffons. Cixi louait les modes européennes aux « couleurs charmantes ». Selon elle, « le costume étranger convient aux personnes bien faites et bien proportionnées mais il dessert celles envers qui la nature n'a pas été aussi généreuse ». Le costume mandchou, en revanche, « qui tombe droit des épaules, va mieux aux personnes corpulentes, car il dissimule bien des défauts ». (L'impératrice douairière s'abstint de critiquer devant l'Américaine les corsets à l'occidentale. Il paraît cependant qu'elle répondit, à une dame de sa cour ayant vécu à l'étranger et qui lui parlait avec quelque exagération de cet accessoire : « C'est vraiment pathétique, ce qu'endurent les étrangères. Des baguettes d'acier les compriment, au point qu'elles parviennent tout juste à respirer. Lamentable ! Lamentable[22] ! »)

Katharine Carl, qui passa près d'un an dans l'entourage de Cixi, la voyant presque tous les jours, en vint « à vraiment l'aimer », or Cixi le lui rendit bien. Elle invita l'Américaine à prolonger son séjour aussi longtemps qu'elle le souhaiterait et lui proposa de réaliser le portrait d'autres dames de la cour – et pourquoi pas, de passer le reste de sa vie à Pékin. Katharine Carl refusa toutefois poliment, convaincue que « le monde m'appelle au-delà des grilles du palais ».

Son portrait de Cixi ne fut pas une grande réussite. Selon la tradition chinoise, un visage où sont projetées des ombres – un « visage Yin-Yang » – indique une nature ambiguë, une propension à la trahison. De fortes pressions furent exercées sur Miss Carl – certes avec tact – pour qu'elle aplanît le visage de Cixi. « Quand je compris que je devais représenter Sa Majesté en respectant les conventions qui allaient cependant banaliser sa personnalité au charme extraordinaire, le vif enthousiasme qui m'avait saisie au moment d'entreprendre son portrait m'abandonna, mon cœur se serra et je me rebellai plus d'une fois en mon for intérieur avant de m'incliner face à l'inévitable. » Miss Carl relata son expérience dans un livre intitulé *With the Empress Dowager*, publié en 1906, où elle brossa de Cixi un portrait mémorable. L'impératrice douairière s'était fait une amie fidèle de plus parmi les Occidentales.

Après l'exposition universelle de Saint Louis, le tableau de Katharine Carl fut offert au gouvernement américain. Dans la salle bleue de la Maison-Blanche, le 18 février 1905, l'ambassadeur chinois à Washington déclara au président Theodore Roosevelt et au reste de l'assistance que l'impératrice douairière voulait ainsi témoigner à l'Amérique « son souci durable du bien-être et de la prospérité du peuple américain » ainsi que la reconnaissance que lui inspirait l'amitié des États-Unis envers la Chine[23]. Le président Roosevelt accepta le portrait « au nom du gouvernement et du peuple des États-Unis » en déclarant : « Il me semble bon de maintenir et de renforcer cette amitié mutuelle par tous les moyens à notre disposition, que ce soit dans le vaste domaine des relations internationales ou lors d'agréables occasions comme celle qui nous réunit aujourd'hui. » Le portrait, ajouta-t-il, « ira au Musée national où il rappellera encore longtemps la bonne volonté qui rapproche nos deux pays et le vif intérêt que chacun porte au bien-être et au progrès de l'autre ».

Une troisième femme joua un rôle dans les tentatives de rapprochement avec l'Occident de Cixi, dont elle devint l'intime à partir de 1903. Elle se nommait Louisa Pierson, fille d'un commerçant américain d'origine bostonienne établi à Shanghai et de son épouse chinoise[24]. À l'époque, dans les années 1870, les enfants issus des liaisons entre Occidentaux et Asiatiques, aussi banales qu'elles fussent, s'attiraient un mépris unanime. Robert Hart entretenait une Chinoise avec laquelle il vécut de nombreuses années[25] et qu'il congédia pour épouser une Britannique. Il envoya leurs trois enfants en Angleterre[26] aux bons soins de l'épouse d'un comptable. Ni leur père ni leur mère ne les reverraient plus. On jugea de telles dispositions « d'une extrême générosité, quasi chevaleresques », les étrangers abandonnant en général leurs enfants de sang mêlé. On ne sait quel traitement le père de Louisa Pierson, mort à Shanghai, lui réserva, mais un dignitaire chinois atypique, Yu Keng, la prit pour épouse légitime et non pour simple concubine qu'il se fût contenté d'entretenir. Leur liaison ne fut cependant pas facile. Les Chinois qualifiaient Louisa de « quasi diablesse d'étrangère » (*qui-zi-liu*) et la communauté occidentale la dédaignait. Le couple n'en vécut pas moins heureux, sans mauvaise honte ni besoin de se justifier. Ils eurent d'ailleurs plusieurs enfants. À contrecœur, Hart reconnut qu'ils « se sont mariés, je crois, par amour », et nota : « La famille Yu Keng n'est bien vue nulle part, le père dispose malgré tout de puissants appuis – j'ignore pourquoi[27]. »

Le soutien dont il bénéficiait lui venait de personnes libres de préjugés comme Cixi. Yu Keng avait dû gérer au service du vice-roi Zhang les conflits entre les missions chrétiennes et les habitants des provinces. Louisa Pierson, bilingue et donc en mesure de s'adresser aux Chinois comme aux Occidentaux, contribua à dissiper les malentendus et à surmonter les différends. Le vice-roi Zhang tenait en haute estime le couple, qu'il recommanda à Pékin. Yu reçut une rapide promotion, d'abord au poste d'ambassadeur au Japon, puis en France. En dépit des grommellements de Hart (« cette nomination ne me plaît pas ! »), Yu Keng et Louisa Pierson se rendirent en Europe avec leurs « turbulents enfants anglophones ».

À Paris, la famille mena une vie cosmopolite. À en croire la presse occidentale fascinée par le couple : « Louisa Pierson parle le français et l'anglais à la perfection, avec un léger nasillement qui rappelle l'accent de Boston, et un je ne sais quoi d'indéfinissable, à coup sûr typiquement chinois. C'est une artiste exceptionnelle, qui peint sur soie à la manière des anciens maîtres chinois avec une habileté et une sûreté de métier qui laissent les peintres français bouche bée d'admiration[28]. » Elle « préside aux réceptions de l'ambassade avec on ne peut plus de charme et de raffinement[29] ». À un bal costumé donné par le couple à l'occasion du nouvel an chinois, en 1901, l'un de leurs fils, Hsingling, campa un Napoléon plutôt convaincant[30]. Catholique, il épousa dans une église parisienne une Française professeur de piano. L'ambassadeur américain en France, le général Horace Porter, assista à la noce. Le fiancé revêtit pour l'occasion une tenue bleu ciel de style mandchou aux boutons en corail rouge. La presse en fit ses choux gras et qualifia cet événement « sans précédent » de « mariage le plus pittoresque et le plus intéressant qu'on ait récemment vu ici[31] ». (Le couple se désunit peu après son installation en Chine.) À en croire le *New York Times*, les deux filles, Der Ling et Rongling, « adorables, s'habillent à l'européenne avec une élégance agrémentée d'un certain charme oriental qui leur attache tous les regards dès qu'elles entrent dans un salon[32] ». Louisa et son mari accordèrent à leurs filles la liberté, inédite en ce temps-là, de profiter au maximum de Paris. Elles y fréquentèrent le monde et les théâtres (où Sarah Bernhardt les subjugua) et prirent des leçons de danse auprès de la célèbre Isadora Duncan. Il leur arrivait d'ailleurs de danser aux fêtes de leurs parents y compris aux bras d'étrangers. Le style de vie de la famille, qui ne s'offusquait pas de voir un Français baiser la main de Louisa, par exemple, suscita autant d'indignation que de rancœur : des dignitaires en mission à l'étranger s'en outragèrent et s'en plaignirent au trône.

Cixi n'en appréciait pas moins leur façon de faire et il lui tardait qu'ils retournent en Chine. Une fois terminée la mission de Yu Keng, la famille regagna Pékin, début 1903, après un périple mouvementé dans les principales villes d'Europe. Aussitôt, Cixi invita Louisa Pierson et ses filles au palais en qualité de dames de compagnie, leur assurant la prééminence sur bien des dames de la cour. Les filles, qui parlaient toutes deux anglais et français, servaient d'interprètes à Cixi, dont les contacts avec des Occidentales se multipliaient alors. Lorsque Cixi apprit que la plus jeune, Rongling, avait étudié la musique et la danse à Paris, elle s'enthousiasma. Estimant dommage que la danse chinoise ait quasiment disparu, elle essayait jusque-là sans succès de trouver quelqu'un qui se livrerait à des recherches dans les archives de la cour pour lui redonner vie. « Rongling s'en chargera[33] », décréta l'impératrice douairière. Et voilà comment la jeune fille se lança dans une carrière qui assurerait sa réputation de « Première dame de la danse moderne en Chine ». À l'instigation de Cixi, elle étudia des danses aussi bien populaires que de cour. Elle y mêla des pas de ballet occidentaux et mit au point des chorégraphies qu'elle interpréta devant une Cixi absolument ravie. Un orchestre à l'occidentale créé par le général Yuan l'accompagnait, en plus de l'ensemble musical de la cour.

Ce fut Louisa Pierson qui sut se rendre la plus utile à Cixi parmi tous ceux que celle-ci consulta au sujet du monde extérieur. Disposant enfin auprès d'elle de quelqu'un qui connaissait personnellement l'Europe et le Japon et dont elle respectait l'opinion, Cixi se mit à solliciter ses conseils presque au quotidien. Une interprète de la cour, ayant vécu en Allemagne avec son père, attaché à la mission chinoise, qualifia un beau jour devant Cixi la cour allemande de « très simple[34] ». Soucieuse de juger par comparaison du faste de sa propre cour, Cixi se tourna vers Louisa, qui, bien qu'elle n'eût pas visité de palais allemands, avait cru comprendre que ceux-ci ne laissaient pas d'en imposer et parvint donc à rassurer Cixi. Intelligente et douée, Louisa Pierson ne se contentait pas d'informer ou de conseiller Cixi en matière d'étiquette diplomatique. La politique internationale aussi était de son ressort. Lorsque le Japon et la Russie manquèrent de peu entrer en guerre en Mandchourie, fin 1903, Cixi s'entretint à maintes reprises du Japon avec Louisa, où son mari avait été en poste. Un jour, l'épouse de l'ambassadeur japonais, Uchida Kosai, demanda à rendre visite à Cixi, qui l'appréciait beaucoup et lui avait même offert un chiot pékinois, comme à Mrs Conger, dans l'intention, bien entendu, de s'attirer les bonnes grâces de Tokyo. Cixi se douta bien qu'une telle requête obéissait à un motif politique et que Tokyo voulait la sonder. Elle rechignait cependant à abattre son jeu. Louisa Pierson décida Cixi à recourir à Rongling en tant qu'interprète : sur instruction de sa mère, celle-ci prit soin de transformer les questions insidieuses aux sous-entendus politiques de la Japonaise en un innocent bavardage[35]. Louisa se rendit si indispensable à Cixi que lorsqu'il lui arrivait de s'absenter, au chevet de son mari malade, Cixi la pressait, certes avec tact, de revenir au plus vite. Ce fut à contrecœur que Cixi se résigna malgré tout à ce que Louisa quitte pour de bon la cour lorsque l'état de santé de son mari s'aggrava – il ne tarderait plus à mourir – en 1907.

28. La révolution de Cixi (1902-1908)

Sa révolution, Cixi l'accomplit en sept ans : à partir de son retour à Pékin, début 1902, jusqu'à sa mort, fin 1908. Des changements à marquer d'une pierre blanche se succédèrent pendant ces sept années décisives, où la Chine franchit d'un pas décidé le seuil de la modernité. La modernisation de l'empire lui permit de multiplier par un peu plus de deux ses recettes annuelles, qui passèrent d'à peine plus de 100 à 235 millions de taels[1]. L'augmentation des rentrées d'argent permit à son tour de financer d'autres réformes radicales, progressistes et humanistes, améliorant les conditions de vie du peuple, éradiquant peu à peu la barbarie médiévale. Sous l'autorité mesurée de Cixi, la société chinoise subit des transformations de fond en comble qui lui bénéficièrent, au prix d'un minimum de perturbations, sans que le sang ne coule ni que l'on ne touche à ses racines.

L'un des premiers décrets révolutionnaires de Cixi, proclamé le 1er février 1902, leva l'interdiction qui pesait depuis les débuts de la dynastie Qing sur les unions entre Hans et Mandchous qui, dans une société centrée sur la famille, se traduisait par une quasi-absence de relations entre les deux groupes ethniques. Ainsi, certaines familles de fonctionnaires qui travaillaient chaque jour ensemble ne se fréquentaient pas. La médecin américaine Mrs Headland a laissé le récit d'une entrevue chez elle entre deux princesses mandchoues et la petite-fille d'un Grand Conseiller han : à l'en croire, les inciter à discuter ensemble revenait un peu à « incorporer de l'eau à l'huile[2] ». La ségrégation entre Hans et Mandchous n'aurait bientôt plus lieu d'être.

Le même décret mit un terme à la coutume des Hans de bander les pieds des petites filles car elle leur « cause du tort et contrevient aux intentions de la Nature[3] » – un argument fondé sur le profond respect de l'œuvre de la Nature. Consciente qu'une tradition vieille d'un bon millier d'années ne disparaîtrait pas sans que se manifeste une résistance au changement, qui risquait de provoquer de violents heurts, Cixi ordonna l'application de son décret avec sa prudence habituelle. Elle pria les meneurs du petit peuple de communiquer son message à un foyer après l'autre en usant de persuasion et en montrant l'exemple, et prit soin d'interdire le recours à la coercition brutale. Ce n'était pas le genre de Cixi d'imposer par la violence des changements radicaux ; elle aimait mieux les amener petit à petit à force de persévérance. Quand son amie américaine Sarah Conger lui demanda si son édit prendrait aussitôt effet dans tout l'empire, elle répondit : « Non, les Chinois avancent lentement. Nos coutumes sont si fortement implantées qu'il faut beaucoup de temps pour les modifier[4]. » Cixi était prête à attendre. Sa volonté de n'imposer que progressivement des changements explique que nombre de jeunes filles (dont la grand-mère de l'auteur) aient encore eu les pieds bandés une dizaine d'années plus tard. Leur génération fut tout de même la dernière soumise à une telle torture.

Par la persuasion et la publicité plus que par la contrainte, là encore, Cixi entreprit de libérer les femmes de leurs foyers en supprimant la ségrégation entre les sexes, pilier de la tradition confucéenne. Bientôt, des femmes se montrèrent en public et se rendirent au théâtre ou au cinéma, goûtant à des plaisirs dont elles n'eussent jusque-là pas même rêvé. Cixi se fit l'avocate de l'éducation des femmes[5], incitant à maintes reprises les vice-rois, les hauts dignitaires et les aristocrates à montrer l'exemple par la fondation d'écoles pour filles. Cixi elle-même finança sur ses fonds personnels la création d'un établissement pour les filles de l'aristocratie. Elle en nomma directrice sa fille adoptive, la princesse impériale. Cixi projetait en outre d'ouvrir aux femmes un institut d'enseignement supérieur. Elle y attira des étudiantes en leur décernant en guise d'honneur le titre d'« élève personnelle de l'impératrice douairière ». En 1905, une certaine Mme Huixing, qui souhaitait ouvrir une école pour filles, s'immola (une manière traditionnelle et pas si exceptionnelle que cela d'attirer l'attention sur une cause) de manière à récolter des fonds. La presse chinoise, florissante à l'époque, fit d'elle une héroïne de la nation. Hommes et femmes assistèrent en foule à ses funérailles et l'on écrivit un opéra de Pékin en son honneur. Cixi lui assura son plein soutien en sélectionnant une distribution des plus prestigieuses pour la création de l'œuvre au Palais d'été. Elle fit représenter à la même occasion une pièce intitulée : *Les femmes peuvent être patriotes* – visant à éveiller la conscience politique des femmes. Au printemps 1907, un décret rendit obligatoire l'instruction des femmes.

Le vice-roi Duanfang, ancien gouverneur du Xian, dont les idées réformistes et le savoir-faire avaient impressionné Cixi en exil, devint un ardent partisan de l'instruction des femmes. Étoile montante de la politique, il occupait des postes clés dans la vallée du Yangzi Jiang et mit sur pied de nombreux projets de modernisation en créant par exemple une école maternelle[6]. Ce fut lui qui décida d'envoyer à l'étranger un premier contingent d'étudiantes chinoises, en 1905. Elles suivirent d'abord une formation d'enseignantes au Japon avant de se rendre aux États-Unis. Des bourses d'État permirent de s'inscrire au College Wesleyen de Macon (en Georgie) plusieurs adolescentes, dont une certaine Song Qinglin (Qingling), qui allait plus tard épouser Sun Yat-sen et devenir présidente honoraire de la Chine communiste[7]. Sa sœur cadette Meiling, la future Mme Chiang Kaï-chek, Première dame de la Chine nationaliste, sortirait quant à elle diplômée du Wellesley College du Massachusetts.

Beaucoup de femmes qui allaient par la suite occuper le devant de la scène bénéficièrent des opportunités mises en place par Cixi. Ce fut le cas de la première rédactrice en chef d'un journal d'importance, le *Ta Kung Pao*, fondé en 1904[8]. À ce titre, elle attira auprès d'elle des hordes de jeunes admirateurs. D'autres femmes instruites créèrent en tout une trentaine d'organes de presse encourageant la libération des femmes[9]. L'un d'eux était, semble-t-il, le seul et unique quotidien au monde, à l'époque, destiné aux femmes (il ne connut toutefois qu'une brève existence[10]).

Dans les années 1900, l'expression de « droits des femmes » – *nü-quan* – connut une grande popularité en Chine. Un pamphlet retentissant affirma, dès 1903 : « Au XXe siècle aura lieu une révolution des droits des femmes[11]. » L'émancipation des femmes venait de commencer dans une civilisation qui leur réservait jusque-là un traitement d'une cruauté sans pareille.

Une autre composante clé de la société chinoise, le système éducatif traditionnel assurant la sélection de l'élite au pouvoir, disparut à son tour. Cixi comptait s'attaquer depuis plusieurs années à cet obstacle à la modernisation de l'empire – et de la pensée chinoise. Entre-temps, elle avait peu à peu mis au point un système éducatif parallèle – et d'autres voies d'accès à une carrière au sein du gouvernement ou dans le secteur privé. Ceci explique que le dernier coup porté en 1905 à ce qui tenait lieu de pilier, depuis plus d'un millier d'années, à l'infrastructure politique chinoise provoqua son effondrement. Le nouveau système éducatif s'inspirait de modèles occidentaux et englobait tout un éventail de matières jusque-là inédites ; les classiques chinois restant malgré tout au programme. Cette même année 1905, Sarah Conger visita une nouvelle école, dont certains professeurs parlaient anglais et dont les élèves en uniforme se réunissaient dans des salles de classe, une bibliothèque et des terrains de sport à l'européenne. Émerveillée, elle se demanda : « À quoi ressemblera l'avenir de la Chine, lorsque ces centaines et centaines de jeunes gens instruits se répandront en tant que ferments parmi l'immense population[12] ? » Trois ans plus tard, ce genre d'écoles, certes pas toutes aussi bien équipées, se comptaient par dizaines de milliers[13].

Pour inciter de jeunes gens à étudier à l'étranger, on leur offrit des bourses ou on leur garantit un poste en vue à leur retour, une fois nantis des qualifications souhaitées[14]. Au début, beaucoup rechignèrent à partir, en particulier les fils des familles de l'élite, qui n'imaginaient pas se passer des hordes de serviteurs à leurs ordres. Ceux qui aspiraient à une place officielle reçurent pour consigne, si ce n'est d'étudier, du moins de voyager à l'étranger et, à partir de 1903, une loi les obligea à passer plusieurs mois hors de Chine. Un édit de Cixi ordonna en outre aux dignitaires déjà en fonction de se rendre à l'étranger ; ce qui, selon elle, ne comportait « que des avantages et aucun inconvénient ». Le nombre d'étudiants chinois à l'étranger grimpa en flèche. Rien qu'au Japon, à l'aube du XXe siècle, on les estimait à pas loin de 10 000[15].

L'avènement d'un nouveau mode de pensée incita les jeunes Hans instruits à la façon moderne à remettre en question, voire à rejeter le joug mandchou. Ils se mirent à publier des diatribes telles que : « Les Mandchous ne sont que des étrangers ayant envahi la Chine, or ils nous dominent, nous les Hans, depuis deux cent soixante ans ! Ils nous ont conquis en nous massacrant et ont causé des catastrophes dont nous-mêmes avons dû payer le prix ! Ils nous obligent à porter une natte qui fait de nous la risée de Londres et de Tokyo. » Après une liste de doléances venait l'inévitable cri de bataille : « Débarrassons-nous des Mandchous ! La Chine aux Hans ! » En 1903, un essai résolument hostile aux Mandchous, *L'Armée révolutionnaire*, œuvre d'une certain Zou Rong, parut dans un journal de Shanghai[16]. Il traitait Cixi de « catin » et prônait avec véhémence le renversement du gouvernement mandchou. « Expulsons tous les Mandchous qui vivent en Chine ou tuons-les pour nous venger ! » y lisait-on, ou encore : « À mort, l'empereur mandchou ! » Cet essai mit en rage les dignitaires mandchous, y compris les réformateurs à l'esprit le plus ouvert, et Cixi elle-même. D'après le code pénal des Qing, de telles incitations, équivalant à un crime de haute trahison, valaient en principe à leurs auteurs une mort des plus douloureuses. Même le vice-roi Duanfang, réformateur convaincu mais mandchou, réclama l'extradition de l'auteur (à Shanghai, un port de traité, avaient cours les lois occidentales) et son emprisonnement à vie, à défaut de son exécution. Les autorités de Shanghai refusèrent l'extradition de Zou qu'un jury, en majorité occidental, jugea *in situ*. Un avocat représenta le gouvernement chinois lors du procès. L'application d'une loi occidentale punissant la sédition au moyen d'écrits et non d'actes lui valut, à la mi 1904, une peine d'incarcération de deux ans, assortie de travaux pénibles, dans une prison à l'occidentale. Quant au journal, il fut interdit.

Cette *cause célèbre** servit de leçon à tous. Les pamphlétaires les plus extrémistes estimèrent nécessaire de modérer leurs propos. Bien qu'à la différence de la plupart des prisons chinoises, celle de Shanghai ne fût pas un trou-à-rats, il n'était pas très plaisant d'y séjourner et Zou, insomniaque et en mauvaise santé, y mourut en moins d'un an. L'affaire donna beaucoup à penser à Cixi. La voilà confrontée à un nouveau défi : comment réagir aux propos sacrilèges jusque-là inconcevables que publiait la presse alors en pleine expansion ? Les assimiler à une trahison et les punir selon les anciennes lois eût équivalu à tourner le dos à la marche du progrès. Cixi s'y refusa et n'écouta pas non plus ceux qui lui conseillaient des représailles ou de ne plus envoyer d'étudiants à l'étranger, de crainte qu'ils ne s'y laissent contaminer par des idées dissidentes[17]. Elle décida en revanche de réguler la presse à l'aide de lois inspirées de celles en vigueur en Occident et au Japon – et qu'elle promulgua graduellement. À l'aube du XXe siècle, le nombre de journaux et revues en langue chinoise explosa. Des centaines de titres virent le jour dans plus d'une soixantaine de villes de l'empire[18]. N'importe qui pouvait fonder un organe de presse, à condition d'en avoir les moyens, et nul n'était en droit de le réduire au silence. Le journal le plus influent de Tianjin, le *Ta Kung Pao*, attaqua sans pitié le

* En français dans le texte. [*N.d.T.*]

général Yuan, vice-roi du Zhili, alors en poste dans la ville, or il ne put rien y faire hormis ordonner aux employés du gouvernement de ne pas acheter le quotidien et, à la poste, de ne pas le livrer[19]. En vain, d'ailleurs, vu qu'il ne parvint ainsi qu'à en augmenter le tirage. La tolérance de Cixi vis-à-vis des attaques dont son gouvernement et elle-même firent l'objet et sa volonté de laisser s'exprimer divers points de vue n'ont pas eu d'exemple chez ses prédécesseurs – ni de postérité chez ses successeurs.

En plus de concéder aux Chinois des libertés jusque-là inconcevables, Cixi entreprit de révolutionner le système juridique de l'empire. En mai 1902, elle ordonna la révision de « toutes les lois existantes [...] comparativement aux lois des autres nations [...] afin de s'assurer de la compatibilité des lois chinoises avec celles des pays étrangers[20] ». Une équipe de réformateurs juridiques chapeautée par Shen Jiaben, un homme d'une intelligence remarquable, excellent connaisseur des lois traditionnelles et qui avait étudié le droit occidental, mit au point, en moins de dix ans, un ensemble de codes commerciaux, civils et de procédure pénale flambant neufs inspirés de modèles occidentaux. Non contente d'approuver les recommandations de l'équipe, Cixi décréta elle-même de nombreux changements qui firent date. Le 24 avril 1905 fut abolie la célèbre « mort des mille coupures[21] » ; Cixi crut bon de préciser, comme pour se justifier, que cette abominable forme d'exécution n'était à l'origine pas une pratique mandchoue. Un autre décret interdit le recours à la torture lors des interrogatoires[22]. Jusque-là, elle passait pour indispensable à l'extorsion d'aveux ; dorénavant, on ne pourrait plus y soumettre que « ceux que des preuves suffisantes autorisent à condamner à mort mais qui persistent à ne pas admettre leur culpabilité ». Cixi prit soin d'ajouter qu'elle « abhorrait » les partisans de la torture et que ceux qui regimberaient contre les nouvelles règles auraient droit à de sévères châtiments. Il convenait enfin d'administrer avec humanité les prisons et les centres de détention, où l'on ne saurait tolérer de mauvais traitements. Des écoles de droit allaient voir le jour dans la capitale et les provinces, et il figurerait au programme de l'enseignement général. Sous l'autorité de Cixi, un nouveau cadre légal se forma peu à peu.

Une avancée moins radicale en apparence donna au commerce ses lettres de noblesse en Chine. Même si, paradoxalement, les Chinois prenaient un plaisir fou à s'enrichir, leur culture méprisait par tradition le commerce, qui correspondait au dernier échelon des professions (venaient d'abord, par ordre de prestige, les érudits et les fonctionnaires, puis les paysans, les artisans, et enfin les marchands). En 1903, pour la première fois de son histoire, la Chine eut un ministre du Commerce[23]. Une succession de décrets impériaux annonça une panoplie d'incitations à « fonder des entreprises ». Les autorités locales reçurent pour consigne d'enregistrer la création de nouvelles compagnies « sur-le-champ, sans le moindre délai ». Une mesure incitative précisa : « Ceux qui émettront des actions d'une valeur de 50 millions de yuans seront nommés Conseiller de premier rang au ministère, et bénéficieront d'un statut de fonctionnaire de premier rang, et ils recevront la médaille d'or impériale à double dragon et leurs descendants de sexe masculin hériteront un poste de conseiller de troisième rang au ministère pendant trois générations[24]. » Les commerçants se virent en outre exhortés à participer à des expositions universelles à l'étranger dans l'idée d'y exporter de nouveaux produits[25].

Au nombre des avancées figura par ailleurs la création d'une banque d'État en 1905, suivie par celle d'une monnaie nationale : le « yuan », qui continue depuis d'avoir cours. La grande artère nord-sud : la voie ferrée reliant Pékin à Wuhan, entra en service en 1906. Un réseau ferré embryonnaire venait de voir le jour. L'armée et la marine s'établirent dans de nouveaux quartiers généraux : deux imposants édifices de style européen fin de siècle ornés d'éléments orientaux. Conçus par un architecte chinois, ils comptent parmi les bâtiments les plus intéressants de Pékin. Il paraît que Cixi régla elle-même la note[26]. Peut-être cherchait-elle à se faire pardonner son appropriation indue de fonds jadis destinés à la marine.

À mesure que les Chinois adoptaient tout un assortiment de nouvelles habitudes, l'usage de fumer de l'opium recula peu à peu. Un demi-siècle venait de s'écouler depuis la légalisation contrainte et forcée de l'opium en Chine, et une grande part de la population – officiellement « près de 30 à 40 pour cent » – en consommait[27]. Nombre d'Occidentaux se figuraient les Chinois sous les traits répugnants des clients des ignobles fumeries d'opium ; un stéréotype injuste compte tenu de la responsabilité des Britanniques dans leur addiction. Les Chinois soucieux du bien-être de leur pays réclamaient inlassablement l'interdiction de l'opium, au même titre que les missionnaires occidentaux. L'opium importé en Chine, produit pour l'essentiel dans les Indes britanniques, provenait en exclusivité de ports britanniques. L'opinion publique, en Europe comme en Asie, semblait tout à fait favorable à la prohibition du commerce de l'opium. À la mi 1906, le Parlement britannique en débattit. Exalté par les dispositions de la population, l'ambassadeur chinois à Londres écrivit à Pékin : « Je suis certain qu'à condition de prouver le sérieux de nos intentions au sujet de la prohibition, la Grande-Bretagne sympathisera, et collaborera, avec nous[28]. » Cixi saisit alors l'occasion de manifester son intention d'éradiquer, en moins de dix ans, la production et la consommation d'opium en Chine. Elle exprima dans un décret son aversion pour l'opium avant d'énumérer ses méfaits sur la population[29]. Un programme détaillé en dix points devait aider tous les habitants de l'empire de moins de soixante ans à y renoncer. (On estima que les plus âgés manqueraient de la vigueur nécessaire pour se soumettre à une telle épreuve.) Cet édit, nota H.B. Morse, en Chine à ce moment-là, produisit « sur la nation l'effet d'une décharge électrique ». Les paysans n'opposèrent qu'une faible résistance à l'arrêt de la culture de l'opium. « Des fumeurs y renoncèrent par millions ; fumer en public devint une faute de goût et l'on dissuada les jeunes d'acquérir cette mauvaise habitude. Des millions de Chinois continuèrent, bien entendu, à consommer de l'opium, mais bien peu, parmi la génération qui grandit aujourd'hui, ont pris le pli d'en fumer[30]. »

Pékin somma la Grande-Bretagne de mettre un terme au commerce de l'opium. Le gouvernement britannique ne tarda pas à réagir[31] : parallèlement au programme de Cixi, il accepta de réduire les exportations d'opium depuis l'Inde d'un dixième chaque année, pendant dix ans. La Grande-Bretagne et la Chine y virent un « grand progrès moral » et se résignèrent à la diminution subséquente de leurs rentrées d'argent. En dix ans, la consommation et la production d'opium en Chine reculèrent considérablement. Et les exportations britanniques cessèrent bientôt pour de bon.

Les grands changements qui touchèrent l'empire se suivirent les uns, les autres, telles les vagues à la surface d'un océan. Les Chinois qui n'habitaient pas les ports de traité vécurent alors plus d'une « première » : l'éclairage public fit son apparition, suivi de l'eau courante, du téléphone et des facultés de médecine occidentale (Cixi en finança une sur ses fonds personnels à hauteur de 10 000 taels). Virent aussi le jour des rencontres sportives, des musées, des cinémas, des zoos, des jardins publics (le premier en

Chine ne fut autre qu'un ancien parc royal), et même une ferme expérimentale sous l'égide du gouvernement. Beaucoup feuilletèrent pour la première fois des journaux et des magazines et acquirent la délectable habitude de lire un quotidien.

Cixi elle-même expérimenta plusieurs innovations pour la première fois. En 1903, elle demanda à Louisa Pierson si ses filles savaient utiliser un appareil photo vu qu'« autoriser un photographe à pénétrer dans le palais » eût déclenché une véritable tempête. Louisa Pierson répondit à Cixi que l'un de ses fils, Xunling, avait étudié la photographie à l'étranger et ramené d'Europe du matériel de qualité – peut-être pourrait-il tirer le portrait de Sa Majesté ? Bien que Xunling fût un homme, comme c'était aussi le fils de Louisa, il faisait pour ainsi dire partie de la « famille ». Ce fut le seul photographe à fixer pour la postérité les traits de Cixi[32].

Plus tard, le peintre américain d'origine hollandaise Hubert Vos prétendit avoir pris Cixi en photo en plus de peindre son portrait – et beaucoup lui prêtent foi. En réalité, aucun document d'archive ne confirme cette légende à l'authenticité d'autant plus douteuse que Vos était non seulement un homme mais un étranger[33]. Même Robert Hart, au service de l'impératrice douairière pendant des dizaines d'années, ne s'entretint avec elle qu'à peu de reprises. Leur entrevue la plus longue, en 1902, ne dura pas plus de vingt minutes. Hart se rappellerait longtemps cette occasion mémorable :

> La vieille dame s'exprima d'une douce voix féminine et se montra très flatteuse : je lui dis que d'autres étaient prêts à prendre ma place, mais elle répliqua que c'était moi qu'elle voulait. Elle mentionna entre autres le couronnement [du roi Édouard VII] et dit qu'elle ne souhaitait que du bonheur à Sa Majesté. À propos des voyages en chemin de fer, elle m'avoua en riant qu'elle commençait à se dire qu'un voyage à l'étranger ne lui déplairait pas[34] !

Vu son penchant pour les voyages et l'étendue de sa curiosité, rien n'aurait autant plu à Cixi qu'un séjour à l'étranger. Le côté impraticable de la chose la retint toutefois d'y songer pour de bon. De même, elle avait beau diriger l'empire, elle ne pénétra pas une seule fois dans la partie avant de la Cité interdite ni n'entra au palais par les portes en façade. Jamais elle n'eût contrevenu aux conventions au risque de susciter un esclandre, rien que pour satisfaire ses propres désirs. Fréquenter librement des hommes n'aurait sans doute pas déplu à Cixi, pas plus que de confier son portrait à un étranger, malgré tout, elle s'y serait opposée*. Sa retenue et son discernement comptaient parmi ses principales qualités. Grâce à elles, Cixi réussit à la fois à gouverner l'empire et à y imposer des changements. Sa capacité à juger de ce qu'il convenait de modifier – quand et comment – explique que sa révolution n'ait suscité qu'un minimum de remous.

Quand Xunling vint photographier Cixi, il dut dans un premier temps s'agenouiller, comme tout le monde face à l'impératrice douairière. Une telle position l'empêchant toutefois d'atteindre son appareil, placé sur un trépied, Lianying, l'eunuque en chef, lui apporta un tabouret, mais Xunling ne parvint pas à s'y maintenir en équilibre et régler en même temps la prise de vue. « C'est bon ! conclut Cixi. Qu'on le dispense de s'agenouiller, le temps qu'il prenne des photos. »

Sur son portrait, Cixi, qui approchait alors les soixante-dix ans, paraît son âge. Comme, du fait de son réalisme, il lui eût à coup sûr arraché un froncement de sourcils, on le retoucha avant de le lui montrer ; une pratique assez courante à l'époque. Ses rides et les poches sous ses yeux disparurent comme par enchantement. La marque des ans s'effaça de ses traits « lissés », qui redevinrent ceux d'une ravissante femme à la maturité épanouie. Ce « lifting » saute aux yeux quand on compare les épreuves non retouchées de la collection personnelle de Xunling (aujourd'hui conservées à la Freer Gallery de Washington D.C.) avec celles des archives de la Cité interdite.

Quand Cixi découvrit, ravie, ces images retouchées opposant un démenti à ce que lui indiquait son miroir depuis un certain temps, elle se laissa emporter par une véritable frénésie photographique. Elle prit la pose dans toute une variété de postures – avec une fleur dans les cheveux, à l'instar d'une jeune coquette – s'amusant à changer de tenue et de bijoux devant des décors aussi élaborés qu'une scène de théâtre. Cixi désirait depuis longtemps jouer dans des opéras. Il arrivait à des courtisans de la surprendre en train de chanter et de danser au palais, alors qu'elle se croyait à l'abri des regards. Pour l'occasion, elle se costuma en Guanyin, la déesse de la miséricorde, ordonnant à des dames de la cour et à des eunuques de poser auprès d'elle dans les habits des personnages associés à

* Le portrait de Cixi par Hubert Vos révèle mieux son tempérament que celui de Katharine Carl. Sans doute s'inspira-t-il d'une photo de Cixi prise par Xunling.

cette divinité. Enthousiasmée par son aspect rajeuni et embelli, Cixi fit agrandir au format 75 cm par 60 les clichés qu'elle préférait et ordonna de les colorer avec goût avant de les accrocher dans des cadres aux murs de son palais[35].

En 1904, elle offrit aux chefs d'État étrangers lui ayant souhaité par courrier un heureux soixante-dixième anniversaire des tirages grand format de ses portraits mis en valeur par des cadres. Les légations les reçurent avec la plus grande solennité[36]. Des journaux américains commentèrent : « En photo, on lui donnerait quarante ans, au lieu des soixante-dix qu'elle a en réalité[37]. »

Le plus ancien et le plus renommé des studios photographiques de Pékin se chargea de retoucher, agrandir et encadrer les portraits de Cixi. Il appartenait à un certain Ren Jingfeng, ayant appris son métier au Japon[38]. Invité à la cour, il y fit la connaissance d'un grand acteur de l'opéra de Pékin, Tan Xinpei, membre du département musical de la cour. Ce Tan n'avait pas de plus fervente admiratrice que l'impératrice douairière, qui le rémunérait avec générosité. Quand il se produisait à l'extérieur aussi, il exigeait d'énormes cachets[39]. En 1905, Ren dirigea Tan dans le premier film jamais tourné en Chine : *La Montagne Dingjun,* extrait d'un opéra de Pékin éponyme[40]. C'est à bon droit que Cixi mérite le titre de première « productrice exécutive » de l'empire.

Un incident s'était cependant produit peu avant. Les Britanniques avaient remis à Cixi un projecteur et des films muets lors de son précédent anniversaire[41]. Au bout de trois bobines, le moteur de l'appareil explosa. Cixi ne semble pas avoir pris goût au cinéma : il ne l'attirait pas outre mesure, vu qu'aucune musique n'accompagnait les films muets de l'époque. Ren et d'autres encore n'en réalisèrent pas moins quelques œuvres projetées d'un bout à l'autre de l'empire dans des salles de cinéma où l'on diffusait aussi des courts métrages étrangers et même des histoires policières.

Le bruit que Cixi se faisait photographier en costume de théâtre auprès d'eunuques – à une époque où s'amuser avec eux passait pour « incorrect » et où aucune femme n'avait le droit de se produire sur scène – ne tarda pas à parvenir aux oreilles de ses ennemis, qui en profitèrent pour salir sa réputation. De l'automne 1904 à la fin 1905, *Shi-bao*, un journal fondé par Kang le Renard (dont le principal contributeur, son bras droit Liang, s'était réfugié au Japon), proposa chaque jour à la vente des photos de Cixi. Les annonces libellées au nom de la compagnie associée à la publication du quotidien, propriété d'un Japonais, Takano Bunjiro[42], précisaient que l'impératrice douairière figurait sur les clichés en costume de théâtre, « côte à côte[43] » avec ses deux eunuques favoris, dont Lianying – et ce, dans l'intention de dégoûter d'elle les lecteurs. En plus, les épreuves « soldées », à en croire le journal, ne coûtaient presque rien ; ce qui aggravait encore l'insulte.

Cixi ne prit aucune mesure contre ces annonces ni la compagnie responsable de leur publication, qui disposait pourtant d'un bureau à Shanghai et d'un autre à un jet de pierre de la Cite interdite à Pékin. Elle signifia son mépris à ses ennemis en offrant à un diplomate japonais une photo d'elle auprès de Lianying[44].

Les annonces n'eurent à l'évidence aucun impact. Cixi jouissait à ce moment-là d'une immense popularité. Pearl Buck, prix Nobel de littérature, vivait alors en Chine (auprès de ses parents missionnaires) parmi des paysans et des gens du commun qui, nota-t-elle, « adoraient[45] » Cixi. Bien que celle-ci eût déclaré ne pas vouloir fêter son soixante-dixième anniversaire, de nombreuses célébrations eurent lieu en son honneur. À Pékin, devant la porte Tian'anmen, des lanternes de différentes formes et couleurs attirèrent des hordes de curieux et de fêtards[46]. Sarah Conger relata :

> En passant en voiture par la concession étrangère de Shanghai, nous vîmes, dans les rues, beaucoup de superbes décorations en l'honneur de l'anniversaire de Sa Majesté. Les commerces chinois resplendissaient de couleurs éclatantes ; même le drapeau chinois flottait au vent ; un spectacle d'autant plus inhabituel qu'on n'utilise le drapeau, en Chine, que dans les occasions officielles. Je n'avais jusqu'ici pas encore constaté d'aussi grand écart par rapport aux coutumes d'antan [...] Des myriades de magnifiques lanternes d'une diversité de formes et de couleurs à n'en plus finir ajoutaient de l'éclat aux nombreux autres ornements. Le Chinois a proclamé à cette occasion sa loyauté à la Chine et à ses dirigeants, de telle manière que l'étranger ait pu le comprendre[47].

Par rapport au nombre de réformes drastiques qui balayèrent la Chine sous l'impulsion de Cixi, il n'y en eut que fort peu d'introduites à la cour. Les règles qui s'appliquaient aux eunuques se relâchèrent toutefois : les voilà désormais autorisés à fréquenter des débits de boisson ou des théâtres hors de l'enceinte du palais. On continua malgré tout d'employer des eunuques en tant que serviteurs – de même qu'on continua pour cela de castrer de jeunes garçons. Cixi songea bien à supprimer la coutume, mais les eunuques se lancèrent dans une campagne de larmoiements jusqu'à ce qu'elle renonce[48]. Dans l'ensemble, la cour s'en tint avec la plus grande rigueur aux anciennes façons de faire et à sa sacro-sainte étiquette. Ainsi, à chaque occasion spécifique correspondait un costume bien précis. Sitôt arrivée à une réunion à la cour, Cixi examinait d'un rapide coup d'œil les tenues de l'assistance en relevant les moindres entorses aux conventions. En sa présence, ses sujets restaient debout, voire à genoux. Lors du seul et unique dîner où elle convia les dames du corps diplomatique, elle prit place à table auprès de ses invitées étrangères, mais les princesses chinoises, elles, n'osèrent pas s'asseoir. À un moment, Sarah Conger demanda si elles ne pourraient pas rejoindre les autres à table. Cixi se sentit obligée de leur proposer un siège. Ce fut la seule fois où des Chinois (à l'exception de l'empereur) s'assirent à la table de l'impératrice douairière. Cela dit, les princesses ne partagèrent pas vraiment le repas de Cixi. Une témoin de la scène relata : « Elles s'assirent timidement au bord de leur chaise sans oser toucher à la nourriture[49]. » Au cours du dîner, ce fut l'ambassadeur chinois en Grande-Bretagne, à genoux, qui servit d'interprète à Cixi[50].

Vis-à-vis des dignitaires, Cixi se montrait particulièrement intraitable sur le respect de l'étiquette. Au moindre de ses déplacements d'un palais à l'autre, certains d'entre eux devaient s'agenouiller lors de son départ puis de son arrivée afin de lui souhaiter un bon voyage ou la bienvenue – même quand il tombait des cordes. Un jour, la pluie qui ruisselait des habits d'un dignitaire à genoux se teignit en rouge et vert : trop pauvre pour acquérir une tenue de cérémonie, il avait dû se contenter d'en revêtir une en papier coloré[51]. Un autre jour, une foule de dignitaires que Cixi venait de combler de cadeaux se réunit dans l'intention de la remercier à genoux. Compte tenu de leur nombre, ils durent accomplir le rite prescrit dans la cour, où il pleuvait à torrents. Ils attendirent plus d'une heure une éclaircie, tandis que Cixi observait la pluie derrière un rideau. Dès que celle-ci cessa, l'impératrice douairière leur ordonna de s'agenouiller à même le sol boueux[52].

L'obligation de s'agenouiller incommodait tout le monde. À commencer par les hauts dignitaires, qui estimaient une telle position insoutenable lorsque les audiences s'éternisaient. Les eunuques portaient des pantalons munis de coussinets aux genoux, vu que, dès que Cixi s'adressait à eux, ils devaient se prosterner, aussi bien sur des pavés que sur un sol caillouteux. Beaucoup d'eunuques souffraient d'arthrose aux genoux.

Consciente qu'il était douloureux de rester longtemps à genoux, Cixi s'arrangeait pour écourter le supplice. Un jour, certains peintres de la cour furent invités à dessiner des chrysanthèmes en plein champ, pour faire plaisir à Katharine Carl. La présence de l'impératrice douairière les contraignit à réaliser leurs esquisses à genoux. Leur inconfort sautant aux yeux, Cixi leur ordonna de cueillir quelques fleurs et de les représenter chez eux[53]. Lors d'une réception, Wu Tingfang, du ministère des Affaires étrangères, aurait en principe dû s'agenouiller, le temps de présenter à Cixi des diplomates, ce qui l'eût placé dans une situation gênante, vu qu'eux-mêmes fussent restés debout. Il aurait eu « l'air d'un nain auprès des étrangers », se plaignit-il à Louisa Pierson. Sur les conseils de celle-ci, Cixi lui épargna cette humiliation : « Pour une fois, il n'aura pas à s'agenouiller[54]. »

Wu devint ambassadeur chinois à Washington, où il mena une vie très libre et acquit la réputation « d'aimer placer d'insolents commentaires dans les dîners[55] ». De retour à Pékin, il tint lieu d'interprète à Alice Roosevelt, la fille du président Theodore Roosevelt, lors de l'audience que lui accorda Cixi pendant son séjour en Chine en 1905. Habitué à se placer sur le même pied que tout le monde, à la manière américaine, Wu semble avoir oublié qu'il devait s'agenouiller en présence de Cixi ou du moins lui demander au préalable la permission de s'en abstenir. De fait, il se mit à bavarder, debout, tout à fait l'aise. Alice nota :

> Il se tenait entre nous, légèrement sur le côté, mais soudain, alors que la conversation se poursuivait, l'impératrice dit quelque chose d'une petite voix furieuse, là-dessus, il blêmit et se mit devant elle à quatre pattes, touchant le sol du front. Après cela, quand l'impératrice prenait la parole ; il levait la tête et me traduisait ses propos en anglais ; pendant que je répondais, il inclinait de nouveau le front par terre ; puis il relevait la tête, le temps de répéter mes paroles en chinois à l'impératrice, et son front entrait de nouveau en contact avec le sol [...] on avait vraiment l'impression qu'à tout moment, elle pouvait s'écrier « qu'on lui coupe la tête ! » et que sa tête tomberait en effet[56].

Wu – qui bénéficiait de l'estime de Cixi – s'attelait alors avec elle à une réforme du droit dans l'empire. Avec la bénédiction de l'impératrice douairière, des gouverneurs de tendance pourtant conservatrice renoncèrent dans leurs provinces à l'obligation protocolaire de s'agenouiller. Malgré tout, Cixi n'y renonça jamais à la cour. Il y allait selon elle du caractère sacré du trône, seul à même d'assurer l'autorité du monarque sur un aussi vaste territoire, et qui se traduisait dans les faits par l'obligation de s'agenouiller. Sans tous ces genoux fléchis, le trône risquait de flancher – et pourquoi pas du même coup l'empire.

Son attachement à cette posture de soumission absolue dans un pays de plus en plus éclairé obligea Cixi à sacrifier sa curiosité pour les automobiles : pas une seule fois, elle ne monta en voiture. Le général Yuan lui en avait pourtant offert une. Successeur du comte Li à plus d'un titre, il avait hérité à la fois ses postes et son rôle de proche conseiller de l'impératrice douairière, qu'il comblait de cadeaux. Il lui acheta une automobile laquée de couleur jaune impérial ornée de dragons et munie d'un siège semblable à un trône. Cixi aspirait à se promener en voiture, d'autant qu'elle venait de prendre grand plaisir à monter sur un tricycle, lui aussi offert par le général[57]. Un problème insurmontable se posait toutefois : un chauffeur ne pourrait tourner le volant à genoux ni même debout. Il lui faudrait s'asseoir devant Cixi. L'automobile fut la seule invention moderne à la disposition de l'impératrice douairière qui piqua son intérêt mais qu'elle n'expérimenta pas[58].

29. Le droit de vote ! (1905-1908)

Cixi se doutait bien qu'elle ne pourrait soutenir encore longtemps le trône à l'aide de simples symboles. Il fallait quelque chose de plus substantiel pour assurer sa survie. Cixi eût pu mettre un terme à sa révolution pour revenir en arrière, mais ce n'était pas là ce qu'elle souhaitait, aussi continua-t-elle sur sa lancée. En 1905, elle donna le coup d'envoi à la plus radicale de ses réformes, qui devait établir en Chine une monarchie constitutionnelle (*li-xian*) au parlement élu. En dotant le pays d'une constitution, Cixi espérait inscrire dans le marbre la légitimité de la dynastie Qing et permettre à une large part de la population – aux Hans, surtout – de se mêler des affaires de l'État. Ce tournant historique impliquerait l'apparition en Chine du droit de vote, dont bénéficieraient autant de citoyens que dans tout l'Occident réuni.

Cixi estimait que la Chine demeurait à la traîne de l'Occident parce que les sujets de l'empire ne voyaient pas quel rapport existait entre eux et ceux qui les gouvernaient. « Dans les pays étrangers, remarqua-t-elle, les gouvernés [*xia*] se sentent liés aux gouvernants [*shang*]. Voilà l'origine de leur force[1]. » À l'en croire, seul le droit de vote parviendrait à rapprocher les deux groupes. Cixi était bien placée pour apprécier les avantages d'un régime monarchique parlementaire tel que celui de la Grande-Bretagne. Elle déclara un beau jour, à propos de la reine Victoria, que : « L'Angleterre compte parmi les grandes puissances mondiales, mais ce n'est pas parce que la reine Victoria y détient un pouvoir absolu. De fait, elle a toujours disposé de l'appui des parlementaires, des hommes très capables et, bien entendu, ils discutent d'absolument tout jusqu'à obtenir le meilleur résultat[2]. » En Chine, « 400 millions de personnes dépendent de ma faculté de juger. Certes, je peux consulter le Grand Conseil [...]

mais tout ce qui revêt de l'importance, je dois en décider seule ». Aussi fière que fût Cixi de ses qualités de souveraine, elle devait reconnaître qu'elle avait commis une erreur catastrophique, dans le cas des Boxers. Quant à son fils adoptif, son règne personnel avait été calamiteux pour l'empire. À vrai dire, elle ne voyait personne à la cour un tant soit peu capable d'exercer au bénéfice de la nation un pouvoir absolu, surtout à l'ère de la modernité.

À l'époque, l'idée d'une monarchie constitutionnelle était dans l'air. Certains journaux s'en faisaient même les champions. Parmi eux : l'organe de presse le plus lu de Tianjin, le *Ta Kung Pao*, dont le rédacteur, un Mandchou, avait épousé une Aisin-Gioro. En tant que membre de la famille royale, cette dame fréquentait la cour et publiait à ce sujet un éditorial haut en couleurs. (Le catholicisme du rédacteur et l'allégeance à l'empereur Guangxu de son journal, où l'on incitait Cixi à se retirer du pouvoir, en disent long sur la tolérance de l'impératrice douairière.) On put y lire dans un article d'opinion de 1903 que « les réformes politiques conduisent toujours de la monarchie absolue à la monarchie constitutionnelle puis, de là, à la démocratie [...] Si nous voulons réformer le régime chinois, il n'y a pas d'autre voie à suivre que celle d'une monarchie constitutionnelle ». En avril 1905, le journal sollicita des contributions à propos des mesures à prendre en priorité pour donner un nouveau souffle à la Chine. Beaucoup répondirent qu'il convenait de « mettre un terme à l'autocratie pour établir une monarchie constitutionnelle ». Un éditorial reprit l'idée avant d'évoquer par exemple « le développement de l'industrie, du commerce et de l'éducation » et d'affirmer que « même en admettant que nous menions à bien ces projets, faute d'un changement de notre système politique, ils ne reposeront sur rien de solide, et un abîme continuera de séparer les gouvernants des gouvernés[3] ». Il n'est pas exclu que Cixi ait pris en considération les commentaires de la presse avant d'arrêter sa décision.

Le 16 juillet 1905, Cixi annonça qu'elle enverrait une commission « étudier les systèmes politiques[4] » d'un certain nombre de pays occidentaux. Elle fit bien comprendre à ceux qui la composaient qu'ils devraient étudier l'organisation de différents régimes parlementaires « de manière à mettre en place un système approprié à la Chine, à leur retour ». Cixi préservait en réalité les intérêts de sa dynastie en prenant l'initiative de cette tâche herculéenne, mise en chantier « au sommet de la pyramide[5] », pour citer un observateur occidental. Le duc Zaize, descendant direct de la famille Aisin-Goro, marié à une autre fille du frère de Cixi, le duc Guixiang, présida la commission. Avec d'autres dignitaires impliqués dans le projet, il s'assurerait que le nouveau régime ne porterait aucun tort aux Mandchous, et s'efforcerait de rallier aux idées de Cixi d'autres Mandchous craignant pour leur avenir.

La commission devait se scinder en deux équipes qui se rendraient en Grande-Bretagne, en France, en Allemagne, au Danemark, en Suède, en Norvège, en Autriche, en Russie, en Hollande, en Belgique, en Suisse et en Italie, mais aussi au Japon et aux États-Unis. Le 24 septembre, le duc Zaize et ses nombreux assistants triés sur le volet quittèrent enfin Pékin en train. Wu Yue, un républicain s'étant juré de renverser la dynastie mandchoue, fit exploser une bombe dans la voiture du duc, le blessant, lui et plus d'une dizaine d'autres passagers. Trois y laissèrent la vie, dont l'auteur de l'attentat suicide – le premier du genre en Chine. Ce fut en larmes que Cixi présenta ses condoléances à la commission et réaffirma sa détermination à mener à bien son entreprise. Les commissionnaires partirent pour de bon un peu plus tard, la même année, emportant avec eux les « plus grands espoirs[6] » de Cixi, comme elle venait d'ailleurs de le leur déclarer. Pendant leur séjour à l'étranger, un bureau de la constitution fut chargé d'étudier les différents types de monarchie parlementaire, afin de rédiger la constitution la mieux adaptée à la Chine.

La commission revint en Chine à l'été 1906. Pressentant la hâte de l'impératrice douairière à prendre connaissance de ses conclusions, le duc Zaize alla droit de la gare au Palais d'été solliciter une audience. Cixi s'entretint avec lui aux aurores, le lendemain, pendant deux heures[7]. Elle le reçut de nouveau peu après, de même que d'autres membres de la commission, auteurs de rapports de plusieurs douzaines de volumes, transmis au bureau de la constitution. Par une proclamation qui fit date, le 1er septembre 1906, Cixi annonça en son nom propre son intention d'établir une monarchie constitutionnelle au parlement élu en remplacement de la monarchie absolue jusqu'alors en vigueur[8]. Elle y ajouta que la richesse et la puissance des pays occidentaux provenaient de leur régime politique où « le public participe aux affaires de l'État » et où « l'origine et l'emploi des ressources du pays, de même que la planification et l'application de sa politique sont ouverts à tous ». Cixi souligna qu'en Chine, « la cour détiendra le pouvoir exécutif et le public aura son mot à dire dans les affaires de l'État ». Elle demanda à la population de « garder à l'esprit l'intérêt général, d'avancer sur le chemin du progrès » et de réaliser la transition « avec ordre, dans le respect des traditions et en paix ». Elle pria enfin ses sujets de s'efforcer de leur mieux de se changer en « citoyens accomplis » : le peuple chinois se composerait dorénavant de « citoyens du pays » ou *guo-min*.

La proclamation suscita bien des remous. Plus d'un journal lui consacra une édition spéciale. Quand il en eut vent, au Japon, Liang Qichao, le plus proche collaborateur de Kang le Renard, y vit le signe de l'avènement d'une nouvelle ère et entreprit aussitôt de mettre sur pied un parti politique – l'un des nombreux qui virent dès lors le jour[9]. Le gouvernement de Cixi se lança dans un travail préparatoire titanesque : rédaction de projets de lois, généralisation de l'instruction publique, campagne d'information auprès de la population, création d'une police formée au maintien de l'ordre selon des méthodes modernes, et ainsi de suite. Deux ans plus tard, le 27 août 1908, Cixi donna son aval à la publication d'un projet de constitution. Ce document historique associait les traditions politiques de l'Orient et de l'Occident. Selon l'antique coutume orientale, il accordait un véritable pouvoir politique au monarque, qui resterait à la tête du gouvernement et garderait dans tous les cas le dernier mot. Le parlement rédigerait des propositions de lois, soumises à l'approbation du monarque, qui les promulguerait ensuite. Le projet de constitution affirmait d'entrée de jeu l'inviolabilité du trône : « La dynastie Qing gouvernera à jamais l'empire des Qing et on l'honorera en tous temps. » Comme en Occident, on garantirait au peuple un certain nombre de droits fondamentaux, dont « la liberté d'expression, écrite ou orale, la liberté de publication, d'assemblée et d'association » – plus le droit de faire partie du « parlement, à condition de satisfaire aux conditions spécifiées par la loi ». Celui-ci réunirait des représentants élus du peuple ayant leur mot à dire à propos des affaires de l'État et notamment de son budget. Le projet de constitution ne précisait toutefois pas ce qui se passerait dans le cas, inévitable, où le trône se heurterait au parlement[10]. La lettre de ses auteurs à Cixi laissait cependant entrevoir une solution : « Le monarque et le peuple consentiraient l'un comme l'autre à des concessions. »

Une assemblée préliminaire, *Zi-zheng-yuan*, constituée en 1907, servirait de parlement de transition. Dix mois durant, elle réfléchit à la constitution et au fonctionnement du futur parlement[11]. Cixi approuva le résultat de son travail, qu'elle rendit public le 8 juillet 1908. Une chambre supérieure réunirait une moitié environ des parlementaires, choisis par le trône parmi certains secteurs de la société : l'aristocratie mandchoue, han, mongole, tibétaine et hui (musulmane), les dignitaires de rang moyen, les éminents érudits et les principaux contribuables. Des membres des assemblées provinciales, de création alors récente en Chine, directement élus par les citoyens des provinces, désigneraient le reste des représentants du peuple : la chambre inférieure. Le 22 juillet 1908, Cixi approuva et rendit public un projet de règlement électoral en vue de la constitution des assemblées provinciales[12].

Ce document historique précisa l'étendue de l'électorat chinois en s'inspirant des pratiques occidentales de l'époque. En Grande-Bretagne, par exemple, jouissaient du droit de vote les hommes majeurs détenteurs de biens immobiliers ou qui payaient au moins dix livres de loyer par an, c'est-à-dire environ 60 pour cent de la population britannique adulte de sexe masculin. Les futurs électeurs chinois (des hommes de plus de vingt-cinq ans) posséderaient quant à eux au moins 5 000 yuans de capitaux ou de biens immobiliers. Voteraient aussi ceux qui s'étaient distingués dans le développement de projets publics pendant plus de trois ans, les diplômés de l'enseignement secondaire ou supérieur moderne, les érudits formés par l'ancien système éducatif, et ainsi de suite, même si, réduits à l'indigence, ils ne possédaient rien. Les rédacteurs du règlement électoral justifièrent leur écart par rapport aux modèles occidentaux contemporains en affirmant que donner le droit de vote aux seuls propriétaires n'inciterait la population qu'à s'enrichir.

La désignation des candidats aux élections parlementaires s'inspira, elle aussi, en grande partie des pratiques occidentales, à la différence que les futurs élus devraient avoir au moins trente ans (comme au Japon) ; l'âge de la pleine maturité, d'après Confucius. La Chine eût toutefois été la seule nation à exclure de son parlement les maîtres d'école : responsables de la formation des futurs citoyens, ils étaient tenus de consacrer la totalité de leur énergie à cette cause des plus nobles. N'auraient par ailleurs pas le droit de voter (ni de représenter leurs concitoyens) les fonctionnaires des provinces et leurs conseillers : des administrateurs ne devaient pas se charger de légiférer de crainte de se laisser corrompre. Enfin, les militaires, eux non plus, ne jouiraient pas du droit de suffrage : il ne convenait pas à l'armée de se mêler de politique[13].

Cixi approuva le règlement électoral et réclama l'arrêt d'une date butoir pour les élections et la constitution du parlement[14]. Le prince Ching qui, à la tête du Grand Conseil, en avait supervisé la rédaction, s'y refusa toutefois[15]. Il assumait avec ses collègues une tâche imposante sans précédent et ne doutait pas que surgiraient tôt ou tard des problèmes imprévus – sans parler du risque qu'un vide juridique permette à de mauvais sujets de s'emparer du pouvoir. Cixi opposa son veto à la recommandation du prince Ching. Selon elle, seules des échéances fixes donneraient une impulsion au projet, qui risquait sans cela de ne jamais se traduire dans les faits. De nombreux dignitaires redoutaient un changement de régime et s'y opposaient, tant un tel processus leur semblait irréalisable et même inconcevable dans un pays aussi vaste, à la population si nombreuse et si peu instruite[16]. Faute de date butoir, ils se contenteraient d'une adhésion de pure forme aux changements prévus. Seul un projet inscrit dans le temps les inciterait à mener à bien une telle entreprise.

Une feuille de route dressa une liste de moyens à mettre en œuvre et d'objectifs à atteindre, année par année, jusqu'à un horizon de neuf ans[17]. Il convenait de préparer les élections, d'édicter des lois, de recenser la population, de la soumettre à l'impôt – et de préciser les droits, les devoirs et les sources de revenus du trône. L'analphabétisme posait un problème de taille. À l'époque, même pas 1 pour cent de la population était capable de lire et d'écrire (en chinois). Il faudrait donc commencer par rédiger de nouveaux manuels scolaires et promouvoir l'instruction moderne. Il était prévu d'alphabétiser 1 pour cent de la population en sept ans ; un chiffre qui devait ensuite passer à 5 pour cent, deux ans plus tard. Des ministères distincts veilleraient aux différents projets. Cixi fit afficher dans les bureaux du gouvernement le calendrier des réformes[18]. Dans un décret de mise en garde aux indolents, elle en appela à la « conscience[19] » des fonctionnaires et au « Ciel tout-puissant ». Il ne plane aucun doute sur sa détermination. Si tout s'était passé comme prévu, à partir de 1916, des millions et des millions de Chinois auraient voté. (En 1908, la Grande-Bretagne comptait plus de 7 millions d'électeurs.) Pour la première fois de leur histoire, les Chinois auraient eu leur mot à dire dans les affaires de l'État. W.A.P. Martin, missionnaire américain ayant vécu des dizaines d'années en Chine, s'exclama : « Quelle commotion résultera du suffrage des urnes ! Avec quelle soudaineté il éveillera l'intellect en sommeil d'une race pleine d'esprit[20] ! »

La monarchie constitutionnelle qu'envisageait Cixi n'accorderait pas aux électeurs autant d'influence qu'en Occident, mais elle marquerait la fin d'une autocratie interdisant toute forme de contestation et ferait participer au gouvernement les gens du commun – les citoyens, dirait-on désormais. Cixi comptait restreindre son propre pouvoir et introduire dans la politique chinoise un forum de négociation, où parlementeraient et se livreraient à des joutes verbales le monarque et les représentants du peuple scindés en groupes d'intérêts divergents. Compte tenu du sens de l'équité de Cixi et de son penchant pour le consensus, il semble plus que probable que la volonté du peuple aurait continué de gagner du terrain, aussi longtemps qu'eût vécu l'impératrice douairière.

Martin admit qu'il était « prématuré de spéculer » sur ce qui résulterait de l'initiative de Cixi, en qui il avait foi. « On a pu compter sur elle pour faire avancer la cause qu'elle avait ardemment embrassée tout au long de sa vie. Elle tenait les rênes d'une main ferme, et avec un courage tel qu'elle n'a pas hésité à conduire le char de l'État sur des routes encore jamais frayées. » Le missionnaire conclut que, tout bien pesé, « à peine plus de huit ans se sont écoulés depuis la restauration, si tant est que l'on puisse qualifier ainsi le retour de la cour, en janvier 1902. On peut affirmer sans risque de se tromper que, dans ce laps de temps, ont été décrétées plus de réformes radicales en Chine qu'en un demi-siècle dans quelque autre pays que ce soit, à l'exception du Japon, dont la Chine fait profession de suivre l'exemple, et de la France, à l'époque de la Révolution, où Macaulay notait que "tout a changé – depuis les rites religieux jusqu'à la mode des boucles de souliers" ».

Martin ajouta que « les innovations ou les amendements marquants » introduits par Cixi depuis sa prise de pouvoir avaient « fait du règne de l'impératrice douairière le plus brillant de l'histoire de l'empire. Les huit dernières années ont été extraordinairement fécondes en réformes. En réalité, la vapeur a commencé à s'inverser dès le lendemain de la paix de Pékin, en 1860. Depuis cette année-là, toutes les avancées sur le chemin de la modernité sont survenues pendant la régence de cette femme remarquable, de 1861 à 1908 ». Cixi gouverna de fait pendant trente-six de ces quarante-sept ans (son fils dirigea la Chine, deux années durant, et son fils adoptif, neuf). Vu tout ce qu'elle accomplit au pouvoir, et les difficultés colossales auxquelles elle se heurta – et qu'elle vainquit – il ne semble pas exagéré de supposer qu'un suffrage restreint aurait été introduit en Chine en 1916, pour peu qu'elle eût encore vécu à ce moment-là.

30. Aux prises avec des insurgés, des tueurs à gages et les Japonais (1902-1908)

Un dignitaire han contemporain de la révolution de Cixi nota que celle-ci « bénéficierait à la Chine mais léserait le gouvernement mandchou[1] ». De fait, de nombreux Mandchous s'alarmaient de ce qui se tramait. Ce ne fut que grâce à son autorité que Cixi les convainquit de garder foi en elle et de lui confier leur destinée. Elle-même cherchait à préserver sa dynastie – par la mise en place, notamment, d'une monarchie constitutionnelle de sa façon. En dernière analyse, son entêtement à ne laisser le trône qu'aux seuls Mandchous fut son talon d'Achille, en dépit des nombreuses mesures qu'elle prit par ailleurs pour abolir la ségrégation entre Hans et Mandchous. Le décret qui mit fin à la prohibition des mariages interethniques en 1902 précisa que les concubines impériales ne pourraient malgré tout qu'être mandchoues (ou mongoles). Certains signes amènent à penser que Cixi eût tôt ou tard fini par s'incliner face à l'inévitable, c'est-à-dire un trône où auraient siégé d'autres ethnies aussi. De son vivant, elle n'alla toutefois pas jusque-là.

Cixi éprouvait un fort sentiment d'appartenance à la culture mandchoue, d'autant plus fort que ce peuple ne représentait en Chine qu'une faible minorité, exposée au risque permanent de se laisser submerger par les Hans. Quand Cixi s'adressait aux dames de sa cour, en majorité mandchoues, elle disait toujours « nous, les Mandchoues », et compensait son ignorance de la langue par un scrupuleux respect des signes extérieurs d'appartenance à cette ethnie. Elle imposait ainsi les coutumes mandchoues à la cour, où tous sans exception arboraient une tenue et une coiffure mandchoues. Les diplomates chinois, des Hans pour la plupart, émirent le souhait de troquer leur costume mandchou contre des habits à l'occidentale, mais Cixi ne voulut rien savoir. Leur volonté de ne plus attacher leurs cheveux en queue ne fut pas non plus prise en compte[2]. Cixi n'avait aucun a priori contre les Hans ; elle en promut même dans une proportion inédite, à des postes clé jusque-là réservés aux Mandchous. Qui plus est, les Hans en Chine ne jouissaient pas de moins de privilèges que les autres ni d'un niveau de vie inférieur. Simplement, elle voulait à tout prix préserver le trône mandchou.

C'est d'ailleurs pour cette raison que Cixi rechigna longtemps à ménager une place au cœur de la cour aux hommes d'État même les plus habiles de l'ethnie han. Le comte Li, en dépit de sa relation exceptionnelle avec Cixi et du rôle ô combien essentiel qu'il joua dans l'empire, n'appartint jamais au Grand Conseil. De fait, celui-ci n'accueillit la fine fleur des dignitaires hans qu'en 1907, lorsque Cixi y fit entrer le général Yuan et le vice-roi Zhang. Elle avait déjà songé à y nommer ce dernier à plusieurs occasions ; au printemps 1898, par exemple, au début de ses réformes, mais elle y avait jusque-là renoncé, par crainte de perdre le trône au profit de cet homme politique d'une habileté hors pair[3]. En se cramponnant à l'interdiction pour tout autre qu'un Mandchou d'occuper le trône, Cixi ôta de l'attrait à la perspective d'une monarchie parlementaire et fit du républicanisme une option séduisante.

Sun Yat-sen, le chef informel du mouvement républicain, s'avéra le partisan le plus résolu d'une intervention militaire visant à renverser la dynastie mandchoue. Il tenta d'organiser un soulèvement armé en 1895, avant de fomenter, à l'orée du nouveau siècle, une série d'insurrections que Cixi prit très au sérieux, en dépit de leur peu de retentissement. Elle tança les chefs de provinces qui sous-estimaient « ces flammes susceptibles de provoquer un véritable incendie » et les incita, par un câble après l'autre, à « les éteindre et ne pas les laisser se multiplier[4] ».

Les républicains n'hésitaient pas à recourir à l'assassinat, comme le prouve l'attentat suicide à bord d'un train en 1905. Deux ans plus tard, un responsable de la police de la province de l'Anhui dans l'est de la Chine, Xu Xilin, abattit à bout portant le gouverneur de la province, un Mandchou du nom d'Enming, en visite à l'école de police. Enming tenait Xilin pour un réformateur animé des mêmes aspirations que lui ; il l'avait tiré de l'obscurité pour lui confier les forces de l'ordre. D'après l'éthique traditionnelle, Xilin aurait dû se montrer reconnaissant envers son bienfaiteur ; au lieu de cela, il le tua – parce qu'il appartenait à l'ethnie mandchoue. Une fois appréhendé, Xilin déclara dans son témoignage, publié par les journaux, que son objectif consistait à « massacrer tous les Mandchous jusqu'au dernier[5] ». Il mourut décapité. Les troupes fidèles au défunt gouverneur lui arrachèrent le cœur en guise d'offrande sacrificielle – en vertu d'un antique et répugnant rituel, symbole d'une vengeance poussée à son paroxysme. Quelques décennies plus tôt, l'assassin du vice-roi Ma avait subi le même sort.

Le meurtre du gouverneur s'inscrivait dans le cadre d'un projet d'insurrection mené entre autres par une femme. Ancienne étudiante au Japon, et depuis maîtresse d'école dans le Zhejiang voisin, la belle et élégante Mlle Qiu Jin comptait parmi les pionnières du féminisme en Chine. Se jouant des normes de comportement imposées aux femmes, elle s'exhibait en public en vêtements d'homme, une canne à la main. Elle créa un journal féministe et prononça en public des discours qui suscitèrent des applaudissements « pareils à des centaines d'orages de printemps », comme l'écrivirent certains journalistes admiratifs. Séduite par le recours à la violence, elle se blessa les mains en voulant fabriquer des bombes en prévision de l'insurrection. Une fois arrêtée, Mlle Qiu fut exécutée sur la place publique – mais avant le point du jour[6].

Encore quelques années plus tôt, l'homme de la rue n'eût pas haussé un sourcil à cette nouvelle. L'exécution sommaire de rebelles armés allait alors de soi. Là, en revanche, la presse condamna à l'unanimité la réaction des autorités. Selon les journaux, les armes découvertes en possession de Mlle Qiu avaient été placées là exprès et sa confession, rendue publique, montée de toutes pièces. Même les publications les plus modérées déclarèrent innocente et accablèrent de louanges cette femme que l'on dit alors victime de la soif de vengeance du parti conservateur local. De magnifiques poèmes lui furent attribués et l'on fit d'elle une héroïne – au point qu'aujourd'hui encore, c'est ainsi que beaucoup la considèrent. Son camarade, le chef de police, bénéficia lui aussi d'une sympathie sans réserve. La presse s'étonna qu'on eût prélevé son cœur, compte tenu de la récente interdiction des formes d'exécution barbares et de la torture lors des interrogatoires. Les journalistes brandirent le poing et façonnèrent l'opinion publique : ils attirèrent la haine sur les fonctionnaires mêlés à l'affaire de Mlle Qiu en les désignant à la vindicte populaire. Le trône en muta certains dans d'autres régions, mais les autorités refusèrent de les y accueillir. Sous la pression de l'opinion, le chef de comté ayant condamné à mort Mlle Qiu finit par se pendre.

L'influence et l'assurance récemment acquises par la presse lui assuraient un pouvoir formidable, celui de dénoncer les moindres dérives du gouvernement. Cixi ne tenta pas une seule fois de la museler[7], malgré l'hostilité quasi unanime des journalistes envers les Mandchous (aucun d'eux, par exemple, ne compatit au sort du gouverneur froidement abattu). Cixi prit par ailleurs des mesures sans pitié à l'encontre des auteurs de violences. Une fois le rôle clé de Mlle Qiu dans l'insurrection prouvé par des rapports détaillés, Cixi ratifia le traitement qui lui avait été réservé[8] et résolut de mater les insurgés par d'autres mesures drastiques. Résultat : du vivant de Cixi, en 1908, le *New York Times* affirma : « On ne redoute pas en Chine de troubles généralisés. Le pays n'avait plus été aussi tranquille depuis 1900[9]. » Le mouvement républicain, malgré tout influent, n'attendait pour prendre de l'ampleur que la disparition de Cixi.

Pendant que Cixi se battait d'une main contre les républicains, de l'autre, elle poursuivait la lutte contre Kang le Renard. Après sa tentative avortée d'assassiner l'impératrice douairière en 1898, Kang s'était enfui au Japon. Sous la pression insistante du gouvernement des Qing et, en particulier, du vice-roi Zhang, les Japonais, soucieux de maintenir avec l'empire voisin de bonnes relations, chassèrent le Renard. Il ne disparut toutefois pas dans la nature mais se mit à sillonner le monde en compagnie d'un officier du renseignement japonais sinophone, Nakanishi Shigetaro. Celui-ci avait reçu dans l'institut d'espionnage du Japon une formation pour œuvrer en Chine. Il servirait à Kang d'interprète et de garde du corps – et d'intermédiaire avec Tokyo[10]. Le disciple et bras droit de Kang, Liang Qichao, resta quant à lui au Japon pour y exécuter les ordres de Kang, plus que jamais résolu à rétablir l'empereur Guangxu sur le trône. C'était aussi ce que souhaitaient les autorités japonaises, qui ne voyaient pas de moyen plus simple de contrôler la Chine. Le Renard allait dès lors œuvrer main dans la main avec le Japon, si ce n'est même à sa botte.

Kang organisa des attentats à répétition contre Cixi. Une série de tueurs à gages se rendit du Japon à Pékin. L'un d'eux, Shen Jin, s'était déjà lancé dans une semblable entreprise en 1900 avec une bande de pirates, mais leur échec le condamna à s'exiler. En 1903, il revint dans la capitale chinoise en vue d'une nouvelle tentative de meurtre et se lia d'amitié avec des policiers haut placés et des eunuques. Le bruit de sa présence à Pékin parvint toutefois aux oreilles des fidèles de Cixi, et il fut arrêté.

Un décret public inculpa M. Shen de rébellion armée et ordonna son exécution immédiate[11]. Comme l'empereur Guangxu devait fêter ce mois-là son anniversaire et qu'il était de coutume, chez les Qing, de suspendre les exécutions le mois de la naissance du souverain, ce même décret ordonna au ministère des Châtiments de rouer de coups de bâtons le condamné dans sa prison jusqu'à ce que mort s'ensuive – dans la plus pure des traditions médiévales. En temps normal, on n'exécutait ainsi que les eunuques, dans l'enceinte des épaisses murailles de la Cité interdite. À la prison d'État, il fut impossible de trouver le matériel nécessaire. Il fallut fabriquer de longs bâtons en bois pour l'occasion et les bourreaux peu habitués à une telle pratique mirent un temps fou à achever M. Shen, un grand costaud de solide constitution[12]. Les journaux eurent vent de l'affaire[13], dont les ignobles détails révoltèrent en particulier les Occidentaux[14]. Le *North China Herald*, une publication en langue anglaise, qualifia l'exécution de « monstrueuse perversion de l'équitable justice chinoise » et en attribua le blâme à Cixi : « Elle seule, dont la volonté a force de loi, a pu oser cela. » La légation britannique boycotta la réception de Cixi, cet automne-là[15]*.

Cixi avait promulgué son décret sans y réfléchir à deux fois, de même qu'elle avait, au fil des ans, ordonné de battre à mort certains eunuques. Elle dut toutefois admettre qu'on ne saurait infliger une peine aussi cruelle à l'époque moderne : l'épisode lui servit de leçon. Des réformes légales ne tardèrent pas à reléguer aux oubliettes les exécutions à coups de bâton et Cixi déclara publiquement qu'elle abhorrait (*tong-hen*) la torture, et notamment les bastonnades[16]. L'année suivante, en juin 1904, elle accorda une amnistie à tous ceux qui avaient trempé dans le complot orchestré par Kang le Renard en 1898 et la révolte armée de 1900[17]. Les détenus recouvrèrent la liberté et les exilés obtinrent la permission de revenir en Chine. Il ne resta plus officiellement que trois coupables de délits politiques en exil : Kang le Renard, Liang Qichao et Sun Yat-sen. Or, à un moment, il fut question de gracier Liang[18].

* On attribue souvent l'exécution de M. Shen à la virulence de ses opinions de journaliste. En réalité, rien n'indique qu'il ait publié quoi que ce soit dans la presse ou ailleurs. Son rôle, en matière de journalisme, se borna à procurer à des publications japonaises un document qualifié de « traité sino-russe secret » – en réalité : une liste d'exigences formulées par la Russie au lendemain de la révolte des Boxers, en échange du retrait des troupes russes de Mandchourie. Pékin refusa de s'y plier, et aucun traité ne fut signé – secret ou non. (Hormis celui de 1896.) Les Japonais voulaient mettre la main sur ce document pour attiser la haine contre les Russes. Quoi qu'il en soit, cela n'a rien à voir avec l'exécution de M. Shen. Son « crime » ne fut autre que sa participation à la rébellion armée de 1900. Cixi voulait sa mort au plus vite, car elle savait qu'il n'était revenu à Pékin que pour la tuer.

Cixi resserra sa sécurité en plaçant sous étroite surveillance les lieux fréquentés par les eunuques. En novembre 1904, Kang le Renard envoya du Japon en Chine une équipe d'assassins de haut vol. Un certain Luo, poseur de bombes, y tiendrait un rôle clé. (Ce Luo pratiquait aussi l'hypnotisme, apparemment convaincu que cela pourrait lui servir[19].) Ces hommes comptaient placer des bombes sur le passage de Cixi, par exemple à bord du petit bateau à vapeur qui la conduisait de Pékin au Palais d'été. Comme le pilote était le seul membre de l'équipage à ne pas faire partie de la domesticité du palais, ils s'arrangèrent pour que le poseur de bombes obtienne son poste. Mais pendant qu'il mettait au point des explosifs et faisait pour cela la navette entre la Chine et le Japon, Luo fut capturé sur la côte en juillet 1905 et promptement exécuté sur place. On étouffa l'incident. Cixi avait appris à éliminer en secret ceux qui cherchaient à la supprimer ; une tâche plus facile à mener à bien dans les provinces, où la presse n'épiait pas ses gestes d'aussi près que dans la capitale. Le Renard, peu désireux d'ébruiter sa participation à des tentatives d'assassinat, l'aida à couvrir l'affaire.

La mort de Luo, le poseur de bombes, porta un rude coup à Kang. Le reste de l'équipe n'en continua pas moins d'œuvrer sous l'autorité de son vieil ami et garde du corps, Tiejun[20]. À l'été 1906, Tiejun et un autre conspirateur furent arrêtés. Il admit d'entrée de jeu qu'il se trouvait à Pékin sur ordre de Kang pour assassiner Cixi. Les deux hommes ne furent pas remis au ministère des Châtiments, comme l'eût pourtant voulu la procédure légale. Dans ce cas-là, le public aurait eu accès aux informations les concernant – et la presse aussi. On les emmena à la garnison du général Yuan, à Tianjin, où une cour martiale les jugea sans que l'opinion en ait vent. Cixi craignait qu'un procès régulier ne fournît l'occasion aux accusés de se justifier en clamant qu'ils se conformaient tout bonnement à la volonté de l'empereur.

Selon certains témoins de l'épisode, on escorta les deux détenus à Tianjin dans des baraquements distincts, sans leur attacher de menottes ni les torturer. L'ordre avait été donné de les traiter avec tous les égards possibles : on tendit leurs chambres de brocart et on leur fournit des repas plantureux. Tiejun, un bel homme d'une quarantaine d'années, s'habillait à l'européenne, d'un costume blanc et d'un chapeau assorti. Comme il suait à grosses gouttes sous la chaleur estivale, on lui commanda une tenue de rechange, du jour au lendemain. L'officier chargé de veiller sur lui s'enquit du tissu qu'il désirait pour ses nouveaux habits. Il réclama une soie des plus onéreuses, noire et chatoyante d'un côté, marron et mate de l'autre.

Les condamnés sur le point de monter à l'échafaud bénéficiaient par tradition d'un traitement privilégié. La veille de leur mort, on leur servait ainsi un repas des plus copieux. Comme le relata Algernon Freeman-Mitford (le grand-père des sœurs Mitford), à l'époque où il résidait à Pékin : sur le lieu même de l'exécution, « rien ne saurait excéder la gentillesse des responsables, pris séparément comme dans leur ensemble, envers les condamnés. Ils leur donnaient leur propre pipe à fumer, du thé et du vin ; même au malheureux meurtrier, en train de se débattre entre deux soldats, on ne demanda que de "se tenir tranquille", en dépit de toutes ses provocations [...] l'excessive bonté des soldats envers les criminels m'a particulièrement frappé[21] ».

Tiejun n'ignorait pas que les égards dont il bénéficiait annonçaient son exécution prochaine. Malgré tout, il bavardait et plaisantait, sans le moindre soupçon de malaise. Un câble codé du général Yuan, parti pour Pékin après l'interrogatoire des détenus, condamna Tiejun à mort le 1er septembre. Un autre câble en retour devait confirmer en moins d'une heure son exécution et celle de son complice. Le juge de la cour martiale montra le message à Tiejun et lui laissa la possibilité de mettre lui-même fin à ses jours. Tiejun réclama du poison et mourut dans les affres de la douleur. On l'enterra dans une fosse commune des environs, auprès d'autres criminels condamnés à la peine capitale. Ses gardiens reçurent pour instruction de répondre à ceux qui demanderaient de ses nouvelles qu'une maladie subite venait de l'emporter.

Par une ironie du sort, ce même jour, Cixi fit connaître son intention d'établir en Chine une monarchie constitutionnelle. Le général Yuan, parti à Pékin l'aider à rédiger sa proclamation, donna l'ordre d'exécuter les conspirateurs à l'issue de plusieurs audiences avec l'impératrice douairière. Il est à peu près hors de doute que Cixi ratifia les condamnations à mort.

Un seul journal signala la disparition de Tiejun, qui n'attira que peu l'attention. Comme dans le cas du poseur de bombes, le chef de Tiejun, Kang le Renard, avait autant intérêt que le général Yuan ou Cixi à maintenir le secret sur l'affaire. Il n'est pas anodin que Tiejun se soit lui-même donné la mort : il se montra coopératif parce qu'il avait changé d'avis à propos de sa mission. Avant son inculpation, il pria par courrier le Renard de ne plus le presser de mener à bien sa tâche, vu qu'ils feraient mieux, selon lui, de renoncer à assassiner Cixi pour l'assister dans ses réformes. La veille de son arrestation, il écrivit à des amis : « N'entrez pas en action [...] recourez plutôt à des méthodes pacifiques, à partir de maintenant[22]. » Malgré tout, il n'eut droit à aucun sursis. Peut-être ne voulut-il pas dénoncer ses complices ? À moins que Cixi eût préféré ne courir aucun risque.

L'impératrice douairière ne sombra pas dans la paranoïa. Elle continua d'emprunter le même itinéraire pour se rendre de l'un à l'autre de ses palais. Un jour de neige où elle allait du Palais d'été à Pékin, l'un des porteurs de sa chaise glissa et la précipita par terre. Son entourage, gardant présentes à l'esprit les rumeurs d'attentats, céda à la panique et crut à une conspiration contre ses jours. « Il faut s'assurer qu'elle vit encore[23] ! » s'écrièrent des dames de la cour, terrorisées. Sa dame de compagnie, Der Ling, accourut auprès de Cixi, qu'elle trouva « assise, impassible, donnant l'ordre à l'eunuque en chef de ne pas punir le porteur de la chaise car l'incident n'était pas de sa faute, les pavés humides s'avérant particulièrement glissants* ». Rien n'atteste que Cixi eût puni, en l'absence de preuves, qui que ce soit qu'elle eût simplement soupçonné de tremper dans un complot contre ses jours.

Cixi se méfiait plus que tout du Japon, où s'étaient établis ceux qui en voulaient à sa vie. Ses craintes redoublèrent quand le pays sortit victorieux de la guerre qui l'opposa à la Russie en 1905.

Lors des troubles liés aux Boxers, en 1900, la Russie avait occupé une partie de la Mandchourie au motif que des foules en colère venaient d'y attaquer des Russes. Si l'on en croit le comte Witte, homme politique et diplomate russe : « Le jour où la nouvelle de la rébellion parvint à la capitale, le ministre de la guerre Kouropatkine

---

* Der Ling relata l'incident plus en détail : l'eunuque en chef Lianying conseilla de punir au moins pour la forme le porteur de la chaise, comme le voulait l'usage. « Ayant dit cela, il se tourna vers les tortionnaires (munis de cannes en bambou, ils accompagnaient partout la cour, dans l'éventualité d'incidents comme celui-là) et leur dit : "Donnez-lui quatre-vingts coups de canne sur le dos." La pauvre victime l'entendit, à genoux sur le sol boueux. Les tortionnaires l'entraînèrent à une centaine de mètres de nous, le jetèrent à terre et firent leur travail. Il ne leur fallut pas longtemps pour asséner les quatre-vingts coups et, à ma grande surprise, l'homme, une fois puni, se releva, comme si de rien n'était, avec le plus grand calme. » À l'évidence, les tortionnaires firent simplement semblant de le frapper, sachant que l'impératrice douairière ne lui en voulait pas. Les eunuques coupables de fautes punissables par un passage à tabac n'avaient pas toujours autant de chance. Beaucoup prirent le pli de porter des protections en caoutchouc sur le dos, à toutes fins utiles.

vint me trouver à mon bureau du ministère des Finances. Il rayonnait de joie. » Il avoua au comte : « Je suis ravi. Voilà qui va nous fournir un prétexte pour nous emparer de la Mandchourie[24]. » Après la signature du protocole de paix Boxer, les troupes étrangères se retirèrent de Chine, à l'exception des Russes, qui refusèrent d'évacuer la Mandchourie – une région « traîtresse », selon le comte Witte. Le Japon, qui la convoitait depuis longtemps, entra en guerre contre la Russie. Pendant le conflit, où s'affrontèrent sur le sol chinois deux puissances étrangères, Cixi, faute de mieux, se contenta de maintenir la neutralité de la Chine – une position certes humiliante. Dans sa chapelle privée, à laquelle menait un escalier dérobé, derrière son lit, l'impératrice douairière pria pour que son empire souffrît le moins possible[25]. Lorsque le Japon remporta la guerre, de nombreux Chinois s'exaltèrent, comme si sa victoire était aussi la leur. Un « petit » État asiatique venait en effet de vaincre une grande puissance européenne, démentant ainsi l'idée reçue de la supériorité des Européens sur les Asiatiques, et de la race blanche sur la race jaune. En Chine, on glorifia le Japon comme jamais encore. La victoire japonaise comportait aux yeux de Cixi le risque de voir ce pays voisin de la Chine, plus sûr de lui à présent, et plus fort, tourner vers elle son regard avide. Pressentant une crise imminente, Cixi se montra plus résolue que jamais à établir une monarchie constitutionnelle. Elle s'y décida pour de bon au lendemain de la victoire japonaise, en 1905, espérant que ses sujets feraient preuve de plus de patriotisme, une fois devenus « citoyens ».

Cixi avait bien raison de se méfier du Japon : il ne tarda pas à se lancer dans une série d'offensives diplomatiques afin de s'assurer la complicité des puissances concernant ses desseins en Chine. Des accords le lièrent bientôt à la Grande-Bretagne, à la France et même à la Russie. Les diplomates japonais menèrent campagne auprès des fonctionnaires chinois et des propriétaires ou rédacteurs de journaux, soucieux de les convaincre de l'intérêt pour les deux pays asiatiques de former une « alliance ». Beaucoup se laissèrent persuader, même si la suprématie du Japon au sein d'une telle alliance semblait inévitable, dans les faits si ce n'est dans les termes. Ce que les Chinois en visite au Japon y virent à l'époque les impressionna – « la propreté des villes, la prospérité des habitants, l'honnêteté des commerçants et l'éthique professionnelle de l'homme de la rue[26] ». Les diplomates européens savaient en outre que le Japon consacrait l'équivalent de 6 à 8 millions de marks allemands par an (environ 2 à 3 millions de taels) au maintien de relations privilégiées avec des hommes au bras long « dans le but ultime d'installer » pour ainsi dire « l'empereur du Japon à Pékin[27] ». Certains Japonais pétris d'assurance se posèrent la question toute rhétorique de savoir « pourquoi 50 millions de Japonais ne pourraient pas en faire autant [vis-à-vis des Chinois] que 8 millions de Mandchous ? ».

Cixi ne voulait surtout pas laisser Tokyo dominer son empire. Elle ne se faisait pas non plus d'illusion sur les bienfaits pour la Chine d'une éventuelle domination japonaise. En Corée, placée sous la « protection » du Japon après la victoire de celui-ci sur la Chine en 1894-95, les Japonais avaient imposé leur autorité avec brutalité. Alors même que la presse chinoise jouissait d'une liberté sans bornes, une censure des plus sévères éradiquait des journaux coréens le moindre soupçon d'hostilité envers les Japonais. Un rédacteur en chef qui ne mâchait pas ses mots, Yang Ki-Tak, responsable d'une publication en coréen appartenant à des Britanniques, fut arrêté et confiné dans une cellule « si peuplée qu'il n'avait pas la place de s'y étendre par terre et au plafond si bas qu'il ne pouvait pas non plus s'y tenir debout ». Au bout de quelques semaines, il ne lui resta plus que la peau sur les os[28]. Le consul général britannique en Corée, Henry Cockburn, choqué, protesta auprès d'un fonctionnaire japonais de haut rang. Celui-ci, insensible au sort du prisonnier, déclara à Cockburn que sa « persistance à s'appesantir sur de telles trivialités ne pouvait provenir que d'une volonté hostile de dresser des obstacles sur le chemin des Japonais ». Outragé par l'incident et consterné par l'indifférence des Britanniques envers la brutalité des autorités japonaises, Cockburn démissionna et mit du même coup un terme prématuré à sa carrière diplomatique pourtant prometteuse.

A priori, Cixi ne penchait pas plus pour les Japonais de type asiatique que pour les Européens. La couleur de peau ne lui importait aucunement et elle ne nourrissait pas de préjugés raciaux. Elle comptait aussi bien parmi ses amies étrangères des Américaines – Sarah Conger et Katharine Carl –, que Louisa Pierson, mi-américaine, mi-chinoise, ou Uchida Kosai, l'épouse de l'ambassadeur japonais.

Malgré tout, la méfiance de Cixi envers le Japon ne l'incita pas à se jeter dans les bras d'une autre puissance. En dépit de la quantité de Japonais et d'Occidentaux en poste aux ministères et aux gouvernements de province, Cixi refusa d'employer auprès du trône des conseillers étrangers. En 1906, le Kaiser, Guillaume II, lui transmit, par l'intermédiaire de l'ambassadeur chinois à Berlin, sur le départ, la proposition de former « une *entente cordiale* qui *garantirait* les régions les plus importantes de Chine » dans l'éventualité d'une attaque japonaise[29]. Cixi ne répondit pas. Depuis la trahison de la Russie, elle ne nourrissait plus d'illusions sur la valeur de telles garanties. Surtout, le Kaiser, à l'initiative du dépeçage de la Chine par les puissances étrangères, ne lui inspirait aucune confiance. La manière même dont il formula ses inquiétudes, qualifiant une union entre la Chine et le Japon de « péril jaune[30] », parut offensante à Cixi. Il ne tarderait pas à déclarer au *New York Times* : « Le contrôle de la Chine par le Japon [...] irait tout à fait à l'encontre de la civilisation de l'homme blanc. Ce serait la pire des calamités [...] L'avenir appartient à la race blanche ; pas aux jaunes, ni aux noirs ni aux peuples au teint olivâtre. Il appartient à l'homme blond*. »

Le silence de Cixi rendit perplexe et contraria le Kaiser – « Un an s'est maintenant écoulé. Et rien n'a encore été fait. Nous devons nous atteler à la tâche sur-le-champ ! Sans attendre ! Et nous dépêcher ! [...] je me suis expliqué devant les Chinois, voici un an [...] À l'évidence, pour eux, le temps n'est pas de l'argent [...] La Chine est si lente. Ils remettent toujours tout à plus tard et encore plus tard[31]. » Le Kaiser tenta de s'assurer l'adhésion à son projet d'alliance des États-Unis – le seul pays étranger en lequel Cixi plaçait un tant soit peu d'espoir. Fin 1907 parvinrent à l'impératrice douairière deux nouvelles encourageantes : les États-Unis renonçaient à la majeure partie de l'indemnité boxer et envoyaient une importante flotte dans le Pacifique. Dès lors convaincue des bonnes dispositions des Américains et de leur intention de rivaliser avec le Japon, Cixi confia à un émissaire la mission d'exprimer sa gratitude aux États-Unis et de réfléchir aux moyens de resserrer les liens entre les deux pays[32]. Cet envoyé se rendrait ensuite en Allemagne et dans d'autres pays d'Europe. Le remboursement de l'indemnité prit toutefois du retard et l'homme en question ne partit pas avant un an. Le fait que Cixi n'ordonna pas à son ambassadeur à Washington d'évoquer la proposition d'*entente* du Kaiser et ne dépêcha en Amérique aucun envoyé spécial amène à penser qu'elle ne croyait pas à la réalité d'un tel projet. Les États-Unis n'entreraient certainement pas en guerre contre le Japon au bénéfice de la Chine ; il semblait plus probable qu'ils sacrifient les intérêts de la Chine aux leurs. De fait, les États-Unis ne tardèrent pas à conclure un pacte avec le Japon : l'accord Root-Takahira, qui entérina la domination du Japon sur

* Les crochets sont d'origine. À en croire le journaliste, lors de leur entretien : « Sa Majesté s'empourpra et dressa le bras, le poing en l'air. Les dents serrées, approchant son visage du mien, il s'exclama... »

le sud de la Mandchourie et l'occupation américaine de Hawaï et des Philippines*.

À l'été 1907, le Japon annexa pour ainsi dire la Corée, obligeant à abdiquer en faveur de son fils le roi que Tokyo ne jugeait pas assez docile envers son « conseiller » japonais – l'ancien Premier ministre Ito Hirobumi. Un nouvel accord entre la Corée et le Japon fit d'Ito le résident général du pays et précisa que le roi de Corée ne pourrait prendre aucune décision sans son approbation. Un nationaliste coréen assassinerait Ito deux ans plus tard : il « s'était acquis la haine des autochtones par la rigueur de son autorité[33] », comme l'écrivit le *New York Times* à l'occasion de sa mort. Pour l'heure, son nouveau statut de seigneur et maître de la Corée rappela à Cixi qu'en 1898, cette « figure majeure de l'élévation du Japon au rang de puissance mondiale » avait manqué de peu faire passer sous sa coupe l'empereur Guangxu, la Chine risquant alors de connaître le même sort que la Corée. À présent que le territoire coréen appartenait dans les faits au Japon, celui-ci partageait en outre avec la Chine une frontière que son armée pourrait franchir sans peine, au cas où il le souhaiterait.

Dans ce contexte, Cixi résolut de chasser de sa cour les dignitaires soupçonnés de servir les Japonais. Les mesures qu'elle prit visèrent en premier lieu un officier du nom de Cen Chunxuan, ayant escorté la cour lors de sa fuite de Pékin en 1900. Reconnaissante, Cixi lui donnait depuis accès à sa personne. Mais il s'avéra que ce Cen, rattaché à un bataillon en poste loin de la capitale, avait accouru au secours de la cour au mépris des ordres de son supérieur, et à la requête de Kang le Renard, avec lequel il maintenait des liens clandestins, afin de protéger l'empereur Guangxu. Cixi apprit en outre que Cen avait rencontré à Shanghai l'associé du Renard : Liang, venu spécialement du Japon pour l'occasion – Kang en personne avait même projeté de se joindre à la réunion. Cixi accorda à Cen un « congé pour raisons de santé » et muta son proche ami, le Grand Conseiller Lin Shaonian[34], de Pékin dans la province du Henan, dont elle le nomma gouverneur. En congé à Shanghai, Cen continua de s'entretenir avec des politiciens japonais en vue, dont Inukai Tsuyoshi, futur Premier ministre du Japon, qui organiserait

* Une trentaine d'années plus tard à peine, le Japon donna la pleine mesure de son ambition en attaquant par surprise la base américaine de Pearl Harbor, à Hawaï, avant d'envahir les Philippines.

en 1931 l'invasion de la Mandchourie – et pour l'heure, le plus actif des partisans de Kang le Renard comme de Sun Yat-sen[35].

Cixi remania par ailleurs le Grand Conseil, où elle nomma trois hommes dont elle était sûre qu'ils n'œuvraient pas en sous-main pour le Japon. Parmi eux : le général Yuan, auquel Cixi confia la direction des Affaires étrangères, bien qu'à en croire un étranger, il n'eût « pas aussi ferme contenance que d'autres dignitaires chinois[36] ». Ce grand admirateur du Japon donna l'ordre aux futurs fonctionnaires sous ses ordres de séjourner trois mois là-bas avant leur prise de poste[37]. Il ne s'en laissait cependant pas conter par les Japonais, et se méfiait depuis longtemps de leurs ambitions en Chine, ce qui explique d'ailleurs que Tokyo le considérait comme une gêne et que Kang le Renard se fût presque autant acharné à sa perte[38] qu'à celle de Cixi*.

Le vice-roi Zhang, autre admirateur du Japon, rejoignit lui aussi le Grand Conseil. Bien qu'il eût fait de l'œil à Tokyo en 1900, Cixi gardait confiance en sa volonté de maintenir l'indépendance de la Chine, sans compter que sa forte personnalité l'empêcherait de se laisser manipuler par quiconque. Enfin, incorruptible, il n'accepterait pas de pots-de-vin.

Le troisième nouveau membre du Grand Conseil, Zaifeng, n'était autre que le fils du prince Chun, fidèle partisan de Cixi. Celle-ci le préparait d'ailleurs à prendre sa succession. Quand le protocole de paix Boxer obligea un prince chinois à présenter des excuses à la cour allemande à la suite du meurtre du baron von Ketteler, Zaifeng se rendit à Berlin alors qu'il n'avait encore que dix-huit ans. Il s'acquitta de son épineuse mission avec brio et demanda pardon au nom de la Chine avec une admirable dignité, refusant de s'incliner aux pieds du Kaiser, comme le réclamaient au départ les autorités allemandes – qui n'insistèrent cependant pas[39]. Après son retour à Pékin, Cixi arrangea son mariage avec la fille de Junglu[40], l'un de ses plus proches alliés**. Elle mit Zaifeng au courant des affaires extérieures autant que faire se pouvait, l'envoyant représenter le gouvernement chinois à tous les événements publics auxquels assistaient des étrangers. Il connaissait ainsi le corps diplomatique et les missionnaires mieux que beaucoup de Chinois. Les Occidentaux,

* Le général Yuan cherchait à en imposer par tous les moyens. Ses gardes, choisis en raison de leur taille, portaient des uniformes en imitation peau de léopard et, à en croire certains observateurs ébahis, on eût dit « des tigres et des ours ».

** Junglu mourut en 1903.

avec lesquels il frayait facilement, l'appréciaient. Cixi avait foi en lui, convaincue qu'il ne collaborerait jamais avec le Japon – or il ne la déçut pas. En tant que Régent, suite à la mort de Cixi et à la proclamation de son fils, Puyi, en tant qu'empereur, Zaifeng repoussa toutes les ouvertures des Japonais*. Une fois son fils couronné empereur de Manchukuo, l'État fantoche créé par les Japonais en Mandchourie, Zaifeng ne lui rendit qu'une seule visite. Il ne séjourna là-bas qu'un mois au cours des quatorze années d'existence du pays et ne s'y mêla pas de politique. (Il s'éteignit en 1951.)

L'un des principaux agents du Japon, le prince Su, appartenait à la famille régnante, les Aisin-Gioro. Âgé à l'époque d'une quarantaine d'années, c'était un fervent partisan de l'empereur Guangxu. Ce dignitaire, le plus « japonisé » de Chine, avait établi à son domicile une école au bénéfice de ses filles et d'autres femmes de sa maison où enseignait un Japonais. Cixi, qui l'appréciait pour son habileté et son ouverture d'esprit, le nomma chef de la police[41]. Le conseiller des forces de l'ordre, un Japonais, Kawashima Naniwa, avait assumé ses fonctions avec une remarquable efficacité lors de l'occupation de la capitale par des armées étrangères, au lendemain des troubles liés aux Boxers. Les deux hommes devinrent bons amis, au point que Kawashima adopta plus tard une fille du prince Su. Elle grandit au Japon et, sous le nom de guerre de Joyau de l'Orient, devint l'une des meilleurs espionnes des Japonais à l'époque de leur invasion de la Chine pendant la Seconde Guerre mondiale. Elle mourut au lendemain du conflit, exécutée pour trahison.

Le prince Su allait devenir un partisan aussi fanatique que, plus tard, sa fille, de l'absorption de la Chine par le Japon. Pour l'heure, il gardait toutefois un profil bas. En 1903, Qing Kuan, peintre à la cour (dont les représentations du Palais d'été et des noces de l'empereur Guangxu comptent aujourd'hui au nombre des trésors nationaux de la Chine), mit Cixi en garde contre le prince en lui révélant ses véritables allégeances. Farouchement dévoué à l'impératrice douairière, le peintre avait joué un rôle essentiel dans la capture du tueur à gages Shen Jin. Il écrivit sous le sceau du secret à Cixi que l'arrestation de ce Shen Jin n'aurait pas été possible si les proches du prince Su en avaient eu vent[42]. Cixi convoqua le prince, qui ne se défendit que par des marmonnements peu convaincants[43]. Elle

* Le film de Bernardo Bertolucci, *Le Dernier Empereur*, a immortalisé l'histoire de ce Puyi.

le destitua de ses fonctions de chef de la police, sous le prétexte que son emploi revenait trop cher[44], et le fit surveiller de près. Il confia à un informateur de Kang le Renard que même sa concubine favorite l'espionnait pour le compte de Cixi et qu'il avait le sentiment d'être « assis en permanence sur un coussin d'aiguilles[45] ».

Une fois le prince sous surveillance, Cixi le nomma, en juin 1907, à la tête du tout nouveau ministère du Service public, dont dépendait la police[46]. Il s'agissait de dresser un écran de fumée à l'intention des Japonais, pour qu'ils ne soupçonnent pas leur involontaire implication dans le départ de la cour de Cen et d'autres encore. Cixi s'assura par ailleurs que l'homme de confiance qui secondait le prince avait bien en main les forces de l'ordre[47].

La brigade de lutte contre l'incendie dans la capitale relevait du ministère que dirigeait le prince. Celui-ci confia à Wang Zhao, un employé de bureau mêlé à la conspiration de 1898, sorti de prison lors de l'amnistie décrétée par Cixi : « J'ai équipé et entraîné comme une armée la brigade de lutte contre l'incendie. Quand sonnera l'heure des changements radicaux, je me servirai d'elle pour envahir les palais sous le prétexte d'éteindre un départ de feu et l'empereur remontera sur le trône[48]. » Wang Zhao abonda dans son sens : « Dès que nous parviendra la nouvelle que l'impératrice douairière s'est alitée, mal en point, Votre Excellence pourra emmener la brigade au Palais d'été pour assurer la sécurité de l'empereur, le conduire dans la principale salle de la Cité interdite et le placer sur le trône. Alors, on pourra convoquer les hauts dignitaires pour qu'ils reçoivent ses ordres. Qui oserait lui désobéir* ? »

Le Palais d'été se situait trop loin de Pékin pour que la brigade de lutte contre l'incendie du prince Su y eût accès. Il semblerait qu'un autre plan vît le jour. Le gouvernement japonais offrit à l'impératrice douairière un bateau à vapeur conçu sur mesure pour le lac de Kunming. Cixi n'allait certainement pas refuser un tel cadeau. Des ingénieurs japonais eurent dès lors accès au Palais

* Wang Zhao tenta de convaincre le prince Su d'entrer en action sur-le-champ, mais le prince, prudent, préféra attendre le moment opportun. « Les règles de notre dynastie sont particulièrement strictes en ce qui nous concerne, nous autres princes, déclara-t-il. Nous ne pouvons entrer aux palais sans y avoir été conviés. Un pas de travers et je suis un homme mort. » Comme Wang Zhao le pressait d'intervenir, il rétorqua : « Ce n'est pas en prenant des risques qu'on réussira. Regardez plutôt où cela vous a mené, droit aux prisons du ministère des Châtiments. À quoi cela a-t-il servi ? »

d'été. Ils effectuèrent un relevé minutieux du lac et du canal qui le reliait à la capitale, notant la profondeur de l'eau en leurs différents points et la meilleure manière d'y naviguer. Ils étudièrent en outre les autres bateaux dont disposait Cixi, afin de s'assurer que le leur les surclasserait. Le vapeur conçu au Japon arriva par voie fluviale au Palais d'été où l'assembleraient plus de 60 techniciens japonais – qui prirent l'habitude d'arpenter les environs en y examinant les constructions. À la fin du mois de mai 1908, l'impératrice douairière reçut en cadeau le vapeur manœuvré par un équipage japonais. Sommée de lui trouver un nom, elle lui choisit celui de *Yong-he* : paix à jamais. La cérémonie de baptême eut lieu au Palais d'été. Y assistèrent des représentants des deux pays – mais pas Cixi, ni l'empereur Guangxu. Les derniers ingénieurs et membres de l'équipage japonais finiraient malgré tout par rentrer au pays. Rien n'atteste que Cixi soit jamais montée à bord de son « cadeau[49] ».

À la même époque, un secrétaire du Grand Conseil confia son malaise à son journal. « La sécurité des résidences impériales est une affaire sérieuse, écrivit-il, d'ailleurs, même les fonctionnaires lambda n'ont pas le droit d'y pénétrer. Et voilà que ces étrangers s'y promènent nuit et jour. Ça ne me paraît pas normal. J'ai aussi entendu dire que, souvent, les Japonais boivent et donnent de la voix. Je me demande ce qui se passerait, s'ils s'introduisaient de force là où ils n'ont pas le droit d'aller[50]. » Cixi ne pouvait pas ne pas partager les craintes de ce secrétaire. Le vapeur (à l'allure de navire de guerre) faisait figure de cheval de Troie dans son palais. Il permettrait en outre d'atteindre l'empereur Guangxu, logé dans une villa juste au bord de l'eau.

Qui plus est, ce cheval de Troie apparut au Palais d'été alors que la santé de Cixi se détériorait. Dans un premier temps, sa solide constitution la soutint : à l'occasion d'une visite à la première ferme expérimentale moderne du pays[51] en mai, elle parcourut plusieurs kilomètres à pied, tandis que l'empereur Guangxu se déplaçait en chaise à deux porteurs. À compter du début de juillet, alors que ses oreilles lui tintaient, prise de fièvre et d'étourdissements en permanence, Cixi dut toutefois âprement lutter pour assumer ses fonctions[52].

D'autres nouvelles alarmantes s'abattirent sur l'impératrice douairière, communiquées cette fois par le vice-roi de Mandchourie[53] : des problèmes se multipliaient à la frontière avec la Corée, à présent aux mains des Japonais. Ceux-ci venaient d'établir une ligne de chemin de fer jusqu'aux berges du fleuve entre les deux pays et aménageaient à présent des points de passage du côté coréen. Ils allèrent jusqu'à construire un pont, que les véhémentes protestations des Chinois les obligèrent toutefois à démanteler en plein chantier. Au même moment, l'ambassadeur japonais à Pékin menaça les autorités chinoises de faire franchir la frontière à l'armée japonaise pour attaquer une bande armée coréenne hostile aux Japonais[54]. Tokyo semblait prêt à saisir n'importe quel prétexte pour envoyer des troupes en Chine – en renfort, au cas où se produirait un incident aux palais.

Le 18 juillet, le légendaire responsable des renseignements militaires japonais, le lieutenant général Fukushima Yasumasa, se rendit en Chine et plus précisément au Hunan où il s'entretint avec Cen, nommé par Cixi gouverneur de la province[55]. Mue, peut-être, par un sombre pressentiment, Cixi demanda au général Yuan et au vice-roi Zhang d'éplucher la correspondance confisquée à Kang le Renard et ses complices[56]. Il s'agissait là d'un ordre suffisamment inhabituel pour qu'un secrétaire du Grand Conseil le mentionne avec stupeur dans son journal. En temps normal, Cixi prenait soin d'éviter les démarches susceptibles d'incriminer les contacts de ses ennemis politiques. Il semblerait pour le coup qu'elle eût éprouvé le besoin de s'assurer qu'il ne restait pas d'autres officiers du genre de Cen à démasquer.

Ce fut dans ces moments de tension éprouvante pour les nerfs que l'empereur Guangxu fêta son trente-septième anniversaire, le 24 juillet. Cixi décida que l'on donnerait pour l'occasion un opéra – à propos de la mort d'un roi, Liu Bei, en 223 ap. J.-C. Raffolant de cette œuvre, Cixi en fit fabriquer tous les décors et les costumes en blanc, la couleur du deuil. Les acteurs se produiraient en habits de brocart blanc et celui qui incarnerait le roi, en robe blanche ornée de dragons brodés au fil noir. Les armures et les drapeaux de la troupe aussi seraient d'un blanc éclatant[57]. En règle générale, le blanc était proscrit lors des anniversaires de la famille impériale : les courtisans évitaient même les robes laissant entrevoir une doublure blanche aux manches – afin de ne pas attirer le mauvais œil. De fait, Cixi priait pour que son fils adoptif joue de malchance. Seule sa mort mettrait un terme aux machinations des Japonais ambitionnant de faire de lui leur jouet.

31. Décès (1908)

L'empereur Guangxu était si gravement malade que l'on convoqua des médecins des provinces à Pékin. Dans les notes qu'il leur adressa, Sa Majesté se plaignit qu'il entendait « à certains moments le vent et la pluie au loin, des voix humaines et des roulements de tambours ; à d'autres, le chant de cigales ou encore le déchirement d'une soierie. Je n'ai plus un instant de répit[1] ». Guangxu ressentait en outre « de grandes douleurs au-dessous de la ceinture », des difficultés à entendre et à lever les bras pour se laver le visage et « tremblait de froid même sous quatre édredons ». Tout en déversant sa colère sur les praticiens incapables de le soulager et plus encore de le guérir, il s'accrochait avec ténacité à la vie.

Bénéficiant d'un peu plus de liberté depuis le retour d'exil de la cour, l'empereur avait renoué avec son principal devoir : se rendre lors du solstice d'hiver au temple du Ciel y implorer sa bénédiction sur les récoltes à venir. Depuis qu'il vivait reclus, des princes s'en chargeaient à sa place, mais Cixi redoutait le courroux du Ciel. Ne doutant plus, à présent, que les gardes lui obéiraient à elle de préférence à l'empereur, elle autorisa enfin celui-ci à quitter l'enceinte du palais en son absence.

Malgré tout, Cixi redoutait sans cesse un enlèvement de Guangxu et restait sur ses gardes, en particulier lors des visites d'étrangers. Un invité au palais relaterait par exemple :

> L'empereur, sans doute las d'une conversation à laquelle il ne prenait aucune part, se retira sans bruit par une porte dérobée au théâtre où l'on représentait alors une pièce. L'impératrice douairière ne remarqua pas tout de suite sa disparition mais, dès qu'elle s'en aperçut, l'anxiété se peignit sur ses traits, et elle se tourna vers l'eunuque en chef,

Li Lienying [Lee Lianying] et, sur un ton d'autorité, lui demanda : « Où est l'empereur ? » Ce fut alors un véritable branle-bas parmi les eunuques, qui reçurent l'ordre de se renseigner aux quatre coins du palais. Quelques instants plus tard, ils revinrent lui dire que l'empereur était au théâtre. L'anxiété qui venait de voiler les traits de l'impératrice douairière passa comme un nuage devant le soleil – et quelques eunuques retournèrent au théâtre[2].

Il semblerait que l'empereur Guangxu ait plusieurs fois tenté de fuir[3]. Un jour, il prit le chemin d'une porte du Palais d'été, mais des eunuques le ramenèrent à son point de départ en le traînant par sa longue natte. À une autre occasion, un secrétaire du Grand Conseil l'aperçut à quelques pas du bureau des conseillers, la tête inclinée vers le ciel comme en prière, puis il se dirigea vers une porte de la Cité interdite. Aussitôt, une douzaine d'eunuques au moins lui barrèrent la route.

Il était interdit de rendre visite à l'empereur dans sa villa et seules de rares personnes de confiance avaient le droit de s'entretenir avec lui. Quand Louisa Pierson s'installa à la cour, sa fille adolescente Rongling prit l'habitude de bavarder avec Guangxu, lorsqu'ils se croisaient par hasard. Un jour, l'eunuque qui suivait partout l'empereur vint aux appartements de la jeune fille lui présenter une montre. Sur son cadran de verre avait été tracé un idéogramme à l'encre écarlate. L'eunuque dit à Rongling que Sa Majesté voulait savoir où se trouvait l'homme que l'on surnommait ainsi. Élevée à l'étranger et ne déchiffrant qu'à grand-peine le chinois, Rongling ne reconnut pas l'idéogramme. Un rictus tordit les traits de l'eunuque : « Vous ne voyez donc pas ? Kang ! » Il vint à l'esprit de l'adolescente que l'eunuque se référait à Kang le Renard, dont même elle savait qu'il ne fallait en aucun cas prononcer le nom à la cour. Prenant peur, elle répondit qu'elle ne savait pas où se trouvait ce Kang et qu'elle ferait peut-être mieux de poser la question à sa mère. À ces mots, l'eunuque lui dit d'oublier l'incident. Les eunuques qui entouraient Guangxu ayant tous été choisis par Cixi avec le plus grand soin, il paraît peu probable que l'empereur eût lui-même écrit le nom de « Kang ». Sans doute Cixi souhaitait-elle mettre à l'épreuve la jeune fille, dont on avait dû lui dire qu'elle aimait bavarder avec l'empereur. L'impératrice douairière avait besoin de s'assurer que Rongling ne servait pas de messagère entre le Renard et Guangxu[4].

À compter de l'été 1908, Cixi souffrit de diarrhées, qui l'épuisaient[5]. Elle continua cependant d'assumer sa monumentale charge de travail, se contentant, à l'occasion, de repousser jusqu'à 9 heures son audience de la matinée. La plupart des décrets qu'elle promulgua à cette époque concernaient la création d'une monarchie constitutionnelle. Elle donna son aval au projet de constitution, approuva le règlement électoral et fixa un horizon de neuf ans à la création du parlement.

Ses forces déclinantes, Cixi les consacra entre autres aux préparatifs du séjour en Chine du treizième Dalaï-Lama. Au XVIIIe siècle, l'empire des Qing avait incorporé à son territoire le Tibet, qui gérait depuis lui-même ses affaires intérieures tout en reconnaissant l'autorité de Pékin. Un commissaire impérial en poste à Lhassa assurait le lien entre Lhassa et Pékin, où l'on entérinait de fait toutes les décisions prises au Tibet. Ce fut dans ce contexte qu'en 1877, Cixi (au nom de l'emmpereur Guangxu) ratifia la décision du régent tibétain de reconnaître en Thubten Gyatso, encore enfant, la treizième réincarnation du Dalaï-Lama[6]. D'autres édits de l'impératrice douairière approuvèrent la formation que suivrait l'enfant, confié à des maîtres tibétains. Au programme : rien qui pût rappeler la culture han ou mandchoue[7]. Comme les Tibétains se montraient coopératifs, Cixi les laissait tranquilles. Elle n'en disposait pas moins d'informations fiables sur la situation au Tibet : depuis l'apparition du télégraphe en Chine, le commissaire impérial de Lhassa avait les moyens de communiquer par câbles avec Pékin.

En 1903 et 1904, une expédition militaire britannique, dirigée par le commandant Francis Younghusband, envahit le Tibet depuis les Indes britanniques. Les Tibétains prirent les armes mais subirent de lourdes pertes. Le Dalaï-Lama s'enfuit et Younghusband poussa jusqu'à Lhassa. Avant de se retirer, il signa avec l'administration tibétaine un traité qui obligeait le Tibet à verser une indemnité de guerre de 500 000 livres sterling et à ouvrir un plus grand nombre de villes au commerce. Et ce n'était pas tout : « De manière à garantir le versement de l'indemnité sus-mentionnée et le respect des articles relatifs aux marchés commerciaux [...] le gouvernement britannique continuera d'occuper la vallée de Chumbi[8]. » Les Tibétains devraient en outre « raser tous les forts et les fortifications et démanteler tous les équipements militaires susceptibles d'entraver la libre communication entre la frontière britannique et les villes de Gyantsé et Lhassa ». Enfin, le Tibet ne pourrait plus rien décider en matière de politique extérieure « sans le consentement préalable du gouvernement britannique ».

Lorsque le commissaire impérial des Qing lui communiqua par câble les termes du traité, Cixi comprit que celui-ci menaçait la « souveraineté » de son empire sur le Tibet. Elle déclara par un édit du 3 octobre 1904 : « Voilà deux cents ans que le Tibet appartient à notre dynastie. Vaste et riche en ressources naturelles, il a toujours attiré la convoitise des étrangers. Des troupes britanniques y ont récemment pénétré avant de forcer les Tibétains à signer un traité. La situation a pris là un tournant des plus néfastes et [...] nous devons éviter de plus amples dommages et remédier à la conjoncture actuelle[9]. » Cixi envoya des représentants négocier en Inde avec les Britanniques dans l'espoir d'obliger la Grande-Bretagne à s'entendre avec Pékin en court-circuitant le Tibet. « Pas de concession en ce qui concerne notre souveraineté sur le Tibet[10] », ordonna Cixi à ses émissaires.

La Grande-Bretagne accepta de négocier avec les représentants de Cixi et, par un traité signé avec Pékin en avril 1906, reconnut en gros (encore que non sans ambiguïté) l'appartenance du Tibet à l'empire chinois.

Cixi détenait une carte maîtresse en la personne du treizième Dalaï-Lama en fuite. Bel homme frisant la trentaine, il fit route, en habit de moine, vers le nord-est, jusqu'à Ourga, aujourd'hui Oulan Bator, à l'époque capitale de la Mongolie extérieure, rattachée à l'empire des Qing. Le Dalaï-Lama était le chef spirituel des Mongols aussi bien que des Tibétains. Cixi envoya aussitôt des dignitaires à son service et ordonna aux autorités locales de s'assurer qu'il ne manquerait de rien. Elle lui témoigna par câble sa sympathie, au vu des difficultés de sa situation, et l'incita à regagner Lhassa dès le départ des Britanniques pour y diriger le Tibet comme ses prédécesseurs[11].

Le treizième Dalaï-Lama ne revint pas tout de suite dans son pays : il demanda d'abord à rencontrer l'impératrice douairière à Pékin[12]. En l'absence du Dalaï-Lama, un dignitaire han, Chang Yintang, administra le Tibet (quoique pas en tant que commissaire impérial – un poste que la tradition ne pouvait attribuer à un Han). Yintang tenta d'imposer au Tibet des « réformes » qui l'eussent assimilé à une province han. Au fait de la situation en Inde, où il venait de négocier avec les Britanniques, il conseilla à Pékin d'adopter la méthode anglaise : dépêcher sur place une armée de taille, faire du commissaire impérial un « gouverneur général », nommer les fonctionnaires et traiter le Dalaï-Lama et le Panchen-Lama comme des maharajahs en les privant de tout pouvoir politique et en leur graissant largement la patte. Cixi ne suivit pas les recommandations de Yintang. Des rapports lui signalèrent l'impopularité de ses idées auprès des Tibétains. Elle le transféra donc à un autre poste, enterrant du même coup ses projets[13]. Elle comprit que les Tibétains ne reculeraient devant rien pour qu'on les laisse en paix et qu'elle ne réussirait à maintenir le Tibet au sein de l'empire qu'en respectant leur volonté d'autonomie. Le Dalaï-Lama apprécia son attitude, convaincu qu'il ne pouvait pas espérer mieux. À plusieurs reprises, il demanda à la voir – de manière à parvenir à un accord. Cixi finit par l'inviter à la capitale chinoise, où il arriva le 28 septembre 1908.

La répugnance de Cixi à convier à Pékin le Dalaï-Lama s'explique à coup sûr par les difficultés protocolaires potentiellement explosives soulevées par sa visite. Le principal dilemme concernait la génuflexion de rigueur devant Cixi et l'empereur. En principe, le statut de chef spirituel du Dalaï-Lama obligeait ceux qui l'approchaient à s'agenouiller devant lui. D'un autre côté, en tant que leader politique, il devrait en théorie mettre un genou en terre face au trône. Le soustraire à cette obligation, à laquelle seuls échappaient les étrangers, laisserait supposer que Pékin ne considérait pas le Tibet comme une partie de la Chine[14]. Le problème prendrait une dimension critique au banquet d'État en l'honneur du Dalaï-Lama, où des chefs politiques de Mongolie, par exemple, s'agenouilleraient à l'arrivée puis au départ de Guangxu. Cixi se doutait bien que ce banquet, un événement « public », attirerait l'attention : les puissances occidentales y guetteraient un indice que Cixi ne traitait pas le Tibet comme une partie de la Chine, tandis que les Tibétains, eux, voudraient s'assurer que l'on n'humiliait pas leur dieu. Le bureau du protocole demanda à Cixi ses instructions. Après plusieurs jours de réflexion, elle décréta que le Dalaï-Lama s'agenouillerait au banquet, mais sur son siège – un trône assez bas où il prenait d'ordinaire place en tailleur – et non à l'entrée de la salle, comme les autres. Sa posture de soumission passerait ainsi inaperçue, d'autant qu'il s'habillait d'une ample robe. Le Dalaï-Lama n'émit aucune objection. Sans doute estima-t-il que ce n'était pas là un prix trop élevé à payer pour le maintien de l'autonomie du Tibet, à laquelle il tenait autant que l'impératrice douairière.

De fait, Cixi estimait vital de garder le Tibet au sein de l'empire à des conditions satisfaisantes pour les deux pays, qui se devaient de rester amis. Elle réfléchit aux présents symboliques qu'il convenait d'offrir au Dalaï-Lama et, quand elle lui conféra un nouveau titre, veilla à souligner sa « sincère loyauté[15] » à l'empire. Cixi ne comptait pas affirmer son autorité d'une main pesante. Plus tôt cette année-là, elle nomma un nouveau commissaire impérial au Tibet : Zhao Erfeng. Lhassa n'en voulut toutefois pas à cause de ses faits d'armes en tant qu'administrateur d'une région voisine peuplée de Tibétains. Plutôt que d'imposer Zhao par la force, Cixi le rappela à Pékin, une concession sans exemple dans l'histoire des Qing, « afin de ne pas s'aliéner la bonne volonté des Tibétains[16] », comme le précisa un décret de sa main. Les troupes impériales reçurent l'ordre de ne pas s'engager dans des escarmouches contre l'armée tibétaine. À Pékin, Cixi convint avec le Dalaï-Lama qu'il retournerait dès que possible à Lhassa et continuerait de gouverner le Tibet comme ses prédécesseurs[17].

Pendant tout le séjour du Dalaï-Lama, Cixi dut lutter pour tenir bon. Trop mal en point pour lui accorder l'audience prévue aussitôt après son arrivée, elle donna l'ordre de l'annuler, la vue brouillée par des larmes de dépit. Son état fluctuant d'un jour à l'autre ne lui permit en outre pas de convenir d'une nouvelle date. Au final, Cixi ne put accorder d'entretien au Dalaï-Lama qu'un matin où elle s'en sentit la force au réveil[18].

La visite du Dalaï-Lama coïncida avec le soixante-treizième anniversaire de Cixi, le dixième jour du dixième mois lunaire – le 3 novembre 1908[19]. Tenant à réserver le meilleur accueil au saint homme tibétain, l'impératrice douairière estima de son devoir d'assister aux spectacles et aux cérémonies à n'en plus finir, alors même qu'elle souffrait de diarrhées et de forte fièvre. Ses médecins notèrent son « exceptionnel épuisement ».

Quatre jours après son anniversaire, elle sentit le souffle de la mort la frôler et envoya le prince Ching examiner sa future sépulture aux mausolées orientaux, auprès de celle de ses défunts mari et fils[20]. Le lieu de son ultime repos revêtait à ses yeux une importance considérable, aussi se fit-elle édifier un splendide tombeau. Une grande quantité de joyaux l'accompagnerait dans la tombe, ainsi qu'il convenait à une impératrice douairière.

D'ici là, Cixi allait mettre de l'ordre dans les affaires de l'empire. L'heure était venue de s'occuper une bonne fois pour toutes de l'empereur Guangxu. Alité et en apparence sur le point de rendre l'âme, il s'entêtait malgré tout à prolonger son existence et risquait de se dresser contre elle, comme cela s'était déjà produit. Au cas où il survivrait à Cixi, l'empire tomberait aux mains des Japonais qui n'attendaient que cela. Ce fut dans ces circonstances que Cixi ordonna l'empoisonnement de son fils adoptif[21]. Une autopsie permit d'établir en 2008 que la mort de Guangxu résultait de la consommation de grandes quantités d'arsenic. Cixi n'eut sans doute aucun mal à combiner son assassinat : elle avait pour coutume de lui faire porter des plats en témoignage d'affection maternelle. Les médecins royaux constatèrent le décès de Guangxu à 18 h 33, le 14 novembre.

L'impératrice Longyu, son épouse, passa auprès de lui ses derniers moments. Il semblerait qu'ils aient pleuré dans les bras l'un de l'autre – en s'embrassant comme cela leur était si rarement arrivé durant leurs vingt années ou presque de mariage. On vit alors Longyu, les yeux gonflés, courir du chevet de son époux à l'agonie à celui de sa belle-mère près de rendre l'âme. Une fois Guangxu décédé, elle habilla sa dépouille. Une tradition, à la cour, exigeait de placer dans la bouche de l'empereur la plus belle perle disponible, pour qu'elle l'accompagne dans l'au-delà. L'impératrice Longyu voulut prélever une perle de la couronne de l'empereur, mais un eunuque l'en empêcha, au motif que l'impératrice douairière ne lui en avait pas donné l'autorisation. Ce fut donc une perle de sa propre couronne que Longyu plaça dans la bouche de son défunt mari[22].

L'empereur Guangxu s'éteignit dans un lit « aussi dépourvu d'ornement que celui d'un homme quelconque[23] », nota un médecin de province. Aucun rideau ne l'entourait et seule une couverture et non une pièce de brocart drapait le marchepied qui y donnait accès. Des médecins et des membres de la cour assistèrent l'empereur pendant ses dernières heures, mais aucun Grand Conseiller ne vint à son chevet. Nul ne recueillit officiellement ses dernières paroles. Pendant qu'il agonisait, le Grand Conseil se rassembla une première fois auprès de Cixi, puis de nouveau, après l'annonce de sa mort, afin de prendre connaissance des dispositions de l'impératrice douairière à propos de son successeur[24]. Cixi nomma régent Zaifeng, qu'elle formait depuis des années à prendre sa relève, et désigna comme héritier du trône son fils de deux ans, Puyi, le petit-neveu de Cixi[25]. La nomination en tant qu'empereur du jeune enfant assurerait à son père la charge de Régent – en permettant par ailleurs à Cixi de garder le contrôle de la situation, tant qu'elle vivrait. Son décret stipula bien que « c'est à moi de décider de toutes les mesures clé[26] ». Elle comptait s'accrocher aux rênes de l'empire jusqu'à son dernier soupir.

Zaifeng n'était pas le candidat idéal, mais Cixi le tenait pour le meilleur disponible. Elle pouvait compter sur lui pour maintenir des relations dignes et amicales avec les Occidentaux et ne pas livrer la Chine au Japon. Il ne fallait certes pas trop attendre de lui, comme Cixi le savait d'ailleurs. Un soir, à un dîner à la légation américaine, on lui demanda : « Qu'est-ce que pense Votre Altesse des Allemands et des Français ? » Il répondit : « Les Berlinois se lèvent tôt pour vaquer à leurs affaires alors que les Parisiens se lèvent le soir pour aller au théâtre[27]. » À l'évidence, il répétait là un vieux cliché.

Alors même que ses forces déclinaient à vue d'œil, Cixi veilla à la multitude de mesures à prendre suite au décès d'un monarque, et parmi elles, à la rédaction du testament officiel de Guangxu, qu'il convenait de communiquer à tout l'empire. Ce testament mentionnerait l'instauration d'une monarchie constitutionnelle à un horizon de neuf ans[28]. Tel était, selon le document, « le vœu encore inexaucé » de l'empereur, dont la réalisation lui procurerait une joie indicible dans l'autre monde.

Une nuit s'écoula, pendant laquelle Cixi s'occupa d'un point à régler après l'autre, sans perdre de vue qu'elle venait de faire assassiner son fils adoptif[29]. L'imminence de sa propre mort la contraignit à interrompre sa tâche vers 11 heures du matin. Elle rendit l'âme moins de trois heures plus tard.

Un secrétaire du Grand Conseil rédigea le testament officiel de Cixi selon les vœux de l'impératrice douairière, « la main tremblante et le cœur palpitant, tout me semblant alors iréel[30] », ainsi qu'il le nota dans son journal. Cixi y rappelait qu'elle s'était occupée des affaires de la Chine pendant près de cinquante ans en s'efforçant de suivre la ligne de conduite qui lui semblait la meilleure. Elle y réaffirmait en outre sa résolution d'établir en Chine une monarchie constitutionnelle, à l'avènement de laquelle elle ne pourrait cependant pas assister, à son grand regret[31]. Les deux testaments ne laissent aucun doute sur la volonté de Cixi, à l'heure de sa mort, d'accorder aux Chinois un parlement et le droit de vote.

Même les trois dernières heures de sa vie, Cixi ne les passa pas l'esprit en paix : elle dicta son ultime décret politique, de nature à intriguer plus d'un observateur : « Me voilà très gravement malade, je crains de m'éteindre bientôt », déclara-t-elle, dans un langage personnel et direct. « À l'avenir, le Régent décidera des destinées de l'empire. Cependant, si se posent à lui des problèmes particulièrement critiques, il faudra qu'il obéisse à l'impératrice douairière[32] » – c'est-à-dire à Longyu, à qui ce titre venait d'échoir lors du décès de son époux et de la désignation de son successeur[33]. Pour souligner que l'impératrice Longyu aurait le dernier mot, Cixi employa, contre ses habitudes, le verbe « falloir » – en apparence redondant. Ce fut par cette formule d'insistance que Cixi confia en dernier ressort à Longyu la responsabilité du sort de l'empire.

La plupart tenaient l'impératrice pour une pitoyable figure. À en croire les étrangers qui l'approchaient, elle avait « un doux visage triste, allongé, aux joues creuses. D'une extrême maigreur, elle se tient plutôt voûtée, et a des dents très abîmées[34]. » Depuis le jour même de son mariage, son mari la traitait, au mieux, avec mépris. Les observateurs les plus charitables la jugeaient digne de compassion, tandis que les moins bienveillants la méprisaient. Se risquant rarement à prendre la parole, elle s'était accoutumée (et consentait humblement) à ce qu'on la dénigre. Mrs Headland, l'Américaine qui fréquentait, en tant que médecin, la cour, se rappellerait le moment où lui fut annoncé le nouveau rôle de Longyu :

> Elle assistait sans faute aux audiences accordées aux dames [étrangères], mais jamais à proximité immédiate de l'impératrice douairière ou de l'empereur [...] elle se tenait toujours en retrait, entourée de ses dames de compagnie, et s'en allait dès qu'elle le pouvait sans attirer l'attention [...] L'été, nous la voyions parfois errer sans but avec ses domestiques à la cour. Elle présentait l'aspect de quelqu'un de doux, réservé, débonnaire, craignant sans cesse de s'imposer et n'ayant de place nulle part, ni de part à rien. Et la voilà maintenant impératrice douairière ! On croirait à une farce de la langue, quand on pense que cette brave âme porte le titre par lequel nous avions pris l'habitude de désigner celle qui vient de décéder[35].

Les hauts dignitaires éprouvaient un tel dédain pour Longyu que pas un seul d'entre eux ne prit la peine de lui communiquer son nouveau titre. De crainte qu'on ne l'eût oubliée, elle se renseigna timidement sur son statut auprès des Grands Conseillers, une fois ceux-ci réunis dans la chambre à coucher de la défunte Cixi, dont elle venait d'habiller la dépouille. Un Grand Conseiller l'ignora en feignant d'être trop sourd pour l'entendre[36]. Quand elle prit connaissance de son nouveau titre, Longyu ne se sentit plus de joie. Bien que tout à fait en droit de s'attendre à ce qu'il lui revînt, elle n'avait pas osé l'espérer. Cixi venait de la choisir comme impératrice, or elle ne lui adressait jusque-là que fort peu la parole et ne sollicitait jamais son opinion, bien que Longyu fût sans cesse présente auprès d'elle. La dernière volonté politique de Cixi n'en resta pas moins de placer sur ses maigres épaules voûtées le fardeau de l'empire.

Plus tôt cette année-là, un jour que Cixi, en promenade au jardin de la Cité interdite, y contemplait les nombreuses statues du bouddha, elle estima que leur emplacement laissait à désirer et ordonna aux eunuques de les disposer autrement. Ce faisant, ils mirent au jour un grand mont de terre. La mine contrariée, Cixi ordonna de le balayer. L'eunuque en chef Lianying l'implora à genoux de ne pas y toucher. Ce tas se trouvait là depuis qu'il y avait quelqu'un pour s'en rappeler et, chose étrange, il demeurait d'une parfaite uniformité, sans une motte qui fît saillie. À l'évidence, les oiseaux ne s'y perchaient pas, et les rats et les renards qui rôdaient dans l'enceinte des palais l'évitaient. Voilà des générations que l'on disait « magique[37] » ce mont de terre, que l'on croyait placé là pour protéger la grande dynastie régnante. Cixi, pourtant connue pour sa superstition, répliqua d'un air contrarié : « Comment ça, magique ? Balayez-moi ce tas de terre. » Pendant qu'on exécutait ses ordres, elle répéta dans sa barbe : « Qu'est-ce qu'elle a, cette grande dynastie ? Qu'est-ce qu'elle a ? » Un eunuque qui surprit ses marmonnements confia que ses collègues et lui s'en attristèrent : on eût dit que l'impératrice douairière s'attendait à voir bientôt s'éteindre la dynastie des Qing.

De fait, Cixi pressentait que ses réformes, en modifiant radicalement la Chine, risquaient au bout du compte de porter un coup fatal à sa propre dynastie. Tant qu'elle vivrait, le trône mandchou n'aurait rien à craindre. Mais à sa mort lui succéderait un homme pas forcément aussi résolu qu'elle. La monarchie constitutionnelle qu'elle s'efforçait d'implanter risquait alors de tourner court. Les observateurs chinois aussi bien qu'occidentaux prédisaient déjà des soulèvements anti-mandchous après la disparition de Cixi. Le sort des Mandchous, son propre peuple, préoccupa l'impératrice douairière à l'heure de sa mort. Au cas où des soulèvements républicains se multiplieraient dans l'empire, les Mandchous largement minoritaires n'auraient pas d'autre issue que de céder, s'ils voulaient du moins éviter un bain de sang. Seule une capitulation parviendrait à sauver son peuple – et à épargner au pays une guerre civile. Cixi ne doutait pas que, dans l'éventualité de soulèvements républicains, les hommes de la cour défendraient la dynastie en se battant jusqu'à la mort. Aucun ne recommanderait de se rendre, même s'il le souhaitait. Voilà pourquoi Cixi confia le pouvoir décisionnel à Longyu dans des circonstances « exceptionnellement critiques ». Elle pouvait compter sur Longyu pour abdiquer au nom de la dynastie dans l'intérêt de sa propre survie et de celle du peuple mandchou. Comme Longyu avait passé sa vie entière à céder, peu lui importait de s'humilier. Son destin l'avait préparée à survivre à toute éventualité. Nul ne s'attendait en outre à voir une femme comme elle jouer les gros bras.

L'avenir donnerait raison à Cixi : trois ans plus tard, en 1911, éclatèrent des soulèvements et des mutineries qui couvaient depuis longtemps. Déclenchés par un incident à propos d'une voie ferrée du Sichuan, à la propriété contestée, et suivis par une importante révolte dans le Wuhan, les troubles gagnèrent toute une série de provinces, dont beaucoup déclarèrent leur indépendance du gouvernement Qing. Bien qu'il n'y eût pas d'entente entre les insurgés au niveau national, la plupart partageaient le même objectif : renverser la dynastie Qing pour fonder une république*. Le sang des Mandchous se mit à couler : le vice-roi Zhang, le fameux réformateur, fut assassiné, et à Xi'an, Fuzhou, Hangzhou, Nankin et d'autres villes encore, on massacra des Mandchous des deux sexes. Il fut question que l'empereur abdique. Comme l'avait prévu Cixi, les hauts dignitaires mandchous s'y opposèrent avec véhémence, se jurant de défendre la dynastie jusqu'au dernier d'entre eux. Selon les prévisions de Cixi, là encore, le Régent en personne se déclara en public hostile à une abdication, bien qu'il fût en privé de l'avis contraire[38]. Il savait qu'il ne servirait à rien de lutter (malgré le soutien substantiel dont bénéficiait encore la cour). D'un autre côté, il ne voulait pas assumer la reponsabilité de la chute de sa propre dynastie. Le décret dicté par Cixi sur son lit de mort trancha le dilemme. Le 6 décembre, Zaifeng démissionna de ses fonctions de Régent[39], laissant à l'impératrice Longyu le soin de décider du sort de l'empire. Celle-ci réunit les hauts dignitaires** et leur annonça, en larmes, qu'elle était prête à assumer la responsabilité de l'extinction de la dynastie par suite de l'abdication du jeune Puyi, alors âgé de cinq ans. « Tout ce que je désire, c'est la paix sous les cieux[40] », déclara-t-elle.

* Sun Yat-sen, en voyage à l'étranger, ne prit pas la tête des soulèvements, mais il avait été le premier et le plus fervent promoteur d'une république en Chine et c'est à juste titre qu'on le considère comme le « père » de la Chine républicaine.

** Le vice-roi Zhang Zhidong ne se trouvait pas parmi eux : il était mort en 1909.

Le 12 février 1912, l'impératrice Longyu inscrivit son nom sur le décret d'abdication, qui marqua la fin à la fois des Grands Qing, ayant régné pendant deux cent soixante-huit ans, et de la monarchie absolue en Chine. Ce fut Longyu qui déclara : « Au nom de l'empereur, je transfère le droit de gouverner au pays tout entier, qui sera dorénavant une république constitutionnelle. » Cette « grande république de Chine comprendra tout le territoire de l'empire Qing peuplé de cinq groupes ethniques : les Mandchous, les Hans, les Mongols, les Huis et les Tibétains[41] ». Ce fut par la volonté de Cixi que Longyu assuma ce rôle historique. Cixi ne souhaitait pas l'instauration d'une république, mais elle se serait malgré tout inclinée devant le fait accompli, vu que le nouveau régime visait le même objectif que la monarchie parlementaire qu'elle appelait de ses vœux : confier l'avenir de la Chine au peuple chinois.

Épilogue :
la Chine après l'impératrice douairière Cixi

L'impératrice douairière Cixi laissa à la postérité un legs monumental dans bien des domaines. Surtout, elle fit entrer la Chine médiévale dans la modernité. Sous son autorité, le pays se dota peu à peu de tout ce qui caractérise un État moderne : le chemin de fer, l'électricité, le télégraphe, le téléphone, la médecine occidentale, une marine et une armée modernes, et enfin des méthodes modernes de commerce et de diplomatie. Des écoles et des universités à l'occidentale se substituèrent au système éducatif étriqué vieux d'un millénaire. La presse connut son plein essor, grâce à la liberté sans précédent dont elle jouit, et dont on pourrait même avancer qu'elle n'a plus bénéficié depuis. Cixi mit en outre en place un début de participation politique : pour la première fois de sa longue histoire, le peuple chinois allait se convertir en une assemblée de « citoyens ». Cixi promut enfin la libération des femmes au sein d'une culture qui, depuis des siècles, les contraignait à se bander les pieds – une pratique à laquelle elle-même mit un terme. Sa tentative, à la veille de sa mort prématurée, d'introduire en Chine le droit de vote atteste aussi bien son courage que la portée de ses vues. Surtout, Cixi parvint à transformer la Chine sans recourir à la violence et en ne provoquant somme toute que peu de troubles. Les changements qu'elle imposa, bien que radicaux, s'accomplirent un peu à la fois en causant de véritables séismes mais pas de bains de sang. Encline aux consensus, toujours prête à œuvrer avec ceux qui défendaient d'autres points de vue que le sien, elle dirigea la Chine en se plaçant sur le bon plateau de la balance de l'histoire.

En dépit de son immense stature politique, Cixi n'avait rien d'une sainte. Issue d'une société médiévale et détentrice d'une autorité absolue sur un tiers de la population mondiale, elle se montrait parfois sans pitié. Bien des brutalités marquèrent ses campagnes militaires en vue de récupérer le Xinjiang et de réprimer des rébellions armées. Sa volonté de faire appel aux Boxers pour repousser une invasion fournit par ailleurs à ceux-ci l'occasion de commettre d'innombrables atrocités.

Malgré tout ce qu'on est en droit de lui reprocher, Cixi ne s'est jamais comportée en despote. À côté de ses prédécesseurs ou de ses successeurs, elle fit preuve d'aménité dans l'exercice de l'autorité suprême. Au cours des quarante ans où elle a détenu un pouvoir absolu, elle n'a pas ordonné plus de quelques dizaines d'assassinats politiques – justifiés ou non – tous évoqués dans ce livre et en réaction, pour beaucoup, à des attentats contre ses jours. Cixi n'était pas cruelle par nature. Vers la fin de sa vie, son principal souci fut d'empêcher une guerre civile sanglante et des massacres du peuple mandchou, dont elle assura la survie par le sacrifice de sa dynastie[1].

Elle-même en payerait d'ailleurs le prix. La ferme croyance de Cixi dans le caractère sacré des sépultures n'empêcha pas la profanation de sa propre tombe[2]. Les dirigeants des tout premiers gouvernements républicains, à commencer par le général Yuan (mort en 1916), respectèrent les conditions de l'abdication en protégeant les mausolées des Qing. En 1927, des nationalistes plus radicaux, menés par Chiang Kaï-chek, les chassèrent pour établir un nouveau régime. L'année suivante, soit vingt ans après la mort de Cixi, une troupe indisciplinée força le tombeau de Cixi pour y piller les bijoux enterrés auprès d'elle. Des officiers et leurs hommes ménagèrent une brèche à la dynamite dans le mur de son mausolée et, à l'aide de baïonnettes et de barres en fer, soulevèrent le couvercle de son cercueil. Ils s'emparèrent des joyaux qui l'entouraient, arrachèrent ses habits et ses dents à la recherche d'un éventuel trésor caché et ne prirent même pas la peine d'ensevelir de nouveau sa dépouille.

La nouvelle d'un tel sacrilège anéantit Puyi, le dernier empereur, comme il le relaterait d'ailleurs plus tard[3]. Âgé à l'époque d'une vingtaine d'années, il vivait à Tianjin depuis son expulsion sommaire de la Cité interdite en 1924 (au mépris des termes de son abdication). Il confia à des membres de l'ancienne famille régnante le soin d'enterrer les restes de Cixi et protesta auprès du gouvernement de Chiang Kaï-chek. Le vol des bijoux de la défunte Cixi fit scandale dans tout le pays et une enquête eut lieu, bien que sans résultat : aucun coupable ne fut puni – il faut dire aussi que l'on distribua de généreux pots-de-vin à la ronde. La rumeur, à laquelle beaucoup accordaient alors foi, que la perle placée dans la bouche de Cixi ornait à présent un soulier de Mme Chiang Kaï-chek éveilla en Puyi une amère rancœur. Un tel outrage le conforta dans sa résolution de lier son sort à celui des Japonais, qui le couronnèrent empereur de Manchukuo, l'État fantoche qu'ils établirent quand ils occupèrent la Mandchourie, en 1931. Le Japon envahit la Chine proprement dite en 1937.

Cixi avait tenté de son mieux de contrecarrer les tentatives des Japonais de rattacher la Chine à leur empire extrême-oriental, en allant pour cela jusqu'à ordonner l'assassinat de son fils adoptif. Par une certaine ironie du sort, si elle avait livré la Chine au Japon, il est à peu près certain que sa sépulture et ses restes eussent été respectés.

Chiang Kaï-chek, en digne héritier de Cixi, lutta contre le Japon du début à la fin de la Seconde Guerre mondiale. Les terribles dommages infligés par les Japonais à la Chine sous l'autorité de Chiang facilitèrent l'arrivée au pouvoir de Mao en 1949. Il est vrai que Staline, son mentor et soutien, joua un rôle décisif dans son ascension. Pendant que le Japon de l'après-guerre se métamorphosait en démocratie florissante, le gouvernement de Mao précipita pendant vingt-sept ans la Chine dans un abîme sans précédent, où trouvèrent la mort plus de 70 millions de personnes, alors même que la paix régnait – jusqu'à ce que le décès de Mao en 1976 mette un terme à ses atrocités. Mao ne présenta aucune excuse pour les erreurs qu'il commit au pouvoir, contrairement à Cixi, qui se dit publiquement navrée des torts infligés par sa faute à son pays – et qui, sans nier leur gravité, ne représentent qu'une fraction de ceux qu'il convient d'imputer à Mao. Pearl Buck, lauréate du prix Nobel de littérature, née en 1892 dans la Chine que gouvernait Cixi et qui connut, ou du moins observa les régimes qui se succédèrent ensuite, évoqua en 1950 « ce que les Chinois parmi lesquels j'ai vécu dans mon enfance éprouvaient pour elle [...] Son peuple l'adorait – certes, pas l'ensemble du peuple car les révolutionnaires, les impatients, la détestaient cordialement [...] mais les paysans et les habitants des bourgs la vénéraient ». La nouvelle de sa mort « effraya » les villageois. « "Qui va veiller sur nous à présent ?" s'écrièrent-ils. » Et Pearl Buck de conclure : « Voilà, peut-être, l'ultime jugement que l'on puisse porter sur un souverain[4]. »

La postérité n'a pas été tendre ni même équitable envers Cixi. On l'a souvent prétendue tyrannique et immorale, ou d'une irrémédiable incompétence – quand ce n'a pas été à la fois l'un et l'autre. Ce qu'elle a accompli n'a pour ainsi dire pas été reconnu, ou alors le mérite en a été attribué aux hommes à son service. Cixi a été handicapée par sa condition de femme. En tant que telle, elle ne pouvait en effet gouverner qu'au nom de ses fils – aussi son rôle exact est-il resté méconnu. De ce fait, des rumeurs se sont multipliées et beaucoup ont accordé foi à des mensonges inventés de toutes pièces. Comme l'a noté Pearl Buck, ceux qui la détestaient « élevaient tout simplement la voix plus fort que ceux qui l'aimaient ». Les forces politiques qui dominèrent en Chine depuis le lendemain ou presque de sa disparition ont en outre délibérément cherché à la dénigrer et à noircir son image – de manière à prétendre que le pays est sorti grâce à elles de la difficile situation où Cixi l'avait plongé.

En termes de réalisations phares inédites, d'honnêteté politique et de courage personnel, l'impératrice douairière Cixi a placé la barre à une hauteur presque jamais atteinte. Elle a imposé la modernité là où régnaient la décadence, la pauvreté, la barbarie et le pouvoir absolu, et a introduit l'humanité, l'ouverture d'esprit et la liberté dans un pays qui n'y avait encore jamais goûté. Surtout, Cixi était dotée d'une conscience. Quand on se penche sur les abominables décennies qui ont suivi son décès, on ne peut qu'admirer cette femme d'État hors du commun, tout imparfaite qu'elle fût.

Notes

1. Concubine d'un empereur (1835-1856)

1. Premières Archives Historiques de Chine (éd.) 1998, vol. 4, n° 164 ; Wang Daocheng 1984, p. 213 ; Yu Bingkun et al., p. 56 ; le Professeur Wang avance, et tout invite à le croire, que *Lan* n'était pas le nom de jeune fille de Cixi : Wang Daocheng 1984, pp. 216-18. Voir aussi : Yehenala Genzheng & Hao Xiaohui 2007, p. 13.
2. Wang Daocheng 1984, pp. 195-208.
3. Yu Bingku et al., pp. 7-43.
4. Weng Tonghe 2006, vol. I, p. 148 ; Jin Liang 1998, p. 161.
5. Xin Xiuming, p. 1 ; Publications de la Cité interdite (éd.), p. 39.
6. Yu Bingku et al., pp. 13-31 ; Yehenala Genzheng & Hao Xiaohui 2007, pp. 17-18.
7. Xin Xiuming, p. 2.
8. Wang Daocheng 1984 ; Yu Bingku et al. ; Shan Shiyuan 1990, pp. 1-23 ; Wang Shuqing, 1980, n°I ; Li Guorong, pp. 216-19.
9. Maugham, p. 2.
10. Freeman-Mitford, pp. 151-2.
11. Carl, p. 19.
12. Xin Xiuming, p. 14.
13. Wang Shuqing, 1983, n° 3 ; Wang Daocheng 1984.
14. Jin Liang 1933, p. 27.
15. Wang Daocheng 1984, p. 196 ; Mao Haijian 2006, p. 148 ; cf. Publications de la Cité interdite (éd.), pp. 22-3 ; Li Guorong, pp. 260-1 ; Tang Yinian, pp. 23-4.
16. Mao Haijian 2006, p. 75.
17. Institut d'histoire des Qing, Université Renmin (éd.), vol. 9, p. 69.
18. Archives des dynasties Ming et Qing (éd.) 1979, vol. I, pp. 1-80 ; Mao Haijian 2006, p. 106.
19. Musée du Palais (éd.) 2002, vol. 10, p. 276.
20. Yu Bingkun et al., pp. 14-22.
21. Woqiu Zhongzi, p. 2.
22. Yun Yuding, vol. 2, p. 782.
23. Xue Fucheng 1983, p. 25.
24. Xin Xiuming, p. 10.
25. Premières Archives Historiques de Chine (éd.) 1998, vol. 4, n° 164 ; Ding Ruqin, p. 229.

2. De la guerre de l'Opium à l'incendie de l'ancien Palais d'été (1839-1860)

1. Yu Bingkun et al., pp. 63-70.
2. Premières Archives Historiques de Chine (éd.) 1998, vol. 11, n° 1856.
3. Pujia, Pujie et al., p. 209.
4. Headland, p. 264 ; cf. Carl, p. 82.
5. Yu Bingkun et al., pp. 67-8 ; Tong Yue et Lü Jihong, pp. 15-16.
6. Journaux de Macartney in Helen H. Robbins ; Premières Archives Historiques de Chine (éd.) 2001, pp. 130-6 ; Rockhill, p. 31.
7. Li Guorong, p. 338.
8. Jiang Tao 1993, pp. 30-4 ; Li Zhiting, pp. 475-7.
9. Association des historiens chinois (éd.), *La Guerre de l'opium*, vol. 2, pp. 107-8.
10. Gouvernement des Qing (éd.), *Daoguang*, pp. 492-504.
11. Hansard, 8 avril 1840.
12. Ridley, p. 259 ; Hansard, 4 août 1843.
13. Wu Tingfang, pp. 246-7.
14. Gouvernement des Qing (éd.), *Daoguang*, pp. 4746, 4807 ; Musée du Palais (éd.) 2002, vol. 9, p. 8.
15. Archives des dynasties Ming et Qing (éd.) 1979, vol. 4, pp. 273-8 ; Premières Archives Historiques de Chine (éd.) 2001, p. 150.
16. Mao Haijian, 2006, pp. 44-6 ; Association des historiens chinois (éd), *La Guerre de l'Opium*, vol. 3, pp. 449-50.
17. Premières Archives Historiques de Chine & Département d'histoire de l'université normale de Fujian (éd.), vol. 1, p. 44.
18. Morse, vol. 1, p. 417.
19. Morse, vol. 1, p. 573.
20. Association des historiens chinois (éd.), *La Seconde Guerre de l'Opium*, vol 3 & 4, *passsim*. La traduction anglaise des écrits de l'empereur figure parmi les documents Parkes 28/10, Département des Manuscrits et Archives de l'Université de Cambridge, Bibliothèque universitaire, Cambridge.
21. Wolseley, pp. 16, 57, 92-3, 113.
22. Association des historiens chinois (éd.), *La Seconde Guerre de l'Opium*, vol 5., p. 92.
23. Lin Keguang et al., p. 150.
24. Association des historiens chinois (éd.), *La Seconde Guerre de l'Opium*, vol 5., pp. 64, 67-8, 80, 94-5, 101-3, 111.
25. Grant, pp. 133-4.
26. Hurd, p. 234.
27. Grant, p. 203.
28. Morse, vol. 1, p. 606.
29. Wolseley, pp. 224-7.
30. Swinhoe, p. 305.
31. Grant, p. 129.
32. Archives royales de Windsor, PPTO/PP/QV/MAIN/1861/7469 ; Millar, pp. 130-1.
33. Morse, vol. 1, p. 611.
34. Grant, pp. 204-5.
35. Wolseley, p. 280.
36. Boulger, p. 31.
37. *UNESCO Courier*, novembre 1985.
38. Bland & Backhouse, pp. 14-29 ; Trevor-Roper ; Association des historiens chinois (éd.) *La Seconde Guerre de l'Opium*, vol. 2, pp. 66-9.

3. L'empereur Xianfeng s'éteint (1860-1861)

1. Thomson, p. 252.
2. Grant, p. 209.
3. Wolseley, p. 295.
4. Association des historiens chinois (éd.), *La Seconde Guerre de l'Opium*, vol. 5, p. 264.
5. Association des historiens chinois (éd.), *La Seconde Guerre de l'Opium*, vol. 5, pp. 225-6, 264.
6. Association des historiens chinois (éd.), *La Seconde Guerre de l'Opium*, vol. 2, p. 42.
7. Association des historiens chinois (éd.), *La Seconde Guerre de l'Opium*, vol. 5, pp. 235, 246, 261 ; vol. 4, p. 463.
8. Ignatieff, pp. 44-5.
9. Association des historiens chinois (éd.), *La Seconde Guerre de l'Opium*, vol. 5, pp. 239, 260-1, 269-70.
10. Ding Ruqin, pp. 221-7 ; Li Guoliang, p. 95.
11. Archives des dynasties Ming et Qing (éd.) 1979, vol. 1, pp. 82-3 ; Anon., p. 13 ; Wu Xiangxiang, pp. 49-55 ; Premières Archives Historiques de Chine (éd.) 1998, vol. 11, n° 877, 881.

4. Le coup d'État qui a changé le destin de la Chine (1861)

1. Wu Xiangxiang, p. 56.
2. Anon., p. 13.
3. Xue Fucheng 1983, p. 25.
4. Premières Archives Historiques de Chine (éd.) 1998, vol. 11, n° 886-91 ; Archives des dynasties Ming et Qing (éd.) 1979, vol. 1, p. 85.
5. Anon., pp. 13-14.
6. Premières Archives Historiques de Chine (éd.) 1998, vol. 11, n° 338, 882.
7. Weng Tonghe 2006, vol. 1, p. 131.
8. Anon., p. 8.
9. Xue Fucheng 1983, p. 19 ; Anon., pp. 8-9.
10. Archives des dynasties Ming et Qing (éd.) 1979, vol. 1, pp. 91-2.
11. Wu Xiangxiang, p. 62.
12. Premières Archives Historiques de Chine (éd.) 2001, p. 176.
13. Lin Keguang et al., p. 441 ; Pan Xiangmin 2006, n° 2.
14. Gouvernement des Qing (éd.), *Tongzhi*, pp. 5940, 7286.
15. Premières Archives Historiques de Chine (éd.) 2001, p. 176 ; Li Ciming, p. 539.
16. Archives des dynasties Ming et Qing (éd.) 1979, vol. 1, pp. 96-118 ; Weng Tonghe 2006, vol. 1, pp. 143-7 ; Xue Fucheng 1983, p. 21 ; Sato, p. 177.
17. Xue Fucheng 1983, pp. 17, 23 ; Weng Tonghe 2006, vol. 1, p. 54 ; vol. 5, p. 2889 ; Chen Kuilong, p. 96 ; Aisin-Gioro Puyi, p. 11.
18. Premières Archives Historiques de Chine (éd.) 1998, vol. 11, n° 1533 ; Archives des dynasties Ming et Qing (éd.) 1979, vol. 1, pp. 120, 139.
19. Bruce au comte Russell, 12 novembre 1861, F.O. 17/356, Archives nationales, Londres.
20. Robertson au British Foreign Office, 30 novembre 1861, F.O. 17/36, Archives nationales, Londres.
21. Zeng Guofan, vol. 1, p. 690.
22. Lettre originale au prince Chun, Premières Archives Historiques de Chine (éd.) 2001, p. 176.
23. Archives des dynasties Ming et Qing (éd.) 1979, vol. 1, pp. 106, 119-21.

24. Archives des dynasties Ming et Qing (éd.) 1979, vol. 1, p. 123.
25. Archives des dynasties Ming et Qing (éd.) 1979, vol. 1, p. 137.
26. Lin Keguang et al., p. 16.
27. Shan Shiyuan 1997, pp. 452-3.

5. Un premier pas sur la longue route de la modernité (1861-1869)

1. Bruce au comte Russell, 12 novembre 1861, F.O. 17/356, Archives nationales, Londres.
2. Headland, p. 71.
3. Carl, p. 51 ; Rongling 1994, pp. 13, 20 ; Der Ling 2004 pp. 69, 78, *passim.* (Zhu Jiajin, dans son essai de 1982, n° 4, a jugé du crédit qu'il convient d'accorder aux écrits de Rongling et Der Ling, toutes deux d'importants témoins de l'époque.)
4. Guo Songtao, p. 16 ; Xue Fucheng 1983, pp. 25-6.
5. Yu Bingkun et al., p. 116.
6. Headland, p. 28.
7. Xin Xiuming, pp. 35-6.
8. Palmerston, in Hake, pp. 86-7 ; Morse, vol. 2, p. 119.
9. Freeman-Mitford, p. 72.
10. Yang Tianshi, pp. 6-7.
11. Morse, vol. 2, p. 63.
12. Gouvernement des Qing (éd.), *Tongzhi*, pp. 293-306.
13. Gouvernement des Qing (éd.), *Tongzhi*, pp. 298, 352-8, 403-4, 417-18, 485-7. On trouvera de plus amples informations sur Wade dans Cooley, Jr.
14. Morse, vol. 2, p. 76.
15. Gordon, pp. 49-50.
16. Gouvernement des Qing (éd.), *Tongzhi*, p. 353.
17. Morse, vol. 2, pp. 102-4.
18. Li Hongzhang, vol. 29, p. 157.
19. Gouvernement des Qing (éd.), *Tongzhi*, pp. 2461-2, 2526-9 ; Morse, vol. 2, p. 105.
20. Gouvernement des Qing (éd.), *Tongzhi*, pp. 3894-3900 ; Hart, *Journals, 1863-1866*, p. 167.
21. Zuo Buqing.
22. Freeman-Mitford, p. 29.
23. Gouvernement des Qing (éd.), *Tongzhi*, p. 301.
24. Li Yunjun (éd.), p. 243.
25. Hart, *Journals, 1854-1863*, p. 15.
26. *Ibid.*, pp. 317-8.
27. *Ibid.*, p. 343.
28. Morse, vol. 1, p. 570 ; vol. 2, p. 33 ; Gouvernement des Qing (éd.), *Tongzhi*, p. 3615.
29. Li Wenzhi (éd.), pp. 770, 773 ; Gouvernement des Qing (éd.), *Tongzhi*, pp. 6032-4.
30. Hart, *Journals, 1863-1866*, pp. 282-8, 326-46 ; Gouvernement des Qing (éd.), *Tongzhi*, pp. 3764-87.
31. Freeman-Mitford, pp. 240-1.
32. Gouvernement des Qing (éd.), *Tongzhi*, pp. 3767-70.
33. Mi Rucheng (éd.), pp. 29-31.
34. Guo Songtao, p. 15.
35. Gouvernement des Qing (éd.), *Tongzhi*, p. 5157.

36. Gouvernement des Qing (éd.), *Tongzhi*, p. 3765.
37. Shore, p. 394.
38. Freeman-Mitford, p. 158.
39. Mi Rucheng (éd.), p. 30.
40. Gouvernement des Qing (éd.), *Tongzhi*, pp. 3817-18.
41. Hart, *Journals, 1863-1866*, p. 298.
42. Gouvernement des Qing (éd.), *Tongzhi*, pp. 4469-72.

6. Premières incursions en Occident (1861-1871)

1. Premières Archives Historiques de Chine (éd.) 1998, vol. 11, n° 1349.
2. Wu Xiangxiang, p. 10.
3. Premières Archives Historiques de Chine (éd.) 1998, vol. 15, n° 293, 378.
4. Association des historiens chinois (éd.), *Le Mouvement en vue d'apprendre de l'Occident*, vol. 2, p. 30.
5. Weng Tonghe 2006, vol. 1, pp. 519, 521.
6. Gouvernement des Qing (éd.), *Tongzhi*, pp. 4557-616 ; Weng Tonghe 2006, vol. 1, pp. 527-44.
7. Weng Tonghe 2006, vol. 1, pp. 78, 93, 429 ; Kong Xiangji 2008, pp. 29-32.
8. Gouvernement des Qing (éd.), *Tongzhi*, pp. 4523-5 ; Weng Tonghe 2006, vol. 1. p. 515.
9. Zhang Deyi, p. 520 ; Hsü Chi-she, à propos de l'Amérique.
10. Gu Hongming, p. 54.
11. Gouvernement des Qing (éd.), *Tongzhi*, p. 3503 ; Shan Shiyuan 1990, pp. 68-9 ; Association des historiens chinois (éd.), *Le Mouvement en vue d'apprendre de l'Occident*, vol. 2, p. 28 ; Freeman-Mitford, pp. 181-2.
12. Gouvernement des Qing (éd.), *Tongzhi*, pp. 2701-4.
13. Toutes les citations qui suivent sont extraites de l'ouvrage de Binchun mentionné dans la bibliographie.
14. Archives royales, Windsor, VIC/MAIN/QVJ/1866.
15. Gouvernement des Qing (éd.), *Tongzhi*, pp. 4443-5.
16. Hart, *Journals, 1863-1866*, p. 360 ; Weng Tonghe 2006, vol. 2, p. 684.
17. Kong Xiangji 2008, p. 31 ; Weng Tonghe 2006, vol. 2, p. 684.
18. Gouvernement des Qing (éd.), *Tongzhi*, pp. 4899-917.
19. Weng Tonghe 2006, vol. 1, p. 568.
20. Morse, vol. 2, pp. 188-9.
21. Morse, vol. 2, pp. 190, 194, 203.
22. Archives royales, Windsor, VIC/MAIN/QVJ/1868.
23. Discours de Burlingame in Schrecker ; in Shore, pp. 408-9.
24. Schrecker.
25. Gouvernement des Qing (éd.), *Tongzhi*, p. 6640 ; Zhigang, p. 361.
26. Édition de 1845 du catalogue de Madame Tussaud in Arthur, p. 11.
27. Zhigang, pp. 244-380.
28. Li Hongzhang, vol. 4, pp. 363-5.
29. Li Hongzhang, vol. 5, p. 183.
30. Association des historiens chinois (éd.), *Le Mouvement en vue d'apprendre de l'Occident*, vol. 8, p. 270.

7. Un amour malheureux (1869)

1. Li Guorong, p. 184.
2. Weng Tonghe 2005, vol. 1, p. 1 ; Weng Tonghe 2006, vol. 2, p. 703.

3. Carl, p. 203.
4. Weng Tonghe 2006, vol. 2, pp. 705, 711.
5. Xue Fucheng 2004, vol. 1, p. 42 ; Xue Fucheng 1983, p. 83.
6. Xue Fucheng 2004, vol. 1, p. 42.
7. Premières Archives Historiques de Chine (éd.) 1998, vol. 19, n° 526.
8. Woqiu Zhongzi, p. 52 ; Xue Fucheng 1897.
9. Premières Archives Historiques de Chine (éd.) 1998, vol. 19, n° 548 ; Tang Yinian, p. 153.
10. Premières Archives Historiques de Chine (éd.) 1998, vol. 19, n° 632 ; Woqiu Zhongzi, p. 52 ; Yuan Xieming.
11. Xue Fucheng 2004, vol. 1, p. 43.
12. Ding Baozhen, vol. 2, pp. 801-2 ; Premières Archives Historiques de Chine (éd.) 1998, vol. 19, n° 631.
13. Xue Fucheng 1897.
14. Weng Tonghe 2006, vol. 2, pp. 721-30.
15. Ding Ruqin, pp. 231-2.

8. Altercations à répétition avec l'Occident (1869-1871)

1. Gouvernement des Qing (éd.), *Tongzhi*, pp. 5927-41 ; Weng Tonghe 2006, vol. 2, p. 671.
2. Zeng Jize, p. 334.
3. Gouvernement des Qing (éd.), *Tongzhi*, pp. 5941-50.
4. Freeman-Mitford, pp. xii-xiii.
5. Bird, p. 257.
6. Freeman-Mitford, pp. xlii-xliii.
7. Bird, p. 346.
8. Des communications au jour le jour, comprenant les instructions détaillées de Cixi, figurent dans : Premières Archives Historiques de Chine & Département d'histoire de l'université normale de Fujian (éd.), vol. 1, pp. 775ff ; Weng Tonghe 2006, vol. 2, pp. 776ff ; Morse, vol. 2, p. 246.
9. Premières Archives Historiques de Chine & Département d'histoire de l'université normale de Fujian (éd.), vol. 1, pp. 778-9 ; Premières Archives Historiques de Chine (éd.) 1998, vol. 11, n° 1538.
10. Weng Tonghe 2006, vol. 2, pp. 784-5.
11. Weng Tonghe 2006, vol. 2, p. 784.
12. Weng Tonghe 2006, vol. 2, p. 793 ; Premières Archives Historiques de Chine & Département d'histoire de l'université normale de Fujian (éd.), vol. 1, pp. 814-17.
13. Li Hongzhang, vol. 4, p. 76.
14. Gouvernement des Qing (éd.), *Tongzhi*, pp. 7285-366 ; Wu Xiangxiang, vol. 1, pp. 121-7 ; Weng Tonghe 2006, vol. 2, p. 824.

9. Vie et mort de l'empereur Tongzhi (1861-1875)

1. Premières Archives Historiques de Chine (éd.) 1998, vol. 11, n° 343.
2. Weng Tonghe 2006, vol. 2, pp. 839, 849-50, 862, 882, 1068 ; Yu Bingkun et al., p. 240.
3. Wu Xiangxiang, vol. 1, pp. 218-25 ; Weng Tonghe 2006, vol. 2, pp. 1067, 1073 ; Gao Shu, p. 156.
4. Weng Tonghe 2006, vol. 2, *passim*.
5. Xue Fucheng 1983, pp. 26-7.

6. Simpson, Ch. XV ; Morse, vol. 2, pp. 265-6.
7. Morse, vol. 2, p. 266.
8. Zhang Shiyun.
9. Zhang Shiyun.
10. Xue Fucheng 1983, pp. 26-7.
11. Yu Bingkun et al., p. 116.
12. Weng Tonghe 2006, vol. 2, p. 849.
13. Wu Xiangxiang, vol. 1, pp. 214-25 ; Gouvernement des Qing (éd.), *Tongzhi, passim.*
14. Gouvernement des Qing (éd.), *Tongzhi*, pp. 8226-353.
15. *Ibid.*, *Tongzhi*, pp. 8287-8.
16. *Ibid.*, *Tongzhi*, pp. 8527-32.
17. Weng Tonghe 2006, vol. 2, pp. 1059, 1062 ; Wu Xiangxiang, vol. 1, pp. 208-9, 219-26 ; Wu Rulun, vol. 1, p. 314.
18. Weng Tonghe 2005, vol. 1, p. 2 ; Weng Tonghe 2006, vol. 2, p. 1063 ; Wu Rulun, vol. 1, p. 314.
19. Wu Xiangxiang, vol. 1, pp. 206-25.
20. *Tongzhi jinyaobu*, in Archives des dynasties Ming et Qing (éd.) 1979, vol. 7, pp. 265-92 ; Weng Tonghe 2006, vol. 2, pp. 1073-86.
21. Weng Tonghe 2006, vol. 2, pp. 983-4.
22. Weng Tonghe 2006, vol. 2, pp. 1076-7 ; Weng Tonghe 2005, vol. 1, p. 3.
23. Premières Archives Historiques de Chine (éd.) 1998, vol. 24, n° 1119 ; Weng Tonghe 2006, vol. 2, p. 1089.
24. Weng Tonghe 2006, vol. 2, pp. 1092-3.
25. Xin Xiuming, p. 26 ; Xue Fucheng 1983, p. 27.
26. Premières Archives Historiques de Chine (éd.) 2003, vol. 3, pp. 891-2 ; Institut d'histoire des Qing, Université Renmin (éd.), vol. 12, p. 226 ; Yun Yuding, vol. 2, p. 789.
27. Weng Tonghe 2006, vol. 3, pp. 1096-112 ; Li Yin, pp. 238-52 ; Qu Chunhai, pp. 39-40, 79-81.
28. Carl, p. 243.

10. Un enfant de trois ans devient empereur (1875)

1. Weng Tonghe 2006, vol. 2, pp. 1086-7 ; Chen Kuilong, p. 100.
2. Weng Tonghe 2006, vol. 2, p. 1087.
3. Aisin-Gioro Puyi, p. 29.
4. Chen Kuilong, p. 100.
5. *Ibid.*
6. Weng Tonghe 2006, vol. 2, p. 1087 ; Zhu Shoupeng, vol. 1, p. 2.
7. Weng Tonghe 2006, vol. 2, pp. 1088-9 ; Zhu Shoupeng, vol. 1, p. 3.
8. Aisin-Gioro Puyi, pp. 29-30.
9. Pujia, Pujie et al., pp. 209-14 ; Zhu Shoupeng (éd.), vol. 2, p. 1470 ; Zhu Jiajin, 1982, n° 4.
10. Chen Kuilong, p. 197, cf. pp. 120-1.
11. Gouvernement des Qing (éd.), *Tongzhi*, pp. 4549-56.

11. La modernisation s'accélère (1875-1889)

1. Li Hongzhang, vol. 31, p. 166.
2. Packard, p. 711.
3. Richard, p. 298.

4. Carl, p. 256.
5. Zhu Shoupeng (éd.), vol. 1, p. 336.
6. Tang Jiaxuan (éd.), p. 780 ; Guo Songtao, *passim.*
7. Kong Xiangji 2008, p. 32.
8. Guo Songtao, pp. 2-21.
9. Zeng Jize, p. 335.
10. Liu Bannong et al., pp. 11-14, 71-2.
11. Premières Archives Historiques de Chine (éd.) 1996, n° 1020, 1021.
12. Wang Xiaoqiu & Yang Jiguo, pp. 1-34.
13. Cuba Commission, p. 3.
14. Li Hongzhang, vol. 6, pp. 327-8.
15. Tang Jiaxuan (éd.) pp. 75, 277, 439.
16. Cuba Commission, p. 5 ; Zhu Shoupeng (éd.), vol. 1, p. 85.
17. Li Hongzhang, vol. 4, pp. 216-7.
18. Zhu Shoupeng (éd.), vol. 1, p. 74 ; vol. 2, p. 1977 ; Wang Daocheng 1994, n° 4.
19. Premières Archives Historiques de Chine (éd.), 1996, vol. 14, n° 848 ; Zhang Xia et al. (éd.), pp. 470-505 ; Musée du Palais (éd.) 2002, vol. 11, pp. 16-17.
20. Morse, vol. 2, p. 393.
21. Morse, vol. 2, Appendix D.
22. Musée du Palais (éd.) 2002, vol. 12, p. 379.
23. Mi Rucheng (éd.), vol. 1, p. 78, cf. p. 7.
24. Association des historiens chinois (éd.), *Le Mouvement en vue d'apprendre de l'Occident*, vol. 6, p. 325ff ; Sheng Xuanhuai, vol. 1, p. 107.
25. Association des historiens chinois (éd.), *Le Mouvement en vue d'apprendre de l'Occident*, vol. 1, pp. 153-5 ; vol. 7, pp. 20, 23-4, 26, 103, 128, 138, *passim* ; Sun Yutang (éd.), vol. 1, n° 2, pp. 612-47.
26. Huang Xi, pp. 33-4 ; Huang Xing, 2009, vol. 38, n° 3.
27. Huang Xi, p. 35.
28. Weng Tonghe 2006, vol. 4, p. 2032 ; Association des historiens chinois (éd.), *Le Mouvement en vue d'apprendre de l'Occident*, vol. 7, p. 540.
29. Li Hongzhang, vol. 9, p. 259.
30. Mi Rucheng (éd.), vol. 1, p. 39ff ; Sun Yutang (éd.), vol. 1, n° 2, p. 612.
31. Association des historiens chinois (éd.), *Le Mouvement en vue d'apprendre de l'Occident*, vol. 6, pp. 221-2 ; Yang Naiji ; Carl, p. 290 ; Weng Tonghe 2006, vol. 5, p. 2561 ; Yu Bingkun et al., p. 173.
32. Martin 2005, p. 219.
33. Zhu Shoupeng (éd.), vol. 3, p. 2556.
34. Zhang Zhidong, vol. 1, pp. 661-7.
35. *Ibid.*, p. 667.
36. Association des historiens chinois (éd.), *Le Mouvement en vue d'apprendre de l'Occident*, vol. 6, p. 262.
37. Premières Archives Historiques de Chine (éd.) 2005, vol. 1, p. 74.

12. Au secours de l'empire (1875-1889)

1. Zhu Shoupeng (éd.), vol. 1, p. 3.
2. Pujia, Pujie et al. pp. 210-14 ; Aisin-Gioro Puyi, pp. 7-8 ; Association des historiens chinois (éd.), *Le Mouvement en vue d'apprendre de l'Occident*, vol. 6, p. 186.
3. Morse, vol. 2, pp. 328-9.
4. Denby, vol. 1, p. 242.
5. Gouvernement des Qing (éd.), *Tongzhi*, pp. 9136-8.

6. Gouvernement des Qing (éd.), *Tongzhi*, p. 9137.
7. Association des historiens chinois (éd.), *Le Mouvement en vue d'apprendre de l'Occident*, vol. 1, p. 116.
8. Zeng Jize, p. 382.
9. Zhu Shoupeng (éd.), vol. 1, pp. 804, 917-19 ; vol. 2, p. 1838.
10. Morse, vol. 2, p. 333.
11. Morse, vol. 2, pp. 334-5.
12. Morse, vol. 2, p. 338.
13. Zeng Jize, pp. 41-7 ; Zhu Shoupeng (éd.), vol. 1, pp. 855-6, 870, 896-7.
14. Morse, vol. 2, p. 338.
15. Morse, vol. 2, p. 339.
16. Zhu Shoupeng (éd.), vol. 1, p. 936 ; Xue Baotian, pp. 50-116.
17. Zhu Shoupeng (éd.), vol. 2, pp. 1679-82.
18. Zhu Shoupeng (éd.), vol. 1, p. 1213 ; vol. 2, pp. 1399-400, 1685-6, 1729-30, *passim* ; Zhang Zhenkun, vol. 1, pp. 30-1, 44-5, 54-5.
19. Weng Tonghe 2006, vol. 4, pp. 1787-8.
20. *Ibid.*, pp. 1732, 1737, 1775-7, 1787, 1790, 1811-15.
21. *Ibid.*, p. 1816.
22. *Ibid.*, pp. 1817-18 ; He Gangde, p. 9.
23. Dong Shouyi, pp. 433-40.
24. Li Hongzhang, vol. 10, pp. 331-3.
25. Zhu Shoupeng (éd.), vol. 2, p. 1699.
26. Li Hongzhang, vol. 21, p. 150.
27. Zhu Soupeng (éd.), vol. 2, pp. 1744-5.
28. Morse, vol. 2, p. 355 ; Li Hongzhang, vol. 21, p. 181.
29. Li Hongzhang, vol. 21, p. 199 ; Kong Xiangji 2001, pp. 344-8.
30. Zhu Shoupeng (éd.), vol. 2, pp. 1766-7.
31. Kong Xiangji 2001, p. 329.
32. Zhu Shoupeng (éd.), vol. 2, pp. 1804-5.
33. Kong Xiangji 2001, p. 348.
34. Zhang Zhidong, vol. 3, pp. 1917-22 ; Zhu Shoupeng (éd.), vol. 2, pp. 1912-14.
35. Zhu Shoupeng (éd.), vol. 2, pp. 1729-30 ; Li Hongzhang, vol. 10, p. 418 ; Archives des dynasties Ming et Qing (éd.) 1979a, vol. 1, p. 60.
36. Kong Xiangji 2001, p. 352.
37. Http://history.cultural-china.com/en/34History6627.html.
38. Premières Archives Historiques de Chine (éd.) 1995, vol. 64, pp. 818, 821, 823, 840.
39. Shen Xuefeng.
40. Li Wenzhi (éd.), p. 773.
41. Zhu Shoupeng (éd.), vol. 3, p. 2570 ; Hart, *Letters, 1868-1907*, vol. 1, pp. 737-8.
42. Kong Xiangji & Murata Yujiro 2004, pp. 48-58.
43. Denby, vol. 1, pp. 241-8.

13. Guangxu dressé contre Cixi (1875-1894)

1. Carl, pp. 192-3.
2. Weng Tonghe 2006, vol. 1, p. 259 ; vol. 2, p. 735 ; vol. 3, p. 1555 ; voir aussi les recherches de l'historien Xu Che, in Xu Che, pp. 345-7.
3. Zhu Shoupeng (éd.), vol. 1, pp. 1065, 1244 ; vol. 2, p. 1450 ; Hart, *Letters, 1868-1907*, vol. 1, p. 371 ; Weng Tonghe 2006, vol. 4, p. 1751 ; Ding Ruqin, p. 242.
4. Weng Tonghe 2006, vol. 3, p. 1191.

5. Weng Tonghe 2006, vol. 3, p. 1266.
6. *Ibid.*, p. 1327.
7. Weng Tonghe 2006, vol. 3 & 4 *passim* ; Premières Archives Historiques de Chine (éd.) 2005, vol. 1, pp. 69-75.
8. Extrait des Premières Archives Historiques de Chine, Pékin, archive numéro : 04-01-14-0080-001 ; Premières Archives Historiques de Chine (éd.) 1995, vol. 1, p. 73.
9. Extrait des Premières Archives Historiques de Chine, Pékin, archive numéro : 04-01-12-0528-062.
10. Société d'études mandchoues (éd.), pp. 178-201.
11. Société d'études mandchoues (éd.), p. 195.
12. Headland, p. 116.
13. He Gangde, p. 16.
14. Xin Xiuming, p. 31 ; Weng Tonghe 2006, vol. 5, p. 2452.
15. Zhu Shoupeng (éd.), vol. 2, pp. 2119-27 ; Weng Tonghe 2006, vol. 4, pp. 2028-31.
16. Li Hongzhang, vol. 34, pp. 42, 47, 50.
17. Weng Tonghe 2006, vol. 4, pp. 2030-1.
18. *Ibid.*, pp. 2029-31, 2089-92, 2103 ; Lin Keguang et al., p. 27.
19. Zhu Jinfu & Zhou Wenquan 1982, n° 3 ; Weng Tonghe 2006, vol. 4, pp. 2068, 2125 ; Premières Archives Historiques de Chine (éd.) 2005, vol. 1, pp. 75-6.
20. Weng Tonghe 2006, vol. 4, p. 2103.
21. Weng Tonghe 2006, vol. 5, p. 2503 ; cf. Headland, p. 202.
22. Weng Tonghe 2006, vol. 4, pp. 2201-2, 2211-2 ; Lin Keguang et al., p. 39.
23. Yehenala Genzheng & Hao Xiaohui 2007, pp. 164, 170-4 ; Jin Yi & Shen Yiling, pp. 295-8.
24. Weng Tonghe 2006, vol. 4, p. 2255 ; Weng Tonghe 2005, vol. 2, p. 1051.
25. Weng Tonghe 2006, vol. 4, p. 2261.
26. Rongling, p. 21 ; Headland, p. 202.
27. Pujia, Pujie et al., p. 187 ; Xin Xiuming, p. 23.
28. Franzini.
29. Weng Tonghe 2005, vol. 2, p. 1052.
30. Weng Tonghe 2006, vol. 4, p. 2311.
31. *Ibid.*, p. 2249.
32. *Ibid.*, p. 2256.
33. Association des historiens chinois (éd.), *Le Mouvement en vue d'apprendre de l'Occident,* vol. 6, pp. 274-6 ; Li Hongzhang, vol. 34, p. 634.
34. Association des historiens chinois (éd.), *Le Mouvement en vue d'apprendre de l'Occident*, vol. 7, pp. 548ff ; Weng Tonghe 2006, vol. 4, p. 2032.
35. Weng Tonghe 2005, vol. 2, p. 1056 ; Li Hongzhang, vol. 35, p. 324.
36. Weng Tonghe 2006, vol. 5, pp. 2481, 2484.
37. Seagrave, p. 175 ; He Gangde, p. 16.
38. Morse, vol. 2, p. 394.
39. Hart, *Letters, 1868-1907*, vol. 2, p. 837.
40. Weng Tonghe 2006, vol. 5, p. 2428.
41. Seagrave, p. 175.

14. Le Palais d'été (1886-1894)

1. Xin Xiuming, pp. 47-8.
2. Yu Bingkun et al., pp. 158-68.

3. Premières Archives Historiques de Chine (éd.) 1996, vol. 14, n° 80 ; Zhu Shoupeng (éd.), vol. 3, pp. 2414-15.
4. He Gangde, p. 17.
5. Weng Tonghe 2006, vol. 4, p. 2060.
6. Wang Daocheng 1994, n° 4 ; Ye Zhiru & Tang Yinian, pp. 1027-31 ; cf. Xin Xiuming, p. 47.
7. Association des historiens chinois (éd.) *Le Mouvement en vue d'apprendre de l'Occident*, vol. 3, p. 141 ; Wang Daocheng 1994, n° 4 ; Ye Zhiru & Tang Yinian, pp. 1029-30.
8. Li Hongzhang, vol. 35, p. 213.
9. Weng Tonghe 2006, vol. 5, pp. 2879-80.

15. Une retraite oisive (1889-1894)

1. Premières Archives Historiques de Chine (éd.) 1996, vol. 14, n° 1164 ; cf. Mao Haijian 2005, p. 11.
2. Premières Archives Historiques de Chine (éd.) 1996, vol. 15, n° 85.
3. *Junjichu suishou dengjidang (Dossiers réunissant les documents soumis au Grand Conseil)*, 5 mars 1889 ff.
4. Premières Archives Historiques de Chine (éd.) 1996, vol. 15, n° 813 ; Zhu Shoupeng (éd.), vol. 3, p. 2646.
5. Zhu Shoupeng (éd.), vol. 3, p. 2552 ; Weng Tonghe 2006, vol. 4, p. 2323.
6. Association des historiens chinois (éd.), *Le Mouvement en vue d'apprendre de l'Occident*, vol. 6, pp. 274-6 ; Li Hongzhang, vol. 34, p. 634.
7. Weng Tonghe 2006, vol. 5, p. 2353 ; Li Hongzhang, vol. 35, p. 324.
8. Weng Tonghe 2006, vol. 5, pp. 2353, 2446.
9. *Ibid.*, p. 2447.
10. À Liu Kunyi, *in* Association des historiens chinois (éd.), *Les Réformes de 1898*, vol. 4, p. 301 ; Xin Xiuming, pp. 18, 21.
11. Carl, p. 125.
12. Pujia, Pujie et al. pp. 189-90.
13. Zhu Shoupeng (éd.), vol. 2, pp. 2149, 2151 ; Weng Tonghe 2006, vol. 4, p. 2049.
14. Carl, p. 43 ; Rongling, p. 22 ; Jin Yi & Shen Yiling, p. 150.
15. Xin Xiuming, p. 13.
16. Der Ling 2004 ; Rongling ; Jin Yi & Shen Yiling ; Xin Xiuming ; Carl ; Headland ; Yehenala Genzheng & Hao Xiaohui 2007.
17. Jin Liang 1998, p. 163 ; Headland, p. 85.
18. Xin Xiuming, p. 41 ; Publications de la Cité interdite (éd.), pp. 200-2 ; Carl, p. 48.
19. Kong Xiangji 1998, p. 110.
20. Carl, p. 190 ; Rongling, p. 19.
21. Carl, pp. 23-4.
22. Li Hongzhang, vol. 35, pp. 502-3.
23. Der Ling 2004, p. 26.
24. Jin Yi & Shen Yiling, p. 165 ; Der Ling 2004, p. 128.
25. Gao Shu, p. 176 ; Carl, p. 40.
26. Rongling, p. 15 ; Xin Xiuming, p. 3 ; Carl, p. 115.
27. Der Ling 2004, p. 95.
28. Carl, p. 60 ; Conger, pp. 261-2 ; Jin Yi & Shen Yiling, pp. 146-7.
29. Carl, p. 140.
30. Hubbard, p. 220.
31. Carl, pp. 53-5.
32. Carl, p. 173.

33. Yu Bingkun et al., p. 172 ; Premières Archives Historiques de Chine (éd.) 2005, vol. 2, pp. 920-1.
34. Der Ling 2004, pp. 76-7.
35. Rongling, p. 32.
36. Carl, p. 48 ; Headland, pp. 88, 233.
37. Xin Xiuming, p. 71 ; Gao Shu, p. 157.
38. Rongling, p. 9.
39. Ding Ruqin, pp. 255-7.
40. Ding Ruqin, pp. 267-8 ; Zao Yang ; Xin Xiuming, p. 38.
41. Publications de la Cité interdite (éd.), p. 377.
42. Yu Bingkun et al. p. 157.

16. En guerre contre le Japon (1894)

1. Li Hongzhang, vol. 10, pp. 74-6, 277 ; Premières Archives Historiques de Chine (éd.) 1995, vol. 64, p. 821.
2. Li Hongzhang, vol. 10, pp. 640-1, 684.
3. Li Hongzhang, vol. 11, p. 60.
4. Hart, *Letters, 1868-1907*, vol. 1, p. 592.
5. Li Hongzhang, vol. 12, p. 531 ; Premières Archives Historiques de Chine (éd.) 1995, vol. 65, pp. 33, 45.
6. Li Hongzhang, vol. 15, p. 335.
7. Hart, *Letters, 1868-1907*, vol. 1, p. 803.
8. Li Wenzhi (éd.), p. 773.
9. Association des historiens chinois (éd.), *La Guerre sino-japonaise*, vol. 3, pp. 177-8.
10. Li Hongzhang, vol. 35, p. 562 ; Jiang Ming, pp. 328-9.
11. Li Hongzhang, vol. 13, pp. 74-7, 207-9, 249-50, 351-4, 364-8, 391-2, 420, 546-53 ; vol. 14, *passim* ; vol. 35, p. 587.
12. Wang Daocheng 1994, n° 4.
13. Li Hongzhang, vol. 14, pp. 94-6.
14. Li Hongzhang, vol. 35, p. 252.
15. Wu (Woo) Yong, p. 107.
16. Li Hongzhang, vol. 15, p. 406.
17. Li Hongzhang, vol. 35, p. 562.
18. Li Hongzhang, vol. 15, pp. 333-6.
19. Mémoires de Mutsu Munemitsu, *Kenkenroku*, in Wang Yunsheng, vol. 2, p. 35.
20. Hart, *Letters, 1868-1907*, vol. 2, p. 976.
21. Li Hongzhang, vol. 15, pp. 371-4.
22. *Ibid.*, p. 372.
23. *Ibid.*, p. 383 ; Weng Tonghe 2005, vol. 1, pp. 117-8.
24. Hart, *Letters, 1868-1907*, vol. 2, p. 979.
25. *Ibid.*, vol. 2, p. 976.
26. *Ibid.*, vol. 2, pp. 974-5.
27. Li Hongzhang, vol. 24, p. 168.
28. Weng Tonghe 2006, vol. 5, p. 2708.
29. *Ibid.*, p. 2708.
30. *Ibid.*, p. 2720.
31. Weng Tonghe 2005, vol. 2, p. 1108.
32. Li Hongzhang, vol. 15, p. 406.
33. Qi Qizhang (éd.), vol. 1, p. 41.
34. Weng Tonghe 2005, vol. 2, p. 1091 ; Li Hongzhang, vol. 15, pp. 405-7.

35. Weng Tonghe 2006, vol. 5, pp. 2730-1.
36. *Ibid.*, p. 2732.
37. Li Hongzhang, vol. 15, pp. 415-36.
38. *Ibid.*, p. 424.
39. Weng Tonghe 2006, vol. 5, p. 2732 ; Premières Archives Historiques de Chine (éd.), 1996, vol. 20, n° 1011-12.
40. Weng Tonghe 2005, vol. 2, p. 1096.
41. Hart, *Letters, 1868-1907*, vol. 2, p. 991.
42. Weng Tonghe 2006, vol. 5, p. 2738 ; Weng Tonghe 2005, vol. 2, p. 1098.
43. Li Hongzhang, vol. 15, p. 452.
44. Weng Tonghe 2006, vol. 5, p. 2740.
45. *Ibid.*
46. Premières Archives Historiques de Chine (éd.) 1996, vol. 20, n° 1117.
47. Hart, *Letters, 1868-1907*, vol. 2, pp. 991-2.
48. *Ibid.*, p. 992.
49. Premières Archives Historiques de Chine (éd.) 1996, vol. 30, n° 370 ; Zhu Shoupeng (éd.), vol. 5, p. 5701 ; Hu Sijing, pp. 28-9. En ce qui concerne les autres anniversaires de Cixi : Wu (Woo) Yong, p. 99, Zhu Shoupeng (éd.), vol. 5, pp. 5093, 5575, 5745, etc.
50. Weng Tonghe 2006, vol. 5, p. 2754 ; Xin XIuming, p. 24 ; Kong Xiangji 1998, pp. 89-95 ; Premières Archives Historiques de Chine (éd.), 1996, vol. 20, n° 803, n° 446, 459.
51. Kong Xiangji 1998, pp. 84-7.
52. Headland, pp. 203-4.
53. Premières Archives Historiques de Chine (éd.) 1996, vol. 20, n° 1301.
54. Weng Tonghe 2006, vol. 5, p. 2754.
55. Premières Archives Historiques de Chine (éd.) 1996, vol. 20, n° 1304ff ; Weng Tonghe 2005, vol. 2, p. 1108 ; Weng Tonghe 2006, vol. 5, p. 2797.
56. Qi Qizhang (éd.), vol. 1, pp. 41-5.
57. Kong Xiangji & Murata Yujiro 2004, pp. 290-1.
58. Weng Tonghe 2006, vol. 5, pp. 2756, 2764.
59. *Ibid.*, p. 2856 ; Mao Haijian 2005, p. 468 ; Zhu Shoupeng (éd.), vol. 4, p. 3685.
60. Weng Tonghe 2006, vol. 5, pp. 2757-9.

17. La paix qui allait ruiner la Chine (1895)

1. Weng Tonghe 2005, vol. 2, p. 1116.
2. Kong Xiangji 2001, p. 16.
3. Weng Tonghe 2005, vol. 2, p. 1125 ; Weng Tonghe 2006, vol. 5, p. 2776.
4. Wang Wenshao, p. 870.
5. Zhu Shoupeng (éd.), vol. 4, p. 3539.
6. Zhang Zhidong, vol. 3, pp. 2036, 2047.
7. Weng Tonghe 2005, vol. 2, pp. 1125-6 ; Weng Tonghe 2006, vol. 5, pp. 2776-7.
8. Weng Tonghe 2006, vol. 5, p. 2778.
9. *Ibid.*, p. 2782 ; Weng Tonghe 2005, vol. 2, pp. 1134-5.
10. Li Hongzhang, vol. 16, p. 31 ; Weng Tonghe 2005, vol. 2, p. 1137.
11. Li Hongzhang, vol. 16, p. 31.
12. Weng Tonghe 2006, vol. 5, p. 2787.
13. Zhang Zhidong, vol. 3, p. 2041.
14. Weng Tonghe 2006, vol. 5, p. 2792.
15. Li Hongzhang, vol. 16, p. 56.

16. Association des historiens chinois (éd.), *Les Réformes de 1898*, vol. 4, p. 300.
17. Xin Xiuming, p. 16.
18. Wang Yunsheng, vol. 2, pp. 260, 268-9.
19. Hart, *Letters, 1868-1907*, vol. 2, p. 1009.
20. *Ibid.*, pp. 992, 1006.
21. Entretien du Kaiser avec le Dr William Hale, 19 juillet 1908, in Rohl, Appendix 2.
22. Weng Tonghe 2006, vol. 5, p. 2798.
23. *Ibid.*
24. Weng Tonghe 2006, vol. 5, pp. 2799-800.
25. *Ibid.*, pp. 2801-2, cf. p. 2791 ; Weng Tonghe 2005, vol. 2, p. 1062.
26. Hart, *Letters, 1868-1907*, vol. 2, p. 1017.
27. Denby, vol. 2, p. 147.
28. Jin Pushen, 2000, n° 1 ; Qi Qizhang, p. 504.
29. Hart, *Letters, 1868-1907*, vol. 2, p. 992.
30. Carl, p. 101.

18. L'empoignade en vue du dépeçage de la Chine (1895-1898)

1. Weng Tonghe 2006, vol. 5, p. 2889 ; Premières Archives Historiques de Chine (éd.), 1996, vol 21-4, *passim.*
2. Mao Haijian 2010, n° 4 ; Zhu Shoupeng (éd.), vol. 4, pp. 3637, 3648-9, 3652, 3656, 3662, 3670-726, *passim.*
3. Zhang Zhidong, vol. 2, pp. 989-90 ; cf. Sheng Xuanhuai, vol. 1, pp. 472-3, 476, 479.
4. Denby, vol. 2, pp. 147-8 ; Morse, vol. 3, p. 101 ; Hart, *Letters, 1868-1907*, vol. 2, p. 998.
5. Weng Tonghe 2005, vol. 2, p. 1063.
6. Wu (Woo) Yong, p. 130.
7. Weng Tonghe 2006, vol. 5, p. 2803 ; Zhu Shoupeng (éd.), vol. 4, pp. 3595-6.
8. Département d'Histoire de l'Université Tsinghua (éd.), p. 44.
9. Weng Tonghe 2006, vol. 5, p. 2829.
10. Mao Haijian 2010, n° 4.
11. *Ibid.* ; Département d'Histoire de l'Université Tsinghua (éd.), p. 180.
12. Mao Haijian 2010, n° 4 ; Weng Tonghe 2006, vol. 5, pp. 2837, 2844, 2878, 2890.
13. Association des historiens chinois (éd.), *Les Réformes de 1898,* vol. 4, pp. 300-1 ; Weng Tonghe 2006, vol. 5, p. 2742.
14. Mao Haijian 2010, n° 4.
15. Weng Tonghe 2006, vol. 5, p. 2856 ; Wang Wenshao, pp. 919-20.
16. Weng Tonghe 2006, vol. 5, p. 2878.
17. Zhang Zhidong, vol. 2, pp. 1002-3.
18. Weng Tonghe 2005, vol. 2, p. 1064 ; Weng Tonghe 2006, vol. 5, p. 2883.
19. Département d'Histoire de l'Université Tsinghua (éd.), p. 197.
20. Morse, vol. 3, pp. 103-4 ; Sun Ruiqin (tr.), vol. 1, p. 116.
21. Wu (Woo) Yong, p. 113.
22. *New York Times*, 3 septembre 1896.
23. Weng Tonghe 2006, vol. 5, p. 2944 ; Li Hongzhang, vol. 26, p. 275.
24. Li Hongzhang, vol. 16, p. 84 ; vol. 26, p. 275 ; Weng Tonghe 2006, vol. 5, p. 2944 ; Zhu Shoupeng (éd.), vol. 4, pp. 3876-7 ; Mao Haijian 2010, n° 4.
25. Bureau des archives d'État, Archives Ming et Qing (éd.), pp. 466-7 ; Mao Haijian 2011, n° 1 ; Li Hongzhang, vol. 36, pp. 199-226.
26. Zhang Zhidong, vol. 2, pp. 989-1001 ; Zhu Shoupeng (éd.), vol. 4, p. 3631ff.

27. Zhang (Chang) Yinhuan, p. 533.
28. Morse, vol. 3, p. 108.
29. Weng Tonghe 2006, vol. 5, pp. 2934-6.
30. *Ibid.*, p. 2891.
31. Zhu Shoupeng (éd.), vol. 4, pp. 3963-5.
32. *Ibid.*, pp. 3972-3.
33. *Qing shilu*, vol. 57, p. 301 ; Zhu Shoupeng (éd.), vol. 4, p. 3973.
34. Sun Ruiqin (tr.), vol. 1, pp. 106-47 ; Musée de Qingdao et al. (éd.), pp. 121ff ; Dugdale, E.T.S. (éd. & tr.), XIV, p. 69 ; Morse, vol. 3, pp. 106-7.
35. Weng Tonghe 2005, vol. 2, p. 1069 ; Wang Yunsheng, vol. 3, pp. 173-4.
36. Weng Tonghe 2005, vol. 2, p. 1069.
37. Weng Tonghe 2006, vol. 6, p. 3099 ; Weng Tonghe 2005, vol. 2, p. 1072.
38. Weng Tonghe 2005, vol. 2, p. 1071 ; Weng Tonghe 2006, vol. 6, p. 3081.
39. Witte, p. 100.
40. Zhang Rongchu (tr.), pp. 203-12.
41. Weng Tonghe 2006, vol. 6, p. 3104.
42. Zhang (Chang) Yinhuan, p. 519.
43. *Ibid.*
44. Zhang (Chang) Yinhuan, pp. 519-20 ; Weng Tonghe 2006, vol. 6, p. 3104.
45. Weng Tonghe 2006, vol. 6, p. 3103.

19. Les réformes de 1898 (1898)

1. Morse, vol. 3, p. 127.
2. Weng Tonghe 2006, vol. 6, p. 3081 ; Association des historiens chinois (éd.), *Les Réformes de 1898*, vol. 2, p. 430.
3. Weng Tonghe 2006, vol. 6, pp. 3118-28 ; Weng Tonghe 2005, vol. 2, p. 1072 ; Zhang (Chang) Yinhuan, p. 530.
4. Zhang (Chang) Yinhuan, p. 522.
5. Weng Tonghe 2006, vol. 6, p. 3118.
6. Mao Haijian 2005, pp. 428-35.
7. Weng Tonghe 2006, vol. 6, pp. 3081, 3114.
8. Kong Xiangji & Murata Yujiro 2004, pp. 252-3.
9. Weng Tonghe 2006, vol. 6, p. 3132.
10. *Ibid.*, p. 3134.
11. Weng Tonghe 2005, vol. 2, p. 1074 ; Weng Tonghe 2006, vol. 6, p. 3134.
12. Mao Haijian 2005, pp. 31-3.
13. *Ibid.*, pp. 16-18, 33-5.
14. Martin 1896, p. 327.
15. Zhu Shoupeng (éd.), vol. 4, p. 4135.
16. Kong Xiangji 1988, p. 369.
17. Kang Kouwei, p. 8.
18. Mao Haijian 2005, p. 382 ; Weng Tonghe 2006, vol. 6, p. 3112 ; Premières Archives Historiques de Chine (éd.), 1996, vol. 23, n° 1107.
19. Guangxu pria Weng de lui transmettre un exemplaire du pamphlet de Kang au sujet du Japon, à coup sûr parce que Cixi lui en avait parlé et qu'il ne l'avait pas lu. Weng Tonghe 2006, vol. 6, p. 3128 ; Mao Haijian 2009, p. 382.
20. Kong Xiangji (éd.) 2008a, p. 231.
21. Kong Xiangji (éd.) 2008a, pp. 234-5.
22. Kang Kouwei, p. 44 ; Mao Haijian 2009, p. 441.
23. Cranmer-Byng, p. 238 ; Robbins, p. 386.

24. Der Ling 2004, p. 277.
25. Mao Haijian 2009, pp. 576-88 ; Zhang (Chang) Yinhuan, p. 547 ; Bureau des archives d'État, Archives Ming et Qing (éd.), pp. 6-11.
26. Zhang (Chang) Yinhuan, p. 562 ; Kong Xiangji (éd.) 2008a, p. 142 ; Liang Dingfen, in Tang Zhijun, p. 67.
27. Mao Haijian 2009, pp. 582-3.
28. Kong Xiangji & Murata Yujiro 2009, n° 1.
29. Kong Xiangji (éd.) 2008a, pp. 355, 432 ; Mao Haijian 2009, p. 721 ; Liang Dingfen, in Tang Zhijun, p. 67.
30. Kong Xiangji (éd.) 2008a, p. 433 ; Mao Haijian 2005, p. 131 ; Zhang (Chang) Yinhuan, p. 553.
31. Kong Xiangji (éd.) 2008a, pp. 351-5.
32. *Ibid.*, p. 360 ; les livrets se trouvent à la bibliothèque du musée du Palais, à Pékin.
33. Kong Xiangji 1988, pp. 373-5.
34. *Ibid.*, p. 380.
35. Mao Haijian 2005, pp. 35, 65, 81.
36. *Ibid.*, p. 73.
37. Association des historiens chinois (éd.), *Les Réformes de 1898*, vol. 4, p. 332 ; Mao Haijian 2009, p. 709.
38. Kong Xiangji 1988, p. 62.
39. Morse, vol. 3, p. 132.
40. Sun Jianai, in Mao Haijian 2009, pp. 42, 534 ; Liang Dingfen, in Tang Zhijun, pp. 63-4.
41. Kong Xiangji (éd.) 2008a, pp. 350-1.

20. Complot contre la vie de Cixi (septembre 1898)

1. Wang Zhao, in Cen Chunxuan, Yun Yuding et al., p. 84.
2. Yuan Shikai, pp. 550-3 ; Bi Yongnian, p. 28.
3. Kong Xiangji (éd.) 2008a, pp. 402-3 ; Mao Haijian 2009, p. 774.
4. Kong Xiangji (éd.) 2008a, pp. 399-401, 404-5, 443-5.
5. Kong Xiangji & Murata Yujiro 2011, pp. 107-95 ; Département d'Histoire de l'Université Tsinghua (éd.), p. 958.
6. Mao Haijian 2005, pp. 440-2.
7. Wang Xiaoqiu, p. 122.
8. *Ibid.*, p. 129.
9. Li Hongzhang, vol. 36, p. 193.
10. Zheng Xiaoxu, vol. 2, p. 671.
11. Kong Xiangji & Murata Yujiro 2011, pp. 148-53 ; Liang Dingfen, in Tang Zhijun, p. 69.
12. *New York Times*, 13 mai 1897.
13. Kong Xiangji & Murata Yujiro 2004, pp. 251-4.
14. Kong Xiangji 1988, p. 252 ; Zhang (Chang) Yinhuan, p. 540.
15. Zhang (Chang) Yinhuan, pp. 539-41 ; Mao Haijian 2005, p. 38.
16. Kong Xiangji 2008, pp. 230-3 ; Kong Xiangji (éd.) 2008a, pp. 144, 188, 422 ; Ma Zhongwen 1998 ; Mao Haijian 2009, p. 721 ; Liang Dingfen, in Tang Zhijun, p. 67.
17. Zhang (Chang) Yinhuan, p. 510 ; cf. Kong Xiangji & Murata Yujiro 2009a, p. 83.
18. Weng Tonghe 2006, vol. 6, p. 3068 ; Weng Tonghe 2005, vol. 2, p. 1071.
19. Bureau des Archives d'État, Archives Ming et Qing (éd.), p. 461.
20. Yuan Shikai, p. 553.
21. Bi Yongnian, p. 28.

22. Lettre de Kang à Timothy Richard, in Association des historiens chinois (éd.), *Les Réformes de 1898*, vol. 3, p. 528.
23. Richard, dédicace, pp. 258, 263, 266.
24. Hart, *Letters, 1868-1907*, vol. 2, p. 1044.
25. Archives Nationales, Londres, P.O. 17/1718, p. 191.
26. Brenan à MacDonald, in Seagrave, p. 244.
27. Kang Youwei, p. 66.
28. Liang Qichao 1964, p. 109.
29. Mao Haijian 2009, p. 822.
30. Chen Kuilong, p. 37 ; Wang Xiagang, pp. 240-4.
31. Yun Yuding, vol. 1, p. 170 ; Mao Haijian 2011, n° 1.
32. Tang Zhijun, p. 39.
33. Premières Archives Historiques de Chine (éd.), 1996, vol. 24, n° 1399 ; cf. Mao Haijian 2005, p. 133.
34. Yuan Shikai, pp. 554-5.
35. Association des historiens chinois (éd.), *Les Réformes de 1898*, vol. 3, p. 542.
36. Tang Zhijun, pp. 57-63.
37. Zhang (Chang) Yinhuan, p. 562.
38. Weng Tonghe 2006, vol. 5, *passim* ; Wu (Woo) Yong, pp. 21-2 ; Kong Xiangji 2001, pp. 199-200 ; Ma Zhongwen 1996, n° 4.
39. Weng Tonghe 2005, vol. 2, p. 1084.
40. Zhang Shesheng, p. 156.
41. Zhang (Chang) Yinhuan, p. 561 ; Zhang Rongchu (tr.), pp. 211-12.
42. Premières Archives Historiques de Chine (éd.), 1996, vol. 24, n° 1411.
43. Premières Archives Historiques de Chine (éd.), 1996, vol. 26, n° 622 ; cf. n° 679, n° 681.
44. Mao Haijian 2005, pp. 142-6.
45. Xin Xiuming, p. 33.
46. Mao Haijian 2009, p. 859.
47. Premières Archives Historiques de Chine (éd.), 1996, vol. 24, n° 1376, n° 1399, n° 1754, *passim* ; Mao Haijian 2005, pp. 136, 547-8.
48. Yang Tianshi, pp. 188-90.
49. *Ibid.*, p. 159.
50. Mao Haijian 2005, pp. 149-53, 160.
51. Ding Ruqin, p. 272.
52. Wang Daocheng, in Société d'études mandchoues (éd.), vol. 2, p. 223 ; Mao Haijian 2005, pp. 143, 152.

21. Prête à tout pour déposer son fils adoptif (1898-1900)

1. Ding Ruqin, pp. 269-70.
2. Archives Royales, Windsor, VIC/MAIN/Q/16, n° 116 ; Association des historiens chinois (éd.), *Les Réformes de 1898*, vol. 3, p. 538.
3. Franzini.
4. Xin Xiuming, pp. 12-14 ; Jin Liang 1998, p. 14 ; Rongling, p. 12.
5. Yun Yuding, vol. 1, p. 405 ; Wang Zhao, pp. 103-4 ; Carl, pp. 191, 292.
6. Headland, pp. 165-8.
7. Wu (Woo) Yong, p. 74.
8. Carl, pp. 66-7.
9. Ye Xiaoqing 2007, n° 2 ; Rongling, p. 22 ; Wang Zhao, pp. 102-3.
10. Wu (Woo) Yong, p. 74.

11. Kong Xiangji & Murata Yujiro 2004, pp. 123-209.
12. Headland, p. 65.
13. Publications de la Cité interdite (éd.), p. 239.
14. Département d'Histoire de l'Université Tsinghua (éd.), pp. 1198, 1205 ; Liu Kunyi, vol. 3, pp. 1112, 1415.
15. Chen Kuilong, p. 23.
16. Hart, *Letters, 1898-1907*, vol. 2, p. 1180.
17. Conger, pp. 40-3 ; Lady Ethel MacDonald, « My Visits to the Dowager Empress of China », *Empire Review*, avril 1901, in Seagrave, pp. 259, 261.
18. Premières Archives Historiques de Chine (éd.), 1996, vol. 25, n° 1512.
19. *Ibid.*, n° 43, n° 44 ; Headland, p. 161.
20. Headland, p. 161.

22. En guerre contre les puissances mondiales – du côté des Boxers (1899-1900)

1. Archives royales Windsor, VIC/MAIN/Q/16, n° 121 ; Morse, vol. 3, pp. 124-5.
2. Hart, *Letters, 1898-1907*, vol. 2, p. 1190 ; Hart, *Journals, 1863-1866*, p. 1192.
3. Headland, p. 61.
4. Xiang, pp. 87-8.
5. Morse, vol. 3, p. 125.
6. Salvago Raggi, pp. 148-9.
7. Premières Archives Historiques de Chine (éd.) 1996, vol. 25, n° 1207, n° 1220.
8. Xiang, p. 95.
9. Morse, vol. 3, p. 125.
10. Xiang, p. 101 ; Li Hongzhang, vol. 36, p. 250.
11. Sheng Xuanhuai, vol. 2, pp. 652-6 ; Premières Archives Historiques de Chine (éd.) 1996, vol. 25, n° 1247, n° 1248 ; Wu (Woo) Yong, p. 89.
12. Wu Tingfang, p. 254.
13. Yung Wing, pp. 70-3.
14. Wu Tingfang, p. 181.
15. Edwards, pp. 53-4.
16. Smith, p. 54.
17. Archives des dynasties Ming et Qing (éd.) 1979a, vol. 1, p. 44 ; Premières Archives Historiques de Chine (éd.) 1996, vol. 25, n° 1451, *passim.*
18. Archives des dynasties Ming et Qing (éd.) 1979a, vol. 1, p. 13.
19. Archives des dynasties Ming et Qing (éd.) 1979a, vol. 1, pp. 21-32 ; Premières Archives Historiques de Chine & Département d'Histoire de l'Université normale Fujian (éd.), vol. 5, pp. 588-92.
20. Bird, p. 298.
21. Archives des dynasties Ming et Qing (éd.) 1979a, vol. 1, pp. 19-21, 38.
22. *Ibid.*, pp. 38, 44-5.
23. Premières Archives Historiques de Chine (éd.), 1996, vol. 25, n° 1423 ; Morse, vol. 3, p. 179.
24. Archives des dynasties Ming et Qing (éd.) 1979a, vol. 1, p. 57.
25. *Ibid.*, pp. 46-8.
26. Premières Archives Historiques de Chine (éd.) 1996, vol. 26, n° 53.
27. Archives nationales, Londres, P.O. 17/1412 ; Morse, vol. 3, p. 187.
28. Archives nationales, Londres, P.O. 17/1412.
29. *Ibid.* ; Association des historiens chinois (éd.), *Les Boxers*, vol. 3, p. 169.

30. Archives nationales, Londres, P.O. 17/1412 ; Archives des dynasties Ming et Qing (éd.) 1979a, vol. 1, p. 80.
31. Conger, p. 91.
32. Roberts, p. 773.
33. Ronglu (Junglu), p. 405 ; Hou Bin.
34. Wu (Woo) Yong, p. 86 ; Kong Xiangji 2008, p. 168 ; Institut d'Histoire des Qing, Université Renmin (éd.), vol. 12, p. 180.
35. Smith, p. 169.
36. Institut d'Histoire des Qing, Université Renmin (éd.), vol. 12, p. 175.
37. *Ibid.*, p. 179.
38. Archives des dynasties Ming et Qing (éd.) 1979a, vol. 1, pp. 110-11 ; Conger, p. 92.
39. Conger, pp. 97, 100 ; MacDonald, Sir Claude et al., p. 49 ; Archives des dynasties Ming et Qing (éd.) 1979a, vol. 1, pp. 142-4 ; Institut d'Histoire des Qing, Université Renmin (éd.), vol. 12, p. 182.
40. Archives des dynasties Ming et Qing (éd.) 1979a, pp. 145, 157-8.
41. Xiang, p. 261.
42. Archives des dynasties Ming et Qing (éd.) 1979a, vol. 1, p. 133.
43. Institut d'Histoire des Qing, Université Renmin (éd.), vol. 12, p. 183.
44. Morse, vol. 3, p. 204 ; Fleming, p. 95 ; Xiang, pp. 269-70.
45. Smith, p. 240.
46. Archives des dynasties Ming et Qing (éd.) 1979a, vol. 1, pp. 144-5.
47. *Ibid.*, pp. 136-41.
48. Li Hongzhang, vol. 27, *passim.*
49. Yun Yuding, vol. 2, pp. 785-6.
50. Archives royales, Windsor, VIC/MAIN/Q/16, n° 133.
51. *Ibid.*, n° 135-851.
52. *Ibid.*, n° 130.
53. Li Hongzhang, vol. 27, p. 74.
54. Wu (Woo) Yong, p. 28ff.
55. Yun Yuding, vol. 2, p. 786.
56. Roberts, p. 771.
57. Archives royales, Windsor, VIC/MAIN/Q/16, n° 130.

23. Lutter jusqu'aux dernières – et amères – extrémités (1900)

1. Kong Xiangji 2008, p. 170.
2. Conger, pp. 116, 199.
3. Smith, p. 577.
4. Archives des dynasties Ming et Qing (éd.) 1979a, vol. 1, pp. 161-2 ; Premières Archives Historiques de Chine (éd.) 1996, vol. 26, n° 587-8 ; Li Hongzhang, vol. 27, p. 97.
5. Archives des dynasties Ming et Qing (éd.) 1979a, vol. 1, p. 176.
6. Xiang, p. 261.
7. Xiang, p. 301.
8. Liu Bannong et al., p. 75.
9. Premières Archives Historiques de Chine (éd.) 2003, vol. 2, pp. 476, 478.
10. Headland, p. 206.
11. Wu (Woo) Yong, p. 87 ; Chen Kuilong, p. 39 ; Ronglu (Junglu), p. 404 ; Kong Xiangji 2008, p. 169.
12. Wu (Woo) Yong, p. 87.

13. Archives des dynasties Ming et Qing (éd.) 1979a, vol. 1, p. 187.
14. Conger, pp. 114-17, 129-30.
15. Chen Kuilong, p. 52.
16. Wu (Woo) Yong, p. 89.
17. Carl, p. 266.
18. Li Hongzhang, vol. 27, p. 154.
19. *Ibid.*, p. 117.
20. Archives des dynasties Ming et Qing (éd.) 1979a, vol. 1, p. 414.
21. Morse, vol. 3, p. 242.
22. Edwards, pp. 106-7.
23. Archives des dynasties Ming et Qing (éd.) 1979a, vol. 1, pp. 327-8, 421-3.
24. Premières Archives Historiques de Chine (éd.) 2003, vol. 1, pp. 253-4.
25. Archives des dynasties Ming et Qing (éd.) 1979a, vol. 1, pp. 415-7.
26. Li Hongzhang, vol. 27, *passim.*
27. Archives des dynasties Ming et Qing (éd.) 1979a, vol. 1, pp. 156-7, vol. 2, p. 946.
28. *Ibid.*, vol. 1, pp. 401, 401, 411-12, 414.
29. Archives des dynasties Ming et Qing (éd.) 1979a, vol. 1, pp. 386-7.
30. Kong Xiangji 2008, pp. 166-71.
31. Mao Haijian 2011, n° 1.
32. Sun Ruiqin (tr.), vol. 1, pp. 106, 121-45.
33. Association des historiens chinois (éd.) *Les Boxers*, vol. 2, p. 496.
34. Archives des dynasties Ming et Qing (éd.) 1979a, vol. 1, p. 392.
35. Morse, vol. 3, p. 362 ; Martin 1896, p. 238 ; Kong Xiangji 2008, p. 213 ; Liu Kunyi, vol. 6, p. 2586.
36. Archives royales, Windsor, VIC/MAIN/Q/16, n° 628 ; Kong Xiangji & Murata Yujiro 2011, pp. 408-9 ; Liu Kunyi, vol. 6, p. 2586.
37. Archives des dynasties Ming et Qing (éd.) 1979a, vol. 1, p. 469.
38. Sheng Xuanhuai, vol. 2, p. 656.
39. Xin Xiuming, p. 37.
40. Mao Haijian 2005, p. 38.
41. Chen Kuilong, pp. 57-9.
42. Natong, vol. 1, p. 350 ; Pujia, Pujie et al., pp. 90-1.
43. Pujia, Pujie et al., pp. 187-8 ; Xin Xiuming, pp. 24-5.

24. En fuite (1900-1901)

1. Pujia, Pujie et al., pp. 90-3 ; Cen Chunxuan, in Cen Chunxuan, Yun Yuding et al., pp. 14-15 ; Wu (Woo) Yong, p. 51 ; Xin Xiuming, pp. 33-4 ; Wang Zhao, p. 100.
2. Wu (Woo) Yong.
3. Pujia, Pujie et al., p. 93.
4. *Ibid.*, p. 90.
5. Archives des dynasties Ming et Qing (éd.) 1979a, vol. 1, p. 489, *passim* ; Premières archives historiques de Chine (éd.) 2003, vol. 2, *passim.*
6. Premières archives historiques de Chine (éd.) 2005, vol. 1, p. 37.
7. Wu (Woo) Yong, p. 95.
8. Premières archives historiques de Chine (éd.) 1996, vol. 26, n° 662 ; Ma Zhongwen 1996, n° 4.
9. Liu Kunyi, vol. 6, p. 2586.
10. Kong Xiangji 2008, pp. 162-3.
11. Archives royales, Windsor, VIC/MAIN/Q/16, n° 592, 806.
12. *Ibid.*, n° 843.

13. Morse, vol. 3, pp. 330, 342.
14. Zhang Zhidong, vol. 2, pp. 1453-4 ; vol. 3, pp. 1526, 1580 ; Li Xizhu, pp. 116-7.
15. Gao Shu, p. 148.
16. Zhang Zhidong, vol. 12, pp. 10566-8.
17. Archives des dynasties Ming et Qing (éd.) 1979a, vol. 1, p. 484.
18. *Ibid.*, pp. 484, 532 ; Premières Archives Historiques de Chine (éd.) 2003, vol. 3, pp. 891-2 ; Institut d'Histoire des Qing, Université Renmin (éd.), vol. 12, p. 226 ; Yun Yuding, vol. 2, p. 789.
19. Natong, vol. 1, p. 352 ; Yun Yuding, vol. 2, p. 789.
20. Liu Bannong et al., p. 31.
21. Yang Tianshi 2011, n° 5 ; Sang Bing, pp. 334-5 ; Yang Tianshi, pp. 157-61.
22. Archives nationales, Londres, P.O. 17/1718, p. 372.
23. Archives royales, Windsor, VIC/MAIN/Q/16 n° 859.
24. Tang Zhijun 1997, p. 337.
25. Wu (Woo) Yong, pp. 50, 89 ; Cen Chunxuan, Yun Yuding et al., p. 18 ; Xu Che, p. 486.
26. Wu (Woo) Yong, p. 83.
27. *Ibid.*, p. 74.
28. *Ibid.*, p. 81 ; Roosevelt Longworth, p. 99 ; Carl, p. 71 ; Townley, p. 89.

25. Remords (1900-1901)

1. Entretien du 21 octobre 2010 avec le Prof. Wang Daocheng, qui a pris connaissance de la note en question.
2. Smith, pp. 529-30.
3. Archives des dynasties Ming et Qing (éd.) 1979a, vol. 1, pp. 496-7, 551-2 ; vol. 2, pp. 1152, 1214, 1321, 1328-9, 1340-1 ; cf. Zhang Zhidong, vol. 3, p. 2168.
4. Morse, vol. 3, p. 367 ; Chen Kuilong, p. 44 ; Premières Archives Historiques de Chine (éd.) 2003, vol. 8, p. 604 ; Zhang Zhidong, vol. 2, p. 1451.
5. Natong, vol. 1, p. 350 ; Archives des dynasties Ming et Qing (éd.) 1979a, vol. 1, p. 498.
6. Archives des dynasties Ming et Qing (éd.) 1979a, vol. 1, pp. 496-7.
7. *Ibid.*, p. 513.
8. Weale, p. 342.
9. Archives des dynasties Ming et Qing (éd.) 1979a, vol. 1, p. 552.
10. Archives des dynasties Ming et Qing (éd.) 1979a, vol. 2, pp. 1155-6.
11. Liu Bannong et al., p. 36.
12. Von Waldersee, p. 205.
13. *Ibid.*, pp. 252-3.
14. *Ibid.*, pp. 216-21.
15. *Ibid.*, pp. 241-2.
16. *Ibid.*, p. 221.
17. Qi Rushan, in Liu Bannong et al., pp. 253-63.
18. Chang & Halliday, chapitre 56.
19. Morse, vol. 3, pp. 346-7, 350.
20. Morse, vol. 3, p. 350 ; Von Waldersee, p. 210.
21. Hunt.
22. Jiang Tao 1993, pp. 78-9.
23. Von Waldersee, pp. 224, 233, 239-40 ; Banque populaire de Chine (éd.), pp. 888-98.
24. Conger, pp. 188-9.

25. Protocole Boxer de 1901, in Secrétariat du comité du congrès national du peuple (éd.), p. 205 ; Banque populaire de Chine (éd.), p. 892.
26. Hart, *Letters, 1868-1907*, vol. 2, p. 1282 ; Morse, vol. 3, p. 351.
27. Morse, vol. 3, p. 351.
28. Archives des dynasties Ming et Qing (éd.) 1979a, vol. 2, p. 1075.
29. Morse, vol. 3, pp. 103-4 ; Sun Ruiqin (tr.), vol. 1, p. 116.
30. Archives des dynasties Ming et Qing (éd.) 1979a vol. 2, p. 1075.
31. Fairbank et al., p. 167.
32. Premières Archives Historiques de Chine (éd.), 1996, vol. 27, n° 751 ; Hart, *Letters, 1868-1907*, vol. 2, p. 1294 ; Morse, vol. 3, p. 470.
33. Morse, vol. 3, p. 367.
34. Archives des dynasties Ming et Qing (éd.) 1979a, vol. 2, p. 853.
35. Wu (Woo) Yong, p. 89.
36. Archives des dynasties Ming et Qing (éd.) 1979a, vol. 2, pp. 944-7.
37. Carl, p. 269.
38. Archives des dynasties Ming et Qing (éd.) 1979a, vol. 2, pp. 914-6.
39. *Ibid.*, p. 1328.
40. Procès-verbaux des Séances du Gouvernement Provisoire de Tientsin, vol. 1, Introduction, pp. 1-16.
41. Morse, vol. 3, p. 365.
42. Zhang Zhidong, vol. 2, p. 1428.
43. Martin 2005, p. 198.
44. Roosevelt Longworth, p. 95.
45. Reynolds, p. 1.

26. Retour à Pékin (1901-1902)

1. Hart, *Letters, 1868-1907*, vol. 2, p. 1299.
2. Wu (Woo) Yong, pp. 95-6.
3. Xin Xiuming, p. 30.
4. Premières Archives Historiques de Chine (éd.) 2003, vol. 8, p. 532 ; Wu (Woo) Yong, pp. 95-7.
5. Wang Yanwei (éd.), vol. 4, pp. 4275-6.
6. *Ibid.*, p. 4276.
7. Conger, pp. 212-15.
8. Wang Yanwei (éd.), vol. 4, p. 4283.
9. *Ibid.*
10. Premières Archives Historiques de Chine (éd.) 1996, vol. 27, n° 712 ; Wu (Woo) Yong, pp. 80, 121 ; Zhang Zhidong, vol. 10, p. 8654.
11. Wu (Woo) Yong, pp. 123-4.
12. Premières Archives Historiques de Chine (éd.) 1996, n° 768-9.
13. Wang Yanwei (éd.), vol. 4, p. 4287 ; Premières Archives Historiques de Chine (éd.) 2003, vol. 8, pp. 536-7 ; Conger, pp. 215-6.
14. Cf. Premières Archives Historiques de Chine (éd.) 2003, vol. 8, p. 618 ; Shan Shiyuan 1997, pp. 452-3.
15. Gao Shu, p. 130.
16. Premières Archives Historiques de Chine (éd.) 1996, vol. 27, n° 824.

27. Ami, ami avec les Occidentaux (1902-1907)

1. Premières Archives Historiques de Chine (éd.) 2003, vol. 8, p. 586 ; Conger, pp. 215-16.
2. Conger, p. 217.
3. Hart, *Letters, 1868-1907*, vol. 2, p. 1301.
4. Conger, pp. 217-23.
5. Townley, pp. 80-1, 100-2 ; Headland, p. 100.
6. Der Ling 2004, p. 286.
7. Hart, *Letters, 1868-1907*, vol. 2, p. 1303.
8. Carl, p. 232.
9. Journal de Sarah Conger, Collection Jewell, Musée des Beaux-arts de Boston, 19 mars 1904, 14-15 juin 1904 ; Conger, p. 315 ; Carl, p. 209 ; Premières Archives Historiques de Chine (éd.) 2005, vol. 2, p. 1261 ; Rongling, p. 23 ; Der Ling 2004, p. 148.
10. Journal de Sarah Conger, Collection Jewell, Musée des Beaux-arts de Boston, 1902-1904, *passim* ; Conger, p. 223ff.
11. Conger, pp. 226-9.
12. *Ibid.*, pp. 236, 290.
13. Headland, p. 206.
14. Conger, p. 232ff.
15. *Ibid.*, p. 236ff.
16. *Boston Daily Globe*, 1er janvier 1905.
17. *Chicago Daily Tribune*, 23 octobre 1904.
18. *Ibid.*
19. Conger, pp. 352-3.
20. Entretien avec Sarah Conger, in *Washington Post*, 17 novembre 1908.
21. Carl.
22. Headland, p. 32.
23. *New York Times*, 19 février 1905 ; *The Washington Post*, 19 février 1905.
24. Hart, *Letters, 1868-1907*, vol. 2, pp. 1200, 1328 ; Zheng Xiaoxu, vol. 1, p. 505.
25. Hart, *Journals, 1863-1866*, p. 363.
26. *Ibid.*
27. Zheng Xiaoxu, vol. 1, p. 505 ; Hart, *Letters, 1868-1907*, vol. 2, pp. 1200, 1328.
28. *New York Times*, 9 novembre 1902.
29. *Boston Globe*, 26 octobre 1902.
30. *Boston Daily Globe*, 29 avril 1901.
31. *Boston Globe*, 26 octobre 1902 ; *Chicago Daily*, 17 octobre 1902 ; *Chicago Daily Tribune*, 2 novembre 1902 ; *Atlanta Constitution*, 21 juin 1908.
32. *New York Times*, 9 novembre 1902 ; Der Ling 1948.
33. Rongling, p. 11.
34. *Ibid.*
35. Rongling, pp. 32-5.

28. La révolution de Cixi (1902-1908)

1. Shen Xuefeng 2002, n° 1.
2. Headland, p. 231.
3. Premières Archives Historiques de Chine (éd.) 1996, vol. 27, n° 960.
4. Conger, p. 254.

5. Xia Xiaohong, pp. 228-51 ; Zhu Shoupeng (éd.), vol. 5, pp. 5627, 5637-8 ; Zhang Hailin, p. 344 ; Shu Xincheng (éd.), p. 4.
6. Zhang Hailin, p. 559.
7. *Ibid.*, pp. 354-5.
8. Fang Hanqi et al., pp. 66-8.
9. Zhao Guangjun.
10. Headland, p. 225.
11. Jin Yi, p. 79.
12. Conger, p. 336.
13. Premières Archives Historiques de Chine (éd.) 2005, vol. 2, p. 1367 ; Morse, vol. 3, p. 416.
14. Zhang Zhidong, vol. 2, pp. 1430-1 ; vol. 3, pp. 1593-4 ; Shu Xincheng (éd.), pp. 231-5 ; Kong Xiangji & Murata Yujiro 2004, pp. 308-13 ; Kong Xiangji 1998, p. 76.
15. Premières Archives Historiques de Chine (éd.) 2008, vol. 2, p. 1526 ; Yang Tianshi, p. 262.
16. Association des historiens chinois (éd.) *La Révolution de 1911*, vol. 1, p. 331ff ; Huang Hu, p. 89.
17. Fang Hanqi et al., p. 21 ; Association des historiens chinois (éd.), *La Révolution de 1911*, vol. 1, p. 481.
18. Huang Hu, pp. 85, 89.
19. Fang Hanqi et al., pp. 42-44.
20. Premières Archives Historiques de Chine (éd.) 1996, vol. 28, n° 402.
21. *Ibid.*, vol. 31, n° 192.
22. *Ibid.*, vol. 31, n° 197 ; Zhu Shoupeng (éd.), vol. 5, pp. 5328-32, 5342-3, 5356-9.
23. Premières Archives Historiques de Chine (éd.) 1996, vol. 29, n° 314, 1294 ; Zhu Shoupeng (éd.), vol. 5, pp. 5015-6, 5091, 5122-3 ; Sun Yutang (éd.), vol. 2, n° 1, p. 637ff.
24. *Ibid.*, pp. 640-2.
25. Zhu Shoupeng (éd.), pp. 5015-6.
26. Lin Keguang et al., p. 362.
27. Zhu Shoupeng (éd.), vol. 5, p. 5593.
28. Song Yanli.
29. Zhu Shoupeng (éd.), vol. 5, pp. 5593-6.
30. Morse, vol. 3, p. 437.
31. *Ibid.*, pp. 437-9.
32. Dan ; Rongling, pp. 16-17.
33. *New York Times*, 17 décembre 1905.
34. Hart, *Letters, 1868-1907*, vol. 2, pp. 1304-5.
35. Lin Jing, p. 25.
36. *Los Angeles Times*, 13 novembre 1904 ; Natong, vol. 1, pp. 518-9, 535, 539, 547.
37. *Washington Post*, 26 février 1905 ; *Atlanta Constitution*, 26 février 1905.
38. Le nom du laboratoire – Fung Tai – figurait sur les marges des tirages aux archives de la Freer Gallery de Washington ; Cheng Jihua et al. (éd.), vol. 1, pp. 13-4 ; www.china.com.cn/chinese/2005/dybn/1052350.htm.
39. Xu Baoheng, vol. 1, p. 141 ; Ding Ruqin, pp. 245-6, 255.
40. Cheng Jihua et al. (éd.) vol. 1, p. 14.
41. *Ibid.*, p. 10.
42. Kecskes.
43. *Shi-bao*, 4e jour du douzième mois lunaire, 1905, Bibliothèque de l'Institut d'histoire moderne, Académie chinoise de sciences sociales de Pékin.
44. Kong Xiangji & Murata Yujiro 2011, p. 270.
45. Buck, préface.

46. Xu Baoheng, vol. 1, p. 152.
47. Conger, p. 319.
48. Kong Xiangji & Murata Yujiro 2011, p. 276.
49. Headland, p. 98.
50. Conger, p. 221.
51. Rongling, p. 39.
52. Du Zhongjun, p. 432.
53. Rongling, p. 38.
54. *Ibid.*, p. 13.
55. Roosevelt Longworth, p. 100.
56. *Ibid.*, pp. 99-100.
57. Rongling, p. 42.
58. *Ibid.*, p. 42 ; Carl, pp. 290-1.

29. Le droit de vote ! (1905-1908)

1. Sheng Xuanhuai, vol. 2, p. 653.
2. Der Ling 2004, p. 277.
3. Fang Hanqi et al., pp. 31-2.
4. Archives des dynasties Ming et Qing (éd.) 1979b, vol. 1, p. 1.
5. Morse, vol. 3, p. 441.
6. Dai Hongci, p. 314 ; Premières Archives Historiques de Chine (éd.) 1996, vol. 31, n° 722.
7. Zaize, p. 685.
8. Archives des dynasties Ming et Qing (éd.) 1979b, vol. 1, pp. 43-4.
9. Liang Qichao 2008, p. 240.
10. Archives des dynasties Ming et Qing (éd.) 1979b, vol. 1, pp. 54-67.
11. *Ibid.*, vol. 2, pp. 627-37.
12. *Ibid.*, vol. 2, pp. 667-84.
13. *Ibid.*, vol. 2, pp. 671-3.
14. *Ibid.*, vol. 2, pp. 683-4.
15. Kong Xiangji 1998, p. 78.
16. Archives des dynasties Ming et Qing (éd.) 1979b, vol. 1 et 2 *passim.*
17. *Ibid.*, vol. 1, pp. 61-7.
18. *Ibid.*, vol. 1, p. 68 ; Kong Xiangji 1998, p. 79.
19. Archives des dynasties Ming et Qing (éd.) 1979b, vol. 1, p. 68.
20. Martin 2005, pp. 197-9.

**30. Aux prises avec des insurgés,
des tueurs à gages et les Japonais (1902-1908)**

1. Yun Yuding, in Kong Xiangji 2001, p. 387.
2. Premières Archives Historiques de Chine (éd.) 2008, vol. 2, pp. 1466-78.
3. Mao Haijian 2005, pp. 186-209.
4. Association des historiens chinois (éd.), *La Révolution de 1911*, vol. 2, pp. 501-22, 554-8 ; vol. 3, pp. 221-5, 272ff.
5. Xu Zaiping & Xu Ruifang, p. 188 ; son témoignage a été reproduit p. 179 de Musée du Palais (éd.) 2002, vol. 11.
6. Xu Zaiping & Xu Ruifang, pp. 191-9 ; Association des historiens chinois (éd.), *La Révolution de 1911*, vol. 3, pp. 37-46, 92-7, 187-214 ; Xia Xiaohong, pp. 289-302 ; Fu Guoyong.

7. Cf. Xu Zaiping & Xu Ruifang, pp. 191-9 ; Xia Xiaohong, p. 294 ; Association d'étude de la Révolution de 1911 dans le Zheijang & Bibliothèque provinciale du Zheijang (éd.), p. 393.
8. Association des historiens chinois (éd.), *La Révolution de 1911*, vol. 3, pp. 187-214.
9. *New York Times*, 16 novembre 1908.
10. Toten Miyazaki, pp. 220, 223.
11. Premières Archives Historiques de Chine (éd.) 1996, vol. 29, n° 697.
12. Kong Xiangji 1998, p. 58.
13. Fang Hanqi et al., p. 45.
14. Hart, *Letters, 1868-1907*, vol. 2, pp. 1374-5 ; Association des historiens chinois (éd.), *La Révolution de 1911*, vol. 1, pp. 432, 478.
15. *Ibid.*, pp. 286-307 ; Premières Archives Historiques de Chine (éd.) 1996, vol. 29, n° 697 ; Kong Xiangji 1998, pp. 54-7 ; Sang Bing, p. 335.
16. Zhu Shoupeng (éd.), vol. 5, pp. 5329-32.
17. *Ibid.*, p. 5191.
18. Li Yongsheng.
19. Liang Qichao 2008, p. 224 ; Li Yongsheng (cf. Jin Liang 1998, p. 20)
20. Liang Qichao 2008, pp. 206, 225, 241 ; Sang Bing, pp. 338-40 ; Kong Xiangji 1998, pp. 68-71 ; Li Yongsheng.
21. Freeman-Mitford, pp. 193, 198.
22. Li Yongsheng.
23. Der Ling 2004, pp. 234-5.
24. Witte, pp. 107-9.
25. Carl, pp. 207-8 ; Der Ling 2004, p. 269.
26. Fang Hanqi et al. pp. 15-16.
27. Sun Ruiqin (tr.), vol. 3, pp. 28, 35.
28. Cockburn.
29. Sun Ruiqin (tr.), vol. 3, p. 39 ; cf. Rohl.
30. Entretien du Kaiser avec le Dr William Hale, 19 juillet 1908, in Rohl, Appendice 2, pp. 345-7.
31. Sun Ruiqin (tr.), vol. 3, pp. 38, 48 ; entretien du Kaiser avec le Dr William Hale, 19 juillet 1908, in Rohl, Appendice 2, p. 347.
32. Sun Ruiqin (tr.), vol. 3, pp. 44-9.
33. *New York Times*, 27 octobre 1909.
34. Zhu Shoupeng (éd.), vol. 5, p. 5713 ; Kong Xiangji 2008, p. 197.
35. Cen Chunxuan, Yun Yuding et al., pp. 12-13 ; Yun Yuding, vol. 1, pp. 351-2 ; Zheng Xiaoxu, vol. 2, p. 1100 ; Kong Xiangji 2001, pp. 219-26 ; Kong Xiangji 2008, pp. 195-7 ; Sang Bing, pp. 266-70 ; Yang Tianshi, p. 178 ; Hu Sijing, p. 24 ; Zhu Shoupeng (éd.), vol. 5, p. 5713.
36. Roosevelt Longworth, p. 102.
37. Sato, pp. 363-4.
38. Yang Tianshi, p. 173 ; Sun Ruiqin (tr.), vol. 3, p. 28 ; Sato, p. 48.
39. Wang Yanwei (éd.), vol. 4, pp. 4233-45 ; Rockhill, p. 53.
40. Gao Shu, p. 158.
41. Liang Qichao 2008, p. 293 ; Pujia, Pujie et al., pp. 81, 88, 100, 304-15 ; Comité des vestiges culturels de Shanghai (éd.), p. 158 ; Jin Liang 1998, p. 24 ; Kamisaka, pp. 202-3, 214.
42. Kong Xiangji 1998, pp. 54-5.
43. Jin Liang 1998, p. 24.
44. Zhu Shoupeng (éd.), vol. 5, p. 5147.
45. Liang Qichao 2008, p. 293.

46. Zhu Shoupeng (éd.), vol. 5, p. 5681.
47. Zhang Kaiyuan, p. 328.
48. Wang Zhao, p. 108.
49. Liu Ruoyan ; Wang Daocheng, in Lin Keguang et al., pp. 484-7 ; Musée du Palais (éd.) 1932, vol. 73-4, n° 5474.
50. Xu Baoheng, vol. 1, p. 183.
51. Ma Zhongwen 2006, n° 5 ; Xu Baoheng, vol. 1, p. 190.
52. Zhu Jinfu & Zhou Wenquan 1985, n° 1.
53. Musée du Palais (éd.) 1932, vol. 73-4, n° 5472ff.
54. *Ibid.*, n° 5506-7.
55. *Ibid.*, n° 5504-5.
56. Xu Baoheng, vol. 1, p. 193.
57. Ding Ruqin, pp. 273-6.

31. Décès (1908)

1. Zhu Jinfu & Zhou Wenquan 1982, n° 3 ; Xu Baoheng, vol. 1, p. 186.
2. Headland, pp. 165-8.
3. Gao Shu, p. 154.
4. Rongling, pp. 10-11, 21-2, 31, 41.
5. Zhu Jinfu & Zhou Wenquan 1985, n° 1 ; Xu Baoheng, vol. 1, p. 197.
6. Premières Archives Historiques de Chine & Centre d'études tibétaines en Chine (éd.), p. 8.
7. Premières Archives Historiques de Chine & Centre d'études tibétaines en Chine (éd.), p. 18.
8. Tibet Justice Center, www.tibetjustice.org/materials/treaties/treaties10.html.
9. Premières Archives Historiques de Chine (éd.) 1996, vol. 30, n° 609.
10. Zhu Shoupeng (éd.), vol. 5, pp. 5234-5 ; Zhang Xiaohui & Su Yuan, pp. 48-9.
11. Premières Archives Historiques de Chine & Centre d'études tibétaines en Chine (éd.), p. 82ff ; cf. Hart, *Letters, 1868-1907*, vol. 2, p. 1432.
12. Premières Archives Historiques de Chine & Centre d'études tibétaines en Chine (éd.), p. 118ff.
13. Guo Weiping ; Talo (Draklo).
14. Premières Archives Historiques de Chine & Centre d'études tibétaines en Chine (éd.), pp. 156-60.
15. *Ibid.*, p. 169 ; Xu Baoheng, p. 214.
16. Tsewang Dorje, p. 66 ; Xu Baoheng, vol. 1, pp. 201, 214, 217.
17. Premières Archives Historiques de Chine & Centre d'études tibétaines en Chine (éd.), p. 169.
18. Xu Baoheng, vol. 1, pp. 205-7 ; Premières Archives Historiques de Chine & Centre d'études tibétaines en Chine (éd.), pp. 151-3.
19. Rongqing, pp. 140-1 ; Zhu Jinfu & Zhou Wenquan 1985, n° 1.
20. Xu Baoheng, vol. 1, p. 217.
21. Dai Yi ; résultats de l'autopsie in *Qingshi yanjiu (Revue d'études de l'histoire des Qing)* 2008, n° 4.
22. Xin Xiuming, p. 34 ; Yun Yuding, vol. 1, p. 405.
23. Du Zhongjun, p. 435.
24. Lu Chuanlin, 1994, n° 3 ; Xu Baoheng, vol. 1, pp. 217-8.
25. Premières Archives Historiques de Chine (éd.), 1996, vol. 34, n° 922-3.
26. *Ibid.*, n° 935.
27. Headland, pp. 175-6.

28. Premières Archives Historiques de Chine (éd.) 1996, vol. 34, n° 936.
29. *Ibid.*, n° 926-45 ; Xu Baoheng, vol. 1, p. 218.
30. Xu Baoheng, vol. 1, p. 218.
31. Premières Archives Historiques de Chine (éd.) 1996, vol. 34, n° 951.
32. *Ibid.*, n° 946.
33. *Ibid.*, n° 938.
34. Headland, p. 202.
35. *Ibid.*, pp. 202-3.
36. Lu Chuanlin 1994, n° 3.
37. Xin Xiuming, p. 97.
38. Pujia, Pujie et al., p. 83.
39. Xu Baoheng, vol. 1, p. 381.
40. *Ibid.*, vol. 1, pp. 385-6.
41. Premières Archives Historiques de Chine (éd.) 2001, p. 234.

Épilogue : La Chine après l'impératrice douairière Cixi

1. Yu Bingkun et al., p. 287.
2. *Ibid.*, pp. 288-91.
3. Aisin-Gioro Puyi, pp. 230-1.
4. Buck, Préface.

Archives consultées

Archives du ministère italien des Affaires étrangères, Rome, Italie.
Archives du Musée des beaux-arts, collection Jewell, Boston, États-Unis.
Archives du Musée du palais national, Taipei, Taiwan.
Archives du musée Isabella Stewart Gardner, Boston, États-Unis.
Archives nationales, Londres, Royaume-Uni.
Archives royales, Windsor, Royaume-Uni.
Bibliothèque bodléienne, Collection chinoise, Oxford, Royaume-Uni.
Bibliothèque du Congrès, Wahsington D.C., États-Unis.
Bibliothèque universitaire de Cambridge, département des manuscrits et des archives de l'université, Royaume-Uni.
Collection royale, bibliothèque royale et salle des imprimés, Windsor, Royaume-Uni.
Collections iconographiques de la bibliothèque Wellcome, Londres, Royaume-Uni.
Galerie d'art Freer et archives de la galerie Arthur M. Sackler, Washington, D.C., États-Unis.
Ministère français des Affaires étrangères, Centre des archives diplomatiques de Nantes, France.
Premières archives historiques de Chine, Pékin, Chine.

Bibliographie

Académie des sciences sociales du Zhejiang & bibliothèque provinciale du Zhejiang (éd.), *Xinhai geming zhejiang shiliao xuji (Suite de la « Sélection de documents historiques sur la révolution de 1911 au Zhejiang »)*, Zhejiang renmin chubanshe, Hangzhou, 1987.

Aisin-Gioro Puyi, *Wo de qianbansheng (La Première Moitié de ma vie)*, Qunzhong chubanshe, Pékin, 1964.

Anonyme, « Rehe mizha » (Lettres secrètes de Rehe), in *Jindaishi ziliao (Documents d'histoire moderne)*, n° 36.

Archives des dynasties Ming et Qing (éd.), *Qingdai dangan shiliao congbian (Collections de documents d'archive de la dynastie Qing)*, Zhonghua shuju, Pékin, 1979.

Archives des dynasties Ming et Qing (éd.), *Qingmo choubei lixian dangan shiliao (Documents d'archives concernant les préparatifs d'établissement d'une monarchie constitutionnelle)*, Zhonghua shuju, Pékin, 1979b.

Archives des dynasties Ming et Qing (éd.), *Yihetuan dangan shiliao (Documents d'archives sur les Boxers)*, Zhonghua shuju, Pékin, 1979a.

Association d'étude de la révolution de 1911 au Zhejiang & bibliothèque provinciale du Zhejiang (éd.), *Xinhai geming zhejiang shiliao xuji (Sélection de documents historiques sur la révolution de 1911 au Zhejiang)*, Zhejiang renmin chubanshe, Hangzhou, 1982.

Association de la communauté de cultures d'Asie orientale (éd.), *Duihua huiyilu (Souvenirs d'expériences personnelles en Chine)*, Shangwu yinshuguan, Pékin, 1959.

Association des historiens chinois (éd.), *Dierci Yapian zhanzheng (La Seconde Guerre de l'Opium)*, Shanghai renmin chubanshe, Shanghai, 1978.

Association des historiens chinois (éd.), *Wuxu bianfa (Les Réformes de 1898)*, Shanghai shudian chubanshe, Shanghai, 2000.

Association des historiens chinois (éd.), *Xinhai geming (La Révolution de 1911)*, Shanghai shudian chubanshe, Shanghai, 2000.

Association des historiens chinois (éd.), *Yangwu yundong (Le Mouvement en vue d'apprendre de l'Occident)*, Shanghai shudian chubanshe, Shanghai, 2000.

Association des historiens chinois (éd.), *Yapian zhanzheng (La Guerre de l'Opium)*, Shanghai shudian chubanshe, 2000.

Association des historiens chinois (éd.), *Yihetuan (Les Boxers)*, Shanghai renmin chubanshe, Shanghai, 1960.

Association des historiens chinois (éd.), *Zhongfa zhanzheng (La Guerre sino-française)*, Shanghai shudian chubanshe, Shanghai, 2000.

Astor, Brooke, *Patchwork Child*, Weidenfeld and Nicolson, Londres, 1963.

Banque populaire de Chine (éd.), *Zhongguo qingdai waizhaishi ziliao (Documents concernant la dette extérieure de la Chine sous la dynastie Qing)*, Zhongguo jinrong chubanshe, Pékin, 1991.

Bi Yongnian, in Tang Zhijun, *Chengfu xinhuo (Nouvelles Découvertes du Japon)*, Jiangsu guji chubanshe, Nanjing, 1990.

Binchun, « Chengcha bji, shi erzhong » (Les journaux de voyage et poèmes de Binchun), in Zhong Shube (éd.), *Zouxiang shije congshu (Recueil de journaux des premiers envoyés en Occident)*, Yueli shushe, Changsha, 1985.

Bird, Isabella, *The Yangtze Valley and Beyond*, Virago Press, Londres, 1985.

Bland, J. O. P. & Backhouse, E., *China under the Empress Dowager*, William Heinemann, Londres, 1910.

Borel, Henri, *L'Esprit de la Chine*, La Souterraine, impr. 2007.

Boulger, Demetrius Charles, *The Life of Gordon*, Vol. I, Projet Gutenberg, e-book.

Brown, Arthur Judson, *New Forces in Old China : An Inevitable Awakening*, http://infomotions.com/etexts/gutenberg/dirs/etext99/ldchn10.htm, 1904.

Buck, Pearl S., *Impératrice de Chine*, Stock, Paris, 1956.

Bureau des archives d'État, archives Ming et Qing (éd.), *Wuxu bianfa dangan shiliao (Documents d'archives concernant les réformes de 1898)*, Zhonghua shuju, Pékin, 1958.

Carl, Katharine A., *With the Empress Dowager of China*, Eveleigh Nash, Londres, 1906.

Cen Chunxuan, Yun Yuding et al., *Lezhai manbi ; Chongling chuanxi lu ; Wai erzhong (Les Mémoires de Cen Chunxuan et Yun Yuding ; Deux mémoires supplémentaires)*, Zhonghua shuju, Pékin, 2007.

Chang, Jung, *Les Cygnes sauvages : les mémoires d'une famille chinoise, de l'Empire céleste à Tiananmen*, Plon, Paris, 1992.

Chang, Jung & Halliday, Jon, *Mao : l'histoire inconnue*, Gallimard, Paris, 2006.

Chen Kuilong, *Mengjiaoting zaji (Notes de Chen Kuilong)*, Shijie zhishi chubanshe, Pékin, 2007.

Chen Pokong, « Bainian fansi : Sun zhongshan shi wenti renwu » (Réflexions sur les cent dernières années : Sun Yat-sen est un personnage problématique), dans le magazine *Open*, Hong Kong, 2011, n° 11.

Chen Pokong, « Toward the Republic : A Not-so Distant Mirror », in *China Rights Forum*, 2003, n° 4.

Cheng Jihua et al. (éd.), *Zhongguo dianying fazhanshi (Une histoire du cinéma chinois)*, Zhongguo dianying chubanshe, Pékin, 1981.

Cockburn, Patrick, « A Prehistory of Extraordinary Rendition », in *London Review of Books*, 13 septembre 2012.

Comité des vestiges culturels de Shanghai (éd.), *Kang youwei yu baohuanghui (Kang Youwei et l'association de protection de l'empereur)*, Shanghai renmin chubanshe, Shanghai, 1982.

Conger, Sarah Pike, *Letters from China*, Hodder & Stoughton, Londres, 1909.

Cooley, James C., Jr, *T.F. Wade in China, 1842-1882*, E.J. Brill, Leyde, Hollande, 1981.

Courrier de l'UNESCO, novembre 1985.

Cranmer-Byng, J.-L. (éd.), *An Embassy to China. Being the journal kept by Lord Macartney during his embassy to the Emperor Ch'ien-lung, 1793-1794*, Longmans, Londres, 1962.

Crossley, Pamela Kyle, « The Late Qing Empire in Global History », in *Education about Asia*, 2008, vol. 13, n° 2.

Cuba Commission, *Chinese Emigration : Report of the Commission Sent by China to Ascertain the Condition of Chinese Coolies in Cuba*, Imperial Maritime Customs Press, Shanghai, 1876.

Dai Hongci, « Chushi jiuguo riji » (Les journaux de Dai Hongci, au titre d'envoyé dans neuf pays), in Zhong Shuhe (éd.), *Zouxiang shijie congshu (Recueil des journaux des premiers envoyés en Occident)*, Yueli shushe, Changsha, 1986.

Dai Yi, « Guangxu zhisi » (La Mort de Guangxu), in *Qingshi yanjiu (Études sur l'histoire des Qing)*, 2008, n° 4.

Dan, Lydia, « The Unknown Photographer : Statement Written for the Smithsonian », Freer Gallery of Art & Arthur M. Sackler Gallery Archives, Washington D.C., 1982.

Denby, Charles, *China and Her People*, L.C. Page & Company, Boston, 1906.

Deng Zhicheng, *Gudong suoji quanbian (Une collection d'anecdotes historiques diverses et variées)*, Beijing chubansshe, Pékin, 1999.

Département d'histoire de l'université Tsinghua (éd.), *Wuxu bianfa wenxian ziliao xiri (Chronologie documentée des Réformes de 1898)*, Shanghai shudian chubanshe, 1998.

Der Ling, *Princess, Two Years in the Forbidden City*, 1st World Library, Fairfield, Iowa, 2004.

Der Ling, *Tongnian huiyilu (Souvenirs de mon enfance)*, Baixin shudian, Shanghai, 1948.

Ding Baozhen, *Ding Wenchenggong yiji (Écrits de Ding Baozhen)*, édité par Luo Wenbin, Wenhai chubanshe, Taipei, 1967-8.
Ding Ruqin, *Qingdai neiting yanxi shihua (Une histoire de l'opéra joué à la cour des Qing)*, Zijincheng chubanshe, Pékin, 1999.
Documents Parkes 28/10, in Département des manuscrits et archives de l'université, Bibliothèque de l'université de Cambridge, Cambridge.
Dong Shouyi, *Gongqinwang yixin dazhuan (Une biographie du prince Gong, Yixin)*, Liaoning renmin chubanshe, Shenyang, 1989.
Du Maizhi et al. (éd.), *Zilihui shiliaoji (Documents historiques de l'association Zili)*, Yueli shushe, Changsha, 1983.
Du Zhongjun, « Dezong qingmaiji » (Souvenirs d'une réception de l'empereur Guangxu), in *Gudong suoji quanbian (Une collection d'anecdotes historiques diverses et variées)*, Beijing chubansshe, Pékin, 1999.
Dugdale, E.T.S. (éd. & tr.), *German Diplomatic Documents, 1871-1914*, Harper & Brothers, New York, 1930.
Edwards, E.H., *Fire and Sword in Shansi*, Oliphant Anderson & Ferrier, Édimbourg et Londres, 1907.
Fairbank, John King, Coolidge, Martha Henderson et Smith, Richard J., *H.B. Morse : Customs Commissioner and Historian of China*, University Press of Kentucky, Kentucky, 1995.
Fang Hanqi et al., *Daogongbao bainianshi (Une histoire du Daogongbao au cours des cent dernières années)*, Zhongguo renmin daxue chubanshe, Pékin, 2003.
Feng Erkang, *Shenghuo zai qingchao de renmen (Ceux qui ont vécu sous la dynastie Qing)*, Zhonghua shuju, Pékin, 2005.
Feuchtwang, Stephan, *Popular Religion in China : The Imperial Metaphor*, Curzon Press, Surrey, Grande-Bretagne, 2001.
Fleming, Peter, *The Siege at Peking*, Rupert Hart-Davis, Londres, 1959.
Franzini, Serge (éd.), « Le docteur Dethève appelé en consultation par l'empereur Guangxu », in *Études chinoises*, 1995, vol. XIV, n° 1.
Freeman-Mitford, Algernon B., *The Attaché at Peking*, Elibron Classics, www.elibron.com, 2005.
Fu Guoyong, « Qiu jin beishahai zhihou » (Après le meurtre de Qin Jiu), www.artx.cn/artx/lishi/40096.html
Gao Shu, *Jinluan suoji (Fragments de souvenirs de la cour des Qing)*, in Cen Chunxuan, Yun Yuding et al., *Lezhai manbi ; Chongling chuanxi lu ; Wai erzhong (Les Mémoires de Cen Chunxuan et Yun Yuding ; Deux mémoires supplémentaires)*, Zhonghua shuju, Pékin, 2007.
Ge Bin, « Guangxudi zhupi shuping » (À propos des instructions à l'encre écarlate de l'empereur Guangxu), in Premières Archives Historiques de Chine (éd.), 2005, vol. 1.
Gong Pixiang, « Qingmo fazhi gaige yu zhongguo fazhi xiandaihua » (Les réformes légales du temps des derniers Qing et la modernisation du système juridique de la Chine), in *Jiangsu shehui kexue*, 1994, n° 6.

Gordon, Henry William, *Events in the Life of Charles Gordon,* Kegan Paul, Trench, Londres, 1886.

Gouvernement Qing (éd.), *Chouban yiwu shimo (Documents relatifs aux affaires étrangères)*, musée du palais, Pékin, 1929-30.

Grant, James Hope, *Incidents in the China War of 1860*, Elibron Classics, www.elibron.com, 2005.

Gu Hongming, *Gu hongming de biji (Les Notes de Gu Hongming)*, Guomin chubanshe, Taipei, 1954.

Guo Songtao, *Lundun yu bali riji (Journaux de Londres et Paris)*, Yueli shushe, Changsha, 1984.

Guo Weiping, « Zhang yintang zhizang zhengce shibai yuanyin chutan » (Une étude des causes de l'échec de la politique de Zhang Yintang au Tibet), in *Qinghai minzu xueyuan xuebao (Journal de l'Université de Qinghai pour les nationalités)*, 1988, n° 1.

Hake, A. Egmont, *Events in the Taeping Rebellion, Being Reprints of MSS. Copied by General Gordon, C.B. in His Own Handwriting*, W.H. Allen & Co., Londres, 1891.

Hansard, transcriptions des délibérations de la Chambre des Communes et de la Chambre des Lords, Londres.

Hart, Robert, *Entering China's Service : Robert Hart's Journals, 1854-1863,* édités par Katherine F. Bruner, John K. Faribank & Richard J. Smith, Council on East Asian Studies, Harvard University, Cambridge (Mass.) & Londres, 1991.

Hart, Robert, *The I.G. in Peking : Letters of Robert Hart, Chinese Martitime Customs, 1868-1907*, éditées par John King Fairbank, Katherine Frost Bruner & Elizabeth MacLeod Mathesono, The Belknap Press of Harvard University, Cambridge (Mass.) & Londres, 1975.

Hayter-Menzies, Grant, *Imperial Masquerade,* Hong Kong University Press, Hong Kong, 2008.

He Gangde, *Chunming menglu (Les Papiers de He Gangde)*, imprimés et photocopiés par Shanghai guji shidian, Shanghai, 1983.

Headland, Isaac Taylor, *Court Life in China,* Fleming H. Revell Company, New York, 1909.

Hogge, David, « The Empress Dowager and the Camera : Photographing Cixi, 1903-1904 », http://ocw.mit.edu/ans7870/21F/21f.027/empress_dowager/cx_essay_03.pdf

Hou Bin, « Nalashi, ronglu yu yihetuan yundong » (La femme Nala, Junglu et le mouvement des Boxers), *Yihetuan yanjiuhui huikan (Journal de l'Association pour l'étude des Boxers)*, 1983, n° 2.

Hsü Chi-she, *Yinghuan zhilue (Une brève description du monde)*, imprimé à titre privé en 1848.

Hu Sijing, *Guowen beicheng (Notes éparses de Hu Sijing)*, Zhonghua shuju, Pékin, 2007.

Huang Xi, *Zhongguo jinxiandai dianli jishu fazhanshi (Une histoire de la presse en Chine)*, Fudan daxue chubanshe, Shanghai, 2009.

Huang Xi, *Zhongguo jinxiandai dianli jishu fazhanshi (Une histoire de l'électricité dans la Chine moderne)*, Shandong jiaoyu chubanshe, Jinan, 2006.

Huang Xing, « Wanqing dianqi zhaomingye fazhan jiqi gongye yicun gaishu » (Un bref compte rendu du développement de l'éclairage électrique et de l'industrie sous les derniers Qing), in *Neimenggu shifan daxue xuebao (Revue de l'Université normale de Mongolie intérieure)*, 2009, vol. 38, n° 3.

Huang, Xingtao, « Qingmo minchu xinmingci xingainian de "xiandaixing" wenti » (La « modernité » des termes nouveaux et des nouveaux concepts du temps des derniers Qing et au début de la période républicaine), in *Zhongguo jindaishi (Histoire chinoise moderne)*, 2005, n° 11.

Huang Zhangjian, *Wuxu bianfashi yanjiu (Une étude de l'histoire des réformes de 1898)*, Shanghai shudian chubanshe, Shanghai, 2007.

Hubbard, Clifford L.B., *Dogs in Britain*, Macmillan and Co., Londres, 1948.

Hunt, Michael H., « The American Remission of the Boxer Indemnity : A Reappraisal », in *Journal of Asian Studies*, 1972, vol. 31, n° 3.

Hurd, Douglas, *The Arrow War*, Collins, Londres, 1967.

Ignatieff, Michael, *L'Album russe*, Payot, Paris, 1990.

Institut d'histoire des Qing, université Renmin (éd.), *Qingshi biannian (Chronologie de l'histoire des Qing)*, Zhongguo renmin daxue chubanshe, Pékin, 2004.

Jia Yinghua, *Modai taijian sun yaoting zhuan (Une biographie du dernier eunuque, Sun Yaoting)*, Renmin wenxue chubanshe, Pékin, 2004.

Jiang Ming, *Longqi piaoyang de jiandui (La Flotte du Pavillon au Dragon)*, Sanlian shudian, Pékin, 2008.

Jiang Tao, « Wushinianlai de wangqing zhengzhishi yanjiu » (Études de l'histoire politique des derniers Qing ces cinquante dernières années), in *Modern Chinese History Studies*, 1999, n° 5.

Jiang Tao, *Zhongguo jindai renkou shi (Histoire de la population de la Chine moderne)*, Zhejiang renmin chubanshe, Hangzhou, 1993.

Jiang Weitang et al., *Weixin zhishi, aiguo baoren peng yizhong (Peng Yizhong, réformateur résolu et journaliste patriote)*, Dalian chubanshe, Dalian, 1996.

Jin Liang, *Guangxu xiaoji (Notes éparses de Jin Liang sur les règnes des empereurs Guangxu et Tongzhi)*, Shanghai shudian chubanshe, Shanghai, 1998.

Jin Liang, *Ginggong shilue (Une brève histoire de la cour des Qing)*, imprimé à titre privé en 1933.

Jin Pushen, « Zhongri jiawu zhanzheng yu zhongguo waizhai » (La guerre sino-japonaise de 1894 et la dette extérieure de la Chine), in *Dongnan xueshu (Recherches académiques du sud-est)*, 2000, n° 1.

Jin Yi, *Nüjie Zhong*, 1903 ; nouvelle édition réalisée par Bernadette Yuning, Outer Sky Press, New Yorkk, 2003.

Jin Yi & Shen Yiling, *Gongnü tanwanglu (Souvenirs d'une servante au palais)*, Zijincheng chubanshe, Pékin, 1992.

Jin Zhong (éd.), *Open Magazine*, Hong Kong.

Junjichu suishou dengjidang (Dossiers examinés par le Grand Conseil), in Premières Archives Historiques de Chine (éd.).

Kamisaka Fuyuko, *Nanzhuang nüdie chuandao fangzi zhuan (Une biographie de Kawashima Yoshiko)*, traduit par Gong Changjin, Jiefangjun chubanshe, Pékin, 1985.

Kang Kouwei, *Kangnanhai zibian nianpu (La Chronologie de Kang Youwei éditée par lui-même)*, Zhonghua shuju, Pékin, 1992.

Kecskes, Lily, « Photographs of Tz'u-hsi in the Freer Gallery Archives », *Committee on East Asian Libraries Bulletin,* n° 101, The Association for Asian Studies, Inc., décembre 1993.

Keswick, Maggie (éd.), *The Thistle and the Jade*, Francis Lincoln, Londres, 2008.

Kong Xiangji (éd.), *Kang youwei bianfa zouzhang jikao (Collection complète des pétitions de Kang Youwei appelant à des réformes)*, Beijing tushuguan chubanshe, Pékin, 2008a.

Kong Xiangji, *Qingren riji yanjiu (Étude de journaux de la dynastie Qing)*, Guangdong renmin chubanshe, Guangzhou, 2008.

Kong Xiangji, *Wanqing yiwen congkao (Étude de diverses anecdotes à propos des derniers Qing)*, Bashu shushe, Chengdu, 1998.

Kong Xiangji, *Wanqingshi tanwei (Exploration de certains détails de l'histoire des derniers Qing)*, Bashu shushe, Chengdu, 2001.

Kong Xiangji, *Wuxu weixin yundong xintan (Une nouvelle étude des réformes de 1898),* Hunan renmin chubanshe, Changsha, 1988.

Kong Xiangji & Murata Yujiro, *Cong dongying huangju dao zijincheng (Du palais impérial japonais à la Cité interdite)*, Guangdong renmin chubanshe, Guangzhou, 2011.

Kong Xiangji & Murata Yujiro, *Hanweirenzhi de zhongri jiemeng ji qita (L'histoire méconnue d'une tentative d'alliance sino-japonaise et d'autres encore)*, Bashu shushe, Chengdu, 2004.

Kong Xiangji & Murata Yujiro, « Yige riben shujiguan jiandaode kang youwei yu wuxu weixin » (Kang Youwei et les réformes de 1898 vues par un secrétaire d'État japonais), in *Guangdong shehui kexue (Sciences sociales dans le Guangdong)*, 2009, n° 1.

Kong Xiangji & Murata Yujiro, *Zhongdao xiong qiren yu « wangfu wenxin mulu » (Nakajima Yuu et sa « liste de correspondance officielle »),* Guojia tushuguan chubanshe, Pékin, 2009a.

Kwong, Luke S.K., *T'an Ssu-t'ung, 1865-1898 : Vie et pensée d'un réformateur,* E.J. Brill, Leyde, Pays-Bas, 1996.

Lei Chia-sheng, *Liwan kuanglan : wuxu zhengbian xintan (Inverser le courant : Une nouvelle étude du coup de 1898)*, Wanjuanlou, Taipei, 2004.

Li Ciming, *Yuemantang guoshi riji (Journaux politiques de Li Ciming)*, édités par Wu Yuting, Wen Hai Press Company, Taipei, 1977.

Li Guoliang, « Qingdai bishushanzhuang yanxi suotan » (Informations éparses sur les représentations d'opéra au Pavillon de chasse), in *Gugong bowuyuan yuankan (Journal du musée du palais)*, Pékin, 1984, n° 2.

Li Guorong, *Qinggong dangan jiemi (Révélations issues des archives de la cour des Qing)*, Zhongguo qingnian chubanshe, Pékin, 2004.

Li Hongzhang, *Li hongzhang quanji (Œuvres complètes de Li Hongzhang)*, éditées par Guangxu Tinglong, Dai Yi et al., Anhui jiaoyu chubanshe, Hefei, 2008.

Li Wenzhi (éd.), *Zhongguo jindai nongyeshi ziliao (Documents sur l'histoire de l'agriculture moderne en Chine) 1840-1911*, Sanlian shudian chubanshe, Shanghai, 2009.

Li Yin, *Qingdai diling (Les Mausolées des empereurs Qing)*, Zhongguo xiju chubanshe, Pékin, 2005.

Li Yongsheng, « Wuxuhou kangliang mouci cixi taihou xinkao » (Une nouvelle étude sur les tentatives de Kang et Liang d'attenter à la vie de l'impératrice douairière Cixi après 1898), www.docin.com/p-335080067.html

Li Yunjun (éd.), *Wanqing jingji shishi biannian (Chronique de l'économie sous les derniers des Qing)*, Shanghai guji chubanshe, Nankin, 2005.

Liang Qichao, *Liang qichao nianpu changbian (Chronologie détaillée de Liang Qichao)*, éditée par Ding Wenjiang & Zhao Fengtian, Shanghai renmin chubanshe, Shanghai, 2008.

Liang Qichao, *Wuxu zhengbian ji (Le Coup d'État de 1898)*, Zhonghua shuju, Pékin, 1964.

Lin Jing, *The Photographs of Cixi in the Collection of the Palace Museum*, Forbidden City Publishing House, Pékin, 2002.

Lin Keguang et al., *Jindai jinghua shiji (Sites et anecdotes historiques de Pékin)*, Zhongguo renmin daxue chubanshe, Pékin, 1985.

Liu Bannong et al., *Sai jinhua benshi (L'Extraordinaire Histoire de Sai Jinhua)*, Yueli shushe, Changsha, 1985.

Liu Kunyi, *Liu Zhongchenggong yiji (Écrits de Liu Kunyi)*, Zhonghua shuju, Pékin, 1959.

Liu Ruoyan, « Fengyu bainian yonghe lun » (Le centenaire du bateau à vapeur du Yonghe), in *Yiheyuan gengzhitu jingguan wenhua zhuankan (Revue des scènes du jardin du labour et du tissage au Palais d'été)*, n° 4.

Longworth, Alice Roosevelt, *Crowded Hours*, Charles Scribner's Sons, New York & Londres, 1933.

Lovell, Julia, *The Opium War*, Pan Macmillan, Londres, 2011.

Lu Chuanlin, « Lu chuanlin riji » (Les journaux de Lu Chuanlin), in *Wenwu chunqiu (Printemps et automne patrimoniaux)*, 1992, n° 2 – 1994, n° 3.

Lu Di, *Men Shi Tan Shi (Collection d'essais sur l'histoire chinoise)*, communication personnelle, ludi666_45@hotmail.com

Ma Zhongwen, « Shiren riji zhongde guangxu, cixi zhisi » (Les décès de Guangxu et Cixi dans les journaux de leurs contemporains), in *Guangdong shehui kexue (Sciences sociales au Guangdong)*, 2006, n° 5.

Ma Zhongwen, « Zhang yinhuan liufang xinjiang qianhou shiji kaoshu » (Essai sur l'exil de Chang Yinhuan au Xinjiang), in *Xinjiang daxue xuebao (Revue de l'université du Xinjiang)*, 1996, n° 4.

Ma Zhongwen, « Zhang yinhuan yu wuxu weixin » (Chang Yinhuan par rapport aux réformes de 1898), in Wang Xiaoqiu & Shang Xiaoming (éd.), *Wuxu weixin yu qingmo xinzheng (Les Réformes de 1898 et le nouveau système mis en place sous les derniers Qing)*, Beijing daxu chubanshe, Pékin, 1998.

MacDonald, Sir Claude et al., *The Siege of the Peking Embassy, 1900,* The Stationery Office, Londres, 2000.

Mao Haijian, *Cong jiawu dao wuxu : Kang youwei « woshi » jianzhu (De 1894 à 1898 : jugement critique de « mon histoire » par Kang Youwei),* Sanlian shudian, Pékin, 2009.

Mao Haijian, *Kuming tianzi : xianfeng huangdi yizhu (Le Malheureux Empereur Xianfeng, Yizhu)*, Sanlian shudian, Pékin, 2006.

Mao Haijian, *Wuxu bianfa shishikao (Une étude factuelle et détaillée de la Réforme de 1898),* Sanlian shudian, Pékin, 2006.

Mao Haijian, « Wuxu zhengbian qianhou zhang zhidong yu jing jin hu de midian wanglai » (Les télégrammes échangés en secret par Zhang Zhidong et ses hommes à Pékin, Tianjin et Shanghai à l'époque du coup d'État de 1898), in *Zhonghua wenshi luncong (Revue de littérature et d'histoire chinoises)*, 2011, n° 1.

Mao Haijian, « Zhang Zhidong yu yangrui de guanxi » (La relation entre Zhang Zhidong et Yang Rui), in *Zhonghua wenshi luncong (Revue de littérature et d'histoire chinoises)*, 2010, n° 4.

Martin, W.A.P., *A Cycle of Cathay*, Oliphant Anderson and Ferrier, Édimbourg & Londres, 1896.

Martin, W.A.P., *The Awakening of China*, The Project Gutenberg e-book, produit par Robert J. Hall, 2005.

Maugham, W. Somerset, *Le Paravent chinois*, texte français de Mme E.-R. Blanchet, Éditions de France, Paris, 1936.

Mi Rucheng (éd.), *Zhongguo jindai tielushi ziliao (Documents historiques sur les débuts du chemin de fer en Chine)*, Zhonghua shuju, Pékin, 1984.

Millar, Oliver, *The Victorian Pictures in the Collection of Her Majesty the Queen,* Cambridge University Press, Cambridge, 1992.

Morse, H.B., *The International Relations of the Chinese Empire*, première édition de 1910 ; réimprimée par Cheng Wen Publishing Company, Taipei, 1971.

Musée du palais (éd.), *Qingguangxuchao zhongri jiaoshe shiliao (Documents historiques au sujet des relations sino-japonaises sous le règne de l'empereur Guangxu)*, Beiping gugong bowuyuan, Pékin, 1932.

Musée du palais (éd. & éditeur en chef Zhu Chengru), *Qingshi tudian (Histoire picturale de la dynastie Qing)*, Zijincheng chubanshe, Pékin, 2002.

Musée Qingdao, Premières archives historiques de Chine & Institut de sciences sociales de Qingdao (éd.), *Deguo qingzhan jiaozhouwan shiliao xuanbian (Sélection de documents historiques sur l'occupation allemande de Jiaozhouwan)*, Shandong renmin chubanshe, Jinan, 1987.

Naquin, Susan, *Shantung Rebellion*, Yale University Press, New Haven (Conn.), 1981.

Natong, *Natong riji (Journaux de Natong)*, édités par les archives de Pékin, Xinhua chubanshe, Pékin, 2006.

Packard, J.F., *Grant's Tour Around the World*, Forshee & McMakin, Cincinnati (Ohio), 1880.

Pan, Xiangmin, « Lun cunqinwang yixuan » (Sur le prince Chun, Yixuan), in *Qingshi yanjiu (Études sur l'histoire des Qing)*, 2006, n° 2.

Premières Archives Historiques de Chine (éd.), *Gengzi shibian qinggong dangan huibian (Documents d'archives sur l'incident de 1900)*, Zhongguo renmin daxue chubanshe, Pékin, 2003.

Premières Archives Historiques de Chine (éd.), *Guangxuchao shangyudang (Décrets impériaux du règne de l'empereur Guangxu)*, Guangxu shifan daxue chubanshe, Guilin, 1996.

Premières Archives Historiques de Chine (éd.), *Guangxuchao zhupi zouze (Décrets impériaux rédigés à l'encre écarlate sous le règne de Guangxu)*, Zhonghua shuju, Pékin, 1995.

Premières Archives Historiques de Chine (éd.), *Mingqing dangan yu lishi yanjiu – zhongguo diyi lishi danganguan liushi zhounian jinian lunwenji (Études sur l'histoire et les archives Ming et Qing – Documents en l'honneur du soixantième anniversaire des premières archives historiques de Chine)*, Zhonghua shuju, Pékin, 1988.

Premières Archives Historiques de Chine (éd.), *Mingqing dangan yu lishi yanjiu lunwenji (Essais sur les études historiques et les archives Ming et Qing)*, Xinhua chubanshe, Pékin, 2008.

Premières Archives Historiques de Chine (éd.), *Mingqing dangan yu lishi yanjiu lunwenxuan (Une sélection de documents d'études sur l'histoire et les archives Ming et Qing)*, 1994.10-2004.10, Xinhua chubanshe, Pékin, 2005.

Premières Archives Historiques de Chine (éd.), *Xianfeng tongzhi liangchao shangyudang (Décrets impériaux des règnes des empereurs Xianfeng et Tongzhi)*, Guangxi shifan daxue chubanshe, Guilin, 1998.

Premières Archives Historiques de Chine (éd.) (éditeurs en chef Qin Guojing et Zou Ailian), *Yubi zhaoling shuo qingshi (Documents d'archives clé de l'histoire des Qing)*, Shandong jiaoyu chubanshe, Jinan, 2001.

Premières Archives Historiques de Chine & Centre d'études tibétaines en Chine (éd.), *Qingmo shisanshi dalai lama dangan shiliao xuanbian (Sélection de documents d'archives sur le Treizième Dalai Lama du temps des derniers Qing)*, Zhongguo zangxue chubanshe, Pékin, 2002.

Premières Archives Historiques de Chine & Département d'histoire de l'Université Normale de Fujian (éd.), *Qingmo jiaoan (Affaires en rapport avec les missions chrétiennes, du temps des derniers Qing)*, Zhonghua shuju, Pékin, 1996.

Procès-verbaux des séances du gouvernement provisoire de Tientsin, Liu Haiyan et al. (traducteurs), Tianjin shehui kexue chubanshe, Tianjin, 2004.

Publications de la Cité interdite (éd.), *Mingqing gongting quwen (Histoires intéressantes de la cour des Ming et des Qing)*, Zijincheng chubanshe, Pékin, 1995.

Pujia, Pujie et al., *Wangqing gongting shenghuo jianwen (Témoignages de la cour des derniers Qing)*, Wenshi ziliao chubanshe, Pékin, 1982.

Qi Qizhang, *Jiawu zhangzhengshi (Une histoire de la guerre sino-japonaise de 1894)*, Shanghai renmin chubanshe, Shanghai, 2005.

Qi Qizhang (éd.), *Zhongri zhangzheng xubian (Suite des « Documents d'archives concernant la guerre sino-japonaise »)*, Zhonghua shuju, Pékin, 1989.

Qiao Zhaohong, « Lun wanqing shangpin bolanhui yu zhongguo zaoqi xiandaihua » (À propos des expositions du temps des derniers Qing et des débuts de la modernisation de la Chine), in *Journal of Humanities*, Shanghai, 2005.

Qing shilu (Archives exhaustives des Qing), Zhonghua shuju, Pékin, 1987.

Qu Chunhai, *Qinggong dangan jiedu (Une étude des archives de la cour des Qing)*, Huawen chubanshe, Pékin, 2007.

Raggi, Giuseppe Salvago, *Ambasciatore del Re : Memorie di un diplomatico dell'Italia liberale*, Le Lettere, Florence, 2011.

Reynolds, Douglas R., *China, 1898-1912 : The Xinzheng Revolution and Japan,* Council on East Asian Studies, Harvard University, Cambridge (Mass.) & Londres, 1993.

Richard, Timothy, *Forty-five years in China,* Frederick A. Stokes Company, New York, 1916.

Ridley, Jasper, *Lord Palmerston*, Constable, Londres, 1970.

Robbins, Helen H., *Our First Ambassador to China*, Elibron Classics, www.elibron.com, 2005.

Roberts, Andrew, *Salisbury, Victorian Titan*, Weidenfeld & Nicolson, Londres, 1999.

Rockhill, William Woodville, *Diplomatic Audiences at the Court of China*, Luzac & Co., Londres, 1905.
Rohl, John, *Wilhelm II : Der Weg in den Abgrund 1900-1941*, C.H. Beck Verlag, Munich, 2008.
Rongling, *Qinggong suoji (Fragments de souvenirs de la cour des Qing)*, in Wang Shuqing & Xu Che (éd.), *Cixi yu wo (Cixi et moi)*, Liaoshen sushe, Shenyang, 1994.
Ronglu (Junglu), *Ronglu cunzha (Les Lettres de Junglu)*, éditées par Du Chunhe et al., Qilu shushe, Jinan, 1986.
Rongqing, *Rongqing riji (Les Journaux de Rongqing)*, Xibei daxue chubanshe, Xian, 1986.
Sang Bing, *Gengzi qinwang yu wanqing zhengju (Tentatives de secours à l'empereur Guangxu en 1900 et situation politique du temps des derniers Qing)*, Beijing daxue chubanshe, Pékin, 2004.
Sato Tetsujiro, *Yige riben jizhe bixiade yuan shikai (Yuan Shikai décrit par un journaliste japonais)*, édité par Kong Xiangji & Murata Yujiro, Tianjin guji chubanshe, Tianjin, 2005.
Schrecker, John, « For the Equality of Men – For the Equality of Nations : Anson Burlingame and China's First Embassy to the United States, 1868 », in *Journal of American – East Asian Relations*, 2010, vol. 17.
Seagrave, Sterling, *Dragon Lady*, Vintage Books, New York, 1993.
Secrétariat du comité du congrès national du peuple (éd.), *Zhongguo jindai bupingdeng tiaoyue huiyao (Recueil des traités inéquitables des premiers temps de la Chine moderne)*, Zhongguo minzhu fazhi chubanshe, Pékin, 1996.
Shan Shiyuan, *Gugong zhaji (Notes éparses sur la Cité interdite)*, Zijincheng Chhubanshe, Pékin, 1990.
Shan Shiyuan, *Wo zai gugong qishinian (Soixante-dix ans à la Cité interdite)*, Beijing shifan daxue chubanshe, Pékin, 1997.
Shen Xuefeng, « Qingdai caizheng shouru guimo yu jiegou bianhua shulun » (Une étude des changements d'échelle et de composition des recettes des Qing), in *Beijing shehui kexue (Sciences sociales de Pékin)*, 2002, n° 1.
Sheng Xuanhai, *Sheng xuanhai nianpu changbian (Chronologie détaillée de Sheng Xuanhai)*, éditée par Xia Dongyuan, Shanghai jiaotong daxue chubanshe, Shanghai, 2004.
Shi-bao, in Bibliothèque de l'institut d'histoire moderne, Académie chinoise de sciences sociales, Pékin
Shimura Toshiko, « Wuxu bianfa yu riben : jiawu zhanzheng houde baokan yulun » (Les réformes de 1898 et le Japon : La presse et l'opinion publique après la guerre sino-japonaise de 1894), in *Guowai zhongguo jindaishi yanjiu (Études chinoises modernes à l'étranger)*, vol. 7, Zhongguo shehui kexue chubanshe, Pékin, 1985.
Shore, Henry Noel, *The Flight of Lapwing*, Longmans, Green & Co., Londres, 1881.

Shu Xincheng (éd.), *Zhongguo xinjiaoyu gaikuang (Essais sur l'éducation moderne en Chine)*, Zhonghua shuju, Shanghai, 1928.

Simpson, William, *Meeting the Sun*, Longman, Londres, 1874.

Smith, Arthur H., *China in Convulsion*, Fleming H. Revell Company, New York, 1901.

Société d'études mandchoues (éd.), *Qingdai diwang houfei zhuan (Courtes biographies des empereurs Qing et de leurs concubines)*, Zhongguo huaqiao chuban gongsi, Pékin, 1989.

Song Yanli, « Qingmo xinzheng shiqi de zhongying yapian jiaoshe » (La négociation entre la Chine et la Grande-Bretagne à propos de l'opium sous la nouvelle politique de feue la dynastie Qing), in *Tangdu xuekan (Revue du Tangdu)*, 2003, n° 4.

Spence, Jonathan D., *Au cœur de la Chine*, Nathan, Paris, 1989.

Sun Ruiqin (tr.), *Deguo waijiao wenjian youguan zhongguo jiaoshe shiliao xuani (Traductions d'un choix de documents diplomatiques allemands concernant les relations avec la Chine)*, Shangwu yinshuguan, Pékin, 1960.

Sun Xiaoen & Ding Qi, *Guangxu zhuan (Une biographie de Guangxu)*, Renmin chubanshe, Pékin, 1997.

Sun Yat-sen, *Sun zhongsan nianpu changbian (Chronologie détaillée de Sun Yat-sen)*, éditée par Chen Xiqi, Zhonghua shuju, Pékin, 1991.

Sun Yutang (éd.), *Zhongguo jindai gongyeshi ziliao (Documents sur l'histoire des industries modernes en Chine)*, Kexue chubanshe, Pékin, 1957.

Swinhoe, Robert, *Narrative of North China Campaign of 1860*, Elibron Classics, www.elibron.com, 2005.

Talo (Draklo), « Qingmo minzu guojia jianshe yu zhang yintang xizang xinzheng » (Construction de la nation et nouveau système de Zhang Yintang au Tibet), in *Minzu yanjiu (Études ethno-nationales)*, 2011, n° 3.

Tang Jiaxuan (éd.), *Zhongguo waijiao cidian (Dictionnaire de la diplomatie chinoise)*, Shijie zhishi chubanshe, Pékin, 2000.

Tang Yinian, *Qinggong taijian (Eunuques de la cour des Qing)*, Liaoning daxue chubanshe, Shenyang, 1993.

Tang Zhijun, *Chengfu xinhuo (Nouvelles Découvertes du Japon)*, Jiangsu guji chubanshe, Nankin, 1990.

Tang Zhijun, *Kang youwei zhuan (Une biographie de Kang Youwei)*, Taiwan shangwu yinshuguan, Taipei, 1997.

Thomson, John, *L'Empire de Chine : premiers voyages, premières images (1868-1872)*, A. Michel, Paris, 1990.

Tong Yue & Lü Jihong, *Qinggong huangzi (Les Princes de la cour des Qing)*, Liaoning daxue chubanshe, Shenyang, 1993.

Toten Miyazaki, *Sanshisan nian zhimeng (Mes rêves de trente-trois ans)*, traduit par Chen Peng Jen, Shuiniu chubanshe, Taipei, 1989.

Townley, Lady Susan, *The Indiscretions of Lady Susan*, D. Appleton and Co., New York, 1922.

Trevor-Roper, Hugh, *Hermit of Peking*, Macmillan, Londres, 1976.
Tsewang Dorje, « Lun qingmo chuanjun ruzang he shisanshi dalai lama waitao » (Étude sur l'entrée au Tibet de l'armée du Sichuan à la fin de la dynastie Qing et sur la fuite à l'étranger du treizième Dalaï Lama), in *Zangzushi lunwenji (Essais sur l'histoire des Tibétains)*, Sichuan minzu chubanshe, Chengdu, 1988.
Varè Daniele, *The Last of the Empresses*, John Murray, Londres, 1936.
Vitte, Sergej, *Mémoires*, Le Cherche-midi, Paris, 2010.
Von Waldersee, Comte Alfred, *A Field Marshal's Memoirs : From the Diary, Correspondence and Reminiscences of Alfred, Count Von Waldersee*, Hutchinson & Co., Londres, 1924.
Waley, Arthur, *The Opium War Through Chinese Eyes*, Routledge, Londres, 1958.
Wang Daocheng, « Beijing zhengbian yuzhi tanxi » (Une étude des décrets du coup d'État de Pékin), in *Shoudu bowuguan congkan (Revue du musée de la capitale)*, 2004, n° 18.
Wang Daocheng, « Cixi de jiazu, jiating he rugong zhichu de shenfen » (Le clan de Cixi, sa famille et son statut à l'époque de son entrée à la cour), in *Qingshi yanjiu ji (Recueil d'études sur l'histoire des Qing)*, vol. 3, Sichuan renmin chubanshe, Chengdu, 1984.
Wang Daocheng (éd.), *Yuanmingyuan chongjian dazhengbian (Le Grand Débat sur la reconstruction de Yuanmingyuan)*, Zhejiang guji chubanshe, Hangzhou, 2007.
Wang Daocheng, « Zhongri jiawu zhanzheng yu cixi taihou » (La guerre sino-japonaise de 1894 et l'impératrice douairière Cixi), in *Qingshi yanjiu (Études sur l'histoire des Qing)*, 1994, n° 4.
Wang Junyi, *Qingdai xueshu tanyan lu (Une étude préliminaire des idées académiques des Qing)*, Shehui kexue chubanshe, Pékin, 2002.
Wang Lixiong, *Tianzang (Enterrement céleste)*, Dakuai Publishing, Taipei, 2009.
Wang Shuqing, « Qingdai gongzhou shanshi » (Nourriture à la cour des Qing), in *Gugong bowuyuan yuankan (Revue du musée du palais)*, 1983, n° 3.
Wang Shuqing, « Qingdai houfei zhidu zhongde jige wenti » (Quelques problèmes liés aux concubines impériales des Qing), in *Gugong bowuyuan yuankan (Revue du musée du palais)*, 1980, n° 1.
Wang Shuqing & Xu Che (éd.), *Cixi yu wo (Cixi et moi)*, Liaoshen shushe, Shenyang, 1994.
Wang Wenshao, *Wang Wenshao riji (Les Journaux de Wang Wenshao)*, Zhonghua shuju, Pékin, 1989.
Wang Xiagang, *Wuxu junji sizhangjing hepu (Chronologie comparative des quatre secrétaires du Grand Conseil en 1898)*, Zhongguo shehui kexue chubanshe, Pékin, 2009.
Wang Xiaoqiu, *Jindai zhongguo yu riben (La Chine et le Japon aux temps modernes)*, Kunlun chubanshe, Pékin, 2005.

Wang Xiaoqiu & Shang Xiaoming (éd.), *Wuxu weixin yu qingmo xinzheng*, Beijing daxu chubanshe, Pékin, 1998.

Wang Xiaoqiu & Yang Jiguo, *Wanqing zhongguoren zouxiang shijie de yici shengju (Un magnifique pas vers le monde dans la Chine des derniers Qing)*, Liaoning shifan daxue chubanshe, Dalian, 2004.

Wang Yanwei (éd.), *Qingji waijiao shiliao (Documents historiques concernant les relations internationales sous la dynastie Qing)*, Shumu wenxian chubanshe, Pékin, 1987.

Wang Yunsheng, *Liushinianlai zhongguo yu riben (La Chine et le Japon, ces soixante dernières années)*, Sanlian shudian, Pékin, 1979.

Wang Zhao, « Fangjiayuan zayong jishi » (Notes éparses de Wang Zhao), in Cen Chunxuan, Yun Yuding et al., *Lezhai manbi ; Chongling chuanxin lu ; Wai erzhong (Les Mémoires de Cen Chunxuan et Yun Yuding, deux mémoires supplémentaires)*, Zhonghua shuju, Pékin, 2007.

Warner, Marina, *The Dragon Empress*, History Books Club, Londres, 1972.

Weale, B.L. Putnam, *Indiscreet Letters from Peking*, Dodd, Mead and Co., New York, 1907.

Weng Tonghe, *Weng tonghe ji (Recueil d'œuvres de Weng Tonghe)*, édité par Xie Junmei, Zhonghua shuju, Pékin, 2005.

Weng Tonghe, *Weng tonghe riji (Journaux de Weng Tonghe)*, édités par Chen Wenjie, Zhonghua shuju, Pékin, 2006.

Westad, Odd Arne, *Restless empire : China and the world since 1750*, Basic Books, New York, 2012.

Wolseley, Garnet Joseph, *Narrative of the War with China in 1860*, Elibron Classics, www.elibron.com, 2005.

Woqiu Zhongzi, *Cixi chuanxinlu (Recueil d'anecdotes au sujet de Cixi)*, Chongwen shuju, Shanghai, 1918.

Wu Rulun, *Tongcheng wuxiansheng riji (Journaux de M. Wu du Tongcheng)*, édités par Song Kaiyu, Hebei jiaoyu chubanshe, Shijiazhuang, 1999.

Wu Tingfang, *America : Through the Spectacles of an Oriental Diplomat*, Nankai daxue chubanshe, Tianjin, 2009.

Wu (Woo) Yong, *Gengzi xishou congtan (Souvenirs d'un voyage vers l'ouest en 1900)*, Yueli shushe, Changsha, 1985.

Wu Xiangxiang, *Wanqing nüxing yu jindai zhongguo (Les Femmes du temps des derniers Qing et aux débuts de la Chine moderne)*, Beijing daxue chubanshe, Pékin, 2004.

Xiang Lanxin, *The Origins of the Boxer War*, Routledge Curzon, Londres, 2003.

Xiang Si, *Xiang si cixi (Xiang Si au sujet de Cixi)*, Zhongguo gongren chubanshe, Pékin, 2010.

Xin Haonian, « Qingmo de dalunzhan yu lishi de zhongyao qishi » (Grands débats du temps des derniers Qing et importantes révélations historiques), http://jds.cass.cn/Item/6032.aspx

Xin Xiuming, *Laotaijian de huiyi (Souvenirs d'un vieil eunuque)*, Beijing yanshan chubanshe, Pékin, 1987.

Xu Baoheng, *Xu baoheng riji (Journaux de Xu Baoheng)*, Zhonghua shuju, Pékin, 2010.
Xu Che, *Yige zhenshide cixi taihou (La Véritable Impératrice douairière Cixi)*, Tuanjie chubanshe, Pékin, 2007.
Xu Zaiping & Xu Ruifang, *Qingmo sishinian shenbao shiliao (Documents historiques à propos de Shen Bao pendant les quarante années qu'il vécut sous les derniers des Qing)*, Xinhua chubanshe, Pékin, 1988.
Xue Baotian, *Beixing riji (Journaux d'un voyage vers le nord)*, Henan renmin chubanshe, Zhengzhou, 1985.
Xue Fucheng, *Xue Fucheng riji (Journaux de Xue Fucheng)*, édités par Cai Shaoqing & Jiang Shirong, Jilin wenshi chubanshe, Changchun, 2004.
Xue Fucheng, *Yongan biji (Notes éparses de Xue Fucheng)*, Jiangsu renmin chubanshe, Nankin, 1983.
Xue Fucheng, *Yongan xubian (Autres Notes éparses de Xue Fucheng)*, imprimées à titre privé, en 1897.
Yang Naiji, « Xiyuan tielu yu guangxu chunian de xiulu dalunzhan » (Le chemin de fer du Palais de la mer et les débats sur la construction d'une éventuelle voie ferrée pendant les premières années du règne de Guangxu), in *Gugong bowuyuan yuankan (Revue du musée du palais)*, 1982, n° 4.
Yang Tianshi, « Gemingpai yu gailiangpai de liangci wuli changshi » (Les deux tentatives de recours à la force armée des révolutionnaires et des réformateurs), in *Wenshi caikao (Références historiques)*, 2011, n° 5.
Yang Tianshi, *Wanqing shishi (Diverses Histoires vraies du temps des derniers Qing)*, Zhongguo renmin daxue chubanshe, Pékin, 2007.
Ye Xiaoqing, « Guangxu huangdi zuihou de yuedu shumu » (Les livres lus par l'empereur Guangxu vers la fin de sa vie), in *Lishi yanjiu (Recherche historique)*, 2007, n° 2.
Ye Zhiru & Tang Yinian, « Guangxuchao de sanhai gongcheng yu beiyang haijun » (La remise en état du Palais de la mer et de la marine des Qing), in Premières archives historiques de Chine (éd.), 1988, pp. 1015-33.
Yehenala Genzheng & Hao Xiaohui, *Wosuo zhidaode cixi taihou (L'impératrice douairière Cixi que je connais)*, Zhongguo shudian, Pékin, 2008.
Youtai, *Youtai riji (Journaux de Youtai)*, manuscrit à la bibliothèque de Pékin, Pékin.
Yu Bingkun et al., *Xitaihou (L'Impératrice douairière du Palais de l'ouest)*, Zijincheng chubanshe, Pékin, 1985.
Yu Zuomin, « Congxin renshi wanqing jidu jiaomin » (Réévaluation des chrétiens chinois du temps des derniers Qing), in *Journal of Yantai University*, 2005, pp. 549-55.
Yuan Shuyi, *Li hongzhang zhuan (Une biographie de Li Hongzhang)*, Renmin chubanshe, Pékin, 2004.
Yuan Weishi, « Ershishiji zhongguo shehui biange de kegui kaiduan » (Premiers changements de valeur survenus dans la société chinoise

du xxe siècle), www.cuhk.edu.hk/ics/21c/issue/articles/063_001112.pdf

Yuan Xieming, « An dehai shengping shiji kaoyi » (Étude critique de la vie et de la mort d'An Dehai), in *Shilin (Revue historique)*, Institut d'histoire, Académie de sciences sociales de Shanghai, 2006, n° 6.

Yun Yuding, *Yun yuding chengzhai riji (Journaux de Yun Yuding)*, Zhejiang guji chubanshe, Hangzhou, 2004.

Yung Wing, *My Life in China and America*, Henry Holt & Co., New York, 1909.

Zaize, « Kaocha zhengzhi riji » (Journaux des voyages d'études des systèmes politiques étrangers), in Zhong Shuhe (éd.), *Zouxiang shije congshu (Recueil des journaux des premiers envoyés en Occident)*, Yueli shushe, Changsha, 1986.

Zao Yang, « Qingdai gongting xiqu huodong zongshu » (Des représentations d'opéras à la cour des Qing), www.mam.gov.mo/showcontent2.asp?item_id=20081213010301&1c=I

Zeng Guofan, *Zeng guofan riji (Les Journaux de Zeng Guofan)*, Zongjiao wenhua chubanshe, Pékin, 1999.

Zeng Jize, *Zeng jize yiji (Recueil d'écrits de Zeng Jize)*, édité par Yu Yueheng, Yueli shushe, Changsa, 1983.

Zhang (Chang) Yinhuan, *Zhang yinhuan riji (Journaux de Zhang Yinhuan)*, édités par Ren Qing & Ma Zhongwen, Shanghai shudian chubanshe, Shanghai, 2004.

Zhang Dechang, *Qingji yige jingguan de shenghuo (La Vie quotidienne d'un dignitaire de la cour des Qing à Pékin)*, Xianggang zhongwen daxue, Hong Kong, 1970.

Zhang Deyi, « Hanghai shuqi » (Les journaux de voyage de Zhang Deyi), in Zhong Shuhe (éd.), *Zouxiang shijie congshu (Recueil des journaux des premiers envoyés en Occident)*, Yueli shushe, Changsha, 1985.

Zhang Hailin, *Duanfang yu qingmo xinzheng (Duanfang et le nouveau système des derniers Qing)*, Nanking daxue chubanshe, Nankin, 2007.

Zhang Kaiyuan, *Xinhai geming yu jindai shehui (La Révolution de 1911 et la société à l'orée de la modernité)*, Tianjin renmin chubanshe, Tianjin, 1985.

Zhang Rongchu (tr.), *Hongdang zazhi youguan zhongguo jiaoshe shiliao xuanyi (Traduction d'une sélection de documents historiques sur les relations avec la Chine extraits du magazine « Dossier rouge »)*, Sanlian shudian, Pékin, 1957.

Zhang Shesheng, *Jueban li hongzhang (Images rares de Li Hongzhang)*, Wenhui chubanshe, Shanghai, 2008.

Zhang Shiyun, « Tongzhi dahun liyi » (Souvenirs du grand mariage de Tongzhi), in *Gugong bowuyuan yuankan (Revue du musée du Palais)*, 1992, n° 1.

Zhang Xia et al., *Qingmo haijun shiliao (Documents d'archives sur la marine des derniers des Qing)*, Haiyang chubanshe, Pékin, 2001.

Zhang Xiaohui & Su Yuan, *Tang shaoyi zhuan (Biographie de Tang Shaoyi)*, Zhuhai chubanshe, Zhuhai, 2004.
Zhang Zhenkun, *Zhongfa zhanzheng xubian (Suite des « documents d'archives sur la guerre sino-japonaise »)*, Zhonghua shuju, Pékin, 1996.
Zhang Zhidong, *Zhang zhidong quanji (Œuvres complètes de Zhang Zhidong)*, Hebei renmin chubanshe, Shijiazhuang, 1998.
Zhang Zhiyong, « Qingmo xinzheng shiqi de zhongying jinyan jiaoshe » (La négociation entre la Chine et la Grande-Bretagne sur la prohibition de l'opium à l'époque de la nouvelle politique des derniers souverains de la dynastie Qing), www.qinghistory.cn/qsyj/ztyj/zwgx/2007-05-14/25650.shtml
Zhao Erxun et al., *Qingshi gao (Projet d'histoire des Qing)*, Zhonghua shuju, Pékin, 1976.
Zhao Guangjun, « Qingmo baokan dui shijie funü yundong de baodao jiqi dui zhongguo funü yundong de qingmen zuoyong » (Rapports sur les mouvements féministes mondiaux dans la presse du temps des derniers Qing et leur incidence sur les mouvements féministes chinois), in *Funü yanjiu luncong (Essais d'études féminines)*, 2006, n° 3.
Zheng Xiaoxu, *Zheng xiaoxu riji (Journaux de Zheng Xiaoxu)*, édités par Zhongguo guojia bowuguan (Musée national de Chine), Zhonghua shuju, Pékin, 2005.
Zhigang, « Chushi taixi ji » (Journaux de voyage de Zhigang, envoyé en Occident), in Zhong Shuhe (éd.), *Zouxiang shijie congshu (Recueil des journaux des premiers envoyés en Occident)*, Yueli shushe, Changsha, 1985.
Zhong Shuhe (éd.), *Zouxiang shijie congshu (Recueil des journaux des premiers envoyés en Occident)*, Yueli shushe, Changsha, 1984-6.
Zhu Jiajin, « Deling rongling suozhushu zhong de shishi cuowu » (Erreurs factuelles dans les livres de Der Ling et Rongling), in *Gugong bowuyuan yuankan (Revue du musée du Palais)*, 1982, n° 4.
Zhu Jinfu & Zhou Wenquan, « Cong qinggong yian lun guangxudi zaitian zhisi » (À propos de la mort de l'empereur Guangxu à la lumière des archives médicales de la cour des Qing), in *Gugong Bowuyuan yuankan (Revue du musée du Palais)*, 1985, n° 1.
Zhu Shoupeng (éd.), *Guangxuchao danghualu (Chronologie détaillée du règne de Guangxu)*, Zhonghua shuju, Pékin, 1984.
Zhu Yong, « Qingmo xinzheng : yichang zhenzhengde falü geming » (Le nouveau système du temps des derniers Qing : une véritable révolution du droit), in *Jining shizhuan xuebao (Revue du collège de professeurs de Jining)*, avril 2002.
Zuo Buqing, « Qianlong zhenya wanglun qiyi houde fangmin jucuo » (Mesures adoptées par Qianlong à l'encontre de la population après la suppression du soulèvement de Wang Lun), in *Gugong bowuyuan yuankan (Revue du musée du Palais)*, 1983, n° 2.

Remerciements

Je m'estime redevable envers les nombreux historiens et spécialistes de la Chine qui m'ont apporté une aide inestimable et généreuse au cours de mes recherches sur l'impératrice douairière Cixi : Pr Wang Daocheng, Pr Wang Junyi, Pr Dai Yi, Pr Kong Xiangji, Pr Mao Haijian, Pr Jiang Tao, Ma Zhongwen, Pr Yang Tianshi, Xiang Si, Pr Huang Xingtao, Pr Zhu Chengru, Pr Wang Rufeng, Pr Li Zhiting, Pr Huang Aiping, Pr Xu Che, Pr Guan Jialu, Pr Yang Dongliang, Pr Pan Xiangming, Qiu Zhihong, Wang Lixiong et Yehenala Genzheng.

Je souhaite remercier Sa Majesté la reine de m'avoir permis de citer certains documents des Archives royales de Windsor. J'ai bénéficié, en accédant à cette mine d'informations, des conseils de Sheila De Bellaigue et du professionnalisme de Pamela Clark, archiviste en chef, et de ses collègues. Kate Heard et ses collègues de la bibliothèque royale et du département des imprimés se sont révélés des plus serviables et je leur en sais profondément gré. À vrai dire, je suis reconnaissante envers tous les archivistes qui m'ont assistée ; je ne regrette que de ne pouvoir tous les nommer ici. J'aimerais toutefois souligner qu'ils ont rendu mes recherches non seulement fructueuses, mais aussi agréables. Travailler en particulier avec David Hogge, responsable des archives de la Freer Gallery of Art et de la collection Arthur M. Sackler, à Washington D.C., a été une joie pour moi.

Je remercie le Pr John Röhl d'avoir répondu à mes questions concernant l'Allemagne, le Pr Guido Franzinetti de m'avoir aidée avec la documentation italienne et le Dr Ngo Minh Hoang de ses recherches dans les archives françaises.

Le prince Nicholas Romanov et James Reeve m'ont l'un et l'autre incitée à écrire ce livre. Les personnes dont les noms suivent m'ont aimablement communiqué des suggestions, envoyé des documents, facilité certaines démarches et ouvert leur bibliothèque : Pr John Adamson, Bao Pu, Pr Chen Peng Jen, Chen Pokong, Patrick Cockburn, la duchesse douairière du Devonshire (née « The Hon. Deborah Freeman-Mitford »), Edmund Fawcett, Pr Roy Foster, David Halliday, Charles W. Hayford, Pr Michael Ignatieff, Kazuo Ishiguro,

Jia Yinghua, Jin Zhong, Fang-Ling Jong, Sir Henry et Lady Keswick, Pr Gavan McCormack, Pr Roderick MacFarquhar, Derry et Alexandra Moore, Lady Ritblat, Lady Roberts, Lord et Lady (John) Sainsbury, Lady Selborne, Sir David Tang, Pr Q. Edward Wang, Lisa et Stanley Weiss, Lady Wellesley, Guorong Xu, Joe Zhang et Pu Zhang.

Mon agent, Gillon Aitken, a lu mon manuscrit avant de me soumettre des commentaires pertinents – dont je lui suis immensément reconnaissante. Ma gratitude s'adresse également à Dan Franklin, mon éditeur chez Cape ; à Clare Bullock, assistante d'édition ; à Mandy Greenfield, préparatrice de copie et à Suzanne Dean, qui a conçu une couverture absolument superbe. Je dois un « merci » particulier à Will Sulkin, qui a fourni un remarquable travail d'édition de mon manuscrit. Mes assistants, Alexandra Adamson et Kristyan Robinson, ont été indispensables à la rédaction ce livre.

J'ai de la chance d'avoir à mes côtés Jon Halliday, mon mari, co-auteur de *Mao : l'histoire inconnue*. Ses conseils avisés constamment sollicités ont donné à mon écriture une véritable impulsion. C'est à lui que je dédie ce livre.

Crédits photographiques

Photos n° 1, 4, 13, 31, 39, 50, 51, 52, 53, 56, Freer Gallery of Art and Arthur M. Sackler Gallery Archives, Smithsonian Institution, Whasington, D.C. ; photographe Xunling.

Photos n° 2, 6, avec l'aimable autorisation de la Wellcome Library, Londres ; photographe John Thomson.

Photo n° 3, © *The Siege at Peking* de Peter Fleming, Birlinn Ltd, Édimbourg, 2001.

Photo n° 5, issue de *Qingshi tudian* (*A Pictorial History of the Qing Dynasty*), éd. Zhu Chengru, vol. 11, Zijincheng chubanshe, Pékin, 2002.

Photos n° 7, 32, 33, 36, 41, 42, 46, 48, tous les efforts ont été faits pour retrouver le détenteur du copyright.

Photo n° 8, issue de *Memoirs of Li Hung Chang*, édité par William Francis Mannix, Houghton Mifflin Company, Boston, 1913.

Photos n° 9, 10, 15, 54, issues de *Court Life in China* de Isaac Taylor Headland, Fleming H. Revell Company, New York, 1909.

Photo n° 11, avec l'aimable autorisation de Stephan Loewentheil collection of Chinese Photography.

Photo n° 12, issue de *Events in the Taeping Rebellion* de Charles Gordon, W. H. Allen, Londres, 1891.

Photo n° 14, issue de *Old China and Young America* de Sarah Pike Conger, F. G. Browne & Company, Chicago, 1913.

Photo n° 16, avec l'aimable autorisation de Richard Nathanson Fine Art, Londres.

Photos n° 17, 18, 23, 57, fournies par le Palace Museum ; photographe Liu Zhigang.

Photo n° 19, avec l'aimable autorisation de Blair House, The President's Guest House, United States Department of State.

Photos n° 20, 26, fournies par le Palace Museum ; photographe Feng Hui.
Photo n° 21, Royal Collection Trust/© Her Majesty Queen Elizabeth II 2013.
Photos n° 22, 24, fournies par le Palace Museum ; photographe Liu Mingjie.
Photos n° 25, 60, © Jung Chang.
Photo n° 27, fournie par le Palace Museum ; photographe Hu Chui.
Photo n° 28, © The Trustees of the British Museum.
Photo n° 29, Arthur M. Sackler Gallery, Smithsonian Institution, Washington, D.C. ; cadeau de l'Imperial Chinese Government, S"011.16.1-2a-ap.
Photo n° 30, issue de *With the Empress Dowager* de Katharine A. Carl, The Century Company, New York, 1905.
Photo n° 34, avec l'aimable autorisation de George Eastman House, International Museum of Photography and Film.
Photo n° 35, avec l'aimable autorisation de Howard et Jane Ricketts.
Photo n° 37, fournie par le Palace Museum ; photographe inconnu.
Photo n° 38, photographe inconnu.
Photo n° 40, issue de *American Democrat : The Recollections of Perry Belmont*, Columbia University Press, New York, 1941.
Photo n° 43, avec l'aimable autorisation de l'Ambassade du Japon, Londres.
Photo n° 44, Library of Congress/The Whiting View Company © 1901 by The Whiting Bros.
Photo n° 45, Library of Congress/Underwood & Underwood, 1901.
Photo n° 47, avec l'aimable autorisation de Marcelo Loeb, Buenos Aires.
Photo n° 49, détail de la page 49, China Travel Album 1883, Isabella Stewart Gardner Museum, Boston, Massachusetts.
Photo n° 55, issue de *Letters from China* de Sarah Pike Conger, A. C. McClurg & Company, Chicago, 1909.
Photo n° 58, © Topical Press Agency/Getty Images.
Photo n° 59, photographe inconnu.
Editing avec la participation de Frances Nutt Design.

Composition PCA
Impression réalisée par
CPI BRODARD ET TAUPIN
La Flèche
en août 2015
pour le compte des Éditions Jean-Claude Lattès
17 Rue Jacob 75006 Paris

Imprimé en France
Dépôt légal : octobre 2015
N° d'édition ; 01
N° d'impression : 3012797